Caroline Fetscher
Tröstliche Tropen

In der Reihe PSYCHE UND GESELLSCHAFT sind bisher unter anderem folgende Titel erschienen:

Ulrich Bahrke, Rolf Haubl, Tomas Plänkers (Hg.): Utopisches Denken – Destruktivität – Demokratiefähigkeit. 100 Jahre »Russische Oktoberrevolution«. 2018.
Bandy X. Lee (Hg.): Wie gefährlich ist Donald Trump? 27 Stellungnahmen aus Psychiatrie und Psychologie. 2018.
Sascha Klotzbücher: Lange Schatten der Kulturrevolution. Eine transgenerationale Sicht auf Politik und Emotion in der Volksrepublik China. 2019.
Oliver Decker, Christoph Türcke (Hg.): Ritual. Kritische Theorie und Psychoanalytische Praxis. 2019.
Oliver Decker, Christoph Türcke (Hg.): Autoritarismus. Kritische Theorie und Psychoanalytische Praxis. 2019.
Rolf Haubl, Hans-Jürgen Wirth (Hg.): Grenzerfahrungen. Migration, Flucht, Vertreibung und die deutschen Verhältnisse. 2019.
Caroline Fetscher: Das Paddock-Puzzle. Zur Psychologie der Amoktat von Las Vegas. 2021.
Johann August Schülein: Psychoanalyse als gesellschaftliche Institution. Soziologische Betrachtungen. 2021.
Steffen Elsner, Charlotte Höcker, Susan Winter, Oliver Decker, Christoph Türcke (Hg.): Enhancement. Kritische Theorie und Psychoanalytische Praxis. 2021.
Florian Bossert: Viraler Angriff auf fragile Subjekte. Eine Psychoanalyse der Denkfähigkeit in der Pandemie. 2022.
Klaus Ottomeyer: Angst und Politik. Sozialpsychologische Betrachtungen zum Umgang mit Bedrohungen. 2022.
Carlo Strenger: Die Angst vor der Bedeutungslosigkeit. Das Leben in der globalisierten Welt sinnvoll gestalten. 2. Aufl. 2022.
Hans-Jürgen Wirth: Gefühle machen Politik. Populismus, Ressentiments und die Chancen der Verletzlichkeit. 2022.
Vera King: Sozioanalyse – Zur Psychoanalyse des Sozialen mit Pierre Bourdieu. 2022.
Daniel Burghart, Moritz Krebs (Hg.): Verletzungspotenziale. 2022.
Florian Hessel, Pradeep Chakkarath, Mischa Luy (Hg.): Verschwörungsdenken. 2022.

PSYCHE UND GESELLSCHAFT
HERAUSGEGEBEN VON JOHANN AUGUST SCHÜLEIN
UND HANS-JÜRGEN WIRTH

Caroline Fetscher

Tröstliche Tropen

Albert Schweitzer, Lambarene und die Westdeutschen nach 1945

Teil II:
Das zeithistorische Lambaréné

Psychosozial-Verlag

*Dedicated to the men and women
of the Office of the Military Government for Germany,
United States (OMGUS) from 1945 to 1949,
and to all other members of the Allied Forces
who risked or gave their lives
to defeat German totalitarianism
and to liberate Europe.*

Bibliografische Information der Deutschen Nationalbibliothek
Die Deutsche Nationalbibliothek verzeichnet diese Publikation
in der Deutschen Nationalbibliografie; detaillierte bibliografische Daten
sind im Internet über http://dnb.d-nb.de abrufbar.

Originalausgabe
© 2023 Psychosozial-Verlag GmbH & Co. KG, Gießen
info@psychosozial-verlag.de
www.psychosozial-verlag.de
Alle Rechte vorbehalten. Kein Teil des Werkes darf in irgendeiner Form
(durch Fotografie, Mikrofilm oder andere Verfahren)
ohne schriftliche Genehmigung des Verlages reproduziert
oder unter Verwendung elektronischer Systeme
verarbeitet, vervielfältigt oder verbreitet werden.
Umschlagabbildung: Alte Post in Lambaréné/Gabun
© Foto: Caroline Fetscher, 1993
Umschlaggestaltung und Innenlayout nach Entwürfen von Hanspeter Ludwig, Wetzlar
ISBN 978-3-8379-2994-2 (Print)
ISBN 978-3-8379-7717-2 (E-Book-PDF)

Inhalt

Teil I: Das fiktive Lambarene

Prolog — 1
»Wir sind Deutsche und kein Kolonial-Volk« — 1
1949: Drei Festakte, drei Kontinente — 14

Einleitung — 23
Albert Schweitzer, Lambarene und die Deutschen nach 1945: Genese und Gebrauch einer kollektiven Erzählung
Biografisches — 25
Das Phänomen — 28
Eine »absolute Person der Zeitgeschichte« — 30
Rezeptionsreste und Neuansätze — 31
Quellenfülle, Rezeptionsdaten, Namenspate — 34
»Ein guter Arzt« für die Deutschen — 38
Lambarene als »Sehnsuchtsort« — 39
Im Land der mentalen Trümmer — 43
Material und Methode — 50
Frühe Kritik — 54
Studienaufbau — 57

1 Transatlantische Allianzen — 59
Albert Schweitzer auf dem Goethe-Festival in Aspen/Colorado, 1949
Gesucht: Ein guter Deutscher — 59
Pläne für das Aspener Goethe-Bicentennial — 60
Gefeiert: »A good German« — 63
Von Afrika nach Aspen — 66
Schweitzers Ankunft in den amerikanischen Medien — 70
Helene Schweitzers Rolle — 74
Aspens Schweitzer und Schweitzers Goethe — 76
Schweitzers Goethe-Rede — 79
Dunkle Mächte, dämonische Menschen — 82
Ikonografie einer Tafelrunde — 84

2 Kolonisierte Deutsche   87
Ressentiments und Dilemmata im ethischen Notstandsgebiet

Schicksalsuhr und Stunde Null	87
Deutsche Dilemmata	90
Trizonesier: Drangsalierte Eingeborene	93
Der Fragebogen, 1951	95
Alltag in Abwehr	98
Leiden am eigenen Los: *Draußen vor der Tür*	100
(Re-)Agieren nach 1945	103
Instanzenlücke und Remoralisierung	106

3 »Ein Goethemensch feiert Goethe«   107
Von Afrika über Aspen nach Deutschland 1949: Eine Parallelaktion

Weimar, Schweitzer und Lambarene nach 1949	107
Die Spur des Aspener Schweitzer wird manifester	109
»Wallfahrt zu Goethe«	111
Goethe-Rekonstruktion mit und an Schweitzer: Stationen einer Parallelaktion	115
Goethe und Schweitzer als Aufbauhelfer	119
Von Lambarene nach Weimar	122
Goethe und Schweitzer in Frankfurt am Main, 1949	125
Schweitzers Selbstarallelisierung mit Goethe	127
Die Vaterlücke	131

4.1 Westdeutschlands tropischer Arztroman   133
Etappen metaphorischer Transformation des Narrativs »Lambarene« beim erwachsenen Publikum nach 1945

Anrufung des großen Doktors	133
Lambarene wird neu erfunden	137
Rückkehr aus dem Urwald	138
Der im »Dritten Reich« vermeintlich verbotene Denker	139
Lambarene als Hintergrund-Szenario	143
Hagiografie und Deutungshoheit	144
Auf dem Weg zur wirkmächtigen Überhöhung	146
Frühe Lambarene-Zeitzeugen	148
Der Urwalddoktor von Lambarene, 1947	151

Das Spital im Urwald, 1948 — 156
Amerikanische Pilger beim Dschungel-Heiligen, 1948 — 159
Albert Schweitzer als Mensch und als Denker, 1949 — 161
Rudolf Grabs und Emil Lind: Publizistische Wegbereiter — 162
Menschenfreund in Lambarene, 1950 — 169

4.2 »Ziele eines edlen Menschentums« — 171
Von Bildbänden bis Massenpresse:
Das populäre »Lambarene« der 1950er Jahre
konstituiert sich

»Psychologisch schwer leidendes Gebiet«: Schweitzer
und der Friedenspreis des Deutschen Buchhandels, 1951 — 171
Der »Menschenfreund«: *Albert Schweitzer und Du*, 1954/55 — 179
Hybride Bilderwelten
in der bundesdeutschen Massenpresse, 1954/55 — 183
Das *Genie der Menschlichkeit* »baut Lambarene«, 1955–1957 — 195
1960 »entwächst dem Urwaldchaos eine Ordnungswelt« — 201

4.3 Lambarene – reloaded and decoded — 205
Unterwegs in semantischen Kammern
der Nachkriegs-Tropen: Ein Deutungskatalog
als Schlüsselbund zur Lambarene-Symptomatik

Das Lambarene-Narrativ: Leitmotive und Kernmerkmale — 207
Ein politisierter, allerdings zu frommer Urwalddoktor:
Der DDR-Schweitzer — 226
Eine neue und politische Arzt-Ikone in den Tropen:
Che Guevara — 229

4.4 »Kleine Mulatten mit weißen Seelen« — 231
Eine wohltägige Initiative der Nachkriegsjahre:
Das »Dr. Albert Schweitzer-Kinderheim« in Wermelskirchen

5.1 »Jedes Lebewesen sucht
bei Ihnen im Urwald Schutz« — 245
Ein moralisches Angebot: Kinder und Jugendliche
schreiben an Albert Schweitzer in Lambarene

Kinder- und Jugendbriefe als Quellen — 245
Archivfunde — 250

Publizierte Kinderbriefe	263
Jugend ohne Jugend	265
Schweitzer als Namenspate von Schulen	267
Imaginierte Reziprozität, erhoffte Erlösung	269
Lehrer und Schulen in den Nachkriegsjahren	272
Bedrohliche Eltern und Dilemmata der Nachkriegskinder	274

5.2 Der »Oganga« 279
Albert Schweitzer und »Lambarene« als Stoff für junge Nachkriegsleser
Eine Vorgeschichte:

»Wir feiern in Afrika den Geburtstag des Führers«	279
»Afrika« im deutschen Kinder- und Jugendbuch	284
Ein Pelikan macht Karriere	290
Ein Hamburger Junge im Urwald, 1952	293
Entlastende Autorität: *Der weiße Oganga*, 1954	296
Mütterlicher Vater der Waisen, 1954	300
Ein Mann der guten Tat und Herr Ojembo, 1955	303
An den Ufern des Ogowe mit dem Ojembo der DDR, 1956	311
Kompensatorische Subtexte der Kinder- und Jugendbücher	316
Lambarene und Serengeti: Die Causa Grzimek	319

5.3 Georges Oyémbo 325
Facetten einer afrikanischen Biografie hinter der Fiktion des »Ojembo aus Lambarene«

Schweitzers *Ojembo, der Urwaldschulmeister*	325
»Ojembo« lebt fiktiv weiter	328
»Ojembo« und Oyémbo	331
Le Maître Oyémbo	336

Teil II: Das zeithistorische Lambaréné

6.1 Robert Hamill Nassau   341
Lambaréné, Insel im Strom des Kolonialismus:
Zur Geschichte eines »geschichtslosen« Ortes
in Äquatorialafrika, 1874–1899

Im tropischen Niemandsland	341
Eine Kleinstadt im Regenwald	343
Gründung einer Missionsstation	346
Nassaus Gabun	353
Nguva und das gefährliche Theater am Fluss	359
Lambaréné im Wandel	372
Von Amerikas Ostküste an den Ogowe	376
Adolinanongo, Anhöhe vor der Insel Lambaréné	378
Frankreichs Interesse an Gabun erwacht	384
»Ära Kângwe«	389
Die erste Missionsstation am Ogowe	391
Frühgeschichte der Kolonisierung Gabuns	398
Doppelcharakter der Mission	405
Aus Kângwe wird Andende	409
De Brazza erneut auf dem Ogowe	415
Alleinerzieher am Äquator	420
Eine tropische Patchworkfamilie	423
1885: Reverend Good übernimmt Kângwe	433
Ende der amerikanischen Missionen am Ogowe	438
Pariser Emissäre inspizieren den Ogowe	442
Aufstände am Ogowe	444
Der Skandal um Nassau und Anyentyuwe	446

6.2 Félix Ombagho   453
Lambaréné, Insel im Strom des Kolonialismus:
Zur Geschichte eines »geschichtslosen« Ortes
in Äquatorialafrika, 1892–1917

Variationen einer Eingebung	453
1915: Ehrfurcht vor dem Leben	456
Die Französisierung von Lambaréné	464
Félix Ombagho aus Igenja	468
Ein französischer Lehrer: Charles Bonzon	473

Eine Korrespondenz Lambaréné–Paris:
Élie Allégret und André Gide — 477
Die Pariser Missionsgesellschaft — 484
Allégrets und Teisserès reisen mit Ombagho
durch die Region — 486
»La crise douloureuse« — 490
Ombaghos Blick auf die Expedition von Allégret und Teisserès — 495
Missionsschulen und Kolonialapparat — 505
Briefe aus »Französisch-Kongo« — 512
Als Internatsschüler in der Schweiz — 529
Auslöschung der Familie Lantz
und Schweitzers Ruf in die Tropen — 538
Im Dschungel revolutionärer Utopie: Maurice Robert — 542
Ombagho im Elsass und in Paris — 544
»Wäre ich weiß, würde man so nicht mit mir umgehen« — 547
Zeitenwende am Ogowe — 550
Ombagho verlässt die Region,
»Le docteur« landet in Lambaréné — 561
Vom Missionar zum Ethnologen: Maurice Leenhardt — 565
Ombaghos späte Karriere — 568
Die memorierte Landkarte als soziale Matrix — 580

7.1 Albert Schweitzers Afrika — 585
**Der Weg des Urwalddoktors nach Lambaréné:
Anmerkungen zur zeithistorischen Realität
von Tat und Ort**

»Ich kann das Wort Congo nicht mehr hören,
ohne zu erzittern« — 585
Antichambrieren in der Pariser Mission — 593
1913–1917: Schweitzers erste Jahre vor Ort — 599
»Die armen Neger vor den weißen Raubtieren schützen« — 603
Administrative Ordnung im Dschungel — 608
Interimsphase und zweite Ausreise — 611
Ab 1924: Zweite Lambaréné-Phase
und Helferkolonnen im Halbdunkel — 614
Das Hospital von Lambaréné im kolonialen Kontext — 619
Tiere im Urwald-Waisenhaus — 620
Adenauer, Apartheid und Schweitzer — 624

7.2 Lambaréné und der Zweite Weltkrieg   627
Jüdische und politisch verfolgte Hospitalmitarbeiter,
Charles de Gaulles »bataille de Lambaréné«
und Albert Schweitzer zwischen den Fronten

Schweitzers Schweigen   627
Helene Schweitzer   633
Victor Nessmann   637
Ladislas Goldschmid   640
Rösli Näf und Emma Ott   650
Roger Le Forestier   652
Heinz Eduard Barrasch   656
Anna Wildikann   662
Richard Friedmann   670
Warum schwieg Schweitzer?   677
Der Zweite Weltkrieg in Lambaréné   679
»Wie im Frieden lebend«: Das befreite Gabun   685
1940: »Ich beschliesse, den Operationstisch
kugelsicher zu machen«   691
1941: »Wie viel Trost hat mir dieser Spruch gebracht!«   699
1942: »Viel Bach auswendig gelernt«   702
1943/44: »Welche Freude, das Spital wieder zu leiten«   704
1945: Stunde Null in Lambaréné   707

7.3 Afrikas Albert Schweitzer   715
Afrikanische Rezeption,
eine Feldforschung in Lambaréné
und »La danse de Gaulle«

Spurensuche in Gabun   715
Feldinterviews in Lambaréné   724
Schweitzer als magischer Elefant   728
Joseph N'Dolo und der Aufstand für Bildung   732
Porträts, Parallelzauber
und das Schweitzer-Museum von Lambaréné   742
»La danse de Gaulle« in Lambaréné   746

8 Die Kernfrage 753
Der Friedensnobelpreisträger konfrontiert die Atommächte – und verblasst

Oslo, 1954: Schweitzers Worte
zu Krieg, Frieden und Vertreibung 755
Nachbeben von Oslo 761
Atomfrage und aufkeimende Kritik 764
Schweitzer wird im Radio aktiv 767
Adenauer in Sorge 768
Lautloser Abschied 773
Schweitzers Ende und ein Objekt am Himmel 775

Epilog 779
Albert Schweitzer und Lambarene: Ein Palimpsest der bundesdeutschen Nachkriegsgesellschaft

Der alte Mann und die Mehrheit 779
Plädoyer für ein Verfahren der Defragmentierung 782
Paradebeispiel moderner Mythenbildung 784
Heinz Rühmann als Missionar in Zentralafrika 790
Moralische Referenzgröße 791

Anhang 795
Literatur 795
Archive 818
Abbildungen 818
Dank 820

6.1 Robert Hamill Nassau

**Lambaréné, Insel im Strom des Kolonialismus:
Zur Geschichte eines »geschichtslosen« Ortes
in Äquatorialafrika, 1874–1899**

> »Dieser Urwald ist, was er vor tausend Jahren war und wird es immer so bleiben ... die Menschen können ihm nichts anhaben, immer groß und grausig.«
> *Albert Schweitzer, 1916*[1]

> »Nirgends hat die Kolonisation, jener erste historische Blick von außen, die lokale Geschichte in einem Ausmaß ignoriert, wie hier.«
> *Florence Bernault über Gabun, 1996*[2]

Im tropischen Niemandsland

»Auf der Stelle, wo sich heute das große Spitaldorf Lambarene erhebt, war vor der Tat dieses einen Mannes nichts als wildwuchernde Urwaldnatur. Die Lebenstat dieses einzelnen kommt einer vom Leid befallenen Allgemeinheit zugute.«[3] So fasste Schweitzers Biograf Rudolf Grabs 1955 die zeittypische Konstellation von Ort und Tat zusammen. Vor Lambarene existierte nichts als geschichtslose Vegetation, das pure, historische Vakuum. Ganz im Sinn der »Stunde Null« signalisierte dieser Teil der Schweitzer-Mythen einen Anfang ohne ein Davor und erlaubte willkommene Dissoziation. Rückblickend spitzte ein ehemaliger Mitarbeiter des Spitals diese Fantasie polemisch zu, und nahm Schweitzer als Urheber aus:

---

1 Schweitzer an Louise Curtius, 23.1.1916. In Schweitzer, 2006, S. 192.
2 Bernault, Florence: *Démocraties ambiguës en Afrique centrale: Congo et Gabon, 1945–1995.* Paris, 1996, S. 13, Übers. cf. Ihr Befund bezieht sich auf die Territorien des kolonialen Kongo und Gabun – »Belgisch Kongo« und »Französisch Kongo« Ende des 19., Anfang des 20. Jahrhunderts.
3 Zweig, Feschotte und Grabs, 1955, S. 216.

> »Es ist gewiß nicht Dr. Schweitzers Schuld, daß der Eindruck geschaffen wurde, ganz Afrika zwischen der Sahara und Johannesburg sei eine gigantische Ausdehnung von Steppe und Urwald, in der irgendwo in der Mitte Doktor Schweitzers kleines Dschungel-Hospital liegt. Nach dieser Legende strömen vom Tam-Tam der Trommeln begleitet sieche Menschen und Tiere aus ganz Afrika nach Lambarene, um geheilt zu werden.«[4]

Dass und wie die Realität des Ortes Lambaréné, dessen Namen einmal jedes bundesdeutsche Schulkind kannte, von der Forschung ignoriert wurde, gehört zu den Symptomen der Rezeptionsgeschichte von Albert Schweitzer. Nicht einmal die Postcolonial Studies zeigen bisher besonderes Interesse an diesem Hotspot deutscher Afrika-Szenarien. In jüngerer Zeit widmeten sich vereinzelt subsaharische, französische und amerikanische Studien der Geschichte Gabuns, das überhaupt zu den am spärlichsten beforschten Teilen Afrikas südlich der Sahara zählt.[5] Der Blick in das zeithistorische Lambaréné soll dem Ort gerechter werden, dessen Name von meist kenntnisarmen Narrativen überschwemmt wurde, und er soll die Kluft zwischen Legende und Realität besser ausmessen lassen. Viele Orte der Südhemisphäre wurden ungefragt in verzerrende Darstellungen Dritter eingewoben, und Lambaréné ist ein herausragendes Beispiel für diese Prozesse.

Die Regenwaldregion von Lambaréné wird seit Jahrhunderten besiedelt. Entlang der Wasserstraßen lagen Siedlungen sprachlich wie kulturell unterschiedlicher Gruppen, komplexe soziale Netzwerke und transformative Dynamiken prägten das Zusammenleben bereits lange vor der kolonialen Durchdringung, die im Übrigen nie und nirgends total sein kann. Es gab Konflikte, Scharmützel, Rivalitäten, Schlichtungsprozesse und Kompromissbildungen, endogame, exogame und meist polygame Heiratspolitik, Zuwanderung und Binnenmigration, matrilineare wie patrilineare Verwandtschaftssysteme, Feste, Initiationsriten, und, wie überall in den humiden Tropen, seit Jahrhunderten agrarische Landnutzung, Pflanzungen, Jagd und Handel auch in den »jungfräulichen« Urwäldern, die weltweit durchaus bewirtschaftet wurden. Küstenbewohner trieben seit den frühen

---

4 Franck, 1963, S. 189f.
5 »Gabon remains one of the least-researched countries in Africa« stellt Rachel Jean-Baptiste fest in Gardinier, David E. und Yates, Douglas A. (Hg.): *Historical Dictionary of Gabon*, 3rd edition. Lanham, 2006. Siehe ebenso: *The Journal of African History*, 48(2), 2007, S. 345f.

Begegnungen mit portugiesischen Seefahrern kommerziellen Tausch mit Europäern. Während der Kolonialära kam es zu Kooperationen und Verträgen zwischen Afrikanern und Europäern, und vor allem in der spätkolonialen Ära auch zu Widerstand und Aufständen, wie sie etwa Andreas Eckert für das nördlich von Gabun gelegene Kamerun rekonstruiert hat.[6] Umso verblüffender ist die Diskrepanz zwischen dem weitgehend fiktiven Lambarene der Nachkriegsimagination und dem zeithistorischen Lambaréné[7] in Zentralafrika.

Eine Kleinstadt im Regenwald

Der Ort, der einer Missionsstation und später Albert Schweitzers Hospital seinen Namen gab, liegt im zentralafrikanischen Gabun, rund 80 Kilometer Luftlinie südlich des Äquators. Gabuns Fläche ist etwas kleiner als die Italiens, sie grenzt im Norden an Äquatorialguinea und Kamerun, im Süden und Osten an die Republik Kongo. Das Land hat heute, 2021, etwas mehr als zwei Millionen Einwohner. Rund vier Fünftel des Landes sind bedeckt von tropischem Regenwald, allein der Süden ist gebirgig, im Norden finden sich Savannen. Wichtigstes Gewässer des Landes ist der weit verzweigte Ogowestrom, ein nördlicher Parallelfluss des Kongo. Kakao gedeiht in Gabun, Kaffee, Zitronen, Orangen, Papaya, Ananas, Avocado, Mango, Kochbananen, Maniok und Ölpalmen, Märkte bieten Buschwild und Flussfische an. Am Geschäft mit Edelhölzern, Bodenschätzen und Erdöl sind bis in die Gegenwart französische Konsortien der ehemaligen Kolonialmacht beteiligt.

Handel mit Europäern gab es seit der Ankunft portugiesischer Schiffe im späten 15. Jahrhundert. Doch über den kommerziellen Bedarf hinaus sammelten die Seeleute, anders als die Missionen, kein institutionalisiertes Wissen an. Ab 1839 behauptete Frankreich ein Protektorat an der Küste. 1849 gründeten Afrikaner, befreit von einem Sklavenschiff, das sie nach

---

6 Eckert, Andreas: *Die Duala und die Kolonialmächte. Eine Untersuchung zu Widerstand, Protest und Protonationalismus in Kamerun vor dem zweiten Weltkrieg.* Münster, Hamburg, 1991; *Grundbesitz, Landkonflikte und kolonialer Wandel. Douala 1880–1960.* Stuttgart, 1999.

7 Noch einmal sei daran erinnert, dass hier für das fiktive Lambarene die Schreibweise »Lambarene« verwendet wird, für den faktischen Ort die dort gebräuchliche »Lambaréné«.

Brasilien hätte bringen sollen, die Ansiedlung Libreville, die »freie Stadt«, die später zur Hauptstadt wurde.[8] Denis Rapontchombo, »le roi Denis«, unterzeichnete im Juni 1862 den Vertrag von Cap Lopez und Nazaré mit Frankreich, das daraufhin seine Fahne an der Küste hissen durfte. Von 1862 bis 1887 intensivierte Frankreich seine Präsenz, Expeditionen erkundeten kommerzielle Optionen, die Metropole erklärte sich zum kolonialen Souverän. Bis Ende des 19. Jahrhunderts waren der Golf von Guinea wie die »Goldküste« Westafrikas für Menschenhandel bekannt, betrieben von Portugiesen, Franzosen, Niederländern und Briten. Für Geschäfte mit Waren und Sklaven aus dem schwer zugänglichen Binnenland waren Europäer lange auf afrikanische Zwischenhändler an der Küste angewiesen, ohne deren Zutun der Handel nicht floriert hätte. 1910 wurde Gabun offiziell Teil von Französisch-Äquatorialafrika, Afrique Équatoriale Française (A. E. F.), das auch das heutige Kamerun, den Tschad, die Demokratische Republik Kongo und die Zentralafrikanische Republik einschloss. Zwangsarbeit wurde erst 1946 abgeschafft und bis zur Unabhängigkeit 1960, fünf Jahre vor Albert Schweitzers Tod in Lambaréné, blieb Gabun Teil der französischen Überseeterritorien, »la France d'Outre-mér«.

Während beider Weltkriege unterlag Gabuns Wirtschaft konjunkturellen Schwankungen, vor allem durch erschwerte Schiffspassagen. In den frühen 1940er Jahren war A. E. F. Schauplatz von Kampfhandlungen zwischen Truppen der Vichy-Regierung und denen des Freien Frankreich unter General de Gaulle, der für die Unterstützung durch afrikanische Streitkräfte mehr Freiheiten nach dem Krieg verhieß. 1967 wurde der junge Albert-Bernard Bongo, ein ehemaliger Missionsschüler, Präsident des Landes. Nach der Konversion zum Islam, die mit Blick auf arabische Investoren geschehen sein soll, nannte er sich El Hadj Omar Bongo Ondimba, und seine Regierungszeit währte bis zu seinem Tod 2009 fast 42 Jahre. Sein Sohn Ali-Ben Bongo Ondimba wurde zum Nachfolger gewählt.

Ein echtes Mehrparteiensystem setzt sich in der gabunischen Demokratie bis heute nur mühsam durch. (Während meiner Feldforschung Ende 1993 waren erstmals mehrere Parteien zu den Wahlen zugelassen, und einige Oppositionelle kamen auf mysteriöse Weise um. Auch verschwanden Oppositionspostillen wie *La Griffe* oder *Le Scorpion* über Nacht aus dem Angebot der Kioske, deren Inhaber erklärten, man werde sie wohl erst

---

8 Allogho-Nkoghe, Fidèle: *La Fondation de Libreville: Une lecture nouvelle à partir d'une théorie géopolitique*. Roubaix, 2014.

»in einigen Jahren« wieder erhalten: »Je regrette beaucoup!«) 2012/13 organisierten Studierende in Libreville und anderen Städten Proteste, die, von der Weltpresse unbeachtet, mit Gewalt niedergeschlagen wurden. Auf dem Korruptionsindex von Transparency International rangierte Gabun 2020 auf Platz 123 von 180.[9]

Zentralafrika galt in Europa seit der frühen Kolonialära als besonders »archaisch«. Als sich europäische Künstler Anfang des 20. Jahrhunderts von der Kunst der »Primitiven« inspirieren ließen, waren Maler wie Picasso und Braque fasziniert von den minimalistisch wirkenden Masken der Fang aus Gabun, die in Pariser Privatsammlungen auftauchten. Der Ruf außergewöhnlicher Rückständigkeit der Region hat sich teils bis heute erhalten, und »Gabun« fungiert noch im späten Postkolonialismus als Metonymie für Ursprünglichkeit. Die siebte Staffel der Reality-TV-Serie *Survivor* des US-Senders CBS wurde 2008 in Gabun gedreht, ausgewiesen als »Earth's Last Eden«.

Gabun zählt mindestens 40 Bevölkerungsgruppen, »Ethnien«, die in rund zehn Untergruppen gefasste Bantusprachen sprechen. In den Städten leben Einwohner sämtlicher Sprachgruppen, an der Nordküste überwiegend Omyènè-Gruppen wie Mpongwe und Orungu. Obwohl eher eine kleine Gruppe, spielten Orungu wegen der strategischen Lage an der Ogowe-Mündung im Handel eine erhebliche Rolle. Fang, die auch im südlichen Kamerun und in Äquatorial Guinea leben, machen rund ein Drittel der Bevölkerung aus, sie sollen im frühen 19. Jahrhundert in die Region nördlich des Ogowe eingewandert sein. Südlich des Ogowe sind die größten Gruppen die der Eshira, Punu und Nzebi (oder Njabi) sowie die Mbete. Daneben gibt es kleinere Gruppen wie die Benga (oder Seke, oder Sheke) im Nordwesten, die Kota und Teke im Osten und die Vili an der Südküste. Zu jeder dieser Kategorien existieren freilich weitere differenzierte und abweichende Indizes. Offizielle Amtssprache ist das Französische. Missionare transkribierten seit dem frühen 19. Jahrhundert Bibeltexte und Katechismen mit lateinischem Alphabet in lokale Sprachen, Literatur in lokalen Sprachen entstand jedoch kaum, Erzähltraditionen stützten sich auf mündliches Überliefern. Die Afrikahistorikerin Florence Bernault ist überzeugt, dass der symbolische Tausch zwischen Europäern und Gabunern die Sphären von Macht und Magie (»mystical agency and

---

9 Transparency International: Gabon, Corruption Perception Index, 2019. https://www.transparency.org/country/GAB (24.1.2020).

practical power«[10]) in beiden Gruppen stärker beeinflusst hat, als bisher angenommen oder eingestanden. Unter den nichtafrikanischen Gruppen verfügten anfangs vor allem Missionare über ein erhebliches Wissensreservoir zu Bevölkerungen, Sprachen, Wirtschaft und Landschaft. Wie so oft hatten missionarische Aktivtäten in der präkolonialen Ära eingesetzt, ehe die Missionen später, nolens bis volens, mit kolonialen Bürokratien kooperierten.

Das Handelsstädtchen Lambaréné mit heute etwa 38 000 Einwohnern liegt auf einer Flussinsel im Landesinneren, wenige Kilometer südlich des Äquators am Zusammenfluss zweier Flüsse und in Umgebung großer Seen. Während der Kolonialepoche ließ sich die Siedlung von Einheimischen und europäischen Händlern allein auf dem Wasserweg erreichen. Schweitzers Berichte und die seiner Besucher erwähnen regelmäßig den Hafen von Cap Lopez im Ogowe-Delta nördlich der Stadt Port Gentil. Von dort legten die Flussschiffe ins Landesinnere ab. In den 1950er Jahren wurde eigens wegen des Schweitzer-Spitals in Lambaréné ein kleiner »Pilger-Flughafen« angelegt, und heute führt eine Landstraße als Schneise durch die Tropenvegetation nach Libreville. Dicht bewachsene Flussufer prägen das Bild, auf den Flüssen kreuzen Holzflöße und die Pirogen, schmale, hölzerne Transportboote. Entlang der Uferstraßen sind Märkte und Neubauten neben heruntergekommenen Kolonialbauten zu sehen, von denen viele einst Poststation oder Hotels waren. Tausende von Europäern, die Ende des 19. und Anfang des 20. Jahrhunderts im Handel, in der Kolonialverwaltung und in der Mission in Lambaréné tätig waren, hatten Kontakt zu Tausenden von Afrikanern wie untereinander. Dampfschiffe und Pirogen brachten Post, Zeitungen und Passagiere, Telegrafenstationen verbanden das tropische Inland mit der Außenwelt. Lambaréné ist eine Insel, jedoch liegt sie keineswegs isoliert, sondern mitten im Strom der Zeitgeschichte.

Gründung einer Missionsstation

Nahezu 40 Jahre vor Schweitzers Ankunft im Jahr 1913 war in der Region von Lambaréné ein weißer Arzt und Missionar eingetroffen, Robert Hamill

---

[10] Bernault, Florence: *Colonial Transactions: Imaginaries, Bodies, and Histories in Gabon.* Durham, 2019, S. 2.

Nassau (1835–1921). Er wurde zur ersten lokalen Legende eines Weißen *medical missionary*. 1874, ein Jahr vor der Geburt des Pfarrersohns Albert Schweitzer im Elsass, hatte der aus Boston stammende Presbyterianer am Ogowe die erste Missionsstation gegründet, die zunächst »Kângwe«, dann »Andende« genannt wurde, bis sie Ende des 19. Jahrhunderts, mit der Übernahme durch die Pariser Mission, als »Lambaréné« bekannt wurde. Amerikanische Presbyterianer unterhielten mehrere Stationen in Subsahara-Afrika, Gebietsansprüche waren damit nie verknüpft. Nassau war zuerst auf der Insel Corisco im Golf von Guinea, ehe er als Pionier ins Landesinnere ging. Er erlernte Sprachen und Dialekte, sammelte mündliche Überlieferungen und Mythen, kannte Glaubens- und Verwandtschaftssysteme und notierte ganze Biografien afrikanischer Frauen und Männer. Tausende von ihm publizierte Seiten wiesen meist über die übliche Missions- und Reiseliteratur hinaus, und werden in jüngerer Zeit als Quellen entdeckt, wie etwa John Cinnamon konstatiert: »Nassau remains particularly useful not so much for his insights into African cultural practices, but as a participant-observer in the colonial endeavor.«[11] Auch Nassaus detaillierte Beobachtungen des afrikanischen Alltags heben sich von den meisten anderen Schriften weißer Akteure ab.

Zweimal nacheinander wurde Nassau in den Tropen Witwer. Seine zweite Frau, Mary Brunette Foster Nassau, starb 1884 bei der Geburt der Tochter Mary. Der Vater zog sie mithilfe seiner Schwester Isabella, ebenfalls Missionarin, und einer afrikanischen Kinderfrau groß, als angeblich erstes weißes Kind, das in dieser Regenwaldregion geboren wurde und aufwuchs. Doch die freundschaftliche Nähe Nassaus zu Anyentyuwe Fando, der Kinderfrau, weckte bei Missionskollegen, möglicherweise aus Missgunst, den Verdacht, es handle sich um einen Fall des verpönten, aber weit verbreiteten, kolonialen Konkubinats, stillschweigend Usus unter Kaufleuten, Kolonialbeamten und Armeeangehörigen, in der Mission allerdings tabu. Hinter vorgehaltener Hand war das Gerücht kolportiert worden, bis ein Kollege den »Skandal« an die Bostoner Zentrale der Mission meldete, worauf Nassau und seine Schwester nach Kamerun versetzt wurden. Zu dieser Zeit gingen die amerikanischen Missionsstationen in die Hände von Glaubensbrüdern der Pariser Mission über, da Frankreich seinen Einfluss

---

11 Cinnamon, John: Missionary Expertise, Social Science, and the Uses of Ethnographic Knowledge in Colonial Gabon. *History in Africa. A Journal of Method, 33*(1), 2006a, S. 413–432, hier: S. 415.

in dem vernachlässigten Überseegebiet auszudehnen suchte. In hohem Alter kehrte Nassau zurück in die Vereinigten Staaten, wo er sich gegen die rassistische Diskriminierung der Schwarzen einsetzte.

Bei Afrikanern in der Region von Lambaréné blieb Nassaus Ruf von der vermeintlichen Affäre unbeschädigt, und auch als Albert Schweitzer ankam, hatte die Bevölkerung den verehrten »doctor Nassau« noch gut in Erinnerung. Er hatte auf der protestantischen Station auch eine medizinische Ambulanz unterhalten und damit in der Region die Grundlage gelegt für den Nimbus des weißen Arztmissionars. Auch deshalb dürfte Schweitzers medizinisches Vorhaben von Beginn an Vertrauen erweckt und starke Anziehung ausgeübt haben. Mit einem knappen Hinweis würdigte Schweitzer 1931 seinen Vorgänger: »Als ich Dr. Nassau, dem hochbetagten Gründer der Missionsstation Lambaréné, nach Amerika meldete, dass sie jetzt wieder mit einem Arzt besetzt sei, war seine Freude groß.«[12]

In Gabun hielt sich eine Legende, wonach Schweitzer zum Nachfolger Nassaus bestellt worden war, wie der Afrikahistoriker John Cinnamon 2005 bei einem Forschungsaufenthalt im Gespräch mit einem »Mpongwe elder« erfuhr, einem Urenkel der Kinderfrau Anyentyuwe, die in der amerikanischen Mission auch »Janie Harrington« genannt worden war. Nassau, so Cinnamon, sei in Gabun Teil der *oral tradition*, bekannt weniger als Missionar oder Forscher, denn durch ihm zugeschriebene familiäre Bindungen: »[He] told me how Nassau had been excommunicated for allegedly having had sexual relations with his great-grandmother.«[13] Zwar war es Anyentyuwe, die exkommuniziert worden war, nicht Nassau, doch die Fama wirkte Generationen später nach. Jener Urenkel, Michel Bagné, erklärte auch: »Pastor Schweitzer spread the word that Nassau shouldn't preach anymore because he had committed the sin of living with a black woman.«[14] Möglicherweise war diese Kolportage tatsächlich von Schweitzer – und anderen Missionaren – so weitergereicht worden.

Die Bekanntschaft der Nassaus mit Anyentyuwe hatte begonnen, als sie noch Missionsschülerin der Presbyterianer in Baraka bei Libreville war. Sie galt als besonders gebildet, feinfühlig und intelligent. Als

---

12 Schweitzer, [1931] 1952, S. 105.
13 Cinnamon, 2006a, S. 426.
14 Cinnamon, John: Robert Hamill Nassau and the Colonial Encounter in Gabon. In *Le Fait Missionnaire. Social Sciences and Missions*, Nr. 19, 12/2006b, S. 58.

Nassau sie 1888 für seinen Haushalt und die Tochter engagierte, lebte er auf seiner zweiten Ogowe-Station Talagouga, wohin Anyentyuwe ihre uneheliche Tochter Iga mitbrachte. Nicht nur, dass Robert und Isabella Nassau, Anyentyuwe, Mary und Iga einige Jahre lang als Patchworkfamilie einen Hausstand teilten, war der Mission ein Dorn im Auge, sondern wie Nassau generell vom Mainstream abwich und in der Logik der Mission nicht aufging, als Gegner hegemonialer Bestrebungen und ausbeuterischer Verhältnisse.

1914, im Jahr nach Schweitzers Ankunft am Ort, publizierte Nassau in New York sein 700 Seiten starkes Journal *My Ogowe*, randvoll mit Erfahrungsberichten – ein Buch von dem Schweitzer gewusst haben wird. In jedem Fall dürfte seine Frau, Helene Schweitzer, die exzellent Englisch sprach, in dem Werk gelesen haben. Schweitzer verstand Englisch, verwendete und las es aber offenbar selten. Bilingual aufgewachsen sprach er mit dem Personal, meist aus der Schweiz oder dem Elsass, Französisch und Deutsch, mit afrikanischen Patienten Französisch und mittels lokaler Dolmetscher. Anders als Nassau lernte Schweitzer während seiner etwa ebenso langen Wirkungszeit in Gabun keine der regionalen Sprachen.

Als einer der ersten befasste sich der Theologe Raymond Teeuwissen als Biograf mit Nassaus Vermächtnis,[15] wobei er um 1960 herum auch Schweitzer traf und ihm erklärte: »Docteur, I did not come here because of you.« Schweitzer habe erwidert: »Ah, you are an American who knows about Nassau!«[16] Er vermittelte einen Begleiter, der Teeuwissen per Boot zum Kângwe-Hügel brachte, wo Nassau die Station gegründet hatte, auf deren Gelände Schweitzer von 1913 bis 1917 seine Ambulanz zu einem Spital ausbaute, ehe er Mitte der 1920er Jahre ein nahegelegenes Grundstück erwarb, um mehr Platz zu haben und sich von der Pariser Mission unabhängig zu machen. Das Spital, nun auch näher am Ort Lambaréné, behielt den Namen »Lambarene« bei.

Nach Schweitzers Tod erwarb Teeuwissen einen Brief von ihm, datiert auf den 29. November 1949 und gerichtet an Esther Nassau, eine Enkelin:

---

15 Teeuwissen, Raymond: *Robert Hamill Nassau, 1835–1921. Presbyterian Pioneer Missionary to Equatorial Africa*. Louisville, 1973. Auf Nassau stieß Teeuwissen 1959–1963 als Repräsentant einer ökumenischen Kommission der Presbyterian Church in the United States of America in Äquatorialguinea. Dort entdeckte er Reste des voluminösen *My Ogowe* von 1914. Teeuwissens Text stellen seine Erben im Internet zur Verfügung: http://suzanneteeuwissen.free.fr/Home.html (24.6.2009).

16 Teeuwissen, 1973, S. 5.

»Toujours, je me sens un peu le successeur du Dr. Nassau«,[17] hatte Schweitzer ihr versichert. Im Notizbuch von Schweitzers Amerikareise zum Goethe-Festival in Aspen sind am 21. Juni 1949 private Spender aus den USA aufgelistet, samt Summen, Namen, Adressen. Danach hatte Nassaus Enkelin einen symbolischen Betrag von 10 US-Dollar beigetragen. Schweitzer vermerkte: »Esther Foster Nassau petite fille de Mary Foster-Nassau morte au Gabon dont le tombeau est à Lambaréné. Adresse Journal Yachting 205 East 42nd Street, New York City.«[18] Das Grab von Mary Brunette Foster Nassau findet sich allerdings nicht in Lambaréné, sondern auf der ebenfalls von Nassau gegründeten Missionsstation, Talagouga.[19]

Von Heimaturlauben abgesehen verbrachte Nassau 45 Jahre am Golf von Guinea und am Ogowe, mit einer Zähigkeit und Geduld, die nahezu störrisch anmuten kann, während seine Kritik an kolonialer Praxis wuchs. Zwar zeigte er Anwandlungen von Ärger oder Ungeduld gegenüber Personal, blieb jedoch generell bei seiner Grundhaltung von »patience, prudence, decision and tact«[20]. Nassaus Tochter wurde mit afrikanischen Spielgefährten groß und sprach so fließend Mpongwe wie Englisch. Charakteristisch für Nassaus kolonialkritische Position ist seine anklagende Ballade von 1872, die sich unter anderem gegen die trotz der Verbote weiterhin übliche lokale wie transatlantische Sklaverei richtete, gegen den Mangel an Empathie und gegen die Profitgier bei Weißen wie Schwarzen beim Raub und Verkauf der Kinder Afrikas, das er mit Niobe aus der griechischen Mythologie vergleicht:

> »A Niobe, that country stands, / Her children sold to other lands. / And weeps the living death they die / In unrequited Slavery. / Weeps that the white man's stony heart / For dusky skins could find a mart; / Weeps her own

---

17 Brief im Besitz des Archivs der Familie Teeuwissen, Paris. Zitiert mit freundlicher Genehmigung.
18 Syracuse University, New York, Special Collections Unit: The Schweitzer Papers. Box 12. Voyage en Amérique 22.6.49. Notes from the U.S. trip. Nach Schweitzers handschriftlicher Paginierung der Seiten in dem fadengehefteten Notizbuch findet sich der Eintrag auf Seite 36.
19 Nassau, Robert H.: *The Path she Trod. A Memorial to Mary Brunette (Foster) Nassau by her Husband.* Philadelphia, 1909, S. 204.
20 Nassau, Robert H.: Africa. In Board of Foreign Missions (Hg.), *Historical sketches of the missions under the care of the Board of Foreign Missions of the Presbyterian Church, U.S.A.* Philadelphia, 1891, S. 18.

greed of foreign pelf / That turned her sword against herself, / And, for the trinkets of a day, / called to a chain her child from play.«[21]

Auch die Komplizenschaft der Zwischenhändler in West- und Zentralafrika beklagte Nassau, der am Ogowe Augenzeuge von Sklaventransporten wurde: »In one of those canoes was a little boy certainly not four years of age. He was such a bright-looking child! After all this long interval of years, I can still see that boy's eyes, as clearly as yesterday. Not, as I had seen in others, terror, or pain, or hopelessness. [...] I felt sure he had been kidnapped.«[22] Ihm fielen auch Gerüchte zum Menschenhandel auf, etwa die Idee, Weiße seien Kannibalen: »White men eat their negro slaves.«[23] Vermutlich leitete sich die invertierte Kannibalismus-Fiktion der Afrikaner aus der Erfahrung ab, dass die Abertausenden Verschleppten niemals wiederkehrten.[24] Menschenhandel war seit der Französischen Revolution sukzessive stärker verurteilt worden, Großbritannien und Frankreich hatten dem Geschäft um die Mitte des 19. Jahrhunderts abgeschworen. Auf dem Papier wurde seine Abschaffung mit der Berliner »Kongokonferenz« der Kolonialmächte von 1884 erklärtes Ziel, und tatsächlich hofften die Kolonialverwaltungen, wie Andreas Eckert hervorhebt, »auf einen graduellen Niedergang der Sklaverei ohne soziale und wirtschaftliche Turbulenzen.« Jedoch galt jene Praxis auch »als kaum verzichtbar zur Mobilisierung von Arbeitskräften [...]. Der unter chronischem Personalmangel leidende koloniale Staat [baute] insbesondere in seiner Frühphase in der Regel auf die Zusammenarbeit mit lokalen Herrschern, die wiederum oft zu den größten Sklavenbesitzern gehörten.«[25]

Rare Fotografien aus der Zeit verdanken sich Francis W. Joaque, einem schwarzen Fotografen mit einem Atelier in Gabuns Hafenstadt Libreville. An der Küste wie im Landesinneren porträtierte er wohlhabende afrikani-

---

21 Nassau, Robert H.: *Africa. An Essay*. Philadelphia, 1911a, S. 15 (verfasst 1872, vier Jahre vor seinem Aufbruch an den Ogowe).
22 Nassau, 1914a, S. 26f.
23 Nassau, 1914a, S. 393.
24 Rich, Jeremy: My Matrimonial Bureau: Masculine Concerns and Presbyterian Mission Evangelization in the Gabon Estuary, ca. 1900–1915. In *Journal of Religion in Africa, 36*(2), 2006, S. 210: So hatte die Mutter eines Schülers etwa 1910 den presbyterianischen Missionar Milligan in Verdacht, ihren Sohn an der Schule von Baraka »gegessen« zu haben.
25 Eckert, Andreas: 125 Jahre Berliner Afrika-Konferenz: Bedeutung für Geschichte und Gegenwart. In *GIGA Focus, Institut für Afrika-Studien*, Nr. 12, 2009, S. 5.

sche Familien sowie weiße Kaufleute, etwa posierend neben ihren »Boys« oder dem Elfenbein erlegter Elefanten. Joaque war Enkel eines aus Amerika nach Westafrika remigrierten Sklaven, der sich in Freetown, Sierra Leone, niedergelassen und eine protestantische Missionsschule besucht hatte, der er eng verbunden blieb,[26] was Joaques Zugang zu Nassau erleichtert haben kann, als er ihn 1878 kennenlernte. Damals notierte Nassau: »On January 5, I had my photograph taken by a Sierra Leone native, Joaque.«[27] Er traf den Fotografen immer wieder, so im Dezember 1880 in Libreville vor der Abreise in sein Sabbatical: »While waiting [...], I occupied myself in Fanwe [Fang] translations, with Rev. Mr. Truman; and collecting African photographs from the photographer Joaque; and buying leopard skins and many other curios for gifts to friends in the United States.«[28]

Am 22. März 1886 verschob Nassau die Abreise seiner Schwester Isabella mit Mary auf dem Flussdampfer vom Morgen auf den Mittag, damit Joaque Fotografien von ihnen allen und Marys Kinderfreund Keva aufnehmen konnte: »He did so, very

Abb. 1: Nassau als alleinerziehender Vater mit Tochter Mary in Talagouga, März 1886; aufgenommen von Joaque[29]

---

26 Schneider, Jürg: The Topography of the Early History of African Photography. In *History of Photography, 34*(2), 2010.
27 Nassau, 1914a, S. 238.
28 Nassau, 1914a, S. 334.
29 Großer Dank gilt der Familie Teeuwissen, Paris, dafür, dass sie Fotografien aus ihrer Sammlung zur Verfügung gestellt hat. Einen Teilbestand von Joaques fotografischen Arbeiten hält auch das Archiv des British Museum.

Abb. 2: Nassaus erstes Wohnhaus (»Cottage«) auf der Station Kângwe, um 1878, errichtet in zeittypischer Kolonialarchitektur südlich der Sahara; aufgenommen von Joaque

successfully«. Als das Schiff abgelegt hatte, blieb der Fotograf, »to take more photographs. That evening was very lonely to me. I missed my baby. At night, for a long time, I could not go to sleep. I was listening for the sound of her breathing in her cot by my bedside.«[30] Kurz darauf erwähnt Nassau, dass er Joaque 90 Fotografien abkaufte, um sie an Verwandte in den USA zu senden.

Nassaus Gabun

In einem Band zur Missionsgeschichte der amerikanischen Presbyterianer von 1891 gab Nassau einen Überblick zu den Entsandten in den Bezirken Gabun, Corisco, Benita, Batanga und Ogowe. Sein Text richtete sich an Spender und Förderer wie an Kandidaten für den Dienst in Übersee.

Die Stationen dienten als Orientierungspunkte. Typisch für koloniale Kartografie wurden Siedlungsgebiete von Großgruppen, »Stämmen«,

---

30 Nassau, 1914a, S. 519f.

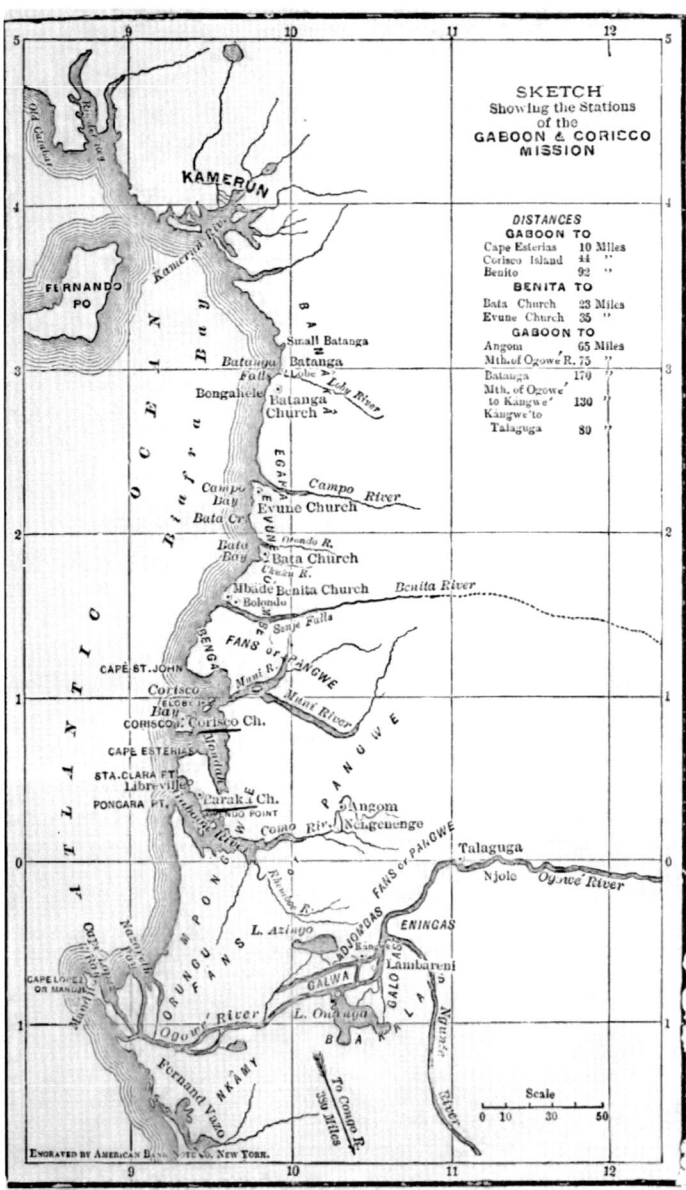

Abb. 3: Karte der presbyterianischen Missionsstationen, um 1890; in Nassau: *Historical sketches of the missions*, 1891, S. 13

kursorisch auf Flächen bezogen, hier etwa die Fang (»Pangwe«) oder um Lambaréné die Galoa (»Galwa«) und »Eninga«. Die zentrale Station Baraka im Bezirk »Gabun« war an der Küste im Juni 1842 durch den American Board of Commissioners for Foreign Missions gegründet worden. 1850 folgte Corisco, 40 Meilen vor Libreville, 1865 Benita an der Mündung des gleichnamigen Flusses im Norden von Gabun. 1874 dann gründete Nassau Kângwe, und baute stromaufwärts 1882 mit Talagouga eine weitere Station am Fluss auf. 1889 entstand Batanga, nominell auf dem Gebiet von »Deutsch-Kamerun«.

Als Nassau seinen Bericht von 1891 verfasste, nahm sich der Umfang der Mission bescheiden aus. Sie zählte neun Gemeinden mit insgesamt 1 090 Mitgliedern, ebenso neun Internatsschulen auf den Missionsgeländen, besucht von 317 Jungen und Mädchen, sowie 955 Teilnehmer an »Sabbath-Schools«, Sonntagsschulen zur Evangelisierung. 32 einheimische Hilfs- und Lehrkräfte waren auf den Stationen beschäftigt, es gab acht einheimische Anwärter auf geistliche Ämter. Geldverkehr war noch so gut wie unbekannt, üblich waren Tauschhandel und Bezahlung in Gutscheinen für Waren, vor allem Messer, Geschirr, Perlen, Fischhaken oder bedruckte Stoffe. Auf Pflanzungen wurden Kochbananen und Maniok kultiviert, Tapioka, Mais und Zuckerrohr, gegessen wurde auch Buschwild und Fisch. Siedlungen regionaler Großgruppen entstanden sämtlich dicht an Fluss- und Seeufern, und Wasserwege bildeten die Infrastruktur. Pirogen waren die wichtigsten Transportmittel, ehe mit den Europäern Dampfboote und Segelschiffe anlangten. Seit 1885 besaß man den Schoner »Nassau« aus Liverpool, finanziert über Kollekten in Amerika und ständig im Einsatz.

Das Neue Testament, Hymnen, der Katechismus und Traktate für junge Leute waren in die verwandten Sprachen Benga and Mpongwe übersetzt worden, teilt Nassaus Bericht mit, die Bevölkerung sei angenehm, gelehrig und gastfreundlich. Für das Missionspublikum setzte er freilich hinzu, das sei oft nur »a thin covering to a wild nature«, sichtbar am Fall der Fang, die er hier als »fierce and warlike«[31] bezeichnet (Stereotype, die er in seinen Journalen weitgehend mied). Nassau versicherte, zwar sei der Glaube an ein höheres Wesen vorzufinden, doch kein Begriff von Sünde, Schuld oder Dankbarkeit. Hocherfreut hingegen vermeldete er, arbeitende Frauen sowie lernende Mädchen fänden Akzeptanz, offenbar um die Region von islamisch geprägten Gebieten abzusetzen. »[T]here being nothing in the

---

31 Nassau, 1891, S. 17.

native ideas or customs to prevent a woman doing all that her time, capability and strength may suggest«[32]. Negative Aspekte seien Polygamie, Sklaverei, Trägheit und der Konsum von Rum, Gin und Whiskey.

Gerade im Umfeld der europäischen Handelskontore von Lambaréné beobachtete Nassau Profitsucht und Alkoholabusus: »At the tradinghouses, I never had opportunity to preach on Sundays, [...] the class of natives that gathered around the traders' houses, thought and spoke only of buying and selling, and asked only for liquor.«[33] Besorgt sah er, wie Fremdherrschaft lokale Strukturen auflöste und tradierte Autorität untergrub: »The foreign governments forced on the natives, while they have not been cordially accepted, and therefore as yet exert very little authority, have broken up the little protection which that patriarchal government did give to the country.«[34] Aktiv intervenieren durften Missionare, zu politischer Abstinenz verpflichtet, nicht. Verbal wird Nassau jedoch deutlich, etwa angesichts der Doppelmoral der Justiz: »In Africa scarcely any native was safe, before a foreign tribunal, on even a trumped-up complaint made by any white man, and especially by a white official. The victim's wife or daughter was often the price of his release.«[35]

Nassaus Texte fanden in den Lambarene-Narrativen der bundesdeutschen Nachkriegsjahre keinerlei Beachtung, sie waren freilich schlicht unbekannt. Ihr Rohmaterial bezogen Nachkriegsdarstellungen auch weniger aus Primärtexten von Schweitzer als aus den daraus gefilterten Sekundärtexten. Schweitzers Afrikatexte entstanden fast durchweg um die Mitte der 1920er bis Ende der 1930er Jahre, *Zwischen Wasser und Urwald* (1921), *Afrikanische Jagdgeschichten* (1937) und, als revidierte Version, *Afrikanische Geschichten* (1938). Diese Texte bildeten den narrativen Rumpf des imaginierten Lambarene-Szenarios mit einem in seiner Essenz konserviert wirkenden »Afrika«. Sekundärtexte erzählen sie im Duktus von Heiligenlegenden nach, als ewiges Passionsspiel von Siechtum und Heilung, Bedrohung und Nächstenliebe, mit Afrikanern als Statisten in der Kulisse des tropischen Dramas, für das der feindliche »Urwald« zur Generalmetapher wurde. 1954 personifizierte Hermann Hagedorn den Urwald von Lambarene als Antipode des zivilisierenden Werks:

---

[32] Nassau, 1891, S. 25.
[33] Nassau, 1914a, S. 115.
[34] Nassau, 1891, S. 15.
[35] Nassau, 1914a, S. 272.

> [Er] lauerte schwarz und riesenhaft, unbeeindruckt von der Gegenwart der Menschen und Tag und Nacht darauf bedacht, den Missionaren das kleine Fleckchen Erde streitig zu machen, das sie ihm [...] abgerungen hatten. Am Fuße des Hügels war der Strom, auch er wild und rücksichtslos, aber immerhin in seinen urzeitlichen Ufern gebändigt. Der enge Platz zwischen Wald und Strom schien nicht für undisziplinierte Geister, für Phantasten oder Willensschwache geschaffen zu sein.«[36]

Hagedorns Schweitzer beansprucht dort, noch als Nobelpreisträger, nur spartanischen Raum für sich:

> »Auserwählt von dem Gremium, das die höchsten Ehrungen dieser Welt zu vergeben hat; [...] von Millionen als eine der größten Gestalten – vielleicht die größte seiner Zeit – angesehen: So geht Albert Schweitzer in ausgebeulten Hosen und mit offenem, zerschlissenem Hemd unter seinen Urwaldkindern und zwischen den 40 Häusern seines Spitals hin und her, repariert die Pumpe, flickt das Loch im Dach, beaufsichtigt die Eingeborenen bei der Arbeit, liebkost Léonie und Théodore, seine jungen Antilopen, lacht, grübelt, staunt – und ringt. Er ringt mit sich selbst. Hinter der heiteren Fassade des tüchtigen Verwalters, des freundlichen Arztes, des Patriarchen, ringt er um Zeit, um Ungestörtsein, um die Probleme einer im Atomzeitalter möglichen Katastrophe durchdenken zu können. Aber über seinem Leben steht das Goethewort: Entbehren sollst du, sollst entbehren!«[37]

Was als Realität beschworen wird zeigt sich als delirierend irreal, und erinnert an den Befund von Margarete und Alexander Mitscherlich von der »Orientierung am Unwirklichen«[38]. Tropenärzte und Missionskliniken gab es ja tatsächlich zu Hunderten, und umso auffälliger wirkt die inflationäre Überhöhung von Lambarene. An ihr hatte Schweitzer durchaus mitgewirkt, etwa wenn er 1938 mitteilte:

> »Das Haus, in dem ich diese Afrikageschichten niederschreibe, steht auf einer kleinen Anhöhe am Ogowe oberhalb Lambarenes, die Adolinanonga heißt – das bedeutet ›Der über die Völker hinaussieht‹. Sie ver-

---

36 Hagedorn, 1954, S. 90.
37 Hagedorn, 1954, S. 211f.
38 Mitscherlich und Mitscherlich, 1967, S. 16.

dient diesen Namen. Von hier aus schweift der Blick über den Fluß, [...] die grünen Inseln [...] und über die Dörfer [...] zu der blauen Bergkette hin [...]. Auf dieser breiten Anhöhe lag das große Dorf des Königs der Galoas, der N'Kombe, Sonnenkönig, genannt wurde.«[39]

Der Autor pflanzt sich an den Ort dessen, der die irdische Ordnung transzendierend »über die Völker hinaussieht«, und setzt sich mit dem an Absolutismus erinnernden »Sonnenkönig« in die Mythenwelt am Ogowe ein, als Nachfolger des Souveräns, der einst über die Akteure am Ort gewacht hatte.

Dass der französische Marineoffizier Savorgnan de Brazza, Namensgeber von Brazzaville im Kongo, Lambaréné während seiner Expeditionen Endes des 19. Jahrhunderts als eines seiner Hauptquartiere genutzt hatte, wird ähnlich verwendet: »Brazza war dort schon an Land gegangen, als er zum ersten Mal den Ogowe hinauffuhr. Er wohnte in einer Hütte, da wo jetzt mein Schlafzimmer steht. [...] kam er aus dem Inneren zurück, so ging er in diese Hütte, die der König für ihn hatte bauen lassen.«[40] Schon 1921 tauchte de Brazzas Verbindung zu Lambaréné in *Zwischen Wasser und Urwald* auf. Schweitzer rühmte sich auch, mit André Loembè einen Mann beschäftigt zu haben, der in seiner Jugend als Koch mit de Brazza unterwegs gewesen sein soll. Marie Woytt-Secretan beschreibt dessen Grab auf dem Friedhof des Spitals, und dass Schweitzer dem bereits gealterten Mann in Port Gentil begegnet sei, wo dieser ihn nach Arbeit fragte.[41] 1890 taucht der Name André Loembè auch im Bericht eines Kolonialbeamten über eine Expedition im Norden des Tschad auf, die mit der Ermordung des Afrikaforschers Paul Crampel durch Afrikaner endete.[42] Vermutlich handelte es sich um denselben, 1890 noch jungen Mann, der damals die Geistesgegenwart besessen hatte, sich in Sicherheit zu bringen, und sich später lieber damit empfehlen wollte, dass er mit de Brazzas zu tun hatte, als mit der unseligen Expedition. Schweitzer war dieser Kontexte verborgen geblieben, oder aber er hob für seine Geschichte lieber de Brazza hervor.

---

39 Schweitzer, 1938, S. 12.
40 Schweitzer, Albert: Ansprache in Andende, gehalten 1963. In Schweitzer, 1969, Bd. 4, S. 112.
41 Woytt-Secretan, 1953, S. 162.
42 Nebout, Albert: La Mission Crampel. In *Le Tour du Monde*. Paris, 1891, Kap. XI: Der Überlebende der Expedition erfuhr 1891, dass der gesamte Kerntrupp ermordet wurde.

Während bei Schweitzer jedwedes Fragment einer afrikanischen Biografie abwesend ist, allenfalls ein Name und eine Funktion genannt werden, berichten Nassaus Chroniken detailliert. Eine der aussagekräftigsten Episoden für die Dynamik der Transformation am Ogowe ist die vom Schülertheater in der Mission.

Nguva und das gefährliche Theater am Fluss

Auf der Missionsstation Kângwe, eine halbe Stunde per Boot vom Handelsposten auf der Flussinsel Lambaréné entfernt, kam es Ende 1879 zu erheblichem Aufruhr. Die dramatischen Ereignisse, aufgeladen von Konflikten zwischen Generationen und Bevölkerungsgruppen am Mittleren Ogowe, zogen sich über Tage hin. »I do not remember any other seven consecutive days in my African life, up to that time, so crowded with such a series of anxieties and excitements«[43], vermerkte Nassau. Anlass war die Aufführung eines Theaterstücks, worin sich Missionsschüler um den jugendlichen Nguva über traditionelle Riten und »Aberglauben« mokiert hatten. Erwachsene hatten davon Wind bekommen, beschuldigten Nassau und beschimpften die Kinder. Der Vorfall löste erhitzte Debatten und sogar Morddrohungen aus. Nassaus guter Ruf in der Region stand auf der Kippe. Was war passiert?

Als Nguvas Truppe ihr Satiretheater aufführte, lebten in Nassaus Missions-Internat etwa 30 Schülerinnen und Schüler. Anstatt Schulgeld zu zahlen, arbeiteten sie neben zwei Dutzend Erwachsenen auf den Pflanzungen und Obstplantagen. Das Personal besorgte Küche und Wäsche, ruderte den Missionar und dessen Gäste zur Poststation oder zum Einkauf auf dem Markt nach Lambaréné, werkten als Zimmerleute und Tischler und kümmerten sich um Ziegen und Hühner. Die meisten Arbeitskräfte gehörten zur Gruppe der Galoa. Nassau wurde respektiert von vielen der Flussanrainer, die ihre Kinder auf sein Internat schickten und der Mission Waren verkauften. Er behandle Einheimische nicht »as servants«[44], schrieb Nassau, und plädierte für einen multiperspektivischen Blick: »[W]ithout lowering any of my own standards or ideals, I had learned to look at all questions of ethics, and even of morals, from the native's point of view.

---

43 Nassau, 1914a, S. 321.
44 Nassau, 1914a, S. 442.

Advancing on that line, I had met receptivity.«[45] Ungewöhnlich war auch Nassaus klare Ablehnung von Körperstrafen und physischer Gewalt, und dass er nichtchristliche, spirituelle Vorstellungen als sinnstiftende Symbolbildungen anerkannte. Diskussionen mit afrikanischen Gesprächspartnern gab er ohne Wertung wieder, wie die wachen Fragen des kleinen Kimagwe zu Himmel und Hölle: »He asked, ›Are there towns up there?‹ ›Will the bodies of those who have been burned arise?‹ ›Will infants go to the bad place?‹«[46] 1878 staunte er, als ein Schulkind ihn während der Ferien fragte, wann denn »›the book that died would be resurrected.‹ I did not at first understand that he wanted to know when school would be resumed.«[47] Anders als die Mehrzahl Weißer in Übersee mokiert sich Nassau nie über »naive« Aussagen. Umso heikler wurde es für ihn, als ausgerechnet seine Schulkinder in ihrem Theaterstück die »Rückständigkeit« der Erwachsenen parodierten.

Der Aufruhr in Kângwe begann am 23. November 1879, als die jungen afrikanische Christen auf dem Gelände der Missionsschule ihr satirisches Drama aufführten. Die Köpfe der Theatertruppe, Nguva und Mâmbâ, persiflierten offen Praktiken geheimer Initiationsriten, die sie damit nicht nur infrage stellten und für lächerlich erklärten, sondern auch preisgaben. Die Kunde von den Vorgängen auf der improvisierten Bühne drang zur Zielscheibe des Spottes durch, den Bewohnern eines Nachbardorfes, die sich provoziert sahen und Rache schworen. Details zu Szenen und Dramaturgie spart Nassau aus, doch offenbar war der gröbste Tabubruch, dass die Satire verriet, mit welchen Initiationsriten Jungen in der Pubertät in den »Geheimbund« Yasi aufgenommen wurden. Indem der Ritus auf der Bühne dargestellt wurde, empörten sich die Betroffenen, sei er Nicht-Initiierten und sogar Frauen und Mädchen bekannt geworden – das Ritual verlöre seine magische Kraft. Ein derartiger Angriff auf die Potenz der lokalen, männlichen Macht, der die ohnehin rissig werdende soziale Textur weiter gefährdete, musste Folgen zeitigen.

Im Drama um das Jugendtheater in Lambaréné spiegelten sich wie unter einer Lupe die hybriden Konflikte um Deutungshoheit, Einflussbereich und Handelsmacht in der administrativ noch nicht durchkolonisierten Region. Missionare, christianisierte Afrikaner, traditionelle afrikanische

---

45 Nassau, 1914a, S. 42.
46 Nassau, 1914a, S. 141.
47 Nassau, 1914a, S. 289.

Gruppen, europäische und einheimische Händler kooperierten und rivalisierten miteinander um Positionen und Geltung, Einfluss und Ressourcen. Fehden und Scharmützel wechselten einander ab mit Phasen, in denen Verträge, Stillhalteabkommen und friedliches bis gedeihliches Miteinander überwogen. Keine der Parteien entging den Erschütterungen der Transformation, am wenigsten die älteren Generationen der Afrikaner, deren Rang den Respekt der Jüngeren verlangte.

Nassau erklärte, er habe den Jugendlichen von der künstlerischen Provokation abgeraten, diesem »play in mockery of the great Ogowe superstition of Yasi«[48]. In seinen Bibellektionen auf der Station Kângwe warne er zwar vor Aberglauben und setze sich für Aufklärung ein, doch bewusst ohne konkrete Praktiken wie den »Yasi-Kult« zu nennen. Als Verfasser von *Bantu-Sociology*[49] und *Fetichism in West Africa*[50] kannte Nassau den Glauben an überirdische Mächte, mit dem sein Missionsauftrag konkurrierte. Initiierte in den Yasi-Kult mussten bei ihrem Leben schwören, dem Geist des Bundes zu gehorchen, den ein Priester personifizierte, was alle wussten, ohne es aussprechen zu dürfen. Bei Zuwiderhandeln drohte ein rituelles Strafgericht: »This man, secreted in the forest, [...] disguised his voice, speaking only gutturally. [...] The whole proceeding was an immense fiction; they believed in spirits and in the power of fetich [sic] charms.«[51]

Mit seiner intellektuellen Distanz würde Nassau niemanden taktlos konfrontieren, doch bei aller Toleranz war er Missionar. Dass sein christliches wie kritisches Denken im Widerspruch zur traditionellen Spiritualität stand, entging den Pubertierenden nicht, erst Recht nicht im Klima des gesellschaftlichen Umbruchs. Schülern der Mission wird klar gewesen sein, wie Nassau, bei allem Respekt, über den Yasi-Kult dachte. Im Fall Nguva schien Nassau den Eindruck meiden zu wollen, er selbst habe der Aufführung beigewohnt oder zu ihr angestachelt, denn Erfahrungen mit Tabus und Geheimgesellschaften hatte Nassau seit seiner Ankunft in Afrika mehrfach gemacht. Eine seiner ersten war die Auseinandersetzung um einen Ukuku-Geist auf der Station Benita, nördlich der Hauptstadt Li-

---

48 Nassau, 1914a, S. 322.
49 Nassau, Robert H.: *Bantu Sociology*. Philadelphia, 1914b.
50 Nassau, Robert H.: *Fetichism in West Africa: Forty Years' Observation of Native Customs and Superstitions*. New York, 1904. Von Nassaus Hauptwerk, 1904–1917 mehrere tausend Mal verkauft, erschien ein Nachdruck 1969. Seine Schreibweise »fetichism« ist eine eigens von ihm gewählte Mixtur aus »le fétichisme« und »fetishism«.
51 Nassau, 1904, S. 140.

breville, die er als »The Ukuku Fight«[52] bezeichnete. Anfangs war es um eine Forderung nach höheren Preisen für einheimische Produkte gegangen, die dann, religiös umgedeutet, in eine Konfrontation zwischen christlichen und nicht-christlichen Gruppierungen am Ort mündete, bei der Isabella Nassau Todesangst ausstand. Mit einem »Palaver«, wurde der Konflikt schließlich beigelegt. An anderer Stelle erwähnte Nassau die Redensart »Ukuku shall dance at your house« und übersetzt sie mit »you will be boycotted.«[53]

In den Tagen nach der Aufführung riefen die erzürnten »Heiden«, wie Nassau schreibt, denn auch zum Boykott gegen Nassaus Station auf. In der Konsequenz hieß das, dass ihm Flussanrainer, für die der Yasi-Kult Bedeutung hatte, keine Früchte, Kochbananen, Fische oder Baumaterialien mehr verkaufen oder ihm seine Arbeitskraft anbieten durften. Überdies drohten die Dorfbewohner, Nguva, den frevelhaften Rädelsführer der Performance, rituell zu töten. Das Missionsgelände musste nachts bewacht werden, die Missionsschüler, von denen viele aus einem Annex[54] der Mission im Siedlungscluster Igenja kamen, waren in Angst, einige brachen auf zu ihren Siedlungen, mehrere Eltern holten Töchter ab. Zuhause setzte es, wie Nassau erfuhr, Schläge dafür, dass sie als Zuschauerinnen dabei waren. Nguva selbst floh mit einem Boot in das Dorf seiner Angehörigen, Wombalya, der junge, afrikanische Christ hoffte zu Hause auf Milde – und auf Schutz vor den angekündigten Attacken. Die Lage war ernst.

Nassau sorgte sich um die Fortexistenz seiner Missionsstation. In Fehden und Konflikte mischte er sich nur ein, wenn er gefragt wurde oder wenn Angestellte direkt betroffen waren. Im Kern vertraute er darauf, dass das gute Beispiel der Mission Leuchtkraft und Attraktivität entfalten würde. Als amerikanischer Staatsangehöriger hatte Nassau, dessen Land kein Player im Wettstreit um Afrikas Territorien war, die Position eines Zaungasts. Um ihr Leben fürchten mussten Weiße am Ort selten, wie Nassau betont, sie und ihre Tauschware waren für die lokalen Handelspartner und Zwischenhändler ökonomisch viel zu interessant. Brisant wurde es, wenn Boykott und damit Isolation angedroht wurde, wie hier im Fall des Macht-

---

52 Nassau, Robert H.: *Corisco Days: The First Thirty Years of the West Africa Mission*. Philadelphia, 1910. S. 85ff.
53 Nassau, 1910, S. 82.
54 Als Annexe bezeichnete die Mission kleine Dorfgemeinden von Konvertiten, in denen teils Laienprediger und Evangelisten Gottesdienste abhielten.

kampfs um Deutungshoheiten. Mitten in der hellen Aufregung um Nguva im November 1879 hatte Missionar Nassau ohnehin mit seiner üblichen Arbeit alle Hände voll zu tun, zumal gerade neue Schüler mit Angehörigen auf der Station eingetroffen waren, und die Trauung eines Christenpaares, Ayenwe und Bayio, vorbereitet wurde. Vor allem aber stand Nassaus großer Tag bevor, die Eröffnung der ersten protestantischen Kirche am Ogowe, an der er mit Dutzenden von Handwerkern gearbeitet hatte. Der kleine Bau aus Tropenhölzern und importiertem Material am Fuß des Hügels Kângwe, direkt vor dem Bootsanleger Andende, sollte bei einer feierlichen Zeremonie eingeweiht werden.

Um den Hügel gruppierten sich die Pflanzungen mit Obst und Gemüse sowie die Holzbauten des Internats und das Wohnhaus des Missionars, einige Ställe, die Ambulanz und ein Schulbau, alles auf Pfählen errichtet, um vor Wasser und Fäulnis in der Regenzeit und das ganze Jahr über vor Termiten, Ameisen, Leoparden und Schlangen zu schützen. Just in diesen Tagen sollte Nassau, dessen Heimaturlaub bevorstand, die Station Kângwe außerdem an Reverend Bacheler übergeben, der mit seiner Frau aus Libreville angereist war. Wenige Monate vorher erst hatten die ersten protestantischen Konvertiten am Ogowe – unter ihnen auch Nguva – ihren Wunsch nach einer offiziell anerkannten Gemeinde an ihre Oberen vom Presbyterium in Boston gerichtet, in einem Brief »signed by four members of Gaboon Church and two of Benita Church, residing permanently in the Ogowe.«[55] Ihr Ansinnen war am 21. Juli 1879 angenommen worden. Nun brachte ausgerechnet Nguva mit seinen jungen Laienschauspielern solch extreme Unruhe ins Geschehen.

Nguva war ein besonderer Vertrauter. Nassau hatte ihn kennengelernt, als er 1877 ein Stück Wald am Hang von Kângwe rodete und Nguva bei ihm Arbeit suchte. Nassau schätzte Nguva auf etwa 17 Jahre. Der großgewachsene, kräftige Jugendliche habe eine brüske Art zu sprechen gehabt, eher grobe Züge und kein besonders gewinnendes Benehmen. Nassau nahm ihn mehr oder weniger seiner christlichen Cousine Aveya zuliebe an, die auch ein Liebling seiner Ruderer war. Außerdem brauchte er dringend Arbeiter. Doch Nguva stellte sich ungeschickt an und wirkte nicht besonders gelenkig, er konnte, bemerkt Nassau, nicht einmal einen Baum hochklettern, um dort Äste abzusägen, auch dann nicht, als der sportliche Missionar es ihm vormachte. Erst allmählich zeigte sich Nguvas Potenzial.

---

55 Nassau, 1910, S. 169f.

Abb. 4:
Schuljungen auf der Missionsstation Kângwe, um 1879

Abb. 5: Protestantische Kirche am Anleger Andende auf der Missionsstation Kângwe, um 1942

Abb. 6: »Amerikanische Mission zwischen Lambaréné und Ndjolé«; kolorierter Stich von 1880 nach einer Fotografie von M. Ponel; Eindruck vom Anfang der Stationsgründung Talagouga, noch ehe Kirche und Internatsgebäude der Missionsschule errichtet waren

Abb. 7: Handelsposten Lambaréné, um 1885. Die zeitgenössische, französische Postkarte zeigt schlicht umzäuntes Gelände am Ufer des Ogowe mit Lagerhäusern und Schuppen. Im Vordergrund landen Arbeiter Rundhölzer an, vermutlich Bauholz.

»I found that his apparent stupidity was only ignorance and lack of culture«, berichtete Nassau:

> »He remained in my service. I taught him to row [...]. With his strong arms he became useful as one of my boat-men. I taught him the use of tools, and he became one of my carpenters. He learned to read; not in regular school hours, but in the irregular instruction I could give him at the two hours noon rest, and at night, after the day's work on the new building was done. Under the light of Christianity and the breadth of education, his face grew bright, and the ungainliness and unskillfulness disappeared.«[56]

Dass Nguva überhaupt bei einem Weißen nach Beschäftigung gefragt hatte, war Symptom des tiefgreifenden Strukturwandels, der sich mit der kolonialen Expansion auch in diesen entlegenen Regionen anbahnte.[57] Junge Männer zogen aus Not, Neugier oder beidem von den Plantagen und Pflanzungen ihrer Dörfer in größere Ansiedlungen oder in Städte an der Küste. Wer im Binnenland lebte, versuchte, bei europäischen Holzhändlern, Kautschukunternehmern oder Missionaren Arbeit zu finden. Auch Nguva war offensichtlich nicht wegen des geistlichen Angebots in Nassaus Station aufgetaucht, sondern um durch Arbeit Waren zu erwerben – in der Regel war das Ziel dann ein Brautkauf.

Im Lauf ihrer Tätigkeit für die Amerikaner oder Europäer wurden die Jüngeren den Eltern und deren Großfamilie oft teilweise entfremdet, insbesondere die Mission und die Annahme eines anderen Glaubens waren für die Großgruppe, aus der das Mitglied ausbrach, besonders provozierend und konnten existenzielle Ängste schüren. Je mehr junge Arbeitskräfte auf ferne Holzplätze oder zur Kautschukernte aufbrachen, desto mehr Arbeitskräfte fehlten den Siedlungen, in denen der Boden bestellt und die Pflanzungen gepflegt werden mussten. So trugen die Transformationsprozesse zu den Hungersnöten bei, die bald ausbrachen. Wenig verwunderlich, wenn die ältere Generation auf den Wandel teils mit Skepsis und Zorn reagierte. Auch Verwandte von Konvertiten äußerten gelegentlich Unmut gegenüber der Mission, wenn sie bemerkten, dass der Nachwuchs vom traditionellen Glauben abfiel und Loyalität verlor. »As long as the hea-

---

56 Nassau, Robert H.: *In an Elephant Corral; And other Tales of West African Experiences*. New York, 1912, S. 16f.
57 Näher dazu Gray und Ngolet, 1999.

then saw no apparent fruits of my labor they did not oppose it«, schrieb Nassau. »But, when they saw that first Communion Table they were angry that their sons renounced heathen rites. They raged. Satan imagined a vain thing. They threatened to kill the Christians.«[58] Im Kontext mit der Yasi-Gesellschaft war es in Kângwe schon vor der Causa Nguva zu Konflikten gekommen. In der Epoche vor der Einführung der französischen Verwaltung hatten die »Geheimgesellschaften«[59] Recht gesprochen und sich auf die Autorität der Geister berufen, die sie anriefen. Deren Stimme nicht zu gehorchen sei mit der Todesstrafe belegt gewesen, erklärte Nassau. Sogar vom Vater eines Frevlers, ob Sohn oder Tochter, sei erwartet worden, dass sie dem Yasi-Geist den Auftrag geben, Gesetzesbrecher zu »essen«, also zu töten. Eines der Mitglieder der Gesellschaft sollte dann im Auftrag des Geistes die Strafe vollstrecken.

Auf Nassaus Station hatten die Konvertiten, die einst selbst initiiert worden waren, etwas Neues entdeckt. Sie hatten einen Prozess der Aufklärung durchlaufen, etwa indem sie feststellten, dass der Einfluss der Geister schwindet, erkennt man ihnen den Platz in der symbolischen Ordnung ab. Sie hatten die Angst vor der alten Autorität verloren, den Respekt: »[They] discovered that what their fathers had asserted about that Voice was a lie [...]. At first, [...] they had united, under fear of their oath and as heathen, in the interest of the control of women and children, in continuing the deception on to others. Now, as Christians, they felt they should not propagate a lie«[60], notierte Nassau. Das demonstrative Verhalten der Jugendlichen in Kângwe 1879 lässt vermuten, die jungen Konvertiten wollten mit ihrem Theaterspiel beweisen, wie kühn sie geworden waren, und dass die traditionellen *rites de passage* keine Macht mehr über sie hatten. Sie gehörten zur ersten Generation, die im Landesinneren durch Bildungsangebote auf der Missionsstation erfahren hatten, dass sich religiöse Gesetze und Denkverbote überschreiten lassen, ohne dass Sanktionen oder Katastrophen folgen. Schon ehe es zu dem frevelhaften Theater kam,

---

58 Nassau, 1912, S. 17.
59 Nassau bezeichnet die rituellen Bünde und deren Praxis als »Geheimgesellschaften«, »secret societies«, er verwendet gelegentlich auch den Begriff Loge, »lodge«. Frühe, französische Ethnologen missdeuteten die Gesellschaften als den Freimaurern ähnliche, geschlossene Gruppen mit esoterischen und verschwörerischen Ideen oder Ideologien, in einer Begriffsverschiebung, die heutige Afrikahistoriker für die Ursache vieler Missverständnisse und Fehldeutungen halten.
60 Nassau, 1912, S. 18. Nachfolgendes Zitat ebd.

hatten ältere Männer der Yasi-Gesellschaft sich bei Nassau wegen dessen »Verführung der Jugend« beklagt. »›You are a man and know all about this Voice; but you are revealing it to the women, and are teaching our children to disobey us.‹ I replied that I had never publicly talked about Yasi«. Dieser erklärte, dass er nicht etwa den Ungehorsam predige, sondern dass die Kinder in ein Alter kämen, das ihnen die Freiheit der Entscheidung zubillige, sie hätten sich, die Bibel im Herzen, freiwillig gegen den Kult entschieden. Die älteren Männer seien zuerst verärgert gewesen, »but various interests smoothed over the affair, and the subject was dropped.«

Im November 1879 hatten einige der jungen Leute und Schulkinder Nassau nach der Erlaubnis gefragt, »to have a mock Yasi procession as a play, on the Mission premises.«[61] Nassau fragte zurück, ob sie das auch in ihren Dörfern aufführen würden, und sie antworteten: »No, our fathers would kill us.« Darauf habe er sie gewarnt, sie sollten vorsichtig sein: »Wait until the number of Christians increases. At present your act is not necessary for the Truth, and will only exasperate our enemies.« Doch unter seinem Schutz und auf dem Gelände der Mission hatten sie sich sicher genug gefühlt. Dass die Angelegenheit so rasch eskalieren würde, hatten sie vermutlich nicht geahnt. Es wurde brenzlig im Wortsinn:

> »Threats were made that the white man's house would be burned. Reports came daily, shouted from passing canoes, that each night the premises would be assaulted by the Yasi society. And nightly my young men, armed, patrolled the ground as sentries. Some of the frightened school-boys excused themselves to their parents that they had been only spectators. And the heathen rage limited itself to naming, as its objects, the six church members and some half dozen inquirers. It centered itself on Nguva as one of the two leaders in the play.«[62]

Nassau berichtet, Nguva habe seinen Verwandten vertraut, ihn gegen die Erzürnten zu schützen, und habe zudem mit seiner Flucht ins Dorf versucht, die Missionsstation aus der Schusslinie zu ziehen. Vergeblich habe er Nguva überreden wollen zu bleiben. »So, by night, in a canoe [...] he slipped down river, fifteen miles, to his village.«[63] Nassaus Einschätzung

---

61 Nassau, 1912, S. 19. Nachfolgende Zitate ebd.
62 Nassau, 1912, S. 20.
63 Nassau, 1912, S. 21.

erwies sich als die realistischere. Es dauerte nur wenige Tage, und man erfuhr, die anderen Familien im Dorf hätten Nguvas Vater dazu gebracht, ihn »dem Geist des Yasi« zu überantworten – er war entführt worden. Nassau war bewusst, welches Risiko die Causa barg, und enttäuschte Schüler und Mitarbeiter, indem er zunächst schwieg. Am Ort waren neben dem Ehepaar Bacheler auch Besucher aus der Missionsstation Baraka in Libreville, darunter Jenny Lush Smith und Peter Menkel, Kapitän des Segelschiffes »Hudson«, das im Besitz der Mission war. Alle warteten auf Nassaus Kommando. Schließlich verwaltete er das Budget und verfügte über ein eigenes Schiff, die Segelyacht »Nelly-Howard«: »This was a perfectly built and handsomely equipped six-oared barge, thirty feet in length«[64], beschrieb er sie. Schließlich erklärte Nassau, er wolle den Konflikt eindämmen, auch im Interesse seines Kollegen Bacheler, der in acht Wochen seine Urlaubsvertretung übernehmen sollte. Solange Nguva auf seinem Gelände sei, könne der Missionar einschreiten, draußen nicht. Zudem sei er gerade schlecht zu Fuß. Um seine Gäste abzulenken bot ihnen Nassau einen Ausflug an auf der Nelly Howard zu seinem Freund Thomas Sinclair, ein schottischer Presbyterianer und Repräsentant des Liverpooler Handelshauses Henry Holt. Holt & Company unterhielt eine Niederlassung in Inenga bei Lambaréné, die Firma exportierte Kautschuk, Palmöl, Kaffee. John Holt (1841–1915) war 1862 nach Afrika gesegelt, hatte später in Portugiesisch-Guinea ein Kontor erworben und war inzwischen an vielen afrikanischen Orten präsent.

Thomas Sinclair kannte Nguva, den er kurz zuvor auf der Missionsstation beim Abendmahl erlebt hatte, das er als einer der wenigen weißen Händler besuchte. Mit einer Geste wies er auf Nassaus Nelly-Howard: »If this boat were mine it already would have been on its way to rescue Nguva!«[65] So überließ Nassau sein Boot Sinclair und Bacheler und erwarb auf Wunsch Bachelers – ein Veteran der US-Armee – beim britischen Handelshaus zehn Steinschlossgewehre für eine Expedition. Bacheler und Sinclair verabredeten sich für den anderen Morgen in Nassaus Haus, am Abend beteten alle in Kângwe für Nguva. Zu Nassaus Überraschung meldeten sich 15 Freiwillige für die Fahrt zur Rettung von Nguva, zehn wurden ernannt. Nassau verstaute in der Nacht noch Proviant, Waffen, Werkzeuge, Verbandsmaterial und Medikamente auf dem Schiff. Peter Menkel, der Kapi-

---

64 Nassau, 1912, S. 22.
65 Nassau, 1912, S. 23.

tän, dessen Vorfahren schwarze Sklaven in Amerika gewesen waren, wollte die Nelly-Howard steuern, und die Retter machten sich auf den Weg.

Am Landeplatz von Ovimbiyano trafen sie auf bewaffnete Männer, die sich jedoch von den Winchester-Gewehren beeindrucken ließen und die Abordnung empfingen. Wo Nguva versteckt war, wollte niemand preisgeben, doch dessen Freund Ntyuwa der heimlich mit an Bord der Nelly-Howard gehüpft war, fand es heraus: In eine Ansiedlung am gegenüberliegenden Ufer, Atangino! Drei Meilen entfernt. Mit einem Täuschungsmanöver lenkte der Kapitän die Anrainer von seinem intendierten Kurs ab, die Fahrt zu Nguvas Gefängnis glückte. Sie warteten, bis die meisten Leute auf den Pflanzungen und nur Alte und Kinder im Dorf waren. Ungeachtet des Geschreis eines Alten, der als Wachmann abgestellt war, hatten sie den angeketteten Nguva losgemacht. Noch mit der Kette am Bein schaffte man ihn zum Boot und legte ab. Wütendes Rufen der alten Leute am Ort folgte dem Schiff, das sich auf der Mitte des Stroms hielt, um Schüssen vom Ufer zu entgehen, und das auch den Pirogen entkam, die die Verfolgung aufnahmen. Als sie vom Gebiet der Galoa in das der Fang gelangten, waren sie in Sicherheit. Nassau beeilt sich zu erwähnen, dass auch die Fang ähnlich starken Aberglauben wie die Galoa besäßen, es jedoch keine Solidarität gebe: »The lack of any solidarity among African tribes has been a prime factor in the success of their invasion by foreign powers.«[66] Bei der Rückkehr trug Nguva immer noch die Kette, die man ihm abnehmen musste und die Missionar Bacheler als Souvenir erhielt, ehe sie 1883 ihren Weg ins New Yorker Missionsmuseum fand.[67]

Vor allem Sinclairs Anwesenheit, schätzte Nassau, hatte den Erfolg gebracht. Das Leben eines bekannten Händlers zu gefährden, habe niemand gewagt, es sei noch kostbarer und nützlicher, als das eines Missionars. Zwar war Missionar Bacheler bereit, die Verantwortung für die Aktion zu übernehmen, doch in den Augen der Bevölkerung, so Nassau, war er selbst der Kopf, da die Aktion von seinem Gelände und seinen Gästen ausgeführt worden war, so wie ein Chef die Taten seines Clans verantwortet. Die aufgebrachten Galoa gaben daher die Parole aus, sie würden ihn nicht mehr »in ihrem Ort sehen«, Umschreibung für eine Drohung,

---

66 Nassau, 1912, S. 30.
67 Nassau, 1912, S. 35 erwähnt das: »Nguva's chain, kept as a souvenir by Dr. Bacheler, was brought to the museum of the Mission Building, 156 Fifth Avenue, New York City, in 1883.«

von der sich Nassau, wollte er seine Autorität behaupten, keinesfalls einschüchtern lassen durfte. Mit Bedacht legte er es darauf an, sich auf dem Weg zum Jahrestreffen der Presbyterianer in Libreville im Januar 1880, an Deck des Missionsschiffs zu zeigen, als es am Anlegeplatz der Siedlung vorbeifuhr, ein Gewehr hatte er vorsichtshalber dabei; und die Besatzung stimmte »a brilliant boat-song«[68] an. Auch vom Ufer seien Rufe der Bewunderung gekommen, und, wie überall üblich, hielten Anrainer Geflügel, Yamswurzeln und andere Artikel hoch, die sie zum Verkauf anboten. Nassau winkte ihnen lachend zu, versprach wiederzukommen und tat es wenig später, um festzustellen, dass die Feindseligkeit gewichen war. Im Jahr darauf wurde Nguva zum ersten »elder« der Presbyterianer am Ogowe ernannt.[69] Der Yasi-Kult, endete Nassau die Erzählung, werde inzwischen kaum noch praktiziert – eine gewisse Übertreibung.[70] Jeremy Rich macht darauf aufmerksam, dass der Yasi-Kult – bei ihm als »Yassi« transkribiert – nicht allein mit der Initiation, sondern auch mit einem Ritual verknüpft ist, das der Strafverfolgung dissidenter oder krimineller Mitglieder der Gruppe dient. »Yassi, a masked spirit who entered Galwa clan villages by the Ogooué river to punish criminals, was a scourge to Catholic and Protestant missionaries.«[71] Yasi-Masken vom Ogowe aus der Zeit um 1885 befinden sich heute im Musée Neuchâtel und im Pariser Musée nationale.

Auf die sagenhafte Rettung des jungen Nguva kommt auch einer der schillerndsten Zeitzeugen zu sprechen, der Reiseschriftsteller und sogenannte »Trader Horn«, eigentlich Alfred Aloysius Smith, der damals für Hatton & Cookson tätig war. Er hatte gerade in Adolinanongo, gegenüber von Lambaréné, seine Überseepost abgeholt, als er das Gerücht hörte, einer von den Missionsjungen sei gefangen genommen worden und solle hinge-

---

68 Nassau, 1912, S. 34.
69 Die der reformierten, protestantischen Kirche angehörenden Gemeinden der Presbyterianer haben das Amt des »Ältesten«, »elder«, dem u. a. die Aufgabe zufällt, über Riten und kirchliche Ordnung zu wachen.
70 Siehe Bonhomme, Julien: L'anthropologie religieuse du Gabon. Une bibliographie commentée. In *Cahiers Gabonais d'Anthropologie*, n°17, 2006, S. 2019–2036. Ihm zufolge existieren im heutigen Gabun eine Vielzahl ritueller Initiationspraktiken fort, meist beim sogenannten Bwiti-Kult, darunter rites des passage für junge Männer wie Yasi, Mwiri, Okukwe, Mongala, Mukuyi und Mbembele.
71 Rich, Jeremy: *Missing Links. The African and American Worlds of R. L. Garner, Primate Collector*. Athens, 2012, S. 97.

richtet werden, da er gegen den »Isoga«[72] eines benachbarten Dorfes »gepredigt« habe. In Horns Version erhielt Nassau die Hauptrolle:

> »Der Doktor, der die Aufsicht über die amerikanische Mission führte, hörte davon noch rechtzeitig und rettete den armen Jungen. Der tapfere Doktor versammelte seine Burschen und ruderte mit ihnen in das Dorf, wo der Junge gefangen war. Mit dem Revolver in der Hand stürzte er in den Tempel und befreite das Opfer. […] Das war eine tapfere Tat, und seither wurde der alte Doktor der Presbyterianermission als ein Held betrachtet.«[73]

Lambaréné im Wandel

Auf der Insel Lambaréné unterhielten damals seit knapp einem Jahrzehnt Angestellte der Liverpooler Firma Hatton & Cookson sowie des Hamburger Handelshauses Woermann Handelsposten.[74] Als Vertreter der Hauptniederlassungen an der Küste erwarben sie hier Kautschuk, Elfenbein und Palmöl, großenteils im Tauschhandel. Tropenhölzer wurden für den Handel erst in den Jahren vor dem Ersten Weltkrieg relevant. Zu den Tauschwaren der europäischen Händler zählten Salz, Rum, Messer, Äxte, Jagdgewehre, Angelhaken, Draht, Baumwollstoffe, als »Neptunes« bezeichnete Kupferkessel und Schmuckaccessoires wie die sprichwörtlichen farbigen Glasperlen. Von der französischen »Schutzmacht«, die 1839 und 1842 an der Küste Verträge mit lokalen Clanchefs, sogenannten Königen (»rois«), abgeschlossen hatte, war im Landesinneren, gut 200 Kilometer von der Küste entfernt, 1879 noch wenig zu spüren, auch wenn Frankreich auf der Insel Lambaréné seit Kurzem einen Verwaltungsposten unterhielt

---

72 Wie »Oganga« ein in kolonialen Texten der Epoche transkribierter Mpongwe-Begriff für traditionelle Heilkundige, die auch als »witch doctor« oder »Fetischmann« usw. bezeichnet wurden.

73 Smith, Alfred A. [Trader Horn]: *Abenteuer an der Elfenbeinküste.* Leipzig, ca. 1928, S. 195f. Das Buch hatte zur Lektüre Schweitzer gehört.

74 Die Firma C. Woermann, die ihre erste Niederlassung in Gabun 1862 gegründet hatte, engagierte sich im kolonialen Handel mit Afrika, indem sie u. a. Branntwein und Waffen aus dem Deutschen Reich gegen Palmöl, Elfenbein und Kautschuk tauschte. 1880–1910 führte Adolph Woermann die Firma, der 1890 in den Kolonialrat berufen wurde. Er unterhielt in der Region von Libreville Kaffeeplantagen, die im Januar 1888 an die 40 000 Kaffeesträucher zählten.

und gelegentlich französische Patrouillenboote auf dem Ogowe kreuzten. Noch waren Europäer dabei, den Ogowe zu »entdecken« und dessen weitverzweigtes Delta am Golf von Guinea genauer auf Landkarten abzubilden, um die weißen Flecken zu füllen. Koloniale Verwaltungsaktivitäten spielten sich vor allem in der 1849 gegründeten Hauptstadt Libreville ab, von der das Gebiet im tiefen Regenwald eine Reise von drei bis sieben Tagen entfernt lag, je nachdem, mit welchem Wasserfahrzeug und bei welcher Wetterlage.

Zwischen Ende des 18. und Beginn des 19. Jahrhunderts war die Nachfrage nach Sklaven für Brasilien und die Karibik trotz der Handelsverbote angestiegen. Seit Längerem gewöhnt an Pakte mit Europäern mischte die Küstenbevölkerung mit im Machtpoker um Waren, Monopole und Einfluss. An der Küste hatte sich das Einsatzgebiet der britischen und französischen Flotten befunden, die seit der frühen Mitte des 19. Jahrhunderts das Verbot des Sklavenhandels überwachten. Noch bis ins späte 19. Jahrhundert hinein existierte informell der seit Beginn des Jahrhunderts verbotene Handel mit Sklaven. Ihr Hauptaugenmerk richteten die britischen Marinepatrouillen zunächst auf die hochfrequentierte Region der Kongomündung südlich von Gabun. Mit seiner Illegalisierung, in Großbritannien 1833, in Frankreich 1848 gesetzlich verankert,[75] wich der Sklavenhandel auf die weniger kontrollierte Region um die Ogowe-Mündung und Fernan Vaz aus. Mit der »Entdeckung« des Flusses Ogowe drangen Europäer tiefer in die geografischen Binnenräume ein, »ce vaste hinterland léthargique«[76], wie der französische Politiker und spätere Kolonialbeamte Raymond Susset noch 1934 über die Gebiete urteilte. Er appellierte damals an seine Regierung, das Potenzial der an Tropenholz reichen Kolonie stärker auszuschöpfen und Libreville zu einem Welthafen zu machen. Als vorrangig für diesen Prozess schätzte Susset, wie zahllose andere Kolonialtheoretiker, die Rolle der Kolonialmediziner ein: »Lui seul parvient à pénétrer dans l'intimité de l'indigène. Il est mieux placé pour comprendre sa mentalité primitive et pour lutter contre les mystiques ancestrales.«[77] Mithin sei der

---

75 Am 27.4.1848 hatte Victor Schoelcher, Staatssekretär im Ministerium für koloniale Angelegenheiten in Paris, einen Erlass unterzeichnet, der die Sklaverei offiziell abschaffte. Es war die zweite Abolition – die erste hatte Napoleon Bonaparte nach den Aufständen in der Karibik 1802 und 1804 wieder rückgängig gemacht.
76 Susset, Raymond: *La Vérité sur le Cameroun et l'Afrique Équatoriale Française*. Paris, 1934, S. 84.
77 Susset, 1934, S. 177.

Arzt der optimale Aufklärer, Vorhut des zivilisatorischen Fortschritts und durch seine Heilerfolge nachgerade dessen Propagandist.[78]

Nicht nur bei Missionsgesellschaften, auch bei den europäischen Regierungen diente der Einsatz gegen die Missstände in der Kolonialordnung zugleich der Legitimation, diese aufrecht zu erhalten. Vor dem Missstand »Krankheiten« galt die Globalisierung der Ware Mensch, der Missstand »Sklavenhandel«, als vornehmster Rechtfertigungsgrund für das Perpetuieren europäischer Präsenz. Am Ästuar Gabuns ankerten die Fregatten der kaufmännischen Handelsflotten und Handelsmarine, in den kleinen Ortschaften um das Ästuar schlossen Europäer ihre ersten Kontrakte mit Einheimischen und bauten Faktoreien, Handelskontore auf. Auf der Hinreise bestand die Fracht der Schiffe aus Tauschgütern wie bunt bedruckten Textilien, Metallwaren, Feuerwaffen, Pulver, Tabak und Alkohol. Auf der Rückreise hatten die Schiffe Elfenbein an Bord, Tropenholz – und Sklaven. Mitunter verkaufen Europäer sogar ihren afrikanischen Handelspartnern selbst Sklaven, denn leibeigene Arbeitskräfte gehörten, wie viele Ehefrauen, traditionell zum Prestige einflussreicher Großfamilien in West- und Zentralafrika. Zur Bekämpfung der afrikanischen Menschenhändler, die durch den Bann ihr lukratives Geschäft verloren, wählten Europäer an Afrikas Westküste teils paradoxe Wege. So verursachte etwa das Angebot, bereits internierte Gefangene noch vor deren Abtransport wieder freizukaufen, dass die im Handel tätigen Anwohner der afrikanischen Westküste und deren Mittelsmänner im Landesinneren mitunter nur umso mehr Gefangene machten, um die Entschädigungen, gewissermaßen als offizielle Lösegelder, zu kassieren, oder bereits Freigelassene wurden wieder eingefangen, sodass erneute Lösesummen fällig wurden.[79]

Auf der amerikanischen Missionsstation Kângwe – die später den Namen der nahgelegenen Insel Lambaréné tragen sollte – unterhielt man soziale und geschäftliche Beziehungen zu französischen, britischen und deutschen Handelshäusern am Ort. Junge Leute, auf Missionsschulen alphabetisiert und »zivilisiert«, waren für Arbeiten im Handel, in der Buchhaltung oder der Verwaltung einsetzbar und erzielten Einkommen zum Kauf von Import-

---

78 Susset, 1934, S. 182f.: Im 2,5 Mio. Quadratkilometer großen Gebiet Französisch-Äquatorialafrikas mit 3,5 Mio. afrik. und 5 000 europ. Bewohnern praktizierten 1933 69 Mediziner, es gab 115 Krankenstationen/Ambulanzen, 2 100 Betten für stationäre Behandlung.
79 Die Geschichte der Kampagnen gegen den Sklavenhandel als erste globale Erscheinung der »Fernstenliebe« ist hervorragend dargestellt in Hochschild, Adam: *Sprengt die Ketten. Der entscheidende Kampf um die Abschaffung der Sklaverei*. Stuttgart, 2007.

ware oder Bräuten. Als Gouverneur Lamothe 1898 in Gabun die »impôt de capitation« einführte, eine Art Kopfsteuer für Einwohner ab dem Alter von zehn Jahren, zwei Francs in Geld oder Naturalien, waren Missionsschüler davon ausgenommen.

Robert Hamill Nassau, der aus einer Familie der Mittelschicht an der amerikanischen Ostküste stammte, kam am 11. Oktober 1835 am Montgomery Square in Pennsylvania zur Welt. Er war das mittlere von elf Kindern eines Gelehrten, die Familie des Vaters hatte deutsche Vorfahren sowie niederländische aus dem Haus Oranje-Nassau,[80] die Mutter war irisch-schottischer Herkunft. Weltoffenheit, Literatur, Musik, klassische Bildung und protestantisches Ethos bestimmten, so sein Biograf Teeuwissen, das Klima der Familie. Robert besuchte die Schule in Lawrenceville, New Jersey, und ab dem 14. Lebensjahr das Lafayette College, an dem sein Vater, Reverend Charles William Nassau, Dozent für Hebräisch, Griechisch und Latein war. 1851 wechselte der 16-Jährige an die Princeton University und wurde Lehrer, doch gab den Lehrberuf bald auf, um Missionar zu werden. Darauf bereitete er sich von 1856 bis 1859 am Princeton Theological Seminary vor und promovierte 1861 zudem an der Princeton Medical School, um in den Tropen als *Medical Missionary* wirken zu können. Zum Pastor ordiniert wurde Nassau an der First Presbyterian Church of Cranbury, New Jersey, Teil der 1789 gegründeten, reformierten, calvinistisch geprägten Presbyterian Church in the United States of America mit Gemeinden in New York, New Jersey, Philadelphia, Virginia sowie North- und South Carolina. Im amerikanischen Sezessionskrieg stellten sich die nördlichen Gemeinden gegen die Sklavenhalter im Süden, was die Kongregation spaltete. Wenige Monate nach Beginn des Krieges segelte der 25-Jährige Anfang Juli 1861 von New York aus an Bord der »Ocean Brig« gen Afrika. Er gehörte zur Nordkirche, die sich schon länger für die Verbesserung der Situation von Afroamerikanern einsetzte, und hatte an der Arbeitsgruppe für »Sailors, Soldiers, and Negroes« mitgewirkt. Die Nordkirche kooperierte mit dem American Board of Commissioners for Foreign Missions of Boston (A. B. C. F. M.), auf dessen Tätigkeit die Ursprünge der protestantischen Kirche in Gabun zurückgehen, seit nah der Hauptstadt Libreville unter dem Dach der A. B. C. F. M. um 1842 die Missionsstation Baraka etabliert worden

---

80 Nassau, 1914a, S. 273: In Kângwe zeigte Nassau einem Wissbegierigen Einheimischen ein Bild von seinem Vorfahren, Prinz von Oranje. Zu den Verwandten dürfte auch Kaiser Wilhelm I. gehören.

war.[81] Schon seit 1821, am Beginn des »Jahrhunderts der protestantischen Missionen«, wie Jean-Francois Zorn[82] es nennt, begannen Presbyterianer in Afrika Fuß zu fassen, zunächst in Liberia an der Westküste. Ab 1870 gingen ihre Stationen nach und nach in die Hände des neu gegründeten Board of Foreign Missions of the Presbyterian Church in the USA über.[83]

Von Amerikas Ostküste an den Ogowe

Bereits auf der Schiffspassage an Bord der Ocean Brig von New York Richtung Afrika begann Nassau von einem älteren Missionskollegen Benga zu lernen, eine der Bantusprachen seines Einsatzgebietes. Bei der Ankunft auf der Insel Corisco vor der Küste Gabuns konnte der Sprachbegabte, so erklärt er, sich mit den Einwohnern rudimentär verständigen. Vier weitere der regionalen Sprachen meisterte er im Lauf der Jahre. Auf Corisco traf Nassau die amerikanische Arzttochter Mary Cloyd Latta, Lehrerin an der Mädchenschule der Mission. Sie heirateten 1862 und bekamen drei Söhne, von denen einer, Paul, im Säuglingsalter 1867 an einer Infektion durch verunreinigtes Wasser starb. 1870 starb auch Mary Cloyd Latta Nassau. Der überforderte Witwer schickte seine älteren Söhne, William und Charles, zu Verwandten in den USA, um seine Arbeit als Missionar fortzusetzen. Nur noch auf Heimaturlauben und als Ruheständler würde er die Söhne wiedersehen. Seine unverheiratete Schwester Isabella Nassau kam im Frühjahr 1868 ebenfalls als Missionarin nach Corisco, um dem Bruder, vor allem als Lehrerin der Kinder, zur Seite zu stehen. Sie begleitete ihn mit Unterbrechungen bis zum Ende seiner Missionszeit. In Benita sollte Nassau, inzwischen sehr erfahren, als Pionier Stationen im Landesinneren gründen, 1876 erst Kângwe – später Andende, dann Lambaréné genannt – und, mit seiner zweiten Frau Mary Brunette Foster, 1882 die Station Talagouga, ebenfalls am Ogowe-Ufer. Zwei Jahre darauf starb im Kindbett auch Nassaus zweite Frau. Das Neugeborene taufte Nassau auf den Namen der Mutter. In den ersten Lebensjahren sorgte der alleinerziehende Vater für sie,

---

81 Gardinier, David E.: The American Presbyterian Mission in Gabon: Male Mpongwe, Gabon and African Responses. In *Africana Journal, 17*, 1998.

82 Zorn, Jean-F.: *Le grand siècle d'une mission protestante. La Mission de Paris, 1822–1914.* Paris, [1993] 2012, S. 83.

83 1961, mit der Unabhängigkeit der Kolonie und der Staatsgründung, erhielt die Evangelische Kirche von Gabun ihre Autonomie.

bis er, als auch seine Schwester längere Zeit in den USA war, die Hilfe von Anyentyuwe suchte, was den Skandal um ihn auslöste.

Im Jahr des Todes von Nassaus zweiter Ehefrau, 1884, hatte die Berliner »Kongokonferenz« begonnen, die den Verlauf der kommenden Jahrzehnte auch der Region stark prägte. Zwar war das afrikanische Territorium bereits unter den Kolonialmächten aufgeteilt, doch die Konferenz intensivierte den Wettlauf um Überseegebiete und Profite. Frankreich entdeckte sein Interesse an der vernachlässigten Kolonie Gabun und strebte die Französisierung auch der Mission an, vor allem durch die majoritären Katholiken. Zunächst verlangte Frankreich Ende der 1880er Jahre, dass Schulunterricht und Predigten auf Missionsstationen nur noch auf Französisch abgehalten wurden, weder auf Englisch noch in lokalen Sprachen. Dass dann 1891 die protestantische Pariser Missionsgesellschaft (SMEP) die Nachfolge der Presbyterianer in Gabun antrat, lag offenbar an einer Intervention von Nassaus Freund Savorgnan de Brazza. So konnte sich der protestantisch-missionarische Strang am Ort fortsetzen, in den sich 1913 der elsässische Pastorensohn Albert Schweitzer einflocht. Die amerikanischen Missionare der Region fanden teils Asyl in Missionen im Süden von Deutsch-Kamerun, wo auch Nassau nach seiner Zwangsversetzung bis 1906 auf der Station Batanga tätig war.

Nahezu täglich hielt Nassau in Übersee Beobachtungen fest. Sein Nachlass umfasst mehrere zehntausend Seiten, seine Publikationen ebenfalls viele tausend Seiten.[84] Auffällig ist die für koloniale Texte untypische Weise, in der Nassau Hunderte seiner afrikanischen Freunde, Bekannten und Mitarbeiter mit Namen nennt, von ihnen erzählt, und ganze Lebensgeschichten mitteilt. Nassaus Autobiografie und Journale aus den Jahren 1880 bis 1919 sind noch unpubliziert,[85] doch das Interesse der Forschung ist, laut John

---

[84] Eine Übersicht findet sich hier: http://manuscripts.ptsem.edu/collection/100 (4.4.2012). Sämtliche zugänglichen Nassau-Papers auf Mikrofilm hält die Yale University Library. Eine Sammlung privater Korrespondenz Nassaus und biografischer Informationen befindet sich an der Columbia University New York. Dort wurde 2011 eine Übersicht zur Sammlung erstellt. Zu Nassaus Publikationen zählen u.a. auch: *The New Testament in Benga*. Philadelphia, 1872; *Fanwe. Primer and Vocabulary*. New York, 1881 (Leitfaden zur Sprache der Fang); *Mawedo, the Palm-Land Maiden*. New York, 1882 (Darstellung der Gräuel der Sklaverei); *Mackey's Grammar of the Benga-Bantu Language*. New York, 1892; *Benga New Testament, Part II*. New York, 1893.

[85] Das Manuskript der Autobiografie umfasst 2163 Seiten; bis 1919 arbeitete Nassau daran. Es und die 33 Journalbände (bis Mai 1919) befinden sich im Archiv der Speer Memorial Library des Princeton Theological Seminary.

Cinnamon, geweckt aufgrund »their abundant detail, chronology, and information on mission history.«[86] Aufzeichnungen von Missionaren, bis vor wenigen Jahren als unprofessionell und amateurhaft gebrandmarkt, werden zunehmend als Quellen geschätzt, da Missionare, anders als andere Allochthone, oft Jahrzehnte in einer Region verbrachten, Bevölkerung, Alltag und Sprachen ebenso kannten wie traditionelle Glaubenssysteme und Rituale. John Cinnamon zitiert hierzu Valentin Y. Mudimbes[87] Einschätzung:

> »Mudimbe observes that [...] the missionary expounded ›the model of African spirituality and cultural metamorphosis,‹ while ›the traveler had become a colonizer and the anthropologist, his scientific advisor.‹ [...] Contrary to most anthropologists' ten months or, at best, two or three years of field research, many missionaries spent almost their whole lives among Africans. And, in general, an objective look at the facts indicates that their existential understanding of local habits and customs is and was very often extraordinary [...].«[88]

Und Cinnamon konstatiert:

> »Missionary ethnographers provided expert knowledge during the formative years of nineteenth- and early-twentieth-century anthropology, but are generally relegated to the footnotes of academic anthropology. Colonial missionaries were, nevertheless, crucial producers of cultural practices, knowledge, and texts in the particular locations where they worked.«[89]

Adolinanongo, Anhöhe vor der Insel Lambaréné

Der zuvor erwähnte Trader Horn war in den Jahren 1875 bis 1884 am Ogowe als Elfenbeinhändler unterwegs und markierte den Ort, an dem er zunächst tätig war, abwechselnd als »Adoninamanango«, »Adimanongo« und »Adonimango«. Der Mpongwe-Bezeichnung am nächsten scheinen

---

86 Cinnamon, 2006a, S. 425.
87 Mudimbe, Valentin Y.: *The Invention of Africa. Gnosis, Philosophy and the Order of Knowledge.* Bloomington, 1988.
88 Cinnamon, 2006a, S. 419.
89 Cinnamon, 2006a, S. 413.

Nassaus Schreibweisen »Adalinananga« und »Adali-na-'nanga« zu kommen, sowie die in französischen Quellen und von Schweitzer verwendete »Adolinanongo«. Es ging dabei um den ersten Ort am Ogowe, an dem sich europäische Händler niedergelassen hatten, und einen mit langer strategischer Schlüsselbedeutung für den Handel regionaler Akteure untereinander wie später für deren Zwischenhandel mit Europäern. Auch Forschungsreisende machten hier Station, wie der deutsch-österreichische Geograf und Mineraloge Heinrich Oskar Lenz (1848–1925), der im Auftrag der Deutschen Gesellschaft zur Erforschung Äquatorial-Afrikas gekommen war.[90]

Abb. 8: Hügel Adolinanongo zur Zeit der Gründung der Missionsstation Lambaréné; zeitgenössischer Stahlstich in *Le Tour du Monde*, 1878

Nassau erinnerte sich im Rückblick auf seine Anfangsjahre in Lambaréné: »On a high ridge, to the right bank in the river's angle, and at the head of the smaller branch, was Adali-na-'nanga, the town of the Galwa king.«[91] Als einzige Weiße wohnten zu dieser Zeit Thomas Sinclair und sein Angestellter sowie »a German house« – die Niederlassung der Firma Woermann – am Fluss, obwohl »there were others who had been attracted, in the interest of science or adventure, to this only open door to the Interior from the equatorial portion of the west coast.« Davon Namentlich nannte Nassau unter anderen auch »Dr. Lenz, of Dr. Geisefeldt's German Kongo expedition«, die von Misserfolg beschieden gewesen sei.

---

90 Lenz, Oskar: *Skizzen aus Westafrika. Selbsterlebnisse*. Berlin, 1878. Darin finden sich Schilderungen seiner drei Expeditionen 1874–1877, während derer er die Gebiete der Flüsse Muni und Ogowe geografisch erforschte.
91 Nassau, 1914a, S. 134. Nachfolgende Zitate ebd.

»A few years later the deposit of silt [dt: Schlick] in front of Mr. Sinclair's house (called ›Aguma‹) so barred the approach of all vessels that he removed it out into the main stream, a half mile below the island's head, at a place since then called Lembarene; which, still later was occupied also by the French as their government Poste.«

Am zuverlässigsten rekonstruierten Christopher Gray und François Ngolet die Geschichte der Insel Lambaréné und des benachbarten Adolinanongo. Danach trug die hügelige Insel in der ersten Hälfte des 19. Jahrhunderts den Namen »Azange« oder auch »Azingue-Ningue«, und beherbergte eine kleine Galoa-Siedlung. Um diese Zeit waren einige afrikanische Gruppen aus dem nahen Seengebiet an die Ufer des Ogowe gezogen, um am lukrativen Zwischenhandel mit Sklaven teilzuhaben. Zugang zum Handel im Mündungsgebiet des Ogowe um Kap Lopez und Fernan Vaz hatten lange allein die Orungu, die ihr Monopol seit fast zwei Jahrhunderten aggressiv verteidigten, und vor allem an Portugiesen verkauften, die Plantagen in Brasilien und Kuba belieferten. Auch Küstenbewohner weiter nördlich, in der Regel Mpongwe, wachten über ihr Monopol um das Ästuar des Flusses Como. Ertragreicher waren seit dem offiziellen Ende des Sklavenhandels inzwischen Waren wie Kautschuk, Elfenbein und Palmöl. Aber noch immer kauften Portugiesen Arbeitskräfte, etwa für Zuckerrohrplantagen auf den Inseln Sao Tomé und Príncipe vor Gabuns Küste. Den Eliten der Mpongwe fehlten durch das Ende des Sklavenhandels und den Verlust ihres Monopols am Ogowe gewohnte Einkommensquellen. Clanchefs sahen ihre Tradition des Wohlstands in Gefahr, zu der eine Vielzahl von Ehefrauen und leibeigenen Plantagenarbeitern gehörten. Sie nährten daher gern die Fama von kannibalischen Fang im Urwald des Landesinneren, um Europäer davor abzuschrecken, direkt mit den Zwischenhändlern am Fluss ins Geschäft zu kommen.

Das Monopol auf den Ogowe als Wasserstraße ins Landesinnere schwand erst in den 1860er Jahren allmählich, als Europäer durch Verträge und Bestechungen die Wasserwege ins Inland selbst kennenlernten. Eine der ersten Exkursionen war die Flussreise amerikanischer Missionare aus Baraka, die sich 1856 mit Chefs der Orungu verständigt und kundige Reisebegleiter bekommen hatten.[92] Den Weißen die schiffbaren Wege durch

---

[92] Patterson, David: Early Knowledge of the Ogowe River and the American Exploration of 1854. In *The International Journal of African Historical Studies,* 5(1), 1972, S. 75–90.

Mangrovensümpfe und an Sandbänken vorbei zum Hauptstrom Ogowe zu zeigen, musste die Profite im Zwischenhandel massiv verringern und verlagerte die Kontrolle durch die regionale Bevölkerung weiter ins Landesinnere. Dort war Adolinanongo gegenüber der Insel Lambaréné über Jahre einer der zentralen Kontrollpunkte. Noch weiter flussaufwärts als bis dort kamen weder Europäer noch rivalisierende Clans. Die einen wurden durch Vorenthalten von Navigationswissen und Schauergeschichten über Kannibalen ferngehalten, die anderen durch Gewalt und die Drohung, wachsame Geister, »ombwiri«, würden Tabubrecher bei Missachtung heiliger Orte mit heftigen Sanktionen verfolgen.

Ab Anfang bis Mitte des 19. Jahrhunderts war die stärkste Gruppe der Region um Lambaréné die der Mpongwe sprechenden Galoa, deren größte Siedlungscluster in den Regionen von Mpanje and Wambalya (auch Wombolye geschrieben) lagen, Herkunftsort von Nassaus Theaterrebell Nguva. Wahrscheinlich, so Gray und Ngolet, besiedelten erste Galoa-Clans die strategisch gelegene Insel um 1820. In ihrer Sprache bedeutet »Lembareni« so viel wie »kommt und seht«, oder »versucht es nur« – was als provokante Aufforderung an Andere gedacht war, die es auf das Territorium absahen. Wenige Kilometer weiter hatten sich Angehörige der Gruppe der Enenga niedergelassen, deren berühmte Chefs Rempole und Ranoke die Gebiete flussaufwärts kontrollierten. Sie reklamierten für sich magische Bündnisse mit Geistern, die ihnen erlaubten, auch jenseits des heiligen und bedrohlichen »point fétiche« zu agieren, den der Zusammenfluss von Ogowe und Ngounie um Lambaréné darstellte.[93] Sie galten als exzellente Organisatoren von Handelskarawanen über weite Distanzen. Mit ihnen, den Fang und den Bakele befanden sich die Galoa in Konkurrenz.

Zwischen 1860 und 1873, dem Todesjahr des Chefs N'Kombe, galt Adolinanongo als Schlüsselort am Ogowe. Unter dem Schutz von N'Kombe hatten sich hier Händler niedergelassen der Firmen Henry Holt sowie Hatton & Cookson, deren Repräsentant Robert Bruce Walker ein vorzüglicher Kenner der Region war, und der eine vornehme Galoa-Frau

---

Er nimmt an, dass die frühen Berichte der US-Missionare schlicht in Vergessenheit gerieten, als französische »Entdecker« und Händler begannen, den Ogowe zu erforschen.

93 Eine ausführliche Geschichte dieser Konflikte anhand von Quellen schildert Merlet, Annie: *Vers les plateaux de Masuku. 1866–1890. Histoire des peuples du bassin de l'Ogooué, de Lambaréné au Congo, au temps de Brazza et des factoreries*. Libreville, Paris, 1990.

geehelicht hatte.⁹⁴ Außerdem eröffnete das Hamburger Handelshaus Woermann ein Kontor, das in den drei, vier Jahren darauf 44 eigene Unterhändler und an die 700 Ortskräfte beschäftigt haben soll.⁹⁵ Léon Guiral beschrieb die Woermann Niederlassung, an der Nordspitze der Insel gelegen, als die luxuriöseste am Ort.⁹⁶ Über das Haus Woermann hat Nassau nicht immer Gutes zu sagen – so bemerkte er 1882, als die Solidarität unter den Weißen im Zuge des Konkurrenzkampfs allmählich schwand, die der

Abb. 9: Faktoreien der Firmen Hatton & Cookson und John Holt aus Liverpool auf der Insel Lambaréné, um 1880

---

94 Walker und seine Frau sind die Eltern des berühmtesten einheimischen Gabun-Historikers und Ethnobotanikers André Raponda-Walker (1871–1968), der zahlreiche lokale und regionale Narrative sammelte. 1899 wurde er als erster Afrikaner der Region zum katholischen Priester ordiniert.

95 Merlet, 1990, S. 35. Siehe zur Geschichte des Hauses Woermann auch: Hücking, Renate und Launer, Ekkehard: *Aus Menschen Neger machen. Wie sich das Handelshaus Woermann an Afrika entwickelt hat.* Hamburg, 1986. Sie zeichnen v.a. die Geschichte der Niederlassungen in »Deutsch-Kamerun« nach, erwähnen aber auch die erste Reise des Woermann-Händlers Carl Goedelt an den Golf von Guinea im März 1849 (S. 20), und enorme Gewinne des Woermann-Händlers Emil Schultze in Lambaréné um 1884 (S. 29, 53).

96 Guiral, Léon: *Le Congo Français du Gabon á Brazzaville.* Paris, 1889, S. 16. Er war Anfang und Mitte der 1880er Jahre als Attaché auf Forschungsreisen am Ogowe und am Kongo unterwegs.

»Germans« lasse eher nach, sie verlangten als erste Bezahlung etwa für die Mitnahme von Missionaren auf ihren Flussdampfern, wohingegen die beiden englischen Firmen sie gratis transportierten.[97]

Adolinanongo – in dessen Nähe Albert Schweitzer nach dem Ersten Weltkrieg, 1927, den Neubau seines dann von der Missionsstation Lambaréné abgekoppelten Hospitals ansiedelte – liegt auf einer Anhöhe, von der aus sich der Verkehr auf dem Fluss gut beobachten ließ. Der Name setzt sich zusammen aus den Galoa-Wörtern »dolina« für beobachten, und »anongo« für Leute oder Gruppen. »König« N'Kombe, Chef einer weitverzweigten Großfamilie, unterhielt gute Beziehungen zu mehreren Chefs der Region und herrschte, auch durch seine Heiratspolitik, mit ausgeklügeltem System und ausgeprägtem Machtinteresse. Er hatte zahlreiche Ehefrauen, von denen er eine ermordet haben soll, ebenso soll sein Tod die Folge einer Vergiftung durch eine Frau gewesen sein, die sich dafür rächen wollte, dass er in einer Strafaktion ihr Dorf hatte niederbrennen lassen – auch eine berüchtigte Praxis von Kolonialmächten. Nach N'Kombes Tod siedelten die Kontore der Handelshäuser, in der Kolonialliteratur Faktoreien genannt, auf die Insel Lambaréné über, deren Bedeutung ab 1871 zu wachsen begann. Gray und Ngolet skizzieren in ihrer Untersuchung zur Transformation der Region Lambaréné deren präkoloniale Rolle als Knotenpunkt von »long-distance trade networks«[98]. Dann, in der zweiten Hälfte des 19. Jahrhunderts, »the growing demand of European factors for rubber and ivory led to intense commercial competition among Galwa[99], Fang, Enenga and Bakele clans.« Bis ins 20. Jahrhundert hätten die Clanchefs trotz zahlreicher Konflikte die Ökonomie vor Ort dominieren können: »It was only with the false start of a timber industry prior to World War I and then its resumption beginning in the 1920s that a profound transformation of labour was accomplished.« Lambaréné erhielt zu diesem Zeitpunkt seine Schlüsselrolle für die Holzindustrie:

> »Lambaréné became the ambiguous center of a regional colonial economy that absorbed wage-labour in modern capitalist fashion and eclipsed precolonial practice. The presence of relatively accessible Okoumé trees along the

---

97 Nassau, 1909, S. 83.
98 Gray und Ngolet, 1999, S. 107. Nachfolgende Zitate ebd.
99 »Galwa« ist die angelsächsische Bezeichnung für »Galoa«.

Middle Ogouée and its surrounding lakes region was the key factor in bringing about this transformation.«

Gray und Ngolet markieren aber auch die »vagabondage« als Hauptproblem in der Folgezeit, »hundreds of temporary lumber camps employing thousands of laborers«, ohne dass der Holzhandel, »König« Okoumé, in die nötige Infrastruktur investierte. Die wachsende Schar an saisonalen mobilen Arbeitern musste ernährt werden und französische Kolonialbeamte bemühten sich in den 1930ern um Regulationen, auch durch »village regroupment«, und um die Entwicklung eines »colonial wage-labour market capable of serving the needs of a modern state«.[100]

Immer häufiger kollidierten während dieses Prozesses die Interessen der Afrikaner mit denen der Europäer, die durch ihren steigenden Bedarf an Holzfällern, Trägern, Kautschuk-Zapfern oder Arbeitern, etwa eben für Projekte zur Verbesserung der Infrastruktur, die saisonalen Arbeitsrhythmen der afrikanischen Landwirtschaft störten. Auf der anderen Seite wollten viele in der Region ihren Anteil am Profit und suchten Privilegien durch den Kontakt mit Weißen zu etablieren.

Frankreichs Interesse an Gabun erwacht

Entwickelt hatte sich die französische »Erschließung« der Gebiete am Ogowe überhaupt erst durch Pierre Savorgnan de Brazza[101]. Im Jahr der

---

100 Die Nachwirkungen dieser irreversiblen Transformation dauern an. Meine Feldforschung 1993 führte u. a. zu einem Sägewerk eines Tropenholzkonzessionärs aus Spanien, eine Tagesreise per Piroge von Lambaréné entfernt im Regenwald. Mehrere Hundert Arbeiter lebten dort mit Familien als Tagelöhner ohne jegliche Versicherung. Konsumierte ein Arbeiter im Sägewerk Alkohol, schaltete der Konzessionär ein paar Tage lang den Dieselgenerator ab, der die Holzbaracken – pro Familie je ein Raum mit Schlafmatten – mit Strom für die eine Glühbirne speist. Verlor jemand an der Kreissäge Hand oder Arm, gab es weder Kompensation noch weiteren Lohn. Zweimal im Jahr bestellte der Konzessionär auf eigene Kosten medizinisches Personal aus Lambaréné, etwa um Impfungen vornehmen zu lassen, nach Bilharziose- oder Malaria-Patienten zu sehen oder schwangere Mütter zu untersuchen. Verpflichtet war er dazu nicht. De facto herrschten koloniale Verhältnisse, fast wie im 19. Jahrhundert. An der Situation hat sich seitdem aber glücklicherweise einiges verbessert, insbesondere sind Krankenversicherungen üblicher geworden.
101 Eigentlich Pietrus Paulus Franciscus Camillus de Brazza, geboren 1852 in Rom, gestorben 1905 in Dakar, kam aus einer italienischen Aristokratenfamilie und besuchte in

Ankunft Nassaus am Ogowe hatte de Brazza in Paris dem französischen Admiral Montaignac, Minister für Angelegenheiten der Marine und der Kolonien, sein Projekt zur Erkundung des Ogowe unterbreitet. In dem Dokument vom 23. Juni 1874 erklärte er, »L'Ogoway[102] présente à mon avis, une voie de l'exploration de l'intérieur de L'Afrique.«[103] Er habe vor, auf dem Fluss soweit als möglich nach Nordosten vorzudringen. De Brazza erhielt den Auftrag, die Region zu erkunden, die aus kolonialer Sicht ökonomisches Brachland darstellte, das der Ausbeutung harrte. Ab 1875 leitete er drei Expeditionen an den oberen Ogowe,[104] wobei er auch Nassau kennenlernte.

Sein Freund Thomas Sinclair, der britische Händler vor Ort, verschaffte Nassau ein Entree bei »Count de Brazza«, der beide Männer zum Essen einlud und ihnen die Funktionen seiner geodätischen Instrumente zum Vermessen von Längen- und Breitengraden und weiterer Werkzeuge erläuterte. De Brazza und dessen Begleiter Noël Ballay[105] fungierten auch als informelle Zeugen beim ersten Vertrag, den Nassau für das Gelände der Station Belambla abschloss,[106] später war de Brazza mehrmals als Freund auf Nassaus Missionsstationen in Lambaréné und Talagouga zu Gast. Von keinem anderen Weißen konnte er derart viel über die Region erfahren wie von Nassau. Dessen tolerante, gewaltfreie Haltung scheint ihn nicht nur

---

    Paris ein Jesuitenkolleg, wurde mit 16 von Frankreich naturalisiert und absolvierte die französische Militärakademie. Im Auftrag der französischen Marine besetzte er mehrere Posten in Übersee, u. a. in Guinea und im Senegal. Seine späteren Expeditionen an den Ogowe und ins Kongogebiet unternahm er im direkten Auftrag der Metropole, in Paris wollte man neue Handelsstationen für Frankreich errichten.

102 Die Schreibweisen der »exotischen« Namen von Flüssen und Orten wechselten, wie das Dokument zeigt, in der Epoche oft, je nach Transkription.
103 Zit. n. Merlet, 1990, S. 9.
104 Martin, Jean: *Savorgnan de Brazza (1852–1905), une épopée aux rives du Congo*. Paris, 2005. Und: *Catalogue de l'exposition présentée au musée de la Marine*. Paris, 1980; West, Richard: *Brazza of the Congo. European Exploration and Exploitation in French Equatorial Africa*. London, 1972. Darin enthalten ist ein Kapitel über Schweitzer und den »Schweitzer cult«, verfasst in dem Versuch, eine Balance zwischen dem Schweitzer der Hagiografen und dem der Kritiker zu finden.
105 Ballay (1847–1902), französischer Geograf und Mediziner, Militärarzt der Marine, vertrat auf der Berliner Kongo-Konferenz 1884/85 Frankreich und wurde 1886 zum Gouverneur für Gabon ernannt.
106 Nassau, 1914a, S. 124. Merlet, 1990, S. 184, nennt den Ort von Nassaus erstem Versuch, eine Missonsstation aufzubauen, als »Mbilambila«.

beeindruckt, sondern auch in seinem eigenen Verhalten in Westafrika mitgeprägt zu haben. Von Henry Morton Stanleys brutalisiertem Verhalten im belgischen Kongo war de Brazza, wie Nassau, abgestoßen.

Der Brite Stanley, der 1869 bis 1874 im Geheimauftrag von Belgiens König Leopold II.[107] als Kundschafter für dessen Kolonialprojekt in der Kongoregion unterwegs war, hatte Gabun nicht betreten. Während Stanley im Kongogebiet maßgeblich daran beteiligt war, dass nach der Berliner Kongokonferenz von 1884/85 unter dem Deckmantel des Humanismus der »Kongo-Freistaat« als Privatkolonie des megalomanen Leopold II. entstand, erforschte de Brazza das westliche Kongobecken. Wo er Posten für Frankreich gründete, hisste er in demonstrativer Konkurrenz zu Belgisch-Kongo die Trikolore und verpflichtete »Eingeborene« auf Treue zu ihr. Allmählich nahm der Siegeszug der französischen Verwaltung in der Region seinen Gang, doch erst 1888 wurde Gabun Teil von Französisch-Kongo. Im »Scramble for Africa« lagen Gabun und der Ogowe vergleichsweise am Rand.

Immerhin war die Region des Mittleren Ogowe, Moyen-Ogooué, ab Mitte der 1870er Jahre zu einer Relaisstation für Expeditionen geworden. Seit de Brazzas erster Expedition markierte sie für Frankreich ein weiteres koloniales Einfallstor für Zentralafrika, während der Ogowe zur wichtigen wirtschaftlichen Wasserader wurde. Auf der Insel Lambaréné schlug de Brazza bei seiner ersten Expedition 1875 sein Basislager auf und notierte eine gewisse Feindseligkeit der »indigènes«, die nur wenig Enthusiasmus zu zeigen schienen, als Trägerkolonnen die großen Gepäckmengen der Expedition zu schleppen, ohne die aber nichts ging.[108]

Außer der Stationierung von ein paar Soldaten und Verwaltungsbeamten, bemerkt de Brazza in seinem Rapport an die Metropole grimmig, zeige Frankreich keinerlei Aktivität. Nicht einmal um den Handelsposten Lambaréné herum sei irgendein Franzose tätig. De Brazza, der eine direkte, schiffbare Wasserverbindung zwischen den Flüssen Ogowe und Kongo suchte, wurde während der Reisen auf die ungenutzten Ressourcen der Region aufmerksam. Von der überwältigenden Fruchtbarkeit der tropischen Vegetation wollte er der Metropole einen Eindruck verschaffen,

---

107 Zur Geschichte des Terrorstaats von Leopold II. siehe Hochschild, Adam: *King Leopold's Ghost: A Story of Greed, Terror, and Heroism in Colonial Africa.* New York, 1998.

108 Siehe dazu Ney, Napoléon (Hg.): *Conferences et Lettres. P. Savorgnan de Brazza sur ses trois explorations dans l'ouest Africain 1875–1886.* Paris, 1887.

im Überfluss gebe es Palmnüsse, Kautschuk, Elfenbein, Ebenholz und das Hartholz Okoumé: »Mon patriotisme s'inquiète de l'absence de factoreries françaises.«[109] Soldaten hingegen, so de Brazza, seien weniger wichtig als der Import von kommerziellem Geist und das Verbreiten von Arbeitsethos. Wo »Monsieur Stanley« die Angewohnheit habe, sich durch Gewehrsalven Respekt zu verschaffen, komme er, de Brazza, als Freund zu den Einheimischen. So schloss der Erkunder mit mehreren örtlichen Chefs Verträge, die deren Loyalität mit Frankreich absichern sollten. Im Juni 1880 gründete de Brazza im Südosten des heutigen Gabun den Posten Franceville, wo er neben einem strohgedeckten »pavillon« und in Anwesenheit örtlicher Chefs die französische Fahne hisste, unter der er, wie Admiral Louis Édouard Bouët-Willaumez 1849 bei der Gründung Librevilles, befreite Sklaven ansiedeln wollte. Aus der Neugründung Franceville entwickelte sich eine Ansiedlung, auf der sich bereits 1881 erstaunliche Früchte zeigten, beteuert de Brazza bald: »Hommes, femmes, enfants déjà habitués au travail. Il ne restait plus qu'à achever ce qu'ils avaient si bien commencé.«[110]

De Brazza schilderte das berüchtigte tropische Klima erträglicher als bislang dargestellt, man könne als Europäer gut damit leben. Auch, so stellte er in Aussicht, werde die intensivere Kolonisierung eine Kulturmission erfüllen. Wieder und wieder hätten ihn Sklaven gebeten, auf seiner Station Zuflucht und Freiheit suchen zu dürfen – dasselbe erlebten die Missionsstationen.

Erst nach de Brazzas Expeditionen erhöhte sich das Interesse Frankreichs an Zentral- und Äquatorialafrika. Ab dem Zeitraum zwischen 1880 und 1885 implementierte die französische Administration hier Anfänge eines Systems der Zwangsarbeit, errichtete Kontrollposten an den Flüssen, setzte Patrouillenboote und verstärkte Zollkontrollen.

Mit de Brazza als zunächst glücklosem Gouverneur wurde das territorial vergrößerte Gabun 1888 »Französisch-Kongo« angegliedert, das als Kolonie seit der Annexion von 1886 existierte. Die föderale Agglomeration Französisch-Äquatorialafrika, A. E. F., mit Verwaltungssitz Brazzaville wurde 1910 aus den Einzelkolonien Französisch-Kongo, Ubangi-Chari-Chad und Gabun zusammengefügt und bestand bis 1958. Nach dem Ersten Weltkrieg erweiterte Frankreich seine westafrikanischen Übersee-

---

109 Zit. n. Ney, 1887, S. 177.
110 Zit. n. Ney, 1887, S. 178.

6.1 Robert Hamill Nassau

Abb. 10: Berliner Kongo-Konferenz. Vor der Landkarte des afrikanischen Kontinents wurde von November 1884 bis Februar 1885 auf Einladung Bismarcks getagt.[111]

gebiete noch einmal, als es vom Völkerbund ehemals deutsche »Schutzgebiete« als Mandatsgebiete zugeschlagen bekam, die 1920 A. E. F. angegliedert wurden. Weiter im Westen Afrikas unterhielt Frankreich mit Mauretanien, dem Senegal, Französisch-Sudan (später Mali), Guinea, Côte-d'Ivoire, Niger, Obervolta (heute Burkina Faso), Togo und Dahomey (heute Bénin) das Großterritorium Afrique Occidentale Française, A. O. F., »Französisch-Westafrika«, das 1895 bis 1958 existierte. Verwaltet von Gouverneuren aus der Metropole waren die Gebiete in Distrikte unterteilt. Auf der Karte Afrikas nahm das vertikale Gebilde A. E. F. Raum von der Sahara im Norden bis an die Grenze zu Angola im Süden ein. Als sich die kolonialen Imperien um die Mitte des 20. Jahrhunderts auflösten und Länder, Städte, Flüsse im Zuge der Dekolonisierung afrikanische Namen erhielten, blieb in der geografischen Semantik mit Brazzaville eine der wenigen großen Städte übrig, deren Namen an koloniale Gründer erinnern.

---

111 Rößler, Adalbert v.: In *Über Land und Meer, Bd. 53*, 1884, S. 308.

»Ära Kângwe«

Als Nassau am 10. September 1874 das erste Mal den Ogowe herauffuhr, stand er einen Monat vor seinem 43. Geburtstag, hatte ein langes Sabbatical hinter sich und seinen Erinnerungsband *Crowned in Palm-Land: A Story of African Mission Life*[112] an seine verstorbene Frau Mary verfasst. Nach einem Jahrzehnt am Golf von Neu-Guinea besaß er ein beachtliches Reservoir an Erfahrungen mit der sozialen Praxis der Region und den Erfordernissen des Alltags. Mit frischen Kräften bestieg er das Flussschiff in der Regenzeit, als die Mündung des Ogowe genug Wasser führte, um die tückischen Sandbänke zu umschiffen. Mit an Bord hatte er zwei vertraute junge Afrikaner aus Missionsstationen an der Küste.

Der Raddampfer »Pioneer«, der ihn den Fluss hinauftrug, war nicht irgendeiner: »It was an inspiration, at the very inception of my Ogowe life, [...] to know that I was standing on the deck of a vessel that once had been Livingstone's!«[113] Der Schotte David Livingstone (1813–1873), ursprünglich wie Nassau presbyterianischer Missionar und Mediziner, hatte als »Entdecker« Zentralafrikas Ruhm erlangt, er war wenige Monate zuvor, im April 1874, in Westminster Abbey in London zu Grabe getragen worden – einer der Sargträger war sein Rivale, der berüchtigte Stanley. Die Pioneer hatte Livingstone 1861 aus England mitgebracht für seine zweite große Forschungsreise vom Sambesi über die Viktoria-Fälle bis zum Indischen Ozean, die den Osten Zentralafrikas für das koloniale Unterfangen miterschlossen hatte. An Bord, auch das erwähnt Nassau, war Livingstones Ehefrau gestorben – wie seine Frau hatte sie Mary geheißen, beide Pioniere waren in Afrika zum Witwer geworden. Inzwischen war das einstige Kriegsschiff, wie Nassau wusste, von fast allen Kanonen befreit in neue Hände übergegangen und ankerte beim Gabuner Handelshaus von Hatton & Cookson: »And, now, I was treading where Livingstone had trod, and was resting in the little cabin where his brave Mary Moffat had yielded up her life for Africa! Could I win, even in a small measure, some of his success! Might I be inspired with some of her bravery!« Zeituntypisch preist Nassau auch Frauen oft als mutig.

Frederick Perry Nobles Missionshandbuch von 1899 erklärte: »The

---

112 Nassau, Robert H.: *Crowned in Palm-Land: A Story of African Mission Life*. Philadelphia, 1874.
113 Nassau, 1914a, S. 18. Nachfolgendes Zitat ebd.

transcontinental passages of Catholic missioners and Portuguese travelers during the sixteenth or seventeenth centuries failed of permanent effect. [...] It was the trans-African journeys of Livingstone that inaugurated Africa's new era.«[114] Um die Jahrhundertmitte sandte Livingstone von Cape Town aus Brandbriefe an die Brüder in den Vereinigten Staaten und Großbritannien, worin er die gewaltsame Unterdrückung der Bevölkerung durch koloniale und religiöse Funktionsträger anprangerte. Darin zitierte er die Rede eines Chefs der Xhosa, Sandile, der 1851 erklärt hatte:

> »God made a boundary by the sea and you white men cross it and rob us of our country. When the Son of God came into the world, you white men killed him. It was not black men who did that, and you white men are now killing me. Send this over the sea that they might know my mind.«[115]

Nassau hatte nun die Aufgabe, am Ogowe günstige Standorte für neue Missionen ausfindig zu machen: »All these thirty years you missionaries have been hanging on to only the edge of the continent. Why don't you go ahead inland?« Gern sah er sich herausgefordert: »A spirit of adventure«, notiert er, »that, from boyhood, had made me wish to be a soldier, had always quickened my pulses at thought of the interior.«[116] Nach einer glücklosen Anfangsphase am Ogowe mit einer 30 Kilometer von Lambaréné entfernten Missionsstation, die bei Nassau »Belambla« heißt, auf der es heftige Streitigkeiten unter Ortsansässigen gab und einen Raubüberfall in Nassaus Behausung, nahm er unverdrossen in Adolinanongo Verhandlungen auf über ein Gelände für eine neue Missionsstation. Seine Vertragspartner waren die Galoa-Clanchefs Amale und Re-N'Kombe, vermutlich ein Sohn oder Neffe des legendären N'Kombe: »There were no villages on the Kângwe side, and he said that he feared the Fanwe would come and molest me. I assured him that doubtless they would come, some day (as they did, two years later); that I was not afraid of them; and that my choice of Kângwe was unchangeable.«[117]

Am Abend beschenkte Nassau Awora, die kleine Tochter Re-N'Kombes, mit zwei Yards bedrucktem Baumwollstoff, Re-N'kombe wiederum

---

114 Noble, Frederic P.: *The Redemption of Africa. A story of Civilization.* Chicago, 1899, S. 700.
115 Zit. n. Ross, Andrew: Dr. Livingstone, I Presume? In *History Today,* 52(7), 2002.
116 Nassau, 1914a, S. 12.
117 Nassau, 1914a, S. 174.

Nassau mit einem Huhn. So hatte der unverzichtbare symbolische Tausch von Freundschaftsgaben eingesetzt und signalisierte den Auftakt ernsthaften Verhandelns.

Die erste Missionsstation am Ogowe

Zur Verhandlung trafen sich Re-N'Kombe und die Galoa-Chefs Amale und Magisi mit Nassau, er sollte das Gelände als Ganzes erwerben, der Preis betrug 20 Dollar in Waren[118]:

> »[T]hey all agreed to sell me the entire Hill, from Andende Creek on the Hill's upper side, down to a place called Ivenda-Ntyango on its lower side, including an indefinite amount of forest in a curved line between those two points. The property would be in the shape of half an ellipse, the long diameter being represented by the river. I never estimated how many acres would be included in the tract; probably, at least one hundred. The land was not occupied by any villages for, the Galwas were timid about living on that ›Fanwe side‹ of the river; the steep hillsides were not available for plantations [...]. The day, Saturday, November 4, marked the beginning of another era in my Ogowe life, the Kângwe era.«[119]

An diesem Tag im November 1876, mitten in der Regenzeit, wurde in Äquatorialafrika der Grundstein der Mission gelegt, die als »Lambarene« weltweit berühmt werden sollte. Im fernen Elsass, das seit dem deutsch-französischen Krieg fünf Jahre zuvor als »Reichsland Elsass-Lothingen« dem deutschen Kaiser unterstand, war der Pfarrerssohn Albert Schweitzer, der fast 40 Jahre später hier eintreffen sollte, keine zwei Jahre alt.

Unmittelbar nach dem Erwerb des Geländes heuerte Nassau einige der Männer von Re-N'Kombe an, um eine provisorische Bambushütte auf dem Gelände von Kângwe zu errichten und Wald zu roden. Von seinem vorigen Wohnort aus überwachte er täglich die Arbeiten, beteiligte sich selbst daran und fing mit dem Studium der Sprache seiner neuen Umgebung, Omyènè, der Sprache der Mpongwe-Clans, an. Er nannte sie, wie

---

118 Nassau, 1914a, S. 380: Ein Dollar entsprach »one yard Calico print«, also bedrucktem Baumwollstoff.
119 Nassau, 1914a, S. 175.

seine weißen Zeitgenossen, nach ihren Sprechern, Mpongwe.[120] Die erste Andacht und Ansprache auf Mpongwe hielt Nassau ein halbes Jahr darauf, im Juni 1877.[121] Zur linguistischen Gruppe der Myènè-Sprachen gehörend ist Mpongwe mit Benga verwandt, das Nassau gut verstand und sprach.

Seiner verängstigten Schwester Isabella versicherte Nassau, er habe sich nicht von dem Raubüberfall von seinem gescheiterten Projekt in Belambla vertreiben lassen, sondern habe die Geduld verloren mit inter-ethnischen Scharmützeln, die entstanden waren, als die Sklavenhändler der Orungu bemerkten, dass sie den Einstieg in neue Märkte mit anderen Waren verpasst hatten, auf denen die Galoa aktiv waren: »The animus of this entire Orungu trouble is that Portugal (under British cruisers) has stopped the slave-trade with St. Thomas Island, and the Orungu have no more means of gain.«[122]

In den beiden kommenden Jahren baute Nassau die Station auf und aus. Er gründete eine Schule für Jungen und eine für Mädchen, an der seine Schwester Isabella unterrichtete. Jeden Morgen und Abend hielt er Andachten mit den Kindern und Mitarbeitern. In der Umgebung wollten viel mehr Kinder gern die Missionsschule besuchen, doch manche Eltern erlaubten es nicht, weil sie ihre Arbeitskraft brauchten oder die Entfremdung des Nachwuchses, wie im Fall Nguva, fürchteten: Nur wenn nahe Verwandte ausdrücklich zustimmten, nahm Nassau Schüler an. Auf gute Beziehungen zur Nachbarschaft waren alle Missionare angewiesen, sie brauchten ja Arbeiter, Ruderer, Pirogen und lokale Lebensmittel. Ehrgeizige Eltern brachten, wie an der Küste, Kinder in die Missionsschule, um ihnen Chancen im Handel und bei den Faktoreien zu eröffnen. Weitaus weniger blieben als Evangelisten in der Mission, doch immerhin waren mit Ibia-j-Ikenge 1870 in Corisco und mit Ntâkâ Truman 1880 in Baraka die ersten einheimischen Pastoren der Presbyterianer ordiniert worden. Am Ogowe gab es noch keine.

Mehr und mehr Einbäume, Kanus und Dampfschiffe kreuzten auf dem Fluss, sie brachten Post, Zeitungen und Bücher aus Libreville oder Übersee, oft auch Kisten mit den Waren, die Händler und Missionare zum Tausch verwendeten. Weiße am Fluss bildeten eine Parallelgesellschaft, ein soziales Netzwerk. Sie liehen einander Zeitungen, Journale und Bücher, besuchten

---

120 Nassau, 1914a, S. 176.
121 Nassau, 1914a, S. 220.
122 Nassau, 1914a, S. 176.

sich gegenseitig, musizierten zusammen und tauschten Neuigkeiten aus. Der Ogowe war ein Informationsfluss, im Wortsinn. Eine traditionelle Methode des Weitergebens von Nachrichten war das Herüberrufen beim Vorbeirudern an Siedlungen, Missionen und Faktoreien. So verbreiteten sich lokale Geschehnisse rasch und gelangten auch auf die Missionsstation und zu den zahlreicher werdenden Kaufleuten. Schon im Mai 1877 stellte Nassau beim Abholen seiner Briefe auf der Post in Lambaréné fest, dass zunehmend mehr Weiße da waren: »How the number of white men in the river had increased from the five of three years before!«[123]

Regelmäßig bereiste der Missionar die Umgebung, er kannte die Siedlungen und deren Einwohner, Feste und Rituale, individuelle Fähigkeiten und Eigenschaften der Menschen. Er kannte die örtlichen Streitigkeiten, die Familien- und Ehepolitik und sammelte überall Notizen für seine Studien. Keine Seite in *My Ogowe* blieb ohne Nennung der Namen derer, die er traf, mit denen er arbeitete und sprach. Es sind Hunderte. Häufig unternahm er Reisen zur Ansiedlung Igenja, wo er eine Außenstelle der Mission gründete, und von wo aus eine große Zahl Schüler zur Mission geschickt wurden – unter ihnen auch Mâmbâ, einer der Anstifter beim Satire-Theater vom November 1879.

Zweimal jährlich reiste Nassau per Schiff zu Konferenzen der Presbyterianer in die Hauptstadt Libreville auf die Station Baraka, wo in Rücksprache mit der Zentrale in New York und New Jersey Personal- und Budgetentscheidungen getroffen wurden. Nassau, gewohnt, alleinverantwortlich zu arbeiten, war oft verstimmt von den Intrigen in Baraka, bei denen um die Zeit ein deutschstämmiger Amerikaner, Mr. Schorsch, eine kuriose Rolle spielte. In einer Mischung aus Größenwahn und Paranoia begann dieser, Sitzungen der Mission zu sprengen und willkürlich Kollegen bei der französischen Verwaltung anzuzeigen – Mr. Schorsch scheint der einzige wahrhaft »Wilde« zu sein, den Nassau beschrieb.

Auf jeder Dienstreise nach Libreville sammelte Nassau im dortigen botanischen Garten Setzlinge und Kerne ein, die er an den Ogowe transportierte, um auf seinen Pflanzungen neue Früchte und Gemüsesorten zu kultivieren, etwa Tropenfrüchte aus anderen Überseeterritorien.[124] Wie später Schweitzer und viele andere Missionare, hielt er Nutztiere, unter anderem Ziegen und Hühner, aber auch Haustiere, wie seine Hunde oder einen

---

123 Nassau, 1914a, S. 219.
124 Nassau, 1914a, S. 193, 241, 267, 287.

jungen Schimpansen. Als Mediziner behandelte er Kranke in der Ambulanz und wenn er unterwegs war. Auch Händler aus Europa hatte er gelegentlich in der Praxis, etwa Herrn Lübcke von der Firma Woermann, im März 1877 von Bakele-Männern angeschossen, als er Tauschware zu deren Rivalen flussaufwärts schaffen wollte.[125] Das nächste Hospital befand sich 200 Kilometer entfernt in Libreville, und die Ambulanz war gefragt. Als Medical Missionary war Nassau unter den Presbyterianern einer der Veteranen, wie 1899 nachzulesen war: »The Presbyterians of America have contributed six medical missionaries for Corisco since 1857 [...]. One of these medical men is Doctor Nassau of Gabun who has been in Africa since 1861, is still in service and ranks as the oldest living medical missionary in Africa.«[126] Von grassierenden Epidemien, die ganze Großgruppen dezimierten, ist bei Nassau noch nichts zu hören. Vielmehr wunderte er sich, warum sich etwa die Pocken nicht stärker ausbreiteten – was wohl daran lag, dass es nur wenige Ballungsräume und geringe Mobilität gab.

Arzt-Missionaren kam die besondere Funktion zu, nicht nur den Geist der Heiden, sondern auch den heidnischen Körper als heilungs- und reformbedürftig aufzufassen. In ihrer Studie zu *Colonial Power and African Illness* untersucht Megan Vaughan die kontinuierlichen Verschiebungen klinischer Diskurse in diesem Spannungsfeld. Bis in die 1930er und sogar 1950er Jahre hinein brachten die Missionen deutlich mehr medizinisches Personal in die Kolonien als die Metropolen.[127] Noch nach dem Zweiten Weltkrieg war der medizinische Diskurs geprägt von den Medical Missionaries und deren Epistemologie vom Wirken durch christliche Heilslehre und wundersamen Genesungsvorgängen, wie in den neutestamentarischen Narrativen zum Berühren des Erlösers – Vaughan spricht von der großen Ambulanz im Himmel, »the great dispensary in the sky«[128]. Mit der bakteriologischen Revolution und dem expandierenden biologischen Diskurs über Differenz und Rasse änderten sich die Parameter, die neuen Diskurse

---

125 Nassau, 1914a, S. 206.
126 Noble, 1899, S. 555f. Auch Nassaus pharmazeutische Forschung wird erwähnt: »[He] introduced the Calabar bean, the kola nut and the strophanthus into our pharmacopoeia« (S. 709).
127 Noble, 1899, Anhang: Er listet 128 von Missionaren geführte Hospitäler und Ambulanzen auf. Die Mehrzahl wurde in den späten 1880ern/frühen 1890ern gegründet, darunter neun auf Lepra spezialisierte Kliniken (eine davon auf Robben Island, Südafrika).
128 Vaughan, Megan: *Curing their Ills. Colonial Power and African Illness*. Stanford, 1991, S. 55.

wurden für die Legitimierung der säkularen *mission civilisatrice* in Dienst genommen, die das koloniale Unterfangen legitimatorisch unterfütterte.

Bei Nassau, der als theologisch geprägter Amateur-Ethnologe an seine Forschungen und Beobachtungen ging, ist vom bio-medizinischen Diskurs wenig zu spüren. Er inszenierte sich weder als »medical hero« noch berichtete er detailliert über auffällige Schwären, Wunden und Fieberschübe, wie in vielen anderen Kolonialtexten Usus. Sein Augenmerk lag auf den sozialen Beziehungen. Nassau schlichtete in Kângwe und den umliegenden Ansiedlungen Konflikte, erhielt häufig Besuch und unterhielt einen großen Haushalt mit Küchenhelfern, Ruderern, Bauarbeitern. Den Mitarbeitern zahlte er Löhne in Waren aus, verwaltete die Kasse, das Warenlager, die Listen der Schülerinnen und Schüler. Er verhandelte mit Eltern und Verwandten seiner Katecheten, unterrichtete und verpflegte sie. Wurden die täglichen Essensrationen knapp oder fielen nicht gut genug aus, »desertierten« die Mitarbeiter gern – sie verlangten Fleisch und Lebensmittel aus Konserven, die eine übliche Ernährungsquelle bildeten, seit so viele junge Männer auf den Holzplätzen und als Kautschukzapfer im Auftrag der Handelshäuser unterwegs waren. Auf den Holzplätzen mussten die Arbeiter verpflegt werden, zu Hause fehlten sie auf den Feldern. Den Lohn meuternder Leute behielt Nassau ein oder warf sie hinaus. Ein paar Tage darauf erschienen sie meist wieder, um neu zu verhandeln.

Berichtete er über Patienten wenig, schrieb Nassau durchaus über seine eigenen gesundheitlichen Sorgen, wenngleich meist knapp. Schwer heilende Wunden, Abszesse und Kopfweh machten ihm zu schaffen, auf dem Wasser wurde er schnell seekrank, gelegentlich war er schwermütig. Das Tagebuch und die Korrespondenz mit Verwandten in Amerika waren seine Hilfsmittel, die Distanz zu den ihm vertrautesten Menschen zu überbrücken, zu seiner Ersatzfamilie wurde die Station. Abends las er Schülern und Mitarbeitern aus Büchern vor, auch aus Anthologien mit afrikanischen Erzählungen, die in Traktatformat von der Kirche publiziert worden waren. Für Missionsschüler und Angestellte sang Nassau auch zur Gitarre.[129] Viele Szenen erinnern eher an einen amerikanischen Pionier im Blockhaus als an einen frommen Seelenfänger. Zur Unterhaltung an den Abenden besaß Nassau ein Arsenal faszinierender Objekte, darunter eine hölzerne Schlange aus beweg-

---

129 Nassau, 1914a, S. 208. Ein Violoncello, das er ebenfalls mithatte, war 1871 wegen der tropischen Temperaturen zerborsten (S. 129). Nassau spielte mehrere Instrumente, darunter Flöte und Klavier.

lichen Gliedern, vor der sich manche der Kinder fürchteten, ein Spielzeug-Dampfboot, ein Stereoskop zum dreidimensionalen Betrachten von Bildern, Feuerwerkskörper, eine Flöte, Bilderbücher, Romane, »Jackstraws«, ein Mikado-Spiel sowie Alphabet-Klötzchen.[130] Mechanische und musikalische Spielzeuge waren beliebte Mitbringsel in vorindustriellen Gesellschaften, ihre »magischen« Eigenschaften, die Europäer schon bei deren Auftauchen in den Bann geschlagen hatten, wirkten oft als unterhaltsame Eisbrecher.

Wiederholt kam es auf der Missionsstation zu Problemen mit Anwohnern aus der Umgebung, die auf dem Gelände von Kângwe jagten oder campierten: »Nobody owns anything in the forest«[131], kein Mensch halte sich an Grundstücksgrenzen. Das Konzept, konstatierte Nassau, sei überhaupt unbekannt. Zwei Jahre nach dem Erwerb des Geländes, im Februar 1878, entschloss sich Nassau, dessen Grenzen abzustecken. Mit Kompass und Messer stapfte er um den Hügel, nahm Daten auf und markierte Bäume. Dann rief er Re-N'Kombe, der die Markierungen von Kângwe bis zum Anleger hinunter bestätigte. Während »Kângwe« der Name der Anhöhe ist, auf den Nassau sein Wohnhaus bauen ließ, heißt der Bachlauf den Hügel herab »Andende«, was zum Namen für den Boots-Anleger und nach Nassaus Weggang vorübergehend Name der ganzen Station wurde, als Reverend Reading, einer der Nachfolger, sich ein Wohnhaus am Fuß des Hügels errichten ließ, da er die täglichen, steilen Wege scheute.[132] Erst mit dem Einzug der französischen Missionare in Kângwe/Andende bürgerte sich für die Station der Name Lambaréné ein.

Im Oktober 1877 zog Nassau von seiner provisorischen Hütte um in ein festes Wohnhaus. Die Monate verliefen friedlich, er notierte nur die Sorge, seine vermissten Hunde Brownie und Bravo habe ein Leopard gerissen. Für Januar 1878 erwähnt er den Besuch des Fotografen Francis W. Joaque[133], von dem zuvor schon die Rede war. Von ihm, der in der gesamten Region Handelsstationen, Familien und Missionarsversammlungen auf Glasplatten bannte, stammen vermutlich die meisten der überlieferten Fotografien aus Nassaus Jahren in Afrika vor 1890. Im selben Jahr, in dem Joaque die ersten Fotos von Nassau am Ogowe machte, erreichte diesen die Nachricht vom Tod beider Eltern in den USA.

---

130 Nassau, 1914a, S. 256, 273.
131 Nassau, 1914a, S. 208.
132 Nassau, 1914a, S. 570.
133 Nassau, 1914a, S. 238.

Neben den Alltagsgeschichten aus der Mission, den Angaben zur Zahl der Besucher der Gottesdienste mit neuen Getauften und zu den vielen Begegnungen mit Europäern und Einheimischen auf Missionsexkursionen durch das Land, ist bei Nassau immer öfter die Rede von der wachsenden Einflussnahme der französischen Metropole auf ihr tropisches Hinterland. Unmittelbare Konkurrenz begegnete den Protestanten aus Amerika in Gestalt ihrer katholischen Counterparts. Nassau erwähnt sie selten ohne latente Kritik, etwa ihr unzimperliches Vorgehen bei der Bekehrung. Im Februar 1878 notierte er: »At noon, Mâmbâ [...] came to ask how soon he might be baptized. I was so glad! [... He] was the first one, during those three-and-a-half years in the Ogowe, to ask for baptism. Unlike the Roman Catholic priests, who urged baptism on to utterly ignorant heathen, I never asked my inquirers to accept the rite. When they were ready for it, themselves would ask.«[134]

Mit Empörung stellte er fest, dass die Katholiken in der Region Alkohol ausschenkten und verkauften: »I was amazed at the ignorance of a certain young man, in his asking of me, a missionary, whether I had rum in the boat for sale! Perhaps he was thinking of the Roman Catholic priests, who always carried liquor.«[135] Später erklärt er, dass die katholischen Hirten ihren Schäfchen am Kirchentor in Lambaréné sogar einen Begrüßungstrunk verabreichen.[136] Es entsteht ein Bild von Katholiken, die vor kaum etwas zurückschrecken, um Seelen zu fangen und Konkurrenten aus dem Feld zu schlagen.

Im Juli 1879 besuchte Nassau in Libreville das Halbjahrestreffen der Presbyterianer. Vor der Küste legte Mitte des Monats Juli eine französische Fregatte an – einen protestantischen Missionar, der an Bord zu Besuch kam, wollte der Admiral nicht empfangen, den katholischen Bischof durchaus. In der Woche betete Nguva – der einige Monate später das Skandaltheater anzetteln sollte – zum ersten Mal öffentlich vor der Gemeinde im »Hauptquartier« Baraka. Rückschauend beklagte Nassau, wie sich die prä-laizistischen, von »Rom« dominierten Franzosen damals verhielten, zu deren Patriotismus eine, wenn auch abnehmende, Identifikation mit dem Katholizismus gehörte.[137]

---

134 Nassau, 1914a, S. 244.
135 Nassau, 1914a, S. 299.
136 Nassau, 1914a, S. 415.
137 Nassau, 1914a, S. 306f.

An der afrikanischen Atlantikküste auf der Höhe des Äquators hatten sich Franzosen über Verträge mit einheimischen Clanchefs um die Mitte des 19. Jahrhunderts als Verwaltungsmacht etabliert, britische Handelskontore dominierten den Kommerz, weiter im Landesinneren zeigte die Administration der Franzosen bis zu de Brazzas Auftauchen wenig Präsenz und Ehrgeiz. Die Presbyterianer aus den USA, die sich 1842 im Ästuar eingeschifft hatten, gaben ihrer Station mit »Baraka« einen Namen, der auf ein spanisches Wort für die Sklavenunterkünfte an der Küste zurückging. Es bezeichnete die Baracken, in denen menschliche »Ware« vor dem Transport übers Meer festgehalten wurde. Obwohl die Missionare gegen den Sklavenhandel eintraten, der einer Elite an der Küste Wohlstand gebracht hatte, kam mit den Missionsschulen für dieselbe afrikanische Elite, die seit Jahrhunderten mit Europäern Kontakt hatte, die Chance, ihrem Nachwuchs sprachliche Bildung zukommen zu lassen. Nur wenige Clanchefs hatten es sich leisten können, Söhne zur Ausbildung nach Europa zu schicken, doch auch das kam vor.[138] Eigens für die männlichen Kinder aus dem Clan des ambitionierten »Roi Glass« – Re Ogouarowe –, der seinen englischen Namen seiner Freude an einem guten Gläschen verdanken soll, eröffneten die Missionare auf dessen Wunsch eine Schule. »Roi Glass«, Oberhaupt der kleinen, strategisch gelegenen Siedlung Glasstown am Ästuar, erhoffte sich durch gute Englischkenntnis in seinem Clan Vorteile im Handel mit den Europäern. Bis zum Ausbau der französischen Verwaltung gegen Ende des 19. Jahrhunderts war die ökonomische Dynamik von Libreville geprägt von der Interdependenz der Westafrikaner und Europäer am Ort, bei der die Einheimischen, Sprach- und Ortskundigen die Oberhand behielten.

Frühgeschichte der Kolonisierung Gabuns

Legendärster Chef der Mpongwe war Antchoawé Kowé Rapontchombo (ca. 1780–1867),[139] von den Franzosen »roi Denis«, von den Briten »King William« genannt. Sein Bruder hatte unter Napoleon I. gedient, er selbst den Spaniern. Da Rapontchombo vier britischen Seeleuten das Leben ge-

---

138 Gardinier, David E.: The Schools of the American Protestant mission in Gabon (1842–1870). In *Revue Française d'histoire d'Outre-mér*, LXXV(279), 1988, S. 168–184.
139 M'bokolo, Elikia und Rouzet, Bernard: *Le Roi Denis, la première tentative de modernisation du Gabon*. Paris, Dakar, 1976.

rettet hatte, erhielt er 1839 einen Orden von Queen Victoria, später sogar, für die gute Aufnahme katholischer Gottesleute, eine Medaille von Papst Gregor XVI. Der als weise und würdevoll bekannte Clanchef beherrschte Englisch, Spanisch, Portugiesisch und Französisch. Er besaß nicht nur große, ertragreiche Pflanzungen, sondern auch zahlreiche Arbeitssklaven – angeblich mehr als dreihundert – und mehrere Ehefrauen sowie eine ganze Kollektion britischer und französischer Admiralsuniformen, die ihm zum Geschenk gemacht worden waren. An Festtagen zeigte er sich der Bevölkerung gern in vollem Ornat.[140] André Raponda-Walker wies die Herkunft des Siegelträgers Rapontchombo vier Generationen zurückreichend nach. Er zitiert auch die Datierungsmethode, mit der Rapontchombo auf die Frage nach seinem Geburtsdatum geantwortet hatte: Als Louis XVI regiere habe er bereits gut mit dem Kanu navigieren können.[141] Mit europäischen Unterhändlern, Expeditionsleitern und Kaufleuten war Rapontchombo an der Küste in Kontakt gekommen, viele hatte er als Gäste beherbergt und bewirten lassen, darunter Lieutenant Bouët-Willaumez, der später zum Admiral und Gouverneur des Senegal befördert wurde. Rapontchombos Verhandlungsgeschick mit Europäern und Einheimischen war für Entwicklungen des Ästuars von enormer Bedeutung, und auch er schickte seine Kinder in die Schulen der Missionare. Doch bis an sein Lebensende 1867 widerstand er der Konversion zum Christentum, von der ihn laut Raponda-Walker vor allem das Verbot der Polygamie abhielt.

Abb. 11: »Le roi Denis« Rapontchombo, der 1839 den wichtigsten Territorialvertrag mit Frankreich schloss, mit einer seiner Ehefrauen. Zwischen beiden ist als Wandschmuck ein Porträt von Napoleon zu sehen; zeitgenössischer Stich von Emile Bayard, ca. 1865.

---

140 Bucher, Henry H. Jr.: The Village of Glass and Western Intrusion: A Mpongwe Response to the American and French Presence in the Gabon Estuary 1842–1845. In *The International Journal of African Historical Studies*, 6(3), 1973. S. 374f.
141 Raponda-Walker, André: *Notes d'histoire du Gabon*. Montpellier, 1960, S. 23.

6.1 Robert Hamill Nassau

Abb. 12: Französisches Handels- und Verwaltungsviertel von Libreville, zeitgenössische Zeichnung, 1865; Illustration zum Reisebericht von Griffon de Ballay in *Tour Du Monde*, 1866

Den Namen Gabun (portugiesisch: Gabao, französisch: Gabon, englisch: Gaboon oder Gabon) trug bis 1891 allein das Ästuar, das Mündungsgebiet der Flüsse Como und Remboe, das 70 Kilometer lang und stellenweise bis zu 16 Kilometer breit ist. Erst 1886, mit der Gründung von Französisch-Kongo, das Frankreich in Analogie zu und Konkurrenz mit König Leopolds II. belgischem »Kongo-Freistaat« proklamierte, gehörte das Gebiet des heutigen Gabun offiziell und als Ganzes zum französischen Kolonialreich. Mitte und Ende der 1870er Jahre, während Nassaus ersten Jahren am Ogowe, meinte man die Küstenregion um Libreville, wenn man »Gabun« sagte.

Das Halten von Sklaven hatte in Äquatorial- und Westafrika allerdings wenig Ähnlichkeit mit der Praxis in der Neuen Welt. Sklaven lebten in der Gesellschaft mit, als Teil der Gruppe, wenn auch mit eingeschränkten Rechten. Die Veränderung ihres Status war durchaus möglich. So berichtet Raponda-Walker darüber, dass Rapontchombo einen seiner Sklaven zum freien Mann und zum Aufseher über seine Sklaven erklärt habe.[142] Raponda-Walker zeichnet ein leicht idealisiertes Bild der afrikanischen Sklavenhaltung. Bei manchen Gruppen war es etwa üblich, dass nach dem Tod eines Clanchefs diesem einige Sklaven als Begleiter ins Reich der Ahnen geopfert wurden; verstorbene Sklaven erhielten dagegen mitunter keinerlei Begräbnis, sondern wurden in Wäldern oder Flüssen der Natur überantwortet.

Wer als Gast nach Libreville kam, suchte Rapontchombo auf, so auch Paul Belloni du Chaillu (1831–1903)[143], Abenteurer und Forscher, dessen Schriften starken Einfluss auf die außerafrikanischen Vorstellungen von Zentralafrika gewannen. Du Chaillu, Sohn eines Pariser Kaufmanns italienischer Abstammung, reiste mit seinem Vater 1848 an. Ausgebildet bei Missionaren lernte er die Sprache der Mpongwe, der »Handelsaristokratie an der Küste«[144] Gabuns, und fasste den Entschluss, das wenig bekannte Landesinnere zu erkunden. Seine schillernden Reisebeschreibungen, reich an Sensationellem und Exotischem, prägten lange das Bild der Region mit. Du Chaillu, der offenbar seinen Ruf als kühner Abenteurer genoss, hoffte unter anderem, einen lebenden Gorilla nach Europa zu bringen. 1852, sieben Jahre vor Darwins *The Origin of Species* war ein erstes Skelett dieser faszinierend menschenähnlichen Spezies von Gabun aus in ein Pariser Museum gelangt.

Ausgeschickt worden war du Chaillu, der die amerikanische Staatsbürgerschaft angenommen hatte, 1855 von der *Academy of Natural Sciences* in Philadelphia, in deren Auftrag er bis 1859 die afrikanische Äquatorregion bereiste und den Unterlauf des Ogowe erkundete. Auf einer Expedition 1863 bis 1865 begegnete er »Waldpygmäen«, als deren »Entdecker« er beim weißen Publikum galt. In London, Paris und New York hielt er beliebte Vorträge, in denen es von gefährlichen Gorillas und Krokodilen wimmelte. Du Chaillu verkaufte, nachdem 1861 und 1867 seine Schriften erschienen waren, auch hin und wieder »Kannibalenschädel« oder Artefakte der von Fetisch- und Aberglauben irregeleiteten Eingeborenen an europäische Sammlungen. Auch auf Deutsch waren früh Bücher von ihm erschienen,[145] Schweit-

---

142 Raponda-Walker, 1960, S. 28.
143 Bucher, Henry H. Jr.: Canonization by Repetition: Paul du Chaillu in Historiography. In *Cahiers d'histoire d'Outre-mér, LXVI*(242/243), 1979, S. 15–32.
144 Bucher, Henry H. Jr.: Mpongwe Origins. Historiographic Perspectives. In *History in Africa*, 2, 1975, S. 59.
145 Du Chaillu, Paul: *Reisen in Centralafrika*. [New York, 1861]; Berlin, 1865. Die Ausgabe in zwei Bänden war die erste deutsche Fassung der Berichte seiner Reisen durch Zentralafrika, insbesondere durch Gabun 1855–58.

zer nahm sie nach eigenem Bekunden um 1935 zur Hand und urteilte: »Sie enthalten ergreifende Schilderungen von durch Aberglauben und Fetischdienst verursachten Gräueln, deren Zeuge er war.«[146]

Bald lernten größere Teile der einheimischen Küstenelite Englisch, fanden sich der angelsächsischen Sphäre verbunden und nahmen auch die Bibellektionen der Presbyterianer wohlwollend hin, wenngleich Berichten zufolge nicht enthusiastisch, sondern eher als notwendiges Beiwerk des Spracherwerbs. 1885 war die amerikanische Mission bekannt genug, um in Pierers *Universal-Lexikon* unter dem Eintrag »Gabun (Gaboon)« erwähnt zu werden. Der Fluss Gabun, hieß es dort, sei

> »einer der größten Ströme Afrikas, der aus fünf größeren, schiffbaren Flüssen (Como, Coge, Rogolay) gebildet, seinen Ursprung tief im Inneren des Continents hat u. an der Westküste, nahe dem Äquator, mündet. Das Wasser des G. ist rein u. hell, der Schifffahrt günstig u. die Ufer sind gesund u. dicht bevölkert. Am G. findet sich eine Station der Nordamerikanischen Missionsgesellschaft mit Druckerei. An der Mündung, welche eine ganze Flotte sicher aufzunehmen vermag, haben seit 1843 die Franzosen festen Fuß gefaßt.«[147]

Fuß hatten sie wohl gefasst, offiziellen Kolonialstatus besaß das Territorium, jedoch noch nicht. Wollten die Franzosen ihre Suprematie etablieren, brauchten sie Untertanen in Übersee, die in Verwaltung und Arbeitskontexten der Sprache der Titularnation mächtig waren.

1864, drei Jahre nach Nassaus Ankunft vor Ort, hielt sein Kollege, der Missionar George Paull, auf der Station Corisco hinsichtlich eines Gottesdienstes fest: »Dr. Nassau preached in English and one of the black boys interpreted it to the congregation [...]. We had Sabbath-school in the afternoon. I taught a class of young men, some of whom understood English.«[148] Auch Mädchen und Frauen erlernten die Sprache. Im Landesinneren, an den Flussufern, hatten sich kleine Siedlungen Namen wie »Liverpool« oder »Washington« gegeben, mit denen die Einwohner vermutlich nur

---

146 Schweitzer, Brief aus Lambaréné, 5.5.1935. Zit. n. Kik, 1965.
147 Pierer, Heinrich A.: *Universal-Lexikon der Gegenwart und Vergangenheit*, Bd. 6. Altenburg, 1885, S. 832.
148 Wilson, Samuel: George Paull of Benita, West Africa. A Memoir. Philadelphia, o. J. [ca. 1870], S. 101.

vage Assoziationen verbanden, von denen sie sich aber offenbar positive Effekte versprachen. (Sie sind auf heutigen Landkarten nicht mehr zu finden.)

Lingua Franca der Region war, neben Mpongwe, das Englische geworden. Den Franzosen, deren Geschäfte in der Region noch nicht florierten, während sie langfristige geostrategische und ökonomische Interessen mit der Region verbanden, war der angelsächsische Einfluss der britischen Händler und amerikanischen Protestanten schon Mitte des 19. Jahrhunderts nicht immer genehm. Unter dem Vorwand, ein *comptoir*, eine Handelsniederlassung, zu errichten, brachten sie einflussreiche Clanchefs dazu, ihnen Baugrund als Besitz am Ästuar zur Verfügung zu stellen. Am 3. September 1843 hatten die Franzosen auf dem Gebiet des Roi Louis ihr Fort d'Aumale eingeweiht, als erste Handelsniederlassung war es eigentlich eine regelrechte kleine Festung der Marine, geeignet, sich gegen allerhand Aufstände, Plünderungen und Piraterie zu behaupten. Neben der »pacification« durch reale oder angedrohte Waffengewalt bestimmte, wie in den Kolonien üblich, indirekte Bestechung, die sogenannte »politique cadeaux«, die Beziehungen der Franzosen vor Ort zu den Afrikanern, wobei sie die traditionellen Funktionen von Gabe und Gegengabe am Ort für ihre Zwecke ausbeuteten.

Ein Beispiel, das Henry H. Bucher für die Frühphase französischer Ambitionen rekonstruiert hat, illustriert plastisch die Praxis der Rivalitäten um Gebietsansprüche an der Küste Gabuns. Er betitelte das Jahr 1845, als ein symbolischer Machtkampf zwischen den Franzosen, ihren kolonialen Rivalen und lokalen Wortführern entbrannt war mit »The Year of the Flag Wars«.[149] Wieder und wieder hatten die Einwohner von Glasstown am Ästuar den Franzosen, in deren Augen, nicht hinreichend Reverenz erwiesen. Beim Auftauchen britischer Marineschiffe vor der Küste hatten die Anwohner den Union Jack gehisst, anstatt, wie von Frankreich verlangt, die Trikolore – die Bevölkerung wollte ihre Loyalität mit den bewährten Handelspartnern demonstrieren. Auch die amerikanische Flagge ließ man gelegentlich im Küstenwind wehen und bewies damit den Missionaren in Baraka, dass man ihnen nahestand, näher jedenfalls, als den Franzosen. Diese hatten inzwischen auch den kolonial desinteressierten Amerikanern

---

[149] Bucher, 1973, S. 395. Der historische Kontext der Frühphase der Kolonisierung an der Küste ist auch dargelegt in M'bokolo, Elikia: *Noirs et Blancs en Afrique équatoriale, les sociétés côtières et la pénétration française (1820–1874).* Paris, 1981.

verkündet, sie stünden nun unter ihrem Schutz. Als Patrioten und ehemals selbst Kolonisierte, deren Metropole keine territorialen Ansprüche am Ort hatte, neigten die Missionare aus Amerika dazu, Wege zu aufgeklärter Frömmigkeit und Autonomie aufzuzeigen. Loyale Untertanen mussten sie nicht formen. Unbewaffnet und zu politischer Neutralität verpflichtet, mischten sich die Missionare aus Philadelphia zwar nicht aktiv in den Konflikt ein, signalisierten aber der Bevölkerung ihre Solidarität. So hatten sie dabei geholfen, eine Petition an Queen Victoria zu verfassen, das Dokument, das die britischen Schiffe überhaupt in Bewegung Richtung Gabun gesetzt hatte. Erzürnt forderte der französische Kapitän Darricau den »Roi Glass«, respektive Ravonya, auf, die »richtigen Farben« zu hissen. Doch beim Palaver stimmten die jungen Leute aus dessen Clan dagegen. Als Kapitän Darricau der Kragen platzte, ordnete er einen Boykott der Händler von Glasstown an, drohte, die Siedlung mit der Schiffskanone unter Beschuss zu nehmen und ließ tatsächlich Kanonenkugeln los, als erneut die »falsche« Fahne am Pfosten flatterte.

Ravonya setzte darauf ein Sendschreiben auf, das zu den wenigen erhaltenen schriftlichen Quellen der Mpongwe aus der Epoche gehört. An die Adresse der Franzosen richtete er auf Englisch, einen Kompromissvorschlag: »Sir [...], if we do only put up French flag, that will be all same we done sell our country. But we do not want to sell our country. We want if French and other nation come together, then we can put up two flags.«[150] Am anderen Morgen hisste Ravonya dann freundlich Frankreichs Farben, doch die Franzosen protestierten abermals, da er sie nicht am vorgesehen Flaggenpfosten aufgezogen hatte. Ein Trupp Soldaten kam nach Glasstown, um Ravonya haarklein darzulegen, wie und wo ihre Trikolore zu sehen sein solle. Während die alarmierte Bevölkerung ins Inland flüchtete, eröffneten die Franzosen das Feuer. Hilflos schauten die amerikanischen Missionare zu, als ihre Mission von einer Kanonenkugel getroffen wurde, glücklicherweise ohne jemanden zu verletzen oder einen diplomatischen Eklat zu provozieren. Als die Lage zu eskalieren drohte, zog Ravonya die gewünschte Flagge am gewünschten Ort hoch.

Keine zehn Jahre nach dem »Jahr des Flaggenkriegs« gehörte erstmals

---

150 Zit. n. Bucher, 1973, S. 397: Der Wortlaut wurde amerikanischen Stellen von Reverend Wilson der Missionsstation Baraka übermittelt. Offenbar hatte er das Dokument abgeschrieben, diesmal aber, anders als bei der Petition an Queen Victoria, nicht beim Formulieren assistiert.

auch kasernierte Zwangsarbeit, »le bagne colonial«, zum Regime an der Küste, das sich dort mithilfe von Verwaltungspersonal und katholischer Missionare ausbreitete. Katholische Missionen unterhielten Schulen, Ambulanzen, Pflanzungen zur Subsistenzwirtschaft, Tischlereien, Zimmermannswerkstätten, Bäckereien und Schlachtereien, die Personal, Schüler und bedürftige Gemeindemitglieder versorgen konnten. Doch wenngleich Frankreich gegen Ende des 19. Jahrhunderts verstärkt versuchte, anglophonen Händlern und Christen Produkte und Seelen abspenstig zu machen, blieb die Bevölkerung beharrlich anglisiert. Alle Anglophonen, auch Amerikaner, wurden oft herzlich als »the English« bezeichnet, Begeisterung für die zunehmende »Französisierung«, deren impliziter Machtanspruch nur allzu deutlich war, fehlte.

Doppelcharakter der Mission

Seit den ersten Kontakten Weißer und Schwarzer auf dem afrikanischen Kontinent hatten wechselseitige Projektionen, Produktionen von Stereotypen und Mythisierungen eingesetzt. Westafrikaner besetzten die Weißen häufig mit ihren Vorstellungen von Geistern oder Erscheinungen von Ahnen – die in der präkolonialen Vorstellung Zentralafrikas weiße Hautfarbe gehabt haben sollen, vermutlich da die Knochen der Verblichenen weiß sind.[151] Einige sahen in den Weißen auch Wundertätige, deren Artefakte oder Werkzeuge übernatürliche Kräfte besaßen, was ihnen ähnliche Funktion verlieh wie Heilern in ihren Gesellschaften. Europäer ihrerseits erfanden symbolische Ordnungssysteme für Afrikaner, die sie aus ihren genealogischen Mustern und Rangvorstellungen ableiteten und die dabei helfen sollten, administrative Ordnung – Kopfsteuer, Zwangsarbeit – in für sie unübersichtliche Ordnungsstrukturen zu bringen. So kommt kaum eine der kolonialen Landkarten, erst recht nicht die der Missionare, ohne die Benennungen für »Stämme« aus, die bestimmten Gebieten zugeordnet werden, und damit den schweren Auftrag der Missionare sowie die exotische Ferne und Gefahr ihres Wirkungsfeldes für heimische Förderer ausstellten.[152] Wie überall auf

---

151 Cinnamon, John: Ambivalent Power. Anti-Sorcery and Occult Subjugation in Late Colonial Gabon. In *Journal of Colonialism and Colonial History*, 3(3), 2002, S. 8.
152 Vazquez, Jean M.: *La cartographie missionnaire. Science, religion et conquête (1870–1930)*. Paris, 2012. Die großartige Studie stellt auch eine CD mit Abbildungen der analysierten Karten zur Verfügung.

der Südhemisphäre tauchten in Gabun Mitte bis Ende des 19. Jahrhunderts inzwischen neue Missionarstypen wie der Lehrer-Missionar, der Arzt-Missionar, der Missionar als Techniker oder Sprachforscher und Hobby-Ethnograf auf.[153]

Bei den Fang begann man, drei Arten von Weißen zu unterscheiden: *ntangan abom*, den Geschäftsmann, *ntangan ngovina*, den Kolonialbeamten und *ntangan engongoh*, den »sich klein machenden Weißen«, den Missionar, dessen Armut und Verzicht auf ökonomische Machtausübung vielen rätselhaft vorkam. Missverständnisse waren unvermeidbar, schon wegen des paradoxen Doppelcharakters der Mission, auf den Emanuelle Minko-Nguema aufmerksam macht: Die Mission propagierte auf der einen Seite die Bedeutungslosigkeit des Weltlichen, des Materiellen, und wollte zugleich die »trägen Eingeborenen« zur Meritokratie, zur Erwerbsarbeit erziehen, womit sie Teil des disziplinierenden Regimes aus Kontrollen und Ausbeutung war.[154] Missionsstationen, oft als »Kolonie in der Kolonie« bezeichnet, konnten also zugleich Komplizen im imperialen Projekt und antagonisierende Nuclei wider koloniale Profitgier sein. Oft waren es Missionare, die dazu beitrugen, dass gravierende Missstände in den Überseeterritorien ans Licht kamen, etwa der presbyterianische Reverend William Sheppard (1865–1927), Afroamerikaner aus dem US-Bundesstaat Virginia, der 1890 in den belgischen Kongo ging, wo er später dabei half, die Gräueltaten von Kautschukkonzernen in Leopolds »Freistaat« öffentlich zu machen, und dafür als erster Menschenrechtler von einem Konzern angeklagt wurde.

An der Küste Gabuns hatten sich schon im September 1844, zwei Jahre nach der Eröffnung der Station Baraka durch die Presbyterianer und nach dem Bau von Fort d'Aumale durch die französische Marine, Katholiken des Ordens der Väter vom Heiligen Geist, der Pères du Saint Esprit, eingefunden. Unter Monsignore Jean-Rémi Bessieux (1803–1876) und mit Rückendeckung durch das französische Marineministerium,[155] begannen sie, den lokalen Anwohnern ihre Heilige Schrift, ihre Riten und Sakramente anzubieten.

---

153 Minko-Nguema, Emmanuelle: L'évangélisation comme forme religieuse de la conquête politique. In Denis Pryen und François Manga Akoa (Hg.), *Colonisation et colonisés au Gabon. Études Africaines*. Paris, 2007, S. 30.
154 Minko-Nguema, 2007, S. 31.
155 Zorn, [1993] 2012, S. 83.

Gemeinsam mit den Soeurs Bleues de Castres waren die Pères du Saint Esprit in der Missionsarbeit aktiv, ihr erklärtes Ziel war, wie bei den Protestanten, der Kampf gegen Sklaverei, Aberglauben und Polygamie. So leisteten die ersten katholischen Missionare unter Bessieux, einem »vicaire apostolique«, unter anderem bei den Mpongwe an der Küste Überzeugungsarbeit, auch um die französische Position zu festigen.[156] Zwischen 1878 und 1913, dem Jahr der Ankunft Schweitzers, waren mehr als 20 Missionsstationen in Gabun entstanden. 1880 waren auch die Katholiken am Ogowe angelangt, und gründeten die Gemeinde Saint François Xavier de Lambaréné. Sie setzten ihre Kirche an die Spitze der Insel, in unmittelbarer Nähe zu den Handelshäusern und dem französischen Verwaltungsposten. Womöglich nutzten sie das Interim, die Monate, während derer Nassau 1880/81 in Amerika war.

Abb. 13: Katholische Kirche von Lambaréné, erbaut um 1900; fotografiert 1993

Nassau übergab die Station Kângwe Anfang 1880 an Reverend Bache-

---

[156] Morel, Gérard (Hg.): *Jean-Rémi Bessieux et le Gabon (1803–1876). La Fondation De L'église Catholique à travers sa Correspondance. Vol. I: 1803–1849.* Paris, 2007; Tornezy, Odette: Les travaux et les jours de la mission Sainte-Marie du Gabon (1845–1880). Agriculture et modernisation. In *Revue française d'histoire d'outre-mer,* LXXI, (264–265), 1984, S. 147–190.

ler und dessen Frau, die beide Ende 1879 beim Konflikt um Nguvas Satire-Theater tapfer an seiner Seite gestanden hatten. Der Abschied fiel ihm schwer: »With a heavy heart I was leaving the loved river.«[157] Sämtliche Verhältnisse in Kângwe und auf der Insel Lambaréné veränderten sich danach rapide.

Auf dem Seeweg über Libreville, Liverpool und New York trat Nassau den langen Heimaturlaub an. Von Februar 1880 bis Dezember 1881 hielt er in den USA an die 200 Vorträge über die Arbeit in der Mission. Zugleich suchte er, wo immer er war, nach einer neuen Ehefrau – erklärtes Ziel seiner Reise, an das er schon auf der Überfahrt dachte: »I was at sea. Everywhere thinking of a wife. But, how could one know, on acquaintance of only a few days, the tastes and fitnesses necessary for a life companionship?«[158] Wohlmeinende Freunde an der Ostküste luden ihn mit frommen Fräuleins ein. Er selbst hoffte auf Fügung. Sie manifestierte sich in Gestalt von Mary Brunette Foster, einer Pastorentochter aus Pennsylvania, geboren 1849, gut 15 Jahre jünger als er. Miss Foster war für den Missionsdienst in Fernost ausersehen, fand sich aber bereit, ihrem Bräutigam nach Westafrika zu folgen. Von seinem Sohn William berichtete der Vater stolz, dass die Universität Princeton ihn angenommen habe, der andere Sohn, Charles, feierte während des Heimaturlaubs seines Vaters Konfirmation. Seiner neuen Braut nahm Nassau das Versprechen ab, künftige Kinder nicht zur Trennung zu zwingen, auch wenn die Eltern in Afrika arbeiten.

Am 12. Oktober 1881 begann die Schiffspassage der Nassaus über England nach Afrika, wo Henry Morton Stanley zur selben Zeit mit afrikanischen Clanchefs im Kongogebiet einen Vertrag nach dem anderen für Belgiens Monarch abschloss. 70 Freunde verabschiedeten »Hamill und Mary« am Philadelphia am Pier. Sie sahen Mary Foster Nassau dabei zum letzten Mal. In Liverpool ließen sich beide als Brautpaar fotografieren, denn ihre Fahrt war Hochzeitsreise und Reise zum Dienstantritt in den Tropen in einem. Da das Arbeiten am Golf von Guinea nun kaum noch ohne Französischkenntnisse möglich war, hatten die beiden Missionare französische Wörter- und Grammatiklehrbücher mit an Bord: »[We] sat on deck studying French.«[159] Mit an Bord waren neun weitere Geistliche.

Auf allen Passagierlinien waren Missionare und Missionsinspekteure aus

---

[157] Nassau, 1914a, S. 333.
[158] Nassau, 1914a, S. 347.
[159] Nassau, 1914a, S. 360.

den Zentralen unterwegs, parallel zum *Scramble for Africa* dehnte sich die missionarische Globalisierung in einem Ausmaß aus, die ohne Präzedenz war. Frederic Nobles Missionshandbuch von 1899 verzeichnet im statistischen Anhang 285 missionarische Organisationen und Gesellschaften von Protestanten, die mit Tausenden von Mitgliedern allein auf dem Kontinent Afrika sowie auf Madagaskar und Mauritius aktiv waren. Darunter waren Baptisten, Methodisten, Anglikaner, Lutheraner und Presbyterianer, deren 48 »mission-agencies« numerisch die Spitze bildeten. Dem stellte Noble in Afrika nur 34 katholische Organisationen gegenüber – deren Schwerpunkt lag seit dem 16. Jahrhundert im Lateinamerika der katholischen Portugiesen und Spanier.[160]

Unter den Missionen im subsaharischen Afrika stach die in Gabun kaum hervor, weitaus prominenter waren große Unterfangen in Angola, Kenia, Liberia, Nigeria und Südafrika. Für Frankreichs Regierungen, obwohl zunehmend säkular orientiert, behielten generell französischsprachige Missionsschulen in Übersee als assimilatorische Institutionen politische Bedeutung. Erst 1907, zwei Jahre nach der Laisierung des französischen Staates, eröffnete in Libreville die erste staatliche, nichtkonfessionelle Schule.

Aus Kângwe wird Andende

Als das Ehepaar Nassau im Dezember 1881 in Libreville ankam, hatte sich eben der neue französische Kommandant eingefunden – ungewöhnlich, wie Nassau befand, mit Frau und Kindern –, und die amerikanischen Missionare machten ihm ihre Aufwartung.[161] Dass der Distriktgouverneur seine Familie mit nach Übersee genommen hatte, weist vermutlich darauf hin, dass französische Beamte dauerhaft stationiert werden sollten, um die Fluktuation zu reduzieren. Auch gibt Nassau Auskunft über ein Flötenduett mit Bacheler, was verrät, dass sich die Kollegen nach einem Streit wieder verständigten – schließlich legte die christliche American Community am Ort angesichts von Frankreichs Machtimpulsen so viel Wert auf Kohäsion wie auf Kohabitation mit der Kolonialverwaltung.

An Weihnachten 1881 erreichten Nassau und seine Kollegen von Libreville aus die Station der Presbyterianer am Ogowe, wo Mrs. Bacheler

---

160 Noble, 1899, S. 814.
161 Nassau, 1914a, S. 366.

inzwischen Mutter geworden war. Die Reisenden waren auf einem Schiff der Woermann-Niederlassung nach Lambaréné mitgenommen worden: »Reached the German house at Lembarene [sic], [...] landed at Andende, guests of Mr. and Mrs. J. H. Reading. [... He] summoned a crowd of natives with loud firing of guns for a social welcome; and, at night a native torchlight procession as a reception.«[162] Nassau nennt Kângwe hier inzwischen bereits Andende – der neue Name hatte sich eingebürgert, bis die Station unter den Franzosen nur noch als »Lambaréné« bekannt sein wird. Von Fackelzügen in Lambaréné zur Begrüßung des Grand Docteur würden Schweitzer und dessen Biografen später berichten, als seien sie ein eigens für ihn erfundener Kult. Dass die Praxis hier wie andernorts schon vorher gebräuchlich war, bezeugen jedoch die Missions-Journale.

Auf seiner ehemaligen Station Kângwe/Andende war Nassau jetzt nur Gast. Er hatte den Auftrag erhalten, eine weitere Station am Ogowe zu gründen, die mindestens 50 Meilen flussaufwärts von Kângwe entfernt lag. Diese Auflage zur Distanz erwähnt Nassau in *My Ogowe* mehrere Male, sie schien ihm einen kränkenden Beigeschmack zu haben, als wollte man ihn so von seinem Werk in Kângwe fernhalten. Seine Aussage über die generelle Transformation und die dadurch entstandene Unsicherheit galt auch für die Individuen: »There was constant change, if for the better, I knew that, in a few days there would be evil. Indeed, a good name for my Africa would be ›The Land of Change.‹ «[163]

Wochenlang erkundete Nassau nun Orte stromaufwärts. Bei der Expedition verließ er sich auf den Chef, mit dem er damals über Kângwe verhandelt hatte, Re-N'Kombe, der ihm eine Crew aus Ruderern, Arbeitern und Koch zusammenstellte. Am 16. Januar 1882 fand Nassau den Ort, an dem er die zweite protestantische Missionsstation am Ogowe aufbauen wollte, Talagouga, an einer schwierigen Stromschnelle gelegen. Er berichtet: »Passed a very large rock, in the river, near the right bank, which was called Talaguga (sight of woe). [...] In the middle of the morning, we came to an island, Njoli, on whose lower end was a hut, remains of a camp occupied by De Brazza, on his expeditions.«[164]

Njoli, oft auch Njolé, heute Ndjolé geschrieben, wurde wenig später ein

---

162 Nassau, 1914a, S. 368.
163 Nassau, 1914a, S. 313.
164 Nassau, 1914a, S. 371. Er schreibt »Talaguga«. Talagouga ist die später gängige, französisierte Schreibweise.

französischer Militär- und Kontrollposten. Auf der Fahrt dorthin mussten sie Stromschnellen und Wasserfälle überwinden, einmal ließ Re-N'Kombe alle »nutzlosen Personen« wie Frauen und Kinder aussteigen, damit das Boot, das die Männer vom Ufer aus zogen, leichter wurde. Auch Nassau sollte das Boot verlassen, und als er protestierte, versetzte Re-N'Kombe, er sei doch zu wertvoll, als dass sein Leben riskiert werden dürfe. Als der Gründungsort feststand, überließ Nassau Re-N'Kombe Tauschwaren für 150 Dollar, der dafür Baumaterial und Lebensmittel für die neue Station einzuholen versprach. Re-N'Kombes Rolle bei der Expedition bezeugt das Geflecht aus Erwartungen, Dienstleistungen und gegenseitigen Abhängigkeiten, mit denen Akteure routiniert umgingen. Die Position am Fluss habe er gewählt, schrieb Nassau in *My Ogowe*, da sie sich als Ausgangspunkt für den Bau weiterer Stationen eignete, doch leider hätten seine Nachfolger, die französischen Missionare, das nicht genutzt.

Im März 1882 begannen Nassaus Vorbereitungen für den Bau von Talagouga. In den ersten Wochen der Bauarbeiten nächtigte der Missionar auf dem Gelände am Flussufer in einem Zelt der US-Armee, eine Spende der Chestnut Hill Sabbath School in Philadelphia, wie er dankbar notierte. Seine erste Amtshandlung war das Gebet auf dem Gelände für den Segen der Station. Von den Arbeitern ließ er sich sofort Begriffe der Sprache der Fang beibringen, zu denen hier der Großteil der Bevölkerung zählte. Boote und Kanus aus Lambaréné schafften Werkzeuge und Baumaterial heran sowie Post und Zeitungen, oft Wochen alt. Vom Nachbardorf wurden Zuckerrohr, Kochbananen, Hühner und Kartoffeln gekauft.

Es folgte die Routine der Bauphase: Das Abmessen des Geländes, Roden von Wald, Planen der Bauten, Morgen- und Abendandachten. Leute aus der Umgebung boten Lebensmittel zum Verkauf. Vorausschauend pflanzte Nassau unter anderem Orangenbäume, Mango, Avocado, Brotfrucht an. Aus den Nachbardörfern tauchten bald Frauen und Kinder auf, einige suchten bereits medizinische Hilfe. Wer und wo Nassau war, wussten die meisten am Fluss. Umgekehrt kannte er von vielen der Mitarbeiter Eltern, Geschwister, Cousins und andere Verwandte. Viele nannten den Missionar »Nâsâ«, einige gaben ihren Kindern diesen Namen, was ihm nicht so recht war, da er die Verpflichtungen scheute, die derart viele halbformelle Patenverhältnisse mit sich brachten.

Bald war ein provisorisches Wohnhaus fertig, Mobiliar angeliefert und Mary Foster Nassau konnte zu ihrem Mann übersiedeln. Sie sollte die Missionskinder unterrichten, für die eine Schule gebaut wurde. Leute strömten herbei, um »die weiße Frau« zu sehen. An den Abenden laß Nassau ihr oft vor, wie er früher Schülern und Mitarbeitern vorgelesen hatte. Inzwischen war am Anlegeplatz von Lambaréné Mary Nassaus »Orgel« aus den USA eingetroffen, ein Harmonium zum Begleiten von Kirchenliedern, und Nassau berichtete später, dass seine Frau für die faszinierten »Fanwe« darauf spielte. Einmal im Monat gab es ein abendliches Konzert für alle auf der Station. Nassau eröffnete wieder eine medizinische Ambulanz, Patienten kamen und Schüler fanden sich ein, die ihre anfängliche Angst vor dem Missionar verloren. Jeden Sonntag wurde in Talagouga der Katechismus unterrichtet und Nassau notierte Fragmente aus den Dialogen mit den Lernenden: »When I asked little Mveli [...] a catechism question, ›What is a spirit?‹ he gave the reply, ›A spirit is something which lives always‹ and he added, ›and never dies.‹ [...] ›Has God a wife?‹ ›No.‹ ›Then, he lives alone?‹«[165] Eine Antwort auf die einleuchtende Frage übermittelte Nassau nicht, aber er hielt solche Kommentare fast ketzerisch gern fest.

Intensiver Schiffsverkehr herrschte inzwischen auf dem Ogowe. Fast alle Expeditionen, Händler und Reisenden machen bei Nassau Halt, so

Abb. 14: Nassau vor seinem Wohnhaus auf der Station Talagouga, um 1883; in Nassau: *My Ogowe*, 1914

---

165 Nassau, 1914a, S. 379.

etwa auch der französische Kommandant für den oberen Ogowe (Haut-Ogooué) und das Kongo-Gebiet, Lieutenant Louis Mizon. Mizons Equipe, die im Mai 1882 in Talagouga anlegte, bestand, wie Nassau notierte, aus 18 Langkanus mit Ruderern und Gepäck. An anderen Tagen gab es sogar noch mehr Verkehr: »My place became more and more a stopping-resort for passing canoes. I approved; for, I always held up my Gospel work before them.«[166] Bei Nassaus Freund Sinclair traf auch der wichtigste Begleiter von de Brazza, Dr. Ballay, zu Besuch ein, und bei der Firma Woermann kamen neue Mitarbeiter an. Als im Februar 1883 mit einer französischen Expedition der Bruder von de Brazza, Jacques, mit einer Expedition von 190 Mann anlegte, empfand Nassau die zahlreichen Einladungen und Dinners als »ein Stück Zivilisation«. In der Umgebung erweckten die zahlreichen Besucher Eindruck, und der Missionar hörte Bemerkungen wie: »›Kal Nâsâ e ne kuma‹ (Nassau's town has a reputation)«[167], Nassaus Ort hat einen guten Ruf.

Ende 1883 kam es zu heftigen Auseinandersetzungen mit Nyare, einem Chef der Nachbarsiedlung von Talagouga, wegen Wilderei auf Nassaus

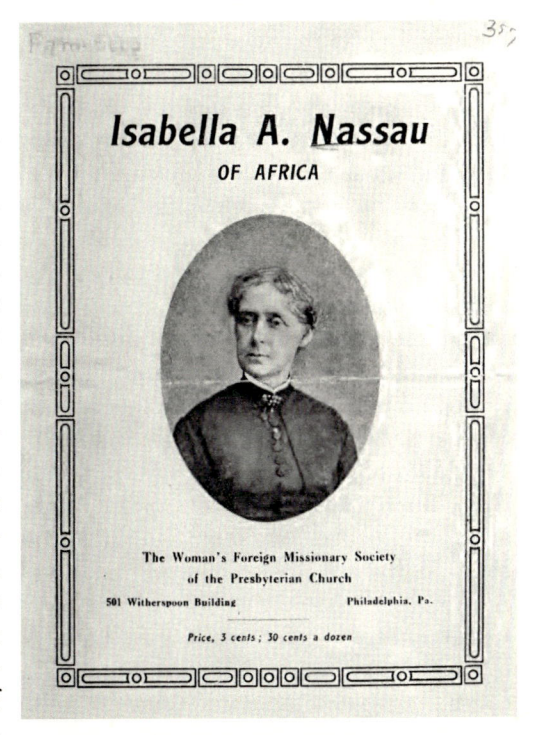

Abb. 15: Isabella Nassau (Schwester von Robert Hamill Nassau); Titelblatt ihrer Biografie als Missionarin, verfasst von Samuel McLanahan: *Isabella A. Nassau, of Africa*, 1900

---

166 Nassau, 1914a, S. 391.
167 Nassau, 1914a, S. 388.

Gelände. Der französische Statthalter Kerraoul in Ndjolé bot Nassau an, die Täter zu bestrafen durch das Abfackeln von deren Dorf, wovon Nassau nichts wissen wollte. Ihm kam zugute, dass wenig später eine große französische Expedition auf dem Fluss vorüberzog, und Nyare irrtümlich annahm, Nassau habe diesen langen Konvoi aus Flussschiffen und Pirogen herbeigerufen. Danach, so Nassau, seien »Tausende« in seinen Gottesdienst geeilt.

Im selben Jahr erwähnt er einen Auftrag aus Amerika, zu Forschungszwecken einen Gorillakopf zu besorgen. Seit den schillernden Texten von du Chaillu und durch Darwins Evolutionstheorie waren Primaten enorm begehrt. Mehrmals beauftragte Nassau, der anthropologische Objekte und naturwissenschaftliche Präparate sammelte, kundige Jäger, einen Gorilla einzufangen, doch die Tiere verendeten bald.[168] Jagd auf exotische Tiere und deren Transport nach Übersee wurden zum mal lukrativen, mal ruinösen Unterfangen mancher Europäer, die im Auftrag von Zoos oder Naturkundemuseen loszogen, um etwa Raubkatzen oder Schimpansen lebend zu fangen. Mitte der 1870er Jahre besaß nahezu jede europäische Großstadt einen Zoologischen Garten. Um den Reiz exotischer Ästhetik zu steigern, erfand der Hamburger Carl Hagenbeck die »Völkerschauen«, das rassistische Zuschaustellen von Gruppen außereuropäischer Menschen in »Panoramen« genannten, lebenden Tableaux.[169] Ob Nassau von der Praxis Kenntnis hatte, die in den USA nicht üblich war, lässt sich nicht ermitteln. Auf alle Fälle verweigerte er sich Aufträgen nicht, bei denen es um das Sammeln von Flora, Fauna und Mineralien ging. Im Juli 1889 hatten Jäger in seinem Auftrag einen ausgewachsenen, toten Gorilla auf die Station Lambaréné gebracht, wo Nassau ihn mit französischen Gästen ansah. Er häutete das Tier und entnahm das Gehirn, das aber bereits fast verwest war, für die Forschung nicht länger brauchbar. Den Jägern zahlte er 30 Dollar. Übergangslos kehrt sein Bericht zum Alltag zurück,[170] sein primäres Interesse galt der sozialen Dynamik, den Erzählungen.

---

168 Eine Sammlung von Nassaus anthropologischen Objekten wurde in Chicago 1893 ausgestellt, botanische Fundstücke in der Horticultural Hall in Philadelphias Fairmount Park. Heute enthalten die Bestände in der Guyot Hall der Princeton University, das University of Pennsylvania Museum und die Philadelphia Academy of Natural Sciences Objekte aus Nassaus Sammlungen. Siehe Teeuwissen, 1973, S. 75.
169 Dreesbach, Anne: *Gezähmte Wilde. Die Zurschaustellung ›exotischer‹ Menschen in Deutschland 1870–1940.* Frankfurt/M., 2005.
170 Nassau, 1914a, S. 617.

De Brazza erneut auf dem Ogowe

Als der französische Kommandant im Mai 1883 das Dekret bekanntgab, alle Außenposten der Missionen von Kângwe/Andende und Talagouga müssten geschlossen werden und es dürfe weder auf Englisch noch auf Mpongwe weiter unterrichtet werden, war der offene Konflikt da:

> »Those French government edicts were only a part of a program of Roman Catholic persecution of our Protestant missions, of which we had already felt signs, and were yet to feel greater effects, which, eight years later, drove the mission from our (then) best field, the Ogowe. [...] The ›stations‹ indicated, were only little village school-houses, where native evangelists had been sent; even against these, Romanism raised its hand.«[171]

Obwohl sich die Missionsoberen in den USA kompromissbereit zeigten, hielt sich Nassau nicht an die französischen Dekrete. Sowohl er als auch seine Frau und seine Schwester Isabella unterrichteten weiter auf Englisch und in den lokalen Sprachen. Schließlich, so argumentierte Nassau, hätten sie nur wenige Schüler und damit quasi keine reguläre Schule.

1883 trat Savorgnan de Brazza, dessen Unternehmungsgeist man in Frankreich zunächst mit Skepsis gesehen hatte, seine dritte Reise ins Landesinnere Äquatorialafrikas an. Jetzt erhielt er erheblich mehr Mittel. Ein eigenes Dampfboot stand zu seiner Verfügung, rund 800 Tonnen Material und Waren zum Tausch waren auf Handelsschiffen herangeschafft worden, ein Tross hunderter Soldaten aus dem Senegal und Algerien begleiteten ihn, und etwa 40 Europäer reisten an seiner Seite. In den Rang eines Lieutenants der Marine erhoben war de Brazza außerdem zum *commissaire général de la République dans l'Ouest africain* ernannt worden, sein Mandat war gestützt durch umfassende Vollmachten. Materielle wie personelle Dimension dieser Expedition waren präzedenzlos, die Logistik eine enorme Herausforderung. De Brazza zog mit 58 Pirogen und insgesamt 800 Ruderern von Lambaréné bis Franceville, von dort bis zum Kongo und wieder zurück. Ziel war es, unterwegs französische Posten zu gründen, möglichst bindende Allianzen mit der Bevölkerung zu suchen und in Konkurrenz zu Belgisch-Kongo lukrative Landgewinne vorzubereiten.

Auf seiner ersten, noch halboffiziellen Expedition auf dem Ogowe 1875

---

171 Nassau, 1914a, S. 428.

bis 1877 hatte der Graf mit zehn Pirogen und 120 angeheuerten Männern – Ruderer, Träger, Dolmetscher, Köche, Geografen und ein Mediziner – vor allem Informationen gesammelt. Unter anderem notierte er die Namen sämtlicher Orte und »Stämme« auf seinen Strecken, um sich einen Überblick über die Topografie, die Kräfteverhältnisse und interethnischen Relationen zu verschaffen. Zur Ausbeute der Expedition gehörten außerdem kartografische Erkenntnisse und ethnologische Objekte.[172] Ausschlaggebend für den kolonialen Erfolg der Brazza-Mission war ein Vertrag, den er auf seiner zweiten Expedition 1879 mit »König« Makoko geschlossen hatte und der Frankreich territorialen Anspruch auf das Nordufer des Kongo zusicherte. Auf seiner erneuten Reise sollte de Brazza Makoko den von der Republik Frankreich ratifizierten Vertrag überbringen. 1883 war in der Metropole mit dem Conseil supérieur des colonies eine hochrangige Aufsichtsbehörde über das Imperium entstanden, in der man sich politisch und ökonomisch viel von de Brazza versprach. Um 1883/84 eröffnete de Brazza neue französische Posten und damit Handelsoptionen, und sollte einen Wasserweg vom Ogowe zur Siedlung Brazzaville am Kongo ausfindig machen, die er, wie Franceville, im Jahr 1881 gegründet hatte. Tatsächlich fand er am tiefsten Punkt der Expedition heraus, dass der Flussarm Alima vom Ogowe aus einen Wasserweg zum Kongo bot, eine Verbindung von der Küste ins Kongobecken. Doch die Alima blieb ein zweitrangiger, mühsam schiffbarer Zugang. Der Hauptwasserweg von der Küste ins Innere Zentralafrikas würde der Kongo bleiben.

Am 9. April 1884 übergab de Brazza dem kooperativen Makoko feierlich das Vertragswerk, wenig später begann der Aufbau des Postens und der Siedlung Brazzaville. Direkt gegenüber, in der Siedlung Kinshasa, legte Henry Morton Stanley als Gesandter des belgischen Königs Leopold II. den Grundstein für Léopoldville, das heute wieder den Namen der damaligen Siedlung trägt.

Bei seiner Ankunft Anfang April 1883 stieß de Brazza in Libreville zunächst auf Misstrauen der französischen Staathalter, die befürchteten, die Bevölkerung im Binnenland könne durch seine Aktionen mehr Autonomie erhalten. So gab man der Expedition nicht einmal Lagerraum für die Fracht, und da Waren und Material im Freien lagerten, kam es zu Plünderungen und Querelen mit Behörden. Als Vorhut hatte de Brazza seinen Bruder Jacques und dessen Kollegen Attilio Pecile entsandt, beides Natur-

---

172 Marche, 1878; Cadet, 2009. Meine Darstellung folgt im Wesentlichen der von Cadet.

forscher. Sie erreichten Lambaréné am 4. März 1883, wo die Expedition ihr Hauptquartier aufschlug. Einige Teilnehmer machten sich von dort auf ins tiefere Inland, andere hatten den zunächst geheim gehaltenen Auftrag, in Ndjolé, nahe Nassaus Station Talagouga, einen Posten zu errichten.[173] Später entstand dort auf de Brazzas Betreiben ein Sägewerk, und bitter erinnert sich Nassau noch 1914 daran, wie vergeblich er selbst der Mission 20 Jahre lang solche Werkstätten für handwerkliche Ausbildung vorgeschlagen hatte.[174]

Ende April 1883 kam auch de Brazza nach Lambaréné, wo seine Equipe von 300 Mann versammelt war, und sorgte mit diplomatischem Geschick dafür, dass ihn keine einheimische Gruppe gegen eine andere ausspielte. Vor allem brauchte er die Fang, die im Handel die Oberhand gewonnen hatten.

Abb. 16: Der strategisch wichtige Posten Ndjolé stromaufwärts am Ogowe, 1898.

Der Posten Ndjolé am Oberlauf wurde gegründet, eine weitere Maßnahme zur Kontrolle von Raum und Mobilität: Wer passieren, Ware transportieren wollte, wurde registriert. Schon an der Mündung des Ogowe hatte die Expedition einen Posten errichtet und im Landesinnern den Posten Lambaréné ausgebaut und mit Ndjolé am Oberlauf den Posten, der am tiefsten im Inland lag. Vittu de Kerraoul war dort als Leiter im Einsatz, der als Händler

---

[173] Coquery-Vidrovitch, Catherine: *Brazza et la prise de possession du Congo, 1883–1885*. Paris, 1969.
[174] Nassau, 1914a, S. 562.

im Niger gewesen war und vor Gewaltanwendung nicht zurückschreckte. Ndjolé wurde die Ausgangsbasis für Brazzas Vordringen nach Osten und Südosten, in Richtung Kongo. Oft fehlte Nachschub und es gab nur Kochbananen, Speisen aus Maniokmehl, Sardinen aus Konservendosen und Trockenfleisch. Den Franzosen fehlten vor allem Zucker und Wein. Geschäftlich profitierten jedoch viele Einheimische und Händler, denn bezahlt wurde teils mit Warengutscheinen für die Faktoreien in Lambaréné. Den Angeheuerten wurde versprochen, ihre Dörfer stünden unter de Brazzas Schutz, und der Graf verteilte Trikolore-Fähnchen an Flussanrainer, um den symbolischen Pakt mit ihnen zu festigen. Entgegen dem Verbot von Gouverneur Masson stattete de Brazza einige Flussanrainer auch mit Waffen aus, willkommene Geschenke – und eine Geste der Allianz.

Mit der Gründung des Postens Ndjolé begann topografische Machtpolitik auch am Ogowe, am deutlichsten illustriert durch eine Episode der Flussblockade. Unter dem Vorwand, er wolle Streitigkeiten zwischen Händlern entgegentreten, ließ de Brazza ab dem 3. Mai 1883 den gesamten Verkehr auf dem Fluss oberhalb von Ndjolé für Nicht-Franzosen sperren. Jedes Wasserfahrzeug wurde an strategischen Positionen kontrolliert von Tirailleurs. Über Nacht war der freie Handel auf der zentralen Wasserader für alle Nicht-Franzosen unterbunden, um ein französisches Handelsmonopol zu etablieren, und die Empörung bei allen Anrainern war groß. Am 10. Mai 1883 notierte Mary Foster Nassau: »We were all excited, because of the French. Mr. Sinclair's trader was not allowed to locate in the Fanwe villages near Njoli. Mr. Rene's canoes were stopped, and searched for guns.« Später am selben Tag setzte sie beherzt hinzu: »We must learn French. I have made special prayer that I may be able to learn these Mpongwe, Fanwe, French.«[175] Ohne Anpassung an die neue Macht, das war auch Mary Nassau klar, würde ihre Station kaum fortbestehen. Nicht einmal Nassaus missionarischen Exkursionen zu Predigten jenseits von Ndjolé während der Trockenzeit wurden während der Blockade des Ogowe genehmigt, bis de Brazza – zu spät – intervenierte, erhielten allein die französischen Katholiken freie Fahrt.[176]

Flussblockaden kannten die Bewohner der Region zwar aus eigenen Handelskämpfen, wenn Konkurrenten durch solche Sperren ihre Hegemonie behaupten wollten, aber dass Weiße, mit denen man freien Handel gewohnt

---

175 Zit. n. Nassau, 1914a, S. 428f. Mit »learn« ist hier »teach« gemeint, »lehren«.
176 Nassau, 1914a, S. 429.

war, derart aggressive Mittel nutzten, um sich auf dem Territorium zu behaupten, war neu. Es kam zu Zwischenfällen mit Gruppen der Fang, die gegen die Eindringlinge mobil machten.[177] Am gravierendsten war ihr Angriff auf den Flusskonvoi de Brazzas in der Nähe des Dorfes Nzoum zwischen Lambaréné und Ndjolé. Auf ihrem Weg von Lambaréné dorthin wurden am 17. Februar 1884 katholische Priester, senegalesische Wachsoldaten und Ruderer in ihren Pirogen attackiert. Den Anlass lieferte ein angeblicher Diebstahl von Stoffballen durch de Brazzas einheimische Leute. Zwei der Ruderer wurden getötet, ein Soldat verwundet. Die Priester machten kehrt und berichteten Kerraoul, der zur Strafexpedition nach Nzoum aufbrach, wo er sich zwei willkürlich gewählte Männer als Gefangene ausliefern ließ. Auf einer Sandbank entdeckten Expeditionsteilnehmer dann noch den verstümmelten Körper eines der Ruderer, von dem nur der Rumpf übrig war. Die schockierten Franzosen vermuteten einen Fall von Kannibalismus und alarmierten das Ministerium in Paris. Dort zögerte man mit Reaktionen, worauf Kerraoul auf eigene Faust zusätzlich zum blockierten Oberlauf den gesamten Flusslauf des Ogowes für alle Nicht-Franzosen sperren ließ. Acht Fang verloren ihr Leben bei Versuchen, die Blockade zu durchbrechen. Britische Händler reichten beim Gouverneur in Libreville Beschwerde gegen de Brazza ein, da ihr Kautschuk und Elfenbein nicht transportiert, mitunter sogar beschlagnahmt wurde. Auch eine Abordnung der amerikanischen Protestanten sprach in Libreville vor – alles vergebens. Der nicht-französische Handel war lahmgelegt, der französische aber noch schwach entwickelt.

Als sich der neue Gouverneur in Libreville, Fregattenkapitän Bernard Cornut Gentille, die Steuereinnahmen schwinden sah, wandte er sich besorgt an das Ministerium für koloniale Angelegenheiten in Paris. Doch erst im März 1885 entspannte sich die Lage, Nassau durfte den Fluss bei Ndjolé wieder passieren und als de Brazza seinen alten Freund einlud, bemerkte der das Fehlen bewaffneter Wachen. Bitter und verstimmt nahm Nassau gleichwohl Notiz von der privilgierten Stellung, die die katholischen Missionare jetzt innehatten: »It made me very restless to think that, after ten years in the Ogowe, I was no nearer the Interior than Talaguga, and that Roman Catholic missionaries, under the care and the expense of the French government, that hampered our schools and our preaching, were being carried past me, hundreds of miles interiorward.«[178]

---

177 Cadet, 2009, Kap. »Mission de l'Ouest Africain«, passim.
178 Nassau, 1914a, S. 487.

Alleinerzieher am Äquator

Erschütternder jedoch als alle politischen Ereignisse am Äquator war für Nassau das Unglück des Verlustes seiner zweiten Ehefrau. Während ihrer Schwangerschaft hatte er sich vorsorglich Medikamente, Verbandszeug und Instrumente zur Geburtshilfe aus Großbritannien schicken lassen. Ihm war bewusst, dass er auf Talagouga allein als Geburtshelfer assistieren musste, keine der protestantischen Amerikanerinnen der Station Baraka hatte sich bereit erklärt, als Helferin von der Küste »in den Busch« zu kommen. Mary Foster Nassau erlitt bei der Geburt schwere Blutverluste. Trotz aller Bemühungen ihres Ehemanns starb sie am 8. August 1884, unmittelbar nach der Geburt ihrer Tochter Mary. »The babe was born at 11.30, midnight of Thursday, the 7th of August. And, five hours later, she was motherless«[179], hielt er lakonisch und verzweifelt fest. Von Trauer durfte er sich nicht überwältigen lassen. Zum zweiten Mal verwitwet und fast 50 Jahre alt war er jetzt mit einem Säugling in den Tropen auf sich gestellt. Seine ältere, unverheiratete Schwester Isabella, deren »nervous attacks« Nassau häufig erwähnt, weigerte sich kategorisch, für die Nichte zu sorgen, sie habe von Kindern keine Ahnung. Nassau übernahm allein die Verantwortung für das Mädchen. Tagsüber kümmerten sich weibliche Hausangestellte der Mission um das Kind, nachts schlief der Vater neben der Wiege. Er notierte, wie er das Baby fütterte und tröstete, schützte und mit ihm plauderte.

Savorgnan de Brazza kondolierte persönlich, auf der Durchreise, im Dezember 1884, wie Nassau dankbar notierte: »He spoke kindly and tenderly of Mrs. Nassau and the baby.«[180] Auch Politik war Thema: »Speaking of his annexation to France of that part of the Kongo, he exclaimed, ›It is done, without firing a shot, excepting of a soldier of one of my subordinates; and him I dismissed. It is peace!‹« So gab sich de Brazza, nicht ganz zu Unrecht, und ähnlich wie David Livingstone, als Gegenspieler von Henry Morton Stanley. Dieser hatte seine traumatische Kindheit mit Gewalt und Missbrauch in einem walisischen Armenhaus und seine glücklosen Jahre als Adoptivsohn eines amerikanischen Ehepaars in den Südstaaten nie verwunden, und seine brutale Härte gegen sich und andere dürfte darin einen Ursprung gehabt haben.

---

179 Nassau, 1914a, S. 458.
180 Nassau, 1914a, S. 477f. Nachfolgende Zitate ebd.

Im Oktober 1885 sah Nassau 40 vollbeladene Pirogen der Brazza-Expedition auf dem Fluss vorüberziehen, auf den Ostküsten-Amerikaner wirkte das Szenario »regatta like«[181]. Am Ende der Afrika-Expeditionen von de Brazza waren die politischen und ökonomischen Weichen für die kommenden Prozesse am Ogowe wie an der Küste gestellt. Innerhalb nur eines halben Jahrzehnts, zwischen 1880 und 1885, hatten die Franzosen Anfänge der Zwangsrekrutierung lokaler Arbeitskräfte eingeführt, entlang der Flüsse wachten erste Militärposten und Anfänge einer expandierenden Bürokratie durchdrangen immer größere Teile von Infrastruktur und Wirtschaft.

Am 5. Februar 1885, unmittelbar nach der Berliner Kongokonferenz, hatte Frankreich mit der 1876 in Brüssel gegründeten »Internationalen Afrika-Gesellschaft« von König Leopold II. ein Grenzabkommen unterzeichnet, wonach dem Land die Gebiete nördlich des Kongo als Besitz zustanden. Weiteren territorialen Aspirationen Leopolds II. im Osten war de Brazza zuvorgekommen. Auf dem »französischen« Territorium vom Atlantik bis Ubangi stand für die Bevölkerung, ob sie in Allianz oder Konkurrenz Teil des Wandels war, ebenso wie bei den Colons, das Interesse am Kommerz an vorderster Stelle. Oft mussten die Missionare Enttäuschungen hinnehmen, wenn junge Konvertiten sich von der Mission fort orientierten, etwa in Richtung Kautschukhandel. Im Vordergrund der Sorge von Missionar Nassau stand jedoch weiterhin weniger die Kolonialpolitik, obwohl er an ihr vieles auszusetzen hatte, als die Entwicklung der Station – und die seiner Tochter Mary. »A Mother's Task« nennt er sein Kapitel dazu in *My Ogowe*. Er musste seiner Tochter, so gut es ging, die Mutter ersetzen, für die er auf dem Gelände eine Grabstätte an einer Quelle errichten ließ. Mary lernte Englisch und Mpongwe, ihre Spielgefährten waren die afrikanischen Kinder in Talagouga und gelegentlich Kinder der Missionarspaare, die zu Besuch kamen. Kinderkleidung, Spielzeug und Bücher erhielt Mary durch Pakete von Verwandten und Spenderinnen in Amerika, die von Nassaus Situation als Witwer und Vater ergriffen waren.

Ab dem Alter von vier, fünf Jahren nahm der Vater Mary mit auf seine Reisen in der Ogowe-Region. Auf der Insel Lambaréné staunte das Kind, wie Nassau berichtet, über die vielen Bauten der Europäer, die eine Missionsstation der Größe von Talagouga in solcher Dichte nicht kannte: Postgebäude, Warenlager, Kontore, Verwaltungsbau, Missionskirche und

---

181 Nassau, 1914a, S. 506.

Schule. Wo immer er konnte, erklärte der Vater seiner Tochter die sie umgebende, äquatorialafrikanische Welt, deren größte gesellschaftliche Sensation die Ansammlung von Holzbauten und Marktgeschehen in Lambaréné darstellte. Es war das nächste Pendant zu »Stadt«, das die Gegend besaß.

Lambaréné war um diese Zeit für die meisten im Umland ein Ereignis, was Mary Henrietta Kingsley, erfrischende Ausnahme unter den Reiseautoren in den Tropen des späten 19. Jahrhunderts, lebhaft schilderte. Kingsleys *Travels in West Africa*[182] von 1897 fanden im angelsächsischen Raum ein Publikum, das ihre Beobachtungsgabe, Ironie und Selbstironie schätzte. Als Amateurforscherin verfolgte die Britin zoologische Interessen, vor allem für Fische. Doch noch mehr bezeugen ihre Berichte genuines Interesse an Individuen und Gesellschaft, was sie sofort mit Nassau verband, den sie in Libreville traf. Sie spricht herzlich vom »großen Pionier in der Erforschung dieses Gebietes« und einer der »wichtigsten Autoritäten in allen Fragen, die Eingeborene betreffen.«[183]

Ausdrücklich wandte sie sich gegen gängige Stereotype und Rassismen: »Sie werden bald feststellen, dass diese Afrikaner oft bemerkenswert scharfsinnig sind und eine große Portion gesunden Menschenverstand besitzen, und dass es überhaupt nichts ›Kindliches‹ in ihrem Denken gibt.«[184] Zwar kolportiert Kingsley ebenfalls einige der ubiquitären Schauergeschichten über die Fang: Sie »scheinen eine ganz nette Bande zu sein, denn einige Wochen bevor ich nach Lambarene Island kam, hatten sie einen Kommunikanten der evangelischen Mission auf seinem Heimweg umgebracht und aufgegessen«[185], doch von einem solchen Vorfall findet sich sonst keine Spur in der entsprechenden Literatur. Vor allem aber spricht sie von »rationalen, nüchternen, scharfsinnigen und phantasielosen Menschen«,[186] geschäftstüchtiger und realistischer als viele ihrer Landsleute seien die Fang, außerdem Leute mit geringerem metaphysischen Interesse. Zu den Fehden und Scharmützeln, in die sie die Fang verstrickt sah, bemerkte sie mit Sarkasmus: »Really, if Dr. Nassau is right, and these Fans are descendants of

---

182 Kingsley, Mary H.: *Travels in West Africa. Congo Francais, Corisco and Cameroons.* London, 1897. Auf Deutsch erschienen Exzerpte: *Die grünen Mauern meiner Flüsse.* München, 1992.
183 Kingsley, 1992, S. 47f.
184 Kingsley, 1992, S. 217.
185 Kingsley, 1992, S. 229.
186 Kingsley, 1992, S. 249.

Adam and Eve, I expect the Cain and Abel killing palaver is still kept going among them.«[187]

In Lambaréné, wo sich Kingsley 1893 mehrere Wochen aufhielt, traf sie die französischen Missionare wie die Vertreter britischer und deutscher Handelshäuser und eine Zeit lang war sie auf dem Schiff »Möve« der Firma Woermann unterwegs. Über die von Flüssen und Wald umgebene Insel Lambaréné schrieb sie: »Die Insel, wie wir Festländer in Kângwe sie nannten, war einer meiner beliebtesten Aufenthaltsorte, besonders nach meiner Rückkehr aus Talagouga«; und dass Ausflüge nach Lambaréné für die »Mission boys« das »Vergnügen« seien, »an einen Ort zu gehen, der als so etwas wie das hiesige Pendant zu Paris angesehen wurde.«[188] Nach ihrem Aufenthalt auf der Insel lernte Kingsley, Pirogen zu steuern, ließ sich von Afrikanern in Jagdtechniken und im Fährtenlesen unterweisen und verbrachte Wochen mit afrikanischen Begleitern in Siedlungen im Regenwald. Wo sie war, erkundigte sie sich nach Geschlechterverhältnissen, Ritualen und Jenseitsvorstellungen. Nassau pries in *My Ogowe* auch Kingsleys bilderreichen Schilderungen von Mangrovensümpfen und Wasserfällen.

Eine tropische Patchworkfamilie

Für Anyentyuwe (1858–1903) war die Reise nach Lambaréné kein Ausflug in ein lokales Äquivalent zu Paris. Als die 30-jährige Frau sich 1888 aus der Hauptstadt Libreville an den mittleren Ogowe begab, ging sie freiwillig in die tiefste Provinz. Die ehemalige Missionsschülerin hatte eine uneheliche, sechs Jahre alte Tochter, Iga, war in der Stadt »entehrt« worden und brauchte ein Refugium. Das konnte ihr Robert Hamill Nassau bieten. Von zwei örtlichen Kinderfrauen war Nassau enttäuscht worden und hatte sich in Libreville nach einer zuverlässigen Betreuerin für Mary erkundigt. Als Anyentyuwe, die er seit ihrer Kindheit kannte, ihr Kommen ankündigte, schrieb er enthusiastisch, die Vorsehung habe sie ihm geschickt. Unüberhörbar ist seine loyale Zuneigung zu der Frau.

Ihre Anwesenheit im Haus Nassau sollte einen intriganten »Skandal« um Nassau auslösen, und beide, die Afrikanerin wie den Amerikaner, nachhaltig traumatisieren. Noch 1914 scheint Nassau in *My Ogowe* sich zu

---

187 Kingsley, 1897, S. 291.
188 Kingsley, 1992, S. 102.

rechtfertigen, etwa wenn er über Anyentyuwes Ankunft am 25. Juli 1888 erklärt, sein Haus sei nicht etwa zu ihrem Willkommen mit chinesischen Lampions geschmückt gewesen, sondern weil der Besuch der Missionarsgattin Good mit deren Sohn erwartet worden war. Nur durch Zufall sei auch Anyentyuwe mit ihrer Tochter Iga auf demselben Flussdampfer angereist, beginnt er, und liefert dann eine Skizze zu ihrem Lebensweg, die seinen Respekt und seine Empathie begründet:

> »This woman, known as Fando (the name given by her mother), as Jane (by her father), Janie (by Mrs. Bushnell), Anyentyuwa[189] (by herself), Jane Harrington[190] (by most white people), and her younger sister, my dear friend Njivo, were the noblest native Christian ladies I met with in my entire African life. I had known them intimately for twenty-five years, since they were little children. Their father, a wealthy educated (but non-Christian) Mpongwe, had given Anyentyuwa, when only four years old, to Mrs. Bushnell, as her ›daughter‹. Thenceforward, she remained at Baraka school as her home (but, supported by her father). [...] Of the two sisters, Njivo was the more beautiful, and witty; but, Anyentyuwa was a stronger character, as a leader, and more intellectually brilliant, her education having been carried far by Mrs. Bushnell. In that respect, she was superior to two of the missionaries. As to her truth and honesty, I have ever held her equal to any member of the mission. She had been sought by a score of white men, as a mistress. But, her virtue scorned their offers of wealth.«[191]

1870 hatte Nassau Anyentyuwe und ihre Schwester Njivo kennengelernt, als beide um die zehn, elf Jahre alt waren, und er auf der Station Baraka eine Ferienvertretung wahrnahm. In späteren Jahren müssen sie korrespon-

---

189 In einem mir vorliegenden, von Nassau handschriftlich einer Zeitgenossin gewidmeten Exemplar von *My Ogowe* wird der Name an dieser Stelle so wiedergegeben. Nassau hat an wenigen Stellen auf den 700 Seiten Korrekturen vorgenommen, u. a. schrieb er – mit derselben Tinte und Feder wie für die Widmung verwendet – »Anyentyuwe«.
190 Schülerinnen und Schüler von protestantischen US-Missionsschulen gaben sich gern englisch klingende Namen oder erhielten solche durch das Personal der Mission. Auf Anyentyuwes Grab auf der Station Baraka lautet die Inschrift: »In Memory of Anyentyuwe, daughter of Sonie-John Harrington« (Abb. bei Cinnamon, 2006b, S. 55). Das lässt darauf schließen, dass schon ihr früh verstorbener Vater Missionsschüler in Baraka war und sie den Namen von ihm übernommen hatte.
191 Nassau, 1914a, S. 582.

diert haben, doch nur ein Brief vom September 1881[192] scheint erhalten, als sie ihm in die USA schrieb und ihn zu seinen guten Neuigkeiten beglückwünschte – womit sie seine neue Eheschließung gemeint haben muss. Im Jahr darauf wurde die Hochschwangere von der Missionsstation verbannt, ehe im August 1882 ihre Tochter Iga-Nâmbe Fando zur Welt kam.

Von Beginn an war beiden Erwachsenen in Talagouga klar, dass die Anwesenheit einer alleinstehenden schwarzen Frau im Haushalt eines alleinstehenden weißen Missionars skandalträchtig sein würde. Für das koloniale Konkubinat galt die ungeschriebene Regel, dass es auf nichtkirchliche Männer beschränkt war, und auch diese Verbindungen wurden ungern toleriert.[193] Erst recht galt das für eine tropische Patchworkfamilie wie diese. Anyentyuwe wollte Nassau nach Möglichkeit vor dem Verdacht auf ein illegitimes Verhältnis bewahren, sie beteuerte ihm gegenüber, ihn nicht einmal dann heiraten zu wollen, wenn er sie fragen würde. Möglich ist, dass sie bei Nassau nach der Verbannung durch ihren Ziehvater, Missionar Bushnell, väterliche Nähe und Trost gesucht hat, Schutz für sich und ihre Tochter. Aber eine derart »unschuldige« Beziehung war für die Zeitgenossen schwer vorstellbar. Mit Nassaus Dokumentation von Anyentyuwes Lebensgeschichte liegt ein wertvolles, historisches Zeugnis vor, das die Situation einer Afrikanerin im Spannungsfeld kolonialer wie einheimischer Übertretungsverbote und Sittlichkeitsgebote am Ende des 19. Jahrhunderts aufzeigt. Sie wurde Opfer einer sozialen, klerikalen und ökonomischen Konstellation voller moralischer Heuchelei.

Wie Jeremy Rich in »Une Babylone Noire« – gemeint war damit Libreville – ausführt, hatte die Situation der Mpongwe an der Küste des heutigen Gabun im Handel mit Portugiesen, Franzosen, Briten und Deutschen, Verhältnisse geschaffen, in denen Liaisons zwischen Mpongwe-Frauen und weißen Händlern so üblich waren, wie von beiden Seiten beargwöhnt: »›Prostitution‹ became linked closely with mixed-race union to the point that they were synonymous terms in Libreville between 1860

---

192 Brief von Janie Harrington (Anyentyuwe Fando) vom 14.9.1881. Unclassified letters, Speer Memorial Library, Princeton Theological Seminary. Zit.n. Teeuwissen, 1973, S. 145f.

193 Jean-Baptiste, Rachel: »A Black Girl Should Not be With a White Man«: Sex, Race, and African Women's Social and Legal Status in Colonial Gabon, 1900–1946. In *Journal of Women's History, 22*(2), 2010, S. 56–82. Die Afrikahistorikerin untersucht in erster Linie einen etwas späteren Zeitraum zu Beginn des 20. Jahrhunderts, die vorangegangenen Jahre bildeten dafür gleichwohl die Grundlage.

and 1914.«[194] Männer und Frauen der Mpongwe beurteilten die Allianzen zwischen ihren Frauen und weißen Männern oder afrikanischen Arbeitsmigranten sehr unterschiedlich, wie Rich darlegt. Im März 1895 hatten einige Mpongwe-Chefs in Libreville die französische Administration dazu aufgerufen, der sexuellen Libertinage ihrer Frauen in der Stadt und an den Fluss-Ansiedlungen im Landesinneren Einhalt zu gebieten: »[T]hey live successively with whites, Accras, Senegalese, Loangos and Krumen.[195] In this path they pick up the habits of drunkenness, laziness and love of luxury and become incapable of having children.«[196] Auf der anderen Seite gab es Frauen wie die befreite Sklavin Marie Ndar, die in Libreville durch eine Art galanten Eskortservice wohlhabend wurde und sich mittels ihrer Beziehungen zu Weißen Sklaven leisten konnte, von denen sie einige an die katholische Mission weiterverkauft haben soll. Ihr hohes Einkommen ist anhand der archivierten Steuernachweise belegt. Durch ihre Konversion zum Katholizismus und ihre spätere Arbeit für eine wohltätige Institution der katholischen Kirche wurde sie bei französischen Missionaren zum leuchtenden Exempel der Umkehr und Reue.[197] Mit Anyentyuwe verhielt es sich genau umgekehrt. Wie eine Tochter war sie seit ihrem vierten Lebensjahr im Haus des Missionarpaars Bushnell aufgewachsen, wie eine Hure war sie verstoßen worden.

Nassau widmet Anyentyuwe ein engagiertes Plädoyer. Er warnt seine Leser vor: »But this lady, when she came to me, ›had a past.‹«[198] Dann wendet er sich dieser Vergangenheit zu und deutet so diskret wie unmissverständlich eine Vergewaltigung an, einen Sexualakt »without consent«, der zu ihrer Schwangerschaft führte: »[H]onorably making me her father-confessor, she revealed to me the true story of events in her previous five

---

194 Rich, Jeremy: Une Babylone Noire: Interracial Unions in Colonial Libreville, 1860–1914. In *French Colonial History*, 4, 2003, S. 146
195 »Accras« sind Männer von der »Goldküste«, dem heutigen Ghana mit der Hauptstadt Accra. »Loango« steht für das heutige Angola. Als »Krumen« – eine ethnische Konstruktion – bezeichnete man migrantische afrikanische Seeleute an der westafrikanischen Küste, viele von ihnen kamen aus Liberia. Sie waren erfahren und hatten ein weitgehendes Monopol auf Handelsschiffen und an Häfen. Senegalesen kamen als »tirailleurs«, Soldaten der französischen Kolonialmacht, ins Land, einige blieben u.a. als Handwerker und Kunsthandwerker in Libreville.
196 Brief an Gouverneur Dolisie vom 4.3.1895. Zit.n. Rich, 2003, S. 156.
197 Rich, 2003, S. 160ff.
198 Nassau, 1914a, S. 583. Nachfolgende Zitate S. 583ff.

years, of which all the missionaries had heard many false and unjust statements.« Vom Wahrheitsgehalt überzeugt gibt Nassau über mehrere längere Absätze hinweg Auskunft über Anyentyuwes »Beichte«. Der Vergewaltiger der jungfräulichen 24-Jährigen sei ein »educated native suspended church-member« gewesen, laut Henry Bucher war es ein Ehemaliger der boys school der Station Baraka. Nach Erkennen der Schwangerschaft habe Mrs. Bushnell Verständnis gezeigt, doch Reverend William Walker habe Anyentyuwe nach Geburt des Kindes vor versammelter Kirchengemeinde bloßgestellt. Trotz eines frommen Lebenswandels habe Reverend Walkers Nachfolger sie schließlich exkommuniziert. Ihre Versuche, eine verlässliche Verbindung zu einem Schotten am Leben zu halten, scheiterten an dessen grober Missachtung, und er beschuldigte die Schuldlose des Diebstahls.

> »The local French magistrate sent her for trial to Libreville. Even in that court-room, the judge solicited her. She refused him; and he condemned her. [...] She went to jail for righteousness' sake. It was a shame; but, I regarded it as a crown.«

Gabuns Gouverneur Ballay habe allerdings die Unrechtmäßigkeit erkannt, Anyentyuwes Freilassung auf Bewährung erwirkt und: »Just at that time, her sister Njivo, Mr. Reading's housekeeper at Baraka, was in-

Abb. 17: Vermutlich einzige Aufnahme der »Patchworkfamilie« am Ogowe, etwa 1889: Anyentyuwe mit Tochter Iga-Nâmbe, Nassau mit Tochter Mary

tending to leave him, for my greater need.« Auf dessen Anraten sei sie schließlich zu Nassau gekommen, wo Anyentyuwes Tochter Iga-Nâmbe, auch Josephine genannt, zur besten Spielgefährtin der zwei Jahre jüngeren Tochter von Nassau wurde.

Nassau verteidigt in seinem Plädoyer kein »gefallenes Mädchen«, sondern eine kluge Frau und makellose Christin, der Unrecht geschehen war. Er bekräftigte seinen Beistand nach dem Anhören ihres Berichts: »After this wonderful confession, I gave Anyentyuwa absolution. I believed her more sinned against than sinning. I had the example of my Master, at the well of Samaria.«[199] Damit erinnert er die Leser an die Passage im Johannes-Evangelium, in der Jesus am Jakobsbrunnen der Stadt Samaria eine Fremde, die in wilder Ehe lebte, um Wasser bat. Nach der herrschenden Konvention war das Ansprechen dieser Person eine mehrfache Überschreitung: Sie war eine Frau, eine Fremde und eine Sünderin. Vielleicht hatte Anyentyuwe sich Nassau auch offenbart, ehe Gerüchte von anderen kolportiert werden könnten, womöglich auch, um seine Reaktion zu testen. Sie kenne, sagte sie ihm, den Rassenhass der Amerikaner – ihn schloss sie implizit aus – und wolle ihm nicht zur Last fallen, sie liebe aber seine kleine Tochter. Mit Nachdruck versicherte Nassau in *My Ogowe*, er habe Anyentyuwe die volle Autorität über seine Tochter während des Tages überlassen, und dem Kind erklärt, es habe sie zu achten, wie ihn selbst. Symbolisch überantwortete er Anyentyuwe die Mutterrolle: »Though my mother-care was not ended, the mother task was.«

Anyentyuwe standen wie einer bürgerlichen Hausfrau für die gröberen Arbeiten Hausangestellte zur Verfügung. Im Lauf der Jahre wurde sie für Nassau auch zur zeithistorischen und ethnografischen Quelle seiner Texte. Ihre detaillierten Erinnerungen an die rigide Zeit im Internat von Baraka, das den Mädchen oft als ihr Gefängnis erschien, wo sie Missionare bedienen, täglich ab sechs Uhr morgens kochen, nähen, putzen und danach im Unterricht sitzen mussten, gingen in Nassaus *Tales out of School*[200] ein. Ihre Kenntnisse der Sprachen und kulturellen Praktiken nutzte Nassau für seine *Bantu Sociology*[201] wie für *Fetichism in West Africa*[202].

Obwohl auch diese Beziehung eines weißen Missionars zu einer

---

199 Nassau, 1914a, S. 585. Nachfolgendes Zitat ebd.
200 Nassau, Robert H.: *Tales out of School*. Philadelphia, 1911b.
201 Nassau, 1914b.
202 Nassau, 1904.

Mpongwe-Frau fundamental in der Sphäre kolonialer Ungleichheit angesiedelt ist, bleibt es ungewöhnlich, wie intensiv Nassau Anyentyuwe zuhörte, ihrem Intellekt und Urteil vertraute und sie an seinen Arbeiten inhaltlich teilhaben ließ. In *Two Women*[203], dem Bericht, der von der Mission als skandalös empfunden wurde und den Bruch mit ihr besiegelte, wird spürbar, wie stark Nassau um Sympathie für Anyentyuwe warb:

> »She was petite, graceful, and quick in movement; not black, but of dark brown skin; neat, and scrupulously clean; industrious; skilled at her needle, vivacious, making herself a pleasant companion, intelligent, and well informed; an admirable nurse [...] of acute perceptions that quickly divined insincerity in others; an efficient administrator, a wise counselor, yet able to control them by the sense of power which the presence of a strong character impresses. She had little trace of superstition; and was so apparently without native bias, that I thought of her as a foreigner or as one born in a civilized land.«[204]

John Cinnamon sieht in Nassaus Idealisierung von Anyentyuwe den Versuch, sie so zu »entafrikanisieren«, wie die Mission in Baraka sie auf der anderen Seite zu »afrikanisieren« – und sozial zu vernichten – trachtete: »Nassau would not allow her to be African; the missionaries would not allow her not to be.« Möglich scheint gleichwohl, dass Nassau glaubte, seine Schilderung könne nur auf diese Weise Sympathien wecken, indem er sie forciert an den Rezipierenden spiegelte, die seinen Bericht in den Vereinigten Staaten lesen würden. Während Nassau die Mission bezichtigte, rassistisch zu sein, entsprach das Bild, das er von Anyentyuwe vermitteln wollte, in etwa dem einer gebildeten Pastorengattin an der amerikanischen Ostküste. Spürbar wird bei alledem ein Affekt, der über die Absicht hinausreicht, die Porträtierte in einen konventionellen Bilderrahmen einzupassen. Wenn der Afrikahistoriker David Gardinier Nassau als »comparatively free of the ethnocentric bias that characterized the attitudes of his peers«[205] bezeichnet, hat er durchaus recht. Obwohl es Nassaus Absicht war,

---

203 Nassau, Robert H: *Two Women: Anyentyuwe and Ekâkise.* Hrsg. v. Henry H. Bucher. Morrisville, [1911] 2014. Das Manuskript aus Nassaus Nachlass über zwei von der Mission exkommunizierte Afrikanerinnen blieb unpubliziert bis es, mehr als hundert Jahre nach seinem Entstehen, erschien.
204 Zit. n. Cinnamon, 2006b, S. 58. Nachfolgendes Zitat ebd.
205 Gardinier und Yates, 2006, S. 233.

Abb. 18: Portrait von Anyentyuwe, um 1885

»heidnische« Gewohnheiten wie die Vielehe zu unterbinden, fehlte ihm jede Geduld für die verächtliche Haltung, die er bei der Mehrheit der Missionare erlebte.[206] Genau diese Haltung musste paternalistische Missionare und exotistische weiße Geschäftsleute provozieren, die sich gegenseitig die Schuld am sittlichen Verfall der Mpongwe-Frauen in Libreville zuschrieben. Auch wenn Nassau ein ganzes Werk dem sogenannten »Fetischismus« widmete, den religiös-spirituellen Vorstellungen der Afrikaner seiner Region, taucht der typische Kampf gegen »Fetische«, Amulette und dergleichen, von denen die Gläubigen ablassen sollten, in seinen Jour-

---

206 Vgl. Angaben im Brief Nassaus an Sekretär A. J. Brown der Presbyterianer in New York, 6.7.1899. Archiv des Princeton Theological Seminary: Incoming letters. Gaboon and Corisco Mission, Vol. 26, Reel 85, letter 77. Zit. n. Teeuwissen, 1973, S. 158.

nalen nicht auf. Vom Triumph des Kreuzes über den »Fetisch« berichteten besonders französische Missionare in den kommenden Jahren mit Vorliebe.

Vieles spricht für den Wahrheitsgehalt von Anyentyuwes Darstellung. So stieß etwa Jeremy Rich in seiner Forschung zu sozialen Verwerfungen und Geschlechterverhältnissen im kolonialen Gabun auf eine irritierende Tatsache, die in diesen Kontext gehört. Obwohl es eine enorme Anzahl an »common law wives« gab – diesen Terminus für »wilde Ehen«, in Anführungszeichen, verwendete auch Nassau in seinem Plädoyer –, entstand aus den Verbindungen, die nach zeitgenössischen Quellen so gut wie jeder weiße Mann in Libreville unterhielt, erheblich weniger Nachwuchs, als die Statistik für kirchliche oder traditionelle Ehen aufweist. Rich nimmt an, dass lokales, pharmakologisches Wissen über Empfängnisverhütung unter den Frauen weitergereicht wurde. Wäre Anyentyuwe aktiv an einer illegitimen Beziehung interessiert gewesen, hätte sie wahrscheinlich auf diese Wissensvorräte zurückgreifen können und wäre nicht ungewollt schwanger geworden. Zudem zeugt die Bereitschaft der weißen Community, Anyentyuwe nach dem Tod des »Missionspatriarchen« Reverend Walker, der sie verstoßen hatte, zu rehabilitieren, davon, dass es in ihrem Fall ein Unrechtsbewusstsein gab. Interessant ist auch die Position des französischen Gouverneurs Ballay, der bereit war, ihr zu glauben.

Gebildete schwarze Frauen befanden sich in einer Grauzone zwischen den sozialen Ordnungssystemen, die offen waren für morganatische Ehen und sexuelle Ausbeutung, worauf auch Rachel Jean-Baptiste aufmerksam macht: Zeitgenössischen Missionarsberichten zufolge sandte »nearly every Mpongwé family sent their daughters to engage in relationships with European men. Mission-educated young women were especially valued since they had learned at least rudimentary French and European housekeeping skills.«[207] Gern schoben weiße Händler und Kolonialbeamte die »Sittenlosigkeit« afrikanischer Frauen auf den Einfluss der Missionarsschulen, an denen die Mädchen »europäische« Fertigkeiten erwarben, wodurch sie für weiße Männer attraktiv wurden. Umgekehrt erklärten Missionare oft beide Parteien als sittenlos und sündig, die weißen Männer und die schwarzen Frauen, die das Spiel aus rein materieller Gier mitmachten.

Nassau kam zu anderen Schlüssen. Mitempfindend erwähnt er das Beispiel der »vorübergehenden Ehefrau« eines weißen Händlers in Lamba-

---

207 Jean-Baptiste, 2010, S. 65.

réné, und unterscheidet mehrere Kategorien solcher Verhältnisse, die – nicht unüblich – ohne kirchliche Zeremonie geschlossen wurden: »While I felt indignant at him, my feeling toward her was only of pity.«[208] Er beklagt, dass von ihr und so vielen anderen undifferenziert als »fallen women« gesprochen werde, ohne sie von denen zu unterscheiden, »who, in their readiness for solicitation by any white man at any time, were only harlots.« Auch dürfe man die einheimische Sitte des Verkaufs durch die Eltern nicht außer Acht lassen, wodurch es zu Vertragsehen mit Weißen gegen eine monatliche Gebühr komme: »[T]hey were faithful to the one man.« Und schließlich könne man Ehen aus Liebe nicht vollends ausschließen: »They accepted love and respect and protection and comfort, far beyond what a native husband could or would offer (most of whom claimed the right to beat a wife).« Alle seien sie ihren Männern treu, betont Nassau nochmals, was für diese Männer allerdings nicht festgehalten werden könne: »Those young women I regarded as modest and true. [...] Their misfortune was that the white ›husband‹ was not as true as they.« Kehrte der Mann später nach Europa zurück, erwarte ihn dort womöglich seine weiße Ehefrau, »a white wife.«

Im Spannungsfeld zwischen westlichen Wertordnungen und den symbolischen Systemen, in denen sie selbst sozialisiert waren, befanden sich die Frauen in prekärer Lage. Rechtliche Gleichstellung mit einer »weißen« Ehe stand nicht zur Wahl, geduldet wurden nur Interims-Verbindungen. Familien der Frauen sahen Liaisons mit Weißen häufig als Aufwertung an, der Geschäftsanbahnung mit Europäern dienlich. Auf keiner der beiden Seiten bestand jedoch Interesse an der Konsolidierung solcher Beziehungen. Jean-Baptiste geht der im kolonialen Libreville virulenten Frage nach, wie afrikanische Weiblichkeit und Sexualität in einem Netzwerk widersprüchlicher Diskurse markiert wurde.[209] Erst recht galten Ambivalenzen und Polyvalenzen für die sogenannten »métis« (»Mestizen«), den Nachwuchs aus Verbindungen zwischen Schwarzen und Weißen. An der Atlantikküste hatte sich zwischen den einheimischen Mittelsmännern im Handel, den patrilinearen Mpongwe der Myènè-Sprachgruppe – zu der auch die Galoa um Lambaréné gehörten – und europäischen Tauschpartnern seit gut zwei Jahrhunderten die traditionelle soziale Praxis durchgesetzt, bei der Frauen als »Leihgaben« und »Gastgeschenke« für eine

---

208 Nassau, 1914a, S. 543. Nachfolgendes Zitat ebd.
209 Jean-Baptiste, 2010, S. 56.

oder mehrere Nächte fungierten, wofür sie wiederum ein Gegengeschenk erhielten. Das war längst Usus, als mit Kautschukbusiness und Tropenholzhandel der nächste ökonomische Boom nach dem Sklavenhandel einsetzte. Nassau verurteilte das »Verleihen« von Frauen: »[T]he simple-hearted woman, who willingly came, at the suggestion of her husband or brother, felt that to be even the ›temporay wife‹ of a white man was an honour. The next morning, she returned to her hut, laden with yards of calico print and an abundance of trinkets.«[210] Einzig Unschuldige in seinem Szenario sind, recht nachvollziehbar, die benutzten weiblichen Angehörigen.

Im Oktober 1889 wurde Nassau selbst Zeuge eines sexualisierten Übergriffs, als Anyentyuwe auf einer Schiffsreise von Cap Lopez nach Libreville von einem Steward belästigt wurde. Dieser verweigerte ihr die Übergabe eines Kabinenschlüssels, damit sie sich nicht gegen seinen Besuch wehren konnte.[211] Nassau empörten die kolonialen Gepflogenheiten und Asymmetrien, er musste es aber dulden, dass nicht einmal die Aussagen von Anyentyuwe über ihren Konflikt mit der Mission ans Licht kamen. Sein Vorhaben, ihre Geschichte publik zu machen, wurde vom Vorstand der Presbyterianer verhindert. Der Bericht, fürchtete man in New York, vermittle ein zu negatives Image der weißen Zivilisationsbemühungen am Ort.[212] Erst im Ruhestand veröffentlichte er vieles davon in *My Ogowe* unter Rückgriff auf seine Journale, während *Two Women* bis 2014 unpubliziert blieb.

1885: Reverend Good übernimmt Kângwe

Die Tage waren vorbei, in denen Reverend Walker 1864 Sätze wie diese geschrieben hatte: »Embarrassments from the French government are not to be apprehended. It has shown as much regard for our mission as could be expected from any government.«[213] Gabun war jetzt Teil von Französisch-Kongo, das von der Westküste Afrikas bis zum Tschadsee reichte. Nassau

---

210 Nassau, 1914a, S. 27.
211 Nassau, 1914a, S. 633.
212 Nassau, 1914a, S. 614.
213 Zit. n. Parsons, Ellen C.: *A Life for Africa. Rev. Adolphus Clemens Good*. New York, Chicago, Toronto, [1897] 1900, S. 55.

erlebte den heftigen Handelskrieg, der am Ogowe zwischen französischen und britischen Händlern ausgebrochen war und bei dem sogar französische Spionage mitmischte. Jahr für Jahr eskalierte der Konflikt, und parallel der zwischen US-Protestanten und katholischen Geistlichen, ein regelrechter »petite guerre de religion« war entbrannt. Zunächst änderte sich Nassaus Ära am Ogowe noch einmal drastisch, als in Kângwe ein ehrgeiziger Neuling eintraf, der Nassaus ehemalige Station übernahm. Am 28. September 1882 war der 25 Jahre alte Adolphus Clemens Good, nach 54 Tagen auf dem Atlantik über die Häfen von Liverpool, Sierra Leone und Lagos nach Gabun gekommen. Nassau hatte den Sohn eines Lutheraners deutscher Herkunft schon am Western Theological Seminary in Pittsburgh kennengelernt. Goods Mutter schätzte missionarische Traktate, er kam aus einer ländlichen in Pennsylvania und war ein ambitionierter Aufsteiger in der Mission.

Nach Hause vermittelte Good beunruhigende Eindrücke, so schrieb er etwa einem Freund in seiner Heimatgemeinde in den USA: »If you were to come here and see the degradation, superstition, and wickedness of the people, you would feel, as I cannot help feeling, that the work of Christianizing them is just begun.«[214] Nicht anders charakterisierte er die Fang: »They delight in bloodshed; almost every town of the great Fang race has a deadly feud with neighboring towns, and they are constantly killing and eating each other«.[215] Neben ihrer Brutalität seien Diebstahl, Unaufrichtigkeit und Lügen vorherrschende Merkmale der Leute am Ort. Reverend Good landete während der letzten Phase in Gabun, in der die Arbeit amerikanischer Presbyterianer am Ogowe noch eben möglich war.

Frankreichs Toleranz hatte drastisch abgenommen. Entrüstet meldete der junge Reverend nach New York, die »Jesuiten« erhielten von der Kolonialverwaltung 20 000 Francs im Jahr dafür, dass sie ihren Unterricht ausschließlich auf Französisch und nicht, wie die Protestanten, in der afrikanischen Muttersprache der Schulkinder abhielten. Nach allen Seiten sicherte Frankreich seine Position, auch gegenüber deutscher Territorialpolitik, die zeitweise Gebietsansprüche im Norden Gabuns geltend machte. An der Grenze zu Kamerun, wo der Militärmediziner und Forscher Gustav Nachtigal als Reichskommissar für »Deutsch-Westafrika« im Einsatz war, hatte es Drohgebärden gegeben, 1884, 13 Jahre nach dem deutsch-französischen

---

214 Zit. n. Parsons, 1900, S. 48.
215 Zit. n. Parsons, 1900, S. 49.

Krieg, zeigte sich sogar ein deutsches Kriegsschiff. Doch Frankreich berief sich erfolgreich auf einen alten Vertrag, der ihm die Gebietsrechte zuschlug, und Nachtigal war weniger auf Konfrontation aus als etwa der berüchtigte Carl Peters, der um dieselbe Zeit ostafrikanischen Boden betrat.

Auch der Konkurrenzkampf zwischen den Konfessionen setzte sich fort. Bereits ab etwa 1870 bildeten die Schulen der Katholiken mehr Kinder und junge Leute aus, als die der amerikanischen Protestanten, denn die Eliten sahen in der französischen und katholischen Ausbildung ihrer Kinder inzwischen größere Chancen, Arbeit, etwa in der Verwaltung, zu erhalten, und die von der Metropole üppig unterstützten Katholiken verfügten über mehr Mittel und Verbindungen als die amerikanischen Protestanten, denen es wenig nützte, dass sie mehr geistliche Schriften als die Katholiken in autochthone Sprachen übersetzten.[216]

Auch Reverend Good bekam mit, wie krisenhafte Transformationsprozesse die Atmosphäre bestimmten. Während seiner Eingewöhnungszeit an der Küste, wo er Mpongwe lernte, übernahm er 1883 in Baraka die Funktion des Schatzmeisters, Pastors und Superintendenten der Station – für die Zentrale in New York war er zweifellos der kommende Mann am Ort. Und er kostete seine Befugnisse aus: Mit einer seiner ersten Amtshandlungen in Baraka hatte Good nach Anyentyuwes Ausschluss vom Abendmahl für ihre vollständige Exkommunikation plädiert. Good war es auch, der Nassau später wegen seines »Konkubinats« beim Vorstand der Presbyterianer in New York denunzierte.

Er selbst lernte bald nach seiner Beförderung Lydia Walker kennen, eine amerikanische Mitarbeiterin der Mission. Das Paar heiratete unter amerikanischer Flagge am 21. Juni 1883 an Bord eines US-Kriegsschiffes, das in neutralen Hoheitsgewässern, außerhalb der Viermeilenzone vor Gabuns Küste, ankerte. So wurde die Ehe de iure auf exterritorialem, amerikanischem Boden geschlossen. Goods Biografin Ellen Parsons hielt fest: »All the circumstances suited Mr. Good, for he was a thorough American.«[217] Im Jahr darauf wurden die Goods Eltern eines Sohnes.

Ab 1884 hat sich in Libreville die Zahl der Handelsniederlassungen innerhalb kurzer Zeit verdreifacht. Um die Bedeutung der Region zu unterstreichen, ließ die Administration in der Hafenstadt Libreville, ab 1886 Hauptstadt Gabuns, offizielle Bauten errichten, darunter einen Gouver-

---

216 Zorn, 1993, S. 83f.
217 Parsons, 1900, S. 44.

Abb. 19: Gouverneurspalast in Libreville, um 1890; zeitgenössische französische Postkarte, Ausschnitt

neurspalast, ein Hospital, Amtsgebäude für Post und Zollabfertigung, und eine, wenn auch bescheidene, katholische Kathedrale. Neben der spärlichen weißen Bevölkerung entstand so etwas wie eine bürgerliche afrikanische Mittelschicht in Libreville. »Afrikaner in Libreville betrachteten sich bezüglich Kultivierung und Bildung den Europäern oft als ebenbürtig«, folgert Jeremy Rich: »Mit dem gleichen Stolz wie bürgerliche Familien in Paris oder Berlin schmückten reiche Mpongwe ihre Wohnungen mit Familienfotografien.«[218] So erklärt sich auch, dass ein afrikanischer Fotograf wie Joaque – der Nassau öfter fotografierte – ein Atelier in Libreville eröffnen konnte.

Am 9. Februar 1885 reiste Reverend Good den Ogowe herauf nach Lambaréné zur Missionsstation Kângwe. Unterwegs predigte er in den Annexen, den kleinen Nebenstationen der Mission. Er führte sich ein in die Gemeinde und sprach unter anderem zu Matthäus 8,21–35, worin Jesus dem Jünger, der zur Beerdigung seines Vaters reisen möchte, erwidert, er möge die Toten ihre Toten begraben lassen. Es folgte die Szene, in der Jesus den Sturm auf dem See stillt, indem er Wind und Wasser droht, und darauf

---

218 Rich, Jeremy: Libreville. Die Stadt der Freien. In Jürg Schneider et al. (Hg.), *Fotofieber. Bilder aus West- und Zentralafrika. Die Reisen von Carl Passavant 1883–1885*. Katalog des Museum der Kulturen. Basel, 2005, S. 163f.

folgte die Heilung der Besessenen. Für sein Entree am Ogowe wählte Good außerdem das Auferstehungsszenario des Evangelisten Lukas, allesamt dramatisch eindrucksvolle Passagen des Neuen Testaments.

Good baute die Gemeinde Kângwe weiter aus, unterstützt von Nassau, der alle drei Monate für einige Tage oder Wochen per Schiff aus Talagouga kam, und der Good während dessen Reisen in die kleineren Gemeinden oft vertrat. Doch zwischen dem gebildeten Nassau, der mit Gelassenheit und Interesse auf die Bevölkerung reagierte, und dem ambitionierten Good, der nachgerade aus »Poverty Row«[219] aufgestiegen war, kam es zu Spannungen. Good schien von heftigem Eifer beseelt, wie seine klerikale Biografin Parsons annahm, die über Goods Wirken bei einer Gemeinde in Liberia schrieb: »His energy might give them a cyclone shock, but they appreciated his fairness and friendliness.«[220] Implizit positionierte sie Good, den vitalen jungen Mann vom Land, gegen den älteren Nassau, der als Autor und Redner an der Ostküste Amerikas einen Namen hatte. Good gehörte für sie »to the Grand Order of Log Cabin Men of America, where Lincoln belonged, and Grant and Garfield. No snobbery can touch such men.«[221] Parsons stilisierte Good zum Krieger auf dem Feld des Herrn: »Mr. Good once compared Kângwe communions to calling the roll of divisions of an army after battle.«[222] Zu ihm seien die Massen aus der Region Lambaréné gepilgert, es habe Fackelzüge gegeben und tagelanges Campieren in bunten Zelten und mit vielen Kochstellen, erst Good habe die Gemeinde wachsen lassen. »At the beginning of 1886 thirty-eight souls, gathered out of paganism, constituted the church of Jesus Christ on the Ogowe. But the tide was rising; ten years after there were six hundred Christians there.«[223] Ermutigt war Reverend Good auch von der hohen Nachfrage nach gedruckten Bibelübersetzungen in Mpongwe – es müsse, schrieb er 1887, nun etwa 100 bis 200 Evangelisten in Siedlungen geben.

Obwohl die Weißen jeglicher Herkunft einander weiterhin assistierten und etwa die Post von Reverend Good über ein französisches Handelshaus transportiert wurde, das stromaufwärts in Ndjolé eine Niederlassung eröffnet hatte, blieben die Konflikte der Amerikaner mit der Kolonialmacht

---

219 Parsons, 1900, S. 22.
220 Parsons, 1900, S. 165.
221 Parsons, 1900, S. 22.
222 Parsons, 1900, S. 90.
223 Parsons, 1900, S. 88. Gemeint sind protestantische Konvertiten.

spürbar. Im Sommer 1886 schickte Good Frau und Sohn aus gesundheitlichen Erwägungen zurück nach Amerika. 1887 berichtete der Reverend, ein französischer, offenbar sehr auf Säkularität bedachter Beamter, habe ein Gesetz von 1781 hervorgekramt, wonach Missionare und Katecheten nicht ohne amtliche Genehmigung tätig sein dürften: »I gave him an account of all the young men, accepted all his terms, and await his decision. He is anxious to stop the Bible-readers.«[224] Indes fuhr Nassau damit fort, französischen Repressalien zu trotzen, und plante in Talagouga die Eröffnung eines Gotteshauses, das er am 27. Februar 1888 einweihte, als bereits die Übergabe aller Missionsstationen an Franzosen drohte.

Schon im Januar 1886, Kângwe trug jetzt den Namen Andende und die Amerikaner unterrichteten bereits auf Französisch, war es im Kleinkrieg der Konfessionen dazu gekommen, dass katholische Missionare Lehrbücher und Lutherbibeln von protestantischen Missionsschülern in Andende und in Siedlungen außerhalb der Mission zerrissen hatten, wie Nassau bitter beklagte.[225]

Später erwähnt Nassau ein fingiertes Schreiben, das ihn von einem seiner Projekte abbringen sollte, zwei junge Männer hatten es überbracht. Angeblich stammte es von Siedlungsbewohnern, die sich über störende Nachbarn beschwerten: »It afterward proved to be a forgery, concocted by our Roman Catholic enemies, who were jealous of my having established a Bible-reader's out-station, and who hoped to frighten me into closing it.«[226] Noch einige Zeit später hörte Nassau von einem Händler der Firma John Holt, katholische Priester würden in Cap Lopez an der Südküste Sklaven als Arbeitskräfte erwerben. Die Tage der amerikanischen Mission waren gezählt.

Ende der amerikanischen Missionen am Ogowe

Tatsächlich spiegelte sich im Machtgerangel der Nationalitäten und Konfessionen am Ogowe mikrokosmisch wider, was auf dem ganzen Kontinent in der Spätphase des Kolonialismus geschah. Der »scramble for Africa« erschien wie ein verbissener Wettkampf, die wenigsten Ak-

---

224 Zit. n. Parsons, 1900, S. 107.
225 Nassau, 1914a, S. 513, 622.
226 Nassau, 1914a, S. 474.

teure in den Metropolen oder in Übersee behielten einen klaren Kopf angesichts des nationalistischen Tropenfiebers der Expansion. So gab es für Amerikaner am Ogowe bald keine Alternative mehr, als die Aufgabe oder Abgabe ihrer Missionsstationen und deren Außenposten. In seiner Geschichte der protestantischen Pariser Missionsgesellschaft weist Jean-François Zorn darauf hin, dass mehrere Versionen der Übergabe der Presbyterianer an die Pariser Mission existieren, und etwa die maßgebliche Rolle Savorgnan de Brazzas für den Erhalt der protestantischen Konfession am Ort zunächst unterschlagen wurde. Im Januar 1887 beschlossen die Presbyterianer, aufgrund der »most crippling and vexatious restraints« am Ort sei es unmöglich geworden, ihre Arbeit fortzusetzen, und forderten ihren Vorstand auf, die Mission in die Hände französischer Protestanten zu geben. Nassau schrieb in sein Journal nur die knappe Zeile: »I did not wish to give up.«[227] Sein Buchtitel *My Ogowe* erhält retroaktiv programmatischen Charakter: Der Fluss, an dem Nassau zu Hause gewesen war und Tausende von Menschen kannte, blieb symbolisch »sein« Ogowe.

Der Blick der Presbyterianer wanderte bereits nach Norden zu den protestantischen Deutschen in Kamerun: »We are under the impression that, Germany being a Protestant power, would be free from the seizure and burning of our people's Bibles by Romish priests, at present unchecked by our French rulers.«[228] Unterdessen forderte Reverend Good weiter personelle Unterstützung für den Unterricht an, er habe nicht genug Fang-Sprechende: »One Bible-reader spoke Fang fluently, and was so located as to visit frequently fifteen or twenty Fang towns. The only one for twenty or thirty thousand Fang within easy reach of Kângwe! What is one among so many?«[229] Seiner Frau in den Staaten gestand Good, er fühle sich demoralisiert und würde am liebsten davonrennen. Seine Briefe, die Hauptquelle seiner Biografin, erwähnen Moskitoplagen, mangelnde Lebensmittelvorräte, Erschöpfungszustände und Hitze. Er rasiert sich nicht mehr und scherzt: »What – shall – I do – with – this – beard?«[230]

Bald darauf wurde er für drei Monate in Urlaub geschickt, zunächst aber

---

227 Nassau, 1914a, S. 557.
228 Zit. n. Parsons, 1900, S. 99. Der Brief, den sie hier zitiert, war unterzeichnet von W. G. Gault und R. H. Nassau.
229 Zit. n. Parsons, 1900, S. 96.
230 Zit. n. Parsons, 1900, S. 114.

auf eine missionspolitische Reise – nach Paris, zu Frankreichs Protestanten. Im September 1887 traf Reverend Good im Auftrag des Vorstands seiner Kongregation am Boulevard Arago ein, Sitz der Societé des Missions Évangéliques de Paris (SMEP)[231]. Im Vorjahr, am 3. Juli 1886, hatte der Direktor der SMEP, Alfred Boegner ein Treffen mit Savorgnan de Brazza in Paris, bei dem es unter anderem um die Frage der französischen Lehrkräfte für die Amerikaner in Gabun ging. Bei der SMEP versprach man de Brazza, was die Mission vorhabe sei ganz im Sinne seiner, de Brazzas, »mission civilisatrice«.[232] Perplex registrierte Boegner de Brazzas Einwände dagegen, amerikanischen Missionen französische Lehrkräfte aufzuzwingen, und dessen Ansicht, man solle diesen »fremden Stachel im Fuß«, wie Boegner sich ausdrückte, dulden.[233] Jean-Francois Zorn nimmt an, die langjährige Freundschaft mit Nassau und anderen Presbyterianern, die den damals jungen, unbekannten Reisenden de Brazza am Ogowe unterstützt, beraten und beköstigt hatten, habe die Einstellung des Jesuitenschülers zu den US-Protestanten positiv beeinflusst. Auf dem Weg über das *Journal des Missions* sowie sechs französische und drei schweizerische Zeitungen in Genf und Neuchâtel befragte die SMEP – ein bis dato völlig unerprobtes Verfahren – im Juli 1886 ihre Gläubigen, ob sie eine »Mission au Congo« befürworten. Von den Amerikanern war dabei noch nicht die Rede. Auch im Elsass und in Algerien wurden Frankreichs Protestanten zur Stellungnahme aufgerufen. Bei den »amis des missions« war die Resonanz durchweg positiv. Albert Schweitzer, der in dieser Zeit die Grundschule in Günsbach besuchte, wird später berichten, dass auch sein Vater, der Pastor, das *Journal des Missions* regelmäßig las, denn zu den protestantischen Deutschen im Elsass unterhielt die Evangelische Pariser Missionsgesellschaft, die in einem majoritär katholisch geprägten Land operierte, gute Kontakte. So war etwa der Missionar Eugène Casalis, legendärer Pionier der Pariser

---

231 Die SMEP bestand seit 1822 mit dem Ziel, Nichtchristen das Evangelium zu bringen. Sie etablierte sich zunächst in Südafrika, Senegal und im Gabun, nach dem Ersten Weltkrieg übernahm sie deutsche Missionen in Togo und Kamerun. Von der London Missionary Society übernahm die SMEP Missionsstationen im Südpazifik, in Neukaledonien, Tahiti und auf den Loyalty Islands, als dort die englischsprachigen Missionare ihre Arbeit aufgeben mussten. Eine umfassende historischen Darstellung liefert Zorn, 1993. Er untersuchte auch detailliert die komplexen Vorgänge um die Gründung der Mission au Congo durch die SMEP.
232 Zorn, 1993, S. 85.
233 Zorn, 1993, S. 83.

Mission, Schweitzer schon als Junge ein Begriff. Knapp zwei Jahrzehnte darauf, 1904, erkannte Schweitzer beim Lesen eines Aufrufs an Freiwillige für die »Kongo-Mission« in eben einem solchen Journal der SMEP seinen »Ruf«.

In Paris erhielt Reverend Good die Zusage, die SMEP werde drei französische Lehrer für die Mission der Amerikaner nach Gabun entsenden, außerdem würden sich Entsandte im Hinblick auf eine Übernahme auf Erkundungstour durch die Stationen begeben. Heikel für Good war die Erörterung des Konsums von Wein – Presbyterianer leben und predigen totale Abstinenz, was für die Franzosen nicht denkbar scheint. Sie versprachen jedoch, ihren Leuten zu Achtsamkeit zu ermahnen. »It was with fear and trembling that I suggested the matter«, schrieb er: »They admitted that the drink sold to the natives would ruin them, and that, as Christians, we were right in abstaining for the sake of weak brethren«[234]. Zwischen dem Board of Foreign Missions in New York und der SMEP in Paris gediehen die Beziehungen, und im Frühjahr 1888 schifften sich drei Lehrer und ein Handwerker-Missionar aus Paris nach Gabun ein, quasi als Vorhut ordinierter Missionare. Parallel nahm Good Kontakt mit deutschen Missionaren in Batanga in Süd-Kamerun auf, fürchtete aber, in einen ähnlichen Sprachenstreit wie mit den Franzosen zu geraten: »If we are to be prevented from entering such open doors, I shall feel that the Christian nations have become the worst enemies of Christianity.«[235]

Obschon die Jahre der US-Mission in Gabun gezählt waren, erklärte Goods Biografin die Periode seines Wirkens für »the Great Awakening in the Ogowe« und 1888 für das Jahr der reichen Ernte im Raum Lambaréné – 94 Anträge auf Gemeindemitgliedschaft, 400 Menschen, die am Taufunterricht teilnahmen und ein Massen-Abendmahl. Ihre Missionsprosa überschlägt sich:

> »Now those who had never been to Kangwe saw the Lord's Table, for the first time in history, spread in their wilderness. The white cloth and silver were brought in the boat, carefully wrapped; and from the decorum of that Table and the reverence which surrounded the sacred emblems there went forth an influence solemn and wholesome into the lawless bush.«[236]

---

234 Zit. n. Parsons, 1900, S. 116.
235 Zit. n. Parsons, 1900, S. 119.
236 Parsons, 1900, S. 120.

Antinomische Bilder beschwören hier das weiße Tuch auf dem Tisch des Herrn in scharfem Kontrast zur dunklen Wildnis, auf die das weiße Tuch als Symbol der Zivilisation heilsamen Einfluss ausübt.

Pariser Emissäre inspizieren den Ogowe

Mitte 1888 trafen zwei französische Lehrer auf Kângwe ein. Einer der beiden, Charles Lesage, der »brutal French teacher«[237], löste im August durch seinen gewalttätigen Disziplinierungsstil eine Rebellion an der Missionsschule aus, wo man an Nassaus Gewaltverbot gewohnt war. Als Nassau den entlassenen Lesage, der mittlerweile für die Kolonialverwaltung arbeitete, Anfang 1891 in Libreville wiedersah, gab er ihm wegen dessen »outrageous doings«[238] nicht die Hand. Nassau war Unterstützer einer progressiven Kinderschutzorganisation, der Pennsylvania Society for the Prevention of Cruelty to Children.[239] Den Kampf gegen Lesage und die Körperstrafen hatte Nassau gewonnen. Welche Anstrengungen es den afrikanischen Schulkindern abforderte, von einem Tag auf den anderen neben ihrer Muttersprache und dem Englischen nun auch Französisch lernen zu müssen, und den Stil der neuen Lehrer zu absorbieren, lässt sich nur vermuten.

Nach einer Phase der Routinisierung, in der einige Eleven eine Grundlage im Französischen erworben hatten, entsandte die Pariser Missionsgesellschaft erfahrene Prospekteure nach Gabun. Ihr offizieller Auftrag war die Suche nach geeigneten Orten für französische Stationen. Am 26. März 1891 trafen in Libreville auf der Station Baraka Élie Allégret und Urbain Teisserès ein. Von ihnen hing die gesamte weitere Entwicklung der Lage ab. In Baraka und der schmucken Kleinstadt Libreville mit etwa 200 weißen und etwa 2 000 schwarzen Einwohnern[240]

---

237 Nassau, 1914a, S. 587.
238 Nassau, 1914a, S. 693.
239 Nassau, 1914a, S. 352. Am 17.1.1881 hielt er während eines Heimaturlaubs in Pennsylvania vor dieser Gesellschaft eine Rede. Solche Organisationen hatten sich zuerst gegen Ende des 19. Jahrhunderts in den USA formiert und waren aus Tierschutzorganisationen hervorgegangen. Vgl. Pearson, Susan J.: *The Rights of the Defenseless. Protecting Animals and Children in Gilded Age America.* Chicago, 2011.
240 Rich, 2003, S. 148, beziffert die Zahl der Einwohner Librevilles um diese Zeit mit 3 000, die der Weißen am Ort mit 300. Um 1900 lag die geschätzte Einwohnerzahl bei 8 000.

seien sie gut empfangen worden, berichteten sie, doch ihr genereller Eindruck war pessimistisch. Unzufriedenheit gebe es, wohin man hört. In Baraka beklagte man sich über die Missionare am Ogowe, die Beamten der französischen Verwaltung zogen übereinander her, Händler erachteten die koloniale Administration für absurd. Gouverneur Ballay habe die beiden Emissäre aus Paris kühl empfangen, da sie nicht sofort französische Missionsstationen ins Leben rufen wollten, und lamentierte über die amerikanischen Missionare. Überall herrsche Lethargie und Apathie, niemand arbeite mehr, als unbedingt notwendig. Sowohl Europäer als auch Einheimische, urteilten die beiden in ihrem mit dem Stempel »vertraulich« versehenen Bericht an die Direktion der SMEP, ja, das ganze Land, sei schlicht »peu intéressante«.[241] Hinzu kam, dass im Frühjahr 1891, als Allégret und Teisserès am Ogowe waren, erstmals ein junger Lehrer aus Frankreich, Robert Tissot, auf Kângwe starb. Es würden noch mehr werden, und der Ruf bei der Mission wie bei den Angehörigen der Missionare, einen Arzt auf die Stationen zu entsenden, wurde lauter. Es war nicht nur »peu intéressante«, es war auch, vor allem gesundheitlich, nicht ungefährlich.

Vermutlich schlug in dem vertraulichen Rapport der überhebliche Duktus des noch jungen Allégret durch, eines bürgerlichen, auf Dauer sehr mächtigen Funktionärs der SMEP. Während ihres Besuchs mussten Allégret und Teisserès, nachdem zunächst Nassau die Aufgabe übernommen hatte, auch noch monatelang Mr. Good vertreten, der schwer fieberkrank und unter dramatischen Umständen erst mit einem Dampfboot von Hatton & Cookson an die Küste, dann auf einem Atlantik-Liner in die USA geschickt worden war. In der Notsituation aber lernten beide Franzosen rasch das Missionsleben am Fluss kennen, und wandten gegen die erzwungene Pause wenig ein, da sie die erneute Ankunft de Brazzas in der Region abwarten und seinen Rat suchen wollten, ehe sie ins Landesinnere aufbrachen.

Anfangs bemerkte Nassau neutral: »Rev. Messieurs Allegret and Teisseres, agents of the Paris Evangelical Society, who were on a tour of inspection of the French-Kongo, with expectation of locating a new mission. They were following De Brazza's route to the Kongo via the Ogo-

---

241 Allégret, Élie und Teisserès, Urbain: *Rapport presenté au comité dans la séance ordinaire du 6 Avril 1891*. Archives des Départements Evangelique Français d'Action Apostolique (DEFAP). Paris, 1891, S. 3.

we.«[242] Später fielen seine Kommentare freundlich aus. Einige Male waren Nassau, Anyentyuwe und die Töchter der beiden bei den Männern aus Paris zu Besuch, wo die Gäste Nassaus altes Haus auf dem Hügel bewohnten: »[A]t Andende by 8 p. m., where Mr. Allegret gave us every kindness of supper and beds. The next morning, we removed to the Hill house, and adjusted ourselves.«[243] Nassau freute sich, von Allégret willkommen geheißen zu werden, was er mit Good offenbar kaum noch erlebt hatte: »A very happy experience, to be awaited at Kângwe!«[244]

Als die beiden Prospekteure Talagouga inspizierten, führte Nassau sie auch zum Grab seiner zweiten Frau bei der Quelle: »In the afternoon, I took the two visitors a walk to the hill-side cottage and to Mrs. Nassau's Pool.«[245] Flussaufwärts reisten sie weiter, »preferably in a canoe«, bis nach Njoli Island und Asange. »And, on Saturday, the 25th, very early in the morning, at their wish, I aroused a crew under Agonjo, and by 5 A.M., my agreeable guests started to return to Kângwe.« Sein Gesamturteil fiel aus wie ein gutes Zeugnis: »[They] were all of courtesy and politeness, both on my arrival and during my stay.«[246] Mit Allégret und Teisserès sollte die »Pariser Ära« der protestantischen Mission in Gabun einsetzen – zwischen 1898 und 1903 schickte die SMEP an die 70 Missionare auf die bald vier Stationen am Ogowe.[247]

Aufstände am Ogowe

Auf dem Ogowe kam es in diesen Jahren immer wieder zu Aufständen und Unruhen. 1894 wurde die französische Société Haut Ogooué (S. H. O.) gegründet, die Konzessionen für Tropenholzhandel und Kautschukernte für 30 Jahre und mehr allein an französische Firmen vergab. Einheimische und nicht-französische Handelshäuser wurden vom Handel de facto ausgeschlossen oder in ihren Geschäften so marginalisiert, dass ihre Existenz gefährdet war. Endgültig verschärfte sich die

---

242 Nassau, 1914a, S. 587.
243 Nassau, 1914a, S. 637.
244 Nassau, 1914a, S. 655.
245 Nassau, 1914a, S. 615. Nachfolgende Zitate ebd.
246 Nassau, 1914a, S. 617.
247 Fabre, Frédéric: *Protestantisme et colonisation*. Paris, 1997, S. 227.

Lage 1899 mit der Einsetzung des französischen Konzessionsregimes, das einheimische und andere nicht-französische Geschäfte in den Ruin trieb.

Zum Helden des Widerstands von 1894 wurde Emane Tole aus dem Ebège-Mengone-Clan, der sich der S. H. O. entgegenstellte und in der Umgebung von Ndjolé, in der etwa 10 000 Mitglieder von Fang-Clans lebten, Widerstand gegen die Zwangsumsiedlung dreier Dörfer und deren Ausschluss aus dem Handel organisierte.[248] Inzwischen waren neben den Firmen John Holt, Hatton & Cookson und Woermann auch die französischen Handelshäuser Daumas und Bérault am Ort vertreten. Warenlager wurden geplündert, und als Reaktion 200 senegalesische *tirailleurs* in französischer Uniform gegen die Aufständischen eingesetzt. Toles politische Mobilisierung, eine der wenigen von größerem Ausmaß, endete mit Verrat durch andere Einheimische, die ihre Positionen im Kolonialsystem sichern wollten. Man erinnert sich an Nassaus bedauernden Kommentar in der Affäre um Nguvas Satire: »The lack of any solidarity among African tribes has been a prime factor in the success of their invasion by foreign powers.«[249]

Tole wurde gefangen genommen und nach Brazzaville deportiert, das als neue Hauptstadt von Französisch-Kongo 1904 Libreville den Rang ablief. Mit Tole wurden 24 weitere Rädelsführer verhaftet, die Galoa- wie Fang-Gruppen angehörten, und gegen die lächerlichen Gewinnmargen protestiert hatten, die ihre Produkte unter dem neuen Konzessionsregime erzielten. Ihr Boykott der Missionsstationen und Faktoreien, mit dem sie die Verdopplung der Preise erzwingen wollten, blieb ohne Erfolg, wie Gray und Ngolet zusammenfassen:

> »The protest lasted several weeks before the French colonial administration acted by placing 24 of the boycott leaders in prison. The Galwa and Fang clans had to back down, the colonial triumvirate of ›factory-mission-administrative post‹ had by the beginning of the century effectively weakened the second tier agents of the local trading networks. Yet it had not yet transformed the organization of labor.«[250]

---

248 N'Doume-Assebe, Jean: *Emane-Tole et la résistance à la conquête française dans le Moyen-Ogooué*. Paris, 1973.
249 Nassau, 1912, S. 30.
250 Gray und Ngolet, 1999, S. 96.

Der Skandal um Nassau und Anyentyuwe

Von Mai 1891 bis Ende 1893 war Nassau auf einem langen Heimaturlaub in den USA. Nach der Rückkehr sollte der gealterte Missionar nicht mehr am Ogowe arbeiten, sondern auf der Station Baraka bei Libreville, der ohnehin bald einzigen Station in Gabun, die die US-Presbyterianer weiter unterhalten durften. Anyentyuwe hatte sich in Libreville, außerhalb der Mission, eine neue Arbeitsstelle gesucht, um sich und ihre Tochter zu unterhalten. Bis Liverpool sollte sie Nassau und seine Tochter als Kinderfrau begleiten. Sie mitzunehmen nach Amerika war angesichts der Konventionen unmöglich. In Amerika konnte eine Haushälterin mit unehelichem Kind kaum mit einem Mann zusammenleben, mit dem sie nicht verwandt war, erst recht nicht eine schwarze Frau.

Als Nassau Abschied vom Ogowe nahm, verschenkte und verkaufte er Hausrat und Möbel an die französischen Protestanten, die in Lambaréné und Talagouga einziehen sollten. Vor der Abreise nahm er noch am Jahrestreffen in Baraka teil, wo Allégret und Teisserès Eindrücke vom reibungsreichen Klima unter den Missionaren sammelten. Nassaus Tochter wurde in Libreville als das erste weiße Kind bestaunt, das im Regenwald am Ogowe geboren und aufgewachsen war – ein lebender Beweis dafür, dass Missionare mit Familie dort eingesetzt werden konnten:

> »On one of the days, one of the French merchants, Mr. Gravier, was invited to Baraka with his wife. This unusual invitation to a trader was made, I suppose, because of his wife. It was so rare that traders brought their wives to Africa. When Mary was brought into the parlor, Madame Gravier was delighted to see a white girl. While we were at coffee, Governor De Brazza, with his secretary, returned my call. He too was pleased with the fact (which he said he had reported to his government) that it was possible for white children to live in Africa; and promised to send some fruits to Mary Nassau and Harry Gault. And, on Saturday, the 17th, the apples and candy came, while Mr. Allegret was taking a photo of the entire missionary company.«[251]

Erwähnt wird bei Nassau mehrfach, dass Allégret eine Kamera dabeihatte und Aufnahmen von ihm, seiner Schwester und seiner Tochter Mary machte. Mary Kingsley nennt Allégret als den Fotografen, dessen Bilder

---
251 Nassau, 1914a, S. 694.

Abb. 20: Kongregation der Missionare in Baraka, Mai 1891.
Nassau ist der zweite von rechts, vordere Reihe, mit weißem Bart.
Das Foto nahm Élie Allégret auf.

ihr Westafrika-Travelogue illustrieren.[252] Allégret dokumentierte vor allem für Paris, und hatte einiges an Kritik, was er nicht vor den Amerikanern äußerte, wohl aber in seinen Briefen nach Frankreich. So monierte er, die jungen Mädchen der Mission zeigten sich am Sonntag aufgeputzt mit Seidenstickereien und Straußenfedern im Gottesdienst. Sie seien stolz, parfümiert, bewegten sich langsam und trügen einen Ausdruck von Überheblichkeit. Ihn habe das abgestoßen und er wundere sich, dass Reverend Reading dies alles zulasse. Man wisse doch, woher die Mädchen ihre teuren Sachen hätten, setzte er in Anspielung auf den berüchtigten Lebenswandel afrikanischer Frauen in Libreville hinzu.[253]

---

252 Allégrets Fotografien aus der Missionszeit befinden sich heute großenteils im Archiv der DEFAP in Paris, der Rechtsnachfolgerin der SMEP.
253 Es handelt sich um einen Brief an den Direktor der SMEP vom 9.4.1889 (im Archiv der DEFAP). Vgl. Rich, 2003, S. 154, der annimmt, die Indignation habe dem Umstand gegolten, dass bei solchen Mädchen die Trennlinie zwischen »Wilden« und »Zivilisierten«

Nassau nahm zwar nicht Anyentuwe mit bis New York, jedoch eine andere schwarze Frau. Bei seinem Besuch in Baraka offenbarte ihm eine langjährige Mitarbeiterin, die zu den raren Afroamerikanern in der Mission zählte – und offenbar auf keiner Gruppenfotografie der Zeit zu sehen ist –, sie wünsche sich, ihre letzten Lebensjahre in Amerika zu verbringen: »When good old Mrs. Sneed heard my plans for going to the United States, [...] she exclaimed to me, ›O Doctor! I wish I could lay my old bones in America!‹«[254] Schon Monate vorher hatte Nassau in Gedanken an sie einem Reverend in Philadelphia geschrieben, der ihm die Adresse eines »Home for Aged Colored People« genannt hatte.

Nach vielen Abschieden, auch von de Brazza, stach Nassau mit Mary und den Frauen in See. An Bord sorgte er dafür, dass die beiden schwarzen Frauen nicht, wie üblich, als Passagierinnen zweiter Klasse behandelt wurden. Kaum in den USA angekommen erfuhr er, dass sein Lieblingsbruder, William, in dessen Obhut er die Tochter Mary hatte geben wollen, unerwartet verstorben war. Seine längst schulreife Tochter gab er nun in das Haus eines Cousins ihrer Mutter, eines presbyterianischen Pastors in Philadelphia.[255] In den USA hielt er Vorträge, sah seine Söhne und bereitete sich auf die kommende Phase in der Mission vor. Doch im Jahr seiner Rückreise nach Afrika, 1893, setzten die Denunziationen Nassaus wegen seiner Verbindung zu Anyentuwe ein, was die kommenden Jahre zeitweise zum Albtraum machte. Angestoßen hatte die Causa Reverend Good, der zunächst privat an Nassau schrieb, um sich über Gerüchte zu empören, dieser plane nach seinem USA-Urlaub Anyentuwe zu heiraten.

Nassau, entrüstet und verzweifelt, hegte den Verdacht, Good habe entsprechende Gerüchte auch in New York lanciert, denn kurz darauf erließ der Vorstand der Presbyterianer ein Regularium, das für Verbindungen mit Einheimischen strikte Sanktionen vorsah. Im Protokoll der Sitzung von 1893 ist zu lesen: »1. Any missionary who marries a native woman shall be at once recalled. 2. No male missionary [...] shall be allowed to keep a

---

nicht klar zu ziehen war. Vermutlich wäre Allégret jedoch auch in einer protestantischen Dorfkirche in Frankreich über solchen Habitus empört gewesen. Auffallend ist, wie genau Allégret die jungen Mädchen in Augenschein nahm.
254 Nassau, 1914a, S. 693.
255 Sein großes Werk *My Ogowe* beendete Nassau, wie als Vorwurf an das Schicksal, mit der bitteren, unkommentierten Nachricht vom Tod des Bruders.

native woman as housekeeper or domestic in any capacity that could give rise to scandal.«[256] Es fiel nicht schwer, diese Formulierungen auf Nassaus Situation zu beziehen, der mit dieser Belastung seine kommenden Jahre in Baraka antrat. In Libreville ließ er sich immerhin den Umgang mit Anyentyuwe nicht verbieten, er traf sie häufig im Vertrauen auf ihre Expertise und ihren Rat für seine Schriften zu anthropologischen Themen. Dass er sich mit Riten und Mythen der »Heiden« befasste, stieß in der Mission jedoch ebenfalls auf Argwohn und Ablehnung.

Im Dezember 1894, auf einer Reise ins Landesinnere von Kamerun, starb unerwartet der Anstifter der Intrige gegen Nassau – und der Hoffnungsträger der Mission am Ort – Reverend Good. Doch der Widerstand gegen Nassau in der Mission ebbte nicht vollends ab, sondern lebte 1899 noch einmal verstärkt auf, als er wieder, wie 1893, auf einem Heimaturlaub war. Jetzt erklärte Nassau sich bereit, endgültig von Gabun fortzugehen und an die neue Station der Presbyterianer in Deutsch-Kamerun zu wechseln, seine Schwester Isabella an seiner Seite. In einem Brief nannten die Kollegen in Baraka noch Anfang 1900 vorsorglich ihre Gründe dafür, warum Nassau keinesfalls zu ihnen zurückkehren sollte. Es sei ungehörig für einen Missionar, »to sit down in the midst of the perishing heathen to write their folk-lore as his main business«[257], zudem werde in Kamerun dringend Personal gebraucht, drittens habe es in Baraka zu viele Reibereien mit Nassau gegeben, und schließlich, als Trumpf, brachten sie noch einmal den Verdacht seiner Unsittlichkeit aufs Tapet: »Dr. Nassau's relation to a certain native woman of Gaboon has been a standing scandal in that community among both the native and the European populations.«

Der katholischen Konkurrenz lieferte die Causa Nassau Stoff für Spott und Häme, der katholische Bischof von Libreville mokierte sich im Missionsjournal vom Oktober 1897, Nassau besitze »die sittliche Moral eines Luther.«[258] In seinen noch unpublizierten Lebenserinnerungen erläutert Nassau, warum er seine afrikanischen Freunde den Weißen vorzog, als er aus Amerika zurückkam: »I decided to go back to Africa; and that I would, more than ever, seek my companionship, not among my falsely pro-

---

256 Zit. n. Teeuwissen, 1973, S. 162.
257 Brief an Dr. A. J. Brown vom 1.3.1900, eingelegt in das Manuskript der Autobiografie Nassaus im Archiv des Princeton Theological Seminary. Zit. n. Teeuwissen, 1973, S. 163. Nachfolgendes Zitat ebd.
258 Zit. n. Rich, 2003, S. 159.

fessed white friends, but among the native ones, against whom they had so insultingly protested.«²⁵⁹

Vor seinem Dienstantritt in Kamerun 1899 reiste Nassau mit der jetzt 14-jährigen Mary nach Liverpool, um Anyentyuwe zu treffen, die dort auf beide warten sollte. Sie wollten eine erste gemeinsame Ferienreise unternehmen, durch Europa und bis in die Schweiz. Anyentyuwe war jedoch erkrankt in Liverpool angekommen, die Diagnose, Lepra, war niederschmetternd und beendete alle Pläne. Ohne britischen Boden betreten zu können wurde Anyentyuwe in Quarantäne genommen. Einen kurzen Besuch von Mary durfte sie empfangen, dann musste sie mit dem nächsten Schiff zurückreisen nach Libreville.²⁶⁰

Die Jahre bis 1906 verbrachte Nassau auf der Station Batanga in Kamerun und kam nur selten nach Libreville. Im Januar 1903 lud die Mission in Baraka ihn noch einmal für einige Monate ein. In dieser Zeit schrieb er zusammen mit Anyentyuwe an seiner amateur-ethnologischen Studie zu »Fetischismus« in Westafrika. Im November 1904 starb Anyentyuwe in Libreville. Sie soll in ihren letzten Lebensjahren von Nassau materiell und finanziell unterstützt worden sein – auch das legte man ihm zur Last. Eine Grabstätte, immerhin, gestand die Mission ihr auf dem Friedhof von Baraka zu. 1913 wurde auch Baraka, die letzte noch bestehende amerikanische Missionsstation in Gabun, an die Franzosen der Pariser Missionsgesellschaft transferiert. Es war das Jahr der Ankunft von Albert Schweitzer am Ogowe.

Nassaus Schwester Isabella starb 1906 in Kamerun, in dem Jahr, als ihr Bruder in den Ruhestand ging und endgültig aus Afrika an die Westküste der USA zurückkehrte. Dort engagierte er sich gegen die Diskriminierung der schwarzen Bevölkerung, nahm neu die Verbindung zu seiner teils entfremdeten Familie und zu alten Freunden auf und schrieb an den Hunderten und Hunderten Seiten seiner Autobiografie. 1913 erfuhr er durch Schweitzers Brief von dessen Ankunft in Lambaréné, auf seiner ehemaligen Mission. Am 6. Mai 1921 starb Robert Hamill Nassau in einem Altersheim der Presbyterianer in Philadelphia. Im kollektiven Gedächtnis der Region am Ogowe blieb er noch lange lebendig, auch bei dem hier anfangs zitierten Urenkel von Anyentyuwe, Michel Bagné.

Leider fehlen die Quellen und Dokumente, um die Epoche aus der Per-

---

259 Nassau, Robert H.: Autobiography. S. 959f. Zit. n. Teeuwissen, 1973, S. 171.
260 Teeuwissen, 1973, S. 155.

spektive von Anyentyuwe erzählen zu können. Doch einer von Nassaus Schülern hinterließ Korrespondenz – und sollte später der erste protestantische Pastor am Ogowe werden: Der als Kind unscheinbare, in der Adoleszenz aufsässige, als Erwachsener ehrgeizige Félix Ombagho. Am 22. Oktober 1885 taucht sein Name in Nassaus Ogowe-Journal zum ersten Mal auf, als er, ein kleiner Junge, nach Kângwe bei Lambaréné gebracht wurde, um das Internat der Mission zu besuchen.[261] Dort lernte er in frühen Jahren bei den amerikanischen Missionaren, nach der Übergabe an die Pariser Mission bei den französischen. Mit Nassau und seiner Lehrerin Isabella Nassau blieb Ombagho ein Leben lang in Verbindung und korrespondierte mit ihnen. Doch vor allem schrieb er nach deren Weggang oft an Élie Allégret, der Nassaus Station in Lambaréné zu einer französischen Mission umgewandelt hatte. Durch die Korrespondenz mit Allégret sind zahlreiche Briefe Ombaghos im Archiv der Pariser Mission erhalten. Sie gehören zu den kostbaren und seltenen schriftlichen Dokumenten von Afrikanern dieser Zeit. Darum, und auch, weil sich Félix Ombaghos Lebensdaten mit denen von Albert Schweitzer decken, eignet sich seine Biografie in besonderem Maß, aus afrikanischer Perspektive die Transformation zur französischen Kolonialepoche des »geschichtslosen« Ortes Lambaréné zu rekonstruieren.

---

261 Nassau, 1914a, S. 505f.

6.2 Félix Ombagho

Lambaréné, Insel im Strom des Kolonialismus: Zur Geschichte eines »geschichtslosen« Ortes in Äquatorialafrika, 1892–1917

> »There exists in Africa a huge area – [...] almost as large as western Europe – which remains *terra incognita* for the historian map. Maps of Africa generally depict this as a green mass, since the area is mostly covered with the rainforests of equatorial Africa.«
>
> *Jan Vansina, 1990*[1]

> »Ich weiß es wirklich nicht, ob es denn schon ganz so ausgemacht ist, daß wir Europäer die gesitteten Völker sind; ich zweifle täglich mehr.«
>
> *Carl von Eckartshausen, 1787*[2]

Variationen einer Eingebung

Auch wenn sie auf der offiziellen Liste der Mitarbeiter des Spitals zwischen 1913 bis 1965 nicht genannt werden,[3] hatten doch hunderte Ortskräfte, teils über Jahrzehnte, am Spital gewirkt, Tausende waren oft monatelang als Patienten dort, und viele von ihnen waren im Arbeitseinsatz als Gegenleistung für die medizinische Behandlung. Symptomatisch setzt diese Leerstelle eine typische koloniale Auslassung fort. Afrikanische Personen tauchen in kolonialen Textgenres meist namenlos auf, oder markiert durch einen, oft europäischen, Vornamen und in Kombination mit ihrer Funktion: »unser boy John«, »der tüchtige Ruderer Alain«, »der alte Zim-

---

1 Vansina, Jan: *Paths in the Rainforests. Toward a History of Political Tradition in Equatorial Africa*. Madison, 1990, S. 3.
2 Eckartshausen, Carl von: Isogin und Celia, eine Geschichte von einem unserer schwarzen Brüder aus Afrika, von einem Mohren. In *Duldung und Menschenliebe*. München, 1787, S. 72.
3 https://www.schweitzer.org/2016/index.php/de/lambarene/mitarbeiter-1913-1695 (12.1.2022).

mermann Jacques«, und so fort. Nassaus Texte bilden, wie gezeigt, eine Ausnahme. Biografische Informationen zu Individuen reichen selten über Anekdotisches hinaus, während rassistische Kollektivsingulare im Maskulinum (»der Kameruner«, »der Ceylonese«, »der Malaie«) Großgruppen repräsentieren. Solange regionale Bevölkerungen im Geschichtslosen angesiedelt wurden, erübrigten sich Hinweise auf Genealogie, Merkmale und Eigenschaften von Individuen. Missionarischen Darstellungen dienten fiktionalisierten afrikanischen Figuren als allegorische Lehrbeispiele, die zum Beispiel demonstrierten, wie sich ein Konvertit von »Fetischen« gelöst hatte. Neben die modellhaft didaktisch eingesetzten Figuren des Genres, an denen sich auch Schweitzers »Urwaldschulmeister Ojembo« orientierte, traten die Schablonen der Kolonialromane mit ihren Verlockungen archaischer Triebhaftigkeit und Körperlichkeit sowie faszinierenden bis abstoßenden »primitiven Gebräuchen«. Szenarien von Abenteuer und Wagnis angesichts elementarer Gefahren in der »Natur« prägen das Klima der kolonialen Fiktion insbesondere zu Afrika, worin Weiße sich gern als solitäre Helden behaupten, assistiert von bald naiven, ungeschickten, bald gerissenen oder praktischen Schwarzen. Dramatik beziehen die Stoffe aus dem Kontrast zwischen der unheimlichen Menschenleere geschichtslos wuchernder Urwälder auf der einen, und dem weißen Individuum, das ihnen Sinn verleiht, indem es sie metaphorisch anreichert, sie mit Narrativen erotisch oder philosophisch kultiviert auf der anderen Seite. Schweitzer nobilitierte diesen virtuellen Raum der urzeitlichen Unbewohntheit zusätzlich zum Ort einer philosophischen Inspiration, für die er universelle Gültigkeit beanspruchte, und die in der Einsamkeit des Urwalds auf ihn gekommen sei.

Schweitzer band zwei entscheidende, zeitlich markierte Wendepunkte seines Werdegangs an »Afrika«: Das Berufungserlebnis im Jahr 1904 und das Erleuchtungserlebnis im Urwald im Jahr 1915. Über das Journal der Pariser »Kongo-Mission« hatte er 1904 von deren dringendem Personalbedarf erfahren und das als direkten Appell an sich empfunden. 1913 war er an seinen Wirkungsort in Französisch-Äquatorialafrika ausgereist, wo er anderthalb Jahre darauf, im Sommer 1915, durch ein weiteres, rückblickend mit fundamentaler Bedeutung aufgeladenes Erlebnis erschüttert wurde. Im Tenor einer religiösen Offenbarung rekonstruierte er, ihm sei während einer Flussreise auf dem Ogowe das Leitmotiv seiner Philosophie aufgegangen: »Die Ehrfurcht vor dem Leben«. Dem Motto, ebenso beeinflusst von vitalistischen wie pantheistischen Elementen der Lebensphilosophie des späten 19. Jahrhunderts sowie von Schweitzers Auslegungen »indischer Denker«[4], wird zu Recht vorgehalten, dass es »ohne Rücksicht auf Begründungs-, Differenzierungs- und Widerspruchszusammenhänge«[5] eingeführt wurde. Gerade die theoretische Undifferenziertheit ließ den Kernsatz allerdings so auffällig massentauglich werden.

Schweitzer hatte die Schlüsselerlebnisse von 1904 und 1915 nach und nach zu eben den Berufungs- und Erleuchtungsnarrativen transformiert, deren Nacherzählung in keiner Hagiografie fehlen sollte. In den 1950er und frühen 1960er Jahren wurde »Die Ehrfurcht vor dem Leben« hunderttausendfach als ethisches Leitmotiv zitiert, populäre Schweitzer-Rezeption bedient sich des Mottos bis heute. Im Rahmen biopolitischer Erklärungsmodelle wird der »Ehrfurcht vor dem Leben« inzwischen neue Aktualität zugesprochen, etwa von der »Albert Schweitzer Stiftung für unsere Mitwelt«, die sich gegen Massentierhaltung und für den Vegetarismus einsetzt. (Ein Jahrzehnt lang, bis circa 2012, fungierte der Philosoph Peter Sloterdijk als deren Schirmherr.) Schweitzers Schilderungen seiner Erweckung am Ogowe erheben den Anspruch auf eine »überzeitliche« Epiphanie, und Hagiografien schätzen die mythischen Elemente des Narrativs: Der Tropenstrom inmitten dichter Vegetation, das umwälzende Erlebnis in der als menschenleer und ahistorisch dargestellten Landschaft.

So bietet sich gerade dieser retroaktiv für den Mythos rekrutierte Ort für einen Abgleich der Narration mit den historischen Fakten an. Wie das Kapitel zu Robert Hamill Nassau gezeigt hat, war das Gebiet um Lambaréné, obwohl dünn besiedelt, schon im 19. Jahrhundert voller konkurrierender wie kooperierender Akteure aus der Region selbst, aus den Vereinigten Staaten und aus Europa. In den bundesdeutschen Lambarene-Narrativen ist davon kaum die Rede.

Einer der zeitgenössischen Bewohner der Region am Ogowe war der Missionsschüler und protestantische Pastor Félix Ombagho (1874/75–1964), dessen Lebensspanne fast völlig mit Schweitzers (1875–1965) übereinstimmte. Eine ausgesprochen gute Quellenlage lässt den Versuch zu, die Biografie Ombaghos aus Mosaikteilen zusammenzufügen, um den Doppelmythos »Schweitzer« und »Lambarene« mit zeithistorischer Realität

---

4 Harris, Ruth: *Albert Schweitzer, Africa, and Indian Thought*. Oxford, 2014.
5 Briese, Olaf: Einstimmung auf den Untergang. Zum Stellenwert kupierter Apokalypsen im geschichtsphilosophischen Diskurs. In *Allgemeine Zeitschrift für Philosophie*, 20, 1995, S. 156.

zu konfrontieren. Wie Georges Oyémbo wurde Félix Ombagho als Kind Missionsschüler auf den amerikanischen Stationen Lambaréné und Talagouga während der Ära Nassau. Als Junge lernte er Lesen und Schreiben auf Englisch wie Französisch, als Jugendlicher begleitete Ombagho die französischen Missionare Allégret und Teisserès auf Erkundungsreisen und erhielt als junger Erwachsener eine theologische Grundausbildung, wobei er 1904, im Jahr von Schweitzers Weckruf zur »Kongo-Mission« einige Monate ein protestantisches Internat in der frankophonen Schweiz besuchte und zu Gast war in der Zentrale der Mission in Paris. Auf dieser, seiner einzigen Europareise, wurde der Afrikaner unter Protestanten in der Schweiz und Frankreich herumgereicht, um Gemeinden im Elsass wie in Paris aus der Perspektive »des Eingeborenen« von der Mission zu berichten. Er traf hohe Funktionäre der Pariser Missionsgesellschaft, von denen einige für Schweitzers Weg nach Lambaréné zentral waren. In den 1950er Jahren gehörte Ombagho zu den drei ersten Pastoren, die von der evangelischen Kirche Gabuns ordiniert wurden. Félix Ombagho starb ein Jahr vor Albert Schweitzer. Er hinterließ Teile seiner Korrespondenz sowie ein im hohen Alter diktiertes Lebensresümee.

Die politische und soziale Kluft zwischen den historischen Subjekten Ombagho und Schweitzer konnte kaum größer sein, während sich ihre Biografien räumlich und zeitlich eng berühren. Beide wuchsen zur selben Zeit auf, lebten viele Jahrzehnte in derselben Region und gelangten durch die Pariser Mission nach Lambaréné. Außerdem liegt Ombaghos Herkunftsort Igenja in exakt dem topografischen Umfeld, dem Schweitzer sein Offenbarungserlebnis auf dem Ogowe von 1915 zuschreibt.

1915: Ehrfurcht vor dem Leben

1921 hatte Schweitzer in *Zwischen Wasser und Urwald* beschrieben, wie die Nachricht vom Ausbruch des Ersten Weltkriegs sukzessive nach Lambaréné durchgesickert war, weitergereicht unter Europäern. Telegrafische Dienste hatte Frankreich schon Ende des 19. Jahrhunderts an der Küste eingerichtet, wo Nassau 1887 in Libreville einem Monsieur Moyes, »in charge of the telegraph company«[6] begegnete. In der Ferne der französischen Kolonie in Westafrika erfuhren die Eheleute Schweitzer von der Mo-

---

6 Nassau, 1914a, S. 540.

bilmachung, von Schlachten auf den flandrischen Feldern, auf dem Balkan und in Osteuropa. Seit dem 2. August 1914 standen die Mittelmächte Deutschland und Österreich-Ungarn den Entente-Staaten Frankreich, Großbritannien und Russland gegenüber, über 50 Millionen Soldaten waren in Marsch gesetzt. Auch über die Kapitulation deutscher »Schutztruppen« in Kamerun und Deutsch-Südwestafrika werden Helene und Albert Schweitzer informiert gewesen sein. Den Elsässern war bewusst, dass ihre Landsleute im »Reichsland Elsass-Lothringen« teils zur deutschnationalistischen, teils zur französischen Konfliktpartei tendierten. Als potenzielle Feinde und Spione gerieten deutsche Staatsangehörige in den französischen Überseeterritorien unter Generalverdacht. Auch das Ehepaar Schweitzer war bald betroffen von Berufsverbot und Internierung.

Den Schwarzen, so Schweitzer, sei es anfangs recht gewesen, dass die Weißen viel beieinandersaßen und sich über Nachrichten und Gerüchte austauschten, wodurch ihnen weniger Zeit blieb für Anweisungen zur Arbeit. Bald hätten sie jedoch die steigenden Preise für Tabak, Schnaps, Zucker, Reis und Petroleum besorgt. Vor allem aber habe durch den Krieg das Ansehen der Weißen gelitten: »Daß viele Eingeborene die Frage in sich bewegen, wie es möglich sei, daß die Weißen, die ihnen das Evangelium der Liebe bringen, sich jetzt gegenseitig morden und sich damit über die Gebote des Herrn Jesu hinwegsetzen, fühlen wir alle«[7], konstatiert er um Weihnachten 1915. Seine Sorge galt der Überinformation des Personals: »In meinem Haus achte ich darauf, daß die Schwarzen möglichst wenig von den Greueln des Krieges erfahren. Post dürfe »nicht herumliegen, damit die Boys, die lesen können, sich nicht in den Text und die Bilder vertiefen und davon erzählen.«[8] Über den Krieg könne man sich in Lambaréné »ziemlich regelmäßig«[9] informieren, alle 14 Tage durch Telegramme über die Telegrafenlinie von Libreville nach Ndjolé oder Cap Lopez. Da europäische Lebensmittel knapp geworden seien, »haben wir uns an das Affenfleisch gewöhnt«[10], bekennt er, damals gewiss noch kein Vegetarier wie in späteren Jahren. Affe schmecke ein wenig wie Ziegenfleisch, doch werde man ein Vorurteil dagegen nicht los, was immer man über Darwins Abstammungslehre denke. Trotz allem mussten die schwer

---

7 Schweitzer, [1921] 1971a, S. 441f.
8 Schweitzer, [1921] 1971a, S. 442.
9 Schweitzer, [1921] 1926, S. 127.
10 Schweitzer, [1921] 1926, S. 128. Nachfolgendes Zitat ebd.

arbeitenden Schweitzers auch ans Ausspannen denken und verbrachten am Ende des Sommers 1915 mit dem Missionarsehepaar Morel von der Station Samkita ein paar Wochen an der Küste in Cap Lopez. »Die Seeluft tat Wunder an uns.« Vom Wunder des Erlebnisses auf dem Ogowe, das er in diese Wochen fallen lassen wird, war in der Zusammenfassung des Jahres noch mit keinem Wort die Rede.

Mitte August 1915 hatten die Schweitzers ihr Feriendomizil am Strand bezogen. In der Atlantikbrise am Golf von Guinea suchten der 40-jährige Tropenarzt und die 34-jährige Krankenschwester Erholung vom feuchtschwülen Klima Lambarénés. Einiges an Hausrat hatten sie auf der Flussfahrt mit ans Meer genommen, sogar den Papagei, den Hund und die Lieblingsantilope des Doktors. Die frische Luft tat Helene Schweitzer gut, der die Hitze im Binnenland zu schaffen machte. Während der Wochen an der Küste erhielt das Paar mehr Nachrichten von der Außenwelt als in Lambaréné, da die Transportdampfer mit Depeschen und Post direkt am Hafen von Cap Lopez ankamen.[11] Nach einem Monat dort erreichte Schweitzer die Bitte, einer erkrankten Missionarsfrau auf der Station Ngômô zu Hilfe kommen. Dafür musste er den Ogowe 200 Kilometer flussaufwärts fahren, fast bis zurück nach Lambaréné.

Auf der Reise als Passagier auf einem Schleppkahn, wird er später schreiben, habe sich ihm das Leitmotiv seines Denkgebäudes offenbart. Während Szenerie, Zeitpunkt und Ort der Eingebung selbst in seiner Darstellung zu den »Kulturenergien der Ethik der Ehrfurcht vor dem Leben«[12] von 1923 noch keine Prominenz erhielten, rekonstruierte Schweitzer den Kontext wohl zum ersten Mal in einem autobiografischen Text von 1931:

»Langsam krochen wir den Strom hinauf, uns mühsam zwischen den Sandbänken – es war trockene Jahreszeit[13] – hindurchtastend. Geistesabwesend saß ich auf dem Deck des Schleppkahnes, um den elementaren und universellen Begriff des Ethischen ringend, den ich in keiner Philosophie gefunden

---

11 Genaue Angaben zu Gepäck, Post und Kommunikation des Paares siehe Mühlstein, 1998, S. 171.
12 Schweitzer, [1923] 1948, S. 251.
13 Das Ereignis geschah offenbar nicht, wie Schweitzer angab, im September 1915, sondern Mitte August, vermutet Mühlstein, 1998, S. 172, mit Zugang zu Helene Schweitzers Aufzeichnungen aus den Monaten. Demnach war Schweitzer am 28.8.1915 von seiner Reise zu der Patientin auf Ngômô nach Cap Lopez zurückgekehrt.

hatte. Blatt um Blatt beschrieb ich mit unzusammenhängenden Sätzen, nur um auf das Problem konzentriert zu bleiben.«[14]

Mit ihm seien nur Schwarze an Bord gewesen, darunter ein Bekannter aus Lambaréné. Aus der Inkohärenz seiner Notate befreit den Reisenden beim Aufblicken die Wahrnehmung der umgebenden Natur:

> »Am Abend des dritten Tages,[15] als wir bei Sonnenuntergang gerade durch eine Herde Nilpferde hindurchfuhren, stand urplötzlich, und von mir nicht gesucht, das Wort ›Ehrfurcht vor dem Leben‹ vor mir. Das eiserne Tor hatte nachgegeben; der Pfad im Dickicht war sichtbar geworden. Nun war ich zu der Idee vorgedrungen, in der Welt- und Lebensbejahung und Ethik miteinander enthalten sind! Nun wußte ich, dass die Weltanschauung ethischer Welt- und Lebensbejahung samt ihren Kulturideen im Denken begründet sind.«

Über die globalpolitische Zäsur 1914, die das nach Eric Hobsbawm »lange 19. Jahrhundert« beendete, setzt sich der Denker in seinem kulturphilosophischen Werk weitgehend hinweg. Dort lässt er vielmehr das auf dem Ogowe erfahrene Leitmotiv der »Ehrfurcht vor dem Leben« zum Weltallheilmittel expandieren wie zu einem alchemistischen Alkahest. Seine beiden Bände zur Kulturphilosophie, *Verfall und Wiederaufbau der Kultur* sowie *Kultur und Ethik* von 1923, boten schon den Zeitgenossen Gelegenheit, Kriegsursachen und -folgen, Industrialisierung und Imperialismus in entpolitisierten, kulturalistischen Kontext zu rücken. Schweitzer prangerte dort Auswüchse der Zivilisation an, etwa die Verstädterung, er diagnostizierte die »Weltanschauungslosigkeit« und »Kulturlosigkeit« eines »abendländischen Denkens«, das, »unelementar« geworden sei. Es liefere nur mehr »Kapellmeistermusik«, schrieb der Organist, Bach-Interpret und Opernadept.[16] In die Diagnose dieser Verfallsdynamik fügte sich das Phänomen »Krieg« lediglich als eines ihrer Symptome ein, in das sämtliche Akteure gleichermaßen ursächlich und schicksalshaft verstrickt

---

14 Schweitzer, [1931] 1971b, S. 169. Nachfolgendes Zitat ebd.
15 Drei Tage Fahrzeit auf einem Schleppkahn von Cap Lopez bis Ngômô erscheinen zu lang – Schweitzers Tendenz, die magische Ziffer Drei herbeizuzaubern, und sie auch da vorsätzlich ins Spiel zu bringen, wo in vorigen Textversionen etwa eine Zwei oder Vier gestanden hatte, ist augenfällig auch in anderen Schriften.
16 Alle Zitate: Schweitzer, [1923] 1948, S. VIII.

waren. Die »Menschheit« müsse ihr »epigonales Weiterwandeln«[17] im Nationalstaat überwinden, forderte Schweitzer, und »zur tiefen Naivität zurückkehren, ihn als Staat zu denken, der sich durch ethische Kulturgesinnung leiten läßt. Im Vertrauen auf die Macht der aus der Ehrfurcht vor dem Leben kommenden Kulturgesinnung nehmen wir uns vor, diesen Kulturstaat zu verwirklichen.«[18] Versuche, die aktuellen Ereignisse etwa im Rahmen imperialer Hegemonialinteressen, nationalistischer Tribalisierung und der Expansion des Kapitalismus zu lesen, liegen Schweitzers Setzungen fern. An den Asymmetrien zwischen Klassen, wie zwischen Metropolen und Kolonisierten zeigte der Autor kein Interesse, obwohl ihm als passioniertem Zeitungsleser deren Wirkmacht bekannt gewesen sein dürfte. Wie Oswald Spenglers zweibändiges Werk zum *Untergang des Abendlandes* erschienen Schweitzers beiden Bände zur »Kulturphilosophie« beim C. H. Beck Verlag in München, wo die beiden Autoren mit August Albers denselben, engagierten Lektor fanden.[19] Beide Werke verdankten sich dem Klima der nach den Versailler Friedensverträgen verstörten Nation, in der viele deutsche Zeitgenossen auf der Suche nach deterministischen wie legitimatorischen Erklärungen für die Ursache der Niederlage waren.

In synkretistischer Anlehnung an Elemente buddhistischer Vorstellungen forderte Schweitzer den »wahrhaft ethischen Menschen« heraus:

> »Er reißt kein Blatt vom Baume ab, bricht keine Blume und hat acht, daß er kein Insekt zertritt. Wenn er im Sommer nachts bei der Lampe arbeitet, hält er lieber das Fenster geschlossen und atmet dumpfe Luft, als daß er Insekt um Insekt mit versengten Flügeln auf seinen Tisch fallen sieht.«[20]

Schmerzhaft, bekennt der Autor, der sich mit der Widersprüchlichkeit seiner vitalistischen Formel abplagt, sei es für ihn, sich einzugestehen, dass die Schöpfung selbst weniger skrupulös mit ihren Geschöpfen verfahre. Calvinistischen Klang entfalten Passagen, nach denen sich jedes Individuum nützlich machen solle:

---

17 Schweitzer, [1923] 1948, S. XI.
18 Schweitzer, [1923] 1948, S. 265.
19 Vgl. Die *Festschrift zum zweihundertjährigen Bestehen des Verlages C. H. Beck 1763–1963*. München, 1963, S. 116. Vermittelt haben soll den Kontakt zum Verlag Schweitzers ergebene, langjährige Günsbacher Assistentin Emmy Martin.
20 Schweitzer, [1923] 1948, S. 230.

> »Ein unerbittlicher Gläubiger ist die Ehrfurcht vor dem Leben! Findet sie bei einem Menschen nichts anderes zu pfänden, als ein bißchen Zeit und ein bißchen Muße, so legt sie auf dieses Beschlag. Aber ihre Hartherzigkeit ist gut und sieht klar. [...] Wer kann die Verwendungen alle aufzählen, die das kostbare Betriebskapital, Mensch genannt, haben kann!«[21]

Warnend mahnt Schweitzer davor, im materiellen Fortschritt den Ausdruck eschatologischer Tendenzen zu erkennen. Nur in der Ehrfurcht vor dem Leben erkenne »die Kultur, daß sie gar nichts mit Weltrevolution zu tun hat, sondern ihre Bedeutung in sich selber trägt.«[22] Der Autor erklärt sich bereit, dem Abendland das »Elementare« als Antidot wider das »Abstrakte« nachzuliefern, auf dass Bewusstsein das Sein definieren könne. Die Formel der »Ehrfurcht vor dem Leben« lässt Schweitzer später als Kondensat dieser Überlegungen gelten und schreibt deren Genese mehrfach um, zuletzt 1963, zwei Jahre vor seinem Ende:

> »Am Abend des dritten Tages, als wir uns beim Sonnenuntergang in der Nähe des Dorfes Igendja[23] befanden, mußten wir an einer Insel in dem über einen Kilometer breiten Fluß entlangfahren. Auf einer Sandbank zur Linken wanderten vier Nilpferde mit ihren Jungen in derselben Richtung wie wir, da kam ich, in meiner großen Müdigkeit und Verzagtheit plötzlich auf das Wort ›Ehrfurcht vor dem Leben‹, das ich, soviel ich weiß, nie gehört und nie gelesen hatte.«[24]

Ihm seien die Augen darüber aufgegangen, fuhr Schweitzer fort, »daß die Ethik, die nur mit unserem Verhältnis zu anderen Menschen zu tun hat, unvollständig ist und darum nicht die vollständige Energie besitzen kann«, nur durch die Ethik der Ehrfurcht vor dem Leben gelange man in ein »geistiges Verhältnis zum Universum.«[25]

Ausschmückungen des Erleuchtungsszenarios von 1915 variieren im Lauf der Jahrzehnte. Einmal wandern Nilpferde auf einer Sandbank, ein ander-

---

21 Schweitzer, [1923] 1948, S. 242.
22 Schweitzer, [1923] 1948, S. 253.
23 »Igenja« ist Nassaus Schreibweise, Schweitzer übernimmt die später teils eingebürgerte Schreibweise »Igendja« für eine der ersten unter Nassau gegründeten Gemeinden der Mission von Lambaréné.
24 Zit. n. Bähr, [1966] 2003, S. 20. Als Quelle wird angegeben: »Manuskript von Albert Schweitzer, 1963 H.W. Bähr zugleitet.«
25 Bähr, [1966] 2003, S. 21.

mal schwimmen sie im Fluss, einmal gibt es weibliche Nilpferde mit ihren Jungen, mal vier Nilpferde, mal nur eine unbestimmte Zahl, mal zählt er eine Insel im Strom, mal drei. Konstant bleibt das menschenferne, menschenleere Ambiente, die Suggestion eines urzeitlich anmutenden Naturtableaus mit dahinströmendem Fluss, mächtigen Tierleibern, Urwaldsaum und Sandbänken. Elliptisch verschluckt werden die nahen Ansiedlungen selbst da, wo der Name Igenja sie andeutet. Dem Text dient der Name lediglich als topografischer Marker für die überhöhte Stätte, eventuell in der Annahme, der Ort der epochalen Epiphanie werde eines Tages als eine Art Weihestätte und auf Landkarten vermerkt. Tatsächlich reihte 2010 eine Anthologie zu »Pilgerstätten der Wissensgesellschaft« die Stelle auf dem Ogowe unter die *Mekkas der Moderne*[26] ein, wenngleich Pilgerfahrten dorthin unbekannt sind.

Noch im hohen Alter verschickte Schweitzer gern Postkarten mit fotografischen Abbildungen des Flussabschnitts. An den Philologen Julius Richter schrieb er 1959: »Immer, wenn ich an den drei Inseln im Ogoue [sic] vorbeikomme, bleibt es mir unbegreiflich, dass ich dort auf die Idee und das Wort ›Ehrfurcht vor dem Leben‹ kam, das wie das Senfkorn ist, aus dem die neue Humanitätsgesinnung neu emporwächst ...« Eine Fotografie der drei Inseln war beigefügt.[27] Eine der Karten versah der Autor 1960 mit dem Zusatz: »Die drei Inseln im Ogowe beim Dorfe Igendja, 80 Kilometer flussabwärts von Lambaréné angesichts derer mir an einem Septembertag 1915 die Erkenntnis aufging, dass die Idee der Ehrfurcht vor dem Leben das Grundprinzip des Ethischen und der wahren Humanität ist.« Auf der Rückseite merkte er an: »Die Inseln sind mit Urwald und Lianen bedeckt. Keines Menschen Fuß betritt sie.«[28] Rückwirkend entvölkerte Schweitzer die Gegend noch dramatischer, als wollte er suggerieren, die paradiesischheilige Landschaft selbst habe ihm ihr Leitmotiv zugeraunt, dessen Verkünder er fortan sein sollte, gleichsam als auserwähltes Instrument.

---

26 Grigat, Felix: Lambaréné, Gabun: Albert Schweitzers ethisches Korrektiv. In Hilmar Schmundt et al. (Hg.): *Mekkas der Moderne*. Wien, Köln, Weimar, 2010. Der Band enthält Essays zu heterogenen Stätten wie Goethes Weimar, Freuds Couch, das Bauhaus in Dessau, das Geheimarchiv des Vatikans, das Atomtestgelände Bikini Atoll oder das Pariser Pantheon. Der Beitrag zu Schweitzer beginnt mit einem Zitat zur Erleuchtungsszene auf dem Ogowe von 1915 (S. 136).

27 Brief Schweitzers vom 22.1.1959 und Hinweis auf die Fotografie zit. n. Antiquariat Stargardt: *Autographenkatalog 698*. Berlin, Juni 2012, S. 197.

28 Schweitzer an eine Niederländerin, datiert auf den 26.10.1960. Postkarte im Auktionskatalog *Live Auctioneers*. New York, 2006.

Doch unbevölkert war die Gegend um die drei Inseln keineswegs. Gerade der Namen des nahen Ortes Igenja war allen auf der protestantischen Mission am Ogowe ein Begriff. Die von Nassau 1876 gegründete Station Kângwe, die inzwischen Lambaréné hieß, hatte im Siedlungscluster Igenja eine ihrer zwei ersten Außengemeinden, von dort kamen die meisten Internatskinder der Mission. Als Nassau 1874 zum ersten Mal den Ogowe heraufführ, steuerte ein Mann aus Igenja die »Pioneer«, Livingstones früheren Raddampfer, durch die schwer navigierbare Flusslandschaft. Zu Verwandten dieses Steuermanns knüpfte Nassau erste lokale Verbindungen und rekrutierte Dutzende Angestellte und Ruderer aus der Galoa-Siedlung Igenja.

1889 etablierten die Reverends Good und Nassau die Annexe Igenja und Wambalya, sie gediehen zu Gemeinden mit eigenen, kleinen Kirchenbauten aus Holz, gedeckt mit Raphiapalmblättern.[29] Wambalya war der Ort, aus dem der Missionsschüler Nguva kam, der Anstifter des Satire-Theaters in Lambaréné 1879. Über Igenja freute sich Nassau: »A village, once heathen, now so

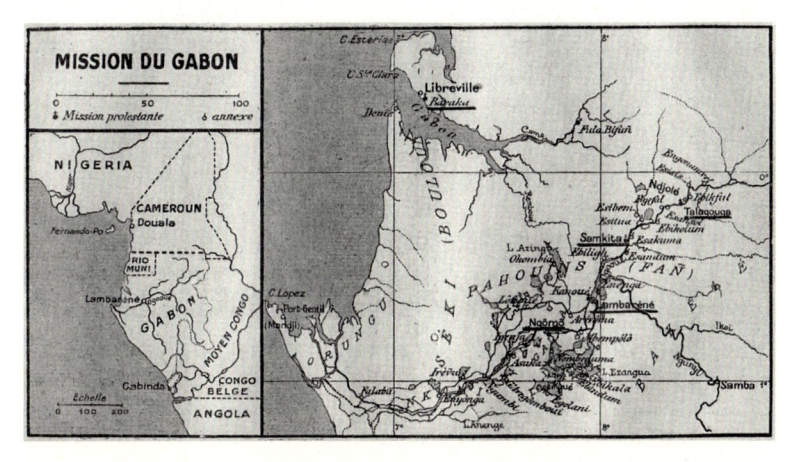

Abb. 1: Karte der Pariser »Kongo-Mission«, um 1920. Unterstrichen sind die Namen der fünf protestantischen Missionsstationen, die Zentrale Baraka an der Küste und vier am Ogowe, die zum Zeitpunkt von Schweitzers Ankunft existierten: Lambaréné und Talagouga, gegründet 1876 und 1882 durch Nassau, Ngômô und Samkita, gegründet 1889 und 1900 durch französische Protestanten. Auch die Gemeinden sind eingezeichnet, Igenja südwestlich von Ngômô; in *Revue de nos Champs de Mission en Afrique et en Océanie*, 1922, S. 73.

---

29 Nassau, 1914a, S. 603.

quiet and civilized and respectful; with good houses«[30]. Als die Pariser Mission die Gemeinde Igenja übernommen hatte, übersiedelte 1898 ein Großteil nach Ngômô, auf die Station, zu der Schweitzer im September 1915 als Notarzt unterwegs war. Personal aus Igenja spielte für alle der inzwischen vier protestantischen Missionsstationen am Ogowe eine zentrale Rolle, nicht allein für Lambaréné, sondern auch für Talagouga, Ngômô und Samkita.

Abb. 2: Ansiedlung mit Pflanzungen im Regenwald
von »Französisch-Kongo«, vermutlich im östlichen Gabun, um 1890;
aufgenommen von Élie Allégret

Die Französisierung von Lambaréné

Von der Weltgeschichte unbeachtet wuchs die Station Lambaréné Etappe für Etappe auf ihre spätere Rolle in der nachkriegsdeutschen Mythenbildung zu, eine Kombination kontingenter Umstände trug dazu bei. Vom Beginn der 1890er Jahre an wurde die Ogowe-Region dem Kolonialsystem stärker angegliedert. Missionen erfüllten den Zweck, disziplinierend auf die Subjekte einzuwirken und Kräfte für Wirtschaft und Verwaltung

---

30 Nassau, 1914a, S. 608.

rudimentär auszubilden. Katholische, frankophone Missionen am Ogowe waren bereits kompatibel mit der angestrebten Monopolisierung der Administration. Zwar wurden sie mit zunehmender Säkularisierung Frankreichs staatlich strenger kontrolliert, doch ihr Verbleib war unangefochten. Anders sah es für die anglophone, amerikanische und protestantische Missionslandschaft aus. Wollte die Metropole ihre hegemonialen Interessen durchsetzen, mussten sie weichen. In Frankreich haftete lutherisch, calvinistisch und protestantisch reformierten Kirchen der Ruch der Dissidenz und des Sektiererischen an, während die römisch-katholische Konfession bis zur Französischen Revolution Staatsreligion war. Im kollektiven Gedächtnis der protestantischen Minderheit wirkte noch das Trauma der Bartholomäusnacht Ende des 16. Jahrhunderts fort, die Vertreibung der Hugenotten, Waldenser und anderer »Sektierer«. In Schweitzers Geburtsjahr 1875 gab es unter 37 Millionen Franzosen knapp 600 000 Protestanten. Grundsätzlich wollte die Metropole Missionsposten anderer Denominationen und Sprachen in Übersee nicht länger dulden, erst recht nicht einen Posten von Amerikanern – wenn schon Protestanten, dann immerhin französische.

Nach dem Unterrichtsverbot für das Englische und den im Nassau-Kapitel genannten Schikanen durch Verwaltung und katholische Missionare transferierten die Amerikaner 1892 bis 1898 ihre Missionen am Ogowe an die Pariser Missionsgesellschaft, übrig blieb allein Baraka. Als die Schweitzers 1913 in Lambaréné eintrafen, gaben die Amerikaner auch diese letzte Bastion in Libreville ab. Für den Unterricht in der Sprache der Titularnation war bereits seit einigen Jahren passendes Personal hinzugezogen worden, Unterricht in den Landessprachen, wie bei den amerikanischen Presbyterianern üblich, wurde vollends verboten.

»The Ogowe passes. 1892«, überschrieb Nassau den Nachsatz zu seinem monumentalen Journal *My Ogowe*, dem erzählenden Protokoll der amerikanische Pionierepoche der Mission. 1892/93, während Nassaus Heimaturlaub, hatte die Pariser Missionsgesellschaft auf Antrag der US-Presbyterianer die Stationen Lambaréné und Talagouga samt Bauten, Außengemeinden und Mobiliar übernommen. Auf seiner allerletzten Reise 1906 in die Region bereiteten die französischen Glaubensbrüder Nassau einen ehrenvollen Abschied: »That mission is successfully carried on by my French successors, who, with rare courtesy, unselfishly recognize my almost seventeen years of foundation work for their Ogowe.«[31] Eine neue Epoche

---

31 Nassau, 1914a, S. 700.

am Ort brach an, während der ökonomische Wettlauf um die Territorien Zentralafrikas sich beschleunigte. Durch die Kongo-Akte vom Februar 1885 hatten sich die Machtverhältnisse auf dem Kontinent verändert. Offiziell garantierte die Generalakte den konkurrierenden Kolonialnationen Handelsfreiheit

>»in allen Gebieten, welche das Becken des Kongo und seiner Nebenflüsse bilden. Dieses Becken wird begrenzt durch die Höhenzüge der daran grenzenden Becken, nämlich insbesondere die Becken des Niari, des Ogowe, des Schari und des Nils im Norden, durch die östliche Wasserscheide der Zuflüsse des Tanganyikasees im Osten, durch die Höhenzüge der Becken des Zambese und des Loge im Süden. Es umfaßt demnach alle Gebiete, welche von dem Kongo und seinen Nebenflüssen durchströmt werden, einschließlich des Tanganyikasees und seiner östlichen Zuflüsse.«[32]

Nicht nur Belgiens König Leopold II., Frankreich und die europäischen Handelshäuser, sondern auch die Missionen betrachteten die Kongo-Akte als Basis der Akzeptanz ihrer Expansion. Der Missionshistoriker Jean-François Zorn sieht die Aspirationen der Pariser Missionsgesellschaft, SMEP, erstarken, sie »entend le signal de la conquête missionnaire universelle, salue la protection accordée aux Missions par la puissance publique et s'associe à la possibilité qui lui est offerte de concourir à une œuvre dite de civilisation.«[33] Viel Personal der SMEP kam aus dem Elsass und aus der Schweiz, da sich in Frankreich, wo zwei Prozent der Bevölkerung evangelisch waren, kaum genügend Personal rekrutieren ließ. Von der Arbeit rund um den Globus berichteten Missionspublikationen sowie Missionare bei Vorträgen auf Heimaturlauben. Im Elsass las und hörte schon der Schüler und Pastorensohn Albert Schweitzer von der Pariser Mission.

Am Beginn seiner ersten Afrika-Publikation *Zwischen Wasser und Urwald* lieferte Schweitzer 1921 ein sechs Seiten langes, auf dem Stand der damaligen Wissensproduktion basierendes Kurzporträt »zu dem Land in dem ich wirkte«[34]. Er schilderte Vegetation, Klima und Bevölkerung, und erklärte, als Resultat des Sklavenhandels seien »nur noch Trümmer von acht ehemals mächtigen Stämmen« übrig, weshalb kannibalische Gruppen vom »Innern

---

32 Zit. n. Fleischmann, Max (Hg.): *Völkerrechtsquellen in Auswahl*. Halle, 1905, S. 197.
33 Zorn, [1993] 2012, S. 111.
34 Schweitzer, [1921] 1971a, S. 321–326.

her« in »die so geschaffene Leere«³⁵ eindrangen. Allein die Präsenz der Europäer am Ort hindere diese daran, die übrige Bevölkerung aufzuessen, bestärkte er das Klischee von den »Kannibalen«. Kursorisch umriss er die »Entdeckung« Gabuns von der Ankunft der Portugiesen bis zur Gegenwart, widmete ein paar Zeilen den vier Stationen der Pariser Mission am Ogowe und den dreien der Katholiken. Fünf bis sechs Missionare gebe es auf den Stationen der Protestanten, rund zehn auf jenen der Katholiken.

Seit der Schulzeit war Schweitzer ein wacher Zeitungsleser, er verfolgte aktuelle Entwicklungen und seiner Aufmerksamkeit entging wenig, was »seine« Region betraf. Erkennen lässt sich das fast ausschließlich an seiner Korrespondenz. Da galt sein Interesse zum Beispiel der Zweiten Marokkokrise, die seine geplante Ausreise – in zwei Jahren – bedrohte. Im Zuge diplomatischer Kollisionen um Überseegebiete hatte Deutschland 1911 das Kanonenboot »Panther« nach Marokko entsandt, die militärische Drohgebärde wurde als »Panthersprung nach Agadir« bekannt. Frankreich sollte veranlasst werden, im Gegenzug für den Erhalt seines Protektorats Marokko, seine Kongogebiete an Deutschland abzutreten, was das Ende der Pariser Missionsgesellschaft am Ogowe bedeutet hätte. Die Kontrahenten einigten sich dann jedoch auf einen unerheblichen Gebietstausch zwischen Kamerun und Togo. Schweitzer schrieb in einem Brief:

> »Ist es unser Ogowe, den man wegnehmen wird? Und dann? Werden wir weiter nach Süden gehen? Unmöglich, in dieser Ungewissheit die Vorbereitungen zu treffen, wie ich sie mir vorgenommen hatte [...]. Ich bin fürchterlich traurig über diese Uneinigkeit, die zwischen den beiden Nationen entsteht und die dem, was ich machen wollte, die Grundlage entzieht. [...] Oh diese kleinlichen nationalen Streitigkeiten!«³⁶

Makropolitische Bewegungen waren ihm bekannt, mikropolitische wird Schweitzer in Lambaréné von den dortigen Mitarbeitern, die in seinen Schriften kaum auftauchen, erfahren haben. Seine Frau und er nahmen regelmäßig Mahlzeiten bei Missionaren ein, sie werden von den »expatriés« gehört haben, woher die Ortskräfte kamen, welche Konflikte es gab, welche staatlichen Repressalien. Und ganz gewiss, was es mit dem Ort Igenja auf sich hatte.

---

35 Schweitzer, [1921] 1971a, S. 324.
36 Zitiert durch Wolf, Roland: In *Deutsches Albert Schweitzer Zentrum, Rundbrief 103*. Frankfurt/M., Juli 2011, S. 24.

Félix Ombagho aus Igenja

Dort, in Igenja, war Félix Ombagho geboren. Er gab das Datum seiner Geburt nur ungefähr an, und bezeichnete seine Eltern dabei als »Heiden«: »Je suis né vers 1874 à Igenja, de parents païens.«[37] Der Name von Ombaghos Mutter, Yôgôyèwo, findet sich in einer historischen Rekonstruktion des mit Ombagho verwandten gabunischen Autors Pascal Ndjavé aus dem Jahr 2012, die sieben Generationen eines Galoa-Clans nachvollzieht.[38] Ombaghos Vater stammte aus der Galoa-Gruppe der Agalikéwa.[39] Einige seiner Verwandten tauchen in Ombaghos Briefen und Lebenserinnerungen auf, seine Eltern werden fast nie mehr erwähnt. Er schien sie zumindest nach außen hin eingetauscht zu haben gegen seine »parents blancs«, wie er ein Missionarsehepaar in seinen Briefen anredet. Gelegentlich, meist im Kontext mit Lohnforderungen, erwähnen seine Briefe an die Missionare, er müsse seine Mutter unterstützen. 1880, im Alter von etwa sechs, so berichtete Ombagho, habe er zum ersten Mal an einem christlichen Gottesdienst teilgenommen, dem sein Onkel Akendenge[40] voranstand, der als Katechet bei Missionar Nassau auf der Missionsstation Kângwe arbeitete. Ein weiterer Onkel, Mombo – bei Nassau Mâmbâ genannt – arbeitete ebenfalls dort. Er brachte den Neffen nach Talagouga, Ombagho sollte das Missionsinternat besuchen. Eines ihrer Kinder »zu den Missionaren« zu schicken, bot Großfamilien die Chance, an Ressourcen und Wissen der Weißen zu partizipieren. Nassaus Journal *My Ogowe* datiert Ombaghos Ankunft auf den 22. Oktober 1885: »Mâmbâ returned [...], bringing with him five recruits. One of them was a little boy, Ombagho. (He remained long in my

---

37 Unter dem Titel »Mes souvenirs« zeichnete Ombagho seine Erinnerungen Anfang 1960 zusammen mit einem 1930 ordinierten gabunischen Pastor, Henri Ndjavé, auf. Pascal Ndjavé übergab sie dem Archiv der SMEP. Angaben und Zitate folgen dem transkribierten Abdruck des Dokuments bei Favre, 2006, S. 219–222, der den Aufenthalt seiner Schweizer Großeltern als Missionare der SMEP am Ogowe rekonstruierte. Sie waren auf der von Nassau gegründeten Station Talagouga eingesetzt, wo sie mit Ombagho Freundschaft schlossen. Favre, Pierre: *De la Suisse au Gabon, Rencontre de civilisations au bord de l'Ogôwè. Sur les traces de Bertha et Etienne Favre, 1897–1898.* Neuchâtel, 2006, S. 219.
38 Ndjavé, Pascal: *Chroniques d'Izlowé. Entre Igendja et Oronga. Entre Awuru et Agalikéwa.* Libreville, 2012, S. 22. Der Bankier in Libreville stellte im August 2012 dankenswerterweise das Manuskript seines Buches zur Verfügung.
39 Ndjavé, 2012, S. 180.
40 Ndjavé, 2012, schreibt den Namen »Akendengue«.

service; continued with my successors, the Paris Evangelical Society, and is to-day one of their best educated and most efficient evangelists.)«[41] Ombagho selbst erwähnt neben Mombo einen weiteren Onkel, Renguwa, und dass beide Männer langjährige Mitglieder der Gemeinde Kângwe/Lambaréné waren. Renguwa war seit 1875 für Nassaus tätig.

Mit etwa elf also trat Ombagho als »boy« in die Dienste der Mission und wurde Schüler der amerikanischen Missionsschule, geleitet von Nassaus unverheirateter Schwester Isabella, in deren Haushalt auf Kângwe/Lambaréné er den Status eines Ersatzkindes einzunehmen schien. Während der ersten Jahre auf Talagouga vertrat Nassau auf Kângwe gelegentlich Missionare im Gottesdienst und hielt dort Tagungen ab. Früh lernte Ombagho durch die Nassaus und deren Besucher die »weiße Welt« am Ogowe kennen.

Ombaghos Weg zur Mission begann mit einer Intervention durch Mâmbâ, einen Onkel mütterlicherseits, der als Mutterbruder im matrilinearen Verwandtschaftssystem höheren Rang besitzt als der leibliche Vater. Nassau erwähnt Mâmbâ/Mombo dutzendfach, er bezeichnete den energischen Mann als einen seiner besten Angestellten. 1879, sechs Jahre ehe er den Neffen zu Nassau brachte, war Mâmbâ, wie Nguva, unter den Anstiftern des Satiretheaters auf der Station Lambaréné, das so heftigen Aufruhr verursacht hatte.[42] Pascal Ndjavé erinnert Mâmbâ als cholerischen, häufig gewalttätigen Ehemann und Vater, dessen Familie ihn verließ, worauf er sich vereinsamt an seinen Heimatort Igenja zurückzog. Er starb um 1929 und war kurz vor seinem Tod, so berichtet Ndjavé, noch zum Hospital von Schweitzer gebracht worden, wo man ihm nicht mehr helfen konnte. Sein Sohn Reading – offensichtlich benannt nach dem amerikanischen Reverend Reading auf Lambaréné – das vierte seiner acht Kinder, war ein Jahr vor ihm gestorben. Victor, ein weiterer Sohn von Mâmbâ, Famou genannt, heiratete Ombaghos einzige Tochter Isabelle, mit deren Mutter Akérémanga es zu Verwerfungen kam.[43] Soweit rekonstruiert werden kann, kam Ombagho also aus einer Großfamilie, die in der Kernphase der kolonialen Transformation zahlreiche Konflikte austrug.

Als Ombagho 1885 zur Mission gebracht wurde, hatte die größte Umbruchsphase eingesetzt, und Kartografen waren dabei, Gabuns Grenzen

---

41 Nassau, 1914a, S. 505.
42 Vgl. Kap. 6.1 zu Robert Hamill Nassau.
43 Ndjavé, 2012, S. 170ff.

gegen »Deutsch-Kamerun« und »Spanisch-Äquatorial-Guinea« im Norden zu demarkieren,[44] 1886 wurde ganz Gabun der Kolonie »Französisch-Kongo« zugeordnet. Zunächst aber landete der Junge noch auf quasi exterritorialem, amerikanisch geprägtem Gelände, einer amerikanischen Oase. Für den kleinen Ombagho, der sich noch nicht den europäischen Vornamen Félix zugelegt hatte – fast alle Missionsschüler erhielten europäische Namen oder suchten sie sich aus –, begann bei den Amerikanern zwischen Talagouga und Lambaréné eine Phase der Alphabetisierung und des intensiven Lernens. Ersten Unterricht im Lesen und Schreiben seiner Muttersprache, Myènè (oder Omyènè) hatte der Junge bereits von einem der Onkel in der Siedlung Ejèn'Anongo (oder Ejènanongo) erhalten, zu einer Zeit, fügte er 1960 in den Erinnerungen hinzu, als die Galoa noch fast alleinige Bewohner der Region waren, ehe die immigrierten Fang ihnen den Rang im Handel streitig machten. Der Onkel hatte ihn einmal auf eine Reise nach Kângwe mitgenommen: »C'est pendant ce séjour à Kângwe que je fis la connaissance de Mr et Mme Nassau.«[45]

Ombagho erzählt von Nassaus Transfer von Lambaréné nach Talagouga, er berichtet vom Tod der zweiten Ehefrau Nassaus 1884 bei der Geburt der Tochter Mary und davon, dass Nassaus Schwester Isabella nach diesem Unglück zum Helfen anreiste. Diskret, diplomatisch erwähnt er nichts von Anyentyuwe und der Denunziation Nassaus wegen des Verdachts auf ein koloniales Konkubinat, wovon er zweifellos wusste. Aus Nassaus Notaten ist zu erfahren, dass der Junge in sein Haus aufgenommen worden war, von Nassaus Schwester und von ihm selbst Englisch lernte und Spielgefährte von Tochter Mary wurde, etwa auf einem Picknickausflug zur Insel »Njoli«, wo Mary mit Ombagho am Ufer umhertollte. »We all enjoyed the day«[46], schließt er zufrieden die Eintragung im März 1886.

Auch auf Fahrten mit dem Flussdampfer zum Markt in Lambaréné und auf Missionsreisen ins Umland begleitete Ombagho den Amerikaner, etwa

---

44 Mangongo-Nzambi, André: La délimitation des frontières du Gabon (1885–1911). In *Cahiers d'études africaines*, 9(33), 1969, S. 5–53.
45 Zit. n. Favre, 2006, S. 219. An den inkonsistenten Bezeichnungen »Mr« und »Mme« lässt sich ablesen, dass Ombaghos Sozialisation auf der Mission von den Amerikanern so geprägt war wie von den Franzosen. Mehrmals, auch in seinen Briefen, verwendete er die Abkürzungen austauschbar. Im selben Abschnitt setzte er den Begriff »race« in Anführungszeichen, was auf Ombaghos kritisches Denken hinweist.
46 Nassau, 1914a, S. 519. »Njoli« meint den französischen Posten und Ort Ndjolé, gegenüber von Talagouga am Ogowe.

im April 1887,⁴⁷ und ein andermal wird erwähnt, dass Ombagho auf einem Boot seine Schlafmatte gestohlen wurde.⁴⁸ Im Oktober 1886 stießen Nassau und Ombagho unvorhergesehen zu einer Beerdigungszeremonie in einer Siedlung am Fluss: »As Ombagho included the dead man among his relatives, he at once lifted his voice in wailing«⁴⁹, notierte Nassau, dem die Trauerbekundung zu ostentativ schien. Bekamen die Nassaus Besuch von anderen Europäern, bedienten zeitweise Ombagho und ein weiterer »boy« die Gesellschaft bei Tisch, so auch einmal den Gast Savorgnan de Brazza. Ausführlich hielt Nassau den Besuch eines französischen Monsignores fest, der mit einem deutschen Kolonialhändler zum Abendessen kam. Stolz schildert er das Menü mit Lamm, Reis, Plumpudding, eingelegten Kirschen und Tee.⁵⁰ 1888 havarierte vor der Missionsstation das Kanu zweier junger Männer, und Nassau notierte: »Little Ombagho and another of my people hasted out to them in a larger canoe, and saved them.«⁵¹

Abb. 3: Ombagho als Junge in Lambaréné, um 1888 (vorne links); im Uhrzeigersinn: Rossatonga, Rébangue, Isambé, Odjingo⁵²

---

47 Nassau, 1914a, S. 521.
48 Nassau, 1914a, S. 533.
49 Nassau, 1914a, S. 534.
50 Nassau, 1914a, S. 546.
51 Nassau, 1914a, S. 577.
52 Die Namen sind auf der Fotografie eingetragen, die Pierre Favre freundlicherweise zur Verfügung stellte.

6.2 Félix Ombagho

In seinen Lebenserinnerungen spricht Ombagho von einem schockierenden Ereignis, das Nassau ebenfalls festhielt, als einige Fang ihnen am Flussufer des Dorfes Nkogo aus Menschenfleisch angeboten haben sollen: »[U]n des hommes nous montra de sa main droite une cuisse d'homme qu'on venait de tuer et couper, comme pour nous dire: ›Voyez, ici on mange les hommes!‹ A cette époque, l'anthropophagie régnait encore chez les Fangs.«[53]

Nassau datiert das Ereignis auf den 13. März 1889, als sie, unterwegs zu Außengemeinden, bei Anyentyuwes Bruder Nyilino in Njomu Halt gemacht hatten, und danach an Nkogo vorbeifuhren. Flussanrainer boten vom Anleger aus die »Ware« an: »Come, buy meat! come, buy meat! We've been down to Abange Creek, and have killed two men. Come, buy meat!«[54] Zwar ist das Körperteil in Nassaus Version ein Arm, in Ombaghos ein Schenkel, doch sonst decken sich die Angaben.[55]

Auf Nassaus Reisen nach Kângwe begleitete ihn Ombagho häufig und nahm auch eine Zeitlang dort am Katechismus-Unterricht teil, obwohl noch nicht getauft. Getauft wurde er Anfang 1889 durch Reverend Good.[56] Besonders die kinderlose Isabella Nassau erwärmte sich für den wachen Jungen. Ombagho bezeichnet sich in seinen Erinnerungen als ihren Adoptivsohn: »Je devenais ainsi son fils adoptif; je vécus à la maison des Nassau jusqu'à l'arrivée des missionnaires français en 1889.«[57] Ombagho lebte allerdings, anders als er im Alter erinnerte, auch nach der Ankunft der beiden Emissäre Allégret und Teisserès zunächst noch bei den Geschwistern Nassau.

Ende August 1890, der jetzt etwa 15-jährige Ombagho war gut vier Jahre im Dienst der amerikanischen Mission, kippte die familiäre Stimmung. Offenbar suchte der Teenager sich zu lösen, er galt jetzt als renitent. »Ombagho had become an unruly lad«, vertraute Nassau dem Logbuch

---

53 Favre, Pierre: Neuchâtel et la Mission protestante du Gabon à la fin du XIX siècle. In *Revue historique neuchâteloise*, 141(4), 2004, S. 220.
54 Nassau, 1914a, S. 604.
55 Bis heute halten sich in Gabun Gerüchte um Ritualmorde und den Handel mit menschlichen Körperteilen, die bei rituellen Handlungen verwendet werden sollen. Als Speiseangebot scheinen sie nie gehandelt worden sein. Da zu den »crimes rituels« Prozesse geführt werden, scheinen sie real, wenngleich ihr Ausmaß in keinem Verhältnis zu dem der Gerüchte um Kannibalismus steht. Vgl. *Gabon Review*. http://gabonreview.com/blog/crimes-rituels-les-initiees-du-ndjembe-omyene-se-demarquent (16.11.2013).
56 Favre, 2004, S. 220.
57 Favre, 2004, S. 221.

an, »troublesome, and even disrespectful. I punished him; but, not sufficiently; and he continued his impertinence.«[58] Tage darauf eskalierte die Lage: »Ombagho continued his offenses, and I notified him of dismissal. There were circumstances which made the case especially difficult, as he was a pet of my sister.« Näheres verraten die Notate nicht.

Etwas später unternahm Nassau eine Flussfahrt, bei der er an den Galoa-Orten Aveya, Ovimbiyano, Oranga und schließlich in Igenja haltmachte. Dort traf er den Tischler Ankombie, dessen Sohn auf den Vornamen »Nassau« getauft war, der Missionar hatte dort auch ein Wort mit Ombaghos Mutter, wie er beiläufig einträgt: »And, Ombagho's mother did not resent my dismissal of her son.«[59] Dennoch blieb Ombagho offenbar bei Isabella Nassau wohnen, die ihn dann den französischen Nachfolgern in der Mission als Protegé empfahl, was Ombagho den Weg zur lokalen Karriere bei der Pariser Mission ebnete.

Ein französischer Lehrer: Charles Bonzon

1888 hatten Franzosen, die vorher bereits Lehrkräfte gestellt hatten, die Schulen der Ogowe-Missionen komplett übernommen. Im Sommer 1893 kam Charles Bonzon, ein junger französischer Missionar, als Nachfolger eines Lehrers aus dem Schweizerischen Neuchâtel nach Lambaréné. Doch nach kaum einem Jahr erlag der idealistische Bonzon in den Tropen einer Krankheit, da kein Arzt am Ort war. Um an ihn zu erinnern, publizierte die Familie Bonzon 1897 seine Briefe,[60] die lebhaft Aufschluss geben über die Praxis der Schule, über Alltag, Arbeit und Andachten. Ein Félix Ombagho zähle zu seinen älteren Schülern, teilte Bonzon mit, der »Junge aus Talagouga« habe sich selbst den Vornamen Félix zugelegt, »en l'honneur de Félix Potin, dont il voyait le nom sur beaucoup de caisses«[61]. Verhei-

---

58 Nassau, 1914a, S. 626. Nachfolgendes Zitat ebd.
59 Nassau, 1914a, S. 667.
60 Bonzon, Alexandre (Hg.): *A Lambaréné. Lettres et Souvenirs de Charles Bonzon. Missionnaire au Congo Français 16 Juillet 1893 – 20 Juillet 1894. Réunis pour sa famille et ses amis.* Nancy, 1897.
61 Bonzon, 1897, S. 68. Jean-Louis-Félix Potin (1820–1871) eröffnete 1844 in Paris ein erstes Warenhaus, aus dem sich eine erfolgreiche Kette mit Versandhandel entwickelte. Dass sein Name den Missionsschülern durch die Versandkisten bekannt war, legt den Schluss nahe, dass Potin die französischen Missionare in Übersee belieferte.

ßungsvoll wird der Name des Pariser Versandhauses Félix Potin in Ombaghos Vorstellung für die Welt der neuen Colons gestanden haben.

Bonzon erwähnt einen mehrere Tage dauernden Besuch in der Gemeinde Igenja, wo auch er Ombaghos Mutter begegnete,[62] eine der drei Ehefrauen eines eben Verstorbenen, vermutlich Ombaghos Vater, für den Bonzon den Trauergottesdienst abhielt. Beeindruckt berichtet er von der Frömmigkeit der Trauernden, der Frühchristen der Region, doch lästig fand er das nächtliche Trommeln während der Totenzeremonie, es habe ihn den Schlaf gekostet. Ein andermal schreibt er, Ombaghos Familie gehöre zu den Galoa,[63] die im Ansatz bereits »zivilisiert« galten.

Bonzon scheint ein kreativer Lehrer gewesen zu sein. Rasch lernte er von seinen Schülern deren Sprache und nach einigen Monaten beherrschte er die gängigste Sprache so gut, dass er nach seiner ersten Predigt auf Mpongwe das Kompliment bekam, die Gemeinde habe ihn verstanden. Den Unterricht gestaltete er wie an einer Reformschule, modern und teils unkonventionell. Auf Ruderfahrten lernten Schüler Wörter für Pflanzen und Tiere, Singen im Chor und Erzählen von Geschichten nutzte er für Sprachunterricht, und er schrieb, dass er nicht auf die Uhr sah, sondern sich an Aufmerksamkeit und Interesse der Klasse orientierte. Auch das Unterrichten jüngerer Schüler durch ältere, das jahrgangsübergreifende Lernen, hatte Bonzon angeregt. Obwohl von Ombagho über Bonzon nichts zu hören ist, lässt sich gut vorstellen, dass der freie, improvisierende Stil ihm half, sich in der neuen Sprache zurechtzufinden und beweglich zu denken.

Bonzon wiederum löste sich rasch von Vorurteilen. Mit Respekt stellte er fest, »die Wilden hier« seien genauso komplexe Individuen wie die Europäer, und keineswegs alle gleich oder gar primitiv. In einem Brief schlug er vor, die »mentalité« der Autochthonen eher mit der von französischen Bergbauern zu vergleichen, als anzunehmen, es handle sich bei ihnen um eine ungebildete, formbare Masse.[64] Als er von Nassaus Abschiedsbesuch 1893 berichtet, bezeichnet er ihn als »le premier fondateur de la mission«.[65]

Im Begleitwort zur Edition der Briefe Bonzons, die als Privatdruck erschienen, ohne Zutun der Mission, erhob die Familie schwere Vorwürfe

---

62 Bonzon, 1897, S. 86.
63 Bonzon, 1897, S. 106.
64 Bonzon, 1897, S. 117.
65 Bonzon, 1897, S. 12.

Abb. 4: Missionarshaus der Station Kângwe/Lambaréné, um 1893;
in Bonzon: *Lettres et Souvenirs*, 1897.
Darin lebten 1913–1917 Albert und Helene Schweitzer.

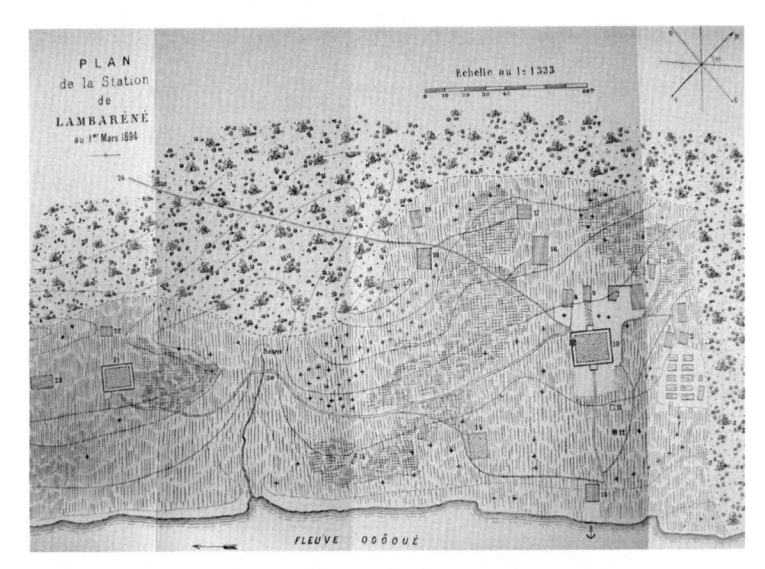

Abb. 5: Plan der Station Kângwe/Lambaréné, 1893/94,
Karte zum Auffalten als Anhang; in Bonzon: *Lettres et Souvenirs*, 1897

6.2 Félix Ombagho

Abb. 6: Missionare auf der Station Kângwe/Lambaréné, um 1893;
vorne: Urbain Teisserès (links), Charles Bonzon (rechts);
hinten: Henri Jacot (links), Élie Allégret (rechts)

gegen die Pariser Missionsgesellschaft. Hätte es einen Arzt auf der Missionsstation gegeben, erklärten sie, wäre ihr geliebter Sohn und Bruder Charles vermutlich noch am Leben. Man hätte ihn zumindest nach »Gabon« bringen müssen – womit zu dieser Zeit die Küste gemeint war, das französische Hospital in Libreville. »Aucune autorité d'expérience n'est venue, avant qu'il fût trop tard.« [66] In Paris wird solche Anklage Ärger und Bestürzung ausgelöst haben, auch, da sie alles andere als ermutigend klang für künftige Kandidaten und deren Angehörige.

Dass die Pariser Missionsgesellschaft sich einige Jahre darauf bereit erklärte, Albert Schweitzer zwar nicht als Missionar, doch als Mediziner für Lambaréné zuzulassen, lag auch am Los vieler Europäer wie Bonzon, deren

---

66 Bonzon, 1897, S. XXXII.

Hinterbliebene ähnlich bittere Fragen stellten. Das Wegsterben der Missionare brachte die SMEP mehr und mehr unter Druck, einen Mediziner in die Kongomission zu entsenden, und es ging zunächst weniger um afrikanische Patienten als um die Sicherheit des eigenen Personals. Zunehmend galt der Einsatz in der Kongomission als Himmelfahrtskommando für protestantische Märtyrer, das hätte auf Dauer fatale Wirkung nach innen wie außen gehabt. Hatte das *Journal des Missions* noch 1880 einen Mitarbeiter gepriesen, der sich als Epitaph die Zeile wünschte: »Perissent mille missionnaires plutôt qu'abandonner l'Afrique«[67], schien die Sterberate der »Kongomission« bald schlicht nicht mehr tragbar. Mit einem Arzt vor Ort erhielt man zudem zahlende weiße Patienten wie Holzhändler oder Kolonialbeamte. Der Mediziner Nassau gehörte, wie später Schweitzer, zu den wenigen Europäern, die über Jahrzehnte ohne große gesundheitliche Beeinträchtigung am Ort blieben.

Eine Korrespondenz Lambaréné–Paris: Élie Allégret und André Gide

Prägend für das weitere Leben Ombaghos sollte einer der einflussreichsten Männer der Pariser Mission werden, Élie Allégret. Als junger, ehrgeiziger Missionar kam er nach Lambaréné und wurde später hoher Funktionär der Mission. Allégret war 1865 in Lyon zur Welt gekommen, wo sein Vater, ein aufstrebender Schneider aus ländlichem Milieu, sich während der Industrialisierung der dissidentischen protestantischen Reformkirche von Adolphe Monod angeschlossen hatte. Der Vater hatte gelobt, einen seiner Söhne als Sendboten in die Mission zu schicken: Élie. Ihn ließ die Familie in Paris das Baccalauréat und die theologische Fakultät in Montauban absolvieren. 1885 bis 1888 besuchte Allégret, wie einer Handvoll anderer Anwärter, das Maison des Missions als Vorbereitung auf die Aufgaben in Übersee. Am 17. Januar 1889 wurde er in Paris zum Pastor ordiniert, und Alfred Boegner – mit dem Schweitzer sechs Jahre darauf über seine Pläne korrespondierte – hielt die Predigt für die jungen Missionsanwärter.

Im Haus der Pariser Missionsgesellschaft auf dem Pariser Boulevard Arago hatte Allégret Bekanntschaft mit Juliette Rondeaux geschlossen, der Witwe des 1880 verstorbenen Paul Gide. Sie war aktive Protestantin

---

67 *Journal des Missions Évangéliques*, 3/5, Januar 1880, S. 30.

und besorgte Mutter eines labilen, begabten Sohnes: André Gide (1869–1951). Vage schien die Mutter zu vermuteten, dass ihr Sohn homosexuelle Neigungen hegte, nach außen beklagte sie seine fehlende Geselligkeit und beschrieb ihn als Träumer. In ihren Briefen an Allégret erklärte sie, André fehle ein Korrektiv, er ziehe sich zu oft in einsame Lektüre zurück. Von dem im Glauben gefestigten, gebildeten Allégret erhoffte sie sich stabilisierenden Einfluss auf den vier Jahre jüngeren Sohn. Bald war »le pasteur Allégret« häufiger Feriengast der Gides auf deren Familiensitz Château de la Roque in der Normandie, wo Allégret für Gide die Rolle eines Mentors und Freundes übernahm. Für Allégret bedeutete diese Konstellation die Eintrittskarte in eine für ihn neue, privilegierte Welt, weit entfernt von der Schneiderwerkstatt des Vaters und vom entbehrungsreichen Ambiente der Mission. Auf La Roque diskutierten Allégret und Gide über Philosophie, Religion und Literatur, Allégret lernte die Verwandtschaft der Gides kennen, spielte mit André Tennis und suchte zu erfüllen, was dessen Mutter von ihm erwartete.

Als Allégret 1889 von der Pariser Missionsgesellschaft auf die Erkundungsreise zu den amerikanischen Missionsstationen in Gabun entsandt wurde, setzten Gide und er ihre intensiven Konversationen schriftlich fort. Ihre Korrespondenz zwischen Lambaréné und La Roque wurde inzwischen, mehr als 100 Jahre später, in Frankreich publiziert.[68]

Am 26. März 1889 war Allégret in Begleitung seines Missionskollegen Urbain Teisserès in Libreville von Bord gegangen. Im Bericht an das Missionskommittee in der Metropole stilisierten sich die beiden jungen Männer als alttestamentarische Pioniere: »Semblables à deux soldats de l'armée israelite, envoyés à la decouverte du pays que l'Eternel à promis à son peuple«[69], hebt ihr Bericht an. Der Rapport, bei dem der wortgewandte Allégret vermutlich federführend war, lässt ahnen, wie stark die Eindrücke am Ästuar von Gabun auf sie wirkten. Sie schilderten das tropische Grün, Flussläufe, Sandbänke, den Hafen von Libreville mit Sicht auf den Turm der katholischen Konkurrenz-Kirche, die Wohnhäuser der Europäer, die Faktoreien, Regierungsbauten und Missionsstationen, und die nah an Faktoreien errichteten Hütten der Einheimischen: »Tout cela est magnifique«[70].

---

68 Gide, André: L'enfance de l'art. Correspondances avec Élie Allégret. 1886–1896. Lettres de André Gide, Juliette Gide, Madeleine Rondeau et Élie Allégret. Paris, 1998.
69 Allégret und Teissères, 1891, S. 1.
70 Allégret und Teissères, 1891, S. 2f.

Vom gesellschaftlichen Leben in Libreville allerdings wussten sie eher Negatives zu berichten: Apathie und wechselseitiges Beschuldigen dominierten das Leben der Beamten und Einheimischen, selbst die Presbyterianer der Küstenstation Baraka hätten kaum ein gutes Wort für Kollegen am Ogowe. Betrüblich sei der moralische Zustand der schwarzen Bevölkerung, auffällig korrumpiert durch Kontakte zu europäischen Kaufleuten seien vor allem die Mpongwe-Gruppen, die Elite an der Küste. Mit Ausnahme einiger Schreibkräfte in den Büros der Weißen hätten die meisten männlichen Afrikaner nichts im Sinn, als ihre Frauen bei diesen lukrativ zu prostituieren.

Libreville als das »Babylon Noir« hat schon die Farben und den Geschmack, wie dreißig Jahre später in Georges Simenons Kriminalroman *Le Coup de lune*[71], auf deutsch *Tropenkoller*. Der Protagonist, ein junger französischer Tropenholzhändler in Libreville, gerät dort in die Fänge weißer wie schwarzer Konkubinen sowie korrupter Kolonialbeamter und droht zwischen Fieberschüben und Pernodkonsum jeden Halt zu verlieren. 1926 bis 1927 reiste der Autor Gide mit Marc Allégret, einem der Söhne seines Mentors Élie, Filmregisseur und Liebhaber des Schriftstellers, nach Französisch-Kongo, wo die beiden eine Dokumentation drehten. Gide bescheinigte Simenon in einem Brief von 1939 die Stimmigkeit seiner Szenarien des frankophonen Zentralafrika: »Je viens de relire *Le Coup de lune* et puis témoigner en connaissance de cause de la prodigieuse exactitude de toutes vos notations, je reconnais tout, paysages et gens.«[72] Der Ruf von Libreville hatte schon im ausgehenden 19. Jahrhundert enorm gelitten und sich kaum davon erholt.

Auch in den Libreville umgebenden Siedlungen, so Allégret und Teisserès 1891, sei der negative Einfluss der Europäer zu spüren. Viele der Schwarzen trügen auch dort europäische Kleidung, ihr Blick sei immerhin klarer und stolzer als der verschlagene, falsch-unterwürfige der Einheimischen in der Hauptstadt. Es folgt die unabdingbare Darlegung ethnischer Stereotype, Hinweise auf »Stammesunterschiede« zwischen den unbezähmbaren »Pahouins« (Fang) und den als dekadent und verbraucht wahrgenommenen Bevölkerungsgruppen an der Küste (Mpongwe). Auch liefern beide die ebenso unabdingbare Auflistung der wilden Fauna, Elefan-

---

71 Simenon, Georges: *Le Coup de lune*. Paris, 1933. Sie gilt als eine der härtesten, realistischsten Kriminalerzählungen Simenons.
72 Zit.n. de Fallois, Bernard: *Simenon*. Paris, 1961, S. 256.

ten, Leoparden, Wildschweine, Gorillas und Antilopen. Über unzählige, teils sumpfige Arme des verästelten Flusses Ogowe gelangten die Reisenden nach Lambaréné. Im Rapport an die Metropole gaben sich die Pioniere erwartbar missionarisch beseelt. Auch und gerade um den eifriger werdenden Proselytenmachern des Katholizismus zu begegnen, gelte es die französische Kongomission der Protestanten zu übernehmen.

Am 17. April 1889 begann, was die Autoren des Rapports als ihre »apprentissage«, ihre Lehrzeit auf der Station Kângwe/Lambaréné bezeichnen, zu Beginn nichts weiter als eine Art Praxistest für zwei unerfahrenen Jungmissionare, die als Gäste auf die noch von Reverend Good geleitete Station kamen. Von dort schrieb Allégret ausgiebig an Gide. Der junge Intellektuelle fühlt sich im Umfeld der Missionare, Holzhändler und schwarzen Angestellten spürbar fremd, hütete seine Souvenirs aus Paris und sehnte sich nach dort. Am 8. Juni 1889 bekannte Allégret, er komme seit der Ankunft selten zur Ruhe, auf dem Tisch habe er Fotografien von La Roque ausgebreitet und werde beim Schreiben alle paar Minuten durch einen der »boys« gestört, die Speisepläne oder andere praktische Angelegenheiten mit ihm besprechen wollten. Enerviert berichtete er, den jungen Angestellten müsse man sogar zeigen, wie man einen Tisch deckt: »Je dois dire que cela a vite cessé d'être amusant.«[73]

Verspätet war auch das Gepäck der Missionare eingetroffen, einige der Kisten waren auf dem Transport ins Wasser gefallen und Bücher nass geworden. Er musste sie in der Sonne trocknen lassen, schimpft Allégret, zum Lesen komme er aber ohnehin kaum. Glücklicherweise sei sein Fotoapparat unbeschädigt geblieben. Am wichtigsten wird für ihn, wie für fast alle Europäer, die Ankunft des monatlichen Postschiffs, die Lifeline zur gewohnten Sphäre: »L'arrivée du courrier! Il faut être en Afrique pour savoir ce que c'est. La canonnière arrive á Lambaréné même au poste français: un commerçant anglais prend nos lettres et nous les expédie dans une petite pirogue.«[74] Wie ein Soldat im Feld stürzt er sich auf die Post.

Und wie noch jeder Weiße am Ogowe berichtete Allégret seinen Briefpartnern von Reisen ins Landesinnere. Von Lambaréné aus besuchte er die Seengebiete der Umgebung, die 120 Kilometer entfernte Station Talagouga, auf der noch Nassau waltete, und den Kolonialposten Ndjolé, der die weiteren Posten am Oberlauf des Ogowe versorgte. Ndjolé war der

---

73 Zit. n. Gide, 1998, S. 144.
74 Zit. n. Gide, 1998, S. 145f.

Abb. 7: Frachtdampfer auf dem Ogowe, um 1895

Posten, bei dessen Errichtung Savorgnan de Brazza den Fluss für Nicht-Franzosen sperren ließ, um das Monopol für französische Händler zu sichern. Allégret erlebte in Ndjolé den Aufbruch eines Konvois mit vielen Pirogen und 500 bis 600 afrikanischen Trägern und Helfern zu einer Versorgungstour für entlegenere Posten. Die Leute, fügte Allégret an, repräsentierten die »principales races de l'interieur«.[75]

Im selben Brief erwähnt Allégret auch die von Nassau auf der Station Lambaréné aufgebaute medizinische Ambulanz (»le dispensaire«), zu der nach seiner Aussage täglich zehn bis zwölf Patienten pilgerten, auch wenn kein Arzt mehr da war. Die mit Brettern erbaute Apotheke der Ambulanz – den Lagerraum für Medikamente – hatte Allégret, wie er an Gide schrieb, zu einer Dunkelkammer für seine Fotoarbeiten umfunktioniert. Oft werde ihm die Arbeit zu viel: »Je ne puis travailler à tout à la fois: cuisine, dispensaire, photographie, études personnelles et courses aux environs!«[76] Mit dem Studium des Mpongwe wolle er erst später beginnen, die harmonische Bantusprache sei komplex und kenne fünf bis sechs Zeitfolgen. Das Klima empfand Allégret als angenehm und beschwor keineswegs eine feuchte Regenwaldhölle am Äquator herauf, anders, als im Rapport für Paris, der die zu Fieber und Anämie führende Witterung hervorhob.

---

75 Zit. n. Gide, 1998, S. 147.
76 Zit. n. Gide, 1998, S. 150.

Allégret schilderte für Gide die Station Lambaréné, ihre Lage am Fluss, die hohen Bäume am Ufer und den Hügel mit Reverend Goods – ehemals Nassaus – Wohnhaus.
Deutlich wird, wie gut bestellt das von Nassau hinterlassene Anwesen war. Bei Allégrets Wohnhaus am Ufer, umgeben von einem Laubengang, breit wie eine Veranda, gediehen Kokospalmen, Mangobäume, Zitronen- und Orangenbäume. Von seinem Zimmer aus, dessen Wände er mit Fotos aus Frankreich dekoriert hatte, blickte er auf den Fluss und die Hügel in der Ferne, die ihn an Schottland erinnerten. Am gegenüberliegenden Ufer erkenne man eine Siedlung, einen braunen Tupfer im Grün, dort werde die ganze Nacht über getanzt, schrieb Allégret, zu hören sei das dumpfe, traurige Tamtam von Trommeln. Aus La Roque hatte Allégret eine Trillerpfeife mitgenommen, er habe sie eingeschlossen, versicherte er Gide, aus Furcht, sie werde gestohlen. Öfter beschwören Allégrets Briefe an Gide die kultivierte Welt Frankreichs herauf, gemeinsam geschätzte Autoren und Philosophen. Nur spärliche Zeilen widmete er afrikanischen Mitarbeitern, Angestellten oder Schülern des Missionsinternats. Allégret wollte sich im Briefgespräch mit Gide der Sphäre vergewissern, die er temporär verlassen hat: »[J]e cause avec vous comme si j'étais dans le grand voltaire«[77] – als sei er mit ihm im Hotel Grand Voltaire in Paris. Indes versorgte ihn Gides Mutter mit Neuigkeiten aus dem Maison des Missions der SMEP in Paris, wo im Übrigen, wie sie mitteilte, den Kandidaten Passagen aus Allégrets Briefen an die Mission vorgelesen wurden.[78]

Ihre auf Monate angelegte Reise tiefer ins Landesinnere mussten die Pariser Emissäre am Ogowe bis April 1890 aufschieben, da der Stationsleiter von Lambaréné, Reverend Good, plötzlich schwer erkrankte, und sie für ihn einsprangen. Allégret übernahm die Aufgabe zunächst allein, Teisserès begleitete den Transport des Patienten an die Küste, zum einzigen Hospital, das vor allem Weißen diente. Gide erfuhr von Allégret in einem Brief vom 12. Juli 1889 aus Lambaréné: »M. Good est dangereusement malade, est depuis le 1er juillet nous le soignons nuit et jour, tour à tour médecins, infirmiers, pharmaciens.«[79] Wegen der durchwachten Nächte könne er kaum noch klar denken, fügte er hinzu, und dankte für Gides Briefe, einige mehr als 20 Manuskriptseiten lang. Wenn Gide, der sich als Gym-

---

77 Zit. n. Gide, 1998, S. 157. »Grand Voltaire« im Original klein geschrieben.
78 Juliette Gide an Allégret, 1.7.1889. Zit. n. Gide, 1998, S. 159.
79 Zit. n. Gide, 1998, S. 166.

nasiast kurz vor dem Baccalauréat befand, Philosophie studieren dürfe, seufzte Allégret hörbar, werde er ihn beneiden. Es käme ihm manchmal vor, als habe er noch nie unternommen, was er selbst wirklich wollte. Doch die Gegenwart habe ihn im Griff. Reverend Good werde mit dem Dampfschiff einer britischen Faktorei zunächst nach Cap Lopez transportiert und dann von Libreville aus nach Amerika, Sorgen und Ängste müssten bewältigt werden. Weinend hätten die Schwarzen beim Abschied von Reverend Good auf dem sandigen Ufer gesessen, berichtete Allégret. Unter Tränen habe der alte Missionar Nassau, der aus Talagouga angereist war, über den Auftakt der französischen Übernahme von Lambaréné gesagt: »Voilà, la seconde partie de l'œuvre, et non la moins favorable, vos débuts se font sous des sérieux auspices.«[80] Ob Nassau und er Englisch oder Französisch sprachen, teilte Allégret nicht mit. Er erinnerte sich bei Nassaus Worten an einen jungen Missionskollegen, der anderthalb Jahre zuvor am Sambesi dem Fieber erlegen war, und zitierte für Gide, frei nach der Bibel: »Sanguis martuorum semen ecclesiae«[81].

Solange kein amerikanischer Missionar parat stand, sollten die französischen Gäste die Station Lambaréné unter Nassaus Supervision vorübergehend leiten. »Je n'ai pas pu respirer«, schrieb Allégret am 10. August 1889 an seinen »cher André«[82]. Ohne Erfahrung im Budget- und Personalmanagement sprang der Ehrgeizige ins kalte Wasser und nutzte die aus Not entstandene Chance, Bekanntschaft mit einer Machtposition zu sammeln. Dass der Amerikaner im Hintergrund sein Berater war, geht aus Nassaus Journal hervor, Allégrets Briefe sagen davon nichts. Ebenso wenig hörte Gide von der Rolle der französischen Handwerker und Lehrkräfte am Ort, und auch nichts von den langjährigen, kompetenten schwarzen Mitarbeitern – als würden sie nicht existieren und er sei allein: »M. Good parti, j'ai été seul à la station.«

Schon seit zwei Jahren waren französische Lehrkräfte und Handwerker, sogenannte Industriemissionare, in Baraka, Lambaréné und Talagouga im Einsatz, an den missionseigenen Internaten, Tischlereien und Druckereien, die Material für den Unterricht auch auf Mpongwe und Fang druckten. Unter den Helfern, die teils über das Missionsinstitut von Peseux bei Neuchâtel rekrutiert wurden, waren etwa der Schweizer Virgile Gacon, ein Tischler, und der französische Lehrer Henri Carmien. Auch der später von

---

80 Zit. n. Gide, 1998, S. 172f.
81 Zit. n. Gide, 1998, S. 173. Sinngemäß: »Das Blut der Märtyrer ist der Samen der Kirche«.
82 Zit. n. Gide, 1998, S. 174. Nachfolgendes Zitat ebd.

Nassau wegen Gewalt gegen Schüler entlassene Pädagoge Charles Lesage war noch in Lambaréné, als Allégret 1889 von einem Tag auf den anderen die Interimsleitung angetragen bekam.

Die Pariser Missionsgesellschaft

Seit ihrer Gründung 1823 war die SMEP kontinuierlich expandiert, wenn auch bescheidener als Frankreichs aufholenden katholischen Missionen. Bis 1870 gab es keine protestantisch-theologische Fakultät, ausgebildet wurde frankophones Personal vor allem an der Universität Straßburg und in der Schweiz am Missionsinstitut von Peseux bei Neuchâtel. Auch Allégret und Teisserès hatten dort 1884/85 studiert. Missionar Coillard schwärmte 1880 vom Potenzial der Schweiz: »Il y a surabondance de pasteurs en Suisse, comme de facultés de théologie«.[83] Erst 1885 eröffnete am Sitz der SMEP auf dem Pariser Boulevard Arago eine eigene Fakultät ihre Pforten. Die Ausbildung galt als praxisfern und tradierte die ethnischen, rassischen Stereotype der Epoche für ihre künftigen Einsatzgebiete unter den »Heiden«.

Seit den 1830er Jahren unterhielt die SMEP eine Mission in Lesotho, ab 1862 kamen der Senegal und Tahiti dazu, nach 1885 der Aufbau von Stationen in der algerischen Kabylei. 1886 etablierte sich die SMEP auf Madagaskar, 1898 in Neukaledonien. Unterstützer gab es außerhalb Frankreichs in der Schweiz, im Elsass und im frankophonen Kanada. Das *Journal des Missions Évangéliques* erschien seit 1830 monatlich mit gut 40 Seiten. Für das Publikum sorgsam gesiebt bot das Journal Berichte, Anekdoten und Statistiken über die Arbeit und blickte auch auf konkurrierende Denominationen, Reviere wurden ausgelotet und abgesteckt. 1880 zum Beispiel ging es um pro- oder antieuropäische Presse in China,[84] um die Entwaffnung Aufständischer am Kap und um Aktivitäten anderer Missionen in Japan, Indien, Nahost und der Mongolei. Ein Wortprotokoll der Nationalversammlung der Basuto in Lesotho informierte über deren Protest gegen hohe Steuern und andere Unbill. Im Januar 1880 hieß es: »Au moment d'autres Églises rivalisent d'ardeur pour la Evangelisation de l'Afrique noir«,[85] und der Autor fragt, ob es wohl gelingen werde, im »interieur« Afrikas einen Fuß auf den Boden zu bekommen.

---

83 *Journal des Missions Évangéliques*, 3/5, Januar 1880, S. 265.
84 *Journal des Missions Évangéliques*, 3/5, Januar 1880, S. 37.
85 *Journal des Missions Évangéliques*, 3/5, Januar 1880, S. 2.

Beliebt für das Fundraising und als Anregung für Bewerber waren Briefe von Missionaren. Missionare berichteten von Konvertiten, aber auch vom Rückfall in Polygamie und Heidentum (»paganisme«), von der katastrophalen Orthografie ihrer Schulkinder, den als Anreiz ausgesetzten Preisen wie Wörterbücher oder Ehrungen erfolgreicher Schüler in Anwesenheit lokaler Größen. Fotografien zeigten Missionare und einheimische Evangelisten, ausklappbare Karten zeichneten die Routen der tapferen Bekehrer nach und Rezensionen machten aufmerksam auf missionsgeeignete Werke.

Neben dem *Journal des Missions* erschien *Le Petit Messager* für Kinder, den Albert Schweitzer als Junge gelesen haben kann, da sein elsässisch-pietistisches Elternhaus ein Abonnement des *Journal des Missions* hielt, und wo man über Eugène Casalis (1812–1891) sprach, der 1833 als Erster für die SMEP nach Afrika ging und 35 Jahre an der Kap-Region tätig war. Er hatte offenbar Vorbildfunktion für Schweitzer: »Als Kind, in der Kirche des Vogesentales, wo mein Vater Pfarrer ist, habe ich durch ihn die Erinnerungen von Casalis gehört. Dieser Eindruck ist mir geblieben«[86], schrieb der 30-Jährige im Sommer 1905 in seinem Bewerbungsbrief an Alfred Boegner, den Direktor der Pariser Mission: »Ich rede vom Congo, weil mich dieses Werk besonders anzieht.«

Bis ins Innerste war die lutherisch orientierte, der reformierten Kirche nahestehende SMEP hierarchisch strukturiert und straff organisiert. Ihr oberstes Exekutivorgan stellte das Komitee dar, dessen Vorsitz der Präsident hatte, er zeichnete alle wichtigen Dokumente ab. Für die laufenden Geschäfte war der ebenfalls mächtige Direktor zuständig. Regional bildeten die ordinierten Missionare jeweils eine Konferenz, die am Ort Beschlüsse treffen konnte und das Budget verwaltete. Große Entscheidungen bedurften der Zustimmung aus Paris. Ausdrücklich verlangten die Instruktionen, dass sich Personal strikt an Hierarchien hielt, und sogar in privater Korrespondenz völlige weltlich-politische Abstinenz übte: »Vous vous conformerez aux formes du culte, à la discipline, au gouvernement ecclésiastique, au mode d'enseignement catéchétique acceptés dans notre Mission.«[87]

---

86 Schweitzer an Alfred Boegner, Straßburg, 9.7.1905. In *41. Rundbrief für den Freundeskreis von Albert Schweitzer*, Februar 1976, S. 51, Übersetzung aus dem Französischen von Gustav Woytt. Nachfolgendes Zitat ebd.
87 Instruktionen für Missionar B. in der Missionsstation der SMEP in Sambesi. Zit.n. Favre, 2006, S. 115.

Allégrets und Teisserès reisen mit Ombagho durch die Region

Endlich, Ende April 1890 brachen Allégret und Teisserès von Lambaréné zu ihrer Expeditionstour auf, vorbereitet durch Savorgnan de Brazza.[88] Am Oberlauf des Ogowe hatten sie das Terrain für eigenständige, französische Stationsgründungen sondieren wollen, doch der schwer schiffbare Oberlauf jenseits des Postens Ndjolé ließ die Pläne scheitern und die Crew begab sich auf die bewährten Spuren de Brazzas. Einen Teil der unwegsamen Strecke mussten die Träger ihres Konvois zu Fuß marschieren, damit die Pirogen nicht zu überladen waren. Über Ndjolé, Lastoursville, Franceville und Lopé gelangten sie an den Fluss Alima, die direkte Wasserverbindung zum Kongo, die de Brazza »entdeckt« hatte. Von dort erkundeten sie den nach Henry Morton Stanley genannten See Stanley Pool – heute Pool Malebo – und das damals noch winzige Kinshasa. Nach acht Monaten erreichten sie den südlich von Gabun liegenden Hafen von Loango und schifften sich dort nach Libreville ein.

In ihrem Rapport erwähnen Allégret und Teisserès »Stämme« und deren Gepflogenheiten, »Aberglauben« und spirituelle Vorstellungen, Begegnungen mit französischen Beamten und Reisenden sowie geografische Merkmale der besuchten Orte. Weder im Rapport an die Mission noch in einem der Briefe an André Gide oder dessen Mutter spricht Allégret von dem Teenager Félix Ombagho, den ihnen Isabella Nassau als Reisebegleiter empfohlen hatte und der die Missionare als »boy« acht Monate lang Tag und Nacht begleitete, sie bei Tisch bediente, für sie dolmetschte, kundschaftete, Lebensmittel besorgte und kochte. Schon mit dieser verblüffenden Leerstelle zu Anfang ihrer Beziehung zeichnete sich das massive Machtgefälle als wesentlicher Aspekt des Verhältnisses zwischen Ombagho und Allégret ab, das Jahrzehnte andauern würde.

Im Februar 1891 kehrte Allégret aus Lambaréné zurück nach Frankreich. Am 6. April 1892 heiratete er die Elsässerin Suzanne Ehrhardt (1869–1950) und schon im Juli 1892 übernahm das jungvermählte Missionarspaar dann die Leitung der Station Talagouga. Dem nun ebenfalls

---

88 Zu den (prä-)kolonialen Expeditionen in Gabun siehe auch Lainé, Agnés: From Objects to Territories. Appropriations of Nature in pre-colonial Gabon. In Didier Guignard und Iris Seri-Hersch (Hg.), *Spatial Appropriations in Modern Empires, 1820–1960. Beyond Dispossession*. Cambridge, 2019.

verheirateten Teisserès wurde die Station Lambaréné anvertraut, wie sie ab jetzt nur noch hieß. Und am 27. Juli 1893 berichteten die Teilnehmer der »conférence des missionnaires du Congo français« am Ogowe dem Komitee in Paris, vom 20. bis 22. Juli 1893 sei »dans l'eglise de la station in Lambaréné«[89] eine konstituierende Versammlung für die »Kongomission« abgehalten worden. Auf dem Briefpapier der »Mission protestante au Congo français« mit dem Aufdruck »Talagouga, près de Ndjolé, Ogooué, Gabon (Afrique Occidentale)« hält der Bericht fest, dass neben Allégret und Teisserès der Handwerkermissionar Henri Jacot aus Neuchâtel anwesend war, sowie Charles Bonzon, Lehrer auf der Station Lambaréné. Im gesegneten Geist des Einvernehmens und mit gebührendem Ernst habe man die Sitzung beschlossen. Ein Rechenschaftsbericht über das Vorjahr werde folgen. Die »Kongomission« war entstanden, deren Not Albert Schweitzer 1904 beim Lesen des *Journal des Missions Évangéliques* ergriff.

Der Transfer der Protestanten am Ogowe war in vollem Gange.[90] 1893 wurde auch Talagouga vollends an die Franzosen abgegeben, 1899 die Gemeinden Samkita und Ngômô, aus denen eigene Stationen wurden. In Ngômô, das Mitglieder von Ombaghos Herkunftsgemeinde Igenja aufnahm, lebten und arbeiteten einige Jahre darauf auch Ombagho selbst und seine Frau Akérémanga. Vom Sitz der Missionsstation Talagouga verabschiedete sich die Kongomission 1896 nach einer schweren Überschwemmung und siedelte »Nouveau Talagouga« auf der nahegelegenen, gleichnamigen Insel an. Das Sägewerk von »Vieux Talagouga«, um das sich vor allem der Schweizer Missionar Etienne Favre bemüht hatte, lag bald brach und stellte 1899 vollends den Betrieb ein.[91] Die Station Lambaréné, günstiger am Fluss gelegen, behielt den von Nassau gewählten Platz bei.

Auf der alten wie neuen Station Talagouga kamen Kinder der Allégrets zur Welt, im Januar 1894 Jean-Paul, Eric 1896 und im März 1899 André, vermutlich genannt nach dem Freund des Vaters, André Gide. Die Söhne Marc und Yves wurden 1900 in Asnières respektive 1905 Basel geboren, Tochter Valentine 1909 in Paris. Élie Allégret blieb mit Urlaubsunterbre-

---

89 Rapport an das Komitee der Pariser Missionsgesellschaft, 27.7.1893 (Archiv SMEP).
90 Siehe zur Gründungsphase der Pariser Kongomisson auch: L'Ère des batisseurs: 1884–1939/45. In Paris Evangelical Missionary Archives. Département Evangélique Français d'Action Apostolique, Paris. Guide pour l'archive. Zuletzt überarbeitet 2008.
91 Pierre Favre (2006), dem ich für wertvolle Hinweise danke, rekonstruierte die Geschichte dieses Unterfangens anhand familiärer Dokumente und Material aus dem Archiv der DEFAP/SMEP.

chungen bis 1903 am Ogowe. Danach erwartete ihn eine Karriere im Apparat der SMEP, als deren Redner und Lobbyist er sich seit Jahren hervorgetan hatte. Schon im September 1895 hatte er an Gide geschrieben, dass er im Oktober in Colmar, Mühlhausen, Straßburg und Frankfurt am Main Vorträge halten werde;[92] gut möglich ist, dass Schweitzer ihn bei einer dieser Gelegenheiten gehört hatte. Am Ogowe hatte die Familie unterdessen ein wenig kolonialen Komfort für sich erworben, wie die Fotografien ihres kolonialen Wohnhauses auf Pfählen zeigen, das typisch für die Periode war und den Häusern von Kaufleuten oder Verwaltungspersonal aus Europa glich. 1895, als Allégret im Elsass seine Vorträge über die Mission hielt, hatte Albert Schweitzer seinen Militärdienst als Einjähriger in Straßburg im Freiwilligen-Regiment 143 der preußischen Infanterie abgedient und studierte an der Universität Straßburg Theologie.

Abb. 8: Suzanne Allégret vor dem Wohnhaus mit Sohn Jean-Paul, im Vordergrund Missionar Félix Faure mit Eric Allégret

---

92 Gide, 1998, S. 433.

Abb. 9: Wohnhaus der Missionarsfamilie Allégret auf Talagouga, um 1900

Abb. 10: Missionsstation Talagouga vom Ufer aus gesehen, um 1900–1920

Allégret, der sich als improvisationsfähige Führungskraft in Lambaréné bewährt hatte, war immer enger mit der Mission verbunden, seine künstlerischen und intellektuellen Wunschträume hatte er aufgegeben. Vor einer seiner Ausreisen nach Afrika, im Juni 1891, bat Gides Mutter Allégret, neben den »schwarzen Seelen«, denen er sich widmete, möge er weiter ein wenig Platz für eine »weiße Seele« finden, die ihres André.[93]

Ihre Worte scheinen nicht verhallt zu sein. Mit, Gide, der Allégret während dessen erstem Jahr am Ogowe über seine Lektüre von Schopenhauer und Heinrich Heine unterrichtet hatte, über Reisen, Ängste und Aspirationen als angehender »homme des lettres«, blieb Allégret bis zu seinem Lebensende 1940 in Verbindung. Familie Gide sorgte sich noch oft um den jungen Mann, etwa als er Bekanntschaft mit Lord Douglas schloss, einem der Intimpartner von Oscar Wilde. Und unter Gides Amouren war auch ein langes, intensives Verhältnis zu Marc Allégret, einem von zwei Allégret-Söhnen, die Filmregisseure wurden. Familie Allégret schien Gide das skandalöse Verhältnis zu verzeihen oder es auszublenden, Gide wurde für die Allégrets zum Hausfreund und Vertrauten, wie Allégret früher im Haus der Gides. Kaum denkbar, dass Albert Schweitzer von alledem nichts wusste, thematisiert hat er freilich solche Angelegenheiten, die »tout Paris« kannte, nie, oder nie offen. Mit Eros und Sexualität verknüpfte Bereiche mied Schweitzer offenbar nicht nur in der Korrespondenz.

»La crise douloureuse«

Als die SMEP die amerikanischen Stationen an Bord nahm, war es ein riskantes Wagnis. Mit Klima und Bevölkerung kannte sich ihr Personal nicht aus, nur mühsam hatte sich die Französisierung von Lambaréné und Talagouga entwickelt. Um 1892 unterhielt die SMEP weltweit immerhin 159 Missionsschulen und beschäftigte 322 Ortskräfte. 1939 waren es bereits 1 500 Schulen und Internate, die Zahl der einheimischen Angestellten reichte an die 3 200.[94] Der Apparat war zwar gewachsen, aber er blieb

---

93 Juliette Gide an Allégret, 28.6.1891. Zit. n. Gide, 1998, S. 321.
94 Angaben aus: Paris Evangelical Missionary Society Archives 1822–1935. Département Évangélique Français d'Action Apostolique, Paris, 1987. Guide to the microform collection A IDC numbers H-2100–H-2107, S. IIIf. Im Zuge der afrikanischen Unabhängigkeits-

»La crise douloureuse«

Abb. 11: Teisserès (weißer Anzug, Gruppenmitte) als Missionar und Lehrer in Lambaréné, um 1893

durchaus überschaubar, die Community der eingeweihten Mitstreiter war eng vernetzt. Aber die Kongomission bereitete Probleme.

Zwischen 1898 und 1903 war sie erheblich verstärkt worden. Knapp 20 neue Mitarbeiter, allesamt »missionnaires consacrés« wurden an den Ogowe geschickt. Neben Allégret und Teisserès kam 1892 der Handwerker-Missionar Virgile Gacon an den Ogowe, 1896 stießen die Missionare Félix Faure und Daniel Forget hinzu. Die Christengemeinde der Galoa zählte gegen Ende des 19. Jahrhunderts mehr als 300 aktive Mitglieder. Die Ära der Amerikaner wurde fortan abgewertet: »Presque tout y est à organiser, les diverses branches d'activité missionnaire ayant été à peine ébauchées par les Américains«[95], hieß es rückblickend 1922. Gepriesen wurde schon früh die vergleichsweise vorbildliche Station Lambaréné, wobei verschwiegen

---

bewegungen erklärten ab Ende der 1950er immer mehr evangelische Gemeinden der SMEP ihre Autonomie: Kamerun 1957, Madagaskar 1958, Togo 1959, Neukaledonien 1960, Gabun 1961, Französisch-Polynesien 1963, Sambia 1964, Lesotho 1966.

95 Société des Missions Évangéliques (Hg.): *Nos Champs de Mission*. Paris, 3. Aufl. 1922, S. 82. Das Kapitel »La Mission du Gabon (Congo Français)« könnte von Allégret stammen. Nachfolgende Zitate ebd. und S. 83.

wurde, dass sie bereits 1876 gegründet worden war, und ihre Gründung auf das Jahr 1905 datiert wurde. Ausflüge und Erholung spielten inzwischen eine größere Rolle, und im Sommer 1898 nahm Allégret 114 Schüler zum Fischen und Picknicken an einen der nahegelegenen Seen mit.

Doch Tropenkrankheiten stürzten die Mission Ende des 19. Jahrhunderts in eine »crise douloureuse«, auf allen Stationen verloren zu viele Weiße ihr Leben. Die erkrankte Madame Gacon starb auf der Heimreise, Monsieur Jacot erlag 1896 am Einsatzort einer Infektion, der junge Charles Bonzon war 1894 gestorben. 1898 traf Missionar Paul Vernier in Lambaréné ein, der eine kleine Krankenstation in Lambaréné aufbaute, die 1902 von Missionar Maurice Robert weitergeführt wurde, doch nach dessen Weggang 1910 in eben den legendären Hühnerstall umfunktioniert wurde, in dem Albert Schweitzer 1913 seine Tätigkeit begann. Angekommen war Mitte Juli 1898 auch Hélène Kern, eine Lehrerin aus Zürich, in Begleitung von Nassau, der sie aus Baraka mitbrachte. Erholung und Überlastung wurden zunehmend Thema, auch bei Allégret. In einem Brief an Jean Bianquis, den Direktor der SMEP, schlug er den Bau eines missionseigenen Sanatoriums oder Kurhotels an der Küste von Cap Lopez vor, dem Ort, an dem Albert und Helene Schweitzer sich 1915 erholten. 1899 wurde dort tatsächlich ein Pfahlbau mit Veranda und zwei Ferienwohnungen errichtet.[96]

Als der tropenerfahrene SMEP-Mitarbeiter Paul Germond 1904 zur Evaluation der Stationen an den Ogowe reiste, fiel sein Urteil kritisch aus: »L'impression générale que je remporte de ma visite est plutôt douloureuse. Je dis douloureuse et non pas décourageante.«[97] Deutlich ließ er durchblicken, dass er die Kongomission für weitgehend dysfunktional hielt. Die enorme Heterogenität der »indigènes« mit mehr als einem Dutzend Sprachen, deren Misstrauen gegenüber Weißen, das schwer erträgliche Klima, die immense Größe des Terrains und die Isoliertheit der Stationen mache die Arbeit extrem problematisch. Auf der Station Lambaréné gab Teisserès mithilfe der kleinen Druckerei einen Gemeindebrief auf Mpongwe (Omyènè) und Französisch heraus.[98] Der eher stille, loyale

---

96 Favre, 2006, S. 74.
97 Germond, Paul: Rapport. Zit. n. Favre, 2006, S. 209. Er fand nur das Manuskript in einem Umschlag im Archiv der DEFAP/SMEP vor, und die Adresse: Paul Germond, 20 Chemin Vinet 20, Lausanne. Versehen wurde das editierte, nie publizierte Manuskript mit der Aufschrift »Gabon 1905, Conférence«. Es wird auch zitiert bei Zorn, [1993], 2012, S. 100ff.
98 Als revidierte Neuflage erschienen: Teisserès, U. und Dubois, V.: *Méthode pratique pour apprendre l'Omyènè*. Paris, 1957.

Veteran lebte weiter mit seiner Familie am Ogowe, die Tochter Madeleine war im Dezember 1896 auf der Station Lambaréné zur Welt gekommen, auf Talagouga 1892 die Tochter Yvonne und im August 1901 die dritte Tochter, Nellie, ebenfalls in Lambaréné. Erst 1907 ließ Teisserès seine Frau mit den ins Schulalter gekommenen Kindern in Frankreich zurück und reiste vom Heimaturlaub allein nach Lambaréné, wo er bis 1917, also auch bis zu Schweitzers frühen Jahren, im Einsatz blieb. Teisserès lebte bis zu seinem Ruhestand 1935 in Chatillon sur Loire als Pastor einer Gemeinde. Er starb, ein Jahr nach Allégret, 1941 in Orléans, während der Besetzung Frankreichs durch die Wehrmacht.[99]

Abb. 12: Gartenanlagen und Plantagen der Station Lambaréné, um 1910

1905 legte der Gutachter der Pariser Mission seinen Inspektionsbericht vom Ogowe vor, der alarmierend ausfiel: Armut sorgte für spärliche Kollekten, Einheimische könnten auch kaum mehr als ein Büschel Bananen oder ein paar Maniokwurzeln als Schulgebühr zahlen. Erlös aus handwerklicher Produktion sei minimal, erschreckend die Sittenlosigkeit der schwarzen Frauen, das Bildungsniveau niedrig und absurd strikt die Auflagen der Mission an Konvertiten, etwa das Verbot, auf dem Harmonium zu musi-

---

99 Angaben zu Teisserès aus Favre, 2006, S. 81.

zieren. Der Zustand sei kontraproduktiv für das missionarische Werk, das andernorts, etwa in Lesotho, vorbildlich sei. Doch gerade am Ogowe lägen auch noch die teuersten Stationen. Ein Fass ohne Boden: Nirgends würden so viele finanzielle und personelle Mittel aufgewendet und im Vergleich so wenig eingenommen. Germonds Bericht gipfelte in dem Ausruf, obendrein lasse sich in der hierarchisierten Bürokratie jeder demokratische Funke vermissen.[100]

Wie eine Zeitkonserve schien gerade dieses Ambiente, das durch seine Bedrohlichkeit und Abgeschiedenheit die Autokratie kolonialer Akteure begünstigte, Residuen weißer Pioniere vorangegangener Epochen zu bewahren. Aus dieser Ära bezog Joseph Conrad 1899 den Entwurf für seinen nach Gutdünken über Schwarze herrschenden belgischen Elfenbeinhändler Kurtz im *Herz der Finsternis*. Wer damals einen de facto nahezu anomischen Ort in den Tropen suchte, fand ideale Bedingungen an den Ufern und auf den Inseln im Kongobecken oder am Ogowe, an Orten, die allein auf dem Wasserweg erreichbar waren. Hier konnten Weiße, so sie wollten und genügend Waren oder Waffen besaßen, willkürlich Herrschaft über Personal ausüben, ohne Kontrollen durch die schlecht organisierte Bevölkerung oder die noch dürftige Administration. Dieses Klima war offenbar in der Phase nach Nassau teils auch in den Missionen am Ogowe spürbar.

Afrikanische Arrangements mit Europäern – Allianz, Kollaboration, Widerstand, geografisches Ausweichen – richteten sich nach den jeweiligen Charakteristika derer, mit deren System sie konfrontiert waren mit denen sie in symbolischen Tausch traten, oder ihn mieden. Florence Bernault geht in ihrer jüngsten Studie zu Gabun davon aus, dass es weitaus mehr wechselseitige Transaktionen gab, als die postkoloniale Forschung bisher erkennt:

> »Colonialism not only worked as a field of power, where people battled for sovereignty and survival, but as a transactional field in which a myriad of deals, exchanges and transfers determined, each day, subtle or major reordering of hierarchies, status, wealth and knowledge.«[101]

Nach dem Selbst-Ideal der Colons rechtfertigte deren Tauschangebot – Aufgabe magischer Praktiken, Objekte und ritueller Systeme gegen die

---

100 Germond, Paul: Rapport. Zit. n. Favre, 2006, S. 211.
101 Bernault, 2019, S. 10.

Zivilisation und deren Waren – die koloniale Hegemonie, also die Übernahme von Handlungsmacht und Autorität. Wo die Bevölkerung die faszinierenden Angebote und erzwungenen Änderungen annahm, entglitten ihr tradierte Sicherheiten, zunehmend erwiesen sich die kolonialen Transaktionen für sie als Falle. Das System entgleiste spätestens mit Zwangsarbeit und dem Eintreiben von Kopfsteuer. Danach war die Transformation zunächst kaum reversibel.

Ombaghos Blick auf die Expedition von Allégret und Teisserès

Seit seinen Kindertagen im evangelisierten Igenja wie auf den Stationen Lambaréné und Talagouga unter Nassaus Ägide hatte Ombagho Gelegenheit gehabt, als teilnehmender Beobachter koloniale Akteure zu studieren. Dabei tastete er nach seinem persönlichen Arrangement, wozu für den Schüler und Schützling von Isabella und Robert Hamill Nassau die assimilierte Nähe zu einflussreichen Europäern gehörte. Sein Bindeglied zwischen der Herkunft und der Mission waren seine Mutterbrüder. Igenja war bereits im Ansatz christianisiert, als Ombagho zur Welt kam, und die Onkel, traditionelle Autoritäten, hatten ihn zur Mission gebracht. Einer von ihnen, Mâmbâ, war dort Mitarbeiter, was Ombaghos Entfremdung zwischen Siedlung und Missionsstation zusätzlich verringert haben dürfte. Nach seinem Abschied von den Nassaus entstand eine ähnliche Affiliation mit Élie Allégret und dessen Familie. Ombagho wurde zu einem Teil der Biografie Allégrets, doch ungleich stärker würde Allégret eine erhebliche Portion der Biografie Ombaghos mitprägen. Er wollte das neue System annehmen und darin reüssieren, wie die Weißen, von deren Pariser Warenhauskartons er seinen Vornamen Félix gepflückt hatte. Aber von Anfang an spiegelte sich in seinem Verhältnis zu Allégret die koloniale Asymmetrie.

Während der Interimsphase, in der Allégret 1889 die Station Lambaréné leitete, setzten die Presbyterianer auch Isabella Nassau zur Unterstützung des Franzosen als Lehrerin auf Lambaréné ein. Es war klar, dass bald weder ihr Bruder noch sie selbst weiter am Ort sein und sich um den Ziehsohn kümmern könnten. Vermutlich deshalb überantwortete ihn Isabella Nassau dem kommenden Mann und empfahl Allégret Ombagho als Reisebegleiter seiner Expedition. Mit dieser Wende wurde Ombagho zu Allégrets »boy« und Vertrautem. Teil der Crew waren außerdem sein Cousin Rossatonga sowie sein Jugendfreund Rébangé. Ombagho erzählte im Alter: »Un jour, Miss Nassau me demanda si je serais content d'accompagner les missionnaires dans leur long voyage? Très volontiers, lui répondis-je, d'autant plus que mon cousin Rossatonga et mon ami Rébangé étaient désignés pour ce voyage; Rébangé était le boy de Mr. Teisserès, moi celui de Mr. Allégret, et Rossatonga, le cuisinier.«[102]

Noch 1960 hatte Ombagho Details der Umwälzungen der protestantischen Mission, die eine neue Sprache, neue Regeln und Rangordnungen mit sich brachten, lebhaft vor Augen:

> »Peu de temps après l'arrivée des missionnaires français, Mr. Good tomba malade à Kângwe et fut rapatrié en Amérique; il fut accompagné à Baraka par Mr Teisserès. La Station de Kângwe restait pendant cette absence sous la direction des missionnaires français secondés par Mr Gacon, artisan-missionnaire suisse, qui travaillait avec les américains. Mr Allégret, à la tête de l'Eglise de Kângwe, célébrait les fêtes de communion jusqu'à Igenja, et le Dr. Nassau, résidant toujours à Talagouga, était à la tête de toutes les Eglises de l'Ogooué.«

Mit Allégret aber war Ombagho, ohne es zu ahnen, an einen der künftig einflussreichsten Akteure der Pariser Missionsgesellschaft geraten. Für ihn selbst begann mit dem Aufbruch des Konvois in Lambaréné vor allem die Grand Tour durch sein Land, die seinen Horizont nachhaltiger weiten würde als sämtliche regionalen Fahrten auf dem Ogowe und dessen Nebenflüssen. Die Reise markierte den Beginn von Ombaghos zweiter »weißer« Sozialisation.

Am 23. April 1890 fuhr die Missionscrew von Lambaréné aus auf dem Dampfschiff »Gambia« des Handelshauses Hatton & Cookson flussaufwärts in Richtung Ndjolé, gefolgt von zwei langen Pirogen mit Vorräten. Dutzende waren mit von der Partie durch dichten Regenwald, über schwer schiffbare Flüsse und Stromschnellen, afrikanische Träger, Ruderer, Wegekundige, Köche und Dolmetscher. Zum Abschied war Nassau eigens aus Talagouga nach Ndjolé gekommen, wo der Konvoi Zwischenhalt machte.

Ende April 1890 zogen sie von dort aus weiter. Ombagho und Rossatonga saßen in den Pirogen mit ihren weißen Dienstherren, sie ließen sich rudern wie diese, so Ombaghos Erinnerung. Jeder folgende Reisetag

---

102 Favre, 2004, S. 220. Nachfolgendes Zitat ebd.

brachte Neues für die drei Jugendlichen aus Igenja. Unterwegs lernten sie koloniale Beamte kennen wie die wie Leiter der Militärposten, Forscher, Kartografen, Geschäftsleute und Landsleute. Aus erster Hand erfuhren sie, wie Logistik, Logik und Organisation der kolonialen Durchdringung funktionieren. Zugleich bot das Abenteuer der ein Dreivierteljahr dauernden Reise für die Jugendlichen die rare Möglichkeit, einen Begriff von den geografischen und sozialen Dimensionen ihres Landes zu bekommen.

Abb. 13 und 14: Allégret und Teisserès mit ihren »boys« Ombagho (Mitte), Rossatonga (links), Rébangue (rechts) auf Expedition, 1889

Am abgelegenen Verwaltungsposten Lopé im östlichen Landesinneren alarmierte ein französischer Beamter Allégret über Scharmützel, angeblich zwischen Fang-Clans oberhalb von Booué. Möglicherweise ging es um die Kontrolle von Wasseradern als Handelsrouten, denn seit etwa einem Jahr war der Handel mit dem Tropenholz Okoumé in Schwung gekommen. Offenbar intervenierten Kolonialtruppen, die Expedition wurde einen Monat lang festgehalten, bis über de Brazza, inzwischen Gouverneur in Libreville, die Entwarnung ankam, es herrsche wieder Frieden. Während der Wartephase waren Teisserès und Ombagho zurück nach Lambaréné gereist, um die Vorräte aufzustocken. Dort fand Ombagho zu seinem Erstaunen nur noch Virgile Gacon vor, da der gewalttätige Lehrer Lesage von Nassau vor die Tür gesetzt worden war, soviel Autorität gestanden die Franzosen Nassau noch zu. Ombagho erinnerte sich auch daran, dass derselbe Lesage später in den Dienst der Kolonialverwaltung in Libreville trat, was auch Nassau in *My Ogowe* einigermaßen grimmig festhielt.

Indes waren Allégret und Rossatonga auf einer Fahrt mit dem erkrankten Distriktverwalter zur medizinischen Ambulanz von Ndjolé bei den Stromschnellen von Kondokondo gekentert. Dabei hatte Allégret sein Jagdgewehr und seine teils ungelesene Post in den Fluten des Flusses verloren, wie Ombagho von Rossatonga erfuhr. Der leidende Beamte habe wegen des Unfalls einen Wutausbruch bekommen, während Allégret souverän geblieben sei. Bald darauf gingen auch Säcke mit Salz über Bord, einer kostbaren Tauschwährung – keine Expedition lief ohne Verluste an Waren und Gerätschaften ab. Verstaut auf der größten der Pirogen war das Salz als Bezahlung – respektive Bestechung – für Beamte und Einheimische vorgesehen gewesen. Andere Waren mussten es ersetzen.

Teile der Wegstrecke legte die Crew zu Fuß zurück, um Gewicht von den Booten zu nehmen. Ombagho erinnerte sich, dass sie zu Fuß mitunter schneller vorankamen und dass Fracht und Passagiere wegen der vielen Wasserfälle und Stromschnellen oft aus- und wieder eingeladen wurden. Von der Mündung des Ivindo aus gelangten sie nach Lastoursville, wo Teisserès einen Fieberschub bekam. Ombagho entsann sich, dass Allégret dort seine Kamera aufbaute, auch vor dem Grab Rigail de Lastours, eines der Begleiter de Brazzas. Bei Franceville besuchten die Expeditionsteilnehmer eine Siedlung, in der de Brazza ehemalige Sklaven der Galoa angesiedelt hatte, die er freigekauft hatte. Ombagho, selber Galoa, hatte auch diese Geschichte so beeindruckt, dass er sie noch im Alter wusste.

Über den französischen Posten Alimba gelangte »la caravane«[103], so Ombagho, weiter in das Gebiet der Batéké-Clans, die er ganz in der Diktion der Colons als gierige Kannibalen, »une race malingre, avare et antropophage« bezeichnete. Sie seien kleingewachsen und könnten 100 Kilometer am Tag zu Fuß zurücklegen. Der von de Brazza »entdeckte«, fischreiche Flussarm Alima zwischen Ogowe und Kongo führte zu Siedlungen von Ombagho »Bafourou« genannter Gruppen. Laut seiner Aus-

---

103 Zit. n. Favre, 2004, S. 221. Nachfolgende Zitate ebd.

sage schickten sie verstorbenen Clanchefs deren Witwen als Begleiterinnen mit ins Jenseits, eine Praxis, von der unter anderem auch bei Nassau 1877 die Rede ist, als der wohlhabende Kasa bei der Elefantenjagd tödlich verletzt worden war: »But, before he died, he had accused twelve of his wives and other slaves of having bewitched his gun! [...] The twelve had been immediately seized; and, at his death, three of them had already been put to death.«[104] Nassau erklärte, seine Fürsprache bei den Trauernden habe die übrigen Witwen vor dem Tod bewahrt.

Den Jugendlichen gegenüber verhielten sich die Pariser Missionare auf der Reise offenbar phasenweise neckend wie ältere Schulkameraden oder trieben Schabernack mit deren »Aberglauben«. Einmal hätten Allégret und Teisserès versucht, Ombagho bei Tisch Angst vor einem Geist einzujagen, der hinter seinem Rücken aufgetaucht sei. Als der Junge vor Schreck einen Satz tat, amüsierten sie sich auf seine Kosten. Die Missionare, Mitte zwanzig, waren gerade einmal zehn Jahre älter als ihre »boys«, und schließlich waren sie dazu da, »heidnische Geister« auszutreiben, so dürften sie ihre Scherze rationalisiert haben. Zehn Tage nach der Fahrt auf der Alima erreichte die Crew den Kongo, wo in Bonga ein bestelltes Dampfschiff der Verwaltung wartete, das sie bis Brazzaville transportieren sollte. Unterwegs statteten sie britischen Baptisten einen Besuch ab, die am linken Kongoufer missionierten. Als die Expedition am 4. Dezember 1890 den belgischen Stanley-Pool (heute Pool-Malebo oder Ngobila-See) und eine Flussinsel des Kongo zwischen Kinshasa und Brazzaville erreicht hatten, waren es nur noch wenige Stunden bis Brazzaville. Von dort aus marschierten sie zu Fuß nach Kinshasa[105], dem Handelsposten, den Henry Morton Stanley um 1880 eingerichtet hatte, und begegneten dort dem eben aus Frankreich eingetroffenen Albert Dolisie, der von Juni 1894 bis Januar 1899 Gouverneur von Gabun in »Französisch-Kongo« sein würde. Dutzende von Expeditionen zogen zu dieser Zeit durch die Kongoregion. Unter anderem wüteten in Kamerun der als rücksichtslos verschriene Eugen Zintgraff sowie der Offizier Karl Freiherr von Gravenreuth, und wenig später Lieutenant Max von Stetten neben Edgar von Uechtritz und Steinkirch. Sie sollten für Bismarcks vergleichsweise bescheidene Gestalt

---

104 Nassau, 1914a, S. 215.
105 Bald darauf nach Belgiens König »Léopoldville« genannt, erhielt Kinshasa nach der Unabhängigkeit 1966 den Namen des kleinen Ortes zurück, aus dem es sich entwickelt hatte.

annehmendes Kolonialreich Optionen auskundschaften und gingen mit paramilitärischen Söldnertruppen gegen »Aufständische« vor.[106] (Gravenreuth starb im Oktober 1891 in Kamerun an der vergifteten Speerspitze eines Widerständlers.)

Auf der Weiterreise hörten Allégret und seine Crew von Kolonialbeamten, diese seien en route zu Scharmützeln mit »indigènes«, also zu eben den Konflikten, das weiß Ombagho noch als Greis, bei denen im April 1891 der Afrikaforscher und frühere Begleiter de Brazzas, Paul Crampel, ermordet wurde – und vor denen der Koch Loembè davongerannt war, den Albert Schweitzer später als »Koch de Brazzas« ansah und im Spital beschäftigte. Crampel hatte mit senegalesischen Soldaten in französischem Sold den Tschad sowie Gebiete nördlich des Tschads einnehmen sollen,[107] und war mit örtlichen Chefs aneinandergeraten. Ombaghos hellwacher Geist registrierte die historischen Umbrüche, von denen er mehr erfuhr als viele seiner Landsleute, die nie derart weite Strecken in privilegierter Begleitung zurücklegten und keine vergleichbaren Sprachkenntnis besaßen.

Nach einem Abstecher in das wenig später vom Kolonialismus getilgte Königreich Loango – heute Teil der Republik Kongo und der angolanischen Exklave Cabinda – bestieg die Expedition am 31. Dezember 1890 den Dampfer »Ville-de-Maceió« auf dem Rückweg nach Gabun. Als das Schiff am 5. Januar 1891 in Libreville anlegte, tagte gerade die Halbjahreskonferenz der letzten, verbliebenen amerikanischen Missionare in Baraka, unweit des Hafens. Auf der »Ville-de-Maceió« war, was weder die Missionare noch ihre Crew gewusst haben werden, nur wenige Monate zuvor, im April 1890, Joseph Conrad von Bordeaux nach Boma gereist. Dort hatte er ein Küstenschiff nach Matadi bestiegen, wo er sein Kongo-Journal begann, Grundlage für die 1899 publizierte, emblematische Novelle *Heart of Dark-*

---

106 Siehe u.a. Zintgraff, Eugen: *Nord-Kamerun. Schilderung der im Auftrage des Auswärtigen Amtes zur Erschließung des nördlichen Hinterlandes von Kamerun während der Jahre 1886–1892 unternommenen Reisen.* Berlin, 1895.
107 Siehe Nebout, 1891. Auch für eine vergleichsweise kleine Expedition wie die Crampels war der Aufwand enorm. Nebout, der ihn begleitete, hatte die Inventarliste der Gepäckstücke notiert, zu der 20 Eisentruhen gehörten, Messer, Nägel, Angelhaken, Modeschmuck, Glasperlen, 24 weiße und rote Ballen Baumwollstoff, Drahtrollen, 200 Gewehre, 20 Fässer Pulver, 20 Kästen mit Eisenwaren, zwei mit Werkzeugen, 30 000 Kartuschen mit Munition, sowie Konserven mit Sardinen, Zwiebelsuppe u.a. Dazu kamen Zelte, Feldbetten, und persönliche Koffer.

ness.[108] Auf seiner Reise traf Conrad, wie er notierte, auch den Kolonialkritiker Roger Casement, von dem noch die Rede sein wird.

Zum ersten Mal im Leben sah Ombagho hier die Hauptstadt der Kolonie. Er fand in Libreville Reverend Good vor, kuriert zurückgekehrt aus den USA. Am Anleger der Firma Hatton & Cookson im Hafen begegnete er – zufällig? – seinem Missionsvater Nassau, der auf Zöllner und Gepäck wartete. Sicherlich wird ihm der Heranwachsende von den Monaten seiner Reise berichtet haben. In Baraka nahm Ombagho die neuen Missionare in Augenschein, zu denen der Schweizer Jacot gehörte, der gemeinsam mit Good für Lambaréné vorgesehen war. Die Reise mit Allégret war für Ombagho gleichbedeutend mit einem Studium, und in seinen Erinnerungen nahm die Expedition den weitaus größten Raum ein. Für ihn wurde sie zu einer weiteren, individuellen Initiation in die Sphäre der Colons und Metropole.

Informelle und offizielle Netzwerke der Weißen, wechselseitige Dienstleistungen, das Beschaffen von Vorräten und Personal, bürokratische Kontrollen, Passierscheine, Bestechungen, das Übermitteln von Nachrichten von einem Posten zum nächsten – all das gehörte zu kolonialen Expeditionen der Zeit. Als Dolmetscher und lokaler Assistent konnte sich der junge Afrikaner davon ein anschauliches Bild machen. Zweifellos hat er jeden Tag gelernt. Aber aus welcher Perspektive, mit welchen Empfindungen, welcher Haltung?

Kritik an Kolonialismus und Rassismus des herrschenden Systems offenbarte Ombagho erst viele Jahre später, in Briefen an Allégret. Im Alter, in *Mes Souvenirs* von 1960 – dem Jahr der Unabhängigkeit Gabuns – sprach er nichts davon an. Bei aller Detailliertheit schrieb er auch wenig vom Alltag der »boys«. Wo schliefen sie? Aßen sie mit den Weißen zusammen? Haben Weiße und Schwarze einander über ihre Familien, ihr Leben erzählt? Wie entstand Vertrauen, wie löste man Konflikte, wie wurden die »boys« entlohnt? Wurden sie nach ihren Plänen gefragt? Klar ist, dass sie eine solche Reise nicht ohne tägliches Weiterlernen auch der neuen Sprache bewältigt haben werden. Gewiss ist, dass emotionale Bande geknüpft und Erwartungen geweckt wurden.

Nach der Reise mit Allégret und Teisserès lebte und arbeitete Ombagho, inzwischen ein angehender Evangelist, auf der ab 1892 von den

---

108 Knowles, Owen und Moore, Gene: *The Oxford Reader's Companion to Joseph Conrad.* Oxford, 2002, S. 153.

6.2 Félix Ombagho

Allégrets geleiteten Station Talagouga. 1894 wurde dort der erste Sohn, Jean-Paul Allégret, geboren und Ombagho erlebte auch, wie die Allégrets 1896, nach einem Sabbatical, mit Eric, dem zweiten Sohn, aus Frankreich zurückkehrten. Élie Allégret fotografierte weiter, und lichtete Ombagho mehrfach mit seinen Kindern zusammen ab. Der einstige »boy« erscheint nun in der Mischrolle aus Bedienstetem und großem Bruder.[109] Informelles, halb akzeptiertes »Adoptivkind« von Weißen zu sein, war Ombagho von den Nassaus her gewohnt. Aussagen in späteren Briefen lassen aber ahnen, dass er sich den Amerikanern, vor allem Isabella Nassau, zeitlebens tiefer verbunden fühlte als den französischen sozialen »Eltern« und Arbeitgebern.

Um 1897 verlobte sich Ombagho mit einer Hausangestellten der Allégrets, Akérémanga, die wie er aus Igenja stammte. Allégret fotografierte auch das Paar mehrere Male, unter anderem am Hochzeitstag. Auffällig scheint der nahezu abweisende, fast gekränkte Ausdruck beider, vor allem des Bräutigams auf dem Bild mit seiner Braut, deren weites Kleid den hochschwangeren Zustand nicht verbergen konnte. Im September 1898, inzwischen verheiratet und Vater geworden, schreibt Ombagho an die Schweizerin Bertha Favre in Neuchâtel, Ehefrau des Handwerkermissionars Etienne Favre, der jahrelang das Sägewerk der Station Talagouga betreut hatte. Wegen ihres prekären Gesundheitszustands war das Paar nach Neuchâtel zurückgekehrt. In diesem ersten Brief an die beiden Favres erklärt er, er freue sich über die Grüße, die ihm »Madame« – gemeint war Suzanne Allégret – durch sie habe übermitteln lassen. Auch den Favres, Angestellte wie er, schien Ombagho sich näher zu fühlen als den Allégrets, die jedoch durch ihre Machtposition mikropolitisch mehr Bedeutung für ihn hatten.

Akérémanga und er, versicherte Ombagho den Favres, dächten oft an ihre beiden Freunde in der Schweiz. Dem kleinen Sohn Théodore gehe es gut, er sei gerade mit der Mutter auf dem Weg nach Igenja. Und er erwähnte einen ihm wichtigen Gegenstand, ein Souvenir: Die Allégrets hatten Ombagho Etienne Favres Akkordeon ausgehändigt: »Je serai triste

---

[109] Missionsfotografie wird erst in jüngerer Zeit als Quellenbasis für postkoloniale Studien erschlossen. Missionare machten zunehmend Gebrauch von der Möglichkeit, private Kameras zu erwerben, und hielten ihren Alltag teils gezielt zu Werbezwecken für die Mission fest, aber auch im Dokumentarmodus bürgerlicher Fotoalben zur Erinnerung und Repräsentation. Vgl. etwa den kommentierten Bildband Jones, Adam (Hg.): *Through a Glass Darkly. Photographs of the Leipzig Mission from East Africa, 1896–1939.* Leipzig, 2013.

Abb. 15: Ombagho im weißen Jackett mit Jean-Paul und Eric Allégret (auf seinem Arm) sowie zwei weiteren Missionsangestellten, um 1898

s'il casse, je n'ai sais ou trouver une autre. »[110] Das Instrument wird, wie ein weiteres Zeichen der Verheißung, in den Kreis der mächtigen Weißen aufgenommen werden zu können, über Jahrzehnte eine Rolle in Ombaghos Leben spielen.[111] An seine Treue zu den Allégrets knüpfte Ombagho spürbar große Hoffnungen. Immer wieder äußerte er den Wunsch, man werde ihn nach Europa holen, für seine Schiffspassage aufkommen, ihm das Land

---

110 Brief Ombaghos an Bertha Favre, 1.9.1889. Zit. n. Favre, 2006, S. 191.
111 Es handelte sich nicht um eine Ziehharmonika, sondern um ein Harmonium, eine tragbare Miniaturorgel, wie sie von Missionaren oft verwendet wurde.

zeigen, von dem er so viel gehört und gelesen habe. Die Bitte steigerte sich mit der Zeit zur Forderung, oft gepaart mit dem Erinnern an lang versprochene Zusagen. Doch je länger sich Ombagho im Dienst der Mission befand, desto klarer wurde ihm die Illusion seiner Hoffnung auf volle Akzeptanz oder gar Ranggleichheit.

Abb. 16: Missionarspaar Allégret (Mitte) mit Ombagho (hinten, zweiter von links) und seiner Verlobten Akérémanga (vor ihm sitzend), um 1896. Élie Allégret trägt eine orientalische Kopfbedeckung, die einen Hauch Pariser Bohème des fin de siècle verrät.

Abb. 17: Ombagho mit seiner schwangeren Braut Akérémanga, um 1897

Umso stärker wurde zugleich sein Drang nach Unabhängigkeit – auf lange Sicht wollte er seine eigene Station aufbauen und selbst Herr im Haus sein. Doch je beharrlicher er das Ziel verfolgte, desto massiver stieß er auf Widerstände der Mission, die solche Ambitionen eher drosselte. Gleichwohl, die Missionare waren auf brückenbildende Leute wie ihn, die sich in beiden Systemen auskannten, essenziell angewiesen. So verstärkte sich Ombaghos Verstrickung in das »weiße« System, in das er als Zehnjähriger hineingeraten war. Auch am Geflecht solcher der Beziehungen und Abhängigkeiten wird deutlich, wie sich die koloniale Situation kaum in antagonistischen Schwarz-Weiß-Mustern abbilden lässt, sondern vielmehr wechselseitige, wachsende, wenn auch asymmetrische Allianzen produzierte, hybride Verhältnisse, mit denen gegenseitige Projektionen einhergingen.

Missionsschulen und Kolonialapparat

Als Schüler auf den Stationen Lambaréné und Talagouga hatte Ombaghos Weg in die weiße Welt begonnen. Auf den missionarischen Mikrokolonien im Inneren der Makrokolonie bot sich Internatsschülern nur ein Ausschnitt des kolonialen Szenarios: Ein vom Drang religiöser Sinnstiftung aufgeladenes Ambiente forcierten Wohlwollens und ideologisch legitimierter Disziplinierung. Direkt und indirekt vermittelte das protestantische Missionspersonal Konzepte von Hierarchien, Handlungsethos und Konformität, insbesondere in den Beziehungen zwischen den Geschlechtern. Mit der Christianisierung sollten nicht nur pagane Riten und Symbole abgelöst werden. Entstehen sollten bei Afrikanern nicht-polygame, fromme Kleinfamilien. Abstinenz vom Alkohol und das Meiden sexueller Überschreitungen rangierte oben auf der Liste der erwünschten Wandlung. Anders als in der katholischen Mission mit ihrer zölibatären Geschlechtertrennung sollten protestantische Missionarspaare modellhaft die sittlichen Vorstellungen ihrer jeweiligen puritanischen, pietistischen wilhelminischen oder hugenottischen Gesellschaften repräsentieren und für das Seelenheil der Konvertiten zur Nachahmung anbieten.

Aufgabe der Missionspaare war es, eine symbolische Ordnung zu verkörpern, in der christliches Ethos den Vorrang vor Trieb- und Profitinteressen hat, wodurch die »Tyrannei des Naturzustandes« bezwungen werde. Ombagho wurde von der Mission zum Evangelisten ausgebildet, zu einer Art Handlungsreisendem der Mission im Großraum der Stationen. Religiöse

Unterweiser wie er wurden zu Multiplikatoren, es gab für sie meist keinen Weg zurück zur »heidnischen« Herkunftsgruppe, deren Alltags- und Glaubenspraxis zu verwerfen sie gelernt hatten. In Briefen Ombaghos wie in den Berichten über ihn findet sich kein Hinweis auf seine Teilnahme an tradierten Ritualen und Feiern. In seiner hybriden Identität fügte sich Ombagho, getauft, monogam, bibelfest und arbeitsam, soweit es ihm gestattet war, in den Kosmos der Mission ein. Als Hilfsmissionar war er dabei konfrontiert mit den parallel existierenden, jedoch angegriffenen Sphären der Tradition wie mit der wachsenden Sphäre des Profitprimats der Colons.

Wirkmacht und Autorität des weißen, missionarischen Personals beruhten unter anderem auf deren Glaubwürdigkeit. Missionare mussten verständlich für ihre Sinnproduktion werben und ihr konsequent selbst folgen. Wer die frohe Botschaft verbreiten will, muss verbal kommunizieren, und daher auch ein Konzept von der Konkurrenz haben, vom »primitiven« Glaubenssystem, das entwertet, entzaubert und abgelöst werden soll. Gewalt und ökonomische Erpressung funktionieren als Druckmittel für Kopfsteuer und Zwangsarbeit, nicht aber zur Herstellung verlässlicher Konvertiten. Nur wo das missionarische Unterfangen überzeugende spirituelle und materielle Perspektiven aufwies, wurde es hinreichend attraktiv, etwa für Gruppen, die sich durch in der Mission erzogenen Nachwuchs gefestigten Anschluss an die Tausch- und Warenwelt der Weißen erhofften. Als Ombagho ein junger Mann war, erfuhr die Mission ihren größten Boom, den Christopher Bayly so umreißt:

> »Eager dedicated evangelists from all the Christian denominations flooded into Africa [...]. It has been estimated that there were as many as 100 000 European missionaries in Africa by 1900. [...] However, as the schools of the mission stations produced more and more young men educated in European languages, the process became self-reinforcing. Christian education conferred literacy, and literacy in turn conferred power and economic status. Christianity began to become an avenue for social mobility, so that young men outside the bounds of tribal leadership became new focuses of power in their communities.«[112]

Alphabetisierung öffnete die Köpfe potenziell auch für neue Gedanken – wer lesen kann, muss sich nicht auf den Katechismus beschränken. An Mis-

---

112 Bayly, Christopher A.: *The Birth of the Modern World. 1780–1914.* Oxford, 2004, S. 349.

sionsschulen erwarb ein Gutteil der späteren post-kolonialen Elite nicht nur Westafrikas Fähigkeiten und Kenntnisse für den politischen Kampf um Unabhängigkeit. Gabuns erster Staatspräsident Léon Mba besuchte 1909 bis 1918 Schulen der katholischen Mission, ab 1920 engagierte er sich in der Gabunischen Liga für Menschenrechte in Libreville. Missionaren als »cultural brokers« musste es darum gehen, hinreichend Nähe und Vertrauen zu schaffen, um Konvertiten an sich respektive ihren Glauben zu binden. Parallel sabotierten soziale und ökonomische Zwangssysteme das gesäte Gottvertrauen und provozierten gewissermaßen, gegen den Sinn der konfessionellen Sendung, mentale Missernten.

Ab 1889 war nahezu die gesamte französische Kolonie Gabun in Konzessionen aufgeteilt worden, zum Ärger vor allem der Briten nahezu ausschließlich an französische Unternehmen. Die Kolonialverwaltung mit ihrem bürokratischen wie militärischen Arm löste den informellen Handel zwischen Schwarzen und Weißen vollends ab. Administrative Ordnung sollte Händlern und Konzessionären, angewiesen auf das Ausbeuten von Ressourcen und Arbeitskräften, den Rücken freihalten. Ihr Apparat schuf Distanz, er antagonisierte. Auch erlaubt es die institutionalisierte Fluktuation des Personals den Akteuren kaum, sich mehr mit der Bevölkerung, lokalen Sprachen oder Denksystemen zu befassen als kommerziellen Zwecken dienlich. Koloniales Handeln zielte primär auf den Ausbau von Logistik und Kontrolle für den Kommerz und für das Prestige der Metropole, und begann unter Legitimierungsdruck sich seinerseits als »Mission« zu verstehen. Auch wenn das um 1895 kanonisierte, französisch-republikanische Schlagwort von der »mission civilisatrice« laut verkündet wurde, im Kern ging es um die »mise en valeur« gewaltsam angeeigneter Ressourcen. Basierend auf der Überzeugung von der Überlegenheit französischer Kultur wie der Assimilationsfähigkeit »primitiver« Gesellschaften, spann der Begriff der »mission civilisatrice«, wie Alice Conklin[113] darlegt, ein rationalisierendes Band zwischen dem republikanischen, ab 1905 nominell vollends säkularen Frankreich und dessen Teilnahme am kolonialen Projekt. (In der kulturalistischen Semantik des reichsdeutschen Kolonialismus einigte man

---

113 Conklin, Alice: *A Mission to Civilize. The Republican Idea of Empire in France and West Africa 1895–1930*. Stanford, 1997. Siehe auch die juristische Abhandlung von Sartorius, Joachim: *Staat und Kirchen im francophonen Schwarzafrika und auf Madagaskar*. München, 1973.

sich im selben Kontext auf die Rede von der »Hebung der Eingeborenen«.[114]

Obsolet schien somit auch die nicht vom Utilitarismus getriebene Missionsarbeit à la Nassau. Missionsschüler und Evangelisten wurden nun primär in Hinblick auf ein Ordnungssystem sozialisiert, das religiös konnotiertes Ethos in den Vordergrund rückte, während die Verwaltung der Mission mehr Kompromisse mit der Kolonialverwaltung einging, um ihre Ideale aufrechtzuerhalten. »This was the classic age of massive missionary endeavour«, schrieb Eric Hobsbawm, der das imperiale Ansinnen weniger als ökonomisches denn als nationalistisches einstufte, das vom sozialen Elend in den Metropolen ablenken sollte – deren pauperisierte Bevölkerung parallel quasi von der Industrialisierung kolonisiert wurde. »Missionary effort«, setzte Hobsbawm hinzu, »was by no means an agency of imperialist politics. Often it was opposed to the colonial authorities; pretty well always it put the interests of its converts first. Yet the success of the Lord was a function of imperialist advance.«[115] So oder so, die konfessionelle Mission war eingesponnen ins koloniale Unterfangen.

De facto existierten mit Mission und Administration zwei koloniale Subsysteme, die bei teils divergierenden Zielsetzungen einander Services lieferten und aufeinander angewiesen waren – wie beide Systeme auf die Kooperation der Kolonisierten, denen sich damit ein inkonsistentes Bild der weißen Akteure bot. Ihre Köpfe sollten christianisiert werden, und zugleich sollten Kopfsteuer zahlen und Zwangsarbeit beim Kautschukzapfen, Palmölernten oder Holzfällen leisten. Über ihre Köpfe hinweg wurde entschieden. Planungen wie die Vergabe von Konzessionen oder etwa Personalentscheidungen passierten prinzipiell ohne Partizipation der Bevölkerung. An konfessionellen wie staatlichen Schulen sollten sie mit Sekundärtugenden ausgestattet werden, um Zuarbeit für Handel und Administration leisten zu können oder in der Armee zu dienen.

Missionsschulen vermittelten Basiswissen im Lesen, Schreiben und Rechnen sowie zu religiösen Fragen, so auch die Schule von Lambaréné, die Ombagho Anfang der 1890er Jahre besucht hatte, als aber noch freierer Unterrichtsstil wie bei Charles Bonzon möglich war. Um 1896 entwickelte Missionar Félix Faure für das Internat von Lambaréné, je nach Jahreszeit besucht von 28 bis 45 Schülern, eine sechsstufige Struktur. Die unteren drei

---

114 Weber, Gustav: *Kulturschulung. Ein Programm zur Hebung der Eingeborenen*. Berlin, 1919.
115 Hobsbawm, Eric: *The Age of Empire. 1875–1914*. New York, 1989, S. 71.

Klassen wurden zu der Zeit von einem einheimischen Lehrer, »Thomas«, unterwiesen, die drei fortgeschrittenen von einem Franzosen, Faure. Im Bulletin der SMEP skizzierte dieser sein Programm: »A mes grands, j'apprenais un peu de grammaire française, quelques règles simples et surtout très pratiques. Je leur ai fait quelques dictées et des exercices grammaticaux. [...] Quelques notions de géographie, l'étude de la Bible française, la lecture du Nouveau Testament indigène complétaient l'enseignement.«[116] Faure, Jahrgang 1872, war Agraringenieur, arbeitete ab 1889 als Handwerkermissionar und Lehrer zunächst in Lambaréné, später auf anderen Stationen am Ogowe, und von 1925 bis 1927 erneut in Lambaréné.

Der Internatsalltag begann um halb sieben mit Morgengeläut und Waschen im Fluss, die Schüler bereiteten selbst ihr Frühstück zu, gingen zur Frühandacht und hatten bis zehn Uhr Lektionen. Danach musste der Missionar ins Warenmagazin, um Arbeiter zu entlohnen oder von Einheimischen per Tauschhandel Proviant und Baumaterial zu erwerben. Ihr Mittagessen kochten die Schüler ebenfalls selbst, ab 14 Uhr arbeiteten alle Kinder und Jugendlichen auf den Pflanzungen, jäteten Unkraut, holten Wasser, besserten Wäsche aus, putzten die Räume oder machten Botengänge. Als unentlohnte Arbeitskräfte trugen sie zu den Schulkosten bei. Gegen 17:30 Uhr, eine halbe Stunde vor dem immer zeitgleichen Sonnenuntergang am Äquator, verteilten die Missionare Maniok, Trockenfisch, Kochbananen und Früchte für den Abend. Vor dem Essen läutete es noch einmal zur Abendandacht. An Festtagen wie Weihnachten erhielten die Kinder, wie schon zu Nassaus Zeiten, kleine, von Sponsoren in Übersee gestiftete Geschenke wie Taschentücher oder Puppen für Mädchen, Angelhaken oder Schnitzmesser für Jungen. Spätestens 1899 kam es zur weiteren Disziplinierung der Schüler durch Sport, und fotografierte Szenen erinnern dabei an einen Exerzierplatz.

Von der Intelligenz seiner oft so träge wirkenden Schüler sei er verblüfft, vertraute Missionar Faure den Freunden der Mission an. So unähnlich seien sie den Europäern gar nicht, folgerte er, siedelte sich allerdings in einem Wortspiel zu den »Galois« und den »Galoas« gleichsam in der Prähistorie an: »Et qui sait si les petits Gaulois d'il y a deux mille ans n'auraient pas ressemblé aux petits Galoa d'ici?«[117] Im Ruhestand verfasste der desillusionierte Faure teils düstere Traktate über seine Missionserfahrungen in

---

116 Zit. n. Favre, 2006, S. 197.
117 Zit. n. Favre, 2006, S. 59.

6.2 Félix Ombagho

Abb. 18: Internatsschüler der Station Lambaréné mit einem französischen Missionar als Turnlehrer, eventuell Lesage, 1899

Äquatorialafrika, darunter *Sous le soleil de Satan* (1931), *Obam*[118] *et son fétiche* (1932) und *Le diable dans la brousse* (1934), eine Erzählung über den »Aberglauben« der »Menschenfresser«. Mitunter verrät Faure den Grad an Verzweiflung und auch Staunen über parallele Wahrnehmungswelten: »Voilà nos Nègres africains! Comme ils sont loin de nous! [...] Incompréhension mutuelle de deux mentalités agissant dans des sens parallèles mais non opposés!«[119] Um Afrikaner zu verstehen, riet er, solle man dahin gehen, wo es keine Weißen gebe. Erst im tiefen Urwald erschließe sich das Geheimnis. Man müsse beobachten, ohne selbst beobachtet zu werden, so erlebe man Tänze für Geister und die Tristesse der Umnachtung, worin die Kindheit der Menschheit besichtigt werden könne – ganz gemäß der zeittypischen, rassistischen Anthropologie.

In seiner Anthologie *Obam et son fétiche* schilderte Faure die wunder-

---

118 »Obam« ist etymologisch mit «Obama» verknüpft. Der Name kommt in West- und Zentralafrika in Kamerun, Äquatorialguinea und in Kenia vor, woher Barack Obamas Vater stammte.
119 Zit.n. Favre, 2006, S. 133.

Abb. 19 & 20: Titelblatt von Faure: *Le Diable dans la Brousse*, 1934 (links). Spendern und Förderern der Mission wurde das »dämonische Heidentum« auch visuell eindringlich vermittelt. Titelblatt von Faure: *Obam et son fétiche*, 1932 (rechts). Der junge Obam lernt unter Anleitung von Missionaren auf seine Fetische zu verzichten.

same Wandlung des »Pahouin«-Jungen Obam, der ohne sein Schutzamulett, ein Säckchen aus Schlangenhaut, nicht leben zu können glaubt. Als Obam sich einen Dorn in den Fuß tritt und eine Sepsis droht, bringt ihn sein Vater Nze auf eine Missionsstation. Dort genest der Patient ohne die Hilfe von Fetischpriestern, allein durch Medikamente und Pflege der Weißen. Obam befreit sich von seiner Verblendung. Er wird die Missionsschule besuchen, Kleidung tragen und Körperpflege lernen.[120] Obam, lässt sich davon überzeugen, auf seinen »Fetisch« zu verzichten – diese Trope ist jedes Mal der Höhepunkt des missionarischen Narrativs. Nach Rückschlägen, die zur Dramaturgie gehören, wird Obam ein solider Christ, der andere bekehrt. Ungezählt sind die didaktisch-moralischen Erbauungsnarrative dieser Art, die in der Mission Anwendung fanden und die Gemeinden daheim in den Metropolen bei der Stange hielten.[121]

---

120 Faure, Félix: *Obam et son fétiche*. Paris, 1932, S. 13.
121 Vgl. u. a. Altena, Thorsten: *Ein Häuflein Christen mitten in der Heidenwelt des dunklen Erdteils. Zum Selbst- und Fremdverständnis protestantischer Missionare im kolonialen Afrika 1884–1918*. Münster u. a., 2003.

Briefe aus »Französisch-Kongo«

Als aufstrebender Mitarbeiter der SMEP begann Ombagho seine Korrespondenz mit Élie Allégret und dessen Frau Suzanne, wenn diese auf Heimaturlauben in Basel oder Paris waren. Meistens gerichtet an »mon cher père blanc« oder die »chers parents blancs«, stellen die Briefe außergewöhnliche zeithistorische Zeugnisse aus der Region am Ogowe dar.[122] Rund hundert Briefe Ombaghos überwiegend aus den Jahren 1899 bis 1909 sind im Archiv der Pariser Missionsgesellschaft aus dem Nachlass Élie Allégrets erhalten. Es ist zu vermuten, dass einige Briefe fehlen. Nach 1909 schrieb er nur gelegentlich, der Strom seiner Briefe an die Allégrets versiegte 1939 vollends. Ab 1940, dem Jahr der Besatzung Frankreichs durch die Wehrmacht und der Allianz von Afrique Équatoriale Française mit General de Gaulles Forces Françaises Libres, war der Postverkehr mit Vichy-Frankreich abgeschnitten. Im selben Jahr starb Élie Allégret Ende Oktober in Paris.

Überaus ungewöhnlich ist es, dass überhaupt die private Korrespondenz eines Afrikaners aus Gabun mit einem hohen Funktionär der Pariser Mission zustande kam – und dass sie aufbewahrt wurde. Im *Journal des Missions* wurden zwar gelegentlich Dankesbriefe oder fromme Grußworte einheimischer Evangelisten abgedruckt, darunter auch von Allégret ausgewählte Auszüge aus den Briefen Ombaghos. Dort fanden sich aber keine Texte in dem persönlichen Ton, den der »fils noir« den Allégrets gegenüber anschlug. In fast jedem seiner Briefe erstattete Ombagho, zugleich Kundschafter, Ziehsohn und Protegé der Allégrets, Bericht von der Lage auf der Missionsstation. Er zählte auf, wie viele neue Katecheten angemeldet wurden, wie gut die Gottesdienste an Ostern oder Weihnachten besucht waren, welche Taufen, Geburten und Todesfälle es gab. Er informierte darüber, ob sich Lebensmittel verteuerten, welche Gebäude renoviert werden mussten, welche Gerätschaften benötigt wurden. Ombagho behielt die anderen Missionare am Ort im Auge, und durch ihn erfuhr Allégret, wer dem Druck des Alltags gewachsen war, wer nicht, wer beliebt war, wer nicht, und ob sich jemand um Gemeinde, Schulbetrieb und Seelsorge kümmerte oder sich lieber als Buchhalter zurückzog ins Magazin, das Lager für Lebensmittel und Werkzeuge. Je erfahrener er wurde, desto mehr suchte Ombagho auch die Personalpolitik zu beeinflussen. Als Lobbyist der Station, aus deren Budget er selber und ein

---

122 Briefe an Élie Allégret, darunter auch die von Ombagho, stellte der Fonds Allégret dem Archiv der Pariser Missionsgesellschaft aus dem Nachlass der Allégrets zur Verfügung.

Dutzend weiterer Ortskräfte entlohnt wurden, lag Ombagho daran, dass Talagouga materielle Zuwendungen und Aufmerksamkeit erfuhr.

Von den vier Stationen am Ogowe, die die Pariser Missionsgesellschaft seit Ende des 19. Jahrhunderts betrieb – Lambaréné, Talagouga, Samkita und Ngômô – besaß jede, neben ihren konfessionellen Internatsschulen für Jungen und Mädchen, ihre Spezialaufgaben. In Talagouga, am weitesten flussaufwärts gelegen, wurde teilkommerzielle Landwirtschaft betrieben sowie bis 1899 das Sägewerk, das Möbel und Planken für Bauten produzierte und Lehrlinge ausbilden sollte. »Il est indispensable que l'indigène apprenne à travailler et à aimer le travail, seules les missions peuvent apporter cela«[123], hatte Allégret im Januar 1904 dem Komitee der SMEP mitgeteilt – eine Botschaft, wie sie Nassau oft vergeblich nach New York und New Jersey geschickt hatte. Berufsausbildung sollte die Konvertiten davor bewahren, in Armut zu geraten, wenn ihr Clan sie als Christen nicht mehr akzeptierte, und allgemein sollte sie Arbeitsethos und Disziplin befördern. Erst 1910 gründete sich die Société agricole et industrielle de l 'Ogooué, der Allégret voranstand. Vor der Gründung waren Neuigkeiten aus Talagouga für Allégret besonders relevant, und mit Ombagho verfügte er über einen exzellenten informellen Informanten.

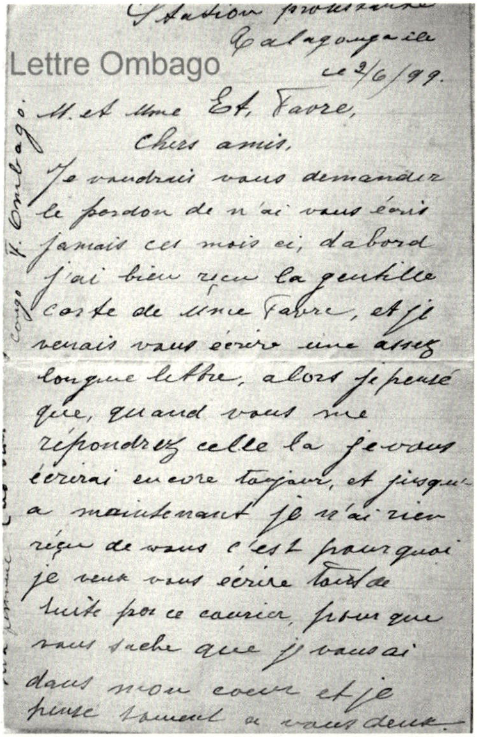
Lettre Ombago

Station protestante
Talagouga le
le 2/6/99.
M. et Mme Et. Favre,
Chers amis,
Je voudrais vous demander
le pardon de n'ai vous écris
jamais ces mois ci; d'abord
j'ai bien reçu la gentille
carte de Mme Favre, et je
venais vous écrire une assez
longue lettre, alors je pensé
que, quand vous me
répondrez celle la je vous
écrirai encore toujours, et jusqu'
a maintenant je n'ai rien
reçu de vous c'est pourquoi
je veux vous écrire tout de
suite par ce courrier, pour que
vous sache que je vous ai
dans mon coeur et je
pense souvent à vous deux.

Abb. 21: Ombaghos Handschrift in einem Brief vom Juni 1899 an Bertha und Etienne Favre

123 Élie Allégret, 20.1.1904. Zit. n. Faba, Jean-F.: *La société agricole et industrielle de l'Ogooué (SAIO), Service protestant de mission (Défap)*. Paris, 2011, S. II.

6.2 Félix Ombagho

Abb. 22: Ombagho und Allégret bei der Arbeit auf der Veranda der Missionsstation, vermutlich bei Vorbereitungen für Gottesdienst oder Unterricht auf Talagouga. Auf dem Tisch stapeln sich Bücher und Folianten.

Abb. 23: Gruppe von Evangelisten in Gabun, um 1900. Vorne links im dunklen Jackett sitzt Ombagho.

Briefe aus »Französisch-Kongo«

Abb. 24: Katecheten und Lehrer der Pariser Mission, 1898.
In der hinteren Reihe links steht Ombagho.

Der früheste im Archiv erhaltene Brief Ombaghos datiert vom 24. September 1899. Weitere müssen vorausgegangen sein, denn er beginnt mit der Zeile: »Encore un ou deux mots pour vous raconter la tristesse et la joie que j'ai ici aujourd'hui.«[124] Am 15. März 1899 war der zweite Sohn von Akérémanga und Ombagho geboren worden, getauft auf die referenzreichen Namen Théophile Élie Ogooué, der das Bekenntnis zur Konfession und die Loyalität zum »weißen Großvater« Élie Allégret ebenso manifestiert wie die lokalpatriotische Verbundenheit mit der Region am Fluss. Genannt wird das Geburtsdatum in einem Brief vom 2. Juni 1899, den Ombagho an Bertha und Etienne Favre schrieb, die Missionarsfreunde im Schweizerischen Neuchâtel.[125]

Auch in diesem letzten Jahr des 19. Jahrhunderts setzte sich das koloniale Wettrennen fort. In Südafrika, wo Briten und Buren einander bekämpften, nahm der junge Winston Churchill an Feldzügen um lukrative Goldminen teil und der in Indien geborene Brite Rudyard Kipling veröffentlichte seine berühmt gewordene Ballade *The White Man's Burden*. Anlass war die Einnahme Kubas und der Philippinen durch die Vereinigten Staaten, die Kipling zu mehr kolonialem Engagement anspornen wollte: »Go bind your sons to exile«[126]. In China organisierte sich 1899 ein Geheimbund gegen Kolonialherrschaft und Missionare zum »Boxeraufstand«, in Berlin wurde die Urkunde über Deutschlands Inbesitznahme von West-Samoa unterzeichnet.

Albert Schweitzer verbrachte den Sommer 1899 in Berlin, wo er unter anderem ein Kolleg von Georg Simmel besuchte, im Haus der Witwe des Gräzisten und Archäologen Ernst Curtius verkehrte und in der Kaiser-Wilhelm-Gedächtniskirche an der Orgel üben durfte. Er genoss die Universität und die Atmosphäre von »gesundem Selbstbewußtsein« Berlins, das

---

124 Hier und nachfolgend wird aus den Brief-Manuskripten Ombaghos zitiert. Die Défap-Archivnummern der Briefkonvolute lauten: 1899: 2257, 1900: 2273–4, 1901: 2288–9, 1903: 2312, 1904: 2322–3, 1905: 2336–7, 1906: 2351, 1907: 2368–9, 1908: 2378, 1909: 2392, 1910: 2401, 1913: 2434, 1919: 2519, 1922: 2548, 1923: 2561, 1929: 2653. Bis auf wenige Ausnahmen sind die Briefe an Élie Allégret und/oder Suzanne Allégret gerichtet. Die teils vom Standardfranzösisch abweichenden Schreibweisen Ombaghos wurden beibehalten.
125 Favre, 2006, S. 195. Der Enkel des Missionarspaares hat die Geschichte der Afrikaaufenthalte seiner Großeltern mit der Hilfe von Archiven und Historikern gewissenhaft rekonstruiert.
126 Kipling, Rudyard: *Collected Verse*. London, 1912, S. 215.

er von »einem zuversichtlichen Glauben an die Führer seiner Geschickte getragen« sah – all das im Gegensatz zum damaligen »durch den Dreyfusprozeß zerrissenen Paris«.[127] Einmal mehr beweisen seine Notate, wie wach er die aktuelle Politik verfolgte.

In Gabun war das berüchtigte Konzessions-Regime eingeführt worden, das Frankreich de facto zum Monopolisten des Ressourcenreichtums machte, dem Kongo-Freistaat nacheifernd. Per Dekret und über Nacht gelangten Genehmigungen zur Ausbeutung von Primärrohstoffen wie Tropenholz und Kautschuk vollständig in französische Hände. Die Gründung der Société de Haut Ogooué hatte Konzessionen von über 104 000 Quadratkilometer an Franzosen verteilt, teils mit der Unterstützung belgischer Händler, die ihre Erfahrungen aus Leopolds Kongo mitbrachten. Einheimische und andere ausländische Geschäftsleute wurden vom Handel so gut wie ausgeschlossen. Das führte zum Aufbegehren auch bei einem rebellischen, einheimischen Händler wie Emane Tole[128] und bei deutschen und britischen Handelsleuten. Konflikte mit der Monopolgesellschaft waren nun am Ogowe an der Tagesordnung.

Eine glühende Streitschrift hatte der britische Publizist und Politiker Edmond Dene Morel zur Verteidigung der nicht-französischen Händler verfasst, die nur noch unter großem Druck und Schikanen ihre wenigen Geschäfte abwickeln konnten. Morel, bekannt vor allem wegen seiner Interventionen gegen die Gräuel im Kongo-Freistaat Leopold II., beklagte, Sinn und Zweck der Berliner Kongo-Akte von 1885, die allen Akteuren Freihandel garantieren sollte, werde von Belgiens König wie von Frankreich in ihr Gegenteil verkehrt. Der französische Handel sei unterwandert von einer belgischen Clique, einer kriminellen Vereinigung, die Fehler der Franzosen seien »truly colossal«, das »gigantic misunderstanding«[129] dürfe kein Europäer dulden. An die Stelle des freien Handels seien Zölle, Lizenzen, Konzessionsgrenzen, Preispolitik und Zwangsarbeit getreten, Ausbeutung und neue Sklaverei, mit der sich Frankreich gemein machte. In Geheimdossiers würden Anweisungen für Schikanen gegen »fremde« Händler verbreitet, etwa zu Razzien und willkürlichem Beschlagnahmen von Ware. Wie Briten behandelt würden, sei »scandalous to the extre-

---

127 Schweitzer, [1931] 1971b, S. 43.
128 Vgl. den Schluss von Kap. 6.1, wo der Fall Emane Tole ausführlicher dargestellt ist.
129 Morel, Edmund D.: *The British Case in French Congo. The Story of a Great Injustice, its Causes and Lessons*. London, 1903, S. IX.

me«[130], das System »monstrously injust upon the merchant and the native alike«[131], nichts als »outrage and atrocity«[132], und in der Summe »a perversion of facts, a prostitution of law and order.«[133] Geschädigte waren Firmen wie Hatton & Cookson aus Liverpool, in Libreville seit 1851 präsent, und in Lambaréné seit Mitte der 1870er Jahre. Mittlerweile hatten britische Firmen, bis auf einige am Ogowe, die meisten ihrer Niederlassungen aufgegeben. Im Unterschied zum Kongo-Freistaat allerdings verfügte Französisch-Kongo nicht über eine zahlenstarke einheimische Armee, um Zwangsarbeit mit massiver Gewalt durchzusetzen. Um 1910 gab es gerade einmal 500 einheimische Soldaten in Uniform, am Ogowe bereitete mangelndes administratives Management permanent logistische Probleme. Gleichwohl, die Umstellungen für die Bevölkerung waren enorm. In seiner großen Rekonstruktion der »geschichtslosen« Gebiete Zentralafrikas, resümierte Jan Vansina: »The familiar old ways of life were reeling under such novel calamities. The people in and around the rainforests had lost political control and with it the initiative for creating institutions to cope with the new order.«[134]

Noch fern von Afrika formulierte der 24-jährige Albert Schweitzer Ende 1899 an seinem Schreibtisch im Elsass seine ersten Predigten. Im Juli war er zum Doktor der Theologie promoviert worden, im Dezember trat er als Lehrvikar an der Straßburger St. Nicolai-Kirche ins Kirchenamt ein. 5 500 Kilometer weiter südlich saß der gleichaltrige Félix Ombagho an einem Schreibpult der Mission am Ogowe und verfasste Briefe nach Frankreich. Seine Adressaten waren Schweitzers Glaubensgenossen, das Missionarsehepaar Allégret. Es hatte im Sommer 1899, nach der Geburt des dritten Sohnes, den Ogowe verlassen, die Geschwister Nassau waren 1899 wegen des »Skandals« um Anyentuywe nach Kamerun versetzt worden. Zum ersten Mal lebte Ombagho gänzlich ohne weiße Ersatzeltern am Ort. Subjektiv sah er sich, wie der Ton der Briefe nahelegt, ein wenig als legitimer Statthalter der französischen wie der amerikanischen Missionare, unter denen er aufwuchs. Anderen Afrikanern war er durch seine intime Kenntnis der »Weißen« überlegen, neuen Missionaren aus Europa konnte

---

130 Morel, 1903, S. 2.
131 Morel, 1903, S. XX.
132 Morel, 1903, S. 28.
133 Morel, 1903, S. 146.
134 Vansina, 1990, S. 245.

er, auch aufgrund seiner Mehrsprachigkeit, allemal das Wasser reichen. Doch der Status eines Assistenten der Weißen entsprach nicht der Rolle, die er hätte ausfüllen können. Vor allem am Beginn der Korrespondenz scheint Ombagho seine inferiore Position damit zu kompensieren, dass er sich als derjenige darstellt, der den Allégrets wie kein anderer berichten kann, da er ihre Position und ihre Anliegen kennt.

Am 24. September 1899 schrieb er stolz vom Gelände einer neuen Gemeinde der Mission, schilderte deren Eröffnung und beschwor die Allégrets, sie mögen doch zurückkommen und die neu errichtete Kapelle in Augenschein nehmen. Missionar Daniel Couve habe den »Sündern« gut gepredigt, diese seien »content d'avoir comme sauveur Jésus.« Ombaghos Handschrift ist regelmäßig und klar, sein Stil zunächst beflissen, ergeben. Sein Duktus bleibt auch dann noch fromm, als er, erst unterschwellig, dann direkter, Zorn über seine Ungleichbehandlung ausdrückt. Im Lauf der Zeit wurde Ombagho bewusst, dass die weiße Familie in der Ferne mit dem »fils noir« weniger Innigkeit wünschte, als er mit ihr, und er begann, unter der Asymmetrie zu leiden.

Am 21. April 1900 antwortete Ombagho auf eine Karte, die ihm die Allégrets kurz nach ihrer Abreise, noch vom Hafen Cap Lopez, geschrieben hatten. Es stimme ihn traurig, ließ er sie wissen, dass sie ihn wohl niemals nach Frankreich mitnehmen würden. Er habe sich auf einer Flussfahrt daran erinnert, wie sie einmal gemeinsam gepicknickt hatten. Auf der Reise zu den Annexen, berichtet er, hatten örtliche Bewohner den Missionar und ihn für einen französischen Gouverneur und dessen senegalesischen Soldaten gehalten und waren erleichtert, als sich herausstellte, dass es sich um den »Missionar von der Insel« und ihn handelte. Beide schlichteten dann dort, wie für Missionare üblich, lokale Streitigkeiten: »Nous avons reglés toutes les palavres«. Unterwegs erreichte sie ein Bote mit Nachricht von Missionar Lantz: Der kleine Sohn eines Missionars, Henri Moschetto, sei schwer erkrankt. Zurück in Talagouga erfuhren sie vom Tod des Kindes. Die Eltern seien in tiefer Trauer. Todesnachrichten fügte Ombagho meist als eher lakonische Nachsätze an. Man war an sie gewöhnt.

Im selben Brief teilte Ombagho mit, dass sein alter Freund und Schulkamerad Rossatonga – der mit ihm und Allégret die lange Expedition gemacht hatte – den Dienst auf der Mission quittiert habe, und tröstete christlich: »Jésus reste avec nous, chers parents blancs.«

Um 1900 hatte die Station Talagouga mit etwas Subsistenzwirtschaft begonnen, um für frische Lebensmittel nicht von Käufen aus Pflanzungen

Abb. 25:
Teisserès im Palaver oder beim Predigen in einer Siedlung der Fang, um 1905

der Umgebung abhängig zu sein, etwa wenn Flussanrainer den Boykott der Weißen als Druckmittel einsetzen, wie Jahre zuvor Emane Tole. Stunden vergingen mit Einkauf und Feilschen anstatt Unterricht und Gottesdienst, das sollte sich ändern. Kaffee, Kakao, Gemüse, Obst, Hühner, Ziegen und Gewürze wie Vanille boten auch eine kleine Einnahmequelle, Lohn und Arbeitsplätze vor Ort konnten außerdem Gemeindemitglieder von den Verlockungen der Ortschaften wie Ndjolé und Lambaréné fernhalten, wo Alkohol und »Sittenlosigkeit« drohten. Die Tischlerei, die Allégret auf Talagouga eingerichtet hatte, bildeten die Grundlage für das später gegründete Sägewerk, und es entstand die kleine Société agricole et industrielle de Ogooué.[135] All diese Wunderwerke kamen aus Europa, das für meisten am Ort ein mythischer Name blieb. Als höchste Auszeichnung galt es beim Personal, mit einem der Missionare auf Heimaturlaub gehen zu dürfen, auch die Amerikaner hatten das Privileg einigen ihrer Lieblinge zukommen lassen. Ombagho träumte davon.

Am 29. April 1900 erwähnte Ombaghos Brief erneut einen Deserteur der Mission. Erst ging es um einen seiner Freunde, der wegen eines Konflikts nach Lambaréné versetzt werden sollte, was Ombagho offenbar erzürnte. Dann fügte er an, ein anderer junger Helfer plane den Weggang zum Kautschukhandel, darüber werde er, Ombagho, Stationsleiter Daniel Couve informieren. Strategisch demonstriert er Loyalität. Auf dem Original des Briefes wurde die Passage mit dem Abtrünnigen, der ins Kautschukgeschäft drängte, durchgestrichen, offenbar wollte Allégret Teile

---

[135] Vgl. Faba, 2011.

des Briefes im *Journal des Missions* bringen und hatte dem Setzer und der Redaktion signalisiert, welche Passagen dafür vorgesehen waren. Ominös deutete Ombagho in diesem Brief an, dass auch ihn etwas umtreibe: »J'ai des idées dans ma tête. Je vous le dis car je sais que vous maimé[136] pourtant.« Weiter gab er nichts preis. Er denke häufig an die Allégrets und die Kinder versicherte er vorsorglich. Von seinem eigenen Sohn Élie Théophile erzählte der Vater stolz, dass er zu Laufen anfange. Seine und Akérémangas Söhne Théophile und Théodore wurden bei den Missionaren »les deux Théos« genannt. Auf einer Fotografie, die Vater und Söhne um 1906 zeigt, liest man in den Mienen des Älteren eine ähnliche Melange aus Renitenz und Enttäuschung, wie früher beim Vater. Offenbar hatte sich Théophile mit dessen Bitterkeit identifiziert. Der jüngere Sohn, in Briefen Ombaghos manchmal als kränklich geschildert, wirkt eher eingeschüchtert und scheu.

Im Juni 1899 war das Missionarsehepaar Lantz nach Talagouga gekommen, Valentine Lantz, geborene Ehrhardt, war eine Schwester von Suzanne Allégret. Überlastet sei sie, berichtete Ombagho am 29. April 1900 weiter, ihr versagten als Leiterin der Schule oft die Kräfte, und ihr Gatte könne nicht umherreisen, da er in ihrer Nähe bleiben müsse. Lantz, die in den Tropen einen kleinen Sohn bekam, verriet in ihren Briefen wenig von ihrer Erschöpfung und schrieb im Oktober 1899 Jahres stolz, sie unterrichte bereits 45 Mädchen und 77 Jungen an der Schule der Mission.[137] Im Dezember 1900 vermeldete Ombagho, nun gebe es 80 Mädchen und 75 Jungen an der Schule, 31 Taufen seien vollzogen worden, 227 Katecheten in der Ausbildung, und die Kollekte habe 103 Dollar eingebracht. Nach einer Übersicht über die anderen Stationen und die überall herrschenden personellen Engpässe schloss Ombagho seinen Brief mit der oft verwendeten, appellativen Wendung: »Mon cher père, n'oublie pas notre pauvre, petite mission. Votre fils Ombagho.«

Ab Mai 1900 verbrachte Ombagho einige Wochen an seinem Herkunftsort Igenja, schrieb am 25. Mai 1900, er wolle dort für seine Familie ein Haus errichten, und rechtfertigt damit, dass er auf dem Hinweg nicht noch länger bei Missionar Haug in Ngômô geblieben war, der ihn darum

---

136 Gemeint ist »vous m'aimez«. Ombagho schreibt ausgezeichnetes Französisch, seine einzige, über die Jahre leicht abnehmende Schwierigkeit ist das Unterscheiden homophoner Wörter, wie hier.
137 Lantz, Valentine: Briefe. In Société des Missions Évangéliques (Hg.), *In Memoriam Valentine Lantz, née Valentine Ehrhardt. 1873–1906*. Paris, [1906] 1941, S. 32f.

gebeten habe – ihm war offenbar vor Augen, dass Haug mit den Allégrets korrespondieren und negativ über ihn berichten könnte. Im Juni wolle er dann mit Missionar Faure über Lambaréné und Ndjolé zurückkehren nach Talagouga. Betrübt erwähnte Ombagho, dass bei der Havarie einer Piroge sein Bücherbündel ins Wasser gefallen war, darunter das »dictionnaire«, das ihm die Allégrets geschenkt hatten, und auch sein »jolie testament«, sein schönes Exemplar des Neuen Testaments. Schuld sei Cousin Rossatonga, der beim Aussteigen das Boot umkippen ließ. Womöglich wollte Ombagho Rossatonga in schlechtes Licht setzen und die kolonialen Adoptivkinder befanden sich in Geschwisterrivalität. Anders als sonst unterzeichnete er als »votre garçon du Congo«.

Auf den 17. Juni 1900 datiert Ombaghos nächster Brief aus Igenja. Missionar Faure sei betrübt über Rossatongas Weggang, teilte er mit, und benannte die Reisepläne des weißen Personals, ihre Abwesenheiten, die vielen Abschiede. In solchen Passagen wird spürbar, wie verunsichernd die Fluktuation der Weißen auf Ortskräfte wirkte. Kaum jemand mehr blieb so lange am Ort wie der Pionier Nassau. Zeitlich begrenzte Einsätze, lange Heimaturlaube, Tropenkrankheiten und frühe Tode machten dauernden Personalwechsel notwendig. Wer wann auftaucht und wie lange bleiben wird, darüber waren die Ortskräfte stets im Ungewissen. Jeder neue Vorgesetzte konnte für Lohn und Arbeit existenzielle Bedeutung haben, und kaum ein »père blanc« hielt, was er verhieß. Für Kontinuität auf den Stationen sorgten allein die lokalen Mitarbeiter, und ihre Autorität war eng begrenzt. Sie sollten ihre Rolle als »enfants noirs« wechselnder »pères blancs« oder »mères blancs« spielen, deren symbolische Macht Raum und Zeit der Mikrokolonie durchwirkte. Deren Erhalt blieb Garant für die Waren und Optionen, die mit ihnen verbunden waren, doch die Fluktuation ließ das System brüchig werden, fragil. Ombagho hatte die Mechanismen der Macht verstanden, er kämpfte für sich und seine Familie um seinen Platz darin und schien latent stets auf Erschütterungen gefasst.

Umso einleuchtender wird der lokale Ruhm, den weiße Tropenkolosse wie Nassau und Schweitzer genossen, die über Jahrzehnte, trotz Unterbrechungen, verlässliche Präsenz zeigten. Ohne ihr auch physisches Beharren wäre ihr Nimbus undenkbar. Für den lokalen Magnetismus der Missionsstationen sorgten zudem die wenigen weiteren, perennierenden »pères blancs« wie Allégret.

Ombagho blieb beiden Nassaus innerlich treu, hütete sich aber meist den Allégrets gegenüber, seine früheren »white parents« zu erwähnen.

Abb. 26: »Ombagho et ses deux Théos« ist auf dem Foto vermerkt, das Ombagho mit seinen beiden Söhnen Théodore (rechts) und Théophile (links) zeigt, um 1906.

Nur Randbemerkungen lassen seine Sehnsucht nach den Nassaus erkennen. Nach Jahren der Korrespondenz gestand Ombagho den französischen »Eltern«, wie sehr er hoffte, der Einladung von Nassaus Schwester Isabelle zu einem Besuch in Kamerun folgen zu dürfen, wo sie mit dem Bruder auf der Station Batanga lebte.

In einem Brief vom 17. Juni 1900 klagte Ombagho über Kopfschmerzen, er würde am liebsten bei der Familie in Igenja bleiben, dort sei zudem seine Großmutter erkrankt. Aber er sei ja nicht wie die anderen – vermutlich eine Anspielung auf Rossatongas Desertion –, sondern werde zurückkehren zur Station. Möglich, dass er die Spannung zwischen den Loyalitäten signalisierte, zwischen der Herkunftsfamilie und der Mission als Ersatzfamilie. Beiden sah er sich verpflichtet, von beiden erhoffte er Gratifikation. Indem er zurückkehre auf die Station, fügte er an, verlasse er »alles«. Um allerdings den harthörigen Allégrets das Ausmaß seines Opfers vor Augen zu halten, musste Ombagho noch erheblich direkter werden.

Am 17. Juni 1900 schilderte er seine Eindrücke von der Station Lambaréné, die er auf der Reise zur Familie besucht hatte. Bei aller Kritik galt sie als Mustermission und Ombagho entwarf daran die ersehnte Weiterentwicklung von Talagouga, wo der Kirchenbau unbedingt die Dimension des Gotteshauses von Lambaréné erlangen müsse. Der Schlafsaal des Internats in Lambaréné messe 25 mal 7 Meter, rechnete er vor, es gebe in Lambaréné eine Küche eigens für die Schulkinder! Es existiere ein mit Wellblech gedecktes Hospital, womit er vermutlich die von Nassau eingerichtete Ambulanz meinte. Missionare versorgten dort unterdessen mit Erste-Hilfe-Ausrüstungen sich und andere, ein Mediziner war noch nicht am Ort. »Tout ça«, lautete Ombaghos Résumée, »est grand et joli.« Dass die Station Lambaréné ein Schmuckstück am Ogowe war, hatte auch Valentine Lantz erkannt, die im Juni 1899 von einer wahren Parkanlage schwärmte: »La station de Lambaréné est très belle, au milieu d'un vrai parc.«[138]

Im selben Brief fragte der junge Vater Ombagho nach europäischem Interieur für sein Haus in Igenja. Er kannte sich aus und wurde konkret. Die Allégrets möchten Missionar Faure mitteilen, er solle in Frankreich einen Tisch aus Rosenholz sowie ein Kanapee und ein Bett für ihn bestellen: Schon einmal sei diese Bitte nicht ausgerichtet worden. Vermutlich fanden die Adressaten solche Ansinnen eines afrikanischen Evangelisten überkandidelt bis dreist und charakteristisch für »évolués«, alphabetisierte, europäische Kleidung tragende Einheimische, denen nachgesagt wurde, dass sie ihren Status verkennen. Regelmäßig kehrten Ombaghos Wünsche wieder, etwa auch der nach einem Abonnement für das *Journal des Missions*. Ebenso regelmäßig wurden sie offensichtlich meist übergangen.

Zurück in Talagouga dankte Ombagho den Allégrets am 15. Juli 1900 für deren Brief vom 15. Mai aus Basel. Er sehne sich danach, mit Élie Allégret zu reden, zu reisen und religiöse Schriften in die Sprache der »Pahouins«, der Fang, zu übersetzen. Zum Wettlauf mit den römisch-katholischen Missionaren vermeldete er Erfolge. Sie bekämen in den dörflichen

---

138 Lantz, [1906] 1941, S. 18.

Gemeinden der Protestanten keinen Fuß mehr auf den Boden: »Tous les catéchistes catholiques sont tous partis des annexes.« Generell seien die Katholiken geschwächt, man brauche aber dringend mehr Katecheten sowie ein stationseigenes Boot. Weiter war der Wunsch nach einer Europareise virulent, und er klagte mit verstecktem Vorwurf: »J'ai personne pour m'amener en France.« Keiner der mächtigen Weißen, die reisen konnten, ließ sich herab, einmal den jungen Mann mitzunehmen, der am Ort ihre Angelegenheiten regelte, seinen Zorn im Zaum hielt – und hier dezidiert als Schwarzer unterschreibt: »votre fils noir du Congo et Talagouga«.

Seine Briefe vom 21. und 25. Juli 1900 warnten, die Missionsmitarbeiter der Galoa könnten wegen Ärger mit jenen der Fang, der »Pahouins«, die Station verlassen. Wo interethnische Konflikte das Missionsleben stören, wache Ombaghos Auge, so suggeriert er, wie das eines weißen Missionars, aus supraethnischer Haltung: »Moi je surveille les Galoas et les Pahouins.« Auf die dann abgeleistete Chronistenpflicht folgten erneut Bitten. Er wünschte sich Abzüge von Fotografien, die Allégret von Akérémanga und Théophile aufgenommen hatte, er wolle Isabella Nassau auf der Station Batanga in Kamerun besuchen und ihr die Bilder mitbringen: »Pardon, Miss Nassau m'a demandé que quand j'irais la voir je dois lui apporter quelques photographes que je collecterais de mes missionnaires.« Indem er »mes missionnaires« betonte, schien er möglicher Eifersucht der Allégrets auf die Nassaus den Wind aus den Segeln nehmen zu wollen. In jeder Kommunikation mit Weißen musste Ombagho Stratege bleiben und das Machtgefälle im Blick behalten, ob als Mitspieler, Zaungast, Dolmetscher, Evangelist, ob als Imitator der Weißen oder als deren Amateur-Ethnologe, er durfte sich selten leisten, seine Beweggründe ungeschützt auszusprechen.

Wie diese Anspannung ihn fordert, ist im Brief vom 12. September 1900 spürbar, worin er sich bedankte für ein Exemplar des Neuen Testaments als Ersatz für das ins Flusswasser gefallene. Auch für Fotografien dankte er, doch offenbar fehlten genau die gewünschten Familienfotos der Ombaghos für »Miss Nassau« und er fügte verärgert an, er schäme sich vor denen am Ort, die ihn fragten, warum Monsieur ihn nicht längst schon einmal nach Frankreich geholt hat. In den folgenden Zeilen lenkte er den Ärger um auf den gemeinsamen Feind, den er so loyal bekämpfen helfe, die Katholiken. Sie stellte er nun wieder bedrohlicher dar, man müsse eilen, ihnen voraus sein. Pragmatisch setzte Ombagho noch hinzu, er wisse übrigens genau, wo man Backsteine und anderes Baumaterial für die Stationen in Samkita und Ngômô besorgen könne. Intime Ortskenntnis war der höchste Trumpf der Kolonisierten, darauf waren Colons wie die Missionare angewiesen. Ombagho beendete den Brief mit Vorschlägen, welche Nebenstationen zu halten seien – seine Adressaten wurden daran erinnert, dass sie ihn brauchten.

Am 14. September 1900 übermittelte Ombagho schlimme Nachrichten. Alle Weißen auf der Station seien erkrankt, auch die Lehrerinnen Madame Lantz und Madame Galley. Missionar Couve arbeite allein und sei erschöpft. Auch der Katholiken-Alarm sei akut, diese fischten »beaucoup, beaucoup« nach den begehrtesten Missionsobjekten, den »Pahouins«. Trocken erinnerte er abermals an die Foto-Abzüge. Für das Foto von Akérémanga (»Aké«) und ihm mit Sohn Théophile, ja, für sämtliche Fotos, die er aus Lambaréné und Talagouga möchte, wolle er zahlen: »Je vous payerai pour cela.« Es scheint, dass die Allégrets keine Lust hatten, ihrem Schützling Fotos für die Nassaus, die Veteranen von Lambaréné mitzugeben. Ein Bild, das nicht von Allégret stammt, zeigt Ombaghos Familie um 1910.

Abb. 27: Ombagho mit den Söhnen und Akérémanga, um 1910

Offenbar hoffte Ombagho bei Allégret auf keinerlei Verständnis mehr für die seit seiner Kindheit bestehende Verbindung zu Isabella und Robert Hamill Nassau. Sein Subtext lässt ahnen, dass es zwischen ihnen und den Allégrets Animositäten gab, sei es, weil Nassaus Ruf beschädigt war, sei es aufgrund reiner Ranggefechte zwischen den Missionaren. Denn Allégret, der dabei war, in der Société des Missions Évangéliques de Paris Karriere als Funktionär zu machen, wollte sich selbst als historischen Patron der »Kongo-Mission« gesehen wissen, überdies beanspruchte er Ombagho für seine Zwecke, eventuell misstrauisch gegenüber der Bindung an Isabella Nassau als soziale Mutter des Jungen Félix. Taktisch verschleierte Ombagho abermals seine Interessen und versuchte, der geplanten Reise zu den Nassaus den Anschein einer Pilgerfahrt zu verleihen: Er wolle in Batanga das Grab von »Mr. Good« besuchen, ausgerechnet jenes Reverend Adolphus Clemens Good, der Nassau 1893 in New York wegen des angeblichen Konkubinats mit Anyentuwe denunziert und den Skandal ausgelöst hatte, von dem »tout le monde« am Ogowe wusste.

Doch seine Reise zu den Nassaus musste Ombagho absagen, um in der Weihnachtszeit dem überlasteten Missionar Couve zur Seite zu stehen, wie er am 20. September 1900 mitteilte. Möglicherweise wurde der Plan bewusst vereitelt. Ombagho fügte an, Miss Nassau habe geschrieben, entweder er komme im Dezember oder es sei zu spät. Dass er seine Adressaten damit nicht rühren konnte, schien ihm bitter bewusst. Er blieb betont sachlich und fasste sich kurz. Enttäuscht erklärte er am 5. Oktober 1900, er habe Élie Allégrets Brief vom 13. Juni 1900 und einen von Suzanne Allégret vom 14. Juni 1900 eben erst erhalten, da Édouard Lantz, der Stationsleiter, vergessen hatte, ihm seine Post auszuhändigen. »Je ne veux pas dire mal des blancs«, beschwichtigte er, »mais je vous parle comme un enfant écrit les nouvelles à son père.« Der 25-Jährige appellierte an Reste vergangener Adoptiv-Väterlichkeit.

Vielleicht suchte Lantz die privilegierte Position Ombaghos bei den Allégrets, die doch ihm als Schwager mehr zustand, durch derlei Manöver zu sabotieren. Vielleicht war Lantz auch nur unaufmerksam, weil er in Trauer und Sorge war. Denn Ombagho meldete hier auch die Tragödie der Familie Lantz: Wenige Wochen nach der Geburt war ihr Sohn René auf der Station gestorben. Doch schnell kam er auf seine eigenen Kümmernisse zurück. Offen bekannte er im selben Brief seine Eifersucht auf Dodo, die afrikanische Amme der Allégret-Kinder, die nach Frankreich eingeladen wurde – sein Herzenswunsch ging jetzt für jemand anderes in Erfüllung. Er habe schon überlegt, die Station zu verlassen, drohte er. Überhaupt, Dodo könne nicht wirtschaften, sie sei mit 120 Dollar[139] verschuldet und

---

[139] Noch immer verwendete Ombagho die in der Zeit der US-Presbyterianer gängige Rechnung in Dollar statt Francs für die in Waren bezahlten und geschuldeten Beträge.

der Lohn aller sei zu gering, alles sei teurer geworden: »Je ne peux plus supporter tout ça!«, machte er seinem Ärger Luft, »je suis faché!« Mehrfach streute er auch Wörter auf Mpongwe ein. Auf der Station Samkita gebe es viel »njuke«, also Krach, Sohn Théophile sei »très oujômbo«, sehr aufgeweckt. Ombagho schien sich demonstrativ zu reafrikanisieren.

Kurz darauf, am 10. Oktober 1900, klang er moderater und schilderte seine Verdienste für die Mission. Er helfe beim Streitschlichten, bei »Palavern«, hob er hervor, sowie bei der Organisation und als Dolmetscher. Die Fang liebten die Mission, versicherte er, Missionar Lantz sei bei ihnen unterwegs, um Schulkinder für die Station einzuwerben. Dem Brief vom 17. Oktober 1900 ist zu entnehmen, dass sich Ombagho einen Stempel mit seinen Initialen angeschafft hatte – »F.O.« in Frakturschrift –, wie um seinen Mangel an Rang und Status zu kompensieren. Er wünschte sich auch Briefpapier mit Namen und Adresse, »comme ça: Félix Ombagho, Ogooué, Congo Français«, und sandte Grüße auf Mpongwe. Auch das Briefpapier erhielt er nie.

Doch unermüdlich fuhr Ombagho fort, Alltägliches und Außergewöhnliches zu berichten, über den Diebstahl von Wellblech, gedeihende Missionsschulen, den Mangel an Personal, das fehlende Boot für die Station. Am 13. Dezember 1900 vermeldete Ombagho, alle »Stämme«, »tribus«, sprächen von Krieg. Davon hatte er offenbar auf einer Tour durch die Konzessionen der Société de Haut Ogooué erfahren, auf der, wie er anmerkte, er zum ersten Mal im Leben die Wasserfälle von Okano sah. Unumwunden erklärte er, die Nassaus erwarteten seinen Besuch im Januar: »Le docteur est maintenant missionnaire de l'église de Batanga, il n'est plus le pasteur à Libreville.« Er wolle Nassau wiedersehen, wenn nicht jetzt, so doch im Himmel – Stolz und Vorwurf schwingen mit. Dann, wie zum Trost, erfuhren die Allégrets noch, ihr Weihnachtspaket an die Mission samt Fotos der Familie Allégret sei dort begeistert ausgepackt worden, auf der Veranda ihres früheren Wohnhauses.

Indes wuchs Ombaghos Widerstandsgeist, und am 3. Januar 1901 brachte er das Gefälle zwischen Schwarzen und Weißen direkt zur Sprache, aufgewühlt. Ein Schulmädchen war gestorben, das trotz Krankheit nicht behandelt wurde, ein Missionar hatte dem Kind unterstellt, es simuliere: »C'est une bonne leçon aux missionnaires aussi, ils doivent écouter un peu en ce que les noirs de la station leurs disent, surtout M. Lantz ne veut pas les conseils des noirs.« Erneut erwähnte Ombagho den Plan, im Januar die Nassaus zu besuchen, und war im Brief vom 25. Januar 1901 entschieden, auch ohne Placet zu reisen. Er schrieb aus Cap Lopez an der Küste, bereits von unterwegs, und verkündete: »Mon cher père, je vais á Batanga pour deux mois.« Missionar Couve liege auf der Krankenstation von Kângwe (Lambaréné), informierte er noch, was dafür spricht, dass die dortige Ambulanz trotz fehlender Mediziner auch stationäre Fälle aufnahm. Im Archiv finden sich keine Briefe aus Kamerun, doch Ombagho scheint tatsächlich dort gewesen zu sein, da er später einmal auf Eindrücke aus dem urbanen Douala Bezug nahm.

Als Internatsschüler in der Schweiz

Akérémanga und Ombagho wurden 1901 zum dritten Mal Eltern. Die Tochter erhielt mit »Isabelle« den Namen von Isabel Nassau. Mehrere Monate verbrachte Ombagho nach ihrer Geburt bei der Familie in Igenja. Dann, im September 1901, waren Suzanne und Élie Allégret selbst wieder am Ogowe, wie Valentine Lantz am 22. September 1901 in einem Brief mitteilte.[140] Sie blieben offenbar bis Ende 1902, daher die Lücke in der Korrespondenz, die sich erst im Dezember 1903 fortsetzte; dann jedoch schrieb Ombagho aus der Schweiz. Endlich hatte sich sein langgehegter Wunsch erfüllt, die Allégrets nahmen ihn mit nach Europa. Ihr Sohn Marc war im Dezember 1900 während eines Heimaturlaubs in Basel geboren worden, die Eltern verbrachten zunächst kürzere Phasen in den Tropen und kehrten Ende 1903 mit Rücksicht auf die Gesundheit aller ganz nach Europa zurück. Bei ihrer letzten Ausreise vom Ogowe gaben sie dem Drängen Ombaghos nach, nahmen ihn allerdings nicht als Gast in ihr Haus auf, sondern schickten den »fils noir« mit einem Stipendium in das lutherische Institut de Peseux bei Neuchâtel in der Schweiz, das Lehrgänge für angehende protestantische Religionslehrer und Missionare anbot.

Mit dieser biografischen Wende lernte Ombagho aus erster Hand die Milieus der Mission kennen, die er bisher nur im eigenen Umfeld erlebt hatte. Ab Mitte Oktober 1903 bis Anfang 1904 besuchte er die im Geist des liberalen Protestantismus am Stadtrand von Neuchâtel gegründete École Normale Évangélique de la Suisse Romande, über deren Haupteingang zum 25. Jubiläum im Oktober 1891 die Inschrift »Ora et labora«

---

140 Lantz, [1906] 1941, S. 52.

angebracht worden war.[141] Seit April 1872 residierte die unter anderem von Sponsoren aus Genf mitgetragene Bildungsanstalt im Château de Peseux, einem Gebäudekomplex aus dem 16. Jahrhundert mit Türmen, Giebeln und breiten Außenmauern, der am Seeufer liegt. Die Institution zählte bis 1891 mehr als 700 Absolventen, darunter 659 Schweizer, 25 Deutsche, 21 Franzosen und je einige wenige Eleven aus Missionsgebieten wie Russland, Türkei, Brasilien und Peru, sowie zwei Ägypter, einer davon »un nègre de la Nubie«[142], vermutlich der erste und einzige Schwarze vor Ombagho. Die meisten Schüler entsandte das Schweizerische Comité d'évangélisation et des missions, das mit der SMEP kooperierte.

Ombaghos neue Umgebung auf der Sprachgrenze zwischen der romanischen und der deutschen Schweiz muss eindrucksvoll und exotisch auf ihn gewirkt haben. Bibliothek, Großküche, Speisesaal, Schlafsäle und Badezimmer gehörten zum Anwesen, Quartiere für Personal, ein Kunstatelier, Musikzimmer, eine Turnhalle, Chemieräume, Gärten und ein Säulengang. Unterrichtet wurden moderne, aufklärerische Theorien wie die Evolutionslehre von Charles Darwin oder die Thesen von Blaise Pascal, Johann Heinrich Pestalozzi und Armand Piaget, ein Onkel des Pädagogen Jean Piaget, der hier eine Zeit lang Lehrer war. Viele Peseux-Absolventen gingen als Missionare nach Indien, Palästina, Nord- wie Südamerika und Afrika, die meisten wurden Lehrer im In- und Ausland. Ombagho verbrachte vier Jahreszeiten in einer Klimazone, die ihm sozial und kulturell fremd war, doch vom überwältigenden Novum des Ambientes ließ er sich in seinen Briefen an die Allégrets fast gar nichts anmerken. Vielmehr gab er sich fast ostentativ unbeeindruckt. Nur das sensationelle Erlebnis des ersten Schneefalls, den er je erlebte, teilte er mit.

Es gab in dieser Fremde auch Anknüpfungspunkte. In Peseux hatte unter anderem Auguste Jacot unterrichtet, ein Verwandter des Missionarspaars Jacot, das Ombagho aus Lambaréné kannte. Bei den Jacots, schrieb Ombagho am 5. November 1903, sei er zu Gast gewesen, auch bei einer Familie Montmoulin, die »bien aimable et solanel« sei – gemeint ist wohl »solenelle« –, vermutlich war es einen Hauch freudlos und pietistisch dort. Ein Brief an Etienne und Bertha Favre, die ebenfalls am Ort waren, nennt das Datum seiner Ankunft in der Schweiz, den 15. Oktober

---

141 Rougemont, Arthur de: *Les deux drapeaux. Conférence donnée en Suisse sur la Mission populaire évangélique de France.* Paris, 1891, S. 7ff.
142 Rougemont, 1891, S. 26.

1903.[143] Darin bat er die Favres um Geld für Briefmarken, damit er nach Hause schreiben könne, es sei ihm unangenehm zu fragen. Den Allégrets, die Ende 1903 nach Paris umsiedelten, vertraute er solche Wünsche damals offenbar nicht mehr an. An ein Taschengeld für den erwachsenen Internatsschüler hatten die Stipendiengeber, scheint es, nicht gedacht. Vor seiner Schulklasse, teilte er den Allégrets mit, habe er vom Alltag in Talagouga erzählt, und entschuldigte sich dafür, gegen Allégrets Verbot verstoßen zu haben, etwas von der Mission zu erzählen. Er sei doch darum gebeten worden, da er hier der erste Schwarze aus dem Kongo sei. Worauf sich Allégrets Anweisung bezog, wird nicht vollends klar. Eventuell hatte er kein volles Vertrauen in die diplomatische Versiertheit des Stipendiaten, der »zu viel wusste« von der Realität der Mission. Ombagho hatte auch um die Karte der Kongo-Missionen gebeten, die Missionar Ernest Haug angefertigt hatte, da seine Mitschüler genau wissen wollten, wo die Stationen am Ogowe liegen.

In Neuchâtel, so ließ er seine »weißen Eltern« am 5. November 1903 wissen, habe er eine Versammlung der Alkohol-Abstinenzler besucht, und Missionar Victor Ellenberger habe im Internat einen Brief aus der (als vorbildlich geltenden) Lesotho-Mission verlesen. Sorgen bereitete Ombagho seine Kleidung. Es war Winter, er war Kälte nicht gewohnt und brauchte Pantoffeln und warme Kleider. Außerdem wollte er so bürgerlich gekleidet sein wie die anderen, und mit einer Krawatte ausgestattet werden, um die er Madame Allégret bat. Zum ersten Mal unterschrieb er nun, mit Ende zwanzig, als »votre grand fils F. Ombagho«: Der groß gewordene Sohn. Zur Unterschrift setzte er Grüße auf Mpongwe.

In der Schweiz erhielt Ombagho das Fundament einer systematischen, theologischen Ausbildung und las im Literaturkurs auch weltliche Bücher, darunter *Onkel Toms Hütte* von Harriet Beecher Stowe. Die Tochter eines presbyterianischen Pastors an der Ostküste Amerikas stammte aus exakt demselben Milieu wie Ombaghos erster »weißer Vater«, Robert Hamill Nassau, und es kann sein, dass er durch ihn oder Isabella von dem Buch schon gehört hatte. Dass es ihn beeindruckt hat, geht aus einem Brief des Internatsleiters Maurice Roch an Élie Allégret hervor. Am 18. Dezember 1903 schrieb Roch ihm über die Fortschritte seines Schützlings und erwähnte diesen einen Titel als Ombaghos Lektüre. Bei Paul Perret de Corcelles, einem Pastor der Region, nahm der Student Katechismusunter-

---

143 Favre, 2006, S. 194.

richt,[144] intellektuell wie spirituell, versicherte der Direktor, entwickle er sich gut. Obwohl älter als die anderen, sei er guter Dinge, lerne Mathematik, Geografie und Grammatik, mache sich vertraut mit Telefon und Telegrafie und wolle seinen Aufenthalt im Internat über den vorgesehenen Zeitraum hinaus verlängern – was nicht zustande kam. Wieder war es wohl ein Wunsch zu viel für die Allégrets.

In einem Brief vom 26. Oktober 1903 schilderte Ombagho den strikt geregelten Tagesablauf: Aufstehen um 6:30 Uhr, Unterricht von 8 bis 18 Uhr, tägliche Abendandacht und dann Bettruhe. Den Tisch im Speisesaal durfte der afrikanische Gast mit Direktor Roch, dessen Frau und Töchtern sowie zwei Lehrern teilen, vermutlich auch, damit er nicht bei den viel Jüngeren Platz nehmen musste. Ombagho genoss offenbar die Mahlzeiten. Es gebe jeden Tag Huhn und Wurst, schwärmte er, jeden Morgen heiße Schokolade, jeden Abend Kaffee, und das Besteck sei aus Silber. An den Abenden spielte er Brettspiele mit den Teenagern und nahm am Geschichtenerzählen teil. Sein Zimmer hier sei schöner als »im Kongo«, der Blick auf den See von Neuchâtel erinnere ihn an die Seen Eganga und Zômanga.

Als einziger Schwarzer unter Weißen begann Ombagho sich im Schweizer Ambiente intensiver mit Klassen- und Rassenfragen zu befassen. Schriftlich hielt er Kontakt zu Akérémanga am Ogowe und den Allégrets in Paris. Bei ihnen bedankte er sich am 22. Dezember 1903, dem Tag, an dem er ein erstes theologisches Examen abgelegte, für die Weiterleitung seiner Post aus dem »Congo«, und beklagte sich über die Behandlung von Akérémanga durch Missionar Haug, vermutlich in Samkita. Er wolle nicht, dass Haug mit ihr verfahre, wie mit irgendeiner Frau, die Brennholz verkauft. Was vorgefallen war, wird nicht deutlich, Ombaghos Position dafür sehr wohl: Als Ehefrau eines Evangelisten verdiene Akérémanga Achtung. Erneut erinnerte er an den Wunsch nach einem Abonnement des *Journals des Missions*, das ihm eventuell auch deshalb nicht zugestanden wurde, weil sich das Journal an weiße Sponsorenpublikum richtete, mit stereotypen Vernieldichungen und Dämonisierungen der Schwarzen arbeitete und organisatorische Interna enthielt, Herrschaftswissen der Mission. Ombagho schien genau das zu wissen. Er blieb beharrlich bei der Forderung. Er, der jetzt vor den Allégrets in der Rolle des dankbaren Afrikaners sein sollte, machte stattdessen klar, was ihm nicht passte. Sein Selbstbewusstsein schien auch mit dem Examen gewachsen. In diesem Brief erklärte er, dass

---

144 Rougemont, 1891, S. 24.

die Jacke, die Madame Allégret ihm gegen die Winterkälte geschickt hatte, für ihn zu groß sei. Auch sonstige Kleidung passte nicht.

Lindernd schien die Zuwendung durch andere. So nahm Ombagho bei Internatsdirektor Roch Unterricht auf dem Harmonium, dem Instrument, das als Miniatur-Orgel mit Blasebalg gern für tropische Missionsgottesdienste eingesetzt wurde. Am Ogowe war er im Besitz des Harmoniums von Etienne Favre, das Allégret ihm vor fünf Jahren nach Favres Abschied übergeben hatte.[145] Auch in der Tischlerei wurde Ombagho ausgebildet und zimmerte für die Allégrets einen Tisch, wie er ihnen schrieb, ganz ohne die Hilfe des Handwerksmeisters. Alle zwei Jahre machten die Schüler, wie an Schweizer Schulen üblich, eine Exkursion in die Alpen, und von einem Ausflug ins Gebirge berichtete Ombagho am 20. Oktober 1903. Zum ersten Mal hatte er Schnee gesehen und davon gegessen, weil er durstig war. Mit kalten Füßen sei er spätabends zurück ins Internat gekommen, doch: »J'étais content de voir la neige.« Auf einer Exkursion seiner Klasse besuchte er die Neubauten der Schokoladenfabrik Cité Suchard in Neuchâtel-Serrières von 1899, wo Kakao aus den Kolonien zur Schweizer Delikatesse raffiniert wurde. Es wird für Félix Ombagho faszinierend gewesen sein, die weitläufige Anlage der Chocolaterie zu besichtigen, moderne Bauten aus Metall, Ziegeln und Eisenbeton, in denen der koloniale Rohstoff zur Süßware verarbeitet wurde. Aber falls er gestaunt hatte, gab er davon nichts preis.

Die Haushälterin eines Missionars in Neuchâtel zeigte Ombagho in diesen Tagen ein Fotoalbum der Missionen am Ogowe. Er erkannte Allégret auf den Bildern, Teisserès, Jacot und seinen frühen Lehrer Bonzon. Als beim Blättern ein Foto von Akérémanga auftauchte, fragte die Haushälterin, ob er wisse, wer sie sei: »C'est justement ma femme«, erklärte Ombagho. Die Frau war begeistert: »Elle était ravie.« Passagenweise klingen Ombaghos Schilderungen, als sei Neuchâtel dem Ogowe verbunden wie einer Nachbargemeinde, und tatsächlich gab es viele Verbindungen. Auch die Eheleute Favre traf Ombagho in Neuchâtel wieder und wurde ihrem Freundeskreis vorgestellt. Schon im ersten Brief aus dem Internat hatte er ihnen, den »chers amis«, mitgeteilt, dass er auf ein Treffen hoffe, es sei jedoch nicht ausgemacht, ob der Direktor ihm angesichts des Lernpensums gestatte, »nach unten«, also in den Ort zu gehen. Es sei bedrückend, ihnen so nah zu sein, ohne sie zu sehen. Die Favres schienen ihn daraufhin offiziell eingeladen zu haben.

---

145 Siehe Favre, 2004.

6.2 Félix Ombagho

Bei einem Besuch des Ethnologischen Museums von Neuchâtel erkannte der afrikanische Stipendiat Exponate aus Gabun wieder, Schenkungen von Europäern, und versprach Sammlungsleiter Charles Knapp, in Afrika Ausschau zu halten nach Objekten, die er beisteuern könne. Ob es dazu kam, konnte Patrick Minder bei seinen Recherchen im Archiv des Museums nicht feststellen.[146] Wie bei der Suchard-Exkursion fehlen von Ombagho auch im Fall des Museums jegliche Hinweise auf die Reflexionen darauf, wie er in Europa die direkten Belege des kolonialen Transfers wahrnahm. Möglicherweise teilte er mehr mit, wenn er an Akérémanga schrieb, doch diese Korrespondenz liegt archivarisch nicht vor.

Das ethnologische Museum von Neuchâtel verdankt seine außergewöhnliche Sammlung von Objekten aus dem Ogowebecken dem Rückgriff der Pariser Mission auf frankophone Elsässer und Schweizer, denn die enge Kooperation mit Neuchâtels Institut in Peseux war entstanden, da protestantische Anwärter in Frankreich rar waren. So lieferten Elsässer Missionare wie Albert Schweitzers Bekannter Ernest Haug und der Amateurethnograf Fernand Grébert, der 1912 an den Ogowe kam, Artefakte. Grébert (1896–1956), der auch religiöse Traktate verfasste,[147] verkaufte den ethnologischen Museen in Genf wie Neuchâtel Anfang der 1920er Jahre seine Sammlung sowie Aquarelle und Zeichnungen. Schweitzer stiftete dem Museum, dessen Fundus rund 1 000 Objekte aus der Region des Ogowe enthält, 1937 drei Masken, die Erben von Marc Lauterburg-Bonjour, der als Arzt in den 1920er Jahren mit Schweitzer in Lambaréné arbeitete, spendeten erst unlängst Objekte aus dessen Sammlung von Afrikana. Zu den berühmtesten Neuchâteler Exponaten gehört die Bieri-Fang-Maske, eine Gabe des katholischen Missionars der Pères du Saint-Esprit, Henri-Louis Trilles, engagierter Amateurethnograf und produktiver Autor von Studien über die Region.[148] Freilich reichten weder Trilles noch Nassaus Studien, die beide ergiebige Quellen sind, an die profunden Studien von André Raponda Walker heran. 1899 war der 1871 geborene Sohn einer Mpongwe sprechenden Mutter und des britischen Kaufmanns Walker der Firma Hatton & Cookson bei den Pères du Saint-Esprit als erster Gabuner

---

146 Favre, 2004, S. 220ff.; Minder, Patrick: *La Suisse Coloniale. Les représentations de l'Afrique et des Africains en Suisse au temps des colonies (1880–1939)*. Bern u. a., 2011, S. 130.
147 Grébert, Fernand: *Ekomi. Histoire d'un écolier pahouin racontée par lui-même aux enfants d'Europe*. Paris, 1951.
148 Trilles, Henri: *Chez les Fang, ou Quinze années de séjour au Congo français*. Lille, 1912.

zum katholischen Priester ordiniert worden. Von 1910 bis etwa 1960 publizierte er reichhaltig zu Sprachgruppen und Glaubenssystemen Gabuns, gab Wörterbücher heraus und einen Pflanzenatlas. Wie jeder am Ort muss Schweitzer von diesem afrikanischen Gelehrten gewusst haben. Erwähnt hat er ihn, soweit zu erkennen, nie. Fang-Masken sind inzwischen begehrte Sammlerobjekte, und spätestens seit 2018 wird legitimerweise die Restitution solcher Werke an deren Herkunftsorte diskutiert.[149] Die Sammlungen pauschal zu kolonialem Raubgut zu erklären, kann der Geschichte der hybriden Transfers, zumal im Kontext der Missionen, gleichwohl nicht gerecht werden.[150] Die Debatte über Werke, die außerhalb ihrer Ursprungsregionen musealisiert oder archiviert sind, scheint häufig zu kurz zu greifen und sich damit die Chance zu nehmen, die Objekte als »shared heritage« für eine gemeinsame globale Geschichtspolitik in Anspruch zu nehmen. Wie die Neuchâteler Beispiele zeigen, sind die Provenienzen musealer Objekte vielfältig und hybrid. Europäische Sammlungen pauschal als koloniale Raubkunst zu betrachteten wird zunehmend als Vereinfachung erkannt, was den hybriden Kontexten nicht Genüge leisten kann.

Ombagho schrieb weiter und bedankte sich am 11. Dezember 1903 mit einer Postkarte beim »cher père« Allégret für das Weiterleiten eines Briefes von Valentine Lantz an ihn. Auf der Karte korrigierte er außerdem die Darstellung eines »kannibalischen Vorfalls« in Bitam durch einen Missionar. Das Opfer dort sei nicht gegessen worden, sondern verbrannt, außerdem handle es sich um eine längst vergangene Geschichte. Bisweilen schrieb Ombagho ab Anfang 1904 Grußkarten ohne ein französisches Wort, nur auf Mpongwe. Gerade in der komplett frankophonen Umgebung demonstrierte er seine wachsende Identität als Afrikaner.

Um Neuigkeiten, die Ombagho in der Schweiz durch Korrespondenzen mit Bekannten und Verwandten am Ogowe erhielt, geht es in seinem Brief an Allégret vom 24. Februar 1904: Missionar Daniel Couve habe jungen Mitgliedern eines Fang-Clans erlaubt, ein Dorf zu bauen, das den Namen »Liberté« tragen solle – das Wort wurde, vermutlich vom Empfänger, mit einer Schlängellinie ausgestrichen. In Lambaréné baue Teisserès eine neue Schule für Katecheten auf, Mister Reading – einer der letzten amerikani-

---

149 Vgl. Sarr, Felwine und Savoy, Bénédicte: *Zurückgeben. Über die Restitution afrikanischer Kulturgüter.* Übers. von Daniel Fastner, Berlin, 2019.
150 Vgl. Habermas, Rebekka und Lindner, Ulrike: Rückgabe – und mehr! In *Die Zeit*, (52), 15.12.2018.

schen Missionsmitarbeiter in der Region – habe verlauten lassen, er könne unmöglich auf die Station Kângwe zurückkehren, er brauche Abstand von dort, vermutlich eine Anspielung auf fortschwelende Konflikte mit den Franzosen am Ogowe. Ombagho erwähnte auch, er füge ein Foto von sich während des Musikunterrichts am Internat bei.[151]

Am 30. März 1903 schlug Ombagho Allégret vor, auf Talagouga eine Druckerei aufzubauen, die kleine Druckerei in Lambaréné könne gar nicht alles bewältigen, was anliegt. Er wollte das Primat von Lambaréné schon seit Längerem brechen, und eine Missions-Druckerei war ein vorzügliches Machtinstrument im Apparat. Sie produzierte Traktate, Liederblätter, Predigtexte, Wörterbücher und ähnliches für die Gemeinden in einheimischen Sprachen wie in der Sprache der Titularnation. Auch die Amerikaner in Baraka bei Libreville verfügten über eine solche Druckerei, doch die Kapazitäten der Druckmaschinen waren gering. Ein Vorwurf folgte: Monsieur Chapuis, ein neuer Missionar, sei angekommen und Ombagho nicht darüber informiert worden: »Vous m'avez rien dis«, ärgerte er sich, und der grammatische Lapsus kann der Emotion geschuldet sein. Kaum ein Jahr darauf hatte die Mission mit eben diesem Handwerkermissionar Henry Chapuis ihren nächsten Toten zu betrauern. Fiebernd, vermutlich malariakrank, war Chapuis abgereist und Anfang Mai in Genf gestorben. Ombagho erinnerte sich im Brief vom 8. Mai 1904 daran, wie er ihn noch quicklebendig erlebt habe. Nun sei er tot, »comme M. Lantz, comme M. Galley«. Die Zahl der »weißen« Todesfälle am Ogowe stieg erschreckend – und der Name Chapuis knüpfte an Albert Schweitzers Ruf nach Afrika.

Denn der Theologe in Straßburg stieß im *Journal des Missions*, dessen Abonnement sich Ombagho so sehr wünschte, auf eine Mitteilung zur »Kongomission«, die sich nun verzweifelt um Nachwuchs sorgte, überschrieben mit »Henry Chapuis et les besoins de la Mission du Congo«[152]. Retrospektiv erklärte Schweitzer das Datum der Lektüre zum Augenblick seiner Erweckung, als habe sich der Appell nachgerade an ihn persönlich gerichtet:

---

151 Im Archiv der SMEP-Nachfolgerin Défap ist die Fotografie nicht enthalten.
152 Boegner, Alfred: Henry Chapuis et les besoins de la Mission du Congo. In *Journal des Missions Évangéliques*, 4/6, 1/79, Juin 1904, S. 389f. Die entsprechende Passage, als werbender Appell verfasst, lautete: »Quel est je jeune pasteur, l'étudiant arrivé au terme de sa préparation, qui voudra apporter à nos frères du Congo L'appoint de sa force et de sa jeunesse? Nous déposons cet appel sur le cœur de ceux qui le liront. Puisse l'Esprit de Dieu lui-même le faire pénétrer dans les consciences et le transformer en vocations précises et individuelles pour ceux sur lesquels s'arrête déjà le regard du Maître.«

»Eines Morgens, im Herbst 1904, fand ich auf meinem Schreibtisch im Thomasstift eines der grünen Hefte, in denen die Pariser Missionsgesellschaft allmonatlich über ihre Tätigkeit berichtete. Ein Fräulein Scherdlin pflegte sie mir zuzustellen. Sie wußte, dass ich mich in besonderer Weise für diese Missionsgesellschaft interessierte, wegen des Eindrucks, den mir die Briefe eines ihrer ersten Missionare, Casalis[153] mit Namen, gemacht hatten, als mein Vater sie, zur Zeit meiner Kindheit, in seinen Missionsgottesdiensten vorgelesen hatte. Mechanisch schlug ich dies am Abend zuvor in meiner Abwesenheit auf meinen Tisch gelegte Heft auf, während ich es, um alsbald an meine Arbeit zu gehen, beiseitelegte. Da fiel mein Blick auf einen Artikel mit der Überschrift ›Les besoins de la Mission du Congo‹ (›Was der Kongomission not tut‹). Er war von Alfred Boegner, dem Leiter der Pariser Missionsgesellschaft, einem Elsässer, und er enthielt die Klage, dass es in der Mission an Leuten fehle, um ihr Werk in Gabun, der nördlichen Provinz der Kongomission, zu betreiben. Zugleich sprach er die Hoffnung aus, daß dieser Appell solche, ›auf denen bereits der Blick des Meisters ruhe‹, zum Entschluß bringe, sich für diese dringende Aufgabe anzubieten. Der Schluß lautete: ›Menschen, die auf den Wink des Meisters einfach mit: Herr, ich mache mich auf den Weg, antworten, dieser bedarf die Kirche.‹ Als ich mit dem Lesen fertig war, nahm ich ruhig meine Arbeit auf. Das Suchen hatte ein Ende.«[154]

Obwohl ihn der subjektiv empfundene Ruf an den Ogowe wie ein Gongschlag getroffen haben soll, richtete Schweitzer erst ein Jahr darauf, am 9. Juli 1905 aus Straßburg, feierliche Zeilen. »Lieber Herr Boegner, lieber Amtsbruder«, hob er an und fiel im ersten Satz mit der Tür ins Haus: »Ich wende mich heute an Sie mit der Frage, ob Sie jemand für den Congo benötigen. Ich wäre glücklich, mich zur Verfügung zu stellen.«[155] Es folgte eine Schilderung seiner Ausbildung und seines Amtes, und darauf die Beteuerung: »Mein Vorhaben, in die Mission einzutreten, stammt nicht von gestern. Als Kind schon, wenn ich meinen Groschen für die kleinen Neger-

---

153 Eugène Casalis (1812–1891) wurde 1832 Missionar in Südafrika, wo er die Missionsstationen Morija und Thaba Bossiou gründete. 1855 wurde er nach Frankreich zurückgerufen und war bis 1882 Direktor der SMEP.
154 Schweitzer, [1931] 1980, S. 68.
155 Schweitzer an Alfred Boegner, 9.7.1905. Zit. n. Zager, 2009, S. 311f. Nachfolgende Zitate ebd. Siehe dazu auch Kap. 7.1, passim.

kinder spendete, träumte ich davon.« Er erwähnte den Beitrag vom Juni 1904 und erklärte: »Da ich meinen Plan reifen lassen wollte, habe ich vier Monate gewartet, ehe ich Ihnen schreibe«, und setzte hinzu: »Ich rede vom Congo, weil dieses Werk mich besonders anzieht.« Die Pariser Mission sei ihm die liebste, erklärte er, beschwor seine kindliche Erinnerung an Erzählungen über Missionar Casalis herauf und pries sich – den mit Helene Bresslau Verlobten – als zölibatär: »Ich habe nicht geheiratet um frei zu bleiben für den Dienst an der Mission.«

Auslöschung der Familie Lantz und Schweitzers Ruf in die Tropen

Ein Jahr nach Schweitzers Brief war nicht nur der Sohn von Missionar Édouard Lantz gestorben, sondern er selbst und schließlich, 1906, auch seine Witwe Valentine. Erst die tragische Auslöschung einer ganzen Missionarsfamilie am Äquator trug entscheidend dazu bei, dass die Pariser Mission endlich auch einen Mediziner an den Ogowe entsenden sollte, was Schweitzer nach vielen Verhandlungen und Problemen den Weg in die Mission öffnete. Besonders Valentine Lantz wurde zur beweinten Märtyrerin der Pariser Missionsgesellschaft, als sie selbst einem Fieberschub erlag. Geboren 1873 bei Straßburg wuchs Valentine Ehrhardt im Elsass und in Basel auf. In Paris nahm sie Kunstunterricht, absolvierte das Lehramt-Examen und kam in Kontakt mit der Pariser Mission, die sie faszinierte. Wie ihre Schwester Suzanne, die Ehefrau von Élie Allégret, heiratete sie einen Missionar. Édouard Lantz hatte bereits einen Einsatz im Senegal, in Afrique Occidentale Français, hinter sich, als beide bald nach der Hochzeit in Basel im April 1899 an den Ogowe nach Afrique Équatoriale Français ausreisten, begleitet vom Schwager Allégret. Ein Brief von ihr schildert die letzte Etappe der Reise nach Talagouga auf dem Flussdampfer »Avant-Garde«, den Schwager empfand sie wie abwesend: »Élie est avec nous, il nous semble vivre dans un rêve.«[156] Unerwartet habe er in Lambaréné von Bord gehen müssen, um sich um die erkrankte Missionarin Vernier zu kümmern. Sie starb Mitte des Monats. Allégret blieb eine Weile in Lambaréné und besuchte gelegentlich seine Verwandten in Talagouga. »Nous voici à Talagouga et nous sommes

---

[156] Lantz, [1906] 1941, S. 19.

heureux!«[157], jubelt Valentine Lantz am 8. Juni 1899. Das Haus war zur Begrüßung des Paares mit Palmen geschmückt, ein Kinderchor sang zum Empfang. Das Missionarspaar unterrichtete Schulkinder und Katecheten und führte die kleine medizinische Ambulanz fort. Zu den Aufgaben von Édouard Lantz gehörten Evangelisierungs-Touren über Flüsse und Seen durch das Hinterland. Überall habe er es mit widerspenstigen »Pahouins« zu tun, klagte er.[158]

Im August 1900 kam Sohn René zur Welt, in Talagouga, wie 16 Jahre zuvor Nassaus Tochter Mary. Der Arzt Nassau hatte damals seine Frau im Kindbett nicht retten können, seine Tochter aber gesund erhalten können. Der Säugling René starb einen Monat nach der Geburt an einer Infektion, wie Ombagho den Allégrets berichtet hatte. Mit pietistischer Strenge versuchten die Eltern den Tod des Kindes zu tragen. Jesus habe sein kleines Lamm in seine Arme genommen, schrieb Valentine Lantz an die Verwandten, »et nous lui avons dit: Prends-le, Seigneur, il est à toi.«[159] Doch die entstandene Leere sei sehr groß, Gott habe ihnen den zarten, kleinen Sohn ja nur einen einzigen Monat gelassen. Tapfer schloss sie, es sei ein gesegneter Tag gewesen, an dem sie ihren kleinen Engel an die Himmelspforte tragen konnten. In der Sterbestunde seien die Eltern allein gewesen mit dem Kind. Der Vater habe ihm die Augen geschlossen, schrieb die Mutter. Sie habe nun begriffen, schrieb sie im Oktober 1900, dass Gott ihnen den Sohn »abverlangt« habe.[160] Die Erschütterung der Eltern und ihre abgewehrte Trauer schienen sich in zunehmender physischer Abwehrschwäche zu manifestieren, beide waren häufig krank. Im Weihnachtsbrief von 1900 war zu lesen, dass die Eheleute unter Fieberschüben litten, während auf die mit Palmzweigen dekorierte Kapelle von Talagouga an Heiligabend tornadoartige Regengüsse niedergingen. In der Kirche, so berichtete Valentine Lantz, wurde an den Festtagen in zwei Sprachen gesungen: »Yesu, o tagha me lure« in der Sprache der »Pahouins« (»Jesus, o verlass mich nicht«) sowie »Stille Nacht« und »O du fröhliche«[161] – die Elsässer hatten der Gemeinde auch deutsche Lieder beigebracht.

Bald können die Zeilen über Missionserfolge bei den »Wilden« die

---

157 Lantz, [1906] 1941, S. 18.
158 Lantz, [1906] 1941, S. 20.
159 Lantz, [1906] 1941, S. 27.
160 Lantz, [1906] 1941, S. 28.
161 Lantz, [1906] 1941, S. 22.

Verzweiflung und Panik von Valentine Lantz aber kaum noch überdecken, auf die Malariaattacken und tropische Unwetter zunehmend bedrohlich wirkten, wie auch die »Eingeborenen« selbst. Schaudernd erklärt sie, die »Pahouins« trügen Hühnerknochen durch die Nasenscheidewand, alles an ihnen atme Wildheit: »[T]out en eux respirait le sauvage.«[162] Den Lesern ihrer Briefe begegneten die unheilvollen Tropen der französischen Kolonialmythen, verglichen mit Nassaus Berichten wirken sie wie aus einem völlig anderen Gebiet.

Die erschöpften Eheleute Lantz waren mit ihren Ängsten in großer Gesellschaft. Es gibt kaum einen Brief, in dem Valentine Lantz nicht von einem erkrankten Missionar berichtete, der die Rückreise antreten musste. Nach dem Tod des Ehemannes im Oktober 1901 reiste die Witwe schließlich im Mai 1902 zur Erholung nach Europa. Nach etwas über zwei Jahren kehrte sie im September 1904 heroisch zurück nach Talagouga, um die Station in Alleinregie zu leiten. Sie wohnte in Nassaus ehemaligem Haus und arbeitete, wie sie in einem Brief mitteilte, an seinem Schreibtisch. Fast hört es sich an, als sollte sich dadurch etwas von der Kraft des legendären Amerikaners auf sie übertragen, der das Klima am Äquator so gut überstanden hatte.

Valentine Lantz führte in ihren Briefen den Alltag der Alphabetisierungsarbeit und in der Ambulanz vor Augen, das Ankämpfen gegen den »Fetischglauben«, Andachten und erbauliche oder amüsante Vorfälle. Anders als ihr Mann Édouard, dessen Grab in Cap Lopez sie oft besuchte, schien sie bei den afrikanischen Ortskräften beliebt und bemühte sich, deren Leistung anzuerkennen. Am 26. April 1906 starb unvermutet auch Valentine Lantz, nach nur wenigen Tagen im Fieber. Mit dieser Tragödie war bei der SMEP endgültig Alarm ausgelöst. In Paris wartete man nicht ab, bis – wie im Fall Charles Bonzon – die trauernde Familie eine Gedenk-Publikation herausbringen würde. Posthum edierte die Mission schon 1906 annotierte Briefe von Valentine Lantz und einigen ihrer Mitarbeiter. Eventuell hatten Schwager und Schwester, Élie und Suzanne Allégret, die Publikation aus dem Genre der missionarischen Märtyrerbiografie angeregt. Dass eine 9. Auflage noch 1941 erschien, ein Jahr nach der Besetzung Frankreichs durch die Wehrmacht, kann darauf deuten, dass das bis dahin 15 000-mal gedruckte Buch implizit auch als Durchhalteappell mitverstanden wurde.

---

162 Lantz, [1906] 1941, S. 26. Fotografien und ethnografische Darstellungen bestätigen die Existenz von dieser Art Körperschmuck nicht. Die Darstellung könnte auf Abbildungen aus anderen Kontexten fußen oder in der Fantasie entstanden sein.

Schockierend wirkte das tropische Fortsterben derart vieler Missionare nicht nur auf die engere Gemeinde. Die Nachricht vom Tod von Valentine Lantz war es offenbar, die Albert Schweitzer endgültig auf die Fährte der »Kongomission« setzte, und ihn auch auf den Gedanken brachte, eine Gefährtin mit nach Afrika zu nehmen. Die Mission hatte den unorthodoxen Theologen als Pastor abgelehnt, jedoch erklärt, als Mediziner sei er willkommen, worauf Schweitzer wie zum Trotz 1905 ein Medizinstudium aufnahm, sein drittes Studium nach Theologie und Philosophie. 1906 schrieb er seiner Verlobten Helene Bresslau über Valentine Lantz:

> »In Mühlhausen erfuhr ich vom Tod einer Missionarin aus dem Kongo. Sie hatte dort vor drei Jahren ihren Mann verloren und war geblieben; sie sorgte sich vor allem für die Kranken, da sie ihre Ausbildung in Pariser Krankenhäusern gemacht hatte. Sie ist plötzlich gestorben ... Ich konnte lange Zeit den Gedanken nicht loswerden, daß sie eines Tages ersetzt werden muß ... vielleicht durch eine andere Elsässerin. Sie stammte aus Mühlhausen. Verzeihen Sie, daß ich Ihnen dies schreibe.«[163]

Verzeihen sollte Helene Bresslau die Idee, dass Schweitzers Verlobte die tote Elsässerin in den lebensbedrohlichen Tropen ersetzen möge. Dass das an der Seite von ihm als Mediziner sein sollte, setzte er vermutlich voraus. Den Tod des Kindes René verschwieg er hier, wahrscheinlich um die Zumutung nicht noch drastischer wirken zu lassen.

In einer Straßburger Predigt von 1912, dem Jahr vor seiner Ausreise nach Afrika, in dem er zusätzlich zum Studium einen tropenmedizinischen Crashkurs in Paris absolviert hatte, erklärte Schweitzer, der Augenblick, in dem er vom Tod von Valentine Lantz erfahren habe, sei für ihn der entscheidende gewesen, der Kongomission beizustehen, der Moment, »que ma décision était irrevocablement prise«.[164] So initiierte er sein Unterfangen bereits im Gestus selbstopfernden Heroismus, als er sich zum Nachfolger

---

163 Zit. n. Schweitzer-Miller, Rhena und Woytt, Gustav: *Albert Schweitzer, Helene Bresslau. Die Jahre vor Lambarene. Briefe 1902–1912*. München, 1992, S. 139.

164 Schweitzer, Albert: In Bulletin *»Écho«* du Collège Bon Pasteur de Strasbourg, Mai 1912. Neuabdruck in *Cahiers de l'Association Francaise des Amis d'Albert Schweitzer*, Nr. 11, 21.6.1969, S. 272f. Zit. n. Printz, Othon: *Avant Schweitzer ...: Les génies tutélaires de Lambaréné, Robert Nassau, Valentine Lanz, Maurice Robert*. Colmar, 2004, S. 52. Er weist darauf hin, dass die Straßburger Predigt von 1912 nur durch die Mitschrift einer Kollegstudentin erhalten ist, nicht durch ein Originalmanuskript.

6.2 Félix Ombagho

Abb. 28: Innentitel des Erinnerungsbands der Mission für die in Französisch-Kongo gestorbene Missionarin Valentine Lantz, [1906] 1941

der Ausgelöschten erklärte. Er wolle alles daransetzen, fuhr der Predigttext fort, das »remplacement« der Missionare Lantz zu werden. Höchstwahrscheinlich hatte Schweitzer 1912 längst die Publikation der Pariser Mission zur Erinnerung an Valentine Lantz gelesen und darin auch die begeisterte Schilderung der Station Lambaréné als Parklandschaft. Als er in der Kirche predigte, dürften sich viele in der elsässischen Gemeine noch an die Tragödie der Familie Lantz erinnert haben, und auch der dramatische Mangel an medizinischer Hilfe wird Gesprächsstoff gewesen sein. Sehr deutlich macht der gesamte Kontext, dass das Entsenden eines Mediziners durch die Pariser Mission zu Beginn vor allem dem Schutz der Weißen am Ogowe galt, und die Gesundheit vieler, namenloser Schwarzer zunächst nicht im Fokus stand.

Im Dschungel revolutionärer Utopie: Maurice Robert

Auf Valentine Lantz war 1906 zunächst der Berner Missionar Maurice Robert (1876–1913) gefolgt, dessen Einsatz schon 1902 in Lambaréné begonnen hatte. Er war in der Pariser Mission ausgebildet worden, hatte dann in Liverpool ein Medizinstudium begonnen, es aber abgebrochen, als die Mission in Not geraten war. Robert, rebellischer Akteur der Missionsszene, hatte sich auf den Stationen von Lambaréné und Ngômô gegen viele Aspekte der herkömmlichen Praxis durchgesetzt. Anders als üblich teilte seine Familie ihr Wohnhaus mit Afrikanern und behandelte afrikanische Patienten mit europäischen Medikamenten ebenso wie mit einheimischen Kräutern und Mixturen. Häufig geriet der unkonventionelle Mann mit seinen Kollegen aneinander. Im Januar 1911 demissionierte er, im Wortsinn. Er verließ die Mission, um ein egalitäres, ökumenisches Musterdorf zu gründen, eine landwirtschaftliche Produktionsgenossenschaft in Anlehnung an zeittypische Projekte wie die um das Jahr 1900 gegründete Künstlerkolonie Monte Verità im Schweizerischen Tessin.[165] Sein revolutionäres Projekt erinnert sogar an den 1767 von Spaniens Monarchie mit Waffengewalt aufgelösten Jesuitenstaat in Lateinamerika, organisiert als agrarische Großkommune.[166] Ausdrücklich setzte der Protestant sein Projekt vom Jesuitenstaat in Paraguay ab, doch die Pariser Mission zeigte kein Verständnis für seine Idee des sozialen Christentums im Geist der Französischen Revolution.[167] Er hatte ihr das visionäre Projekt vorgestellt, samt Holzwirtschaft, Ziegelei, Töpferei und Viehzucht, »une sorte de petite coopérative de production et de consommation. Ègalité absolue de tous les membres, hommes ou femmes, Blancs ou Noirs, catholiques, protestants ou païens. Pour tous les mêmes droits, mais aussi les mêmes devoirs.«[168] Als die Mission nicht mitspielte, setzte Robert sich von ihr ab, ähnlich wie Georges Oyémbo, das Vorbild für Schweitzers halbfiktionalen »Urwaldschulmeister«. Doch das Projekt von Robert ging über seine Kräfte, er und seine Frau kehrten im Sommer 1913 erschöpft zurück nach Europa – im April

---

165 Vgl. Landmann, Robert: *Ascona Monte Verità. Auf der Suche nach dem Paradies*. Berlin, 1985.

166 Vgl. de Montoya, Antonio Ruiz: *The spiritual conquest accomplished by the religious of the Society of Jesus in the provinces of Paraguay, Parana, Uruguay, and Tape.* St. Louis, [1639] 1993; Reiter, Frederick: *They built Utopia: The Jesuit missions in Paraguay, 1610–1768.* Madison, 1995.

167 Vgl. Zorn, Jean-F.: Le Christianisme social dans la mission protestante. In Jean Pirotte (Hg.), *Les conditions matérielles de la mission. Contraintes, dépassements et imaginaires XVIIe–XXe siècles*. Paris, 2005, S. 426f.

168 Robert an den Direktor der Pariser Missionsgesellschaft, 18.1.1911, Archiv der Pariser Missionsgesellschaft. Zit. n. Zorn, 2005, S. 425f.

des Jahres waren Albert und Helene Schweitzer in Lambaréné angekommen. Maurice Robert starb im Dezember 1913 in Frankreich im Alter von 37 Jahren, seine Frau überlebte ihn um gerade einmal ein Jahr. Sie hinterließen vier Waisen. Albert Schweitzer erklärte den Utopisten zum mahnenden Exempel, wie er 1920 schrieb:

> »Einer der Missionare, Herr Robert, schied vor einigen Jahren aus dem Verband der Mission aus, um unter den Negern als Bruder zu leben. Er baute sich ein kleines Haus bei einem Negerdorfe zwischen Lambarene und N'Gômô und wollte als zum Dorf gehörend betrachtet sein. Von jenem Tage an war sein Leben ein Martyrium. Mit der Aufgabe der Distanz zwischen weiß und farbig hatte er den Einfluss verloren. Sein Wort galt nicht mehr als ›Wort des Weißen‹ sondern er musste mit den Negern über alles lange diskutieren, als wäre er ihresgleichen«.[169]

Er, Schweitzer, habe andere Prinzipien: »Den Negern gegenüber habe ich dafür das Wort geprägt: ›Ich bin dein Bruder, aber dein älterer Bruder‹«; ein Diktum, das er unter dem Druck öffentlicher Kritik in den 1960er Jahren abschwächte.

Ombagho im Elsass und in Paris

Doch zurück zu Félix Ombagho, zurück in die Jahre vor all diesen Ereignissen. Um Ostern 1904 befand sich Ombagho im Elsass – und ganz in der Nähe von Albert Schweitzer. Dieser war inzwischen Direktor des Studienstifts der Gemeinde St. Thomas in Straßburg und brütete nächtelang über seinem Manuskript zu *Johann Sebastian Bach. Le musicien poète*. Die Karwoche 1904 verbrachte er in seinem Elternhaus in Günsbach, knapp hundert Kilometer südwestlich von Straßburg. Am 16. Mai schrieb Ombagho an Élie Allégret aus Mülhausen, dem Ort, an dem Schweitzer das Gymnasium besucht hatte, rund vierzig Kilometer von Günsbach entfernt. Die Protestanten hatten ihren Vorzeigeschüler aus dem »Kongo« auf eine Rundreise geschickt, er wurde in den Gemeinden herumgereicht. Von Neuchâtel war er über Basel gereist, wo er Missionar Félix Faure besucht hatte, um dann in Mülhausen als Gast des Präsidenten der »Christlichen Union junger Menschen«, Dubois, einen Vor-

---

169 Schweitzer, 1921, S. 124. Nachfolgendes Zitat ebd.

trag zu halten. Sein Brief erwähnt, wie ihn der angehende Missionar Burckhard mit Fragen bestürmte, was für die Leute an den Ogowe getan werden könne. Ombagho listete auf: Stoffbahnen und Jacken, Hüte für die Kinder, Buntstifte und Hefte. Zwei junge Männer, fügte er an, hätten versichert, sie wollten Missionare werden, um den verstorbenen Édouard Lantz zu ersetzen: Schweitzer war offenbar nicht der einzige, den die tragische Causa Lantz zu solchen Plänen anregte. Am 17. Mai 1904 sprach Ombagho in Guebwiller, zwanzig Kilometer von Günsbach, auf einem Missionarstreffen. Ob Schweitzer einen der Vorträge des jungen Mannes aus Igenja besucht hat, ist nicht zu erfahren. Gehört hatte er sicherlich von den Auftritten eines Afrikaners aus der Kongomission in seiner Nähe.

Ende Mai 1904 musste Ombagho zurück nach Peseux, war aber bald wieder unterwegs – in die Metropole, nach Paris. Dort, das meldete er den Allégrets, lernte er das legendäre Hauptquartier der protestantischen Missionsgesellschaft kennen, die Zentrale der Macht auf dem Boulevard Arago. Er traf auch dessen Direktor, den Elsässer Alfred Boegner. Ein Brief Ombaghos an ihn vom 14. Juli 1904 – wählte er bewusst Frankreichs Nationalfeiertag? – muss auf dem Umweg über diesen in der Sammlung Allégret gelandet sein, denn er liegt in dessen Nachlass im Archiv der Missionsgesellschaft. Weltgewandt bekundete Ombagho darin sein Bedauern, vor der Abreise aus Paris ihn, Madame Boegner und die Kinder nicht noch einmal getroffen zu haben. Sollte einer der jungen Missionarsschüler, die er offenbar in der Zentrale der Mission gesprochen hatte, eines Tages »au Congo« seinen Dienst antreten, wäre es ihm eine »grand plaisir.«

Auch diese Passage ist, ähnlich wie andere, mit festem Strich ausgekreuzt, vermutlich da die weniger privaten Zeilen zum Abdruck im *Journal des Missions* freigegeben wurden: Sätze über das bedrohte Seelenheil der »Pahouins«, die nicht werden sollten »comme les Gabonais« – mit »le Gabon« meinte man die Region um Libreville, das »Babylon Noir«, dessen Bewohner als dekadent galten. Auch müsse verhindert werden, dass die Fang würden »comme les Galoa, qui ont été évangélisé par les Americains.« Ein »Galoa«, ein Mpongwe-Sprecher, der von Amerikanern christianisiert wurde, war Ombagho zwar selbst, und sein Herz hing noch an diesen. Strategisch verleugnete er das aber, und schrieb, was Boegner lesen wollte. In seiner Adresse an den mächtigsten Mann im Kosmos der protestantischen Mission am Ogowe passte sich Ombagho dem Diskurs der Deutungsinhaber an, ihren Idiosynkrasien und Ressentiments. Kaufleute und Soldaten gebe es in der Region reichlich, schrieb er, doch zu wenige Missionare, insbesondere auf der Station Lambaréné. Man müsse Jesus nicht nur lieben, sondern ihm nachfolgen, versicherte Ombagho, und Boegner möge seinen Brief denen vorlesen, »qui aiment notre mission«. Mit Bleistift notierte der Adressat an den Rand: »Je voudrais le faire«. Formvollendet unterschrieb der Absender: »Votre bien dévoué Felix Ombagho, Evangeliste.« Erstaunlich sind die diplomatisch-strategischen Zeilen an Boegner. Ombaghos Ambition wird deutlich, sein Wunsch nach Wahrnehmung und Anerkennung, um die bisherige Rolle als Person sekundärer Ordnung im kolonialen System, wie von Übersee-Subjekten der Metropolen erwartet, zu überwinden. Ombagho legte Wert darauf, sich vor dem Machtapparat der Mission zu positionieren, dessen Paternalismus und Rassismus ihn, wie er wusste, weitgehend ausschloss. Missionar Coillard hatte das Pariser Hauptquartier der Mission »le bureau central de la télégraphie missionnaire«[170] genannt. Hier residierte die Macht, wie Ombagho bewusst war. Und er träumte nicht nur, er hatte konkrete Pläne.

Leider scheint kein Dokument erhalten, das die Eindrücke Ombaghos aus der Großstadt in der Frühzeit der Moderne festhält, die auch jeden europäischen Reisenden faszinierte. Wir wirkte der Boulevard Arago im Quartier du Montparnasse auf ihn, wo der Service protestant de mission angesiedelt war? Was war für ihn interessant an Parks, Kaufhäusern, Cafés, Moden und Stilen, Reklamen und Plakaten? Wie war sein Blick auf Passanten, Männer und Frauen, die keineswegs dem protestantischen Ideal entsprachen? Was dachte Ombagho über Automobile, die bereift mit Kautschuk aus den Kolonien durch die Straßen rollten? Hat er Museen oder Galerien besucht, Werke von Picasso, Degas oder Toulouse-Lautrec gesehen? Boten Gastgeber ihm außer frommen Versammlungen auch Konzerte oder Theateraufführungen? Bekam er die Chance, allein zu flanieren? Hatte er eine Idee vom Nachtleben, von der Pariser Bohème? Traf er andere Afrikaner in der Stadt? Leute außerhalb der Mission?

Nichts davon lässt sich nach dem Stand der Quellen sagen. Auch nicht, ob Ombagho in Paris Zeitungen las, was bei seiner großen Neugier wahrscheinlich scheint. Im Februar 1904 publizierte der britisch-irische Roger Casement, Diplomat in Französisch-Kongo, als Augenzeuge und investigativer Rechercheur Beweismaterial für seinen Report[171] über die schweren

---

170 Zorn, [1993] 2012, S. 480.
171 Casement, Roger: *Correspondence and Report from his majesty's consul at Boma respecting the administration of the Independent State of the Congo.* London, 1904. Er zitiert und kommentiert originale und übersetzte Quellen aus dem Französischen.

Kolonialverbrechen in König Leopolds Privatkolonie Belgisch-Kongo. Die Presse in ganz Europa und den USA berichtete davon, die »Kongo-Gräuel« waren in aller Munde. In Amerika engagierten sich Mark Twain, Booker T. Washington und W. E.B Dubois für Gerechtigkeit in der Causa Kongo. Es kann Ombagho als alertem Beobachter nicht entgangen sein, dass im belgischen »Congo« Menschheitsverbrechen geschahen, und dies unter den Weißen diskutiert wurde. Auch von der Vernichtungsschlacht des deutschen Expeditionskorps gegen die Herero im Sommer 1904 kann er gehört oder gelesen haben. In seinen Briefen an die Franzosen findet sich kein Wort zu den politischen Debatten der Zeit, möglicherweise berührte er die Themen in der Korrespondenz mit Akérémanga, seiner Frau. Doch unverkennbar fällt Ombaghos politisches Erwachen in den Zeitraum seiner Europareise.

»Wäre ich weiß, würde man so nicht mit mir umgehen«

Das Jahr in Neuchâtel, die Mahlzeiten am Tisch des Institutsdirektors, der Unterricht, die Reisen, Vorträge, Diskussionen und seine Lektüre hatten Ombagho verändert. Sein Ton wurde selbstbewusster, er trug Anzug und Krawatte, und war in Paris vom Kopf der Mission empfangen worden, dem Mann, der noch über seinem »père blanc« stand.

Umso desillusionierender musste es auf Ombagho wirken, wie drastisch die Umstände seiner Rückreise nach Zentralafrika mit dem neuen, imaginierten Status kollidierten. Er befand sich Ende September 1904 an Bord des Fracht- und Passagierdampfers »Ville-de-Maceió« der Reederei Compagnie des Chargeurs Réunis in Le Havre, einem Schiff von 1883, das zwei Jahre darauf verschrottet wurde. Für den Stipendiaten wurde vermutlich eine möglichst billige Passage gebucht. Ombagho reiste als Passagier dritter Klasse, wie alle Schwarzen an Bord. Anders als auf der Hinfahrt nach Europa, auf der Ombagho die Allégrets begleitet hatte, vermutlich in derselben Passagierklasse wie sie gereist war und mit ihnen zu Tisch gesessen hatte, war er jetzt gezwungen, die meiste Zeit unter Deck zu bleiben. Er kannte diesen Dampfer, mit dem, wie zuvor erwähnt, auch Joseph Conrad gereist war. Anfang 1891, als Teenager, war Ombagho schon einmal eine Woche auf diesem Schiff unterwegs gewesen, als »boy« auf der Expedition der jungen Missionare Allégret und Teisserès, doch mit den Weißen, fast wie ein Passagier erster Klasse. Auf dieser erneuten Reise schien er wie zurückverbannt in die dritte Klasse. Womöglich empfand Ombagho daher besonders intensiv, wie viele Wechselbäder zwischen Hoffnungen und Versprechungen, Warten und Enttäuschung ihm zwischen seinen beiden Reisen auf diesem Schiff zugemutet worden waren. Die erste Fahrt wird eine Verheißung gewesen sein, der Auftakt zu einem neuen Leben. In den anderthalb Jahrzehnten seither schien ihm seine Anstrengung eine neue Position eingebracht zu haben. Aber jetzt glichen die Umstände der Fahrt auf der »Ville des Maceió« einer erzwungenen Regression in den subalternen Zustand.

Auf der Überfahrt entlud sich bei Ombagho der Zorn, den er in Jahren aufgestaut und vorher nur punktuell angedeutet hatte. Er adressierte ihn direkt an Allégret. Am 26. September 1904, als das Schiff sich auf der Höhe von Teneriffa befand, teilte er zunächst eher beiläufig mit, er habe Missionar Victor Ellenberger aus der Schweiz wiedergesehen, der sich frage, warum Allégret auf seine Post nicht antworte. (Derselbe Ellenberger wird, zurück von einer Missionsstation in Südafrika, Anfang 1913 in Lambaréné Albert und Helene Schweitzer bei ihrer Ankunft begrüßen, und nach Paris melden, der neue Arzt arbeite gut und taktvoll.[172]) Ombagho ließ dann verlauten, er befinde sich auf der Reise nach Igenja, die Adressaten sollen wissen, dass er nicht direkt nach Talagouga, sondern erst zu den Seinen geht. Wenige Zeilen später monierte er, es gebe Fehler in der Übersetzung eines Kirchenliedes

Abb. 29: Pastor Ombagho, um 1904

---

172 Mühlstein, 1998, S. 148. Schweitzer selbst erwähnt Ellenberger in *Zwischen Wasser und Urwald*, 1921, passim.

aus dem Französischen in die Sprache der Fang. Offenbar hatte man ihm Druckerzeugnisse für die Mission am Ogowe mitgegeben. Ombagho, der Mpongwe, Fang, Französisch und Englisch sprach, ließ wissen, dass seine Scheu, auf Verfehlungen der Weißen hinzuweisen, schwindet. Der afrikanische Stipendiat und Absolvent von Peseux, dessen Wohltäter Dankbarkeit erwarteten, beschwerte sich.

Allégret sei während der Zeit, die Ombagho in Europa gewesen war, hielt er ihm vor, so sehr mit dessen weißen Brüdern und Schwestern befasst gewesen, dass er für ihn kaum Zeit gefunden hatte, wenn doch, dann habe er von ihm vor allem die Ermahnung gehört, keine Schulden zu machen. »C'est très bien«, das sei leicht gesagt. Als Vater von vier Kindern und Sohn einer alten Mutter verdiene er nach all der Arbeit für die Mission seit 1889 noch immer nur 20 Francs im Monat (ein Lohn, der in Waren ausgezahlt wurde). Wäre er, wie die Missionare, vom Komitee in Paris angestellt, hätte er keine Geldsorgen, man würde anders mit ihm umgehen: »Si j'étais blanc on ne ferais pas comme ça avec moi.«

Der Ausruf ist das Leitmotiv dieses Schreibens. Als Dienstältester der Ortskräfte forderte Ombagho unverzüglich mehr als doppelt so viel Lohn und keinerlei Lohnabzug mehr bei Besuchen der Familie in Igenja, ansonsten arbeite er lieber wieder zu Hause als Katechet, »chez mon peuple«, drohte er. Seite um Seite schrieb er fort, die Schrift wird größer, die Wut hinter den Worten springt beim Lesen vom Blatt entgegen. Womöglich war sein Zorn noch befeuert durch Informationen über die Kongo-Gräuel und die Lektüre von *Onkel Toms Hütte* in Peseux. Verdichtet spiegelt sich in der symbolischen Ordnung auf dem Schiff ein Mikrokosmos des Rassismus, wie er im Internat von Peseux, im Elsass oder in Paris suspendiert schien, wo Ombagho gewisse Gleichrangigkeit genoss oder die Sonderrolle eines »Gesandten aus Afrika« hatte.

Auf dem Schiff herrschte Segregation. Als Passagier der dritten Klasse konnte Ombagho seine weißen Bekannten und andere weiße Mitreisende nur kurz und selten sehen, wenn er vom Unterdeck ans Oberdeck durfte. »Cela me fait de la peine un peu, mais je savais que ça sera ainsi, parce que je suis noir«, unterstrich er erbittert. Monsieur Haug, fuhr er bitter fort, habe ja recht, wenn er sich auf Galoa (Mpongwe) die Begrüßungsformel zugelegt habe: »Onombo ekaga ire nojo okaga« – »Ein schwarzer Mann ist wie eine Qual«. Haugs Sarkasmus aus Verdruss über schwarze Missionsschafe wirkt, in diesem Kontext zitiert, noch entlarvender und desavouierender, und Ombagho stellte das Zitat als Beleg für institutionalisierten Rassismus bloß, der Hautfarbe zum Klassenmerkmal dekretiert. Herausfordernd beendete er seinen Gedankengang: »En tout cas, je ne suis pas triste d'être noir«, Gottes Wort könne er durchaus auch als Schwarzer verbreiten. Er wolle weder weiß noch wie ein Weißer sein, ihm gehe es um die Anerkennung seiner Arbeit, »que vous sachez que je travaille comme vous, les autres.«

In diesem Duktus formulierte Ombagho seine verbale Meuterei weiter, auf der gesamten Strecke von Teneriffa nach Dakar. Wenigstens mit Worten wollte er sich gegen das eklatante Unrecht wehren. Ob die Allégrets auf Ombaghos Ausbruch reagiert haben, ob sie beschämt oder empört waren, lässt sich nicht feststellen, wo Allégrets Antwortbriefe sind, ist ungewiss. Vermutlich kam es wieder zur bekannten Kombination aus kleinen Zugeständnissen und indirekten Sanktionen, eben genug, um Ombagho bei der Stange zu halten.

Zeitenwende am Ogowe

Seine Drohung, der Mission den Rücken zu kehren, hatte Ombagho fallen lassen, eine leichte Gehaltserhöhung hatte er erreicht, und Valentine Lantz stellte ihm Anfang 1905 ein dezidiert gutes Zeugnis aus. Weihnachten 1904 hatten alle auf Talagouga das qualvolle Sterben von Missionar Junod miterlebt, den Madame Lantz pflegte. Ombagho trug währenddessen informell die Verantwortung für die Station, und sie berichtete, seine Anwesenheit sei ein großer Trost: »Il aide partout, fait des courses d'évangélisation, dans les villages; enfin, il est un aide bien précieux pour la station et les environs. Et on le sent si heureux dans son travail!«[173]

1905 kam es zur Hungersnot am Ogowe. Lantz schildert, wie Hungernde aus Mangel an Maniok und Kochbananen im Wald wilde Früchte suchten. Paradoxerweise erlebte die Region am Ogowe mit dem Exportboom von Tropenholz, das vor allem die deutsche Firma Woermann zum Hamburger Hafen verschiffen ließ, zugleich ein kleines Wirtschaftswunder. Doch je lauter die Axthiebe in den von Transportschneisen zerschnittenen Wäldern widerhallten, und je mehr Rundhölzer an Bord von Frachtdampfern gehievt wurden, desto weniger Arbeitskräfte standen auf den lokalen Pflanzungen zur Verfügung. Die Subsistenzwirtschaft brach

---

[173] Lantz, [1906] 1941, S. 75.

ein, es kam zu Engpässen bei der Versorgung mit Lebensmitteln. Wie Christopher Gray und François Ngolet darlegen, war der Exportboom trotzdem die einstweilige Rettung für Gabuns schwache Ökonomie: »Exports of okoumé wood for the German plywood market had risen from a first few logs in 1889 to 7,000 tons in 1905 to 9,000 tons in 1911.«[174] Täglich sah man mehr Flöße aus vertäuten Stämmen den Ogowe Richtung Cap Lopez heruntertreiben, das Holzbusiness zog Arbeitskräfte an wie ein Magnet. Wollten die Missionen ihr Personal halten, mussten sie die Konditionen verbessern. Indes griffen Hungersnot und Mangelernährung die Gesundheit aller in der Region an.

Flächendeckend fehlte ein rudimentäres Gesundheitssystem, zumal eines, das auch Schwarzen zugänglich war. Während in Libreville das Tropenhospital überwiegend Weiße behandelte, fehlte eine Einrichtung für die Region Ogowe. Die Bevölkerung in ganz Zentralafrika, ob von Frankreich, Belgien, Großbritannien oder Portugal kolonisiert, hatte gegen die Vielzahl von Erregern, die durch die Colons eingeschleppt wurden, keine hinreichenden Immunkräfte. Zudem breiteten sich durch die hohe Binnenmobilität Tropenkrankheiten wie Gelbfieber, Malaria oder Schlafkrankheit schneller aus. In Paris war 1902 nach dem Vorbild von Liverpool und London das Institut de médecine coloniale eingerichtet worden, an dessen Lehrgängen vor allem Militärärzte für den Dienst in Übersee teilnahmen, und in Brazzaville entstand 1909 das große Hospital Institut Pasteur. Doch koloniale Prioritäten lagen primär auf dem ökonomischen Sektor, und Kolonialmedizin diente in erster Linie der Gesundheit der eigenen Mitarbeiter und lokaler Arbeitskräfte, etwa um durch Impfungen Epidemien vorzubeugen. 1903 schilderte Roger Casement am Beispiel Léopoldville die Zweiklassenmedizin:

> »A hospital for Europeans and an establishment designed as a native hospital are in charge of a European doctor. Another doctor also resides in the Government station whose bacteriological studies are unremitting and worthy of much praise. The native hospital – not, I am given to understand, through the fault of the local medical staff – is, however, an unseemly place. When I visited the three mud huts [...] I found seventeen sleeping sickness patients, male and female, lying about in the utmost dirt. [...] In somewhat striking contrast to the neglected state of these people, I found, within a couple of

---

174 Gray und Ngolet, 1999, S. 96.

hundred yards of them, the Government workshop for repairing and fitting the steamers. Here all was brightness, care, order, and activity [...].«[175]

Auf die wirtschaftlichen Prozesse der Zeit kam Ombagho in seinen Berichten an die Allégrets nie zu sprechen, allenfalls erwähnte er kursorisch eine koloniale Institution. Moderater im Ton ließ er inzwischen Vorsicht walten, vielleicht hatte man ihm Aufstiegschancen oder weiteren Lohnzuwachs in Aussicht gestellt – oder ihm gedroht. Allerdings wagte er kritische Mitteilungen, die Allégret in der aktuellen Lage alarmiert haben dürften, etwa als er am 21. Februar 1905 berichtete, wie der nervlich belastete, cholerische Missionar Ellenberger Arbeitskräfte von der Station vertrieben habe. Ellenberger spreche jeden Schwarzen, der ihm über den Weg laufe, auf dessen »Schuld« gegenüber den Weißen an, die dieser »abzutragen« habe, und kümmere sich ansonsten um nichts, schimpfte Ombagho. Im Kontrast dazu berichtete er von seinen Erkundungsfahrten als Katechet,

Abb. 30: Tropenholzflöße auf dem Ogowe vor der Insel Lambaréné, 1993. Der Handel mit Okoumé und anderen Tropenhölzern wird bis in die Gegenwart betrieben.

---

175 Casement, 1904, S. 23.

seinem Unterricht in mehreren Sprachen, dem Empfang von Gästen aus Lambaréné und Baraka, Fortschritten an der Schule oder dem Kirchenchor. Seine »frères blancs« in Basel, Paris, Mühlhausen, Guebwiller und Peseux ließ Ombagho am 18. August 1905 grüßen und beteuerte, er werde keinen von ihnen je vergessen: »Croyez moi«.

Die Tragödien und Nöte am Ogowe ließen das Netzwerk protestantischer Missionen dichter werden, zwischen Lambaréné, Talagouga, Ngômô und Samkita wurde kommuniziert, geholfen und Anteil genommen. Für jüngere Schüler gründete Ombagho nach dem Elsässer Vorbild eine Union chrétienne des jeuns gens, teilte er Allégret mit. Ihr Versammlungsraum sei mit Zeichnungen geschmückt, ein Schatzmeister und Sekretäre wurden gewählt. Als der Mann, der Europa gesehen hatte, sorgte Ombagho so für den Transfer europäischen Vereinswesens an den Äquator. Zum »Präsidenten« ihres Vereins machten die jungen Christen zwar den weißen Missionsleiter, Ombagho wurde immerhin »Vizepräsident«. Doch immer unerträglicher wurde für ihn, wie und wann Führungspersonal ausgetauscht wurde, etwa als Missionar Couve, mit dem er in gutem Einvernehmen war, Anfang 1906 plötzlich nach Lambaréné versetzt werden sollte: »Pourquoi?«, fragte er Allégret. Der wollte ihn in die Personalpolitik nicht einweihen.

Wie ein Blitz traf alle der plötzliche Tod der Missionarin Lantz. Erschüttert teilte Ombagho am 16. April 1906 Allégret die Nachricht mit: »[J]e suis inconsolable [...] tout la mission pleure ici«. Sie sei wie seine zweite Mutter gewesen, schrieb er, und habe für ihn die Familie Allégret verkörpert. Ausführlich berichtete er von den letzten Tagen der Verstorbenen, welche »cantiques« für sie gesungen wurden, und wie er, als sie schon zu schwach war, um zu sprechen, ihre Hand gehalten hatte. Sein Nekrolog endete mit den Worten, die er mit implizitem Vorwurf unterstrich: »<u>Elle amait les noirs.</u>« Valentine Lantz schien ihm ohne den Rassen- und Klassendünkel, der bei anderen die Norm war. Couves Brief zu ihrem Tod an die Zentrale in Paris bestätigte: »Quelques-uns de nos plus fidèles, Ombagho, notre instituteur Engamvugha, sont venus lui serrer la main.«[176]

Im Mai 1906 war Ombagho mit seinen Söhnen Théophile und Théodore – »avec mes deux Théos« – allein auf der Station, teilte er am 17. Mai 1906 mit. Im März 1906 hatte Lantz in einem der letzten Briefe an ihre Verwandten erwähnt, dass die Söhne Ombaghos nun die Missionsschule

---

176 Zit. n. Lantz, [1906] 1941, S. 103.

von Talagouga besuchten.[177] Externe Schulkinder arbeiteten am Morgen von sechs bis halb acht und am Nachmittag von zwei bis vier Uhr auf den Pflanzungen der Mission, führte sie aus, Kinder aller Altersstufen wurden, wie in europäischen Dorfschulen, in einem einzigen Saal unterrichtet. Das Mädcheninternat war in einem ehemaligen Hühnerstall untergebracht, das der Jungen in einem größeren Bau. Paris hatte offiziell kein Internat genehmigt, daher, so schrieb sie, könne man nur wenige Kinder entlegen lebender »Pahouins« aufnehmen, und es sei schwer erträglich, erklärte Lantz, lerndurstige Kinder zurück ins Dunkle, »aux ténèbres« zu schicken, wie diese selbst klagten. Vom unbeirrbaren Willen vieler Kinder, die zur Schule gehen wollten, waren Missionare immer wieder beeindruckt.

Akéremanga war im Mai 1906 für einige Wochen nach Igenja gefahren, der Vater blieb alleinerziehend da. Er habe das Grab von Valentine Lantz und das des Säuglings René bepflanzt, schrieb er, und sich gefreut über den Besuch von Missionar Couve aus Lambaréné. Eine neue Lehrerin war angekommen, eine andere abgereist – und Ombagho sehnte sich, wie verwaist, nach den Allégrets: »J'ai soif de vous voir«. Nach dem Tod von Madame Lantz sei eine Afrikanerin konvertiert, ein Afrikaner zur Beichte erschienen, berichtete er am 16. Juli 1906: »La mort de Mme. Lantz nous a réveillé de notre sommeil spirituel.« Eingetroffen war, wie er anfügte, eine letzte Einladung von Isabella Nassau: Ombagho solle sie in England treffen, ehe sie für immer nach Amerika zurückkehre. Robert Hamill Nassau lebte bereits dort im Ruhestand. Nach Valentine Lantz ging jetzt auch diese »weiße Mutter« von Ombagho fort. Von beiden weißen Frauen, weit eher als von weißen Männern, schien Ombagho eine nicht-rassistische Haltung erlebt zu haben.

Isabella Nassaus Position war indes zwiespältig. 1902, während eines Heimaturlaubs, hatte sie vor einer Versammlung der Presbyterianer in New York gesprochen, in deren prächtigem, einschiffigen Kirchenbau auf der Fifth Avenue. Die *New York Times* berichtete am 15. Mai 1902, das Publikum habe sich erhoben, um die altgediente Missionarin zu begrüßen, die über den Unterschied zwischen Schwarzen in den USA und in Afrika erklärt hatte: »You must not judge the negroes of West Africa by those of this country. Those there are lords of the manor in their own right and treat us as their guests. They are very superior to the Africans of this country.«[178]

---

177 Lantz, [1906] 1941, S. 92.
178 General Assembly Plans. Presbyterians Gather here fast for the Great Convention. Creed Revision Report Jealously Guarded and to be Debated Last. – The Moderatorship Con-

Doch schon als junge Frau hatte Isabella Nassau sich für die Bildung von Schwarzen in den USA engagiert, zunächst am 1854 gegründeten Ashmun Institute, der späteren Lincoln University, der ersten amerikanischen Institution, an der amerikanische Schwarze einen Universitätsabschluss erwerben konnten.[179] Im Februar 1906 hatte Ombagho versucht, nochmal auf eigene Faust nach Batanga zu gelangen, konnte aber die Visumsgebühren von 100 Francs in Cap Lopez nicht zahlen und musste umkehren. Kurze Zeit nach dem Weggang ihres Bruders in die Staaten starb Isabella Nassau am 17. Juni 1906 in Batanga in »Deutsch-Kamerun«, ohne ihren »Adoptivsohn« Félix Ombagho noch einmal wiederzusehen. Am 16. Juli 1906 schrieb er den Allégrets, er könne nicht fort, da die Missionare ihn brauchten, und seine Frau eine Fehlgeburt erlitten hatte. Auch sollte er sich um die Söhne kümmern, die gerade Lesen und Schreiben lernten.

Ihren letzten Brief hatte Valentine Lantz zehn Tage vor ihrem Tod verfasst, am 25. März 1906. Auf der Veranda des Missionarshauses schrieb sie, mit Blick auf Kokospalmen: »Ombagho fait l'école du dimanche aux enfants, garçons et filles, et j'entends de loin leur beau cantique: ›Seigneur, donne-moi des ailes‹, traduit en pahouin, enlevé avec enthousiasme par toutes ces voix d'enfant et les basses graves des jeunes gens.«[180] Kurz zuvor hatte sie von einem heftigen Konflikt mit einem afrikanischen Paar berichtet, das mit einem sterbenden Säugling, dem die Missionarin nicht mehr helfen konnte, zur Ambulanz gekommen war. Die Mutter hatte sich nach dem Tod des Kindes im Fluss ertränken wollen, der Vater hatte sie aus dem Wasser gezogen. Für alle Beteiligten müssen es traumatische Szenen gewesen sein. Möglicherweise wirkten sie auf die verwitwete Frau, die ihren Sohn als Säugling verloren hatte, so destabilisierend, dass sie der Krankheit keine Kraft entgegensetzen konnte. Es gebe, hatte sie noch geschrieben, überall um sie her Siechtum und Krankheiten, die Ambulanz sei überfüllt, es fehlten Ärzte, viele Eltern verlören ihre Kinder. Von den Kranken hörte sie Beschwerden über den Umgang der Angehörigen mit ihnen: »On se moque de nous, on nous laisse dans un coin.«[181] Auch sie formulierte, wie

---

test. In *New York Times*, 15.5.1902. Der Bericht sprach von 600 Delegierten, die zur Hauptversammlung erwartet wurden, und von hohen Kosten etwa allein zum Schutz der Teppiche und des Mobiliars in der repräsentativen Kirche.

179 Vgl. McLanahan, Samuel: *Isabella A. Nassau, of Africa*. Hrsg. v. Woman's Foreign Missionary Society of the Presbyterian Church. Philadelphia, 1900.
180 Lantz, [1906] 1941, S. 83.
181 Lantz, [1906] 1941, S. 89.

schon die Familie Bonzon und viele andere, das Desiderat überdeutlich: »Oh, qu'un docteur aurait à faire, non seulement parmi les missionnaires, mais parmi les noirs, et comme ils viendraient en masse se faire soigner.«[182] Der Ruf nach einem Mediziner für die Stationen wurde mit jedem verstorbenen Missionar lauter, und die Sätze von Lantz so kurz vor ihrem Ende mussten in den Ohren der Pariser Missionsgesellschaft nachgerade wie ein Menetekel klingen. Zum ersten Mal fällt in dieser Zeit in einem der Briefe von Ombagho, verfasst am 17. Mai 1907, das Wort »Malaria«: Es gebe viele daran Erkrankte.

Auch den Allégrets wurde der »Kongo« nun zu gefährlich, und weitere Karriere innerhalb der Organisation ließ sich für Élie zudem nur im Apparat in Paris machen. Im Januar 1907 erfuhr Ombagho, dass die Allégrets nicht mehr vorhatten, die Region wieder zu besuchen, und Ombagho erwog, eine eigene Missionsstation im Norden von Gabun aufzubauen. Um in der SMEP auf eigenen Füßen zu stehen, musste er die Region verlassen, in der er als »fils noir« aufgewachsen war. Als Erstes strengte er wieder Lohnverhandlungen mit Allégret an. Er könne, schrieb er am 6. Januar 1907, nicht länger warten, 65 Francs im Monat seien kein Lohn, er verlange 150 Francs an Waren und 50 Francs Bargeld. Daraus wurde einstweilen nichts.

Von Missionar Maurice Robert wusste Ombagho im Brief vom 6. Januar 1907 zu berichten, dass dieser bereits gut auf »Pahouin« schreiben könne, und äußerte die Hoffnung, dass die Allégrets seinen Sohn Théodore zu sich nach Paris holen, damit aus ihm ein Katechet werden könne, eine Idee, auf die die Allégrets nie eingingen. Allmählich zerfiel die schwarz-weiße Verbindung der Korrespondierenden, oft sprachen Ombaghos Briefe davon, dass der Postdampfer ohne Nachricht von den Allégrets angelegt hatte. Indes tauchten immer neue Missionarspaare auf oder reisten ab: Bion, Christol, Ellenberger, Galley, Hermann, Martin, Teisserès, Jourdan. Und immer öfter listete Ombagho jetzt Namen afrikanischer Katecheten oder Täuflinge auf, wie um sich als Pastor zu qualifizieren.

Indes löste die ökonomische Transformation auch Ombaghos soziales Netzwerk langsam auf. Cousin Rossatonga war ab Oktober 1907 für die Firma Henry Holt im Holzhandel tätig, und brachte durch die Arbeit im säkularen Sektor der Kolonie monatlich 100 Francs nach Hause, wie Ombagho en passant fallen ließ. Um dieselbe Zeit begann der reich gewordene

---

182 Lantz, [1906] 1941, S. 90.

Rossatonga eine Affäre mit Akérémanga. Beide, versicherte Ombagho den Allégrets, bereuten den Fehltritt. Für ihn selbst war die Sache umso bitterer, als der Rivale gut verdiente, während seine eigene Lohnerhöhung minimal ausgefallen war – er verdiente kaum mehr als ein Ruderer, hielt er den Adressaten vor. Den Wunsch nach einer eigenen Station schien man ihm nur unter unzumutbaren Bedingungen zu gestatten: Wie könne man von ihm erwarten, schrieb er, einen Annex in Môtombi, mitten im Busch, aufzubauen, in der Regenzeit eine dreiwöchige Fußreise dorthin zu machen, und dort in einer Hütte aus Baumrinde zu hausen. Auf dem Gelände der Station wohne er bereits jetzt nur in einer Wellblechhütte, fern von der kühlen Brise, die vom Fluss weht, und in der Hütte sei es heiß: »je vous assure«. Von Madame Allégret habe er ein Paket mit Schokolade, Kakao und Keksen erhalten, und nicht das Werkzeug, um das er gebeten hatte. Seine Vorhaltungen wurden abwechselnd resignierter und indignierter, aggressiver.

Werkzeug und Handwerk waren 1907 ein zentrales Thema der Station Talagouga. Schon seit 1899 lagen erste Pläne für den Bau des bereits erwähnten Sägewerks vor, das den Grundstock legen sollte für eine künftige Handwerkerausbildung und das Generieren von Profiten für die Mission. Mit Sicherheit hat Ombagho diese Pläne gekannt, die ein Lieblingsthema von Allégret waren – der damit Nassaus zwei Jahrzehnte alte Idee aufnahm. Am 2. Dezember 1907 genehmigte das Führungskomitee der Pariser Missionsgesellschaft die Gründung einer Société agricole et industrielle au Congo. Die Statuten für »la congolaise« sahen vor, dass innerhalb von drei Jahren eine tragfähige Organisation mit dem Namen Société agricole et industrielle de l'Ogooué (SAIO) entstehen sollte, um offiziell im Januar 1910 ins Leben gerufen zu werden.[183] Vorbild für die industrielle Erweiterung der Mission waren ähnliche Einrichtungen der London Missionary Society und der Basler Missionsgesellschaft, die Kombinationen von Mission und Kommerz seit Mitte des 19. Jahrhunderts unterhielten. In Indien und Ghana etwa boten sie Verdienst, Krankenversicherung und Sparkassen für Mitarbeiter an. Wer aus der traditionellen Gesellschaft ins christliche Ordnungssystem wechselte, lief Gefahr, in der eigenen Community Rückhalt zu verlieren, und damit die Grundlage der Existenz. Um Konvertiten abzusichern, Gemeinden zu erhalten und der Mission Erlöse zu verschaffen, initiierte man Projekte wie die SAIO, die karitativen und emanzipati-

---
183 Vgl. Faba, 2011.

ven Bestrebungen der Mission stützen sollten. Vielleicht hing Ombaghos Wunsch nach Werkzeug mit dem Projekt SAIO zusammen.

Ombagho brach schließlich doch nach Môtombi auf, begleitet von drei jungen Helfern und einer Schülerin, wie er Allégret in einem Brief vom 4. Dezember 1907 mitteilte. Er sollte zunächst an dem Ort eine Schule gründen, Christianisierung braucht Alphabetisierte. Unterwegs bereiteten Funktionäre der Société Commercial, Industrielle et Agricole du Haut Ogooué, die das französische Monopol für Tropenholz-Konzessionen überwachten, den Reisenden Verdruss. Typischerweise verdächtigten sie die Gruppe, als klandestine Unterhändler nicht-französischer Faktoreien in Ndjolé unterwegs zu sein. Da ihnen der Passierscheine für Missionare fehlte, ließen die Franzosen nur Ombagho weiter, den ein paar von ihnen persönlich kannten. Auch in Alembé, nahe Ndjolé, gab es Scherereien mit Franzosen. Ein Monsieur Damien wollte auf einen Jungen namens M'bome mit einem Stock einschlagen. Ombagho schrieb, er habe das den Missionaren Hermann und Teisserès berichtet, die mit dem Mann verhandelten und intervenierten. Physische Gewalt gegen Kolonisierte gehörte nicht zum Konzept der Pariser Mission.

In einem auf den 4. Dezember 1907 datierten Brief wendete Ombagho sich, nach neuen Klagen über seinen Lohn, den Weihnachtsvorbereitungen zu. Man erwarte Gäste aus der gesamten Region. Die Station sei verschönert worden durch eine Palmenallee auf dem Weg zur Kapelle und Obstgärten, es gab Früchte und Palmenherzen, und der Chor habe sich verbessert. Seinen Sohn Théophile werde er, obwohl Galoa, einmal gern ein Fang-Mädchen heiraten lassen, er habe dabei schon die Tochter des guten Bakala N'damena im Sinn: »c'est bien, ou non?« So demonstrierte Ombagho, dass er als Christ die ethnischen Egoismen hinter sich gelassen hatte, sah die arrangierte Ehe allerdings unkritisch. Stolz legte er dem Brief ein Foto von Vater und Sohn bei. (Wochen später merkte er enttäuscht an, dass die Allégrets auf seine Pläne für die Söhne mit keiner Silbe reagiert hätten.) Rivalitäten zwischen allen Akteuren am Ort seien indes an der Tagesordnung, wie Ombagho anmerkte, »La jalousie est partout«, bei Weißen wie Schwarzen. Nur auf Allégrets Gefährten Teisserès ließ er nichts kommen, und der habe ihm anvertraut, Missionar Couve ziehe die Fang den Galoa vor. »Et vous?«, hatte Ombagho Teisserès gefragt, der erklärt habe: »Oh, j'aime tout le monde.«

Für den 5. Dezember 1907 stand eine Schulinspektion durch den Capitaine Administrateur Commandante de la région de l'Ogooué ins Haus, teilte Ombagho mit – stets ein bedrohliches Ereignis – alles sei aber präsentabel. Mädchen würden inzwischen auf der Veranda unterrichtet, zwischen dem Büro von Monsieur und dem Wohnhaus. Und Ombagho schrieb als Hüter der Gegenstände der Allégrets, ihr Mobiliar samt gusseisernem Tisch und Kanapee sei im Lagerraum sicher, ihr Wandschrank diene der Aufbewahrung von Schulkleidung. Vielleicht sollte die Erinnerung an das Vertraute sie noch einmal herlocken und ihre Sehnsucht wecken – oder sie auf die Idee bringen, Ombagho ein paar der ungenutzten Möbel zu vermachen.

Ab 1907 wurden Ombaghos Briefe spärlicher, die Lohnfrage sprach er nur noch verbittert an. Er habe dazu alles gesagt, schrieb er am 13. Januar 1908, er werde das Thema fallen lassen. Weder Andeutungen noch Drohungen hatten seine Lage nachhaltig verbessert, und womöglich wollte die Mission einen Präzedenzfall meiden. »J'ai attendu et espéré en vain«, konstatierte er, und fügte wie aus Höflichkeit fromme Formeln an. Von der Station Lambaréné hörte er, dass die Fang neben den Galoa und Seké immer zahlreicher würden. Sein Informant dort war sein Freund Ntyango, ein Tischler. Wie einen Refrain trug er wieder die Bitte nach einem Boot für die Station vor, und erneut die nach dem Werkzeug.

Ende April 1908 beschränkte sich Ombagho auf lakonisch knappe Sätze: Allen gehe es gut, Ostern sei erbaulich gewesen, es gebe viele Täuflinge und Katecheten, Dodo sei wohlauf – und er schrieb den Namen der ehemaligen Kinderfrau der Allégrets in besonders großen Lettern, wie um vorwurfsvoll hervorzuheben, dass seine Adressaten mehr an ihr interessiert seien, als an ihm. Grußlos setzte er die Unterschrift hinzu. Erst ein Brief von Madame Allégret, der Wochen unterwegs gewesen war, stimmte ihn versöhnlicher, und in der Antwort vom 17. Mai 1908 waren die Allégrets wieder seine »chers parents blancs«, denen er lebhafte Erzählungen lieferte. Es sei nicht wahr, erklärte er, offenbar einer anders lautenden Information widersprechend, dass zur Station Lambaréné nun mehr »Pahouins«, also Fang, gehörten als zu Talagouga. Viele der Fang, so Ombagho, zögen sich tiefer in den Regenwald zurück, vor allem, um Bestrafungen wegen nicht entrichteter Kopfsteuer, der »impôt de capitation«, zu entgehen. Brutal durchgesetzte Zwangssteuer sorgte, wie der Holz- und Kautschukhandel, für zusätzliche Binnenmigration und damit für weitere Verbreitung von Tropenkrankheiten.

Und noch ein bekanntes Übel nannte Ombaghos Brief: »Nous restons seul au milieu des catholiques!« In nahezu sämtlichen frankophonen Kolonien waren die Protestanten im Hintertreffen gegenüber den straff und zentralistisch organisierten Katholiken, die personelle Übermacht besaßen. An diesen permanenten Stachel wollte Ombagho, gewissermaßen als Fundraiser, erinnern. »La plus petite station, c'est triste!«, seufzte er, die Missionare am Ogowe mögen Lambaréné am liebsten, alle wollten, wie gerade Missionar Hermann, am liebsten dorthin versetzt werden.

Das Schweizer Missionsehepaar Herrmann war noch immer in Lambaréné, als Albert Schweitzer fünf Jahre später ankam, wie dieser in den *Briefen aus Lambarene* erwähnte.[184] Bei den Hermanns aßen die Schweitzers anfangs oft zu Abend, wohlwollend kommentierte Schweitzer Hermanns Predigten.

Abb. 31: Ausflug »der Weißen« auf der protestantischen Missionsstation und Pflanzung Samkita am Ogowe, um 1905; zeitgenössische Postkarte

In seinen Zeilen vom Mai 1908 berichtete Ombagho seine Beobachtungen als »contre maître«, wie die einheimischen Lehrer genannt wurden, ein Begriff, der der späteren Bezeichnung »Counterpart« für Ortskräfte in

---

184 Schweitzer, 1955b. Die Briefe waren in den 1920er Jahren in drei Heften für Spender und Förderer gedruckt worden, und wurden erst während des Schweitzer-Booms Mitte der 1950er Jahre in Buchform publiziert. Missionar Herrmann wird u. a. auf den Seiten 28, 29, 40, 42 erwähnt.

der Entwicklungszusammenarbeit entsprach. Viele Kinder blieben der Schule fern, erklärte er, Lehrer träfen nicht den Ton: »Je crois que les blancs veulent trop commander.« Und ausgerechnet Mademoiselle Jourdan, »la plus douce«, sei viel unterwegs und selten da. Streng werde jetzt auch die Regierung, die den Alkoholkonsum Einheimischer ganz verbieten wolle. Und schon wieder, lasen die Allégrets, seien Ombaghos Wünsche übergangen worden. Missionar Bion sei ohne die versprochenen Hühner von einer Reise zurückgekommen, die Werkzeuge seien immer noch nicht eingetroffen, »et puis, les livres demandé et promis, ou sont ils?« Seine beiden Théos sollten ab Oktober 1908 an die Missionsschule von Ngômô wechseln, teilte er mit und erinnerte nochmals an die Idee, dass die Allégrets Théophile nach Paris einladen könnten, er werde gewiss das Klima in Europa vertragen: »car il est fort« – anders, als Théodore.

Die Allégrets dachten allerdings nicht daran, ein Kind ihres »fils noir« nach Übersee zu holen. In ihrer Residenz in der Rue de Ranelagh im 16. Pariser Arrondissement hatte Suzanne mit fünf heranwachsenden Söhnen und einer Tochter genug zu tun, und Élie verfolgte mit Ehrgeiz seine Laufbahn in der Société des Missions. Der bildungsbürgerliche Haushalt gehörte zur protestantischen Elite, man pflegte Kontakte zu Intellektuellen und Künstlern und die Jahre in der »Kongomission« rückten in die Vergangenheit, während Ombagho wieder und wieder mit denselben alten Sorgen und Forderungen ankam. Es wird in Paris gemischte Gefühle ausgelöst haben, wenn der Briefträger schon wieder Post von Félix in Händen hielt. Von beiden Seiten wurde die Korrespondenz mit den Jahren ambivalenter – die Beziehung fiel in ihre asymmetrischen Ursprünge zurück.

Ombagho verlässt die Region, »Le docteur« landet in Lambaréné

1909 und 1910 schickte Ombagho offenbar nur jeweils einen Brief, mehr enthält das Archiv nicht. 1911 und 1912 blieb er vollends stumm. Am 9. Mai 1909 teilte er mit, dass er länger krank und im Norden des Landes gewesen sei, um an seinem künftigen Einsatzort in der Nähe von Bitam, nah der Grenze zu Kamerun, eine Bleibe zu suchen, er wolle den Plan verwirklichen, eine eigene Gemeinde zu gründen. Die Söhne sollten im Internat von Ngômô bleiben, Akérémanga und die Tochter Isabelle wolle er mitnehmen. Für Théodore habe er eine Frau gefunden, ein Mädchen, das in Lambaréné die Missionsschule besuche. Die Kleidung, die Madame Allégret für Théodore und Théophile geschickt habe, sei zu klein, stellte er lakonisch fest, das Kleid für »Belle« gerade recht. Er selbst wünsche sich Espadrilles Größe 41 und wolle den Allégrets für sein Haus den großen Tisch abkaufen, der in Talagouga lagere. Traurig verlasse er die Station, die für ihn »une mère« gewesen sei, und beteuerte: »Je reste toujours votre fils noir, F. Ombagho«.

Ein Jahr später, am 7. November 1910, schrieb er, er sei betrübt zu erfahren, dass Alfred Boegner erkrankt ist – Missionsmitarbeiter hielten ihn auf dem Laufenden. In Bitam erwarte er Besuch von Missionar Haug, teilte er mit, der Ort im Norden liege weit weg von allem Bekannten, nur wenige Leute seien aus seiner Sprachgruppe der Galoa, die meisten würden zu den Fang gehören. Er habe bereits 18 Schüler, in die Gottesdienste kämen 100 bis 200 Besucher und entlang der Route der Société du Haut Ogooué habe er 400 Menschen bekehrt. Ombaghos geliebtes Harmonium sei kaputt gegangen, er bitte Allégret um einen Katalog für solche Instrumente oder den Hinweis, ob günstig ein gebrauchtes zu haben sei – auf Geschenke hoffte er offenbar kaum mehr. Alle fragten nach Musik, Gottesdienste bräuchten Musikinstrumente. Nach dem Gottesdienst zeige er »images«, vermutlich Abbildungen religiöser Motive.

Gut möglich, dass es sich bei vielen Bekehrten um entwurzelte Wanderarbeiter handelte, die für die staatliche Monopolgesellschaft ihren Arbeitsdienst ableisteten. Koloniale Verwerfungen wirkten sich bis ins dünn besiedelte Hinterland aus. Auch Ombagho ist ein Beispiel dafür, wie große Teile einer Generation die Gebiete ihrer Herkunft verließen. Er wollte sich fest im Norden niederlassen und träumte von einem Haus aus Backsteinen, »en briques«, doch sein Lohn reichte kaum, die Familie zu ernähren und den Söhnen das Internat zu finanzieren. Die chronischen Sorgen ließen nicht nach.

Zwei Jahre vergingen bis zum nächsten Brief Ombaghos an die Adresse der Allégrets. Am 19. August 1913 meldete er sich von der Station Samkita, wo, wie der Pariser *Revue Chrétienne* von 1914 zu entnehmen ist, seine Frau Akéremanga inzwischen an der Mädchenschule unterrichtete. Dieselbe Quelle gibt indirekt etwas preis über vorausgegangene Querelen: »A Samkita, Mme Charles Cadier dirige une école de filles avec le concours d'une institutrice indigène remarquable, femme de l'évangéliste bien connu Ombagho, qui, grâce à l'affectueuse influence de M. Faure, est redevenu un auxiliaire fidèle et dévoué.«[185] Mit einer Handvoll Worten informierte Ombagho selbst die Allégrets in jenem Brief über den Ausgang der Sache: »Je suis réadmis dans l'eglise.« Mehr führte er nicht aus, nur dass eine andere Person namens »Azo« ebenfalls wieder in die Gemeinde aufgenommen worden sei. Ombagho war, vermutlich wegen einer Insubordination, mit Sanktionen belegt worden, hatte in seinem Namensvetter Félix Faure einen Fürsprecher und mit dessen Hilfe wieder Gnade gefunden. Ombagho, der weder offene Rebellion wagte noch völlige Submission unter die kolonialen Mächte ertrug, zahlte für nahezu jeden Versuch, seine Autonomie zu behaupten, einen hohen Preis. Bis der Evangelist formale Anerkennung durch den klerikalen Apparat erhalten würde, sollte er fast das Ruhestandsalter erreicht haben.

Inzwischen war am 16. April 1913 der frisch approbierte Arzt Albert Schweitzer in Lambaréné angekommen. Ein Hinweis darauf findet sich auch bei Ombagho, der den Allégrets im selben Brief vom August 1913 mitteilte, ein Monsieur Corday [unleserlich] sei häufig krank und befinde sich gerade »à Lambaréné chez le docteur«. Die Information, dass es den »docteur« dort gab, schien er voraussetzen zu können, sie stand in protestantischen Journalen und jeder am Fluss hatte wohl davon gehört. In der *Revue Chrétienne*, die den Konflikt mit Akérémanga und Ombagho erwähnte, war auf derselben Seite die Rede von Schweitzers Auslagerung von Patienten mit ansteckender Schlafkrankheit ans gegenüberliegende Ufer des Ogowe.[186]

Seinen »chers parents blancs« versicherte Ombagho am 19. August 1913 seiner Treue, er hoffe auf Fotografien ihrer Familie, er sei melancholisch, doch nicht allein, da Jesus ihn tröste: »C'est lui qui m'a consolé.« Ombagho war erfreut über die Gegenwart von Missionar Faure in Samkita, denn es gebe weiterhin Ärger; worum, erklärte er nicht. Der elsässische Missionar Bertschy arbeite viel, fügte er an. Jener Bertschy war ebenfalls in den Notizen der *Revue Chrétienne* zur Fluktuation genannt, ebenso die Ankunft von Missionar Haug in Lambaréné. Danach kam es 1914 global zu zahlreichen personellen Umbesetzungen innerhalb der SMEP, am

---

185 Vienot, John (Hg.): Revue Chrétienne. *Recueil Mensuel*, 60(I/IV), Januar–Dezember 1914, S. 467. Der Hinweis auf Akérémanga findet sich unter der Rubrik »Ici et la«, mit den »Dernières nouvelles des Missions«. Die Publikation kam unter dem Dach der Freien Fakultät für Theologie Paris heraus.
186 Vienot, 1914 S. 467.

Abb. 32: Katechismus-Schüler auf der Station Samkita
beim Errichten ihres Wohnhauses, um 1900

Ogowe wie im Senegal, in Madagaskar, Tahiti und Neukaledonien, wo Missionar Maurice Leenhardt wirkte. Auch von diesem Missionar der SMEP, der Einfluss unter anderem auf Claude Lévi-Strauss und damit auf Ethnologie und Sozialwissenschaft hatte, musste Albert Schweitzer gehört haben. Leenhardt war Legende in der Pariser Mission, die er, quasi als Dissident, für die Universität in Paris verließ.

Vom Missionar zum Ethnologen: Maurice Leenhardt

Maurice Leenhardts Biografie macht deutlich, welchen transkulturellen Ertrag langjährige Aufenthalte von Europäern in außereuropäischen Kontexten erbringen konnten, sofern die Bereitschaft da war, sich den Gesellschaften mit Respekt und Erkenntnisinteresse anzunähern, und sich nicht von Restriktionen, Hierarchien, Denkverboten und Absurditäten des kolonialen Systems das Fragen stehlen zu lassen. Der 1878 geborene Leenhardt war der einzige unter den Amateur-Ethnologen der Pariser Missionsgesellschaft, und einer der wenigen überhaupt, der es zu brillanter wissenschaftlicher Professionalität brachte.

Wie Albert Schweitzer erhielt Leenhardt seine »Berufung« durch Artikel im *Journal des Missions*, und wie der Lambaréné-Pionier Robert Hamill Nassau bekannte er sich in der Reflexion der Ursprünge seiner Missionstätigkeit zu jugendlicher Abenteuerlust. Von 1902 bis 1926 forschte und predigte Leenhardt in Neukaledonien, wo der linguistisch Hochbegabte im engen Dialog mit einheimischen Evangelisten, »Natas« genannt, Techniken zur Notation und Interpretation oraler Überlieferung entwickelte. Bis ins Detail interessierten ihn die Eklektizismen und Synkretismen seines Einsatzgebiets auf »La Grande Terre« nördlich von Nouméa. In einer Gesellschaft, die weder eindeutig matrilinear noch patrilinear organisiert war, suchte der frühe Strukturalist nach Mustern von Repräsentation und Sinnproduktion. Bei der Pariser Missionsgesellschaft beargwöhnte man den unorthodoxen Freigeist früh; mit Élie Allégret geriet Leenhardt während dessen Präsidentschaft der SMEP in Konflikt, da half ihm auch nicht, dass er ein Buch über Boegner verfasst hatte. Leenhardts in jeder Hinsicht herausragender Biograf James Clifford merkt an: »In Paris, the New Caledonian veteran was being held at arm's length. The directors mistrusted his strong opinions and his tendency to become involved in general mission business.«[187] Um sich ein Gesamtbild der Missionsstationen der SMEP zu machen, bereiste Leenhardt 1922 auf eigene Faust, finanziert von einem wohlhabenden Bruder, die Stationen in Afrika südlich der Sahara und gewann dabei auch Eindrücke von der Lage am Ogowe. Sein ursprünglicher Bericht an die SMEP soll verloren gegangen sein. Gedruckt liegt eine dünne Bro-

---

187 Clifford, James: *Person and Myth. Maurice Leenhardt in the Melanesian World.* Durham, London, 1992, S. 117.

schüre der SMEP mit dem Titel *Etapes Lumineuses. Visites aux Chantiers Missionnaires*[188] vor, die erst 1928 herauskam und auf einem Vortrag basierte, den Leenhardt 1927 auf einer Konferenz in Colmar gehalten hatte. Als »Schwesterwerke« der SMEP in Französisch-Kongo bezeichnete er die schwedische protestantische Mission weiter westlich in Französisch-Äquatorialafrika und die der weiterhin im Süden Kameruns präsenten amerikanischen Presbyterianer. In der »Geschwisterlichkeit« sah Leenhardt ein Symptom für die wachsende Internationalisierung der Mission.[189]

Leenhardt, der sich in Neukaledonien unzweideutig für die Rechte der »indigènes« einsetzte, richtete seinen reformerischen Blick vor allem auf Institutionen zur Bildung. In Gabun stelle sich fortgesetzt die Frage nach qualifizierten Arbeitskräften, erklärte er, diese seien rar und meist mangelhaft ausgebildet. Auch werde ohne bessere Bildungsangebote »le peuple désorganisé« vollends dem »choc de la colonisation« ausgeliefert. Unter Missionsschülern gebe es immerhin brüderlichen Zusammenhalt, und Ehemalige, die für Firmen Weißer in Port Gentil oder Pointe Noire an der Küste arbeiteten, also durch hybride Ballungszentren in Gefahr seien, christliche Festigkeit zu verlieren, hielten ihre moralische Standhaftigkeit aufrecht, etwa durch eigene Rundbriefe,[190] und seien geprägt von Arbeitsmoral, die sie durch das Evangelium erworben hätten. Leuchtendes Beispiel ist ihm Henri Njavé, der während seiner Ferien von der Mission rund 40 000 Francs im Tropenholzhandel verdiente, doch ein Zehntel davon als Spende an seine Missionsstation Ngômô abgegeben hatte. Njavé (meist Ndjavé geschrieben) war acht Jahre nach Leenhardts Reise, gemeinsam mit Félix Ombagho und einem weiteren Aspiranten, einer der drei ersten Afrikaner am Ogowe, die als protestantische Pastoren ordiniert wurden.[191] In Lambaréné, wo Ndjavé mit Ombagho die Missionsschule besucht hatte, war er der Primus gewesen, wie Allégret, der Ndjavé um 1892 fotografierte, auf einem Abzug notierte. Es war auch Ndjavé, dem Ombagho 1960, mit Mitte 80, und als er selbst nicht mehr schreiben konnte, seine Lebenserinnerungen diktierte.

---

188 Leenhardt, Maurice: *Etapes Lumineuses. Visites aux Chantiers Missionnaires*. Paris, 1928.
189 Leenhardt, 1928, S. 11.
190 Leenhardt, 1928, S. 12.
191 Henri Ndjavés Urenkel, Pascal Njavé in Libreville, verdankt diese Arbeit einen Guttteil der Informationen über den biografischen Hintergrund von Félix Ombagho.

Vermutlich hatte Leenhardt in seinem verschollenen Originalbericht von 1922 noch andere Begegnungen erwähnt. Vielleicht hatte er versucht, bei der SMEP für ein höheres Bildungsbudget oder andere Reformen am Ogowe zu intervenieren, doch den *Etapes Lumineuses* lässt sich, anders als der Titel suggeriert, dazu nichts Erhellendes entnehmen. Als Leenhardt den Ogowe besuchte, war Albert Schweitzer, der Äquatorialafrika Ende des Ersten Weltkrieges verlassen musste, noch nicht zurückgekehrt. Weder von Leenhardts Ansichten zu ihm noch von Schweitzers über Leenhardt ist etwas in Erfahrung zu bringen. Doch auch sie müssen voneinander gewusst haben, zumal Leenhardt lange genug lebte, um Schweitzers späteren Weltruhm zu erleben, und Schweitzer wiederum, nicht nur als Leser und Autor des *Journal des Missions*, von dem Missionar gehört haben wird, der den akademischen Olymp im intellektuellen Paris erklomm, dem auch Schweitzers noch berühmterer Großneffe Jean-Paul Sartre angehörte. Schweitzer scheint sich nicht für Leenhardts strukturalistische Studien zu außereuropäischen Gesellschaften interessiert zu haben, die teils als Vorläufer der 1955 erschienenen *Tristes Tropiques* von Claude Lévi-Strauss gelten.

Nach Jahrzehnten der Feldforschung und der Publikation theoretischer Texte kam Leenhardt, auch durch seine kollegiale Freundschaft mit Lucien Lévy-Bruhl, in Paris zu einem Lehrstuhl an der École pratique des hautes études – als Nachfolger des Ethnologen Marcel Mauss und Vorgänger von Lévi-Strauss. Beide waren von Leenhardts Forschungsergebnissen und Methoden inspiriert; die Ethnologen sahen ihm nach, dass er bis zu einem gewissen Grad spirituell blieb und sich nie vollends zum Säkularismus bekannte. Mit Mauss verband ihn enge Freundschaft, für die Edition der Notizbücher von Lévy-Bruhl verfasste Leenhardt 1949 das Vorwort. Die Journale enthielten Skizzen zur »primitiven, prälogischen Mentalität«, die sich laut Lévy-Bruhl keineswegs strukturell, sondern allein in ihrer Zielrichtung von der »zivilisierten« unterschied.[192] Leenhardts Begriff der »personne« als von anderen Subjekten mitbestimmte Vielheit – und im Gegensatz zum Individuum – beeinflusste auch Jacques Lacans Theoreme zur Konstituierung des Ich am Anderen sowie zur Subjektkonstitution durch Sprache.[193] Maurice Leenhardt starb 1954.

---

192 Leenhardt, Maurice: Préface. In Lucien Lévy-Bruhl, *Les carnets*. Paris, 1949.
193 Clifford, 1992, S. 185.

Ombaghos späte Karriere

Mit der Familie Allégret blieb Félix Ombagho nun nur sporadisch in Verbindung, ebenso mit den Favres in Neuchâtel. Ausgedünnt wurde die Korrespondenz auch, als der Erste Weltkrieg Post-, Schiffs- und Wirtschaftsverbindungen unterbrach. Am 11. Januar 1919 bekundete Ombagho, der nun, wie Akérémanga, auf Samkita arbeitete, sein Bedauern über einen Reitunfall Élie Allégrets, bei dem dieser sich Schulter und Hüfte gebrochen hatte; Ombagho blieb wohl direkt oder durch andere Missionare über Allégret informiert. Von Reiseplänen ist in seinem Brief wieder die Rede: Er wolle nach Südkamerun, um sich eine aufgelassene Missionsstation anzusehen, vermutlich in Hinblick auf deren Übernahme. Verärgert war der Vater vom Verhalten beider Söhne. Théophile und Théodore, beide verheiratet, gingen beide fremd. Nur die Tochter Isabelle mache ihm derzeit Freude. Ombagho erwähnte auch, dass am Ogowe eine Grippe-Epidemie viele Menschenleben forderte – das Gesundheitssystem sei immer noch auf niedrigem Niveau. Albert Schweitzers Hospital war im November 1917 geschlossen worden, nachdem er und seine Frau Helene, wie fast alle deutschen Staatsangehörigen in französischen Kolonien, ausgewiesen und in Frankreich interniert worden waren. Wieder bat Ombagho um ein Abonnement des *Journal des Missions*. »Je reste toujours votre fils noir«, zeichnete er, »F. Ombagho, Evangéliste á Sam-Kita«.

Abb. 33: Samkita, um 1890–1900

1917 baten die Gemeinden in Kamerun ihre Pariser Glaubensbrüder, sich um die geplünderten und verlassenen deutschen Missionsstationen zu kümmern. Schon am 2. Dezember 1915 hatten die 120 deutschen Missionare die weiße Fahne gehisst, die meisten verließen das Gebiet, das 1922 per Völkerbundsmandat vollends unter französische Verwaltung kam. Die SMEP hatte gleich im Januar 1917 eine Delegation entsandt, geleitet von Pionier Élie Allégret als »aumônier militaire«, als Armeegeistlicher im Rang eines Capitaine, der verantwortlich wurde für die Missionsstation Foumban, und später die Stationen Bafoussam, Ndiki, Bangwa und Bangangté ins Leben rief, eine Druckerei gründete, ein Zentrum zur Ausbildung von Lehrlingen und ein Kolleg. Nach und nach übernahm die SMEP in Zusammenarbeit mit der Basler Mission alle deutschen Stationen in Kamerun sowie, trotz lokaler Proteste, jene in Togo. Nach dem Ersten Weltkrieg durfte die Mission zunächst keine deutschsprachigen Elsässer mehr beschäftigen, und Schweitzer wird die Vorgänge spätestens ab 1918, nach seiner Internierung, aufmerksam verfolgt haben. Er fasste vor seiner Rückkehr an den Ogowe 1924 vorübergehend Kamerun als neues Terrain für sein Tropenspital ins Auge, wohin er auch eine Erkundungsreise unternahm. Ausdrücklich, wenngleich knapp, zollte Schweitzer 1921 in *Zwischen Wasser und Urwald* der französischen Mission Respekt, »aufrichtige Hochachtung« gebühre der »Arbeit, die die amerikanischen Missionare hier begonnen, und die französischen fortgesetzt haben [...]. Sie haben unter den Eingeborenen menschliche und christliche Charaktere herangebildet, die auch entschiedene Missionsgegner von dem, was die Lehre Jesu an dem primitiven Menschen vermag, überzeugen würden.« Nun gehe es darum, mehr Stationen »weiter im Inneren« zu gründen, ehe der Handel dorthin gekommen sei, »mit allen Gefahren und Problemen, die er für das Naturkind mit sich führt«.[194]

Gleich darauf sinnierte er über die Frage, ob der Protestantismus »zu sehr persönliche Religion und zu wenig Kirche ist?« und sorgt sich um die Finanzlage der Mission nach dem Weltkrieg. Mit Angestellten aus der Schweiz oder dem Elsass verkehrte Schweitzer generell freier als mit französischen Patrioten. Im Ersten Weltkrieg waren viele Missionare französischer Staatsangehörigkeit einberufen worden, sogar aus Madagaskar oder Neu-Kaledonien. Mehr als zwanzig Mitglieder der SMEP waren gefallen, einige Kandidaten brachen, verwundet oder desillusioniert, ihre Ausbil-

---

194 Schweitzer, 1921, S. 140.

dung ab. Das Überleben der SMEP während des Krieges verdankte sich Spenden eines Emergency Fund von Londoner Protestanten.[195] Allégret stieg nach seiner ersten Rückkehr aus Foumban 1919 zum stellvertretenden Direktor der SMEP auf. Von 1923 bis 1933 stand er ihr als leitender Direktor vor, Inspektionsreisen führten ihn 1926 und 1928 bis in die Pazifikregion. Die SMEP gab Kamerun 1936 an norwegische Missionare ab, doch in Mbouo-Bandjoun trägt heute eine evangelische Schule den Namen Collège Élie Allégret.

Die Korrespondenz zwischen Allégret und Ombagho setzte offenbar erst wieder ein, als ihn dieser am 16. Mai 1922 informierte, er gehe zurück in den Norden Gabuns, offenbar zu seiner Gemeinde in Bitam. Für den, noch immer nur geplanten, Hausbau benötige er Bretter, Planken und weiteres Material, sprich: Francs. Von einem Bau »en briques« war nicht mehr die Rede, solche kühnen Hoffnungen schienen erloschen, aber Ombagho rief: »N'oubliez pas ma maison, s'il vous plait. Pensez moi une fois aussi, si c'est possible.« Am 27. Juni 1922 gab er seinem »bien cher père« die Auskunft, er werde zum Pfingstfest nach Alanga aufbrechen und Anfang Juli zu seinen Söhnen reisen, mit denen er zu reden habe. Noch einmal waren die Allégrets inzwischen zu Besuch am Ogowe gewesen, was der Gemeinde guttat, versicherte Ombagho, es gebe nun mehr Anmeldungen für die Schule. Mit der Unterschrift beschwor der fast 50-Jährige das vertraute, asymmetrische Verhältnis – vermutlich strategisch – wieder herauf: »votre fils noir«.

Ende 1922, Anfang 1923 hatte eine neue Hungersnot den Ogowe erreicht. Ombagho berichtete den Allégrets am 6. Januar 1923 aus Samkita, wo die Weihnachtsfeier, zu der sonst Hunderte auch aus entlegenen Dörfern mit ihren Kanus und Pirogen pilgerten, nicht gut besucht war. Man fürchte den Hungertod: »Nous pleurons. Ici nous allons mourir de la famine.« Zudem wurde auf Samkita die Schule geschlossen, der Gouverneur habe das Unterrichten verboten, eventuell mangels Lizenz von der laizistischen Regierung, Katholiken würden anbieten, die Schülerschaft zu übernehmen. Ohne Kinder sei die Station ohne Leben, klagte Ombagho, er fühle sich einsam. Akérémanga sei auf der Pflanzung, um für Früchte und Gemüse zu sorgen, und die Kopfsteuer sei erneut gestiegen. Woher, fragte Ombagho, solle man die dafür verlangten 15 Francs an Warenwert nehmen? Seine Einkünfte würden kaum für Haushalt, Kleidung und Nahrung aus-

---

195 Vgl. Société des Missions Évangéliques, 1922, S. XXVff.: Pendant la guerre 1914–1918.

reichen. Dreimal am Tag gebe es Kochbananen, das sei alles. Zu alledem sei seine Piroge »Bonne Histoire« kaputt, die Reparatur des Bootes so wenig bezahlbar wie Stoff für Kleidung der alten Mutter in Igenja, sie brauche »pagne«[196]. Allégret, der eben zu seinem größten Karrieresprung ansetzte, schien für die Sorgen wieder kein Ohr gehabt zu haben.

Abb. 34: Lohn-Bon vom Sägewerk Talagouga über 50 Sous.
Lokale Arbeitskräfte erhielten in Handel und Mission
bis ins frühe 20. Jahrhundert Bons statt Bargeld.

Ombaghos Brief illustriert akute, intensive Not. West- und Zentralafrika litt unter den Folgen der ökonomischen Krise, nahezu kollabiert war während des Krieges das Geschäft mit Tropenholz, die Preise für Importe aus

---

[196] »Pagne« werden im frankophonen Afrika die farbig bedruckten Baumwollstoffe genannt, die zur besseren Haltbarkeit oft imprägniert werden (»pagne wax«). Bezeichnungen wie »wax anglais« oder »wax holondais«, etwa in der Elfenbeinküste, bezeugen die lange Tradition der Stoffe als Tausch- und Importware.

Europa waren enorm angestiegen, der Fiskus suchte die Verluste durch das Verdoppeln der Kopfsteuer und zu Lasten der ohnehin verarmten Bevölkerung wettzumachen. Südlich von Lambaréné hatte die Kolonialverwaltung mit der Zwangseintreibung der Steuern begonnen, Teile der Bevölkerung flohen und verlegten ihre Siedlungen weiter ins Landesinnere, wo sie vor Steuerjägern sicherer waren, Missionen entließen Personal. Gray und Ngolet schildern die Lage:

> »The years 1915 to 1919 were the darkest of the colonial era for central and southern Gabon. The inhabitants of Lambaréné were able to stave off famine due to more extensive cultivation that had been undertaken during the timber boom. However, by the end of 1917, food shortages forced the factories and the Christian missions to let go of local personnel; in the closing months of 1918 the Spanish Flu epidemic hit the Lower and Middle Ogooué particularly hard.«[197]

Als deutsche Staatsbürger waren Albert und Helene Schweitzer im September 1917 von den französischen Behörden aus der Kolonie ausgewiesen worden, sie mussten diese Notphase am Ogowe nicht erleben. Die Verbindung zu Lambaréné war abgebrochen, Albert Schweitzer kam erst sieben Jahre später, im Februar 1924, an den Ort zurück. Über Jahre versiegte zu dieser Zeit auch die Korrespondenz zwischen Ombagho und seinen europäischen Kontakten. Bei den Favres meldete er sich am 22. März 1928 aus Samkita, nicht aus Bitam, und sprach sein Beileid zum Tod ihres Sohnes Samuel aus, der 1923 ertrunken war, schon Jahre zuvor. Ombagho hatte ein verzweifeltes Anliegen. Seiner Familie gehe es gut, hob der Brief an, er sei Großvater von zwölf Enkeln. Sein Haus allerdings sei von Termiten befallen worden, selbst seine Bücher hätten sie zerfressen, er sei in Tränen – und alles teuer, die Schadenssumme vom Staat nur ein Klacks, sein Gehalt reiche nicht einmal dazu aus, sich und seine Frau zu kleiden, geschweige denn, ein neues Haus zu bauen: »Depuis que je pleure pour avoir une maison, je trouve personne pour m'aider, j'ai reçu de France 150 f pour ma future maison mais 150 f ici aujourd'hui c'est comme 50 f furas autrefois, ce n'est rien.«[198]

Seit seiner Sozialisierung in der Mission haderte Ombagho mit kon-

---

197 Gray und Ngolet, 1999, S. 99.
198 Zit. n. Favre, 2006, S. 195.

fligierenden Identitätsanteilen. Er sei froh, schwarz zu sein, beharrte er in seinem Zornesbrief auf dem Ozeandampfer unter Deck. Zugleich wünschte er sich, wenigstens sein Sohn könne, anders als er, bei den Weißen in Paris aufwachsen, deren Macht mit jedem Jahr zunahm. Am 27. Juli 1929, als er endlich wieder einen Brief nach Paris schickte, erfuhren die Allégrets, dass er in Douala war, von wo er sich auf den Weg nach Oyem und dann Bitam machen werde, dahin, wo er zwanzig Jahre zuvor begonnen hatte, eine eigene Station aufzubauen. Der Brief des nun etwa 53-Jährigen endete mit einem anklagenden Aufschrei: »J'ai quitté l'Ogooué sans maison!« »Akéré«, wie er den Namen seiner Frau abkürzte, habe seinen Plan aber akzeptiert, nur wolle sie zunächst am Ogowe bleiben, beider alten Mütter bräuchten Hilfe. Er habe Bretter aus Okoumé gekauft, Freunde würden ihm beim Bau eines neuen Hauses helfen.

Warum die Allégrets ihn vergessen hätten, fragte Ombagho, und ob nicht einer ihrer Söhne Missionar werden wolle: »Pourquoi vous m'avez oublié? Ou sont devenu nos enfants? Personne ne pense à devenir missionnaire?« Außerdem wollte er wissen, ob Yves Allégret inzwischen verheiratet sei. Nach Marc Allégret fragte er so nicht, vielleicht, weil sich dessen Affäre mit André Gide inzwischen in der Gerüchteküche der Mission herumgesprochen hatte. Dieser Skandal war am Ogowe so bekannt wie in der Gesellschaft von Paris.

Allerdings werden die Allégrets ihrem Ziehsohn in Afrika kaum von den Lebenswegen ihrer Söhne Yves und Marc berichtet haben, zumal die Entwicklung von Marc Allégret (1900–1973) dem strikt protestantischen Milieu Sorgen bereitet haben dürfte. Der avantgardistische Autor André Gide war 1917, als 48-Jähriger, mit dem damals 17-Jährigen Marc ein Liebesverhältnis eingegangen – Gide kehrte quasi das Verhältnis um, das er selbst zu Élie Allégret als Autorität und Mentor in der Jugend erlebt hatte. Während Élie Allégret in Kamerun Missionen wider »Unsittlichkeit«, Polygamie und Aberglauben aufbaute, flanierte Marc mit Gide durch die Bohème von Paris, und die Beziehung eröffnete ihm Welten weit jenseits von Mission und Pietismus, nachgerade an deren Gegenpol gelegen. Wie sein Vater begann Marc Allégret viel zu fotografieren. Er hatte sich in Gides Wohnung in der Rue Vaneau ein Fotostudio eingerichtet und lernte durch diesen renommierte Fotografen kennen, etwa Man Ray 1924 bei den Soirées de Paris des Grafen de Beaumont. Ray soll von Marcs Talent beeindruckt gewesen sein.

1926 reisten Gide und Allégret in die zentralafrikanischen Kolonialgebiete Frankreichs, wo der Missionarssohn mit *Au Congo*[199] seinen ersten Film drehte, eine verhaltene Kritik kolonialer Praxis. Offiziell begleitete der junge Allégret Gide als dessen Sekretär und machte auf der Expedition, finanziert von den Kolonialministerien Belgiens wie Frankreichs, rund 2 000 Fotografien. Gides Reisejournal erschien unter dem Titel *Voyage au Congo suivi du Retour du Tchad* 1926 in Paris, illustriert durch Allégrets Fotos und gewidmet dem Andenken von Joseph Conrad.[200] *Au Congo* kam 1928 ins Kino und zeigte relativ konventionelle, koloniale Genreszenen, Tänze in afrikanischen Dörfern, tropische Vegetation und Fauna, teils mit launigen Untertiteln wie »Die Pelikanverschwörung«. In der Schlussszene sah man spielende Mädchen auf dem Hof der protestantischen Missionsschule von Duala.

Ob Ombagho eine Ahnung davon hatte, wo und mit wem Marc, den er als Kind gekannt hatte, inzwischen unterwegs war? Es pendelten jedenfalls genügend Missionare zwischen der Metropole und dem Ogowe, um den Nachrichtenfluss zu garantieren. Doch ahnte oder wusste er dann, welche Implikationen die Causa enthielt? Auch von Gides Nobelpreis für Literatur 1947 wird Ombagho erfahren haben und vielleicht an die Gerüchte der 1920er Jahre erinnert worden sein. An Gides Seite lernte Marc Allégret Künstler und Schriftsteller wie Paul Valéry und Picasso kennen, Jean Cocteau, Erik Satie oder Antoine de Saint-Exupéry. Als Marc sich ab 1930 der Kinoregie zuwandte, erwarb er den Ruf eines Entdeckers von Talenten, er drehte unter anderem mit Fernandel, Gérard Philipe, Brigitte Bardot, Jean-Louis Barrault und Roger Vadim; Marcel Pagnol erklärte, er habe von Marc Allégret kinematografische Techniken gelernt, Jean Cocteau soll versucht haben, Marc zu verführen.

Auch Marcs jüngerer Bruder Yves Allégret (1905–1987) wurde Regisseur. Er heiratete in zweiter Ehe die Schauspielerin Simone Signoret, arbeitete unter anderem mit Jean Renoir und versuchte sich ebenfalls an kolonialkritischen Themen, unter anderem 1961 mit *Les Aventures du Kasai*, der auch unter den Titeln *Terreur sur la Savanne* und *Konga Yo* ins Kino

---

199 Der Produzent war Pierre Braunberger, die Filmfirma hieß Les films du Jeudi.
200 Gide, André: *Voyage au Congo suivi du Retour du Tchad*. Paris, 1929. Mit 64 Fotografien von Marc Allégret. Auf Deutsch zuerst 1930, als Nachdruck – ohne Fotografien – in der »Bibliothek verbrannter Bücher«, Hrsg. v. Julius Schoeps. Hildesheim u. a., 2008. Marc Allégret verfasste *Carnets du Congo, Voyage avec Gide*, die erst posthum 1987 in Paris publiziert wurden.

kam. Gide und Marc Allégret blieben bis zu Gides Tod 1951 in Verbindung,[201] 503 Briefe sind erhalten, von denen 2005 eine Auswahl erschien,[202] viele Jahre nach Marcs Tod 1970 in Versailles. Die Familie Allégret mit Élie als klerikalem Funktionär war Teil der intellektuellen und künstlerischen Pariser Elite Frankreichs geworden. Ein Häuschen, das sich Félix Ombagho im Niemandsland vom Norden Gabuns bauen wollte, lag für sie weit weg. Die Kluft zwischen ihrem Milieu und dem Ombaghos schien ihnen vermutlich vollends unüberbrückbar.

Ombagho hatte gleichwohl inzwischen anderen Kontakt zu einem einflussreichen Weißen gewonnen. Er tauchte als Mitarbeiter einer weiteren für das frankophone, koloniale Afrika und deren protestantische Missionen einflussreichen Person auf: Jean Jacques Édouard Keller (1900–1993). Der in Paris geborene Sohn eines Marseiller Industriellen Schweizer Herkunft hatte in Montpellier, Paris und, wie Albert Schweitzer, in Straßburg evangelische Theologie studiert. Nach seiner dortigen Heirat 1924 reiste er im Juli desselben Jahres mit seiner Frau als Missionar nach Lambaréné aus. Schweitzer selbst war im Februar 1924, nach Jahren der Vortragsreisen und Orgelkonzerte in Europa, um Geld für sein Spital zu sammeln, von Bordeaux wieder nach Afrika aufgebrochen. Als Folge der Versailler Verträge war er seit 1920, gegen seinen Willen, französischer Staatsbürger. Wie erwähnt hatte er zunächst eine Passage nach Douala gebucht, um als Alternative zu Lambaréné das Terrain von Kamerun zu sondieren, worüber er sich von seinem Begleiter, dem britischen Studenten Noel Gillespie, Stillschweigen erbat. Doch die Kamerunpläne zerschlugen sich, und Mitte April 1924 traf Schweitzer aufs Neue in Lambaréné ein, wo die Spitalbauten im Tropenklima zerfallen waren und bald auf anderem, nun eigenem Gelände neu errichtet wurden.

Auf der Missionsstation Lambaréné residierte nun Jean Keller, Nachkomme des berühmten elsässischen Schulreformers Oberlin (1740–1826).[203] Der war Schweitzer ein Begriff, als er 1927 den »Urwaldschulmeister Ojembo« zum »Oberlin im Urwalde« erkor, vielleicht wusste er auch

---

201 Vgl. Billard, Pierre: *André Gide et Marc Allégret, le roman secret*. Paris, 2006.
202 Masson, Pierre und Claude, Jean (Hg.): *André Gide, Marc Allégret: Correspondance, 1917–1949*. Paris, 2005.
203 Vgl. Keller, Franck: Un pionnier de l'unité des missions protestante d'Afrique francophone, Jean Keller (1900–1993). In *Bulletin de la Société de l'Histoire du Protestantisme Français*, 2002. Wie im Fall Favre ist der Enkel Historiker.

von der Verwandtschaft mit Keller. Erstaunlicherweise erwähnt er Keller nirgends. Auch als er das Personal im Rundbrief nach der Rückkehr auflistete, fehlt der Name. Er nannte »Missionar Hermann und Missionar Pelot, beide Schweizer, Frau Hermann und die Lehrerin Fräulein Arnoux«[204], und erwähnte, dass sein afrikanischer »Heilgehilfe Joseph« von der staatlichen Klinik in Libreville abgeworben wurde. Im Juni 1924 teilte Schweitzer mit, Pelot sei abgereist, und er könne sich in dessen Haus mit vier Zimmern niederlassen.[205] Einen Monat darauf nannte er die Krankenpflegerin Mathilde Kottmann aus Straßburg,[206] die Schweitzer über Jahrzehnte assistieren wird, und dass zum Erschrecken aller der eben eingetroffene Missionar Abrezol bei einem Badeunfall ertrank.[207] Den Franzosen Keller, der Lambaréné von 1924 bis 1927 leitete, findet sich mit keinem Wort. Am 24. Mai 1926 wurde Kellers Sohn Paul Olivier in Lambaréné geboren – fünf der sieben Kinder des Missionspaares Keller kamen in Lambaréné zur Welt.

Als Großereignis feierte Schweitzer die Ankunft eines Assistenzarztes, Viktor Nessmann, am 19. Oktober 1924,[208] der von 1924 bis 1926 mit Schweitzer arbeitete. Dessen Briefe an die Eltern werfen etwas Licht in die Lücke. Nessmann schilderte einen latenten Machtkampf des jungen Leiters der Mission gegen den älteren Leiter des Missionsspitals. Das Verhältnis sei angespannt, mitunter sei es lähmend, in dem Klima zu arbeiten. »Je me demande vraiment si à la longue, les deux œuvres pourront coexister, d'autant que Keller, le jeune, l'avenir en quelque sorte de la mission, a si peu, si peu de compréhension et de ›Einfühlung‹ pour Schweitzer«[209], klagte Nessmann, der nach seiner Ankunft zunächst im Haus der Kellers unterkam und oft mit ihnen zu Mittag aß, in einem Brief vom 24. Oktober 1925. In Kellers Nachlass befindet sich ein Brief von 1925, worin dieser über das leicht erhitzbare Temperament Schweitzers schreibt, in einem Moment gebe er einem schwarzen Angestellten eine Ohrfeige, im nächsten breche er zusammen mit demselben Mann in Gelächter aus.[210]

---

204 Schweitzer, Albert: *Briefe aus Lambarene. 1924–1927* [1955]. In *Ausgewählte Werke in 5 Bde. Bd. 1.* Berlin, 1971c, S. 503.
205 Schweitzer, [1955] 1971c, S. 526.
206 Schweitzer, [1955] 1971c, S. 527.
207 Schweitzer, [1955] 1971c, S. 531.
208 Schweitzer, [1955] 1971c, S. 539.
209 Nessmann, Victor: *Avec Albert Schweitzer de 1924 à 1926. Lettres de Lambaréné. Études Schweitzeriennes.* Strasbourg, 1994.
210 Koskas, Marco: *Albert Schweitzer ou Le démon du bien*, Paris, 1992. S. 233.

Möglicherweise herrschte nicht nur Rivalität, sondern auch politische Friktion. Schweitzer, als deutscher Staatsbürger im Elsass geboren, empfand sich nicht als Franzose. »Il n'était pas français de cœur, d'âme ou de culture, alors changé de nationalité, non!«[211], monierte der ehemalige französische Arzt der staatlichen Klinik von Lambaréné, André Audoynaud. Schon am 4. Dezember 1911, als das Kuratorium der SMEP über Schweitzers Missionarsantrag verhandelt hatte, war das aufgefallen, wie Jean-François Zorn bemerkt: »[U]ne forte tension se fait sentir dans le Comité a propos de la nationalité et des opinions théologiques de Schweitzer.«[212]

Félix Ombagho schien mit Keller auf gutem Fuß, möglicherweise hatte dieser ihm auch mit den Weg geebnet zum großen, späten Wendepunkt seiner Biografie, als Ombagho einer der drei ersten protestantischen afrikanischen Pastoren am Ogowe wurde. Kellers Biograf hebt hervor: »Jean Keller travaillait avec des collaborateurs gabonais de grande valeur comme Félix Ombagho, Henri Ndjavé ou encore Ogoula Mbyèyè qui furents, en 1930, les premiers gabonais consacrés pasteurs autrement qu'à titre honorifique«[213]. Am 24. August 1930 wurden die drei Männer ordiniert, alle drei waren bereits seit Jahrzehnten Evangelisten und Lehrer.[214] Ogoula Mbyèyè hatte sich geweigert, einen europäischen Vornamen anzunehmen. Wegen seiner Arbeit als »cuisinier«, als Koch, war er eine Zeit lang als »Kisini« bekannt.[215] In dieser Zeit lebte Ombagho, wie seine von ihrem Mann getrennte Tochter Isabelle Ipendô, in der Siedlung Amengouingani bei Ngômô. Sein Sohn Théophile hatte mit Rosalie Mamiyé die Tochter des Pastorenkollegen Ogoula Mbyèyè geheiratet, der ebenfalls dort lebte.[216]

---

211 Audoynaud, André: *Le docteur Schweitzer et son hôpital à Lambaréné. L'envers d'un mythe*. Paris, 2005, S. 54. Der Autor war 1963–1966 am staatlichen Hospital von Lambaréné, von wo er Schweitzers letzte Lebensjahre miterlebte. Sein Buch, eher ein Pamphlet wider den Kult um Schweitzer, wiederholt leitmotivisch die Aussage, Schweitzer sei entgegen dem Eindruck, den er und seine Anhänger zu erwecken wünschen, weder der Erste, noch der Einzige gewesen, der in Lambaréné medizinisch tätig war – womit Audoynaud, trotz aller Übertreibung, recht hat.
212 Zorn, [1993] 2012, S. 594.
213 Keller, 2002.
214 Perrier, André: *Gabon, un réveil religieux, 1935–1937*. Paris, 1988, S. 19.
215 Ndjavé, 2012, S. 23. Er erläutert in seiner Studie die komplexen Verwandtschaftsverhältnisse zwischen den Familien der drei ersten protestantischen Pastoren. U. a. war etwa Ndjavés langjähriger Freund Jean-Félix Ombagho ein Enkel von Félix Ombagho wie von Ogoula Mbyèyè.
216 Ndjavé, 2012, S. 180.

Erst das Pastorenamt öffnete Ombagho schließlich den Pfad zur Leitung einer voll anerkannten Gemeinde eines Distrikts. Für Ombagho, der lange darauf gewartet, hatte, muss die Ordination eine Genugtuung gewesen sein. Für viele Weiße waren solche Beförderungen durchaus noch befremdlich. Auch in Schweitzers Afrikatexten tauchen die drei gebildeten, afrikanischen Pastoren vom Ogowe nirgends auf. Gekannt haben dürfte er alle drei.

»And if Christianity insisted on the equality of the souls, it underlined the inequality of the bodies [...]. As for a coloured bishop, it would require a powerful microscope to discover one anywhere between 1880 and 1914«[217], bemerkt Eric Hobsbawm. Mit dem Statuszuwachs kolonialer Subjekte in Kirche, Politik, Handel oder Armee intensivierte sich der rassistisch-medizinische Diskurs über die schwarzen Körper der »Eingeborenen« und »Primitiven«, sodass immerhin die Differenz der Haut weiter behauptet werden konnte.

Jean Kellers Position war eine modernere. In innerkirchlichen Konflikten bewährte er sich als – wenn auch moderater – Advokat jener Afrikaner, die stärkere Autonomie ihrer Gemeinden verlangten. Er verteidigte den Ausbau des Schulsystems, trat für die Ökumene ein und für die Abschaffung letzter Überreste der Sklaverei. In Lambaréné wurde er Beauftragter der SAIO und später Chef der SMEP für die Region Gabun. Auf einem Posten in Dakar, der Hauptstadt des von Vichy-Truppen besetzten Afrique Occidentale Française (A. O. F.), wurde Keller Ende 1940 mit der diplomatischen Mission betraut, inmitten politischer Zerrissenheit für die Einheit der protestantischen Kirchen in Übersee zu sorgen, und bemühte sich besonders um den Schutz der anglophonen Missionare, die von Bürokraten drangsaliert wurden. Er musste dennoch mit Vichy-Repräsentanten Kompromisse schließen, um bis Anfang 1942 alle sieben Kolonien von A. O. F. und Togo sowie die zehn dort ansässigen Missionsgesellschaften bereisen zu können. 1944 kehrte Keller zu seiner Familie in Frankreich zurück, um ab Januar 1948 wieder in Dakar und dann als Generalsekretär der protestantischen Föderation tätig zu werden. Jean Jacques Édouard Keller starb 1993 in Aix-en-Provence.

An Félix Ombagho, der von Robert Hamill Nassau über Élie Allégret bis zu Jean Keller als Hilfskraft, Reisebegleiter, Organisator, Evangelist, Berater und Dolmetscher Amerikanern und Europäern gedient hatte, wurde 1999 in Gabun beim 157. Jubiläum der protestantischen Kirche erinnert,

---

217 Hobsbawm, 1989, S. 71.

ebenso an seine beiden afrikanischen, klerikalen Kollegen: »En effet, les pasteurs Ogoula Mbeye, Félix Ombagho et Henri Ndjavé ont largement dominé et influencé l'avènement d'une église dont les ramifications s'étendent aux quatre coins de la République.«[218]

Abb. 35: Pastor Ombagho (vorne) bei einem Treffen afrikanischer Pastoren in Lambaréné mit Efé, Ekinege Mbome, um 1952/53

Abb. 36:
Pastor Ombagho
mit einem Baby in
Gabun, um 1955

---

218 Bouchard, Dady und Privath, Oyogoh: 157e anniversaire de l'église évangélique du Gabon: Le devoir de mémoire. 23.6.1999. In *L'Union*, Gabon. http://www.globalwebco. net/bdp/lunion9.htm (22.2.2011).

Der letzte, archivierte Brief Ombaghos ist an Missionar Daniel Couve gerichtet, mit dem er von 1899 bis etwa 1906 auf Talagouga gearbeitet hatte. Couve (1874–1954) amtierte nach den Jahren in Übersee als Sekretär von Alfred Boegner, stieg 1912 zum Vizedirektor der SMEP auf, teilte sich 1923 bis 1933 das Direktorium mit Allégret und war zwischen 1933 und 1943 selber Direktor der SMEP. Am 26. Januar 1939, adressierte Ombagho aus Bitam, wo er seine Gemeinde aufgebaut hatte, einige Zeilen an seinen »cher vieux ami, Monsieur Couve«, die neue Machtfigur der SMEP, und sein Ton klang weniger klagend, auch weniger beflissen als früher. Ombagho schien zufriedener.

Nur ein rasches Wort wolle er schreiben, heißt es in dem Brief, um Couve wissen zu lassen, dass er und seine Familie noch am Leben seien. Sie seien froh, dass Missionar Tanner bei ihnen sei, doch Akérémanga habe schlimme Nachrichten aus ihrer Herkunftsfamilie. Von den Kindern des Ehepaares hingegen gebe es gute. Die Ehefrau von Théodore habe am 6. Januar einen Sohn geboren, René-Rengawa, Théophiles Zwillinge hießen Yvonne und Danielle. Bitams Gemeinde gedeihe, es gebe immer mehr Steinhäuser und er plane den Bau einer »grande église en briques«, mit 10 mal 34 Metern Grundriss, um den schlichten Holzbau zu ersetzen. Ob Couve die Fotografien »de notre belle maison« erhalten habe, fragte er noch – endlich war das Wohnhaus entstanden, nach dem sich Ombaghos Familie gesehnt hatte.

Ombaghos Brief an Couve von 1939 erwähnte auch eine der technischen Sensationen, die in seiner Region Einzug hielten, »la route automobile«. Die neue Verkehrsstraße reiche bis Alembé, Lastwagen würden auf ihr bis Engôgôm gelangen! Kommen Sie her, forderte er Couve überschwänglich, halb im Scherz auf. Er werde mit ihm bis Alembé fahren, »peut etre jusqu'a Ndjolé!« Wie früher endete er auch hier mit der Bitte um mehr Missionspersonal – jedoch für andere Stationen, vor allem für Samkita. Der einstige »fils noir« zeichnet jetzt: »A vous de coeur, F. Ombagho«. 1957 erst zog sich Pastor Ombagho in den Ruhestand zurück. Er war Anfang 80. Ein Jahr vor Albert Schweitzer starb Félix Ombagho 1964 in Bitam, im Kreis seiner großen Familie.

Die memorierte Landkarte als soziale Matrix

Félix Ombagho hinterließ eine Lebensgeschichte, aus der hier schon oft zitiert wurde, seine 1960 dem Weggefährten Ndjavé diktierten *Souvenirs*.

Bemerkenswert an diesem Dokument ist der bewusste Versuch, durch koloniale Transformation getilgte Geschichte zurückzuholen ins Gedächtnis. Zur Zeit von Nassaus Ankunft am Ogowe, erzählte Ombagho, habe es Hunderte von Siedlungen, Ortschaften und Dörfern gegeben. Viele davon hörten binnen eines knappen Jahrhunderts auf zu existieren, Landflucht, Binnenmigration, Epidemien, koloniale Strafaktion, der soziale und ökonomische Wandel löschte sie aus. Einige gab es noch, doch nur reduziert und dezimiert: »Certains villages de cette liste existent encore mais sont devenus tout petits par suite de la mortalité et de l'immigration des jeunes habitants vers les grands centres, tandis que les autres ont disparu complètement, on n'y reconnaît même pas l'emplacement.«[219] Aber Ombagho erinnerte sich an phänomenal viele Ortsnamen. Erzählend, flussaufwärts beginnend, benannte er sie. An jeden Ort band er Erinnerungen, etwa an Ngola, wo die Missionare vor dem Aufbruch vom Küstenort Port Gentil ihr Gepäck deponierten. Von dort nach Lambaréné sei man während der Regenzeit manchmal einen Monat lang auf dem Ogowe unterwegs gewesen. Hatte man Ngola passiert sah man vom Boot aus Enyônga, dann Mbôga, Esira und Mpaga auf dem Nebenfluss Oréga. Beim See Alombyè fuhr man an Igewa vorüber, auf dem Fluss Oronga an Esende, Kaza und Igoma hinter Ngumbi. Am Hauptarm des Ogowe lagen unter anderem die Orte Ndôgô und Dumba, Yombè, Angola und Anyamby'Apangi. Um den See Avanga fand man Ambiki, Ntyambé, Avegômbwiri, Ivendantyangô, Vendatèndô und Setikama. Galoa-Clans siedelten unter anderem in Ejèn'anongo, in Igenja – Ombaghos Herkunftsort – in Ogelô und Olômbagenô. An den Ufern des Ogowe lagen außerdem Odembe, Olak'ômwona, Ovângâ, Amèngungani, Lombé, Nandipô, Ilumbwangoma, Ongômô, Amboki, Akingware, Izumwa, Yinglan, Elôwe, Mbempôlô, Nlyangwavoma, Ompôwona, Ayôke, Owimbyanô, Sôgwe. Auf der Insel Lambaréné befanden sich die Siedlungen Mbyamane, Atanginô, Nyanijonga, Vera, Olumi, Dakar, Sahôty, Oyénanô und der Ort Adolinanongo des berühmten Galoa-Chefs N'Kômbe, gegenüber von Ogenanô. Oberhalb von Lambaréné lagen Veza, Ejèna-songo, Eliwa z'Imbwiri, die wichtigsten Siedlungen um den See Onange hießen Néngésika, Nômbé-duma, Igundwé und Cômba.

Seine eigene Herkunftssiedlung, Igenja, mit deren Namen Schweitzer die Umgebung markierte, in der ihm seine leitmotivische »Ehrfurcht vor dem Leben« einfiel, nannte Ombagho in der Mitte dieser Landkarte aus

---

[219] Favre, 2006, S. 219.

Wörtern. Er setzte Igenja einfach dorthin, wo es sich geografisch einordnete, in den sozialen Strom der Namen, ohne zu erwähnen, dass er von dort kam. Dieser diktierte Text ist keine leere, lexikalische Aufzählung. Ombagho wollte damit offenbar am Ende seines Lebens eine Botschaft übermitteln. Naheliegend wäre die Annahme, dass das Benennen der Orte Beweis sein sollte für seine stärksten Qualifikationen, versierte Ortskenntnis und Sinn für Orientierung. Beides war existenziell und kostbar für Mission wie Kommerz.

Das Aussprechen und Wachrufen der Ortsnamen, die mentale Navigation auf der sozialen Matrix der Karte, weist aber auf mehr als das, es zeigt vor allem auf einen hochgradig sozial aufgeladenen Raum. Ombagho beschwor die Geografie einer durch und durch lebendigen Landschaft. Auf seinen Exkursionen als Begleiter von Missionaren, als Wanderprediger und Proselytenmacher, lernte er die Region kennen wie ein Steuermann Flüsse und Seen. Erinnernd nannte er die Namen der Orte, als seien es die von Personen. Jedes kleine Kollektiv hatte seinen Charakter, der im Namen saß – eine Analogie, die an Maurice Leenhardts Konzept der Person denken lässt, der Ichkonstitution durch die Anderen und mit ihnen. Die von der Zeitgeschichte umgewandelte Landkarte enthielt für Ombagho die Repräsentation all der Anderen, die ihn und wieder andere mitgeprägt hatten, und es scheint, als wollte er sich und den Übrigen durch das Nennen der Namen diese Landkarte der Vergangenheit rückerstatten. Dafür wird Ombagho diese Karte aus seinem inneren Archiv geholt und sie mündlich weitergereicht haben, ehe er starb.

Dieses Kapitel macht die Distanz zwischen den Darstellungen des fiktiven »Lambarene« und der Faktizität der Lebensumstände afrikanischer Zeitgenossen messbarer. Exemplarisch skizziert Ombaghos Biografie Allianzen mit dem klerikalen wie säkularen Kolonialismus, das Ausloten von Handlungsspielräumen im kolonialen System. Bestrebungen der Kolonisierten nach Recht und Autonomie spielten in bundesdeutschen Repräsentationen von »Schweitzer« und »Lambarene« keine Rolle. Erzählt aus der Perspektive von Afrikanerinnen und Afrikanern wären die tröstlichen Spiegelungen des westdeutschen Publikums an der tropischen Ikonografie von »Lambarene« unmöglich gewesen, und die Figur »Schweitzer« hätte nicht als Held der Kultur des Abendlandes im geschichtslosen Dschungel auftreten können. Es geht aber darum, ignorierte Realität anhand zeithistorischer Quellen aus dem Kokon der Fiktion zu holen.

Zahlreiche Nachkommen der hier erwähnten Personen leben im politisch unruhigen, von postkolonialer Korruption dominierten Gabun der Gegenwart, einem potenziell wohlhabenden Ölland mit starkem sozialem Gefälle, das sich auf das gesellschaftliche Klima auswirkt. In seiner Chronik der Familie von Henri Ndjavé – dem Ombagho 1960 seine Erinnerungen diktiert hat, und der 1930 mit Ombagho gemeinsam ordiniert wurde – mahnt Pascal Ndjavé die Solidarität unter den Nachkommen der Pastoren vom Ogowe an, die durch ihre Ehen mit ganz Gabun, einem Teil Afrikas und Teilen Europas verwandt seien. Auch in Pascal Ndjavés Appell hat daher eine Aufzählung Relevanz, und sie umfasst mehr oder weniger das ganze Erdenrund:

> »Si nous, descendants d'un même père, ne sommes pas capables de nous mettre ensemble, si nous détruisons le travail et les efforts les uns des autres, si nous ne pouvons féliciter notre frère dans sa réussite ou l'encourager dans ses difficultés mais qu'au contraire, cherchons à lui nuire, si nous sommes incapables de maîtriser notre jalousie et notre ego, que feront nos descendants qui ont des parents Fang, Téké, Punu, Galoa, Tsogho, Obamba, Vili, Oroungou, Nkomi, Français, Allemands, Autrichiens, Béninois, Américains, Camerounais, Sénégalais, Maliens, Marocains ...«[220]

Die Geschichte von Félix Ombagho enthält Elemente aus extrem disparaten Sphären. Trotzdem berühren und überschneiden sie sich, von der präkolonialen Ära Ende des 19. Jahrhunderts über die Phase der französischen Durchdringung bis zur Loslösung der Kolonie. Ombaghos frühe Kindheit begann in der zentralafrikanischen Galoa-Siedlung Igenja und mit der Muttersprache Mpongwe. Als vorpubertärer Junge lernte er auf der Missionsstation von Robert und Isabella Nassau Englisch und war in Kontakt mit Presbyterianern aus Boston und New York. Die Sprache der Metropole Frankreich und das System der Pariser Mission wurden ihm durch Élie Allégret, Valentine Lantz und andere vertraut. Während der Kolonisierung erlebte Ombagho Handel, Ausbeutung, Bürokratie, Hungersnöte und Wirtschaftskrisen. Reisen wurden möglich durch die Mission und führten ihn durch seine Region, aber auch in die Schweiz, ins Elsass, nach Paris, wo er Eindrücke von Europas Industrialisierung und vom Leben in der Großstadt gewann – und die politische Kritik am Rassismus entdeckte. In der hybriden Verflechtung der Sphären begegnete er auch Berichten und Gerüchten über die Pariser Bohème, den absoluten Kontrapunkt der Mission.

---

220 Ndjavé, 2012, S. 218.

Afrika, Amerika, Europa: Drei Kontinente und deren widersprüchliche Dynamiken trafen sich in der Region Lambaréné auf dem »geschichtslosen« Universum der »Eingeborenen«, alle drei haben sich wechselseitig beeinflusst. Exemplarisch erzählt Félix Ombaghos Werdegang von diesem Labyrinth des politischen Wandels und dem Netzwerk seiner Narrative.

7.1 Albert Schweitzers Afrika

Der Weg des Urwalddoktors nach Lambaréné:
Anmerkungen zur zeithistorischen Realität
von Tat und Ort

> »Reading over writings about Schweitzer at the peak of his renown in the 1950s, one is reminded of the extent of his celebrity but also struck by the anonymity of the people he was treating at his hospital. The Gabonese and their culture were the faintest of backdrops for this ›great‹ European undertaking.«[1]
>
> *Christopher Gray, 1998*

> »The white doctor in Africa is an enduring hero-figure of Western culture.«[2]
>
> *Megan Vaughan, 1991*

»Ich kann das Wort Congo nicht mehr hören, ohne zu erzittern«

Den Anfang von Albert Schweitzers Weg nach Afrika markiert eine kaum beachtete Vorgeschichte, zu entdecken vor allem in der Korrespondenz mit seiner späteren Ehefrau. Im Oktober 1903, nach dem Vikariat an der Straßburger St. Nikolaikirche und einer Station als Dozent an der theologischen Fakultät der Universität Straßburg, war Schweitzer Direktor des evangelischen Predigerseminars am St. Thomasstift in Straßburg geworden, eine Position, die er bis 1906 behielt. In Briefen an seine platonische Gefährtin Helene Bresslau klagte er über die Bürde des bürgerlichen Lebens, die Engstirnigkeit des theologischen Milieus und die vorgefassten Erwartungen

---

1 Gray, Christopher: Review of »The Great White Man of Lambaréné« (Le grand blanc de Lambaréné) by Françoise Leherissey, Pierre-Marie Dong, Bassek ba Kobhio and »Rouch in Reverse« by Parmindar Vir, Manthia Diawara. In *American Historical Review*, 103(1), 1998, S. 311.
2 Vaughan, 1991, S. 155.

7.1 Albert Schweitzers Afrika

der Gesellschaft. Und er scheute auch die Heirat mit Helene, mit der er elf Jahre lang verlobt war, ohne sich zu binden. Das lag, befürchtete ihre Familie, eventuell auch an deren Hintergrund. Helene Bresslau war vier Jahre jünger als Albert Schweitzer, dem sie zuerst 1889 in Straßburg auf einer Hochzeitsfeier begegnet war. Sie entstammte einer jüdischen Familie. Ihr Vater, der 1848 geborene Mediävist und Historiker Harry Bresslau,[3] hatte den Antisemitismus in Preußen in aller Härte erfahren. Wie seine Ehefrau Caroline »Carry« Bresslau, geborene Isay, kam er aus dem jüdischen, patriotischen Bildungsbürgertum. Nach seiner Assistenzzeit bei Leopold von Ranke wurde Bresslau 1877 Professor für mittlere und neue Geschichte an der Universität Berlin. Erschüttert erlebte er dort aus nächster Nähe von 1879 bis 1881 den sogenannten Berliner Antisemitismusstreit, angezettelt durch den Agitator Heinrich von Treitschke, und daher auch als »Treitschkiade« bekannt.

Treitschke hatte 1879 in den *Preußischen Jahrbüchern* den Aufsatz »Unsere Aussichten« publiziert, der die berüchtigte Schmähparole »Die Juden sind unser Unglück« enthielt. Bresslau widersprach als erster, und leidenschaftlich. Sein Text *Zur Judenfrage. Sendschreiben an Herrn Prof. Dr. Heinrich von Treitschke* erschien 1880. Mit verzweifelter Akribie warb er für die Akzeptanz der jüdischen Bevölkerung bei Nichtjuden:

> »Vielleicht gelingt es mir, Sie zu überzeugen, daß die thatsächlichen Voraussetzungen, auf welche Sie Ihre Schlüsse begründen, zum großen Theil irrig sind, daß Ihr Urteil ungerecht und verletzend ist, daß Sie mit einem Wort eine schwere Verantwortung auf sich genommen haben, indem Sie von unhaltbarer Grundlage aus eine große Zahl Ihrer Mitbürger tief gekränkt, und in einer Zeit, da die socialen Gegensätze ohnehin schon allzu scharf gespannt sind, ohne Noth zur weiteren Steigerung derselben beigetragen haben.«[4]

Unerträglich für Bresslau war Treitschkes antisemitische Markierung auch von Getauften als Juden wie Felix Mendelssohn oder Ludwig Börne. Er hielt Treitschke die Leistung von Gelehrten wie der siebzig jüdischen

---

3 Vgl. Steinberg, Sigfrid (Hg.): *Die Geschichtswissenschaft der Gegenwart in Selbstdarstellungen, Bd. 2.* Leipzig, 1926, S. 29–83; Rück, Peter (Hg.): *Erinnerung an Harry Bresslau zum 150. Geburtstag.* Marburg, 2000, S. 245–283.
4 Bresslau, 1880, S. 4.

Professoren an deutschen Hochschulen vor Augen, die patriotischen und kulturellen Anstrengungen der Juden für Deutschland, rekapitulierte die Phasen des Antisemitismus in Europa und endete:

> »Um so entschiedener und nachdrücklicher aber muß ich gegen den geradezu ungeheuerlichen Schlußsatz protestiren, [...] der gleichsam die scharfe Spitze Ihrer Ausführungen bildet. ›Bis in die Kreise unserer höchsten Bildung hinauf‹, sagen Sie, ›unter Männern, die jeden Gedanken kirchlicher Unduldsamkeit oder nationalen Hochmuths mit Abscheu von sich weisen würden‹, ertönt es heute wie aus einem Munde: ›Die Juden sind unser Unglück!‹ Man muß diesen Satz in seinen einzelnen Bestandtheilen prüfen, um seine Tragweite völlig zu ermessen.«[5]

Nicht ein einziger seiner christlichen Kollegen, schrieb Bresslau, habe dieser Behauptung zugestimmt. Treitschke ließ sich nicht beirren, wie Bresslau im Nachwort zur zweiten Auflage seines »Sendschreibens« bedauert, worin er sich gegen dessen schamlosen Vorwurf der »krankhaften Empfindlichkeit« zur Wehr setzte. Offenbar spüre Treitschke gar nicht, wie verletzend sein Aufsatz gerade diejenigen unter den Juden treffe, »welche sich ganz deutsch zu denken und zu fühlen bewusst sind.«[6]

Das akademische und gesellschaftliche Klima war kontaminiert, und Bresslau, seit 1888 Mitglied der Zentraldirektion der Monumenta Germaniae Historica, nahm 1890 einen Ruf als Professor für Mittlere und Neuere Geschichte an die Universität in Straßburg an, da ungetaufte Juden wie er in Preußen keine ordentliche Professur erhielten. Vor dem Umzug ließ er seine Kinder evangelisch taufen, um sie vor antijüdischen Ressentiments zu schützen. Der Autor eines Standardwerks zur Urkundenlehre für Deutschland und Italien wurde 1904 Rektor der Universität Straßburg und damit der einzige jüdische Universitätsrektor auf deutschem Staatsgebiet. Nach dem Ersten Weltkrieg vertrieben die Franzosen ihn aus dem Elsass, wie viele andere, die als patriotische Deutsche ihr Misstrauen erregten. Seine letzten Lebensjahre verbrachte Harry Bresslau in Hamburg und in Heidelberg, wo er 1926 starb.

Helene Bresslau wurde am 25. Januar 1879 als zweites Kind der Bresslaus in Berlin geboren, in eben dem Jahr, als Treitschkes infames Traktat er-

---

5 Bresslau, 1880, S. 22.
6 Bresslau, 1880, S. 29.

schienen war. In ihrer Jugend wird sie von dem Historikerstreit um Antisemitismus gehört haben. Sie wuchs in Berlin und ab dem elften Lebensjahr im Elsass auf, absolvierte das Lehrerinnenseminar, studierte am Straßburger Konservatorium Klavier, Gesang und Musiktheorie und ab 1900 auch Kunstgeschichte und Geschichte. Neben Englisch sprach sie Französisch, Russisch und hatte mit einer russischen Kollegin Erzählungen von Tschechow und Gorki ins Deutsche übersetzt.[7] Von 1902 bis 1903 studierte sie in Großbritannien Theorie und Praxis moderner Sozialarbeit. Sie sah das Elend der Slums von East London und besuchte Wohlfahrtseinrichtungen des Sozialreformers Thomas Barnardos (1845–1905), der Heime und Schulen für Straßenkinder gegründet hatte.

Während der Monate im Ausland begann Helene Bresslaus intensive Brieffreundschaft mit Albert Schweitzer. Die Korrespondenz kreiste primär um seine Pläne, Ideen und Manuskripte. Zurück aus London arbeitete sie von 1903 bis 1909 als ehrenamtliche Waiseninspektorin der Stadt Straßburg und gründete ein Mütterheim für Ledige. Ihre Initiative half, die Sterblichkeit unter unehelich geborenen Säuglingen und bei Kleinkindern drastisch zu senken. Später, in Hinblick auf die Ehe mit dem künftigen Tropenarzt, belegte Helene Bresslau einen Lehrgang für Krankenschwestern, den sie 1909 mit Diplom abschloss. Doch vorausgegangen war die lange Phase der vorehelichen Freundschaft, in der sie Lektorate von Schweitzers Publikationen übernahm, mit ihm Themen erörterte und Nächte als unbezahlte Privatsekretärin und Assistentin durcharbeitete, wie die Korrespondenz zeigt. Als sie verheiratet waren, widmete der Ehemann sein Werk zum *Verfall und Wiederaufbau der Kultur* von 1923 »Meiner Frau, dem treuesten Kameraden«[8], eine zeittypische Formel männlicher Autoren.

In den vorehelichen Briefen teilte Schweitzer seiner intellektuellen Gefährtin ausgibig seine Ideen mit, schilderte seine Begeisterung für Bach und Wagner – mit Cosima Wagner verband den Bayreuth-Pilger langjährige Freundschaft[9] – oder ließ sie teilhaben an der Entwicklung seiner Manuskripte. Sie reagierte ermunternd, aufmerksam, teils mit taktvoller Kritik. Bisweilen verraten seine Zeilen schwärmerische Affekte, doch über Jahre versicherte er seine Entschlossenheit, Junggeselle zu bleiben. Am 1. Mai 1904 eröffnete Schweitzer seiner Adressatin, die gerade in

---

7 Vgl. Mühlstein, 1998.
8 Schweitzer, [1923] 1948, S. III.
9 Schweitzer, [1924] 1988.

Hamburg war, etwas Erstaunliches. Nachdem er sich ausgemalt hatte, wie sie beim Rektorenball der Universität die »Ballkönigin« wäre, die er »schüchtern von weitem anschauen« werde, bekannte er ein ungewöhnliches Vorhaben: »Ich habe Folgendes unternommen. Ich brauche zwei Jungen zwischen 6 und 8 Jahren, die niemanden mehr haben. Zunächst habe ich mich an Dr. Schwander gewandt, den Leiter des Fürsorgewesens in Straßburg.«[10] Dann auch nach Mühlhausen und nach Paris. Schwander habe versprochen, ihn »zu benachrichtigen, wenn der Fall eintritt. (Ich habe ihm nicht gesagt, dass ich es bin, der die Jungen aufnehmen würde.) [...] Wenn Sie in Hamburg etwas entdecken, benachrichtigen Sie mich – das wäre das Schönste, wenn es von Ihnen käme.«[11] Schweitzer will Kinder, Jungen, und am liebsten »von« Bresslau, doch nur vermittelt, ohne Nähe und Ehe. Wasch mich, aber mach mich nicht nass, könnte sie gedacht haben. Hier verkündete er noch, zeitweise die Welt in »einer ganz wunderbaren Klarheit zu sehen«. Im selben Atemzug brach es aus ihm heraus: »Und dann das Recht haben, ein Ketzer zu sein! Nur Jesus von Nazareth kennen; die Fortführung seines Werkes als einzige Religion haben, nicht mehr ertragen müssen, was das Christentum an Plebejischem, an Vulgärem an sich hat.«

Schweitzers Skizze zeigte schon den Bau, den er als karitativer Solitär bewohnen würde, abseits bürgerlicher Konventionen und klerikaler Institutionen. Legitimatorisch berief er sich auf Häretiker, nicht zuletzt in einem lutherischen Gestus, wenn er darauf pochte, nicht anders zu können. Am 13. Juli 1904 jubelte er in einer Mitteilung an Helene: »Ein Junge von 6 Jahren! Ein armer Kleiner, Sohn einer Witwe, die wieder heiratet; eine Barmherzige Schwester in Paris hat mich benachrichtigt. Ich erbat nähere Auskünfte – endlich – im Herbst werde ich an mein Ziel gekommen sein. Welch ein Glück.«[12] Doch die französische Mutter schien den Sohn behalten oder lieber an ein Ehepaar geben zu wollen, jedenfalls ist von dem Kind dann keine Rede mehr. Auch im Oktober oder November 1904 waren potenzielle Schützlinge am Horizont aufgetaucht und wieder verschwunden. Schweitzer hatte seine Fühler nun bis Belgien ausgestreckt und berichtete Bresslau: »Warten und immer noch warten, um meine Pläne zu verwirklichen! [...] In Antwerpen hat man mir versprochen, mich zu benachrich-

---

10 Schweitzer-Miller und Woytt, 1992, S. 67f.
11 Schweitzer-Miller und Woytt, 1992, S. 68. Nachfolgendes Zitat ebd.
12 Schweitzer-Miller und Woytt, 1992, S. 73.

tigen, wenn ein Fall da ist.«[13] Parallel drängte er Bresslau, einen Ehemann zu finden: »Ich will, dass Du heiratest! Einen aufrichtigen Mann – hören Sie! Es ist Ihnen bestimmt, Frau und Mutter zu sein.« Die Mehrdeutigkeit seiner Aussagen, das Changieren zwischen Du und Sie, Nähe und Distanz, zwischen zölibatärem Vaterschaftswunsch, Schwärmerei für die »Ballkönigin« und vager Ahnung von Knabenliebe, schienen ihm kaum bewusst, so wenig, wie die Vorstellung, welche Hoffnungen oder Befürchtungen er bei der Adressatin wecken könnte. »Ich habe das Bedürfnis zu geben, was ich in mir habe, und durch großes, selbstloses Handeln besser zu werden«, beteuert er kurz vor Weihnachten 1904, mit einem Auge auf den Adoptionsplänen, dem anderen auf der Mission. Jedes Mal, wenn er das Missionsjournal aufschlage, sage er sich, dass auch er gebraucht würde.

Trotzdem schien ihn vor allem sein Adoptionsvorhaben zu beschäftigen. Am 25. Februar 1905, als er weitere Absagen erhalten hatte, räumte er gegenüber Bresslau ein: »Wenn Sie bei mir wären, hätten Sie Mühe, mich zu trösten. Alles ist gescheitert! [...] Entweder gibt es die Kinder nicht, die ich suche, oder, an anderer Stelle, will man sie mir nicht geben und hält meinen Plan für Phantasterei.«[14] Möglicherweise hatten Verantwortliche mit Befremden auf den Plan eines dreißigjährigen Geistlichen reagiert, männliche Minderjährige in seinen Junggesellenhaushalt aufzunehmen. Seine Argumente Bresslau gegenüber für das unkonventionelle Ansinnen hätten erst recht hellhörig machen können. Das sei »kein Hirngespinst«, er sei realistisch: »Aber ich will mich aus diesem bürgerlichen Leben befreien, das alles in mir töten würde, ich will leben, als Jünger Jesu etwas tun.« Indes ließen »die Leute« nicht zu, »dass man aus dem Gewöhnlichen heraustritt, dass man sich aus seinen natürlichen Bindungen löst.« Unverdrossen teilte er mit, dass er statt kleiner Jungen jetzt größere suche: »Ich möchte Jungen aufnehmen, die aus der Schule kommen, um sie etwas Richtiges lernen zu lassen oder um Lehrer aus ihnen zu machen. Sieh, ich habe so viel Liebe zu vergeben, ich werde so glücklich sein.« Im selben Brief folgte eine Erörterung zur kulturkritischen Studie mit dem Arbeitstitel »Wir Epigonen«,[15] und noch ein Schwenk, eine trotzige Exilankündigung:

---

13 Schweitzer-Miller und Woytt, 1992, S. 74.
14 Schweitzer-Miller und Woytt, 1992, S. 78f.
15 Erschienen ist »Wir Epigonen« zu Lebzeiten Schweitzers nicht (erst 2005). Teile der Vorarbeiten gingen in Werke wie *Verfall und Wiederaufbau der Kultur. Kultur und Ethik* (1923) ein. 2005 mussten die Herausgeber Ulrich Körtner und Johann Zürcher auf im Archiv

»Eines weiß ich: wenn ich meinen Plan, Jungen aufzuziehen, nicht ausführen kann, dann bleibe ich nicht hier: ich würde daran zugrunde gehen. Ich würde alle beneiden, die etwas für Jesus tun konnten, die dümmste Frau von der Heilsarmee. Ich würde den Schluß ziehen, dass ich nach einer anderen Art der Verwirklichung suchen muß, und würde mich der französischen Mission im Kongo oder am Sambesi zur Verfügung stellen, denn dort werden Menschen gebraucht.«[16]

Womöglich barg der Adoptionswunsch neben einem Machtbedürfnis auch den Wunsch, den infantilen Anteilen seiner Psyche retroaktiv Chancen zum Nachreifen zu geben, sie stellvertretend eine idealere Kindheit erleben zu lassen.

Jetzt war das Wort »Kongo« gefallen. Es wurde zur Chiffre für Schweitzers ultimativen Fluchtplan, der ihn zu den »Naturkindern« bringen würde. Das Begehren verdichtete sich, und er mühte sich um die Plausibilität der Volte, wonach er »hier entwurzelt« werden wollte, »wenn mein Kinderplan unausführbar wäre«, wie er Bresslau am 10. April 1905 schrieb. Dieser Gedanke »überschattet« plötzlich sein ganzes Dasein: »Ich kann das Wort Congo nicht mehr hören, ohne zu erzittern, und ich habe ein Ahnen von einer vollen Menschenkraft (nicht Gelehrtenkraft), die in mir brach liegt und dann erst entfesselt wird.« Die Grandiosität der Offenbarungen kaschiert ganz offensichtlich ein Dilemma des Verfassers und eins des Paares und Nichtpaares.[17]

Helene Bresslaus Eltern waren enttäuscht von dem Verlobten, der die Tochter hinhielt und für sich arbeiten ließ, während er, was sie erfahren haben dürften, lieber kleine Jungen adoptieren als Helene heiraten wollte. Auch schwebte der Verdacht im Raum, der Pfarrer und Pfarrersohn meide die familiäre Verbindung mit einer jüdischen Familie. »Deine Eltern sind ungerecht gegen mich«, wehrte sich Schweitzer. »Ich war loyal ihnen gegenüber, korrekt bis zum äußersten zu Dir.« Aber er habe Verständnis für den Eindruck der Eltern, er stehe dem Glück ihrer Tochter im Weg und hege »tiefe Achtung« für beide. Bemüht, den Verdacht des latenten Antisemitismus zu entkräften, schrieb er: »Dein Vater hat viel von den Men-

---

gesperrte Manuskripte wie die undatierten »Esquisses sur la civilisation exotique« verzichten.
16 Schweitzer-Miller und Woytt, 1992, S. 82f.
17 Helene Bresslaus Part der Korrespondenz ist leider nicht erhalten.

schen zu leiden gehabt und Zurücksetzungen und Ungerechtigkeiten von unserer Rasse erdulden müssen«[18], was durchblicken ließ, dass er von Harry Bresslaus Erfahrungen im Berliner Antisemitismusstreit wusste. Wenige, beteuerte er, hätten sich so sehr wie er über dessen Wahl zum Rektor der Universität Straßburg gefreut. Seine Wortwahl lässt überdeutlich werden, dass er Juden und Christen als »Rassen« kategorisiert, gemäß den ab Mitte des 19. Jahrhunderts prävalenten Rassetheorien. Seine als Protestantin getaufte Freundin gehörte, wie ihr Vater, einer anderen als seiner »Rasse« an, was die Differenz nicht religiös markierte, sondern biologistisch. Gegen Ende des Briefes entwarf er, wie um sich und sie zu beruhigen, Bresslau als »glückliche, selbstständige, einen Beruf ausübende Lene«, wobei »selbstständig« offenbar für »unverheiratet« steht. Er heiratete sie schließlich dennoch, knapp vor der Ausreise nach Afrika. Öffentlich äußerte Schweitzer auch nach 1945 nie ein Wort über die jüdische Herkunft seiner Ehefrau.

Welche Subtexte durch die Korrespondenz mit Bresslau mäanderten, welche affektiven Verschiebungen und Verdrängungen die Transformationen von Schweitzers Plänen verbargen, werden auch die Beteiligten nicht vollends entschlüsselt haben. Adoptieren wie Missionieren boten Szenarien struktureller Asymmetrie, und darüber hinaus strebte Schweitzer unhintergehbares Machtgefälle an, abseits der Kontrolle durch Amt und Klerus. Deutlich wird sein Drang, Verhältnissen die Stirn zu bieten, die ihm unerträglich vorkamen, doch wovor er derart verzweifelt Reißaus nehmen wollte, bleibt unklar. Vor der physischen Nähe zur Weiblichkeit? Der Einheirat in eine jüdische Familie? Vor der Missbilligung dieser Ehe durch sein Umfeld? Der Ächtung als Junggeselle mit ungewöhnlichen Sehnsüchten? Oder generell vor gleichrangiger, privater Bindung? Denkbar scheint im Adoptionsplan auch ein Rivalitätsimpuls angesichts von Bresslaus Erfolg als Sozialreformerin. Just als ihre Arbeit im Straßburger Prekariat verfing, wollte er Waisenkinder, »die niemanden haben«. Seine Konkurrenz könnte auch einen Klassenaspekt enthalten haben, im Kontext mit seinem Status als Sohn eines Dorfpfarrers gegenüber dem der höheren Tochter, deren Vater der Rektor seiner Alma Mater war. »Sie ist mehr als die Tochter seiner Magnifizenz«, versicherte er ihr im November 1904, distant, in der dritten Person, »sie ist eine edle und große Frau, eine einzigartige Seele, die sucht und kämpft.«[19] 25 Jahre später umriss er legitimatorisch seine Phase

---

18 Schweitzer-Miller und Woytt, 1992, S. 87.
19 Schweitzer-Miller und Woytt, 1992, S. 75.

der Suche nach Helferterritorien: »Zunächst dachte ich natürlich an eine Tätigkeit in Europa. Ich plante, verlassene oder verwahrloste Kinder aufzunehmen und zu erziehen und sie daraufhin zu verpflichten, später ihrerseits in derselben Weise solchen Kindern zu helfen. [...] Eine Zeitlang gedachte ich, mich dereinst Vagabunden und entlassenen Gefangenen zu widmen.«[20] Er habe die Notwendigkeit von Organisationen eingesehen, doch an keine andocken wollen: »Mein Sinn ging aber auf ein absolut persönliches und unabhängiges Handeln«, auf »eine Tätigkeit, der ich mich als einzelner und freier widmen dürfte.«[21]

Für die Rezeption der Motivcluster »Albert Schweitzer« und »Lambarene« scheinen diese privaten Fragen auf den ersten Blick marginal. Doch Bereits in der Verquickung von selbstgesuchter Außenseiterposition, von Outcast und Übervater, Selbstaufwertung und Selbstentwertung, melden sich Vorboten der Eignung als Projektionsangebot für jene, die später auf kollektivem Niveau mit Problemen in ihrem Selbstwert und in ihrer Identität konfrontiert wurden. Das Ausmaß seiner künftigen Wirkung schwebte Schweitzer damals sicher nicht vor. Sein Wunsch, überragend, beeindruckend und anerkannt zu sein, bezog sich auf ihm vertraute Milieus. In nuce allerdings zeigt sich das Narrativ, das er mitkonstruierte, bereits in den Selbstentwürfen der frühen Korrespondenz.

Antichambrieren in der Pariser Mission

Was nun? Der gescheiterte Adoptivvater wollte an die Ufer seines mythischen »Kongo« gelangen, doch die Hürden waren erheblich. Die tendenziell orthodoxe, dogmatische Pariser Missionsgesellschaft, die Société des Missions Évangéliques de Paris (SMEP), reagierte skeptisch auf Schweitzers Ansinnen, seine liberalen Auffassungen in der Theologie standen konträr zu denen der Mission. Vielfaches Antichambrieren, Verhandeln und schließlich eine folgenreiche Kompromissbildung – ein Medizinstudium – waren notwendig, um den ketzerischen Geist zumindest vorübergehend in der Mission zu verankern. Ausführlich nachvollzogen wird diese Odyssee in der voluminösen Darstellung des Lausanner Religionshistorikers Jean-François Zorn *Le grand siècle d'une mission protestante. La Mission de Paris*

---

20 Schweitzer, [1931] 1971b, S. 99f.
21 Schweitzer, [1931] 1971b, S. 101.

de 1822 à 1914 von 1993, der die Stationen im Senegal, in Algerien, Lesotho, Madagaskar, Sambesi, Tahiti, Neukaledonien und Gabun beleuchtet. Die SMEP vollzog Ende des 19. Jahrhunderts einen konservativen Turn. Im Rundbrief vom 15. März 1897 hatte sie sich dagegen ausgesprochen, weitere »candidatures libérales« von Leuten zuzulassen, die sich nicht hinreichend Frankreich verpflichtet sahen oder zu moderne Ansichten verfochten;[22] Kategorien, unter die Schweitzer zweifellos fiel. Am 9. Juli 1905 schrieb er aus Straßburg an den seit 1882 amtierenden Direktor Alfred Boegner in Paris, drei Monate nach dem Brief an Helene Bresslau, in dem er erklärt hatte, das Wort »Congo« lasse ihn »erzittern«.[23] Er habe schon als Kind von der Mission geträumt, wenn er seine »Groschen für die kleinen Negerkinder spendete«, und sei erschüttert von den tragischen Berichten über die Mission. Ab Oktober 1907 stünde er für den Einsatz bereit und werde am Thomasstift nicht eher kündigen, als ein elsässischer – gemeint war: ein französischer – Nachfolger gefunden sei, damit keine Bresche entstünde, die »l'Allemagne« erlauben würde, den Posten zu besetzen. Der SMEP gegenüber galt es, Loyalität mit Frankreich zu demonstrieren. Boegner war bewegt und bot Schweitzer an, die Sache zunächst im Oktober 1905 zu erörtern. Das erste Treffen machte klar, dass die SMEP Schweitzers unabhängiger Auffassung als Kleriker misstraute, und er zeigte sich bereit, Medizin zu studieren, um in rund vier Jahren als Arzt ins Feld zu gehen. Vergeblich hatte er als Referenz einen konservativen Theologen genannt, der bezeugen könne, dass Schweitzer geeignet war, »vor Heiden« zu predigen. Zorn folgert: »Cette dernière notation indique que la question dogmatique a été au centre des entretiens entre les deux hommes.«[24] Im Januar 1906, als Schweitzer bereits im ersten Jahr des Medizinstudiums war, befand das Komitee, er solle sich nach dem Abschluss wieder vorstellen. Im Mai 1906 hatte er Helene Bresslau über die Tragödie der in der »Kongomission« ausgelöschten Missionarsfamilie Lantz[25] geschrieben, die er als Aufruf sah, sie zu ersetzen, und hinzugefügt, er könne sich vorstellen, dass sie ihn begleiten würde.

Im Juli 1911 befasste sich das Komitee in Paris erneut mit dem Fall des problematischen Kandidaten. Als Deutscher mit deutschen Diplomen

---

22 Zorn, [1993] 2012, S. 589.
23 Ausführlicher zu Schweitzers Brief an Boegner siehe Kap. 6.2, passim.
24 Zorn, [1993] 2012, S. 592.
25 Siehe auch hierzu Kap. 6.2, passim.

könnte er im französischen Überseegebiet in Konflikt mit der Bürokratie geraten, als unorthodoxer Theologe könnte er unter den »Heiden« falsche Ansichten säen. Der Kompromiss war die Entsendung mit Abstinenzklausel: Schweitzer müsse sich jeglichen Predigens enthalten, aller Aktivitäten, die eine Gefährdung der »unité religieuse de la Mission«[26] wären. Zu den Protokollen vom Dezember 1911 bemerkt Zorn: »[U]ne forte tension se fait sentir dans le Comité à propos de la nationalité et des opinions théologiques de Schweitzer.«[27] Mitte Januar 1912 sicherte Boegner Schweitzer schriftlich zu, seine Hand bleibe ausgestreckt – doch Ende Februar starb der Fürsprecher überraschend. Die neue Leitung unter Jean Bianquis und Daniel Couve – der oft von Ombagho erwähnte Missionar, der Jahre am Ogowe verbracht hatte – verlangte jetzt auch Schweitzers völlige, formale Trennung von der Mission. Im Frühjahr 2012 schlug Schweitzer Bianquis in Paris vor, ohne Vertrag als Gast der Mission zu arbeiten, mit dem Ziel, sich vor Ort selbstständig zu machen. Einige Komiteemitglieder plädierten inzwischen gegen jegliche Verbindung Schweitzers mit der Mission, bis eine Lösung gefunden war. Schweitzer schilderte der SMEP forciert bescheiden seine Position als kleines Boot im Kielwasser ihres großen Schiffs: »Je suis une petite barque qui, par une corde, est reliée au grand navire de la Maison des Missions et qui flotte dans son sillage.«[28] Sollte die Barke den Marineoffizieren des Dampfers zur Last fallen, bräuchten sie nur das Seil zu kappen. Seine ostentative Unterordnung erinnert an eine Wendung der späteren Goethepreisrede von 1932, worin er sich mit einem kleinen Mond verglich, der »von der Anziehungskraft Goethescher Sonne gravitierend erfasst«[29] werde. Dem skeptischen Komitee versprach er, nicht zu predigen, sondern »muet comme une carpe«[30] zu sein, stumm wie ein Karpfen. Man könne Jesus auch ohne Worte dienen. Damit war endlich der Einstieg in sein Projekt gelungen.

In *Zwischen Wasser und Urwald* überging Schweitzer den labyrinthischen Pfad nach Lambaréné und erklärte 1921 im Kapitel »Wie ich dazu kam, Arzt im Urwalde zu werden«, er habe den Ärztemangel »in der kolonialen Welt« als Auftrag empfunden, die meisten Ärzte seien »für die

---

26 Zorn, [1993] 2012, S. 593.
27 Zorn, [1993] 2012, S. 594.
28 Zorn, [1993] 2012, S. 595.
29 Schweitzer, 1949, S. 9.
30 Zorn, [1993] 2012, S. 596.

7.1 Albert Schweitzers Afrika

weißen Kolonisten und für die Truppen bestimmt«, es müsse die Zeit kommen, in der freiwillige Ärzte »unter den Eingeborenen Gutes tun«.[31] 1931 hatte er die Erklärung verdichtet zu der viel zitierten Formel: »Arzt wollte ich werden, um ohne irgendein Reden wirken zu können«[32]. Verschmitzt erwähnte die Skizze der Ereignisse dennoch die damalige Zusicherung, in Afrika stumm wie ein Karpfen zu bleiben.[33] Retrospektiv mutierte der Beginn der Causa Congo zu dem in Kapitel zu Félix Ombagho beschriebenen Erweckungserlebnis durch Boegners Appell an Freiwillige für den die »Congo« im Missionsjournal.[34] Keine Spur vom Konflikt mit der Mission, und keine von der trotzig-verzweifelten Aussage, er werde sich »entwurzeln« und in den Kongo ziehen, falls sein »Kinderplan« nicht zu verwirklichen sei. Wie so viele bürgerliche Autobiografien tendierte auch Schweitzers dazu, retrospektiv den eigenen Lebensweg weniger mäandernd und klarer auf ein Telos ausgerichtet zu präsentieren.

Schweitzer finanzierte sein Medizinstudium, sein drittes Studium nach Theologie und Philosophie, durch Orgelkonzerte und Publikationen. Als seine Ausreise nach Afrika feststand, verlobte er sich schließlich doch mit Helene Bresslau, im Juni 1912 wurden sie in der Dorfkirche seines Kindheitsortes Günsbach durch Pastor Gustav Woytt getraut, Schweitzers Schwager. Ende März 1913 brachen Helene und Albert Schweitzer in die Kongomission auf. Erst wenige Wochen davor hatten sie von der Pariser Mission erfahren, dass ihr Antrag auf den favorisierten Ort, die Station Lambaréné, genehmigt worden war. In Straßburg war sein Unterstützerkreis zusammengetrommelt worden, der Spenden sammeln sollte, mit den Jahren wuchs und den Betrieb seiner Ambulanz, dann seines Hospitals in Lambaréné garantierte.

Im Frühjahr 1912 hatte Schweitzer in Paris einen Kurs in Tropenmedizin absolviert, denn seine medizinische Dissertation widmete sich einem denkbar tropenfernen Thema: Sie untersuchte die zeitgenössischen Beurteilungen der Figur Jesus Christus aus psychiatrischer Sicht. Dafür konnte er an seine theologischen Forschungen zur Leben-Jesu-Forschung und seine Arbeiten zum Messiasgedanken beim Apostel Paulus anknüpfen, dem ersten Missionar des Christentums. Die Thematik ersparte außerdem

---

31 Schweitzer, [1921] 1926, S. 1f.
32 Schweitzer, [1931] 1971b, S. 73.
33 Schweitzer, [1931] 1971b, S. 129f.
34 Boegner, 1904, S. 389f.

zeitzehrende klinische Forschung, gab Gelegenheit zur Legitimierung der Afrikapläne und verstärkte den Selbstentwurf der Imitatio Christi. »In meinen Studien über das Leben Jesu«, schrieb Schweitzer,

> »hatte ich nachgewiesen, daß Jesus in der von uns als phantastisch empfundenen Ideenwelt der spätjüdischen Erwartung des Weltendes und eines dann erscheinenden, überirdischen, messianischen Reiches lebte. Daraufhin war mir vorgehalten worden, daß ich einen ›Schwärmer‹, wenn nicht gar eine von Wahnideen beherrschte Figur aus ihm machte. Nun lag mir ob, vom medizinischen Standpunkte aus zu entscheiden, ob sein so geartetes Messianitätsbewußtsein irgendwie mit einer Störung seiner Psyche zusammenhing.«[35]

Er verfolgte seine eigene Fährte, lässt sich sagen – und er legte eine Fährte für andere aus. Einen historischen »Patienten« nach rund 1900 Jahren differenzialdiagnostisch einstufen zu wollen war eine Herausforderung, und Schweitzer arbeitete sich ein Jahr lang in das, wie er sagte, uferlose Paranoiaproblem ein. Scharf ging er auf 46 Druckseiten mit zeitgenössischen »Pathographen« ins Gericht, die an Jesus »viel Absonderliches, Unnatürliches und Geziertes«[36] fänden. Nach Erörterung der apokalyptischen wie prophetischen Lehren Jesu kam er zu dem Schluss, Jesus habe sich keineswegs selbst als Messias oder Menschensohn bezeichnet, »so daß keiner von den Hörern auf den Gedanken kommen konnte, daß er erwartete, mit dieser Würde bekleidet zu werden.« Nur die Jünger »wissen etwas von seinem Geheimnis.«[37] Medizinern, die Jesu Visionen in der Wüste als Halluzinationen einstuften, hielt Schweitzer entgegen, ihn historisch nicht korrekt einzuordnen, Teile der Evangelien als Quellen zu unterschlagen, mit unbelegbaren Hypothesen zu hantieren und keinerlei klinische Dignität für ihre Schlüsse beanspruchen zu dürfen. Hervorgehoben hatte er den Hinweis darauf, dass Jesus sich freiwillig und zunächst schweigend unter die Heiden begeben habe:

---

35 Schweitzer, [1931] 1980, S. 84. Schweitzers Arbeit erschien unter dem Titel *Die psychiatrischen Beurteilung Jesu*. Tübingen, 1913. Der ursprüngliche Titel der eingereichten Dissertation lautete: *Kritik der von medizinischer Seite veröffentlichten Pathographien über Jesus*. Tübingen, [1913] 1933.
36 Schweitzer, [1913] 1933, S. 15.
37 Schweitzer, [1913] 1933, S. 21.

7.1 Albert Schweitzers Afrika

»Mitten im Erfolg verließ er die Scharen, die sich um ihn gesammelt hatten, um mit ihm den Anbruch des Reiches Gottes zu erwarten, und verlebte die Zeit bis zum Aufbruch nach Jerusalem – also Herbst und Winter – auf heidnischem Gebiet [...], ohne zu predigen, nur darauf bedacht, unerkannt zu bleiben. Zu dieser Zeit legte er sich das Ausbleiben der Drangsal und des Reiches Gottes dahin zurecht, daß er als der kommende Messias berufen sei, für die anderen zu leiden und zu sterben.«[38]

Deutlich beschwor die Darstellung des schweigenden Jesus unter den Heiden, was dem Autor in den Tropen bevorstand, nämlich zu den Heiden zu reisen, ohne dort zu predigen. Subtil nobilitierte Schweitzer die auferlegte Einschränkung, was zumindest Eingeweihte der Mission dechiffrieren konnten. So komponierte er schon vor Antritt der Tätigkeit am Ort die Begleitmelodie für das außergewöhnliche Szenario eines Opfergangs, der den tiefsten Urwald Afrikas mit Johann Sebastian Bachs Partituren und abendländischer Kultur amalgamierte. Zu Schweitzers Selbstverständnis als Emissär trug die in der Dissertation mitschwingende Identifikation mit dem Messias bei, und sie war gewissermaßen Schweitzers Abschiedsgruß an die Konvention – wie der triumphale Auftakt seiner Ankunft als heilender Held. Afrikanern fehle jeglicher Sinn für historische Kontexte, warnte Schweitzer 1921: »Das Historische an dem Christentum liegt dem Eingeborenen naturgemäß fern. Er lebt ja in einer geschichtslosen Weltanschauung. Die Zeit zwischen Jesus und uns kann er nicht ermessen.«[39] Dem Autor der »psychiatrischen Beurteilung Jesu« fiel die kognitive Dissonanz offenbar nicht auf. Er selbst hatte sich ja wie in einer Art Zeitkollaps[40] über einen biblischen Patienten gebeugt, als sei er ihm in der Gegenwart begegnet, und sich mit ihm auffällig und mitunter explizit »überzeitlich« identifiziert.

Schweitzers Aufenthalte in Lambaréné addieren sich auf 32 Jahre zwischen 1913 und 1965. Unterbrechungen dienten Aufenthalten in Europa, wo er Familie und Freunde besuchte, sowie Konzertreisen als Organist

---

38 Schweitzer, [1913] 1933, S. 23.
39 Schweitzer, [1921] 1971a, S. 456.
40 Den Begriff »Zeitkollaps« verwendet der Sozialpsychologe Vamik Volkan u. a. für reaktivierte, kollektive Traumata, die psychisch aus der Zeitleiste herausgelöst und als gegenwärtig, »wie jetzt«, imaginiert werden. Vgl. Volkan, Vamik D.: Großgruppenidentität und auserwähltes Trauma. In *Psyche, 54,* 2000, S. 9f.

oder Vortragsreisen, um Spenden für sein Spital zu akquirieren. Mehrmals fuhr er zum Empfang von Ehrungen nach Europa, die prominenteste Reise galt 1954 dem Friedensnobelpreis in Oslo. Bei sechs der 14 Aufenthalte in Lambarene begleitete ihn Helene Schweitzer. Ursache der längsten Unterbrechung war der Erste Weltkrieg, Ursache des längsten Aufenthalts ohne Unterbrechung der Zweite Weltkrieg.

1913–1917: Schweitzers erste Jahre vor Ort

Von Beginn seines Einsatzes an führte Schweitzer ein Journal. Notate daraus verwendete er in Rundbriefen an den Unterstützerkreis und als Material für Publikationen. Von Anfang an war ihm klar, dass es beim Schreiben um Fundraising ging. Die Mission gab nur Starthilfe, er war verpflichtet worden, sich selbstständig zu machen. So wurde aus ihm ein Erzähler bei mitlaufender Spenden-Agenda. Im ersten Rundbrief 1913 schilderte Schweitzer unter anderem die Schiffspassage von Bordeaux an den Golf von Guinea, und lieferte muntere Tropenprosa, etwa zu den Afrikanern an Bord:

> »Jeder hat seine Matte mit und sucht sich abends ein Plätzchen zum Schlafen. Sobald die Lichter gelöscht sind, kann man nicht mehr über Deck gehen, ohne über Neger zu stolpern. Kommt ein Gewitter, so irren sie mit der Matte unter dem Arm patschnaß herum und suchen, überall aufgescheucht, einen trockenen Unterschlupf. Ich habe sie im Verdacht, daß sie es sich Nachts in den Liegestühlen der Passagiere bequem machen. Der meinige riecht in den letzten Tagen bedenklich nach Neger. Im übrigen habe ich mich an diese starke und undefinierbare Ausdünstung schon ganz gut gewöhnt.«[41]

Der Reisende hatte sich bereits als Weißer positioniert, sein Stil entspricht in vielem der zeittypischen, kolonialen Reiseliteratur. Bei der Einfahrt des

---

41 Mitteilungen von Albert Schweitzer aus Lambarene (Ogowe-Gabun, Afrika). Straßburg, 1913, S. 15. Als »Passagiere« galten dem Autor weiße Reisende. Der Rundbrief dürfte eine minimale Auflage gehabt haben, 200–300 Exemplare. Eines befindet sich in der Staatsbibliothek Berlin, Signatur 4 V 163. Schreibweisen wie im Original. Nachfolgendes Zitat S. 16.

7.1 Albert Schweitzers Afrika

Dampfers in den Hafen von Libreville bedauerte er die afrikanischen Ruderer in Matrosenanzügen, die der Koch an der Schiffseite aus einer Luke mit Küchenabwässern übergoss, und beklagte das Schikanieren der Schwarzen durch Weiße. Erwähnt wird, dass der Generalgouverneur von Gabun mit an Bord war und von uniformierten Kolonialbeamten empfangen wurde. Beim Besuch von Baraka, der Missionsstation in Libreville, traf Schweitzer einen US-Missionar bei der Übergabe dieser letzten Station der Presbyterianer an die Franzosen. Ihn erfreute der Anblick gesitteter Missionszöglinge: »Hier sah ich zum ersten Male die Früchte stiller Kulturarbeit an den Schwarzen.«

Als Albert und Helene Schweitzer im April 1913 in Lambaréné ankamen, dauerten die transformativen Prozesse an, die Kapitel 6.2 umreißt. Am beginnenden 20. Jahrhundert brachte die zunehmende Kolonialherrschaft soziale, politische und ökonomische Verwerfungen und Krisen. Hungersnöte und Epidemien wie die Pocken waren ausgebrochen, Kopfsteuer, Zwangsarbeit, Binnenmigration, Alkoholismus und Infektionskrankheiten griffen die Textur der Gesellschaft an. Mit der Dominanz der Colons einhergegangen war eine weitgehend aufoktroyierte Ethnifizierung, das Sortieren von Großfamilien, Clans und Gruppen in »Stämme«, was tiefgreifende Verunsicherung der Bevölkerung in Bezug auf Territorialität und Identität auslöste.[42] Europäer drangen weiter in die geografischen Binnenräume ein, in »ce vaste hinterland léthargique«[43], wie der französische Politiker und spätere Kolonialbeamte Raymond Susset 1934 sagte, als er Frankreich empfahl, aus Libreville einen Welthafen zu machen. In dieser lethargischen Landschaft sollten Albert und Helene Schweitzer arbeiten, auf dem Gelände einer Mission, bei deren Zentrale sie nur ambivalent und als Interimsmieter geduldet waren.

In Lambaréné erlebten sie laut Albert Schweitzer gleichwohl einen herzlichen Empfang durch die Missionare, man stellte ihnen das noch von Robert Hamill Nassau errichtete, vergleichsweise komfortable Wohnhaus mit umlaufender Laubengang-Veranda zur Verfügung, und für Schweitzers Behandlungsräume vermutlich den Schuppen, der Nassaus Ambulanz beherbergt hatte, dann Élie Allégrets Fotolabor und inzwischen ein Hühnerstall geworden war. Während die Schweitzers das »Doktorhaus« bewohnten, nutzten sie Küche und Speisesaal der Mission mit.

---

42 Vgl. Gray, Christopher J.: *Colonial Rule and Crisis in Equatorial Africa: Southern Gabon, circa 1850–1940. Rochester Studies in African History and the Diaspora.* Austin, 2002.
43 Susset, 1934, S. 84.

Abb. 1: Albert (stehend, mit Tropenhelm) und Helene Schweitzer (vor ihm sitzend, mit breitkrempigem Hut) im Kreis der Missionare der Pariser Mission, um 1915/16.
Zu sehen sind auch Felix Faure, Noël Christol, Fernand Grébert, Léopold Soubeyran, Charles Cadier, Samuel Galley, Alice Galley und Lucy Cadier.

Die Kunde von der Ankunft eines Arztes verbreitete sich schnell in der Region, immer mehr Patienten wurden an den Anleger von Andende gerudert, und Schweitzer ließ die kleine Krankenstation ausbauen, eine Baracke für Hilfskräfte, Behandlungs- und Lagerräume kamen dazu. Bald kamen mehr Patienten, als der Betrieb bewältigen konnte, und Schweitzer behalf sich mit einem Regelkatalog für sie, der zuallererst ein autoritäres Abstandsgebot signalisierte. Die Regeln wurden den Wartenden vorgetragen und von Helfern in zwei der regionalen Sprachen übersetzt. Indirekt geben sie Aufschluss über alltägliche Missverständnisse, Ärgernisse und Risiken:

» 1. Es ist verboten, in der Nähe des Doktorhauses auf den Boden zu spucken.
2. Es ist den Wartenden untersagt, sich miteinander laut zu unterhalten.
3. Die Kranken und ihre Begleiter sollen für einen Tag Nahrung mitbringen, da nicht schon alle morgens behandelt werden können.

7.1 Albert Schweitzers Afrika

4. Wer ohne Erlaubnis des Doktors die Nacht auf dem Boden der Station verbringt, wird ohne Medikamente fortgeschickt. [...]
5. Die Flaschen und die Blechschachteln, in denen man die Medikamente erhält, müssen wieder zurückgebracht werden.
6. Wenn das [Post-]Schiff in der Mitte des Monats den Strom hinaufgefahren ist, soll man außer in dringenden Fällen den Doktor nicht aufsuchen, da er während jener Tage um die guten Medikamente nach Europa schreibt.«[44]

Schweitzer schrieb einem befreundeten Theologen in Rom über seinen Einsatz:

»Nun bin ich für zwei Jahre hier, um als der einzige Arzt auf einem Gebiet von 400 km Länge, Breite und Tiefe, Lepra, Schlafkrankheit und die anderen Übel zu bekämpfen. Die Tage gehören dem Helfen im Namen Jesu, dem Kampfe für das Reich Gottes, was ich ›praktische Eschatologie‹ nenne. Die langen, stillen äquatorialen Abende der Wissenschaft und der Kunst, soweit es die Müdigkeit des Tages erlaubt. Ich habe mein schönes Clavier mit Orgelpedal mit und Bachs Fugen klingen in den Urwald hinaus, der zehn Meter hinter meinem Haus vorüberläuft. [...] Über meine Tätigkeit hier sende ich Bekannten alle 3–4 Monate gedruckte Nachrichten.«[45]

Schlichte Verhältnisse bestimmten den ersten Aufenthalt von 1913 bis 1917, doch dürfte das Ambiente generell weniger belastend gewesen sein, als die auf Spenden zielenden, dramatischen Darstellungen des Missionsjournals und auch Schweitzers Rundbriefe suggerierten. Am mittleren Ogowe hatte sich über die Missionsstationen ein Netzwerk etabliert, an das Schweitzer anschließen konnte. Insbesondere das elsässische Missionarsehepaar Georgette und Léon Morel, zwischen 1908 und 1911 in Lambaréné tätig, hatte die Schweitzers vorbereitet und Lambaréné als beste Station empfohlen, von der Valentine Lantz ja schon geschrieben hatte, sie läge »au milieu d'un vrai parc.«[46] Missionare hatten Plantagen mit Zitronen, Orangen, Papaya, Mango und Gemüsebeete anlegen lassen, hielten Hühner, betrieben kleine Läden und kauften Lebensmittel von der örtlichen Bevölkerung.

---
44 Schweitzer, [1921] 1971a 1971a, S. 347f.
45 Schweitzer an Walter Lowrie, 13.10.1913. Zit. n. Bähr, 1987, S. 41.
46 Lantz, [1906] 1941, S. 18.

Während Schweitzers Wirkungszeit vor dem Ersten Weltkrieg erreichte der lukrative Handel mit tropischen Edelhölzern eine erste Blüte, zu seinen Patienten zählten auch Holzhändler und deren Angestellte, die ihn nach Arbeitsunfällen oder wegen Tropenkrankheiten aufsuchten. Wie die Missionare waren auch sie Informanten über die Region, ebenso wie französische Beamte oder die Exporteure von Kakao, Kautschuk und Palmöl. Missionsstationen waren ein Hub, hier flossen Informationsströme zusammen, der Austausch geschah ununterbrochen, teils auch über die Telegrafie von Libreville nach Ndjolé am Oberlauf des Ogowe, teils durch Publikationen der Missionare. Nichtmissionare schrieben aber ebenso über ihre Erfahrungen, und zu Schweitzers Bibliothek gehörte nach dem Ersten Weltkrieg eine Erzählung des ab 1919 nördlich von Lambaréné tätigen Tropenholzkonzessionärs Theo Steinem, *Ekia Lilanga und die Menschenfresser*. Sie enthielt, anders als der reißerische Titel nahelegte, detaillierte Beschreibungen von Konflikten im Alltag, Rites de passage oder traditionellen Heilmitteln. Vollkommen angewiesen auf Ortskräfte im entlegenen Regenwald lernten einige Weiße, die nicht zur Kolonialbürokratie gehörten, ihr Umfeld sehr gut kennen und gaben ihr Wissen weiter, freilich ebenfalls meist angereichert mit Exotismen und Rat zum Umgang mit »den Anderen«. Schweitzers Rundbriefe an die Spender erweckten vor allem den Eindruck kaum bewältigbarer Tätigkeit angesichts des Elends »der Eingeborenen des Urwaldes« und der Aufgabe der »Kulturmenschheit den farbigen Menschen gegenüber«[47].

»Die armen Neger vor den weißen Raubtieren schützen«

In seinem Reisebericht *Zwielichtiges Afrika* schilderte der französische Soziologe und Ethnologe Georges Balandier in den 1950er Jahren seine schwermütigen Eindrücke der traurigen Tropen des damaligen Afrique Équatoriale Française. Über die Fahrt nach Lambaréné notierte er:

> »Ich habe dieses Gebiet niemals durchreist, ohne vom Thema der Verlassenheit besessen zu sein. Zu wenige und schlechte Straßen, die Gegenden dünnster Bevölkerungsdichte durchziehen. Zuviel Wasser und Wälder, die die Sackgassen vermehren. Die menschlichen Gruppierungen erscheinen

---

[47] Schweitzer, [1921] 1971a, S. 319.

dort umgestürzt, zerbröckelt, in sich selbst zurückgezogen, ohne daß dieser Reflex defensiver Haltung das totale Verschwinden der Völker, welche die Ehre hatten, in den ersten Chroniken der Entdeckung zu figurieren, hätte verhindern können.«[48]

Sein Tableau erinnert an die virtuelle Landkarte, die Félix Ombagho gegen Lebensende diktiert hatte, mit vielen Orten, deren Namen es nicht mehr gab. Balandier erklärte, die Region sei eine »Randerscheinung« der Kolonisierung geblieben, seit der Epoche, in der »sich Brazzaville zur Hauptstadt Äquatorialafrikas entwickelte«. Der Osten von Afrika übte stärkere Sogwirkung aus auf die Colons, die in A. O. F. zahlreicher waren als in A. E. F., wo Europäer oft über Einsamkeit klagten. Robert Hamill Nassau, sprachkundig und bewegt von Erkenntnisinteresse, erzählte indes von einem bevölkerten, lebendigen Terrain, und Mary Kingsley beschrieb kluge und originelle afrikanische Zeitgenossen am Ogowe. Beide hatten sich weniger von gängigen Stereotypien kolonisieren lassen als die meisten Angereisten.

Doch die typische »koloniale Bibliothek«[49], von der Valentin-Yves Mudimbe als Metapher für die Komplizenschaft quasi des gesamten westlichen Textkorpus mit dem kolonialen Projekt sprach, ist getränkt von »weißer Einsamkeit«, dem Resultat nicht-dialogischer, hierarchisierter Beziehungen und unbeweglichen Denkens. Vertrauend kommunizierten die wenigen Weißen am Ort in der Regel nur untereinander, die Sphäre der »Anderen« war teils Dämonisierungen oder Idealisierungen unterworfen, die kommerziellen oder ideologischen Interessen dienten, oder beidem. Albert Schweitzer, Inbegriff des weißen Einzelkämpfers, bot als Erklärung für seine Präsenz am Äquator die Wiedergutmachung kolonialen Unrechts – und beschwor zugleich die Schutzfunktion des kolonialen Systems, das destruktiven ethnischen Rivalitäten der Region entgegenwirke:

»Wenn alteingesessene Eingeborene mir gegenüber ihren Unmut kundgeben, von den Weißen beherrscht zu sein, antworte ich ihnen, daß sie ohne die Weißen nicht mehr existieren würden, weil sie entweder sich gegenseitig

---

[48] Balandier, Georges: *Zwielichtiges Afrika. Aus dem Französischen von Alexander von Platen.* Stuttgart, 1959, S. 173. Zuerst erschienen als *Afrique ambigue*. Paris, 1957. Nachfolgende Zitate ebd.
[49] Mudimbe, 1988, S. 118.

erschlagen oder im Kochtopf der Pahouins geendet hätten. Hierauf vermögen sie nichts zu erwidern. Überhaupt: So Vieles und so Schweres sich die Weißen in der ganzen Welt in der Kolonisation leider zuschulden kommen ließen, so können sie doch dies eine für sich ausführen, daß sie den von ihnen unterworfenen Völkern insoweit Frieden gebracht haben, als sie den sinnlosen Kriegen, die dort fort und fort unter ihnen wüteten, ein Ende machten.«[50]

Soziale, diskursethische Fragen nach emanzipativem Umgang mit Rang, Privileg oder »Rasse« in der Kommunikation mit Schwarzen stellten Schweitzer und die meisten überzeugten kolonialen Zeitgenossen sich nicht. Befehl und Belehrung waren die Wegmarken der diskursiven Einbahnstraße. Befangen durch Dispositive der Hegemonialansprüche, durch die apriorische Akzeptanz struktureller Ungleichheiten als normativ und bindend, blieben Schweitzer egalitäre Dialoge mit Schwarzen verwehrt. Auch deren medizinische Ausbildung hielt er für unangebracht.

Im Juni 1914 notierte er die Begebenheit mit einem »Knäblein«, das sich vom Doktor nicht untersuchen lassen wollte, da es dachte, der »wollte es schlachten und essen.« Schweitzer erläuterte: »Das arme Bübchen kannte die Menschenfresserei nicht aus Kinderstubengeschichten, sondern aus der furchtbaren Wirklichkeit, da sie bei den Pahouins bis auf den heutigen Tag nicht ganz ausgerottet ist.«[51] Sklavenhandel und Schnaps hatten dazu beigetragen, die Bevölkerung zu dezimieren, erklärt Schweitzer, es seien »nur noch die Trümmer von acht ehemals mächtigen Stämmen vorhanden.«[52] So sei »von dem Stamme der Orungu, die das Ogowedelta bewohnten, fast nichts mehr übrig. Von dem der Galoas, dem das Gebiet von Lambarene gehörte, sind höchstens noch achtzigtausend vorhanden.« In dies so entstandene »Leere drängen sich vom Innern her die von der Kultur noch unberührten anthropophagen Fan's, auf Französisch Pahouins genannt. Ohne das rechtzeitige Dazwischentreten der Europäer hätte dieses Kriegervolk die alten Stämme der Ogowoniederung bereits aufgegessen.« Die Passage verortet Mission und Spital, besonders bedrohlich, auf der spannungsreichen Schnittstelle zwischen den Großgruppen: »Lambarene bildet auf dem Flusse die Grenze zwischen den Pahouins und den alten Stämmen.«

---

50 Schweitzer, [1938] 1955, S. 17.
51 Schweitzer, [1921] 1926, S. 58.
52 Schweitzer, [1921] 1926, S. 5. Nachfolgende Zitate ebd.

7.1 Albert Schweitzers Afrika

Es war eine Angewohnheit der Mpongwe sprechenden Gruppen an der Küste, die Gefahr durch die Fang zu übertreiben, um ihre Machtpositionen als Beschützer der Weißen zu stärken. Tatsächlich ging es meist auch um Protektion von Handelsmonopolen und Privilegien. Die in der Kolonialzeit als Anthropophagen diffamierten Gruppen der Betsi-Fang, Okak-Fang, Maké-Fang sollen Anfang des 19. Jahrhunderts aus dem Norden oder Nordosten in die Region eingewandert sein. Ihr Ursprung wurde mythisiert, ihre nomadische Lebensweise gab viel Anlass zu Spekulationen oder Projektionen.[53] Florence Bernault liest die doppelte »mythe fang« als Spiegel der Colons, die sie konstruierten. Einerseits galten die faszinierenden Fang als »edle Rasse« der Region, patrilinear organisiert, kämpferisch, groß gewachsen und hellhäutiger als andere Gruppen. Andererseits wurden sie entworfen als unberechenbare »Menschenfresser« aus der Ferne. In beiden Varianten spiegeln sich Merkmale der kolonialen Eroberer, die sich als »herrschende Rasse« das Land einverleiben, es »auffressen« wollten: »Il est impossible de ne pas voir dans ce cannibalisme politique la version sauvage, inversé, de la conquête blanche.«[54]

Der Historiker Cadet vermutet, dass die Fang Ende des 18. bis Mitte des 19. Jahrhunderts aus Norden und Nordosten in das Gebiet des heutigen Gabun gelangten. In Lambaréné konkurrierten sie mit der im Handel etablierten Gruppe der Mpongwe. Eine Ursache dafür, dass die Fang der Anthropophagie verdächtigt und bezichtigt wurden, sehen Roland Kaehr Louis Parrois und Marc Ghysels in der Tatsache, dass Schädel und Gebeine ihrer Vorfahren zu ihren rituellen Objekten gehörten. Diese Objekte stellten jedoch nicht Relikte von Mahlzeiten dar, sondern erfüllten die Funktion mobiler Friedhöfe. Mit den Gebeinen im Gepäck blieben die migrierenden Fang mit ihren Ahnen konkretistisch in Verbindung.[55] Berühmt wurden die Fang auch durch ihre minimalistischen, stilisierte Gesichter darstellenden Masken. Anfang des 19. Jahrhunderts elektrisierte die Ästhetik solcher afrikanischen Exponate in der Sammlung des Pariser Musée d'Ethnographie du Trocadéro Künstler wie Georges Braque und Pablo Picasso, auf dessen *Les Demoiselles*

---

53 Cadet, Xavier: *Histoire des Fang, peuple gabonais.* Paris, 2009.
54 Bernault, Florence: Dévoreurs de la nation: Les migrations fang au Gabon. In Catherine Coquery-Vidrovitch und Issiaka Mandé: *Etre étranger et migrant en Afrique au XXème siècle.* Paris, 2003, S. 181.
55 Kaehr, Roland, Perrois, Louis und Ghysels, Marc: A Masterwork That Sheds Tears ... and Light: A Complementary Study of a Fang Ancestral Head. In *African Arts, 40*(4), 2007, S. 44–57.

d'Avignon von 1907 eine Fang-Maske aus Gabun zu erkennen sein soll. So gut wie jeder weiße Reisende der Epoche packte »exotische« Objekte ein, viele boten sie, zurück in der »Zivilisation«, Sammlern und Museen an.

In Schweitzers Darstellung einander bekriegender »Stämme«, verfasst 1921, hallte auch das Echo der Verheerungen des Ersten Weltkriegs wider, der Schlachten zwischen den ideologischen Nationalismen weißer »Ethnien«. Schon nach dem Ersten Weltkrieg eignete sich solches Material für Verschiebungen: Bedrohlichen Tribalismus gab es bei »den Anderen«, den Schwarzen, »wir«, die Weißen, durften als deren Retter vor dem Tribalismus auftreten. Umso unpassender und unangenehmer war es, wenn Afrikaner erfuhren, dass just die Weißen, die Frieden zwischen Großgruppen predigten, einen mörderischen Krieg untereinander angezettelt hatten. Nachrichten dazu versuchte Schweitzer möglichst vor ihnen zu verbergen und achtete darauf, dass keine Zeitungen herumlagen.[56]

Seine Sicht auf alle Akteure im Feld, Afrikaner wie Colons, blieb ambivalent und inkonsistent. Er pries die Segnungen der »mission civilisatrice« unter den »Naturkindern« und wies andererseits auf das Desaster des Kolonialismus hin, schon 1905 gegenüber Helene Bresslau: »Verstehen Sie jetzt, daß es eher ein Werk der Menschlichkeit, als ein religiöses ist, daß in diesen großen Urwäldern Menschen gebraucht werden, um die armen Neger vor den weißen Raubtieren zu schützen?«[57] Und »weiße Raubtiere« wüteten durchaus, es war die Zeit der »Kongo-Greuel«[58] in König Leopolds II. Freistaat, der 1908 erst unter dem Druck internationaler Proteste an den belgischen Staat abgetreten wurde. Dem Zeitungsleser Schweitzer waren die Ereignisse ebenso bekannt wie die brachiale Niederschlagung des Herero-Aufstands von 1904 im »Schutzgebiet« des Deutschen Reiches und der Maji-Maji-Krieg in Ostafrika 1905 bis 1908.[59] Fakten und konkrete

---

56 Schweitzer, [1921] 1926, S. 116f.
57 Albert an Helene Schweitzer, um 1905. Zit.n. Mühlstein, 1998, S. 105.
58 Vgl. Gehrmann, Susanne: *Kongo-Greuel: Zur literarischen Konfiguration eines kolonialkritischen Diskurses (1890–1910)*. Hildesheim, 2003. Sie weist darauf hin, dass die historische Aufarbeitung der »Kongo-Greuel« erst Mitte der 1980er Jahre einsetzte. Nach der Ermordung des Politikers Patrice Lumumba stützte der Westen 30 Jahre lang den Diktator Mobutu. Auch Schweitzer lehnte die Dekolonisierung durch Lumumba ab, wie er gegenüber UN-Generalsekretär Dag Hammarskjöld und Martin Niemöller darlegte, dem er 1961 erleichtert schrieb: »Bei uns in Zentralafrika ist vom Kommunismus nicht die Rede.« Zit.n. Suermann, 2012, S. 305.
59 Conrad, Sebastian: *Deutsche Kolonialgeschichte*. München, 2008, S. 52ff.

Umstände benannte er jedoch auch in Briefen fast nie, sondern bevorzugte den Gestus der Predigt oder pauschale, rhetorische Fragen:

> »Was haben die Weißen aller Nationen, seitdem die fernen Länder entdeckt sind mit den Farbigen getan! [...] Wer beschreibt die Ungerechtigkeiten und Grausamkeiten, die sie im Laufe der Jahrhunderte von den Völkern Europas erduldet! Wer wagt zu ermessen, was der Schnaps und die häßlichen Krankheiten, die wir ihnen brachten, unter ihnen an Elend geschaffen haben!«[60]

Ihr Vater, erklärte Rhena Schweitzer-Miller (1919–2009), habe sich vor seiner Ausreise nach Zentralafrika kaum mit der Region befasst, in der er tätig werden sollte. Mit wachsender Verblüffung habe sie das bemerkt, als sie den Briefwechsel ihrer Eltern edierte:[61] »Sie haben in ihren Briefen so gut wie nichts erwähnt oder zitiert, was in diesen Kontext gehört.« Nicht einmal eine Straßburger Ausstellung zum Thema Afrika und Mission habe ihr Vater seinerzeit besucht, jedenfalls nichts davon erwähnt. Der Zugang ihres Vaters zu Afrika, vermutete sie, sei »rein intuitiv« gewesen. Sein »Mentalitätsverständnis im Umgang mit Afrikanern« habe er sich nicht vorher durch Lektüre erarbeitet, jedoch spontan erkannt, dass afrikanische Familienstrukturen isolierte Unterbringung von Patienten nicht erlaube, und daher die Angehörigen von Patienten mit im Spital wohnen lassen.[62] Allerdings hatte Schweitzer jahrelang neben der Zeitungslektüre die Missionsjournale studiert und kannte elsässische Mitarbeiter der SMEP, die in Übersee gewesen waren. Doch die Einschätzung seiner Tochter, dass sein Unterfangen zunächst mehr von Fantasien als von Fakten geleitet begann, ist nicht von der Hand zu weisen.

Administrative Ordnung im Dschungel

Schweitzers Versuche, afrikanische Gesellschaft zu erfassen, basierten auf kolonialen Kategorien wie jener der »Stämme«, ein sortierender Ordnungsrahmen, den Colons wie Raster über die Großgruppen gelegt hatten. Die meisten zeitgenössischen Publikationen von Weißen belegten Beob-

---

60 Schweitzer, [1921] 1990, S. 174.
61 Schweitzer-Miller und Woytt, 1992.
62 Persönliche Mitteilung von Rhena Schweitzer-Miller am 9.10.1991 im Albert-Schweitzer-Archiv in Frankfurt/M.

achtungen entlang ihrer Interessen mit Deutungen, sie gaben mehr Auskunft über Autoren, Zielpublikum oder Auftraggeber als über ihre Sujets. Einer der ersten schwarzen Autoren, der die Region beschrieb, war André Raponda-Walker (1871–1968). Unklar ist, ob Schweitzers Kenntnis der Schriften seines Zeitgenossen hatte oder ihn jemals traf. Der erste ordinierte katholische Priester gabunischer Herkunft war auch Ethnologe und meisterte ein Dutzend Sprachen der Region. Der Sohn einer Mpongwe sprechenden Mutter und eines britischen Vaters, Kaufmann für das Handelshaus Hatton & Cookson, war Mitglied der Anthropological Society, dem British Museum stiftete er Objekte wie Masken und Kampfschilde, seine Bücher zur Region galten lange als Standardwerke, darunter die *Notes d'Histoire du Gabon* von 1960. Das Wissen der Weißen über ihre Umgebung war meist eine Melange aus Empirie und Ideologie, aus unzähligen Alltagsfragmenten und kolportierten Berichten über »primitive Stämme«.

Europäer benötigten zum Regieren Klassifikationen zum Erfassen der Bevölkerung, der es Arbeitsleistung und Steuern abzupressen galt. Der Sozialanthropologe Gray wies nach, wie bis heute gängige ethnische Klassifizierungen Gabuns im Kontext der Kolonisation eingeführt wurden, was auch andernorts für »Stammes«-Klassifizierungen galt, etwa im Fall der »Hutu« und »Tutsi« in Ruanda, die ebenfalls auf koloniale Etikettierungen zurückgehen. Während die Administration »Stämme« und »Könige« haben wollte, um Verantwortliche beim Eintreiben der Kopfsteuer zur Rechenschaft ziehen zu können, wollte die Mission – und die koloniale »mission civilisatrice« – die Überwindung des »Stammesdenkens« erreichen und supraethnische Nächstenliebe verbreiten. Im Sinne der Mission hoffte auch Schweitzer auf solches Verhalten in seinem Spitalbetrieb und beklagte die Gruppenegoismen von Patienten und deren Angehörigen, die sich nicht um Leute aus anderen »Stämmen« sorgten, nicht mit ihnen gemeinsam essen wollten oder sich aufgrund von Berührungstabus weigerten, Verstorbene aus anderen Gruppen als der eigenen zu bestatten.

Das koloniale Konzept afrikanischer Ahistorizität verdankte sich unter anderem dem Eindruck, dass die Bevölkerung außerstande schien, die Genealogien ihrer »Stämme« nachvollziehbar zu sortieren. Im präkolonialen Afrika südlich der Sahara organisierten sich soziale Systeme entlang verwandtschaftlicher Vorstellungen, die Gray als Prinzipien von »clans and lineage«[63] bezeichnet, die Rechtsansprüche, Obligationen

---

63 Gray, 2002, passim.

und Produktionsverhältnisse markierten. Weder linguistisch noch räumlich identifizierten sich Gruppen als »Stämme«. Strukturprinzipien wie Europäer sie erwarteten existierten nicht. Einige der politischen Einheiten waren akephal, also ohne Oberhaupt, einige waren patrilinear organisiert, etwa die Mpongwe im Ästuar von Gabun, wieder andere, die Mehrheit der übrigen Mpongwe Sprechenden, matrilinear. Namen, die Gruppen oder Individuen sich und einander gaben, konnten sich durch Heirat oder Initiation vollständig ändern; viele Gruppen verwendeten für sich oder Nachbarn, je nach Perspektive, unterschiedliche Bezeichnungen. In das schwer zu verwaltende semantische Labyrinth suchten die Colons durch Hilfskategorien Ordnung zu bringen. Koloniale Herrschaft brauchte Administration und Buchführung, identifizierbare Ansprechpartner und Unterhändler. Um ihre Raumpolitik konsequent durchzusetzen, belegten die Colons, wie Gray beschreibt, die Gruppen mit fixierenden Bezeichnungen, legten Namensregister an und setzten Oberhäupter ein, die verlockende Privilegien genossen. Analog zu europäischen Modellen wurden feudale Kategorien konstruiert, vorbei an den komplexen »kinship-systems« und anderen tradierten Kategorien. Beim Kartografieren sollten Siedlungsgebiete eingetragen, beim Eintreiben von Kopfsteuer, beim Rekrutieren von Zwangsarbeitern oder Armeepersonal sollten »Könige« oder »Häuptlinge« für ihre »Stämme« zur Rechenschaft gezogen werden können.

Durch den kolonialen Oktroi kam es mit der Zeit zu Schnittmengen der kolonialen Kategorien mit afrikanischen sozialen Ordnungsprinzipien. Je tiefer das Kolonialsystem eindrang, je dichter sich Repressionsapparate und rassistische Ideologeme mit symbolischen Systemen der Bevölkerung verflochten, desto eher wandelten sich zugeschriebene Kategorisierungen in Selbstbeschreibungen, während parallel dazu die soziale Textur pluraler wurde, wie Henry H. Bucher für das Ästuar von Gabun untersuchte:

> »As trade increased, a variety of people became a permanent part of the estuarial population. By the mid-nineteenth century Kroumen, Senegalese, Bassa (Liberian), Sierra Leonean and Liberian Creoles, Cape Coast Fanti, and Congolese could be found there. [...] Intermarriage and the popularity of the Mpongwe women with European traders and merchant mariners further contributed to the growing pluralistic society.«[64]

---

64 Bucher, 1973, S. 373.

Die koloniale Begegnung führte zu einer Entwicklung, in der Gruppen, die von außen territorial definiert wurden, sich schließlich selbst so definierten. »The social definition of territory has evolved to a territorial definition of society«[65], konstatierte Gray. Erst hieß es: Weil wir hier leben, ist das hier derzeit unser Land. Dann hieß es: Hier ist unser »angestammtes« Land, deshalb leben wir hier – eine durch die Konstruktion von Nationalismen bekannte Volte. Gray spricht von der kolonialen Produktion ethnischer Gruppen, und es sind solche »Stämme« auf die auch Schweitzer und weiße Zeitgenossen als Bezugsgröße rekurrieren. Transparent wurde die Dynamik weder den Allochthonen noch den Autochthonen.

Und ganz gleich, aus welchem »Stamm«, Afrikaner blieben generell riskante Zeitgenossen, auch in Schweitzers Spital. Den Arzt plagten die Knappheit der Ressourcen wie das diebische Personal: »Alle [...] sind so unzuverlässig, dass sie auch nicht der geringsten Versuchung ausgesetzt werden dürfen. Dies will heißen, dass sie niemals allein im Hause sein sollen. [...] Ferner muss alles, was ihre Unehrlichkeit reizen könnte, immer abgeschlossen sein.« Doch das, erklärte er, fassten »die schwarzen Bedienten nicht als Beleidigung auf.«[66] Vielmehr bestünden sie selbst darauf, damit kein Verdacht auf sie fallen könne. Afrikaner seien zu Höchstleistungen fähig, etwa beim Roden oder beim Rudern, und wenn Gefahr im Verzug war, doch jeweils nur, solange notwendig. »Der Neger ist nicht faul«, resümierte er, »sondern er ist ein Freier. Darum ist er immer nur ein Gelegenheitsarbeiter, mit dem kein geordneter Betrieb möglich ist.«[67] So und ähnlich hörte er es auch von anderen Weißen aus Verwaltung und Handel.

Interimsphase und zweite Ausreise

Von 1913 bis 1917 assistierte Helene Schweitzer als Krankenpflegerin und Managerin in Lambaréné, afrikanische Hilfskräfte wurden angelernt, Instrumente zu reinigen und Operationen vorzubereiten. Die Krankenstation wurde erweitert, Bettgestelle für stationäre Patienten wurden gezimmert und weitere Baracken für den kleinen Betrieb errichtet. Albert Schweitzer

---

65 Gray, 2002, S. 19.
66 Schweitzer, [1921] 1971a, S. 375f.
67 Schweitzer, [1921] 1971a, S. 420.

korrespondierte mit dem Helferkreis in Übersee, sorgte sich um den Versand von Medikamenten und wurde vertrauter mit Tropenkrankheiten sowie mit den typischen Notfällen, etwa Nilpferdbissen und Arbeitsunfällen im Holzeinschlag. Er improvisierte auf allen Gebieten. Die Abende verbrachten die Schweitzers oft bei ihnen gewogenen Missionaren, deren Gottesdienst, Schule und Landwirtschaft sie kennenlernten. Doch so geschützt der kleine Kosmos schien, die gewaltigen tektonischen Verschiebungen der Weltpolitik waren auch auf dem Boden von Lambaréné spürbar.

Deutschland und Frankreich standen im Krieg. Ab 1916 war Schweitzers Lage als Arzt mit deutscher Approbation auf französischem Überseeterritorium prekär geworden. Die Wirtschaft in West- und Zentralafrika erlebte einen Konjunktureinbruch, Postverkehr und Warentransport waren eingeschränkt, Schiffsrouten zeitweise blockiert. Spannungen zwischen Franzosen und anderen Europäern, mit deren Herkunftsländern sich Frankreich im Krieg befand, waren auch in Übersee spürbar. Helene und Albert Schweitzer gerieten, wie fast alle Deutschen in französischen Kolonien, unter Spionageverdacht und kamen zunächst unter Hausarrest. Im September 1917 wurden sie als Zivilinternierte per Schiff außer Landes gebracht, erst in eine Kaserne in Bordeaux, dann in ein Sammellager in Garaison in den Pyrenäen. Ende März 1918 erhielten sie ein erträglicheres Quartier in Saint-Rémy de Provence, wo sie bis zum 8. August 1918 blieben, ehe sie ins – von Frankreich zurückeroberte – Elsass und zu ihrem Haus reisen durften. Eine Intervention von Schweitzers Orgellehrer in Paris, Charles Widor, soll geholfen haben, die Internierung der Schweitzers zu beenden. Beide waren erkrankt und geschwächt, und zudem war Helene Schweitzer schwanger.

Zurück im Elsass, wo Schweitzer zunächst in Straßburg eine Stelle als Assistenzarzt in der Dermatologie annahm, wollte er bald wieder fort, auch noch, nachdem er am 14. Januar 1919 mit der Geburt der Tochter Rhena Fanny Suzanne Schweitzer, dem einzigen Kind des Paares, Vater geworden war, an seinem eigenen Geburtstag. Mit der Rückeroberung des Elsass durch Frankreich wurden die Schweitzers gegen ihren Willen französische Staatsbürger, und 1920 erhielten sie französische Pässe. Sie litten unter den Repressalien gegen die deutsche Bevölkerung im Elsass, viele Deutsche wurden ausgewiesen, und sie unterstützten solche Elsässer aktiv. Auch das machte Albert Schweitzer den französischen Behörden suspekt, zeitweise observierte ihn die Geheimpolizei.[68] Der elsässische Organist und lang-

---

[68] Mühlstein, 1998, S. 187.

jährige Freund Albert Schweitzers, Edouard Nies-Berger erklärt zur Internierung des Paares: »Helene Schweitzer, a Germanophile, had criticized the French government in letters that had been intercepted by the censors. Schweitzer himself was rumoured to be a German spy«. Er sei für den Fall des Sieges vom deutschen Kaiser als künftiger Gouverneur für Äquatorialafrika auserkoren gewesen, »a paper mentioning this offer by the Secret Service was found in Schweitzer's trunk and has been held against him ever since.«[69] Zum Vorschein gekommen ist ein solches Papier bisher nicht.

Internierung, Repressalien und erzwungene Naturalisierung waren für das Ehepaar Schweitzer belastend bis traumatisch, was mit dazu beigetragen haben kann, dass Schweitzer sich im nächsten Krieg, trotz Faschismus und Diktatur, politischer Aussagen enthielt. Schweitzer wollte zurück in sein Refugium in den Tropen, und er wollte sich loslösen von der Pariser Mission, der Abhängigkeit einer französischen Institution, der er rund 10 000 Francs Miete für sein Spitalgelände schuldete. Unausgesetzt suchte er nun Sponsoren, ging auf Konzertreisen, hielt Vorträge in England und, mit großem finanziellem Ertrag, im Frühjahr 1920 in Schweden, wo er die Gunst des schwedischen Erzbischofs Nathan Söderblom genoss und die Gastfreundschaft von Baron Lagerfelt und dessen Frau Greta, die langjährige Unterstützer wurden. Mit *Zwischen Wasser und Urwald*, das 1921 erschien, war Schweitzer ein Bestseller gelungen, der Jugendliche und Erwachsene erreichte. 1922 besuchte Schweitzer in Hamburg das Bernhard-Nocht-Institut für Tropenmedizin, um sich mit Kollegen über aktuelle Forschung auszutauschen. Ab 1924 experimentierte er in Lambaréné in Kooperation mit dem Institut mit neu entwickelten Heilmethoden und Wirkstoffen, wobei er in der Korrespondenz mehrfach Vertraulichkeit anmahnte.[70]

Vor der Rückkehr nach Lambaréné hatte sich herausgestellt, dass Helene Schweitzer an Tuberkulose erkrankt war, und dass das Klima am Äquator für sie denkbar unbekömmlich sein würde. Die räumliche Trennung der Familie war unvermeidbar, wollte der Ehemann und Vater zurück an seine Wirkungsstätte. Auch in die Schweiz wollte er nicht übersiedeln, als ihn im Sommer 1921 der Ruf auf einen Lehrstuhl nach Zürich erreicht hatte. Zum Kummer seiner Frau lehnte er ab. Mit dem einsamen Entschluss, erneut nach Afrika auszureisen, opferte Albert Schweitzer das Familienleben vollends seinem Projekt.

---

69 Nies-Berger, Edouard: *Albert Schweitzer as I Knew Him*. New York, 2003, S. 3.
70 Vgl. Ohls, 2015, passim.

Ab 1924: Zweite Lambaréné-Phase und Helferkolonnen im Halbdunkel

Im April 1924 kehrte der Mann, der alles in Bewegung gesetzt hatte, um ein Waisenkind zu adoptieren, und nun im Alter von fast 50 Vater geworden war, ohne Frau und Kind zurück nach Lambaréné. Dort ließ er das verwahrloste und geplünderte Hospital neu aufbauen und wurde im Lauf der Jahre mehr und mehr Organisator und Privatgelehrter, während die medizinische Arbeit zunehmend von angestellten Ärzten und Pflegepersonal erledigt wurde. Schweitzer führte Verhandlungen mit Mission, Behörden und pharmazeutischen Firmen, er organisierte Baumaterial, las Fachliteratur und hielt sich über medizinische Forschungen, etwa in der Behandlung von Malaria, auf dem Laufenden. Ab 1924 kümmerte er sich primär um die Bauarbeiten beim Umzug von Andende, Ort des Hospital I, nach Adolinanongo, Ort des Hospital II, dessen Gelände er über afrikanische Lokalgrößen erworben hatte. Schweitzer war nun weniger Mediziner als Unternehmer, wirkte als Manager, Bauaufseher, Personalchef, Fundraiser und verfasste an Abenden theologische, philosophische wie musikologische Schriften oder spielte an seinem gegen Termitenbefall mit Metall beschlagenen Tropenklavier, meist Werke von Bach. Beim Abendessen im Speisesaal des weißen Personals las er aus der Bibel und hielt sonntags Andachten, an Geburtstagen bedachte er treue, weiße Mitarbeiter mit Aufmerksamkeiten. Schweitzer wuchs weiter hinein in die Rolle als Patriarch, der den Betrieb im Griff hat, flankiert von zwei, drei langjährigen Mitarbeiterinnen, die das Recht erwarben, ihn zu vertreten, wenn er auf Reisen war.

Wiederholt bereiste er Europa, konzertierte, besuchte die Familie im Elsass und im Schwarzwald, wo er in Königsberg für Frau und Tochter ein Haus erworben hatte, und zeigte sich seinem Unterstützerkreis. Spenden wie Honorare investierte er in das expandierende Hospital, das, anders als die staatlichen Kliniken, Behandlung ohne monetäre Bezahlung bot. Ein Merkmal des Spitals wurde dessen dezidiert dörflicher Charakter. Patienten brachten Angehörige als Pflegende mit, die, wie die Genesenden, die »Leichtkranken«, als Ausgleich für die kostenfreie Behandlung zur Arbeit angehalten waren, etwa in den Obst- und Gemüsegärten oder beim Auspressen von Palmkernen zur Ölgewinnung. Angehörige und Patienten lebten gemeinsam und kochten auf offenen Feuerstellen vor den Behausungen aus Brettern. Soziale Aspekte stellte Schweitzer über hygienische, die Patienten sollten sich nicht isoliert finden, sondern möglichst ihren Gewohnheiten folgen können. Rita Headrick weist in *Colonialism, Health and Illness in French Equatorial Africa 1885–1935*[71] darauf hin, dass Schweitzer bei den französischen Behörden, in deren Machtbereich er wirkte, wenig beliebt war. Anlass zu Misstrauen und Kritik gab, neben Schweitzers deutscher Herkunft und dem Neid auf seine reichlichen Spendenmittel, vor allem die mangelhafte Hygiene des Hospitals. Als schrullig bis fahrlässig galt Kritikern die legendäre Weigerung des alternden Arztes, auf dem Klinikgelände elektrischen Strom zuzulassen oder ein Labor einzurichten. Nach der Abwesenheit aus Lambaréné von 1917 bis 1924 waren die französischen Behörden, wie die Pariser Missionsgesellschaft, zunächst wenig gewillt gewesen, den Arzt zurückkehren zu lassen: »This resentment against Schweitzer«, schreibt Headrick, »stemmed from jealousy of his resources, his approach to health care, and above all, his Germanness. [...] No issue agitated the French as Schweitzer's germanophilia [...]. Though he wrote to his parents in French, he spoke Alsatian German at home.«[72] Headrick setzt hinzu: »The vast majority of biographers [...] are hagiographic and keep a respectful distance from the man.«[73]

Um das Pensum bewältigen zu können, warb Schweitzer Personal aus Europa an, Ärzte, Schwestern und gelegentlich Handwerker. Unter den rund 170 offiziell aufgelisteten Mitarbeitern zwischen 1913 und 1965 waren 84 Schweizer Staatsangehörige, 29 kamen aus Frankreich, davon die Hälfte aus dem Elsass, 19 waren Niederländer, elf Deutsche, sieben Amerikaner, sechs Skandinavier und sechs Briten. Einige wenige kamen aus Japan, Israel, Ungarn, Norwegen und der Tschechoslowakei.[74] Einer der ersten Helfer, die Schweitzer anheuerte, war der britische Student Noël Gillespie, der ihn 1924 auf der Erkundungstour in Kamerun begleitet hatte, wo Schweitzer klandestin und vergebens nach einem neuen Standort für sein Spital Ausschau gehalten hatte. Von Mai bis August 1924 blieb Gillespie als Allrounder in Lambaréné. Unverzichtbar für den Betrieb wurden dauerhaft in der Alltagsorganisation tätige Frauen. Im Juli 1924 traf Mathilde

---

[71] Headrick, Rita: *Colonialism, Health and Illness in French Equatorial Africa 1885–1935*. Atlanta, 1994.
[72] Headrick, 1994, S. 267f.
[73] Headrick, 1994, S. 264.
[74] Eine Liste von Mitarbeitern des Spitals von 1913 bis 1965 wird von der AISL unterhalten, der Association Internationale de l'oeuvre du Dr. Albert Schweitzer de Lambaréné, Gunsbach. Die 2016 aktualisierte Liste führt nur weiße Mitarbeiter auf. https://www.schweitzer.org/2016/index.php/de/lambarene/mitarbeiter-1913-1695 (4.1.2020).

Kottmann ein, eine Sekretärin Schweitzers, die bis 1966 elfmal für längere Zeiträume vor Ort war. Sie übernahm Verwaltungsarbeiten, die vorher teils von Helene Schweitzer geleistet worden waren. Ein weiteres treues Faktotum war die Elsässerin Emma Haussknecht mit sieben längeren Aufenthalten zwischen Oktober 1925 und März 1956. Führungsaufgaben übernahm Emmy Martin, die vor allem als Sekretärin im elsässischen »Hauptquartier« fungierte, aber auch als Gefährtin, Ratgeberin und Co-Managerin zwischen 1925 und 1965 mehrmals Wochen und Monate in Lambaréné verbrachte. Derart vertraut war das Verhältnis zwischen ihr und Schweitzer, dass, zum Ärger von Helene Schweitzer, Martin nach dem Zweiten Weltkrieg von der Presse mitunter für Schweitzers Gattin gehalten wurde. Als er Martin mit nach Oslo nehmen wollte, um den Nobelpreis für Frieden in Empfang zu nehmen, setzte sich Helene Schweitzer zur Wehr und begleitete ihren Mann.[75] Die niederländische Krankenschwester und Bürokraft Ali Silver war ab 1947 nahezu ununterbrochen am Ort und schien eine Art Schlüsselgewalt über den Gesamtbetrieb innezuhaben.

So entwickelten sich im Binnengefüge des Projekts im Ansatz sektenhafte Strukturen, charakteristisch für Organisationen, die sich an einer charismatischen Figur ausrichten. In den Zimmern des Personals sowie am Kopfende des Speiseaals für weißes Personal hingen Fotoporträts von Schweitzer, und je nach Dauer der Betriebszugehörigkeit stiegen Privilegien der Mitarbeiter an. Geburtstagsständchen für Festangestellte wurden von Schweitzer persönlich am Klavier begleitet, die anderer Mitarbeiter nicht, wie die norwegische Ärztin Louise Jilek-Aall um 1960 herum erstaunt erlebte.[76] Dass Schwarze nicht mit Weißen im selben Speisesaal aßen, wurde mit deren Bedürfnis erklärt, unter sich zu sein.

Dem medizinischen Sektor assistierte sukzessive eine Reihe von Ärzten. Als Erster von 1924 bis 1926 der Elsässer Victor Nessmann, der sich später der Résistance anschloss und von dem im nächsten Kapitel die Rede sein wird. Ab 1925 bis 1930 praktizierte der Schweizer Arzt Marc Lauterburg am Hospital, angereist mit seiner Ehefrau, Elsa Lauterburg-Bonjour, die als Erste eine Lambarene-Mitarbeiter-Publikation verfasste.[77] 1926 bis 1927 war der französische Arzt Fréderic Trensz in Lambaréné, 1927 bis 1929

---

75 Mühlstein, 1998, S. 260ff.
76 Jilek-Aall, Louise: *Working with Dr. Schweitzer. Sharing his Reverence for Life.* Surrey, 1990, S. 69. Sie praktizierte für ein Jahr in Lambarene.
77 Lauterburg-Bonjour, 1931.

die Ärzte Karl Hediger und Ernest Mundler aus der Schweiz, 1928 bis 1929 der Schweizer Mediziner Hans Stadler, 1928 bis 1930 die Schweizer Medizinerin Ilse Schnabel, von Dezember 1929 bis November 1931 die deutsche Ärztin Anna Schmitz. Zwischen Februar 1930 und Januar 1948 diente die Schweizer Krankenschwester Elise Stadler an der Klinik, die niederländischen Mediziner Bob Bonnema und Holm Stig praktizierten dort von 1931 respektive 1933 bis 1934 und 1935. Ebenfalls aus Holland kamen der Arzt Pieter van der Elst und seine Frau, eine Apothekerin, die von Februar 1934 bis April 1937 sowie von Dezember 1938 bis Januar 1941 blieben. Drei lange Aufenthalte widmete der ungarische Arzt Ladislas Goldschmid Lambarene, er arbeitete dort, unterbrochen von Urlauben, von April 1933 bis August 1935, Juli 1936 bis Juli 1938 und Dezember 1938 bis Juni 1947. Auf Goldschmid und weitere jüdische Ärzte kommt das nächste Kapitel zu sprechen.

In den Rundbriefen für die Unterstützer nannte Schweitzer viele der Mitarbeiter namentlich und dankte ihnen für den gering entlohnten oder ehrenamtlichen Einsatz, während die Mitarbeiter in seinen Publikationen und Vorträgen kaum eine Rolle spielen. Für das spendende Publikum wurde die Situation des einsam heroischen Arztes im Urwald betont.

Attraktiv wirkten der Arzt Albert Schweitzer und sein Urwaldspital auf einige wohlhabende Frauen in Europa wie Amerika, die sich als Mäzeninnen anboten oder als Helferinnen nach Lambarene pilgerten. Eine der ersten war die verwitwete Schottin Lilian Marion Russell (1875–1949), die zwischen 1927 und 1948 mehrmals anreiste. Sie besaß Liegenschaften in Kanada und brachte stets Koffer voll Geschenken mit, was ihr den Spitznamen »Tante Canada« eingebracht haben soll. Russell sprach Englisch, Französisch und Deutsch, schrieb für Schweitzer Briefe auf Englisch, dolmetschte für ihn auf Reisen und übersetzte einige seiner Schriften. Von ihr stammen auch die vermutlich frühesten Filmaufnahmen in Lambarene, gedreht Anfang der 1930er Jahre, und sie trug bei zum Genre der Lambarene-Mitarbeiter-Literatur, mit ihrem Buch über Affen insbesondere zum tierzentrierten Teil des Genres.[78] Mit Verve setzte sich nach dem Zweiten Weltkrieg die Schauspielerin Marion Preminger, geschiedene Ehefrau des Hollywood-Produzenten Otto Preminger, für Lambarene ein, wo sie ab 1950 und bis 1965 viele Monate verbrachte. Im Nachruf auf Marion Pre-

---

78 Russell, Lilian: *Meine Freunde die Affen. Mensch und Tier in Albert Schweizers [sic!] Lambarene und Anderswo.* Stuttgart, 1950.

minger, die zur Honorarkonsulin von Gabun ernannt worden war, zitierte die *New York Times* ihre Huldigung an Schweitzer: »I had the great luck and privilege to be invited to Africa every year. [...] to watch him, to talk with him – and to see how he protects people, animals and life of any kind is as near to God as you can get.«[79] 1961 schwärmte die Filmfigur der Holly Golightly, dargestellt von Audrey Hepburn, im Kinofilm *Breakfast at Tiffanys* von Albert Schweitzer als idealem Gatten.

Dass es am Ort Lambaréné schon bald ein staatlich-französisches Hospital gab, ebenso medizinische Ambulanzen in Ndjolé und in Cap Lopez an der Küste, konnte die Lambarene-Literatur guten Gewissens übergehen, denn Schweitzers stationären Plätze überragten an Zahl die der staatlich-kolonialen Klinik. Headrick erläutert zu den beiden Hospitälern von Lambaréné: »In 1931 the head of Gabon's health service wrote dispassionately about Schweitzer [...]. Comparative statistics from the two hospitals [...] showed the government post had more out-patients but the Schweitzer hospital had five times more hospitalized patients.« Schweitzer hatte zu dem Zeitpunkt laut Statistik der Kolonialverwaltung 970 afrikanische und 70 europäische Patienten. »All the sick Europeans in the lower Ogowe went to Schweitzer because of his personnel. [...] No government facility could approach Schweitzer's staff of 3 to 4 physicians and 6–8 European nurses.« Headrick konstatiert: »No wonder the French were envious of his material resources.«[80]

Mit der Gründung seines eigenen Hospitals und dem Umzug von Andende nach Adolinanongo, einige Kilometer weiter am Ogowe, löste sich ab Januar 1927 Schweitzers Abhängigkeit von der Mission. Seinem Wunsch nach völliger Entscheidungsfreiheit entsprechend war er jetzt Herr im eigenen Haus und nun auch nicht mehr stumm wie ein Karpfen. Selbstverständlich hielt er sonntägliche Andachten. Das zweite Hospital entfaltete vollends magnetische Wirkung in der Region. In Europa und bald auch Amerika blieben Texte zum ersten Hospital prägend, vor allem *Zwischen Wasser und Urwald* von 1921, das die Pionierphase 1913 bis 1917 schilderte. Nach dem Zweiten Weltkrieg mischten sich in der Rezeption die Narrative aus der Pionierphase von Lambarene I, als Schweitzer selbst praktizierte, ohne weitere Differenzierung mit denen aus der Aufbau- und Hochphase von Lambarene II, als dort vor allem andere Ärzte praktizierten.

---

79 Marion Preminger, a Disciple And Aide of Schweitzer, Dead. In *New York Times*, 18.4.1972, S. 50.
80 Headrick, 1994, S. 262f.

Das Hospital von Lambaréné im kolonialen Kontext

Die »transplantation de l'hôpital en Afrique«, wie sie der Medizinhistoriker Hines Mabika insbesondere für den Fall Gabun untersucht,[81] diente zunächst den Interessen des missionarischen, administrativen und militärischen Personals. Es handelte sich weder um Einrichtungen zum Wohl der Bevölkerung noch um Projekte des Wissenstransfers, sondern, so Mabika, um Hilfsinstrumente der imperialistischen Durchdringung des Kontinents. Bis etwa 1880, 1890 geschah die medizinische Versorgung weißen Personals auf dem Territorium des heutigen Gabun überwiegend auf einem sogenannten »navire-hôpital«, in zu Praxisräumen umfunktionierte Kabinen auf einem Schiff vor der Küste von Libreville, die Bevölkerung schon rein räumlich exkludierend. Mit dem Eindringen der Colons ins Landesinnere sah man die Notwendigkeit, dass Mediziner auch an Land praktizierten. Verzweifelte Berichte über Malaria, Gelbfieber und Unfälle kamen nicht nur aus den Missionen. In der Bevölkerung gab es umfangreiches Wissen an phytomedizinischen Heiltechniken und den unterstützenden Glauben an magische Rituale, Zauber und Gegenzauber. Bei schweren Verläufen und gegenüber Epidemien konnten jedoch traditionelle Praktiken versagen. Wirksame Pharmazeutika weißer Medizin waren für Teile der Bevölkerung ebenfalls mit magischen Kräften aufgeladen, und traditionelle Heilkundige sahen sich häufig in Konkurrenz dazu. Über einige der traditionellen Mittel war Schweitzer informiert und experimentierte gelegentlich mit Drogen wie dem beim Bwiti-Ritual, einer rite de passage, verwendeten Ibogain aus der Ibogawurzel, das in der Region auch, wie Dopingmittel, zum Erhöhen der Ausdauer bei der Jagd eingesetzt wurde.[82]

---

81 Vgl. Mabika Ognandzi, Hines: *Médicaliser l'Afrique. Enjeux, processus et stratégies d'introduction de la médecine occidentale au Gabon (19iéme et 20iéme siècle)*. Paris, 2017; L'hôpital Albert Schweitzer de Lambaréné, 1913–2013. In Angela Berlis et al. (Hg.), *Albert Schweitzer. Facetten einer Jahrhundertgestalt*. Bern, 2013. Mabika und Hubert Steinke koordinierten an der Universität Bern das 2017 beendete Forschungsprojekt »Medical Practice and International Networks: Albert Schweitzer Hospital of Lambarene, 1913–1965«. http://p3.snf.ch/Project-149880 (12.4.2016).

82 Hinweise darauf finden sich in Schweitzers handschriftlichen Aufzeichnungen, den »medical notebooks« (unpaginiert), archiviert in der Special Collections Library, Syracuse University, New York. Unter dem Namen »Lambarene« hatte die Pharmafirma Laboratoires Houdé bis 1970 ein Präparat mit dem Wirkstoff Ibogain als Stimmungsaufheller und Stimulans vermarktet.

Schweitzer sei weder der erste noch der einzige Mediziner im kolonialen Lambaréné gewesen, »ni le premier, ni le seul!«[83] lautet der Refrain einer Streitschrift des französischen Tropenmediziners André Audoynaud, der 2005 antrat, »die Kehrseite des Mythos« Schweitzer, *L'envers d'un mythe* auszuleuchten. In Wahrheit habe Schweitzer wenig praktiziert und nachweislich nicht das Prinzip des Krankendorfes erfunden, das ihn auszeichnete. Audoynaud hatte ab 1963 für drei Jahre das staatliche, vom französischen Kolonialkorps gegründete Hospital geleitet, gewissermaßen Schweitzers Konkurrenzinstitution. Mit Nachdruck weist er darauf hin, dass in den französischen Kolonien zahlreiche Tropenkliniken existierten, und dass es Impfkampagnen wie die des 1908 gegründeten Institut Pasteur in Brazzaville ab Beginn des 20. Jahrhunderts gab. Audoynaud, und dem Gros der französischen Schweitzer-Rezeption, sind die deutschen und amerikanischen Hagiografien nicht geheuer. Passagen von Audoynauds Ausführungen sind tendenziös und bisweilen grob fehlerhaft, etwa wenn er Helene Schweitzer als Angehörige der »trés aristocratique famille prussienne de Thurn und Taxis«[84] bezeichnet. Die Legende Schweitzer, ereifert sich Audoynaud, basiere auf Irrtümern: »Il fallait croire au monde entier que le Docteur Schweitzer avait été le premier à Lambaréné, le seul à donner des soins aux Noirs, le médecin des lépreux, le Grand Docteur de la forêt vierge. Et que son hôpital était un modèle en Afrique.«[85] Doch die Repräsentationen des Lambarene-Kosmos schufen ein Mythem, gegen das kaum anzukommen war.

Tiere im Urwald-Waisenhaus

Wirkmächtig für den Mythos war auch die Instanz des tierlieben Doktors, abgelichtet mit Papagei und Pelikan, Hund und Katze, Affe und Antilope. Die faunazentrierte Bilderwelt suggerierte einen libertären Tropenzoo vor allem für verwaiste Tiere. Gezeigt wurde ein koloniales Märchenbuch. Von fiktionalen, exotischen Welten war schon der junge Albert Schweitzer fasziniert gewesen, als er Bände von Karl May verschlang, einem Lieblingsautor seiner Kindheit. Briefe an seine Weggefährtin Emmy Martin unterschrieb er in den Anfangsjahren der Freundschaft bisweilen übermütig mit

---
83 Audoynaud, 2005, S. 13.
84 Audoynaud, 2005, S. 55.
85 Audoynaud, 2005, S. 33.

»Winnetu«.[86] Kurios ist ein Anhang zu Mays Autobiografie *Ich. Leben und Werk*. Darin erklärt A. W. Conrady, Pseudonym des Autors Conrad Stromenger, er habe 1949 mit Schweitzer über dessen Verehrung für Karl May gesprochen. Stromenger, der angeblich an der Goethe-Feier in Aspen, Colorado, teilnahm, behauptet eingangs: »Mir war das Glück beschieden, beim Flug nach den USA neben meinem verehrungswürdigen Freunde Albert Schweitzer zu sitzen.«[87] Das ist unmöglich, denn Schweitzer war per Schiff angereist. Stromengers Verhältnis zum Faktischen schien sich dem seines Idols May angenähert zu haben, und erfunden könnte auch die Passage sein, wonach Schweitzer in Aspen erklärt haben soll: »[W]as mich am stärksten an seinem [Mays] Schrifttum gefangennahm, war das herzhafte Bekenntnis zur Friedfertigkeit und gegenseitigen Verständigung, das fast alle seine Bücher belebt und uns wilde Rüpel nachdrücklicher als alles Hochgeschraubte belehrt hat, Großmut und Nachsicht zu üben«[88]. Nicht ohne Intuition allerdings verquickte der Hochstapler das fiktive Potenzial von »Lambarene« mit Schweitzers Begeisterung für die fiktiven Szenarien von May, die längst als problematische »cultural appropriation« gelten. Winnetou, der Häuptling der Apachen, hat eine edlere Seele als die weißen Eindringlinge in seinem Land, er reitet auf seinem Rappen durch die Wildnis, um Gerechtigkeit zu schaffen. Und der selbstironische, erwachsene »Winnetu« Albert Schweitzer schlägt seine Zelte in der Wildnis auf, um Gutes zu tun.

Das erste »Afrika« in Schweitzers Imagination war quasi ein privates Waisenhaus, worin er Herr war über elternlose Jungen »zwischen sechs und acht« sein sollte. In »Lambarene« gründete er zwei reale Waisenhäuser. Eines, die »pouponnière«, die Kinderkrippe, beherbergte afrikanische Babys und Kleinkinder, deren Mütter verstorben waren, und für die sich wegen tradierter Ängste und Denkmuster keine Milchmütter fanden. Das andere Waisenhaus war Herberge herrenloser Tierkinder, wie im Fall des berühmten Pelikans »Parsifal«. Für die teils Tiere gab es sogar eine eigene Küche. Teils frei umherlaufenden Ziegen und Schafe wurden auch

---

86 Schweitzer an Emmy Martin, passim. Einsicht in die Manuskripte am 18.4.2011 im Auktionshaus Stargardt, Berlin. Dort wurden im Frühjahr 1 400 Briefe Schweitzers an Martin versteigert.
87 Conrady, A. W. [Conrad Stromenger]: Albert Schweitzer und Karl May. In Karl May: *Ich. Leben und Werk*. 22. Aufl. Bamberg, 1959, S. 378. Der hier zitierte Teil des Anhangs erschien nur in den Aufl. 1958–1963.
88 Conrady, 1959, S. 379f.

als Lieferanten von Dünger und Milch gehalten, daneben Hühner, Wildschweine, Antilopen und andere zahme Wildtiere wie elternlose Schimpansen. Eindrucksvoll bebilderten sie die Idylle der »Ehrfurcht vor dem Leben«, die Eintracht von Mensch und Tier.

Tropische Privatzoos von Europäern waren keineswegs etwas Ungewöhnliches, wie der Gabun-Historiker Jeremy Rich in seiner Biografie des Amateur-Primatenforschers Richard Lynch Garner schreibt. Garner hielt ab 1892 an der Küste von Französisch-Äquatorialafrika Affen, denen er Namen wie »Plato« oder »Moses« gab, und über die er mit Zoos in Europa und Amerika ins Geschäft kam. »European men used African people and environments as a foil to highlight their individual and racial capacity for action«, stellt Rich für die private, koloniale Tierhaltung, fest, einen weitgehend unerforschten Topos, »the ubiquitous presence of domesticated monkeys, apes and other pets has drawn very little attention. English, French and German settlers enjoyed showing off their exotic animals as well as their more familiar pets.«[89] Auch die Elsässer Missionarin Valentine Lantz ist Ende des 19. Jahrhunderts in Talagouga, der Schwesterstation von Lambaréné, auf einer Fotografie mit einer zahmen Antilope zu sehen. Der wenig bekannte Missionsarzt Werner Junge, der ab etwa 1940 in Liberia eine Leprastation aufbaute, berichtete in seinem Buch *Als deutscher Arzt unter schwarzen Medizinmännern*, wie die »reiche Tierwelt Afrikas« seine Familie dazu verlockt habe, sich aus zugelaufenen Tieren den »eigenen, kleinen Privatzoo anzulegen. Unsere große Dogge Hassan, einige Schimpansen, Affen, eine Zibetkatze, ein Mungo, zwei junge Leoparden, ein Papagei und einige Schildkröten, alles lief in paradiesischer Unschuld umeinander herum, ohne sich gegenseitig etwas Böses zu tun.«[90]

Tropische Adoptivtiere scheinen wie eine komplementäre Facette zum Adoptionsmythos Fabeln, in denen verwaiste Menschenkinder von Wölfen oder Dschungeltieren großgezogen werden. Zur populären Motivsphäre der »weißen Tropen« gehören die zwei berühmtesten Dschungelwaisen, Rudyard Kiplings in Indien verortete Figur Mowgli von 1893 und die Bände über *Tarzan of the Apes* von Edgar Rice Burroughs (1875–1950), deren erster 1912 erschienen war. Mowgli wird von Wölfen, Tarzan von Affen adoptiert. Burroughs soll in der Chicago Public Library die sensatio-

---

89 Rich, 2012, S. 110.
90 Junge, Werner: *Bolahun. Als deutscher Arzt unter schwarzen Medizinmännern*. Hamburg, Berlin, 1950, S. 202.

nalistischen Reisebeschreibungen von Paul du Chaillu zu Äquatorialafrika gelesen haben.[91] Die heutige Fan-Community von Burroughs verbreitet im Internet umfangreiche Spekulationen dazu, dass sich der Geburtsort des fiktiven Tarzan in unmittelbarer Nähe zu Lambaréné befunden haben soll. Ein Teil der Fangemeinde legt Wert auf die Parallellokalisierung von Schweitzer mit der »Tarzan« genannten Figur des Earl Greystoke, der als kleines Kind nach einer Meuterei an Afrikas Westküste seine Eltern verlor und im Regenwald das Erbarmen einer Affenmutter weckte.[92]

Auch in der Ikonografie von Lambaréné finden sich Motivbündel westlich-kolonialer Tropenromantik auf der Wende vom 19. zum 20. Jahrhundert und deren weitausladende Spannungsbögen wieder. Zentrale Elemente darin sind die Sehnsucht nach Flucht aus der bürgerlichen Realität in eine tropische, als paradiesisch repräsentierte Natur, während dieselbe gezähmt, genutzt, dämonisiert und idealisiert wird. Seine in die bundesdeutsche Öffentlichkeit hineinexplodierende Dimension erhielt Schweitzers »Afrika« durch die Suggestion der Einzigartigkeit von Person, Tat und Ort. Das summierte sich zu einem Kaleidoskop aus klassischen Erzählbausteinen und aus Selbst- und Fremdzuschreibungen, deren Subtexte kollektivem Begehren, kollektiven Bedürftigkeiten entsprach. Diese Fama lebt fort. Auch die Hauptfigur der amerikanischen Kinoserie *Indiana Jones* trifft einen fiktiven Albert Schweitzer. Der angehende Archäologe Jones meldet sich in der elften Folge »Congo, January 1917« der *Young Indiana Jones Chronicles* nach der Schlacht von Verdun für eine Militärmission in Westafrika. Dort verzweifelt »Indy« am Elend der Bevölkerung und gewinnt wieder Mut, als er Schweitzer in dessen Hospital hilft.[93] Die Videoversion erhielt den Titel *Oganga, The Giver and Taker of Life*. Eine Szene zeigt, wie der Doktor eine Reihe von Afrikanerinnen mit Kindern abschreitet, Gesichter von Kindern berührt und Kleinkinder auf den Arm nimmt, während Indiana Jones ergriffen zusieht und im Hintergrund eine Popversion des Bach-Chorals *Jesu bleibet meine Freude* zu hören ist. Auf einer Fahrt mit dem Flussdampfer auf dem Ogowe vertraut Schweitzer dem jungen Mann an, dass ihm »on this very river« sein Leitmotiv der »Ehrfurcht vor dem Leben« erschienen war: Schweitzer in a nutshell.

---

91 Meyer, Lysle E.: *The Farther Frontier: Six Case Studies of Americans and Africa, 1848–1936*. Selinsgrove, 1992, S. 57ff.
92 Adams, David: Schweitzer/Tarzan Connection: The Location of Tarzan's Birthplace. http://www.erbzine.com/mag16/1650.html (12.1.2017).
93 Der federführende Produzent war George Lucas.

Adenauer, Apartheid und Schweitzer

Schweitzers Grundhaltung in Afrika lässt sich als benevolenter, rassistischer Paternalismus bezeichnen. Kritisiert wurde er zu Lebzeiten am vehementesten 1964 in *Verdict on Schweitzer*[94] des britischen Publizisten Gerald McKnight, der ihm Geltungsdrang und Überheblichkeit vorhielt, und wie andere schon, das Beharren auf prämoderne Schlichtheit des Spitals. Schweitzer stemmte sich gegen den Anschluss ans Elektrizitätsnetz von Lambaréné, sterilisiert wurde mit kochendem Wasser, bei Dunkelheit leuchteten selbst im Operationssaal nur Petroleumlampen. Afrika brauchte laut Schweitzer klare, simple Verhältnisse. Und Konrad Adenauer berief sich in einem seiner »Teegespräche« auf Schweitzer als Apologet der Apartheid. Das habe er Adenauer 1959 anvertraut. »Noch vor zwei Jahren war wohl allgemein unter den europäischen und amerikanischen Politikern die Meinung: Wenn Afrika verlorengeht an den Kommunismus, dann ist Europa verloren«, erinnerte Adenauer:

> »Ich hatte damals eine Besprechung mit Albert Schweitzer über Afrika; der sagte mir – aber das ganz im Vertrauen, ich will ihm ja nicht Unannehmlichkeiten machen! – etwas, was mich sehr verblüffte: ›Die einzig richtige Politik betreibt Südafrika!‹ Denn der Schwarze, den er ja nun seit Jahrzehnten kenne, habe nicht die Fähigkeit, selbstständig Unternehmer zu sein.«[95]

In dieser Konversation Adenauers mit dem Publizisten Wolfgang Bretholz (1904–1969) ging es am 14. Februar 1961 um Afrikas Dekolonisierung, insbesondere um den Konflikt im Kongo, der kommunistisch zu werden drohte. Thema war auch die Sorge, dass die Weißen in der UNO künftig in der Minderheit sein würden, was laut Adenauer auch Charles de Gaulle beschäftigte – der doch im Januar 1944 in seinem »discours de Brazzaville« Gerechtigkeit und Autonomie versprochen hatte, als er den Einsatz kamerunischer und kongolesischer Kräfte für die Forces Françaises Libres

---

94 McKnight, Gerald: *Verdict on Schweitzer, the man behind the legend of Lambaréné*. New York, 1964. Das Buch fand keinen deutschen Verleger.
95 Zit. n. Adenauer, 1988, S. 452f. Seit 1948 galt in Südafrika offiziell die Politik der Apartheid, ab 1950 wurde jeder Einwohner des Staates durch den Population Registration Act klassifiziert als »weiß«, »schwarz« oder »farbig«.

im Kampf gegen das Vichy-Regime pries.[96] Das war nun schon wieder 17 Jahre her.

Am 16. Januar 1961 war der erste kongolesische Ministerpräsident Patrice Emeré Lumumba in der uranreichen Provinz Katanga ermordet worden, wahrscheinlich durch ein Komplott der ehemaligen Weggefährten Joseph Kasavubu, Staatspräsident, und Joseph Mobutu, Oberst der Armee, und unter Zutun der einstigen Kolonialmacht Belgien. Westliche Staaten hatten den Aufstieg Lumumbas mit Besorgnis verfolgt, und auch Schweitzer hielt wenig von Bestrebungen nach Unabhängigkeit, erst recht nichts vom Sozialismus Lumumbas. Adenauer diente die Expertise einer Autorität wie Schweitzer – den er wegen dessen Kritik an atomarer Rüstung durchaus fürchtete – mit dazu, die politische Weltlage zu bewerten. Schweitzer galt als praxisnaher Kronzeuge für »Afrika«.

Sein berühmt-berüchtigtes Credo »den Negern« gegenüber lautete: »Ich bin dein Bruder, aber dein älterer Bruder.«[97] Modifiziert hatte er es schließlich auf die Kritik hin 1951 im Vorwort zur französischen Übersetzung von *Zwischen Wasser und Urwald*, wo er nolens, volens einräumte »*Jetzt* müssen wir uns darein finden, uns nicht mehr als die älteren Brüder zu fühlen und nicht mehr als solche zu handeln.« Der Zeitgeist besage, dass Fortschritt das patriarchalische System abschaffen müsse, und »daß der jüngere Bruder als mündig und genauso urteilsfähig wie der ältere Bruder betrachtet wird.« Doch, ganz wie Fidel Castro, schloss er, die Geschichte werde »eines Tages ihr Urteil über die Erfolge sprechen.«[98]

Zu politisch engagierten Afrikanern suchte Schweitzer keine Verbindung. Die Hauptstadt Libreville, in der sich afrikanische Parteien und Organisationen für Unabhängigkeit formierten, mied er, wenn er konnte. Mit Ausnahme seiner kurzen Expedition nach Kamerun 1924 bereiste Schweitzer nie ein anderes Territorium in Afrika als sein Wirkungsrevier in und um Lambaréné. Von dieser Region, und auch von den kolonialen Akteuren am Ort, wusste er allerdings vermutlich erheblich mehr, als er je mitteilte.

---

96 Charles de Gaulle: Discours de Brazzaville. 30 janvier 1944. Online-Dokument, Université de Perpigan: https://mjp.univ-perp.fr/textes/degaulle30011944.htm (12.8.2018).
97 Schweitzer, [1921] 1971a, S. 435f.
98 Zit. n. Oswald, Susanne: *Mein Onkel Bery. Erinnerungen an Albert Schweitzer.* Zürich, 1971, S. 58, 117.

7.2 Lambaréné und der Zweite Weltkrieg

Jüdische und politisch verfolgte Hospitalmitarbeiter, Charles de Gaulles »bataille de Lambaréné« und Albert Schweitzer zwischen den Fronten

> »Und doch wird Ihre Stimme, unterstützt durch Ihr Werk, eine der wenigen sein, die die Botschaft von dem wirklich guten Europäer in den verwüsteten Dschungel von Zentraleuropa bringen kann.«
>
> *Herbert Spiegelberg an Albert Schweitzer, 11. März 1945*[1]

Schweitzers Schweigen

Albert Schweitzers Haltung, eher Zurückhaltung, beim Thema Nationalsozialismus und Shoah, fällt auf. Verena Mühlstein konstatiert: »[A]lle, die sich von ihm ein offenes Wort zu den Vorgängen in Deutschland erhofft hatten, muß er enttäuschen.« Ein Brief bat ihn, »›nach Europa zurückzukehren, und zu versuchen, die zivilisierte Welt gegen diese (nationalsozialistische) Barbarei aufzurufen‹, ein Mann wie er werde dringend gebraucht.« Doch Schweitzer hielt, wie er dem im Juli 1933 diese Zeilen schreibenden Max Born antwortete, »›die Lage in Deutschland für hoffnungslos‹ und fühlt sich ›außerstande, seine afrikanischen Patienten zu verlassen‹.«[2]

Nach mehr als einem Jahrzehnt des Zauderns hatte er 1913 seine Verlobte Helene Bresslau geheiratet. Dass sie aus einer jüdischen Familie kam, blieb den Nachkriegs-Hagiografen weitgehend unbekannt, und er selbst erwähnte es öffentlich nie, als sei ein Makel zu vertuschen. Obwohl

---

1 Zit. n. Schweitzer, 2006, S. 676. Der gebürtige Straßburger Spiegelberg (1904–1990) stammte aus einer jüdischen Akademikerfamilie und war 1919 von Schweitzer konfirmiert worden. Er studierte Philosophie u. a. bei Edmund Husserl. Nach seiner Emigration 1937 in die USA hielt er Briefkontakt zu Schweitzer, dem er zuletzt in Aspen, Colorado, 1949 begegnete.
2 Zit. n. Mühlstein, 1998, S. 231.

kein Antisemit schien Schweitzer Adept der Rassetheorien des 19. Jahrhunderts, etwa wenn er bemerkte, Helene Bresslaus jüdischer Vater habe Schlimmes »von unserer Rasse erdulden müssen«[3]. Zweifellos empörte ihn die antisemitische Hetze, gegen die er Weimars Demokratie machtlos sah, wie er generell skeptisch war gegenüber der Staatsform der Demokratie. Auch in seinen Appellen zu Frieden und Ehrfurcht vor dem Leben spielte der Begriff Demokratie keine Rolle. Aber entschieden aufgebracht war er von politisiertem Antisemitismus. Am 16. September 1930 schrieb er an ein befreundetes jüdisches Ehepaar, Margit und Eugen Jacobi: »Die deutschen Parteienführer sind die größten Idioten, die es gibt. – Und die dumme antisemitische Einstellung der Rechtsparteien ist tief bedauerlich. Denn sicherlich werden diese einst die Übermacht bekommen, da die deutsche Demokratie in ihrer Simpelhaftigkeit nicht lebensfähig ist.«[4] Nach einer Berlinreise Ende 1932 bekannte er gegenüber seiner Frau: »Wo soll das alles hinaus ... Die Lage in Frankreich. In Deutschland Hitler ans Ruder. Es waren so furchtbare Tage für mich in Berlin.«[5] Furchtbare Tage waren es sicher auch für Helene Schweitzers Familie; viele Juden hatten begonnen, sich auf die Auswanderung vorzubereiten. Helene Schweitzers jüdischer Arzt, ein Tuberkulose-Spezialist, erhielt 1933 Berufsverbot, im selben Jahr zog sie zunächst von Königsfeld im Schwarzwald nach Lausanne. Am 19. Oktober 1935 schrieb Helene Schweitzer ihrer Nichte über die kurz zuvor erlassenen Nürnberger Rassengesetze: »Einer Dokumentierung des derzeitigen kulturellen Tiefstandes, die sie darstellen, hätte es nicht bedurft.«[6]

Öffentlich hielt sich Schweitzer beim Thema Nationalsozialismus vor, während und nach der Diktatur völlig zurück. Bis Mai 1945 könnte er stumm geblieben sein, um die Familie seiner Frau und jüdische Freunde nicht zu gefährden. Er schwieg aber nach 1945 weiter, wohl auch, um seine Popularität beim Spendensammeln in Deutschland nicht zu gefährden. Seine Appelle an das Gute durften nicht an das schlechte Gewissen der Deutschen erinnern, das war eine implizite Devise von Lambarene: Als phi-

---

3 Zit. n. Schweitzer-Miller und Woytt, 1992, S. 87.
4 Zit. n. Mühlstein, 1998, S. 231. Eugen Jacobi, geboren 1877 in Straßburg, war ein Metallindustrieller, Schweitzer kannte ihn und seine Frau aus dem Elsass. 1920–1932 wohnte er bei Aufenthalten in Frankfurt/M. bei ihnen. Eugen Jacobi starb 1933, Margit Jacobi wurde deportiert.
5 Zit. n. Mühlstein, 1998, S. 228.
6 Zit. n. Mühlstein, 1998, S. 230.

losophischer Asket sollte sich der Urwalddoktor politisch abstinent zeigen. Wenn er erklärte, »das Abendland« oder »die Kulturmenschheit« hätten sich an der Ehrfurcht vor dem Leben vergangen, nahm es das deutsche Publikum, subsummiert unter eine diffuse Menge, eher erleichtert auf.

Die Quellenlage zu Schweitzer während der NS-Ära ist aus mehreren Gründen dünn, teils weil Archivbestände noch nicht zugänglich sind. Isgard Ohls nimmt an, dass Archivmaterial zwischen 1939 und 1945 mit Bedacht unzugänglich geblieben ist.[7] Briefdokumente aus dem Zeitraum sind auch spärlich, da Postverkehr zwischen Französisch-Äquatorialafrika und Europa, insbesondere mit Vichy-Frankreich, also auch dem Elsass, während des Zweiten Weltkriegs kompliziert bis unmöglich geworden war. Post, Spenden und Medikamente erhielt das Hospital in Lambaréné während der Kriegsjahre vor allem noch durch Gönner aus den Vereinigten Staaten.

Schweitzer lebte ab 1939 bis 1948 ausschließlich in Lambaréné, scheinbar fernab vom Zeitgeschehen und ahnungslos in seiner tropischen Eremitage. Doch über die existenzielle Bedrohung der NS-Verfolgten war er durchgängig und klar informiert, nicht nur, weil die Verwandten und jüdischen Freunde seiner Frau fast alle aus Deutschland flüchteten. Er kannte Stefan Zweig, der 1932 den hymnischen Essay *Unvergessliches Erlebnis* zu seinem Besuch bei Schweitzer im Elsass verfasst hatte und sich 1942 im Exil in Brasilien das Leben nahm. Der 1863 geborene Isidor Philippe, ab 1898 Schweitzers Klavierlehrer, ein früherer Mitstudent von Claude Debussy, war Jude ungarischer Herkunft und lehrte bis 1934 am Konservatorium in Paris.[8] Schweitzer wird erfahren haben, dass Philippe 1942 in

---

7 Ohls, 2008, S. 46, 213.
8 Philippe wurde aufgenommen in das *Lexikon der Juden in der Musik. Mit einem Titelverzeichnis jüdischer Werke*. Bearbeitet von Theo Stengel in Verbindung mit Herbert Gerigk, zusammengestellt im Auftrag der Reichsleitung der NSDAP aufgrund behördlicher, parteiamtlich geprüfter Unterlagen. Berlin, 1940. Es handelte sich um eine der »Veröffentlichungen des Instituts der NSDAP zur Erforschung der Judenfrage«. Sein Name findet sich auch in Brückner, Hans und Rock, Christa M. (Hg.): *Judentum und Musik. Mit einem ABC jüdischer und nichtarischer Musikbeflissener*. 3. Aufl., München, 1938. Der »Riemann«, das Standardwerk unter den Musiklexika, zählt Schweitzer zu Philippes drei bekanntesten Schülern, der selbst Schüler von Frédéric Chopins Schüler Claude Matthias war. Er kehrte 1955 für seine letzten drei Lebensjahre aus den USA zurück nach Europa. Vgl. u. a. Gurlitt, Willibald (Hg.): *Riemann Musik Lexikon*. Mainz, 1959–1967, S. 404. Mein Dank für die Hinweise geht an Sophie Fetthauer von der Arbeitsstelle »Verfolgte Musiker und Musikerinnen der NS-Zeit« der Universität Hamburg.

7.2 Lambaréné und der Zweite Weltkrieg

die USA emigrierte, wie der protestantische Philosoph jüdischer Herkunft Herbert Spiegelberg, den Schweitzer 1919 konfirmiert hatte. Mit ihm korrespondierte er auch nach der Emigration.

Und gerade in Lambaréné selbst müssen Schweitzer die Folgen der NS-Diktatur besonders präsent gewesen sein. Vier der engsten Spital-Mitarbeiter während der Zeit des Nationalsozialismus waren verfolgte Juden, unter ihnen ab 1941 seine Frau. Aus Breslau stammte der jüdische Arzt Heinz Barrasch, in Lambaréné tätig von 1935 bis 1937. Während des Krieges hielten zwei geflüchtete jüdische Ärzte den gesamten Hospitalbetrieb aufrecht: Anna Wildikann aus Lettland und Ladislas Goldschmid aus Ungarn. Nach dem Zweiten Weltkrieg praktizierte der Mediziner Richard Friedmann, der als Jude Auschwitz und Dachau überlebt hatte, 1956 bis 1963 in Schweitzers Spital. Zwei der Ärzte, die in Lambaréné tätig gewesen waren, hatten ihr Leben im Einsatz für die Résistance verloren. Der Elsässer Victor Nessmann, Sohn eines Studienfreunds von Schweitzer, von 1924 bis 1926 Arzt in Lambaréné, wurde in Limoges von der Gestapo zu Tode gefoltert. Roger le Forestier arbeitete 1934 in Lambaréné und war später Lazarettarzt der Résistance. Im August 1944 wurde er auf Befehl des Gestapo-Chefs von Lyon, Klaus Barbie, hingerichtet.

Dass eine Tropenklinik weit entfernt von Europa medizinischem Personal Zuflucht bieten konnte, war Schweitzer überaus bewusst. Vielen Verfolgten erschienen Überseegebiete als letzte Rettung. Zwei Krankenschwestern, die nach Lambaréné wollten, sollen 1940 mit dem Post- und Passagierdampfer »Brazza« untergegangen sein, der von Bordeaux über Casablanca nach West- und Zentralafrika unterwegs war. Das Schiff soll auch Medikamente und Vorräte für Schweitzers Spital an Bord gehabt haben. Am 28. Mai wurde es mit 130 Mann Besatzung und 373 Passagieren an Bord, darunter viele Europäer auf dem Weg ins Exil, vor Kap Finisterre von Torpedos des deutschen Marine-U-Boots 37 versenkt.[9] Ende 1940 drangen Kampfhandlungen bis nach Lambaréné, wo sich Einheiten von de Gaulles Forces Françaises Libres gegen Vichy-Truppen behaupteten.

Zwischen 1933 und 1945 hatte Schweitzer persönlich viel mit NS-Verfolgten zu tun. Wo in seinen Texten ihre Namen auftauchen, ist allerdings nirgends die Rede von ihrer Situation. Wenn die Mitarbeiter überhaupt genannt werden, geht es um Organisatorisches oder ihre bei Schweitzer meist unwillkommenen Urlaubswünsche. Hinweise auf die Katastrophen der

---

9 https://www.marine-marchande.net/Perchoc/Perchoc-06/06-Perchoc.htm (22.8.2016).

Anderen in seiner Nähe fehlen. Erst in einem Rundbrief für die Freunde des Hospitals zitiert Schweitzer im März 1946 ein Notat von sich aus den späten Kriegsjahren, das sein Wissen andeutet.

»Obwohl wir nicht ständig auf dem laufenden sind, sind wir doch stets durch das Furchtbare, das sich fort und fort ereignet, beschäftigt und bedrückt. Es überkommt uns wie eine Scham, dass wir hier genügend zu essen haben, während Millionen in der Ferne Hunger leiden. Die Nachrichten von dem, was in den Gefangenenlagern geschieht, von den Mißhandlungen der Juden und von den Leiden, die die verschleppten Bevölkerungen erdulden, erfüllen uns mit Entsetzen.«[10]

Er spricht von »Gefangenenlagern«, als handle es sich bei Konzentrationslagern um kriegstypische Einrichtungen, er spricht von Misshandlung und Verschleppung anstatt von Deportation und Massenmorden. Zu einer explizit kritischen Aussage in Bezug auf die Judenverfolgung rang sich der nahezu 90-Jährige im Juni 1963 in einer Publikation durch, die man in Deutschland kaum wahrnahm, dem Vorwort zur amerikanischen Ausgabe von Rolf Hochhuths Theaterstück *Der Stellvertreter* zur Mitschuld von Papst Pius XII an der Shoah. Schweitzer bezeichnet sich darin als Zeitzeugen:

»I was an active witness of the failure which took place in those days, and I believe we must concern ourselves with this great problem of the events of history. [...] The Catholic Church bears the greater guilt for it was an organized, supra-national power in a position to do something, whereas the Protestant Church was an unorganized, impotent, national power. But it, too, became guilty, by simply accepting the terrible, inhuman fact of the persecution of the Jews. For in those days we lived in a time of inhumanity of culture which dates back to Friedrich Nietzsche at the end of the preceding century. The failure was that of philosophy, of free thought as well. [...] Thought in our time is still founded on inhumanity. The history of the world in our

---

10 Zit.n. Fischer, 1981, S. 246f. Der Inhalt des Rundbriefs umfasst die Jahre 1939–1945. Die Rundbriefe erschienen in kleiner Auflage für den konstanten Förderkreis, eine breite Publikation war nicht vorgesehen und die Editionsgeschichte mit Auslassungen und Abänderungen ist kaum noch nachzuvollziehen. Die hier zitierte DDR-Ausgabe enthielt vermutlich eine vergleichsweise lückenlose Wiedergabe des Materials.

7.2 Lambaréné und der Zweite Weltkrieg

time is still inhuman through and through and we accept this as a matter of course. Hochhuth's Drama is not only an indictment of history, but also a clarion call to our time which stagnates in naïve inhumanity.«[11]

In seinen Zeilen wird die Judenverfolgung des »Dritten Reiches« relativiert durch den Hinweis auf eine generelle »Zeit der Inhumanität, und die »ohnmächtige« protestantische Kirche gegenüber der katholischen in Schutz genommen. Inkriminiert wird auch Nietzsche als Synekdoche für das »Versagen der Philosophie«. Den jungen Schweitzer hatte er begeistert, der 1903 geschrieben hatte: »Ich lese Nietzsche: ›Jenseits von Gut und Böse‹ – diesen großen, schönen Aufruf zum Leben, Bejahung des Lebens; ich höre wunderbar fremdartige Harmonien, mächtige, stolze, lachende, bezaubernde Klänge, die auch die meinen wären, wenn es meine Pflicht nicht gäbe.«[12] 1911 empfahl Schweitzer Helene Bresslau die Lektüre von *Genealogie der Moral*,[13] in *Kultur und Ethik* von 1923 sah er Nietzsche »in der ersten Reihe der Ethiker der Menschheit«[14] und pries dessen »heilige Ehrfurcht vor dem Leben«[15], wie in Analogie zu seiner ontologischen »Ehrfurcht vor dem Leben«, die sich durchaus für neuheidnische, esoterische oder vitalistische Positionen eignen konnte. Wie gegen viele Philosophen, von Sokrates und Seneca über Hobbes, Locke, Kant, Fichte, Hegel oder Schopenhauer, fand Schweitzer damals aber auch Einwände gegen Nietzsche. Den »Widerstreit zwischen dem Geistigen und dem Natürlichen«, monierte er, könne Nietzsche nicht aufheben, ihm fehle die »letzte Einsicht des Erkennens«, wonach »die Welt uns eine in jeder Hinsicht rätselhafte Erscheinung des Willens zum Leben«[16] sei. Er sei der Ansicht, diesen Willen als Erster erkannt zu haben, und werde »den Glauben an die neue Menschheit als einen Feuerbrand in unsere dunkle Zeit hinein-

---

11 Hochhuth, Rolf: *The Deputy. Foreword by Dr. Albert Schweitzer. Story of the treatment of Pope Pius XII and the Catholic Church by the Nazis during World War II*. New York, 1964, S. 7. Signiert hatte er »with best wishes« und »Albert Schweitzer, Lambarene, Gabon, June 30, 1963«.
12 Schweitzer an Helene Bresslau, 6.9.1903. Zit.n. Schweitzer-Miller und Woytt, 1992, S. 42.
13 Schweitzer an Helene Bresslau, 5.1.1911. Zit.n. Schweitzer-Miller und Woytt, 1992, S. 303.
14 Schweitzer, [1923] 1958, S. 162.
15 Schweitzer, [1923] 1958, S. 166.
16 Schweitzer, [1923] 1958, S. 165.

schleudern.«¹⁷ Retroaktiv mühte er sich um Distanzierung von Nietzsche, wie 1963 in einem Brief an den Rektor der Humboldt-Universität:

> »Vielleicht interessiert es Sie, zu erfahren, dass von meiner Studentenzeit an ich ein Gegner Friedrich Nietzsches war. [...] Ich empörte mich gegen ihn, weil er an die Stelle des Ideals des Guten das des Mächtigseins aufstellte. Ich empfand dies als einen Abfall von der Kultur, die große Geister Deutschlands geschaffen hatten. Ich hatte das Gefühl, dass wir durch den Erfolg der Ideen Nietzsches zu Epigonen des deutschen Denkens geworden waren.«¹⁸

Schweitzer schien vor sich und anderen zumindest öffentlich nicht bereit, ein realistischeres Bild seiner Positionen und der Verhältnisse in Lambaréné während des Nationalsozialismus darzulegen. Lambaréné als rettende Oase für Juden darzulegen wäre indes auch nicht völlig aufrichtig gewesen. Den Einsatz jüdischer Mitarbeiter verdankte sein Hospital tatsächlich teils eher Personalnot als Entgegenkommen, und beim Anheuern gaben pragmatische Aspekte den Ausschlag. Sein Hospital dem Risiko auszusetzen, dafür bekannt zu werden, dass es Verfolgten Asyl bot, lag nicht in seinem Interesse und hätte, je nachdem wie die Würfel im Kriegsverlauf fielen, das Projekt gefährden können. Umso aufschlussreicher ist die Rekonstruktion der Biografien seiner verfolgten Mitarbeiter, um die es hier geht.

Helene Schweitzer

Helene Schweitzer¹⁹ (25.1.1879–1.6.1957), evangelisch getauft, galt, wie Rhena, die gemeinsame Tochter von ihr und Albert Schweitzer, nach den NS-Rassegesetzen als Jüdin. Beide waren in Deutschland hochgefährdet. Eine Cousine von Helene, die Malerin Johanna Engel, hatte sich im Dezember 1941 vor der drohenden Deportation nach Theresienstadt das Leben genommen. Helenes Bruder Ernst Bresslau war 1934, wie ihr Cousin Rudolf Isay, mit der Familie nach Brasilien geflüchtet, andere Verwandte von ihr nach Palästina und Großbritannien. Die betagte Mutter,

---

17 Schweitzer, [1923] 1958, S. XX.
18 Schweitzer an Werner Hartke, 23.11.1963. Zit. n. Schweitzer, 2006, S. 295f.
19 Helene Schweitzer-Bresslau wird in der Literatur teils mit Doppelnamen, teils als Helene Schweitzer genannt. Hier wird die einfachere und üblichere Namensform verwendet.

7.2 Lambaréné und der Zweite Weltkrieg

Caroline Bresslau, war zu alt und geschwächt für die Flucht, Helene und die Enkelin mussten sie in einem Pflegeheim in Heidelberg zurücklassen, als sie aus Deutschland flohen. Helene Schweitzers Wohnhaus im Kurort Königsfeld im Schwarzwald, wohin die an Tuberkulose Erkrankte wegen der Höhenluft aus dem Elsass umgesiedelt war, drohte die Beschlagnahme, ihr Konto war gesperrt worden. 1933 zogen Mutter und Tochter nach Lausanne, wo Rhena die Schule beenden sollte. Ab Oktober 1937 lebten beide zunächst in den USA, wo die Tochter in New York ein Studium der Psychologie begann. Ihr Vater hatte ihr untersagt, Medizin zu studieren,[20] über die Gründe dafür ist nichts bekannt.

Im April 1938 reiste Helene Schweitzer von New York aus nach Lambaréné, wo sie einige Monate blieb, vor allem auf der Station für weiße Patienten mithalf und mit ihrem Mann, was selten geschah, einen Hochzeitstag feiern konnte. Er schrieb gerade, um sich von der Sorge um die Weltlage abzulenken, an seiner Anekdotensammlung *Afrikanische Geschichten*, die im selben Jahr im Hamburger Meiner-Verlag herauskamen. 372 Patienten waren zu versorgen, der Arzt Ladislas Goldschmid war ununterbrochen im Einsatz und nahm im Spätsommer eine Auszeit, was Schweitzer daran hinderte, mit seiner Frau Ferien zu machen, die in die USA zurückkehrte. Dort unternahm sie, mit frischen Eindrücken aus Lambaréné, ihre längste Vortragsreise für das Hospital, was dazu beitrug, die während der Kriegsjahre notwendigen Spenden zu akquirieren. Erleichtert war Helene Schweitzer, dass ihre gebrechliche Mutter, der sie nicht beistehen konnte, von der Reichsprogramnacht im November 1938 nichts erfuhr. Sie hatte dafür gesorgt, dass die Mutter in Heidelberg von Nachrichten abgeschirmt wurde.

Für Anfang 1939 war, während einer Europareise von Albert Schweitzer, ein Wiedersehen der Familie im Elsass oder in Schweden geplant. Doch der Reisende entschied sich kurzfristig um. »In allen Häfen, die wir auf der Fahrt berührten«, schrieb er, »treffen wir Kriegsschiffe an, die die drohende Kriegsgefahr verkörpern«[21], an Bord hatte es alarmierende Durchsagen per Lautsprecher an Deck und im Speisesaal gegeben: »Bei der Landung bin ich entschlossen, auf den Europaaufenthalt zu verzichten und nach zwölf Tagen mit demselben Schiff, auf dem ich gekommen war,

---

20 Mühlstein, 1998, S. 234.
21 Schweitzer, Albert: *Afrikanisches Tagebuch 1939–1945*. In *Ausgewählte Werke in 5 Bde*. Bd. 5. Berlin, 1971e, S. 52. Nachfolgendes Zitat ebd.

wieder nach Afrika zurückzukehren.« Am 3. März 1939 war er zurück in Lambaréné und hatte zur Bestürzung von Frau und Tochter kehrtgemacht, ohne die Familie zu fragen und zu treffen. »Wir waren beide zuerst ganz krank davon«, offenbarte Helene Schweitzer ihrer Schwägerin.[22] Albert Schweitzer indes sorgte nun vor. Die Erfahrung des Ersten Weltkriegs vor Augen richtete er sich auf längere Krisenzeiten ein, bestellte Arzneien auf Vorrat und hortete drei Tonnen Reis. Bei Kriegsausbruch entließ er das Gros der afrikanischen Patienten mit Ausnahme Schwerkranker. Stationär aufgenommen wurden nun nur noch zahlende Europäer, die für ihre Verpflegung selbst aufkamen.

Mitte Mai 1939 konnte Helene Schweitzer ihren Mann noch einmal besuchen und reiste mit Rhena an, die fast ihre ganze Kindheit über ohne den Vater aufgewachsen war. Sie blieben sechs Wochen, worauf Helene nach Lausanne fuhr, und Rhena nach Paris zu ihrem Mann, dem elsässischen Orgelbauer Jean Eckert. Als sie im Sommer 1940 eine Tochter bekam, eilte die Mutter zu ihrer Unterstützung nach Paris, wo Rhena mit dem Neugeborenen allein war, da ihr Mann eingezogen worden war. Bei der Invasion der Wehrmacht in Paris, kurz nach der Geburt des Kindes, machten sich beide Frauen mit tausenden Binnenflüchtlingen auf den Weg in den Süden Frankreichs. In Blois an der Loire hatte Eckert für sie eine provisorische Unterkunft organisiert. Ihre Lage wurde noch bedrängender, als nach dem Abkommen zwischen NS-Deutschland und Vichy-Frankreich auch die Küste besetzt wurde. Rhena zog mit dem Kind zu ihrem in Lyon stationierten Mann, Helene begann eine monatelange Odyssee durch Frankreich von Quartier zu Quartier, um an einen Hafen zu gelangen. Auf der Flucht schrieb sie in einem Brief, da auch in Frankreich jetzt so viel von der »Rassenfrage« die Rede sei, würde sie gern den Essay ihres Vaters zu Treitschkes Antisemitismus lesen: »Ich denke an die (gedruckten) Diskussionen, die mein Vater mit seinem großen Kollegen, dem Historiker T. führte, und ich hätte gern eine Kopie davon.«[23] Der Berliner Antisemitismusstreit hatte in ihrem Geburtsjahr 1879 begonnen und war der Grund dafür, dass Harry Bresslau seine Kinder evangelisch taufen ließ. Jetzt waren sie auf der Flucht vor staatlich organisierten, mörderischen Antisemiten. Im Juni 1941 gelang es ihr, per Schiff – sie erhielt einen Pass gerade einmal eine halbe Stunde vor Abfahrt – aus Lissabon

---

22 Zit. n. Mühlstein, 1998, S. 239.
23 Helene Schweitzer an Luise Bresslau-Hoff, 24.9.1940. Zit. n. Mühlstein, 1998, S. 243f.

nach Angola zu reisen und von dort auf dem Landweg nach Lambaréné: »Bei meiner Ankunft stellte ich fest, dass ich die erste, und soweit ich weiß die einzige Person war, der es gelungen war, seit 1940 legal von Frankreich hierher zu kommen.«[24]

Abb. 1: Helene Schweitzer und ihr Mann bei einem Picknick, vermutlich am Lac Azingo in der Region von Lambaréné, zwischen 1941 und 1945

---

24 Helene Schweitzer an George Seaver, 24.3.1945. Zit. n. Seaver, 1949, S. 163f.

Ihr Glück war es, dass ein halbes Jahr zuvor die Anhänger Pétains in den zentralafrikanischen Überseeterritorien Frankreichs militärisch geschlagen worden waren und ihre Flucht auf von de Gaulles Streitkräften befreitem Gebiet endete. Mit nüchterner Lakonie notierte Albert Schweitzer die Ankunft seiner Frau in seinem Journal:

> »Ankunft von Helene. Am Samstag, 2 August um Mitternacht, von Sindara herabkommend. [...] Ich hatte Leute an die Passage zwischen grossem Fluss und kleinem Flussarm gestellt, da das Motorboot nicht durchkonnte, des Sandes wegen. Sie hatten ein Canoe, um von dort hierher zu fahren. Mit einer Trompete kündigten sie die Ankunft des Motorbootes an, froh, nur bis Mitternacht statt die ganze Nacht hindurch Wache halten zu müssen.«[25]

Helene Schweitzer blieb bis September 1946 in Lambaréné, ehe sie nach Europa zurückreiste. In ihrem letzten Lebensjahr, 1957, verbrachte sie noch einmal einige Zeit bei ihrem Mann in Afrika. Zehn Tage vor ihrem Tod am 1. Juni 1957 in Zürich, war sie zurück nach Europa gereist.

Victor Nessmann

Victor Nessmann (17.9.1900–4.1.1944), Arzt und Elsässer, war der Pionier unter Schweitzers medizinischen Helfern. Der Straßburger, einziges Kind eines lutherischen Pastors, wurde noch im November 1918 in die deutsche Armee eingezogen, desertierte aus einer Karlsruher Kaserne und studierte im – inzwischen französischen – Straßburg Medizin mit dem Schwerpunkt Histologie. Aus humanistischen Motiven wandte er sich im Juli 1924 an Schweitzer, einen Studienfreund seines Vaters, bot dem Hospital seine Dienste an und arbeitete dort von Oktober 1924 bis Februar 1926. Im Rundbrief an den Förderkreis freute sich Schweitzer, »daß ich jetzt einen zweiten Arzt als Helfer neben mir habe. Schneller als ich zu hoffen wagte, hat sich dieser Traum erfüllt. [...] Keinen Tag weiter hätte ich mehr die doppelte Last des Baumeisters und Arztes tragen können.«[26]

---

25 Zit. n. Syracuse University New York Special Collections Library. The Schweitzer Papers. Box 11 [untitled] 1940: Remarks about the war, description of the 20 day siege of Lambaréné – about 40 pages bound together in primitive book by two strings.
26 Schweitzer, 1955b, S. 63. Nachfolgendes Zitat ebd.

7.2 Lambaréné und der Zweite Weltkrieg

Als der junge Kollege vom Deck des Flussdampfers herunterwinkte, regnete es. Kaum an Land begrüßte er, so Schweitzer, den Älteren mit den Worten: »Jetzt sollen Sie ruhen, und ich übernehme alle Arbeit.« Der neue Doktor sei »für Afrika wie geschaffen. Er ist praktisch veranlagt, versteht zu organisieren und weiß die Eingeborenen zu nehmen. Auch besitzt er Humor, ohne welchen man hier nicht auskommt.«[27] Ab 1925 kam als dritter Arzt noch Marc Lauterburg aus Bern zum Team, da zwei Ärzte die Vielzahl von Operationen nicht bewältigten. Bei afrikanischen Patienten habe Nessmann den Spitznamen »Ogula«, ließ Schweitzer wissen, was so viel bedeute wie »Sohn des Häuptlings«, und fügte hinzu: »Mit dem Häuptling bin ich gemeint.«[28] Nessmanns Arbeit umfasste, wie in Lambaréné üblich, nahezu sämtliche medizinischen Fachgebiete, und er nahm dem knapp 50-jährigen »Häuptling« Reisen zu kranken Europäern oder Afrikanern ins Landesinnere ab.

Zurück im Elsass absolvierte Nessmann den französischen Militärdienst, promovierte im Dezember 1927 am Institut de Médecine coloniale in Paris und praktizierte an Kliniken in Frankreich und im Ausland, ehe er 1932 eine Praxis in Straßburg eröffnete. Er heiratete und wurde Vater von sechs Kindern. 1939 wurde er als Sanitätsoffizier im Perigord eingezogen, seine Familie flüchtete im Juni 1940 nach dem Einmarsch der Wehrmacht aus dem Elsass zu ihm. Da er nicht ins besetzte Frankreich zurückwollte, nahm er eine Stelle in der Ortschaft Sarlat in der Dordogne an einer Provinzklinik an, die ihn bisweilen an Lambaréné erinnerte. Als die Wehrmacht in den Süden Frankreichs vordrang, wurde Nessmann in der Résistance aktiv, und war 1942 regionaler Leiter der von Jean Moulin gegründeten Armée secrète. Am 21. Dezember 1943 fiel er in die Hände der Gestapo und erlag am 4. Januar 1944 in Gestapohaft in Limoges den Folgen der Folter. Schweitzer kondolierte den Eltern nach dem Krieg.

1994 edierte Nessmanns Sohn Jean-Daniel, beim Tod des Vaters fünf Jahre alt, die frühen Briefe seines Vaters aus Lambaréné.[29] Anschaulich schilderte dieser den Alltag im Hospital und seine Dienstreisen durch tro-

---

27 Schweitzer, 1955b, S. 64.
28 Schweitzer, 1955b, S. 103.
29 Nessmann, 1994. Seine Briefe wurden auf Deutsch verfasst, da sich die Edition an ein französisches Publikum richtet, liegen sie nur in der Übersetzung vor. Vgl. auch: Nessmann, Jean-D.: *La cassure, 1939–1945: Une famille alsacienne dans la tourmente de la Seconde Guerre mondiale.* Straßburg, 1997; *De la résistance au martyre 1940–1944.* Straßburg, 1998.

pisches Gelände, er entwarf kleine Porträts von Afrikanern und Europäern und machte sich Gedanken um seine ungewisse Zukunft: »Je me fais toujours du souci pour mon avenir et je ne suis encore nullement fixé«[30], schrieb er im Juni 1925, er könne sich vorstellen, in Afrika ein Krankenhaus »aus dem Nichts« aufzubauen und es zu leiten. Afrikanische Mitarbeiter nannte er – unüblich – mit Vor- und Nachnamen, etwa den Koch Alois Awiligwielli, den Pfleger Joseph Azouvami oder Emile Ougenia, der mit Schweitzer befreundet war, wie Nessmann schreibt. Obwohl er sich jeden Mittwochabend mit Missionar Jean Keller traf – zwischen dem und Schweitzer es Spannungen gab –, blieb Nessmanns Verhältnis zu Schweitzer herzlich und offen. Den Eltern versicherte er, selbst Schweitzers Wutausbrüche (»ses colères«[31]) angesichts der Unzuverlässigkeit schwarzer Mitarbeiter seien im Kern gut gemeint.

Abb. 2 & 3: Nessmann in der Uniform der Résistance, um 1940, und Schweitzer mit Lauterburg und Nessmann

Nessmann, schrieb sein Sohn, hatte unter der Folter niemanden verraten: »Fidèle jusqu'au bout à son idéal de liberté et de justice entre les hommes qu'il avait conduit vingt ans plut tôt à Lambaréné, il est mort sous la torture à Limoges le 4 Janvier 1944.«[32] Schweitzer und Nessmanns Sohn blieben über Jahre in Verbindung, ihre Korrespondenz ist unveröffentlicht. Im

---

30 Nessmann, 1994, S. 170.
31 Nessmann, 1994, S. 62.
32 Nessmann, 1994, S. 232f.

November 1960 schrieb Schweitzer an Nessmanns Mutter: »Toujours, je pense ici á Lambaréné, au jeune médecin alsacien qui, le premier, est venu à mon secours. Je reste sous l'impression et de la noblesse de sa personnalité.«[33] In Lambaréné erinnere ihn alles an Nessmann: »Aucun de mes collaborateurs ne m'a compris comme lui, aucun ne m'a aidé de toutes les façons et avec un dévouement à toute épreuve comme lui.«[34] Nessmanns Einsatz gegen das Vichy-Regime und dessen Ermordung durch die Gestapo erwähnte Schweitzer, soweit zu sehen ist, öffentlich nie.

Ladislas Goldschmid

Von kaum einem anderen medizinischen Mitarbeiter finden sich in der Lambarene-Literatur weniger Spuren als zu Ladislas Goldschmid (15.4.1900–19.8.1979), der über zwölf Jahre, und damit länger als jeder andere Arzt, am Hospital in Lambaréné wirkte. Wie Schweitzers Klavierlehrer Isidore Philippe war er als ungarischer Jude geboren. Er kam in Budapest zur Welt, seine Eltern waren Béla (Abraham) und Josephine Goldschmid, seine Brüder hießen Vilmos und Imre. Ein Verwandter ermittelte diese Daten für eine genealogische Website und sandte auf Anfrage weitere zu.[35] Ladislas (László) Goldschmid studierte von 1920 bis 1928 Medizin in Wien und arbeitete danach in Deutschland, bis er seine Stelle 1933 aufgeben musste.[36] Laut der Historikerin Gabriella Pusztai war Goldschmid am Tropenmedizinischen Bernhard-Nocht-Institut in Hamburg in der Malariaforschung tätig.[37]

---

33 Nessmann, 1994, S. 5.
34 Zit. n. Nessmann, Jean-D.: Images, mythe et histoire. Actes du colloque du 22 mars 2013 à Gunsbach et annexes, S. 45. http://www.afaas-schweitzer.org/doc/images_mythe_histoire.pdf (16.12.2017).
35 https://www.geni.com/people/Ladislas-Goldschmid/6000000002821004500 (1.2.2022). Mein Dank gilt Prof. Martin Trompa in Washington, Enkel von Vilma Goldschmid, einer Cousine von Ladislas Goldschmid, für seine Auskunft am 3.2.2022. Außerdem danke ich herzlich Guillaume Goldschmid, Zürich, dem Sohn von Ladislas (László) Goldschmid und Elsa Schärer. Guillaume Goldschmid gab mir im März und April 2022 weitere Auskünfte über seinen Vater.
36 Vgl. die Dokumentation des Wissenschaftlichen Dienstes des Bundestages: Jüdische Ärztinnen und Ärzte im Nationalsozialismus: Ausgrenzung, Entrechtung, Verfolgung. Aktenzeichen: WD 1-3000-035/18., publ. 4.10.2018.
37 Pusztai, Gabriella: *A magyar orvosok tevékenysége Fekete-Afrikában a 20. század elejétől az 1960-as évek végéig*. Debrecen, 2008. S. 154. Pusztais Dissertation (auf Dt.: Das Wirken

Über das Institut könnte er in Kontakt mit Schweitzer gelangt sein, ehe er 1933 nach Lambaréné kam. Dort arbeitete er vom 22. April 1933 bis zum 9. August 1935, vom 1. Juli 1936 bis Juli 1938 und vom 22. Dezember 1938 bis zum 15. Juni 1947. 1938 lernte er die Krankenschwester Elsa Schärer aus der Schweiz kennen, die vom 16. Juni 1938 bis zum 27. Februar 1943 an Schweitzers Spital tätig war. Ein Paar wurden Goldschmid und Schärer laut Aussage des Sohnes Guillaume Goldschmid im Spital von Lambaréné noch nicht. Seine Mutter habe das Spital verlassen, da ihr Schweitzers autoritärer Stil nicht behagte. Auch seinen Vater hat er später gefragt, wie dieser sich mit dem autoritären Anspruch Schweitzers arrangiert hatte: Er habe es hingenommen, wenn Schweitzer Anweisungen gab, habe der Vater schmunzelnd gesagt, und dann getan, was er selbst für richtig hielt.

Schärer wurde Lazarettschwester bei einem Unternehmen, dass in der Nähe des Spitals eine Goldmine betrieb. Ärzte aus Schweitzers Spital hielten dort externe Konsultationen ab. Bei diesen Besuchen entstand die Beziehung. Der gemeinsame Sohn Guillaume wurde am 30. Oktober 1945 im Spital geboren. Das Paar konnte erst 1947 heiraten, da der Vater inzwischen staatenlos war und erst dann die französische Staatsbürgerschaft erhalten hatte. Nach Kriegsende und der Geburt des Sohnes brauchte Goldschmid eine regulär bezahlte Stelle. Während der Jahre in Lambaréné hatte er keine finanzielle Sicherheit und keine Rentenansprüche erworben. Die Rückkehr nach Ungarn schloss er aus. In der Shoah hatte er Verwandte verloren und im kommunistischen Ungarn wollte er auch nicht leben. Um die Approbation für Frankreich zu erhalten, absolvierte Goldschmid ein Examen in Straßburg und arbeitete dann von 1947 bis 1954 als Arzt an der staatlichen Klinik in Port-Gentil an der Küste Gabuns. Dort besuchte der Sohn Guillaume bis zum neunten Lebensjahr die ersten Klassen einer französischen Schule. Von 1954 bis 1970 praktizierte Goldschmid in Nizza. Er starb 1979 in Scuol im Engadin. Erwähnt wird er am Rande in Jacques Feschottes Schweitzer-Biografie als »the Hungarian, Dr. Ladislas Goldschmid, who had come to Lambarene in the thirties as a victim of racial persecution.«[38]

Anfang 1933 – Schweitzer hielt sich seit Ostern 1930 in Europa auf – kam es in Lambaréné zum tragischen Tod der erst im August 1929 in Lam-

---

ungarischer Ärzte in Schwarzafrika vom frühen 20. Jahrhundert bis in die späten 1960er Jahre) liefert wenige weitere Angaben zu Goldschmid.

38 Feschotte, Jacques: *Albert Schweitzer: An Introduction.* Boston, 1955, S. 48.

baréné geborenen Tochter des niederländischen Ehepaars van der Elst, ein Arzt und eine Apothekerin. Die erschütterten Eltern beschlossen binnen weniger Tage, Lambaréné zu verlassen, kehrten jedoch ein Jahr darauf zurück. Für den Hospitalbetrieb war ein akuter Engpass entstanden. Vor Ort wirkte jetzt nur Dr. Barend (Bob) Bonnema mit seiner Frau Elisabeth (Lies), einer Krankenschwester, während die bewährte Emma Haussknecht, »Fräulein Emma«, das Organisatorische erledigte, vor allem die Aufsicht über Ortskräfte. Am 15. März 1933, als das Ehepaar van der Elst abreiste, brach Schweitzer aus dem Elsass nach Lambaréné auf, begleitet von seinem erfahrenen Faktotum Mathilde Kottmann. Mit ihm im Zug von Straßburg nach Bordeaux saß, wie Schweitzer ohne weitere Erläuterung im Rundbrief hinzufügte, »Dr. Ladislas Goldschmid aus Budapest, der Nachfolger von Dr. van der Elst.«[39]

In Colmar stieß die Krankenschwester Jeanette Siefert zu der Reisegruppe, in Bordeaux die schottische Mäzenin Lilian Russel. Das Gepäck enthielt Medikamente, Decken, Verbandstoffe, Waschkessel, Küchengeräte, Einmachgläser und Werkzeuge.[40] In Dakar mussten die Reisenden wegen einer technischen Panne ein paar Tage auf einen anderen Passagierdampfer warten und kamen in kleinen, senegalesischen Hotels unter. Schweitzer notierte: »Wie auf dem Schiffe verbringe ich die meiste Zeit mit dem Skizzieren einiger Kapitel eines philosophischen Werkes.«[41] Für die Spender spielte das Thema eine geringere Rolle als die Tatsache, dass der Urwalddoktor jede freie Minute nutzte, um geistig zu arbeiten. Was die Mitreisenden betraf, so erwähnte der Rundbrief nur deren Namen.

Mehr über diese Reise notierte Siefert in ihren 1960 privat edierten Exzerpten aus Briefen und Tagebucheinträgen. Goldschmid, der kein Französisch sprach, sollte während der Wochen an Bord auf die Umgangssprache von Lambaréné vorbereitet werden, und Schweitzer bestellte Siefert, die Nichte seiner Zahnärztin in Colmar, zur Lehrerin des neuen Arztes.[42]

---

39 Zit. n. Fischer, 1981, S. 88. In der westdeutschen Edition (Kik, 1965, S. 62ff.) wird Goldschmid in der entsprechenden Passage nicht erwähnt. Der Brief »Aus der XIV. Folge, Juli 1933«, gibt Schweitzers Notate vom 28.4.1933 wieder und nennt als Mitreisende nur Kottmann, Siefert und Russell. Der Name Goldschmid taucht hier erst in späteren Passagen auf.
40 Fischer, 1981, S. 89.
41 Zit. n. Fischer, 1981, S. 90.
42 Siefert, Jeanette: *Meine Arbeitsjahre in Lambarene 1933–1935. Erinnerungen an Albert Schweitzer und sein Spital in Lambarene.* Tübingen, 1986, S. 14.

Täglich lernte Goldschmid mit ihr vier bis acht Stunden im Speisesaal des Dampfers »Brazza« – der 1940 von der deutschen Marine versenkt wurde. »Mein Schüler war begabt und lernte mit Eifer«, schrieb sie. »Das Rollen und Schlingern ist hier in der Mitte des Schiffes kaum spürbar. Herr Schweitzer arbeitet an einem Tisch nebenan. Mrs. Russell liest. Zwei Herren spielen Tischtennis. Dr. Goldschmid und ich büffeln Französisch.«[43] War es weniger windig, lernten sie auch an Deck, wo sich Schweitzer in ihre Nähe setzte, um an seinem Manuskript zu feilen. Als die Reisenden ihre Kabinen bezogen hatten, »steckte Herr Schweitzer seinen Kopf in die Tür: ›So, jetzt will ich den Goldfisch in sein neues Aquarium setzen.‹«[44] Von da an sei »Goldfisch« der Spitzname des Arztes gewesen.

Der Dampfer hatte den Golf von Biscaya hinter sich, als die Passagiere laut Siefert am 30. Januar 1933 über das Schiffsradio die Nachricht von der Machtergreifung Hitlers hörten. Hier trügt vermutlich das Gedächtnis, denn sie hatten die Reise Ende März 1933 angetreten. Es dürfte sich um eine Meldung zum Ermächtigungsgesetz vom 24. März 1933 gehandelt haben. Siefert schrieb, die Neuigkeit habe Schweitzer zu der Äußerung auf Elsässisch veranlasst: »Jetzt ka der Alt ni mehr no Ditschland.« (Er würde dennoch bis 1939 mehrmals zurückkehren.) In Schweitzers Schilderung derselben Reise fehlt jeder Fingerzeig auf diesen Tag. Am 1. April 1933 erlaubten sich die Doctores einen Aprilscherz mit Siefert, und machen ihr weis, von der Reling aus sei mit dem Fernglas der Äquator als Linie zu erkennen. Auf die Okulare hatten sie schmale Papierstreifen geklebt, die die Äquatorlinie simulierten.[45] Jedes Jahr, so Siefert, habe Schweitzer sich köstlich amüsiert, wenn seine Aprilscherze andere reingelegt hatten.

Kurz vor Eintreffen des Zolls bei der Landung in Cap Lopez riss sich Schweitzer, seiner Schilderung zufolge, von seinem Manuskript los und ging die Liste der Gepäckkisten durch. Die Inhalte hatte er mit Siefert und Goldschmid am Vortrag im Frachtraum inventarisiert. Am 22. April 1933 trafen sie gemeinsam in Lambaréné ein und Schweitzers Rundbrief vom 2. Mai 1933 nennt die vollen Namen europäischer sowie die Vornamen afrikanischer Mitarbeiter. Goldschmid lässt er aus. Der Rundbrief mündete in den Appell: »Liebe Freunde und Geber in Europa! Seien Sie gewiß, daß wir hier mit den Mitteln, die Sie uns zur Verfügung stellen, an

---

43 Siefert, 1986, S. 21.
44 Siefert, 1986, S. 16. Nachfolgendes Zitat ebd.
45 Siefert, 1986, S. 32.

vielen leidenden Menschen, die sonst ohne Hilfe wären, Barmherzigkeit üben.«[46]

Zu Sieferts Verblüffung hatte Schweitzer, der dringend medizinisches Personal benötigte, vor Ort umdisponiert und sie nicht in ihrem Beruf als Krankenschwester eingesetzt, sondern im Küchendienst, in der Wäschestube beim Bügeln, zur Betreuung von Kleinkindern, als Aufseherin auf den Obstplantagen sowie, unter Schweitzers Aufsicht, als seine Schreibkraft. Man müsse in Lambarene »zu jedem Dienst bereit« sein, habe er dekretiert: »Es geht nicht, zu sagen, ich bin Krankenschwester und will auf der Krankenstation arbeiten. Du wirst wohl zuerst die Küche übernehmen müssen. Kannst du denn Reis kochen?«[47] Sieferts Journal kommentierte die Maßnahme nicht. Als klinische Assistentin ihres Sprachschülers Goldschmid, den sie auf der Reise intensiv kennengelernt hatte, wollte Schweitzer Siefert also nicht einsetzen, eventuell auch, um ihren Verwandten »zuliebe« die Bindung an einen Juden zu verhindern. Wie zum strategischen Ausgleich war Schweitzer ihr gegenüber besonders liebenswürdig und ermöglichte ihr etwa die begehrten Ausflüge an die Seen im Umland.

Hoffnungsvoll notierte Siefert im November 1933, nachdem sie und eine weitere Helferin fast ein Jahr lang »immer nur in der Hauswirtschaft« tätig waren: »Wir hatten kaum Verbindung zum Spital gehabt, bis Dr. Goldschmid vorschlug, uns rufen zu lassen, wenn ein interessanter Fall zu sehen war. Das war ein guter Gedanke, und nun fühlen wir uns nicht mehr so isoliert vom eigentlichen Spitalbetrieb.«[48] Politische Anmerkungen zur Situation der Juden scheint Siefert nie notiert zu haben. Nach der Zeile zu Goldschmids gutem Gedanken fällt sein Name nur selten, bis zum Tag ihres Abschieds am 21. Juni 1935, als sie erwähnt, dass Goldschmid und Schweitzer zu den fünf Begleitern gehörten, die sie zum Flussdampfer »Faadji« brachten.[49] Was die Akteure am Ort in der bei Siefert aufscheinenden Melange aus Akzeptanz und Distanz, Aufrichtigkeit und Simulation tatsächlich empfanden, bleibt ungewiss.

Im Februar 1934 findet Goldschmids Arbeit knappen Eingang in den Rundbrief: »In den acht Monaten seines Hierseins führte Dr. Goldschmid

---

46 Zit. n. Fischer, 1981, S. 100.
47 Siefert, 1986, S. 29.
48 Siefert, 1986, S. 55.
49 Siefert, 1986, S. 158.

schon über hundert Hernienoperationen aus.«[50] Um dieselbe Zeit vermeldete Schweitzer auch in einem Brief an einen Freund, Goldschmid habe »bereits seine 100te Hernie operiert. Er ist ein lieber Mensch, etwas weich, aber sonst sehr tüchtig.«[51] Und er erhielt vorübergehend die Leitung. Von Februar bis August 1935 war Schweitzer in Europa unterwegs und beruhigte den Freundeskreis im Rundbrief vom Januar 1935: »Seit der Abreise des Kollegen Bonnema im Juli 1934 liegt die Leitung des medizinischen Betriebs in den Händen von Dr. Goldschmid, dem als Arzt Herr Stig Holm (aus Schweden) zur Seite steht.«[52] Ausführlich zitiert wird aus einem Brief Goldschmids vom Herbst 1934:

> »Noch immer, obwohl zu dieser Jahreszeit der Zustrom der Kranken etwas nachzulassen pflegt, müssen wir vier- bis fünfmal in der Woche den ganzen Vormittag operieren. [...] Die Heilungen durch Operationen haben sich auch bei den schwarzen Frauen herumgesprochen. Diese überwinden nun die Scheu, den Arzt aufzusuchen, und sich seinem Messer anzuvertrauen. [...] Auch einen kleinen, zweijährigen, entzückenden Jungen habe ich letzthin operiert. Seine Eltern waren aus dem Quellgebiet des Ogowe und brauchten einen Monat, um mit ihm hierherzukommen.«[53]

Erfolgreich werde das Tetanus-Serum nach Operationen eingesetzt, teilte Goldschmid mit, und erwähnte die vielen Krankheitsbilder, die ihm begegnen: Schlangenbisse, Knochenbrüche durch Arbeitsunfälle auf Holzflößen, Frambösia, Tuberkulose: »Mit weißen Kranken haben wir auch sehr viel zu tun. Ich kenne nun schon, weil ich sie zu behandeln hatte, fast die ganze weiße Einwohnerschaft der Umgebung. [...] Im Durchschnitt beherbergt das Spital jeden Abend an die dreihundert Kranke.«

Im September 1938, als Helene Schweitzers Besuch endete und sie hoffte, mit ihrem Mann abreisen zu können, nahm Goldschmidt, der mehr als zwei Jahre lang pausenlos gearbeitet hatte, drei Monate frei, um sich in Belgisch-Kongo zu erholen, weshalb Schweitzer den Betrieb

---

50 Zit. n. Fischer, 1981, S. 103. Hernien: Leistenbrüche, die in der Region, eventuell aufgrund der Trägerdienste, besonders häufig vorkamen.
51 Zit. n. Jacobi, Erwin R.: *Musikwissenschaftliche Arbeiten. Veröffentlichungen zur Biographie von Albert Schweitzer, 1875–1965.* Zürich, 1984, S. 549.
52 Zit. n. Fischer, 1981, S. 115.
53 Zit. n. Fischer, 1981, S. 117ff. Nachfolgendes Zitat ebd.

7.2 Lambaréné und der Zweite Weltkrieg

allein bewältigen musste. Seine Frau klagte, dass nur ihr Mann »niemals Ferien nimmt, nie entspannt, verreist!«[54] Als Goldschmid im Januar 1939 zurückkehrte, brach Schweitzer ins Elsass auf, denn ihm konnte er den Betrieb überlassen, wie er einem Basler Bekannten schrieb: »Nun da ich einen Arzt habe, dem ich die Leitung des Ganzen anvertrauen kann (Dr. Goldschmid, der schon seit fünf Jahren hier arbeitet und eben aus dem Urlaub zurückkehrte), fahre ich, ohne großen Enthusiasmus, nach Europa.«[55] Mehrfach zeigt sich Schweitzer verstimmt, wenn Goldschmid nach pausenlosem Einsatz Urlaub beanspruchte, wie er es generell nicht schätzte, wenn Mitarbeiter ausfielen. Inzwischen war, am 16. Juni 1938, Elsa Schärer in Lambaréné eingetroffen, die Goldschmids Frau werden sollte.

Während Schweitzer in Günsbach war, schrieb Goldschmid ihm am 17. Januar 1939, wie aus Schweitzers Antwort vom 3. Februar 1939 hervorgeht. Schweitzer teilte unter der Anrede »Lieber Doctor« mit, dass er auf der Bahnfahrt von Bordeaux nach Straßburg eine Menge Post erledigt hatte und »deprimiert wegen der so wenig erfreulichen politischen Situation« sei. »Da war Ihr lieber, so erfreulicher Brief wirklich eine Erquickung für mich.«[56] Die beiden Männer korrespondierten über Patienten und Medikamentierungen. Schweitzer versicherte Goldschmid, es sei beruhigend, ihn am Ort zu wissen. Zu ahnen sind zwei vertraute Ärzte im Dialog, ein zufriedener Chefarzt und ein effizienter Oberarzt. Dass Lues, also Syphilis, in der Region von Lambaréné vorkam, und auch andere venerische Erkrankungen, gehörte zu den Tabus öffentlicher Lambarene-Berichte. Doch Schweitzers medizinische Notizbücher wie ein an Goldschmid gerichtetes Caveat dazu sind Beleg dafür, dass sie häufig auftraten.

Im April 1939, Schweitzer war zurück in Lambaréné, klagte er in einem Brief, es seien viele neue Patienten da, er könne nur kurz an den Schreibtisch, müsse aber »gleich hinunter, um zu sehen, was mit der Operation (die Dr. Goldschmid ausführt) los ist.«[57] Goldschmid widmete sich dem klinischen Hauptgeschäft, nun oft unterstützt von der ebenfalls jüdischen Ärztin Anna Wildikann. Schweitzer, der auf die siebzig zuging, assistierte

---

54 Zit. n. Mühlstein, 1998, S. 236.
55 Schweitzer an Heinrich von Recklinghausen 23.1.1939. Zit. n. Schweitzer, 2006, S. 665.
56 Schweitzer an Ladislas Goldschmid. Zit. n. Bähr, 1987, S. 154f.
57 Schweitzer an Fritz Dinner. Zit. n. Bähr, 1987, S. 156.

nur noch, wie ein britischer Biograf um 1943 anmerkte: »Several times a week he was assisting Dr. Goldschmidt at operations.«[58]

Im August 1939 hatte Schweitzer, wie er Emmy Martin schrieb, eine Unterredung mit dem Gouverneur von Gabun, der aus Libreville nach Lambaréné gekommen war. Schweitzer traf ihm im Ort, nicht auf dem Spitalgelände. Es muss sich um George Pierre Masson gehandelt haben, vom August 1938 bis Mitte November 1940 im Amt. Er würde sich im August 1940 auf die Seite des Vichy-Regimes schlagen, nachdem ihn eifrige Vichy-Expats und katholische Priester am Ort von der Loyalität zu de Gaulle abgebracht hatten. Beim Treffen mit Masson beklagte sich Schweitzer über bürokratische Hürden bei der Einreise seiner Ärzte und fand Resonanz: »Er war wirklich sehr nett.« Massons Chef de Cabinet, einem Monsieur Mauberna, habe er direkt erklärt, dass »wenn man mir Schwierigkeiten wegen der Ärzte macht, ich die Bude schliessen muss.«[59] Da das Hospital Anlaufstelle auch für Kolonialbeamte und Händler aus Europa war, lag dessen Funktionieren im Interesse der Verwaltung. Je stärker diese in Richtung Vichy driftete, desto gefährdeter wäre jüdisches Personal, und damit der Spitalbetrieb selbst, der zunehmend von Goldschmid und Wildikann abhing.

1942 notiert Schweitzer in sein Journal: »Die weißen Kranken geben uns viel Arbeit. Zum Glück kann ich mich auf Dr. Goldschmid, an dem die Hauptarbeit hängen bleibt, gut verlassen. Aber wie lange wird er es noch durchhalten?«[60] Alle Arbeiten im Garten, in den Pflanzungen müsse er, Schweitzer, beaufsichtigen, nur auf ihn höre man: »Die Leute laufen unter niemandem als nur unter mir.« Jeden Morgen überwache er »den Kampf gegen das Gestrüpp«, das in den Tropen rasend schnell wächst. »Viel Bach auswendig gelernt«, endete sein Rückblick auf das Jahr. Im kommenden Jahr, 1943, meldete sich Goldschmid wieder für einige Zeit zur Erholung von den Strapazen ab. Schweitzers Eintrag im Journal vermerkt die wiederholte Absenz: »Am 18. Juni geht Dr. Goldschmid zum zweiten Mal auf Urlaub nach Brazzaville und bleibt bis Ende Oktober.« Goldschmid kehrte im November 1943 wieder und wurde Anfang 1944 von der Regierung, die inzwischen dem Freien Frankreich de Gaulles unterstand, gebe-

---

58 Brabazon, James: *Albert Schweitzer: A Biography*. London, 1976, S. 365.
59 Schweitzer an Emmy Martin, 21.8.1939. Einsicht ins Manuskript am 18.4.2011 im Auktionshaus Stargardt, Berlin.
60 Schweitzer, Albert: Rückblick auf das Jahr 1942. Syracuse University New York Special Collections Library. The Schweitzer Papers. Box 11 [untitled] 1940. Nachfolgende Zitate ebd.

7.2 Lambaréné und der Zweite Weltkrieg

ten, den staatlichen Arzt in Lambaréné zu vertreten, der eine Einberufung als Lazarettarzt für die Forces Françaises Libres erhalten hatte. Schweitzer notiert die Fakten im Rundbrief: »Von April 1944 an übernimmt Doktor Goldschmid die Vertretung des [...] Regierungsarztes in Lambaréné [...]. Er steht hinfort dem Spital nur für die Morgen, an denen operiert wird, und für zwei bis drei Stunden an den Nachmittagen zur Verfügung.«[61]

Mit der Geburt des Sohnes Ende 1945 und der Heirat 1947 suchte Goldschmid offenbar eine regulär bezahlte Stelle, um die Familie unterhalten zu können. Daher wohl der Erwerb der französischen Approbation und der Wechsel an die Klinik in Port Gentil an der Küste Gabuns. Seinen amerikanischen Förderern hatte Schweitzer 1955 in einem Rundbrief, der aus dem Französischen übersetzt worden war, über Goldschmid mitgeteilt: »I recall gratefully the services he rendered my Hospital for twelve years. We are still bound by a warm friendship.«[62]

1953, auf dem Höhepunkt seines Ruhms, hat Schweitzer sich vergebens bei Dag Hammarskjöld, dem damaligen Generalsekretär der Vereinten Nationen, für Goldschmid verwendet, und sich nach einer möglichen Beschäftigung für ihn bei der WHO oder der UNESCO erkundigt. Der Schweitzer-Biograf James Brabazon zitiert aus dem Empfehlungsschreiben: »Now I am writing to ask for information and perhaps a favor. The doctor [...] has now reached the age limit of 54«, das sei das Rentenalter für Ämter in der Kolonie. Der qualifizierte Arzt wolle jedoch weiter in Übersee tätig sein. Brabazon zitiert aus Hammarskjölds Antwortbrief vom 13. Januar 1954: »From the information you have given me it would indeed seem that Dr. Goldschmid is fitted to render great services in an international organization concerned with the welfare of the peoples of Africa.«[63] Er denke etwa an das Büro der WHO in Brazzaville und versprach, sich mit den dort Verantwortlichen in Verbindung zu setzen. Eine deutsche Briefedition enthält ein Schreiben desselben Datums an Hammarskjöld ohne Zitat zur – offenbar vergeblichen – Intervention für Goldschmid.[64]

---

61 Zit. n. Fischer, 1981, S. 235f.
62 Eight year report on Lambaréné by Dr. Albert Schweitzer to Friends of the Hospital in all Lands. From 1946 to 1954. Translated from French. In Emory Ross (Hg.), *The Courier, Albert Schweitzer Fellowship*. New York, 1955, S. 4.
63 Dag Hammarskjöld an Schweitzer, 13.1.1954. Zit. n. Brabazon, 1976, S. 416f.
64 Schweitzer an Dag Hammarskjöld, 19.12.1953. Zit. n. Bähr, 1987, S. 235f. Der Brief erschien ohne Auslassungsmarkierungen. Der Sachverhalt ließ sich auch durch Anfrage beim UN-Archiv in New York, März 2018, nicht klären.

Abb. 4: Goldschmid mit seinem Sohn und Schweitzer in Lambarene, um 1952[65]

Erica Anderson, die New Yorker Fotografin und Dokumentarfilmerin, die in den 1950er und 60er Jahren einen Bildband über Lambaréné veröffentlichte und eine opulente, von Orgelklängen begleitete Dokumentation über Schweitzer drehte, schrieb 1964: »Dr. and Mrs. Ladislaus Goldschmidt, who had worked in Lambarene for several years as doctor and nurse, invite us for lunch. We are picked up later and driven back by the owner of a gold mine in the Gabon, a former patient.«[66]

Während der Fortbildung in Straßburg 1947 lebte Familie Goldschmid in Munster im Elsass, wenige Kilometer von Albert Schweitzers Haus in Günsbach entfernt. Im Januar 1948 schrieb Goldschmid an den amerikanischen Schweitzer-Biograf Charles Rhind Joy, den Goldschmid bei dessen Besuch in Lambaréné 1947 kennengelernt haben wird. Er berichtete Joy,

---

65 Mein Dank gilt Guillaume Goldschmid, Sohn Ladislas Goldschmids, für dieses Foto sowie wertvolle Hinweise zu seinem Vater.
66 Anderson, 1964, S. 60.

dass er gemeinsam mit Emmy Martin in Günsbach Sendungen angehört hatte, die von Radio Beromunster und vom Schweizerischen Rundfunk zu Schweitzers Geburtstag ausgestrahlt worden waren. In leicht holprigem Englisch teilte er mit, Schweitzer habe angefragt, ob er zurück nach Lambaréné kommen wolle: »He has written me if I would come back to Lambaréné in May.«[67] Doch er hatte sich bereits dagegen entschieden, und eventuell schreckte ihn auch die nach wie vor prämoderne Ausstattung des Hospitals ab.

Auf Joys Einfluss schien Goldschmid zu hoffen, als er, nach einem Kompliment für dessen Veröffentlichung, Lambarénés Mängel ansprach: »What will you make there for Lambaréné in the next future? Will it be possible to do anything for a little modernisation, electric lighting, X-rays / etc.?« Wie ihr Mann starb die 1913 geborene Elsa Goldschmid, geborene Schärer, die ihn um Jahre überlebte, in Scuol im Engadin, am 7. Februar 1994. Scuol ist der Alterssitz des Paares gewesen.

Rösli Näf und Emma Ott

Zu Rösli Näf (1911–1996), einer Schweizer Krankenschwester, die sich für die Résistance und für jüdische Flüchtlingskinder engagierte, lässt sich in Schweitzers Texten nirgends ein Hinweis entdecken. 1937 bis 1939 arbeitete Näf im Spital von Lambaréné, davor unter anderem in der berühmten psychiatrischen Privatklinik Burghölzli in Zürich. Bei Ausbruch des Zweiten Weltkriegs ging sie zurück in die Schweiz, wo sie sich unter anderem beim Schweizerischen Roten Kreuz für kriegstraumatisierte Kinder enga-

---

[67] Ladislas Goldschmid an Charles R. Joy, 14.1.1948. Zit. n. Deutsches Expeditionsarchiv, Arnstadt. Signatur: M002-A100-N001. Nachfolgendes Zitat ebd. Einsicht in Briefe der Schweitzers an Goldschmid erhielt ich freundlicherweise im Archiv der Familie Goldschmid am 29.8.2022 in der Schweiz. 53 Briefe Goldschmids an Albert Schweitzer zwischen 1933 und 1953 hält außerdem die private Deutsche Archiv Stiftung in Arnstadt. Die Korrespondenz zeugt von stetigem Kontakt zu den Zeiten, da jeweils einer von beiden auf Reisen war, und ebbt nach dem Wechsel Goldschmids an andere Kliniken sukzessive ab. Am 19.8.1938 teilte Goldschmid von einer Reise über Bordeaux nach Budapest mit, die »europäische Atmosphäre« sei »wegen [des Konflikts um die] Tschechoslowakei überhitzt«: »Die Deutschen haben 1 Mio. Leute an der Grenze konzentriert«. Zusammenfassungen der im Mai 2022 online gestellten Inhalte der Briefe finden sich unter https://archiv.global/show/?c_year=2022&c_month=5 [12.9.2022].

Abb. 5:
Näf (rechts) in Lambaréné, hier vermutlich neben einer Mitarbeiterin des Roten Kreuzes, Château de la Hille, um 1941

gierte, um dann die Kinderkolonie Château de la Hille in Südfrankreich zu leiten, in der etwa hundert jüdische Minderjährige aus Deutschland, Österreich und Polen Zuflucht fanden, deren Eltern sie zuvor in belgische Heime gegeben hatten, um sie in Sicherheit zu wissen.

Näf setzte sich gegen die drohende Deportation von Kindern und Jugendlichen ein und organisierte Ende 1942 nach der Besetzung Südfrankreichs durch die Wehrmacht für mehrere Fluchtpfade über die Pyrenäen und in die Schweiz. Ihr aktives Intervenieren widersprach dem Neutralitätsgebot des Roten Kreuzes, daher musste sie den Einsatzort verlassen. Ende 1943 wurde sie Vize-Direktorin des Centre Henri Dunant in Genf, das Tausende Flüchtlingskinder und deren Mütter beherbergte.[68] Nach dem Krieg lebte sie eine Zeit lang als Landwirtin in Dänemark und war im Winter 1953/54 noch einmal für einige Monate in Lambaréné. Sie dürfte Schweitzer von den Erfahrungen im Einsatz für die verfolgten Kinder berichtet haben. Fast bis an ihr Lebensende betreute sie ältere und kranke Menschen. 1989 nahm die Gedenkstätte Yad Vashem in Israel ihren Namen auf in die Ehrenliste der »Gerechten unter den Völkern«.[69] Befreundet war Näf mit der Schweizer Krankenschwester Emma Ott (1907–2011), die von November 1936 bis zum Sommer 1939 in Lambaréné im

---

68 Vgl. Schmidlin, Antonia: Rösli Näf (1911–1996). In Helena Kanyar Becker (Hg.), *Vergessene Frauen. Humanitäre Kinderhilfe und offizielle Flüchtlingspolitik 1917–1948*. Basel, 2010, S. 152–170.

69 Vgl. die Namen der 49 Personen aus der Schweiz, die Eingang in die Liste fanden: https://www.yadvashem.org/yv/pdf-drupal/switzerland.pdf (2.2.2019).

Einsatz war, wo die Frauen sich kennenlernten. Ott arbeitete ab Mai 1942 in südfranzösischen Internierungslagern und schrieb im August 1942 den ersten Report über die Deportationen aus dem größten Lager, Gurs, von wo Juden aus Süddeutschland in deutsche Vernichtungslager geschickt wurden. Ott bewies die gleiche Courage und ging dieselben Risiken ein wie Näf, als sie die Leitung der Kinderkolonie Château de la Hille in Montégut-Plantaurel übernahm und ebenfalls jüdischen Jugendlichen zur Flucht verhalf.[70] Über diese frühere Mitarbeiterin war bei Schweitzer ebenso wenig zu hören wie über Näf.

Roger Le Forestier

Roger Le Forestier (8.7.1908–20.8.1944) kam in Montpellier in einer protestantischen Familie zur Welt, wo er auch sein Medizinstudium begann, das er in Marseille mit Spezialisierung auf Kolonialmedizin und Tropenkrankheiten abschloss, um als Arztmissionar in die afrikanischen Überseeterritorien gehen. Er studierte ein Jahr am Institut Pasteur in Paris, bis er, mit nur 24, im Dezember 1932 seine Dissertation über Lepra in den französischen Kolonien verteidigte. Le Forestier wollte Praxiserfahrung und war unter anderem inspiriert durch die französische Ausgabe von Schweitzers *Zwischen Wasser und Urwald*. Er schrieb an den Autor, besuchte ihn im Juli 1932 in Günsbach, schickte ihm danach seine Arbeit über Lepra, in deren Vorwort er sich beim »Missionsarzt Dr. Schweitzer in Gabun« für die »väterliche Aufnahme«[71] bedankte. Am 12. März 1933 teilte Schweitzer ihm mit, welche Voraussetzungen zu erfüllen seien – es waren einige –, unter anderem: »Es wäre wichtig, dass Sie sich noch Kenntnisse in der Zahnmedizin aneignen, besonders in der Karies-Behandlung. Außerdem müssten Sie provisorische Verbände mit Eugenol anlegen können. [...] Wir führen hier keine Wurzelbehandlungen zur Zahnerhaltung durch, sondern ziehen die Zähne.«[72] Den Enthusiasmus des jungen Kollegen, ein

---

70 Steiger, Sebastian: *Die Kinder von Schloss La Hille*. Basel, 1992.
71 Zit. n. Stoevesandt, Klaus: *Der Doktor Rieux des Albert Camus. Eine Nachsuche möglicher Vorbilder*. Bonn, Siegburg, 2016, S. 25. Stoevesandts Studie verwendet unveröffentlichte Briefe von Le Forestier und Schweitzer. Er geht der These nach, Le Forestier, bei dem Albert Camus eine Zeitlang Patient war, könne das Vorbild gewesen sein für dessen Figur des Doktor Rieux in *Die Pest* von 1947.
72 Zit. n. Stoevesandt, 2016, S. 26.

Netzwerk von Tropenmedizinern und Missionaren zu knüpfen, dämpfte Schweitzer deutlich. Le Forestier hatte in einem Brief vom 4. November 1933 vorgeschlagen, Schweitzer zu einer Konferenz an der medizinischen Fakultät von Montpellier einzuladen, wo er die protestantische Missionsärztin Mademoiselle Debarge treffen könne, die in Famboun in Kamerun – inzwischen Élie Allégrets Wirkungsort – am Tropenhospital tätig war. Schweitzer, der seit 1927 Unabhängigkeit von der Pariser Mission genoss, beschied Le Forestier am 7. Februar 1934, in Lambaréné werde er Gelegenheit haben, Mitglieder der Pariser Mission kennenzulernen, aber: »Wir vom Krankenhaus Lambarene sind keine Mitglieder in diesen Gremien und beteiligen uns nicht an ihrer Werbung.«[73] Er wolle nicht den Eindruck erwecken, sich in Belange der wohlhabenden Pariser Mission einzumischen. Le Forestiers Bemühungen, Reisekosten vom französischen Kolonialministerium zu erhalten, würdigte Schweitzer, pochte aber auch da auf Autonomie: »Ich werde Ihre Reise bezahlen.«[74]

Schweitzer erwartete von Freiwilligen, dass sie sich für mindestens zwei Jahre verpflichteten, und Le Forestier schien dazu bereit. Er musste noch seinen Militärdienst ableisten, ehe er im Juni 1934 nach Lambaréné aufbrach. Dort sollte er sein Idol jedoch gar nicht sehen, denn seine Mitarbeit endete im Oktober 1934 abrupt, als Schweitzer noch in Europa unterwegs war, wo er Frau und Tochter in ihrem Lausanner Exil besuchte und in Oxford und in Edinburgh Vorträge hielt. Le Forestier informierte ihn per Post: Er erlebe einen »Zufluchtsort der Ehrfurcht vor dem Leben«, »eine Arche Noah im Urwald«, doch es schimmert die Mühe durch, die Begeisterung in Balance zu bringen mit Skepsis und Enttäuschung angesichts des völlig von Standards abweichenden Betriebs. »Die Organisation des Krankenhauses erscheint einem auf den ersten Blick chaotisch«, schrieb er an Schweitzer.

> »Wozu diese Hütten, in die Eingeborene mit den verschiedensten Krankheiten zusammengepfercht sind, warum lässt man Kinder im Sand in unmittelbarer Nähe von mit Geschwüren bedeckten Kranken spielen, warum leben die Gesunden Seite an Seite mit den Kranken? Warum dürfen Ziegen und Enten in den Behausungen der Menschen gehalten werden!«[75]

---

73 Zit. n. Stoevesandt, 2016, S. 27f.
74 Zit. n. Stoevesandt, 2016, S. 28.
75 Zit. n. Stoevesandt, 2016, S. 30f.

Er erkenne aber nach und nach in der liebenswerten, primitiv wirkenden Unordnung eine tiefere Harmonie des Lebens. In den nächsten Zeilen kündigte sich an, dass das Pittoreske und forciert Provisorische Le Forestier zu viel werden könnte. Er zweifelte daran, der Aufgabe vollends gewachsen zu sein, und erstellte eine Liste mit Reformvorschlägen, die kaum willkommen gewesen sein dürfte. Auch scheint es mit den erfahrenen Ärzten, Stig Holm und Ladislas Goldschmid, Unstimmigkeiten gegeben zu haben.

Seinen letzten Brief am Ort, datiert auf den 30. Oktober 1934, schrieb Le Forestier schon auf dem Koffer sitzend: »[I]ch werde in Kamerun auf Reisen sein, wenn Sie diesen Brief erhalten. Fräulein Mathilde und meine Kollegen werden Ihnen die Gründe meiner Reise geschrieben haben. [...] Mein Aufenthalt im Krankenhaus, so wie er ablief, war für mich inakzeptabel geworden.« Le Forestier schlug vor, Schweitzer Anfang Januar 1936 auf seinem Dampfer beim Ankern im Hafen von Douala, Kamerun, zu treffen, er möge dann über seine Mitarbeit entscheiden. Viel Manöverraum schien allerdings nicht da, die Bitternis war groß: »Ich möchte alles vergessen, und wissen, dass Lambarene das Werk der Medizin und der Fürsorge sein wird, das ich dort zu finden glaubte.« Als wollte er trösten, setzte er hinzu: »Alles wäre gut gewesen, wenn Sie da gewesen wären.«[76] Schweitzer verschwendete keine Energie mehr an den Deserteur. Ende November 1935 erreichte ihn der Brief bei seiner Rückkehr aus Oxford. Auf den Umschlag schrieb er: »Forestier geht nach Cameroune. Schluss des Capitels.«[77] Wer von der Fahne gegangen war, den wollte er nicht wieder zurück. Spätere Versuche Le Forestiers, Kontakt aufzunehmen, beantwortete Schweitzer unmissverständlich. Er sei nicht ermutigt, ihm »wie früher zu schreiben.« Der junge Arzt, der sich nach »väterlicher Aufnahme« gesehnt hatte, war an der falschen Adresse. Bei Schweitzer ging die Verantwortung für das Management seines kleinen, klinischen Privatimperiums vor die Fürsorge gegenüber ungelegenen Mitarbeitern.

In Kamerun fand Le Forestier Aufnahme in der Tropenklinik der Station Foumban der Pariser Mission, an der seine Kollegin aus Montpellier arbeitete. Er half als Arzt und ließ sich, da er in Lambaréné krank geworden war, auch selber behandeln. Im Juli 1935 kehrte er erschöpft zurück nach Frankreich und begab sich gleich in die Kurorte Chartreuse de Valbonne und Dieulefit. Danach erhielt er für die Wintermonate eine Stelle

---

76 Zit. n. Stoevesandt, 2016, S. 34f.
77 Zit. n. Stoevesandt, 2016, S. 35. Nachfolgendes Zitat ebd.

Abb. 6: Le Forestier und seine Frau Danielle, um 1940

an einer Klinik in Grenoble, für den Sommer eine in Chambon-sur-Lignon im Massif Central. Im November 1938, jetzt genesen und tropentauglich, heiratete Le Forestier und nahm seine Frau Danielle mit auf eine Hochzeitsreise nach Kamerun.

1939 ließ sich Le Forestier mit eigener Praxis in Chambon-sur-Lignon nieder, das ab 1940 eine wichtige Region für den zivilen Teil der Résistance wurde. Viele Fäden der regionalen Widerstandsbewegung liefen zusammen, rund fünftausend Einwohner sollen dort etwa dreieinhalbtausend Juden gerettet haben, vor allem jüdische Kinder, für die auch eine Schule im Untergrund eingerichtet worden war. Eine zentrale Rolle spielten die hugenottische Tradition und der protestantische Pfarrer André Trocmé.[78] Le Forestier gehörte zur Gruppe La petite Amérique, leistete medizinische Hilfe für Widerstandskämpfer und stellte Atteste aus, um junge Leute von Vichy-Jugendlagern, den Chantiers de Jeunesse, oder vom Arbeitsdienst in Deutschland, dem Service du Travail Obligatoire, zu befreien. Lebensmittelkarten wurden für Geflüchtete gefälscht und falsche Papiere besorgt. Le Forestier und seine Frau, die inzwischen Eltern waren, beherbergten versteckte Juden, wie Rachel Barsam aus den Niederlanden, die von November 1942 bis Juni 1943 bei ihnen lebte.

---

78 Vgl. Hallie, Philip P.: *Lest Innocent Blood Be Shed. The Story of the Village of Le Chambon and How Goodness Happened There*. New York, 1979. Er hatte 1975 Zeitzeugen am Ort interviewt.

Ab Juli 1944 war Le Forestier leitender Arzt für alle Widerstandsgruppen der Region. Sein Engagement brachte schließlich die Gestapo auf seine Spur. Am 4. August 1944 wurde er in Puy-en-Velay verhaftet, es heißt, er sei mit zwei Résistance-Kämpfern unterwegs gewesen, in deren Wagen eine Waffe entdeckt wurde. In der örtlichen Kommandantur soll der Wehrmachtsoffizier Julius Schmähling, beeindruckt von Le Forestiers humanitärer Haltung, versucht haben, ihn freikommen zu lassen. Dieser sollte mit 120 weiteren Gefangenen am 20. August 1944 nach Deutschland deportiert werden, um dort Zwangsarbeit zu leisten. Auf Befehl des Gestapo-Chefs Klaus Barbie in Lyon wurde ihr Zug angehalten und Le Forestier wurde am 20. August 1944 im Fort de Côté-Lorette in Saint-Genis-Laval an der Rhone zusammen mit den anderen Widerstandskämpfern und rassisch verfolgten Juden aus der Lyoner Haftanstalt Montluc summarisch durch Maschinengewehrsalven erschossen.[79] Bei seiner Verhaftung, so erklärte sein Sohn, Jean-Philippe Le Forestier, steckte im Portemonnaie seines Vaters ein Foto, das die versteckte Jüdin Rachel Barsam mit seinen beiden kleinen Söhnen auf dem Arm zeigte. In der Haft hatte er einen Abschiedsbrief an seine Frau geschrieben. Darin bat er sie, die Kinder jeden Morgen für ihn zu umarmen, und sie möge ihr Haar geflochten tragen, wie er es am liebsten hatte.[80] 1988 wurden Le Forestier und seine Mitstreiter in der Region Le Chambon-sur-Lignon von der Gedenkstätte Yad Vashem als »Gerechte unter den Völkern« geehrt. Es ist kaum denkbar, dass Schweitzer nicht irgendwann nach 1945 Kenntnis davon bekam, dass und weshalb Roger Le Forestier zu den Opfern des Vichy-Regimes gehörte. Geäußert hat er sich dazu, soweit zu erkennen ist, öffentlich nie.

Heinz Eduard Barrasch

Die Liste der weißen Mitarbeiter zwischen 1913 und 1965 nennt den Namen »Heinz Barsch«[81], Nationalität deutsch, der als Arzt vom 26. Februar

---

79 Cardonnet, Laurent: *Contribution à l'étude des étudiants de médecine et des médecins morts pour la France pendant la seconde guerre mondiale.* Paris, 2010, S. 78f.
80 Le Forestier, Jean-P.: Mon père, ce héros ordinaire. Juni 2016. Der Sohn übermittelte die Worte aus dem Abschiedsbrief. https://www.lacommere43.fr/haut-lignon/item/1854-jean-philippe-le-forestier-raconte-son-pere.html (12.4.2018).
81 Liste des Personals von Lambarene 1913–1965, erstellt von der Stiftung Association Internationale de l'œuvre du Dr. Albert Schweitzer de Lambaréné. https://www.schweitzer.org/2016/index.php/de/lambarene/mitarbeiter-1913-1695 (14.2.2019).

1935 bis zum 30. Januar 1937 in Lambaréné war. In den Rundbriefen teilte Schweitzer 1935 mit: »Am 5. Februar, gegen Abend, schiffen die Pflegerin Lydia Müller, der Arzt Dr. Eduard Barasch und ich uns in Bordeaux ein. Es ist das fünfte Mal, dass ich die Fahrt nach Afrika antrete.« An Bord notierte er: »Die Zeit wird nicht lang. Dr. Barasch arbeitet medizinische Bücher durch, und ich skizziere philosophische Vorlesungen, die ich bei meinem nächsten Europaaufenthalte in Edinburgh zu halten habe.«[82] Bei dem fehlerhaft »Heinz Barsch« geschriebenen Namen auf der Liste, geht es zweifelsfrei um »Eduard Barasch«, wie er in Schweitzers Brief geschrieben wurde, und tatsächlich um den Mediziner Heinz Eduard Barrasch (1906–1984) – der Nachname wird mal mit einem, mal mit zwei »r« geschrieben. Der neue Mitarbeiter des Spitals von Lambaréné war am 28. Juli 1906 in Breslau in eine jüdische Familie geboren worden, sein Vater war der Buchhändler Adolph Barasch, seine Mutter Antoinette Barasch, geborene Nachschoen. Er besuchte das humanistische, deutschsprachige Gymnasium St. Maria Magdalena, das traditionsreiche »Magdalenäum» in Breslau, studierte Medizin in Freiburg im Breisgau und in Breslau, wo er im Dezember 1932 das Staatsexamen bestand und 1933 mit einer orthopädischen Arbeit[83] promoviert wurde.

Der Beginn des »Dritten Reiches« war für Breslaus jüdische Bevölkerung extrem alarmierend. Zwar verfing antijüdische Propaganda bei Protestanten im gesamten Reichsgebiet, doch besonders stark wirkte sie in der evangelischen Kirche der preußischen Provinz Schlesiens, der drittgrößten Provinzialsynode nach Brandenburg und Sachsen. Schlesiens »Deutsche Christen«, so der polnische Historiker Karol Jonca, bewiesen überdurchschnittlichen Eifer im Einsatz für den »Arierparagraphen«, gegen getaufte Juden, Geistliche jüdischer Herkunft wie gegen oppositionelle Pfarrer. Parallel breiteten sich der SA-Terror und Pogrom-Stimmung in Breslau aus. Am 11. März 1933 stürmte die SA das Breslauer Amts- und Landgericht, jüdische Richter, Staatsanwälte und Anwälte wurden auf die Straße gezerrt und misshandelt. Warenhäuser mit jüdischen Inhabern wie Tietz, Wertheim und Barasch zwang die SA zur Schließung, auf Schaufenster schmierten die Täter: »Deutsche, kauft nur bei Deutschen, nicht bei Juden!«[84]

---

82 Schweitzer, 5.3.1935. Zit. n. Fischer, 1981, S. 121.
83 Barasch, Heinz: *Die angeborene Talusverlagerung*. Inauguraldissertation. Breslau, 1933. Prof. Dr. Weil wird als Doktorvater genannt.
84 Friedla, Katharina: *Juden in Breslau/Wroclaw 1933–1949. Überlebensstrategien, Selbstbehauptung und Verfolgungserfahrungen*. Wien, Köln, Weimar, 2015, S. 117. Vgl. auch

Die Warenhauskette der Gebrüder Barasch war im Besitz eines Zweiges der Familie, zu der der junge Mediziner gehörte. Mehrere Angehörige der Familie Barasch aus Berlin, Breslau und Dresden wurden im Holocaust ermordet. Mit 27 Jahren emigrierte Heinz Barrasch, 1933, nach Paris. Zwei Jahre darauf entfernte ihn seine Arbeit in Subsahara-Afrika noch weiter von Europa. Es scheint kaum denkbar, dass er Schweitzer auf der wochenlangen Schiffspassage, bei Mahlzeiten oder in Abendstunden, nicht von den Umständen seiner Emigration berichtet hatte.

Einige nichtjüdische Richter hatten sich am 11. März 1933 in Breslau mit ihren jüdischen Kollegen solidarisiert. Gegen die seit Mitte Februar gleichgeschalteten Polizeikräfte und deren Helfer bei der SA kamen sie zwar nicht an, doch teils erfuhren Juden noch Beistand etwa Hilfe bei der Beschaffung von Papieren für die Emigration. In diesem Kontext sieht Karol Jonca »die erhaltene Korrespondenz des jungen Arztes Heinz Barrasch, des späteren Missionsarztes und Mitarbeiters von Albert Schweitzer in Lambarene (1935–1937)«, der 1933, vor der Emigration nach Paris, Hilfe »von Generalsuperintendent Otto Zänker erhielt.«[85] Zänker war 1933 Bischof von Breslau geworden, protestierte gegen die NS-konformen »Deutschen Christen« und wurde 1941 zwangsweise in den Ruhestand versetzt. Belege für Zänkers Haltung fand Jonca im Breslauer Staatsarchiv, darunter eben jene Briefe von Barrasch aus Paris vom 8. September 1933 und aus Lambaréné vom 6. November 1935, wo er an Zänker schrieb:

»Es entspricht einem Gefühl der Dankbarkeit und Verehrung, wenn ich Ihnen heute wieder schreibe aus meiner Tätigkeit als Missionsarzt im Werke Albert Schweitzers. Seit fast 9 Monaten arbeite ich nun hier und bin zufrieden und glücklich in dieser Arbeit. Ich habe all das gefunden, was ich gesucht habe. Sie selbst werden über die Größe und Bedeutung dieses Spitals im tropischen Afrika informiert sein. Wir haben ca. 300 Schwarze dauernd

---

Bräu, Ramona: *Arisierung in Breslau: Die Entjudung einer deutschen Großstadt und deren Entdeckung im polnischen Erinnerungsdiskurs.* Saarbrücken, 2008.

85 Zit. n. Jonca, Karol: Schlesiens Kirchen zur Lösung der Judenfrage. In Ursula Büttner et al. (Hg.): *Das Unrechtsregime. Internationale Forschung über den Nationalsozialismus. Hamburger Beiträge zur Sozial- und Zeitgeschichte.* Bd. 2. Hamburg, 1986, S. 128. Er gibt als Quelle an (Anm. 20, S. 144): Archiwum Państwowe we Wrocławiu, Sl. K.E.Sign. VI 590, fol. 145: Schreiben von Heinz Barasch aus Paris vom 8.9.1933 und fol. 56: Schreiben aus Lambarene vom 6.11.1935. Nachfolgendes Zitat ebd.

im Spital und eine viel größere Zahl im Monat von Leuten, die das Spital in Ambulanz aufsuchen. [...] Dr. Schweitzer ist seit etwa 3 1/2 Monaten wieder in Europa, wo er für das Werk Vorlesungen und Konzerte gibt. Seit seiner Abreise habe ich die ärztliche Leitung des Spitals.«

Irreführend ist Barraschs Selbstbezeichnung als »Missionsarzt«, da Schweitzer von der Mission unabhängig war, und vielleicht wollte der Absender, mögliche Postkontrolle mitdenkend, den Eindruck eines christlichen Missionars erwecken. Ob Zänker direkt bei Schweitzer für Barrasch interveniert hatte, ist unklar. Falls doch, war Barrasch darauf bedacht, nicht durchblicken zu lassen, dass dieser Bescheid wusste. Bischof Zänker hatte zur selben Zeit versucht, auch der jüdischen Ärztin Eline Epstein, die 1929 in Breslau promoviert worden war, einen Ausweg ins Ausland zu verschaffen, und dafür Ansprechpartner in der Mission gewählt, die ihrerseits an Schweitzer als »einzige Möglichkeit« delegieren wollten. Am 22. September 1933 schrieb der Berliner Missionsdirektor Knak an den Tübinger Missionsarzt Fischer:

> »Ich möchte Ihnen in der Anlage schon jetzt eine Meldung von einem Fräulein Dr. Epstein zusenden. [...] Sie ist des Arierparagraphen wegen abgebaut. Generalsuperintendent Zänker in Breslau erzählte mir von ihr. Es handelt sich um eine ungewöhnlich tüchtige Dame. [...] Ich sagte ihm, die einzige Möglichkeit, ihr auf dem Missionsfeld eine Arbeitsgelegenheit zu schaffen, sähe ich in einer Verbindung mit Prof. Schweitzer. Natürlich müßte sie dann nicht als selbstständige Ärztin tätig sein, sondern den Posten versehen, der unter anderen Umständen durch eine Krankenschwester oder nach Schweitzers Plan durch einen Diakon versehen wird.«

Fräulein Dr. Epstein, fuhr Knak prophylaktisch beschwichtigend fort, werde »schon durch ihre Lage veranlaßt sein, Reibungen zu verhüten und sich in die Verhältnisse zu schicken.«[86] Am 27. Oktober 1933 teilte Knak Epstein schriftlich mit, Schweitzer könne sie leider nicht beschäftigen, was nichts mit ihrer Person zu tun habe. Vielmehr habe er gerade Pläne aufgeben müssen, eine missionsärztliche Station in Ostafrika einzurichten, was aus Mangel an finanziellen Ressourcen gescheitert sei und worüber nichts an die Presse gelangen solle. Wie nach dem Ersten Weltkrieg hatte

---

86 Zit. n. Ohls, 2015, S. 48.

7.2 Lambaréné und der Zweite Weltkrieg

Schweitzer in der Krise Chancen erkundet, den Arbeitsort zu verlegen,[87] doch das Argument scheint vorgeschoben. Schweitzer entlohnte Personal nur gering und jüdischen Flüchtlingen genügte eventuell sogar Kost und Logis. Möglicherweise scheute Schweitzer vor Epsteins Expertise zurück, denn sie hatte über Syphilis promoviert.[88] Aber eventuell gelangte Epstein doch nach Lambaréné, und unter Umständen handelt es sich bei ihr um »Elise Brunner«, auf der Mitarbeiterliste als einzige ohne Angabe eines Herkunftslandes geführt, jedoch als »Ärztin«, die vom 31. Juli 1935 bis 15. März 1936 am Hospital praktizierte. Biografische Hinweise zu »Elise Brunner« ließen sich nirgends finden. Möglich, dass wie im Fall »Heinz Barsch« für einige Mitarbeiter zu deren wie zum Schutz der Institution andere Namen oder Papiere verwendet wurden, die in der Folge schlicht weiter durch die Buchführung geschleppt wurden. Briefe von Barrasch an Schweitzer sind im Günsbacher Archiv erhalten, und Zumthurm zitiert eine Bleistiftnotiz Schweitzers auf einem Brief vom 24. November 1936: »Idiot: he should try, not talk!«[89], als Barrasch sich offenbar nicht exakt an Anweisungen Schweitzers zur Medikamentierung gehalten hatte.

Eine weitere Spur zu Barrasch hat eine Postkarte hinterlassen, deren Motiv als eine Fotografie von »Dr. Barasch« bezeichnet wird. In seinem Nachkriegs-Rundbrief zu den Kriegsjahren erwähnt Schweitzer Barrasch für das Jahr 1944 noch einmal und dankt »einem meiner früheren Mitarbeiter«[90] für die Hilfe beim Transport einer erkrankten Pflegerin aus Lambaréné in das klimatisch günstiger, weiter nördlich des Äquators gelegene Hospital der Pariser Mission in Bangwa in Kamerun, wohin Barrasch 1937 gewechselt war und wo er bis 1950 arbeitete. 1937 hatte Barrasch fast monatlich mit der Pariser Mission korrespondiert.[91] Eine Fotografie zeigt ihn in Kamerun in der Mitte einer Gruppe ausschließlich afrikanischen medizinischen Perso-

---

87 Das Bundesarchiv enthält aus Beständen des Reichskolonialamtes die Akte »Albert Schweitzer. – Plan zum Bau eines Krankenhauses in Ostafrika, Jan. 1933–Apr. 1934«. Signatur R 1001/5680.
88 Epstein, Eline: *Zur Frage der Veränderung des klinischen Bildes des Syphilis; ein Vergleich der Erscheinungsformen der unbehandelten Frühsyphilis in den Jahren 1878–1899 und 1921–1926*. Berlin, 1929, S. 667–676.
89 Zumthurm, 2020, S. 171. Die Arbeit ist auf Englisch verfasst, das Originalzitat wird nicht angegeben.
90 Zit. n. Fischer, 1981, S. 236.
91 Paris Evangelical Missionary Society Archives, 1822–1947. DEFAP. Signatur: MF 3817: 18 Briefe Baraschs 16.1.–30.12.1937.

Abb. 7: Postkarte des Spitals Lambaréné, um 1937; Vermerk: »Reproduction aimablement autorisée par M. le Dr. BARASCH, collaborateur de Dr. Schweitzer et auteur du cliché.«[92]

nals. Er verbrachte die Kriegsjahre dort und erlebte auch den heftigen Konflikt der Mission in Kamerun um die Rolle von Jean Keller, der, anders als die Mehrheit französischer Protestanten, Petains Vichy-Regierung unterstützte. Im September 1945 wurde Barrasch als französischer Staatsbürger naturalisiert.

Abb. 8: Barasch (1. Reihe, Mitte) im Hospital der Pariser Missionsstation Bangwa in Kamerun, um 1940

---

92 Karte der Editions Bourgogne, Dijon. Material und Bildqualität deuten auf die 1930er Jahre.

Anna Wildikann

Anna Wildikann (1901–1987) verbrachte bis Anfang 1946 fast acht Jahre als Ärztin in Schweitzers Spital. Während dieser Zeit verlor sie nahezu alle nahen Angehörigen in Europa durch den Holocaust. Weder davon noch überhaupt von Wildikanns Arbeit und Leben erfuhren die Leserinnen und Leser der Lambarene-Publikationen etwas, obwohl sie die Fotografien zu zwei von Schweitzers Bücher beitrug und dort auch namentlich genannt wurde. Wildikann besaß eine Leica, ihre Fotos bebilderten 1950 den launigen, populären Band *Ein Pelikan erzählt aus seinem Leben*, der sich besonders an Jugendliche richtete.[93] Sie hatte auch die Fotografien geliefert für eine schmale Broschur von 1948, *Das Spital im Urwald*. Darin stachen Schweitzers Texte, wie durch die Nachkriegszeit gedämpft, durch Realismus und ungewöhnliche Nüchternheit hervor, und er nannte gleich zu Beginn seine Mitarbeiterin: »Im Folgenden sei der Rahmen gezeichnet, in dem die von Dr. med. Anna Wildikann während einer zweimaligen Wirksamkeit in Lambarene (1933–1937, 1940–1946) aufgenommenen Bilder zu beschauen sind.«[94] Das war so gut wie alles, was die breitere Öffentlichkeit über sie erfuhr.

In den Rundbriefen an den Förderkreis, worin Schweitzer gelegentlich die Arbeit der Ärzte von Lambarene erwähnte, tauchte auch Wildikann auf, der er zum Abschied dankte, und allein durch ihr Reise – via Kongo, Nil und Kairo – mit dem Ziel Palästina ihre jüdische Herkunft andeutete:

> »Um Weihnachten [1945] herum wird uns Fräulein Doktor Wildikann verlassen. Für die Hingebung, mit der sie während der Kriegsjahre hier ihre Arbeit getan, und für das, was sie geleistet hat, sind wir ihr zu tiefem Dank verpflichtet. Sie begibt sich nach Palästina.«[95]

Auf der Mitarbeiterliste zu Lambarene von 1913 bis 1965 ist in der Rubrik Staatsangehörigkeit Israel eingetragen, und ihre Aufenthalte in Lambarene sind genau datiert: 18. Mai 1935 bis 10. September 1937 und 8. Januar 1940 bis 29. Dezember 1945. Gehaltreiche Dokumente zu Wildikanns Biografie verdanken sich einer Publikation jüdischer Communities aus

---

93 Siehe hierzu Kap. 5.2.
94 Schweitzer, 1948, S. 5.
95 Zit. n. Kik, 1965, S. 133.

Lettland und Estland in Israel, die 2009 auf Russisch und Englisch in Jerusalem erschien und Würdigungen von Freunden und Zeitzeugen versammelt.[96] Angaben, die hier zu Wildikann gemacht werden, berufen sich überwiegend auf diese Gedenkschrift sowie auf persönliche Mitteilungen von Sam Zebba in Tel Aviv.[97]

Anna Wildikann kam am 22. August 1901 in der lettischen Stadt Jelgava als zweites Kind von Rebekka Wildikann, geborene Levenson, und Yitzhak Wildikann zur Welt. Ihre Mutter war Hebamme, ihr aus Litauen stammender Vater war Hebräischlehrer und Autor religiöser und philosophischer Schriften. Sie hatte eine ältere Schwester, Na'ama, und zwei jüngere Brüder, Michael und Benjamin. Anna Wildikann studierte Medizin, ab 1922 zuerst in Jena und dann an der Universität Heidelberg, die seit Jahrzehnten beliebt war bei Juden aus Osteuropa, besonders aus Russland, wo es massive Beschränkungen für die Zulassung jüdischer Studenten gab. Ab September 1931 war Wildikann Assistenzärztin in der pädiatrischen Orthopädie am Universitätsklinikum Heidelberg, bis das infame NS-Gesetz »zur Wiederherstellung des Berufsbeamtentums« vom 7. April 1933 die Tätigkeit jüdischer Ärzte untersagte. Von Juni bis September 1933 fand sie zwar eine Stelle an einer Privatklinik im »Haus Ithaka« in Weimar, doch der Chefarzt musste sie auf Druck des NS-Gesundheitsministeriums entlassen. Nach einer Zwischenstation am Jüdischen Krankenhaus von Riga ging Wildikann im Herbst 1934 nach London, um Englisch zu lernen, sie plante ihre Emigration in die Vereinigten Staaten. In London begegnete sie im November 1934 zum zweiten Mal Schweitzer, den sie in Heidelberg kennengelernt hatte, als sie nach seinem Orgelkonzert am 5. Juni 1932 bei gemeinsamen Bekannten eingeladen waren. Danach hatte sie ihm geschrieben, ob ihre Mitarbeit in Afrika gebraucht würde. Als Ant-

---

96 Slivkin, Ella und Yuniverg, Leonid (Hg.): *Anna Wildikann and Albert Schweitzer*. Jerusalem, 2009.
97 Mein tief empfundener Dank gilt Sam Zebba (†2016), Autor des Beitrags »Anna and I« in Slivkin und Yuniverg, 2009. Er schickte mir den Band zu, von 2010 bis kurz vor sein Lebensende haben wir korrespondiert. Seine aus Lettland nach Israel geflohene Familie war mit Wildikann befreundet. Er vermittelte den Kontakt zu Channa Eidelmann, die Wildikanns Nachlass verwaltet und freundlicherweise die Fotografien von ihr bereitstellte. Auch ihr gilt mein großer Dank. Wildikann war eine Cousine der Mutter von Eidelmanns Ehemann Avraham. Dass sie als Verwandte in Israel lebten erfuhren sie voneinander erst, nachdem Wildikann im Januar 1955 in der *Jerusalem Post* einen Beitrag zu Schweitzers 80. Geburtstag veröffentlicht hatte.

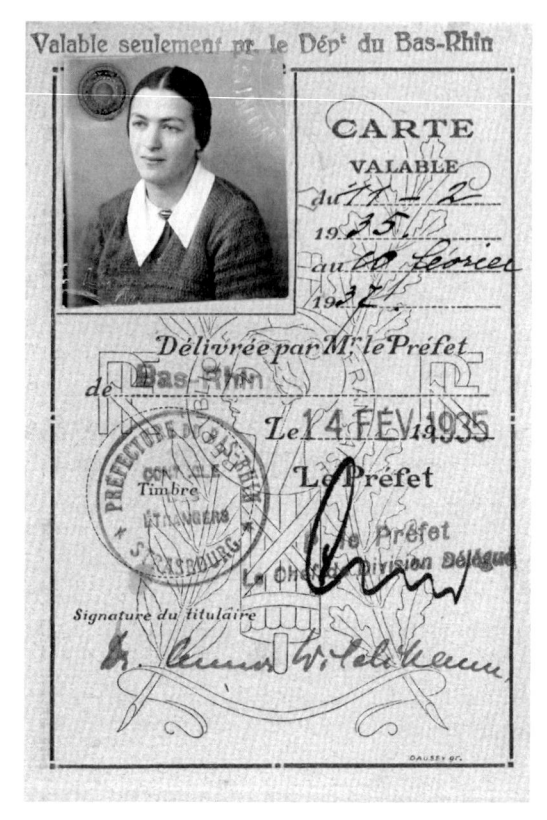

Abb. 9: Transitvisum Frankreich von Wildikann, 1935

wort kam ein herzlicher Einladungsbrief – von Schweitzers Frau Helene. Sie war, wie Wildikann, befreundet mit dem Heidelberger Internisten Albert Fraenkel, der ebenfalls vom Berufsverbot betroffen war. Helene Schweitzer stand selber vor der Auswanderung in die Schweiz und hatte Verständnis für die Lage, doch Wildikann zögerte. Jetzt, nach dem Treffen in London, entschied sie sich für Lambaréné, wohl auch aus der Verehrung für Schweitzer, die sie bis ans Lebensende beibehielt. Mit einem Transitvisum der Präfektur in Straßburg vom 14. Februar 1935 reiste sie via Bordeaux nach Gabun, und traf dort am 18. Mai 1935 ein.

Im September 1937 wagte sie eine Reise von Lambaréné nach Riga, um ihre Familie wiederzusehen, und blieb bis Ende 1939 in Europa. Bei Kriegsausbruch, erzählte sie Freunden in Israel später, habe Schweitzer ihr sofort geschrieben, sie solle sich auf den Weg nach Lambaréné machen, er werde bald keine Ärzte mehr haben und sie sei bei ihm in Sicherheit.[98] Eine eher ambivalente Phase schien vorausgegangen zu sein. Am 9. Okto-

---

98 Zit. n. Hillel-Shulewitz, Malka: »Eleven Years with Dr. Albert Schweitzer«. In Slivkin und Yuniverg, 2009, S. 164. Shulewitz berichtete, Wildikann habe die Briefe Schweitzers in ihrem persönlichen Archiv strikt gehütet und erst in ihren letzten Lebensjahren auch Freunden gezeigt.

ber 1939 schrieb Schweitzer an seine vertraute Geschäftsführerin Emmy Martin, Wildikann wolle »aus Deutschland« nach Lambaréné kommen. Zwar habe er gegenüber Mathilde Kottmann, der Haushälterin des Hospitals, vor 15 Tagen erklärt, er sei gegen Wildikanns Kommen, sei aber jetzt der Ansicht, wenn es in Europa keine Ausreiseprobleme gebe, solle man sie kommen lassen: »Ayant réfléchi je crois qu'on peut la laisser venir s'il n'y a pas de difficultés en Europe.« Man müsse ihr wohl die Fahrt bezahlen, solle ihr aber nur so viel Geld aushändigen, wie nötig. Gebucht werden solle, vermutlich zur Tarnung gedacht, ein Rückreiseticket: »Il faudrait un billet de retour.«[99] Unter den gegebenen Umständen müsse die Ärztin das Reiserisiko selbst abwägen. Wenig enthusiastisch fügte er hinzu, könne sie nicht kommen, mache das nichts. »Et si elle ne peut pas venir cela ne fait rien.« Einige Wochen darauf freute er sich dann doch auf Wildikann als Entlastung für ihn und Goldschmid., zumal gerade der Schweizer Arzt Hans Zellweger seinen Abschied genommen hatte. Schweitzer gab Martin genaue Anweisungen: Sie solle telegrafieren, ohne Wildikanns Namen zu nennen: »Doctoresse partie«[100]. Weder Reisedaten noch Schiffsnamen solle sie telegrafisch mitteilen, »pas le nom de bateau, pas de date«, offensichtlich Vorsichtsmaßnahmen für ihn selbst wie für die Jüdin. Dass Wildikann die Reise unter den bedrohlichen Umständen bewältigte, schien ihn beeindruckt und erleichtert zu haben. Im Journal der Kriegsjahre schrieb er: »Am 11. Januar 1940 trifft Fräulein Dr. Wildikann [...] zu einem zweiten Aufenthalt ein. Sie hat das scheinbar Unglaubliche fertiggebracht, während des Krieges von Riga, ihrer Heimat, nach Bordeaux zu gelangen und sich dort nach Äquatorialafrika einzuschiffen.«[101]

Als Wildikann im Januar 1940 aus dem Flussdampfer auf den Landungssteg trat, war sie willkommen. Ihre Eltern waren noch vor Kriegsausbruch gestorben, vermutlich war sie nach Riga gereist, um sie zu pflegen oder noch einmal zu sehen. Ihr war bewusst, dass ihre Familie hochgradig gefährdet war, und was in Lettland passierte, überstieg jede Befürchtung. Fast alle der 75 000 Juden Lettlands wurden ermordet. Wildikanns ältere Schwester Na'ama und ihr jüngster Bruder Benjamin waren unter

---

99 Schweitzer an Emmy Martin, 9.10.1939. Einsicht ins Manuskript am 18.4.2011 im Auktionshaus Stargardt, Berlin.
100 Schweitzer an Emmy Martin, 1.12.1939. Einsicht ins Manuskript am 18.4.2011 im Auktionshaus Stargardt, Berlin.
101 Kik, 1965, S. 122.

den 27 500 Juden aus dem Ghetto Riga, die beim Massaker im Wald von Rumbula Ende November und Anfang Dezember 1941 ermordet wurden. Auch 1 053 Menschen, die am 27. November 1941 vom Gleis 17 am Bahnhof Grunewald deportiert worden waren, waren unter den Ermordeten. Wildikanns zweitjüngster Bruder Michael blieb verschollen.[102]

Für sie war Lambaréné ein Ort der Rettung, für Schweitzers Spital kamen die jüdischen Mediziner wie gerufen. Seit Kriegsausbruch waren Ärzte eingezogen, Krankenschwestern wollten zu ihren Familien in Europa, am Ort wurde mitunter die Verpflegung knapp. Pieter van der Elst und seine Frau wollten Ende 1940 in die Niederlande abreisen, seit Dezember 1938 war der ungarische Arzt Ladislas Goldschmid wieder da, und zwei Ärzte mussten mindestens neben Schweitzer im Einsatz sein, da er selbst, nun im Rentenalter, nur im Notfall noch allein praktizierte. Zum Personalbedarf hatte er in dem Band mit Wildikanns Aufnahmen exakte Angaben gemacht.

»Die im Spital zu leistende Arbeit erfordert: 2–3 Ärzte, 7–8 weiße Pflegerinnen (3 für den medizinischen Dienst, 4–5, die im Haushalt, im Garten und den Pflanzungen beschäftigt sind), etwa 8 eingeborene Heilgehilfen, und etwa 15 eingeborene Arbeiter, die sich als Köche, Boys, Wäscher, Bügler, Schneider, Gärtner, Hirten, Ruderer, ungelernte Schmiede, ungelernte Spengler, ungelernte Zimmerleute, ungelernte Schreiner betätigen.«[103]

Zentral waren ihm die Ärzte, ohne sie war der Betrieb unmöglich, und Goldschmid allein wäre er kaum zumutbar gewesen.

Auch Überseeterritorien waren vom Krieg betroffen und Juden waren in Gabun anfangs keineswegs sicher, bis im November 1940 die Forces Françaises Libres Gabun eroberten, bis dahin die Vichy-Bastion in A.E.F. De Gaulles Sieg führte dazu, dass die Post- und Transportverbindung zu Vichy-Frankreich abbrach, Personal, auch aus dem Elsass, konnte kaum noch anreisen, und Seerouten waren vollends riskant, erst recht für zivile Passagiere. Indes brachte jede, auch vorübergehende, Abwesenheit eines Mitarbeiters extreme Probleme für das Hospital, wo der Leiter Schweitzer von 1939 bis 1948 als Einziger ununterbrochen vor Ort war. Die in der Praxis enorm ein-

---

102 Information von Rita Bogdanova, Latvijas Matemātikas un informātikas institūts, 4.2.2011 per E-Mail.
103 Schweitzer, 1948, S. 12. Siehe dazu Kap. 4.1.

gespannten Ärzte brauchten Ruhephasen. Nach drei Jahren ohne Urlaub war Wildikanns Gesundheit im Frühjahr 1943 so stark angegriffen, dass sie dringender Behandlung bedurfte, die sie in Lambaréné nicht erhalten konnte. Sie reiste, vermutlich Mitte des Jahres, zum staatlichen Hospital von Brazzaville, und ließ sich von Chefarzt Georges Moustardier diagnostizieren, der auch dem medizinischen Ausbildungsinstitut in A. E. F. voranstand. Er empfahl ihr zur Stärkung Gebirgsluft, ehe sie sich einer Operation unterziehen sollte. Offenbar blieb Wildikann einige Wochen in Französisch-Kongo, wollte den Eingriff aber lieber in Israel vornehmen lassen. Im Dezember 1943 wandte sie sich an Gouverneur Bayardelle in Brazzaville, den Nachfolger des de Gaulle-Getreuen Félix Éboué, mit der Bitte, die Administration möge die Kosten für ihre Reise übernehmen, da man Schweitzers Hospital, dessen Konten in Europa lagen, derzeit nicht an Mittel gelangen konnte.[104] Ob die Kolonialverwaltung der Bitte nachkam, ist nicht zu ermitteln.

Auf alle Fälle reiste Wildikann Anfang 1944 nach Jerusalem, wo sie am Hadassah-Klinikum operiert wurde und bis zur Genesung mehrere Monate blieb.[105] Ihr Visum, ausgestellt von der britischen Behörde, lief am 30. September 1945 aus. Schweitzer wandte sich, vermutlich Mitte 1944, an den britischen Generalkonsul Bullock in Brazzaville mit dem Wunsch, es auf 31. Dezember 1945 zu verlängern. Sie könnte ihn dann weiter in Lambaréné unterstützen, bis er neues Personal aufgetan hätte. In seinem Journal verschleierte er Wildikanns Reisezweck und Reiseziel diskret, eventuell auch für den Fall, dass die Notizen in falsche Hände gerieten: »Am 11. Dezember [1943] geht die Ärztin Dr. Wildikann in Urlaub. Sie will ihn in Syrien verbringen.«[106] Syrien wäre ein ungewöhnliches Ziel gewesen, Schweitzers Mitarbeiter verbrachten Urlaube während des Krieges meist an der Küste von Gabun oder in anderen, von den Forces Françaises Libres befreiten Gebieten. Wildikann kehrte offenbar Ende 1944 zurück nach Lambaréné, wo sie im Mai 1945 das Kriegsende miterlebte und Ende Dezember 1945, erschöpft, ihre Arbeit bei Schweitzer aufgeben musste. Ehe sie Abschied nahm, um nach Palästina zu emigrieren, hatten sie und Schweitzer den Plan, über Lamba-

---

104 Slivkin und Yuniverg, 2009, S. 148.
105 Bei dem Aufenthalt lernte Wildikann die Mutter von Sam Zebba kennen, der in der Gedenkschrift (Slivkin und Yuniverg, 2009) über sie schrieb.
106 Syracuse University, New York, Special Collections Unit: The Schweitzer Papers. Box 11 [untitled] 1940, o. S.

7.2 Lambaréné und der Zweite Weltkrieg

Abb. 10: Wildikann mit Schweitzer in Lambaréné vor ihrer Abreise nach Israel, um 1945

rene-Bücher mit ihren Fotografien ihre finanzielle Lage zu verbessern. Schweitzer überließ Wildikann in einem handschriftlichen Dokument die Tantiemen für sämtliche übersetzten Editionen und beanspruchte für sich nur die der deutschen Ausgaben,[107] ein Ausdruck der Fürsorge gegenüber der Kollegin, ohne deren Assistenz das Hospital die Kriegsjahre kaum durchgestanden hätte, und deren Familie in der Shoah erloschen war. Im Rundbrief an die Förderer, einer Art Rechenschaftsbericht über die Kriegsjahre, den Schweitzer im März 1946 verschickte, gab er ihren Abschied bekannt und seufzte, bis Nachfolger einträfen, werde es

---

107 Ein Faksimile des Dokuments findet sich in Slivkin und Yuniverg, 2009, S. 159.

dauern: »Doktor Goldschmid und ich haben so noch eine Reihe schwerer Wochen vor uns.«[108]

In Israel nahm Wildikann 1946 ehrenamtliche Arbeit im Camp »Atlit« für jüdische Flüchtlinge auf, wo sie sich behinderten Kindern widmete. 1947 beendete sie am Universitätsklinikum Zürich-Balgrist ihre Ausbildung zur Fachärztin in Orthopädie und wurde am 17. März 1947 in Israel approbiert. Sie fand eine Wohnung in der Ben Yehuda Street 26 in Jerusalem und bekam 1951 eine Stelle am Hadassah-Krankenhaus, das sie als Patientin kennengelernt hatte. Was Wildikann ihren Freunden in Israel über Lambaréné erzählte war, folgt man der Gedenkschrift, voll der Verehrung für Schweitzer.

Lambaréné war für Wildikann zur Ersatzfamilie geworden, Freunden in Israel beschrieb sie den Ort als »eine Art Kibbuz«[109], die Atmosphäre als kosmopolitisch und Schweitzers Haltung den Ärzten gegenüber voller Vertrauen. Er habe ihnen, je nach ihren Methoden und Kenntnissen, freie Hand gelassen.[110] Wildikanns Wohnung in Jerusalem soll einem Lambarene-Museum en miniature geähnelt haben, neben ein Porträt Schweitzers stellte sie stets frische Blumen. Sie pries Schweitzers positive Haltung zu Israels Eigenstaatlichkeit und seinen »wahrhaft französischen Geist«[111], als wollte sie vor sich und anderen von der deutschen Herkunft des Mannes ablenken, der keineswegs so begeistert war von Frankreich. In späteren Jahren aufkommende Kritik an Schweitzers diktatorischem Stil, Paternalismus oder Rassismus, verbat sich Wildikann bis an ihr Lebensende, wie Zeitzeugen des Erinnerungsbandes mitteilen. 1963, zum 50-jährigen Jubiläum des Hospitals, kehrte sie noch einmal für sechs Wochen zurück nach Lambaréné, wo inzwischen sechs bis acht Ärzte zugleich arbeiteten, darunter auch Japaner – und alle noch immer unter der Ägide des Grand Docteur.

Schweitzer blieb für Wildikann der Inbegriff humanen Handelns, ihm zu dienen, sagte sie in einer Rede nach seinem Tod 1965, sei ein Privileg gewesen: »Yes, it was a privilege and an extraordinary experience as he was an extraordinary and amazing man.«[112] Nach Wildikanns Abschied aus Lam-

---

108 Zit. n. Fischer, 1981, S. 250.
109 Slivkin und Yuniverg, 2009, S. 188.
110 Slivkin und Yuniverg, 2009, S. 193.
111 Slivkin und Yuniverg, 2009, S. 189.
112 Anna Wildikann: In Memoriam of Albert Schweitzer. Text der Rede auf einer Gedenkveranstaltung für Schweitzer am 13.12.1965 in Jerusalem. Zit. n. Slivkin und Yuniverg, 2009, S. 188.

baréné verzeichnet die Mitarbeiterliste der Schweitzer-Vereine zwei weitere Namen, die auf jüdische Herkunft deuten. Demnach kamen der elsässische Arzt Paul Israel und seine Frau Jeannette Israel am 6. Juni 1948 und blieben bis 22. Dezember 1949. Zu finden war der Hinweis auf drei Seiten einer Publikation.[113]

Richard Friedmann

Der Holocaust-Überlebende Richard Friedmann (24.1.1922–31.1.1969) arbeitete vom 9. Oktober 1956 bis zum 10. Mai 1962 in Lambaréné, verbrachte während eines Urlaubsjahres vier Monate in den USA und kehrte am 14. April 1963 nach Lambaréné zurück, wo er am 31. Januar 1969 starb. Auch über Friedmann sucht man vergeblich Näheres in Schweitzers Publikationen, was umso seltsamer ist, als Schweitzer sich offenbar öfter lange und empathisch mit Friedmann unterhalten hatte, wie eine norwegische Ärztin berichtet, von der noch die Rede ist. Ein paar Angaben zu Friedmanns Leben finden sich im 24-seitigen Privatdruck eines Vortrags, den dieser 1963 über Schweitzer auf seiner USA-Reise hielt.[114] Laut biografischen Daten im Vorwort wurde Richard Friedmann 1922 in Loscie[115] in der Tschechoslowakei geboren und verbrachte einen Teil seiner Kindheits- und Jugendjahre auf dem Bauernhof seiner Großeltern. Dort besuchte er die nahegelegene Grundschule wie das Gymnasium. Schon als Oberschüler, heißt es im Vorwort, habe er sich für Schriften Schweitzers begeistert. Von 1939 bis 1944 studierte Friedmann im ungarischen Debrecen Medizin, er finanzierte das Studium, indem er historische Stoffe fiktionalisierte. Als die Wehrmacht im März 1944 Ungarn besetzte, musste er sein Studium abbrechen und gründete mit Kommilitonen eine Widerstandsgruppe gegen die ungarischen NS-Kollaborateure der Pfeilkreuzler.

Mitte Mai 1944 begannen die Massendeportationen ungarischer Juden nach Auschwitz – Anfang 1945 hatten nur 260 000 der 825 000 Juden der

---

113 Israel, Jeanette: Schweitzer, le médecin que nous avons connu. In Jean-Paul Sorg (Hg.), Schweitzer, le médecin (S. 176–179). Straßburg, 1995.
114 Friedmann, Richard: *Reverence for Life. The Ethics of Dr. Albert Schweitzer. A Lecture.* Portland, 1963. Privatdruck, gebundene und vervielfältige Typoskript-Broschüre.
115 Ein Ort namens »Loscie« lässt sich nicht nachweisen. Es könnte sich um den Stadtteil »Líščie údolie« von Bratislava in der heutigen Slowakei handeln. Das würde auch erklären, warum Friedmann nach dem Krieg in Bratislava sein Studium beendete.

dem NS als jüdisch Geltenden überlebt. Friedmanns Vater hatte sich geweigert zu fliehen und wurde mit dem Sohn nach Auschwitz deportiert. Der Vater starb dort, der Sohn wurde nach Dachau transportiert, wo er bei Kriegsende, 22 Jahre alt, durch die US-Armee befreit wurde.[116] Da er Deutsch, Englisch, Französisch, Tschechisch und Ungarisch sprach, fand er eine Stelle als Dolmetscher bei den amerikanischen Streitkräften der Alliierten. Im Juni 1947 beendete er sein Medizinstudium in Bratislava, engagierte sich als Redakteur einer anti-kommunistischen Wochenzeitung und erhielt in Prag eine Forschungsstelle in der Luftfahrtmedizin. Im Februar 1948 emigrierte er nach Israel und diente während des israelischen Unabhängigkeitskriegs als Militärarzt beim 1. Israelischen Fallschirmjäger-Bataillon. Er wurde israelischer Staatsbürger und lernte vermutlich auch Hebräisch. Friedmann hatte vor, als Arzt nach Afrika oder Asien zu gehen, und verhandelte 1955 mit der israelischen Botschaft in Burma über die Gründung einer eigenen Tropenklinik, als er durch Zufall erfuhr, dass ein Studienfreund in Lambaréné tätig war. Es könnte sich dabei um den aus Ungarn stammenden Chirurg Imre Pérczi handeln, der sich nun Emerich Percy nannte. Friedmann schrieb ihm, wurde zum Gespräch eingeladen und begann 1956 seine Arbeit in Schweitzers Hospital, wo er sich besonders für psychiatrische Fälle engagierte. Ob Friedmann zum Protestantismus konvertierte oder als jüdischer Gläubiger an den Gottesdiensten des Spitals teilnahm, ließ sich nicht ermitteln. Erwähnt wird etwa von Joseph N'Dolo, der von 1945 an 33 Jahre am Hospital arbeitete,[117] dass Friedmann abwechselnd mit Schweitzer und anderen Ärzten die wöchentlichen Predigten auf dem Gelände übernahm.

In seinem USA-Vortrag, einer Hymne auf Schweitzers »Ehrfurcht vor dem Leben« als Antwort auf den Todestrieb unethischer, technisierter Gesellschaften, nimmt er Bezug auf »the Judeo-Christian Culture or Christian humanitarian tradition«[118] und auf das Wirken des Apostels Paulus.[119] In den USA verbrachte Friedmann zwei Wochen in Berkeley als Gast des 1933 emigrierten, protestantischen Religionsphilosophen Paul Tillich, den er gefragt haben soll, warum er nie Schweitzer zitiere.[120] Friedmann

---

116 Friedmann, 1963, S. ii.
117 Siehe Kap. 7.3.
118 Friedmann, S. 4.
119 Friedmann, S. 24.
120 Marshall, George N. und Poling, David: *Schweitzer: A Biography*. Baltimore, London, 2000, S. 276.

7.2 Lambaréné und der Zweite Weltkrieg

sammelte in den USA nicht nur Spenden für das Schweitzer-Hospital in Lambaréné, sondern auch für ein »Village Albert Schweitzer« in Bergerac in der Dordogne für jüdische Kriegswaisen in Europa.[121]

Aussagekräftig sind die Aufzeichnungen der norwegischen Ärztin Louise Jilek-Aall, die 1961 in Lambaréné praktizierte, dem Jahr, in dem Friedmann mit einem Kollegen einen wissenschaftlichen Beitrag zur chirurgischen Praxis am Schweitzer-Hospital publizierte.[122] Jilek-Aall war Medizinstudentin in Oslo, als Schweitzer dort 1954 den Friedensnobelpreis entgegengenommen hatte, und sie erklärt, dass sie unter den jungen Norwegern war, die den Preisträger dort mit einem nächtlichen Fackelzug begrüßt hatten. 1961 reiste die junge Ärztin, nach einem Uno-Einsatz im damaligen Zaire, weiter nach Lambaréné. Sie blieb acht Monate und veröffentlichte 30 Jahre später auf Englisch ihre Erinnerungen anhand ihrer damaligen Tagebücher. Jilek-Aall empfand Friedmann als extrem zurückgezogen, wie eingeigelt. Selten nahm er an abendlichen Runden teil, sein düsterer Ausdruck und seine Schroffheit habe andere verunsichert, und man habe ihn häufig sich selbst überlassen. Oft habe er Stunden allein bei Schweitzer zugebracht, der ihm offenbar zuhörte und dem er vertraute. Im Speisesaal sei er derjenige gewesen, der es wagte, Schweitzer mit Argumenten herauszufordern und ihm zu widersprechen, und Schweitzer schien beeindruckt von seiner Bildung, etwa wenn er Schiller rezitierte. Andererseits erlebte die Ärztin Friedmann als auffällig feinfühligen Kollegen. Angesichts seiner schlechten Laune habe sie ihn einmal ironisch gefragt, was mit ihm los sei.

> »›You are not very happy, are you?‹ Dr. Friedman turned around as if bitten. With a swift movement, he brushed the sleeve of his shirt up over his forearm. ›Do you see this?‹ he shouted with such an explosion of emotions

---

121 Das Kloster Saint Joseph in Bergerac versteckte ab 1942 mehrere jüdische Kinder, deren Eltern deportiert worden waren. Auch existieren Hinweise auf ein »Centre de rééducation de Château-Rivière. 1961–1962« in Bergerac. Im 18. Rundbrief für den Freundeskreis von Schweitzer, 15.7.1961, S. 50, war die Rede von einer Initiative für ein »Albert-Schweitzer-Dorf in Frankreich« in Vaudune, Paunat in der Dordogne für »Flüchtlinge und Waisenkinder«. Dr. Greet Barthelmy, 1955–1960 in Lambaréné, hatte mit ihrem Mann, Guy Barthelmy, dafür 25 Hektar Grund erworben, ein weiteres Dorf sollte in Villeneuve-sur-lot entstehen. In München unterstützte Dr. Claus Bastian das Projekt, das nie realisiert worden zu sein scheint.

122 Goldwyn, Robert M. und Friedman, Richard L.: Surgery at the Albert Schweitzer Hospital, Lambaréné, Gabon. *The New England Journal of Medicine*, 264(20) 5/1961, S. 1031–1033.

that all the blood drained from my face. With pounding heart I looked at the bluish tattoo marks on his arm. Too frightened to answer, I stared at the numbers printed on the skin. [...] I fervently regretted my words. I did not dare to look at him. ›All my family – every one of them were killed in the gas chambers, all except me.‹ His voice was a whisper. ›When I was set free I had lost everything, my people – my God, and my joy in life. Bitter and restless, I wandered from one place to the other not knowing what to do with my life, whether to live or to die.‹ «[123]

Er sei allmählich ruhiger geworden, schreibt Jilek-Aall, und habe ihr erzählt, Albert und Helene Schweitzer hätten ihn wie einen Sohn aufgenommen und ihn mit den psychiatrischen Patienten betraut,

»they listened patiently to my bitter outbursts and showed me that there can also be human dignity and goodness of heart, not only brutality and merciless violence. Dr. Schweitzer gave me back a sense of worth by entrusting me with the care of the most miserably suffering patients of all in his hospital – the mentally insane. To help them has been my daily task since I made my life here. When one of them improves, I feel my work is worthwhile; when I fail, I fall back into dark brooding. But I know that Dr. Schweitzer is always here to help me out again.«

Der jungen Medizinerin erging es in dieser Situation wie anderen Mitarbeitern – sie zog sich vor dem Beschädigten zurück: »The evening bell rang. I jumped to my feet, relieved that this painful confession had found a natural ending. Shamefully, I now found myself withdrawing from his company, just like the others had done.« Was Jilek-Aall widergibt, spricht dafür, dass Helene und Albert Schweitzer gegenüber Friedmann Empathie bewiesen, und dass ihnen sehr bewusst war, was ihr Kollege erlitten hatte. Albert Schweitzer verstand offenbar den Zorn und empfang Scham und Respekt, wie seine Toleranz gegenüber Friedmanns Provokationen bei den Mahlzeiten nahelegt.

Im Bildband zu Lambaréné, der 1962 in Ost-Berlin erschien, erwähnte Gerald Götting, der damalige Vorsitzende der Christdemokraten der DDR, der im Januar 1960 mit Robert Havemann Lambaréné besucht hatte, die Geburtstagsfeier für Friedmann, der 38 Jahre alt wurde:

---

123 Jilek-Aall, 1990, S. 32. Nachfolgende Zitate ebd.

7.2 Lambaréné und der Zweite Weltkrieg

»Am Sonntagmorgen, es war der 24. Januar, versammelt sich die Lambarene-Familie noch vor dem Frühstück im Doktorhaus. Wir wußten anfangs nicht, was das zu bedeuten hatte. Aber dann sagte uns eine Schwester, daß heute Dr. Friedemann [sic], einer der engsten Mitarbeiter Dr. Schweitzers, ein Arzt aus der CSSR, Geburtstag habe. Mit Dr. Schweitzer gingen wir alle gemeinsam ins Ärztehaus zum Zimmer Dr. Friedmanns. Gesangbücher wurden verteilt, und dann erklang in der frühen Morgenstunde der Geburtstagschoral. Danach traten wir alle der Reihe nach in den kleinen Raum und beglückwünschten ihn, der nun schon seit einigen Jahren treuer und bewährter Helfer in Lambarene ist. Dr. Friedemann ist ein stiller, bescheidener und zurückhaltender Mensch. Wenn wir nicht auf seinem Arm das Schandmal des KZs Auschwitz gesehen hätten, er hätte von sich aus kaum etwas von dieser furchtbaren Vergangenheit erwähnt. Er war nach seiner Befreiung nach Amerika gegangen. Aber hier bei Dr. Schweitzer, so sagte er uns später einmal, habe er erst die Kraft für die Überwindung der Vergangenheit und die Hoffnung auf die Zukunft gefunden. Wir haben ihn, wie auch die anderen vier Ärzte, oft bis über Mitternacht noch bei Operationen angetroffen. Das Schlechte, das ihm angetan wurde, beantwortete er mit hingebender Lieber zu seinen schwarzen Brüdern. Viele kleine Geschenke waren auf seinem Schreibtisch ausgebreitet, aber am meisten freute er sich wohl auf die Rede Schweitzers, die er am Mittag zu hören bekam und die in ihrer Schlichtheit und Wärme für den Angesprochenen wie für den Redner eine Auszeichnung und Ehre war. Wir sahen jedoch auch die kleinen Geschenke seiner schwarzen Patienten, die selbstgefertigten Schnitzereien oder Teller mit Erdnüssen und mit Kokosnüssen.«[124]

Später an diesem Tag bat Schweitzer Götting und Havemann zu sich ins Zimmer. Er wollte nichts zum Jubilar des Tages mitteilen, sondern die kleine DDR-Delegation von der tödlichen Bedrohung durch Atomwaffen überzeugen, nachdem er zuerst vorgeführt hatte, wie er eine Straße roter Ameisen, die durch sein Zimmer verlief, mit Zuckerwasser umlenken konnte. Havemann hatte in Lambaréné einen Vortrag über das Potenzial von Sonnenenergie gehalten, als Pioniervertreter der Alternativen zur Kernkraft. Göttings Text deutet im Übrigen an, dass auch an der staatlichen Kolonialklinik von Lambaréné ein NS-Verfolgter als Arzt arbeitete: »Am Nachmittag folgten wir der Einladung des Kreisarztes von Lamba-

---

124 Götting, 1961, S. 53.

rene, Dr. Weisgerber, der nach 1933 seine deutsche Heimat verlassen hatte, und fuhren auf seinem Boot mehrere Stunden auf dem Ogowe spazieren.«[125] Schweitzer muss den Kollegen gut gekannt haben, da er oft zum Mittagessen mit ihm in dessen Hospital ging, um sich auszutauschen.

Begegnungen mit Friedmann notierte auch der amerikanische Biograf Norman Cousins, der Lambaréné um 1958 besuchte. Er nannte ihn »a Czech who had been imprisoned in German concentration camps during the war and who now performed the full range of medical duties required of a doctor at the Hospital«[126]. Cousins ließ sich von Friedmann über Tropenmedizin informieren und sah in ihm einen hochengagierten Mann, einen Holocaust-Überlebenden, der nicht verbittert sei, sondern nur dienen wolle, wie zur Sühne für sein Überleben.[127] Wie Jilek-Aall und Götting erwähnt Cousins die KZ-Nummer auf dem Arm und schickt voraus, der Arzt erinnere ihn äußerlich an Schweitzers Fotografien als junger Mann, und deutet damit die Möglichkeit der Nachfolge an:

> »Dr. Friedmann came up the path and greeted us. He was soft spoken and there was shyness in his manner. He had an enormous jet-black mustache; it made me think of some of the photographs of Schweitzer at the age of thirty. When Dr. Friedmann sat down on the stoop and crossed his arms on his knees I could see, on the inside forearm, the number tattooed on him at the concentration camp. He would carry the number as long as he lived. He noticed that I was staring at it. ›Just a souvenir; you're welcome to look at it‹, he said, holding up his arm.«[128]

Einige der Ärzte seien hier, habe Friedmann erklärt, weil es ihnen so gut im Leben erging, dass es sich für sie nicht richtig anfühlte, andere, die unter schweren Umständen überlebt hätten, wollten ihr Überlebensschuld abtragen: »But always it is the debt. And always you will find that somewhere we happened to read something by Albert Schweitzer that opened up a big door in our mind and made us know we had to come.«[129] In diesen Polen

---

125 Götting, 1961, S. 7. Näheres über Weisgerber war nicht zu ermitteln und es kann sein, dass der Name falsch geschrieben wurde.
126 Cousins, Norman: *Dr. Schweitzer of Lambarene*. New York, 1960, S. 63.
127 Cousins, 1960, S. 76.
128 Cousins, 1960, S. 77
129 Cousins, 1960, S. 76f.

manifestierten sich die Sühnewünsche, wie sie sich in »Lambarene« bündelten, und Friedmann sprach mit Cousins an, was psychoanalytisch Überlebensschuld[130] genannt wird.

Eine Zeit lang wurde spekuliert, ob Friedmann designierter Nachfolger Schweitzers für die Leitung des Spital sei. Sein Name fällt in einer Anthologie mit Notizen eines Lambaréné-Besuchers zu Beginn der 1960er Jahre. Dieser notierte relativ erbarmungslos:

> »Obgleich Richard Friedmann einer der treuesten Mitarbeiter Schweitzers ist, ist er vielleicht doch nicht der Mann, auf den der Doktor setzen kann. Friedmann ist, obgleich Ungar, staatenlos und will die Staatsbürgerschaft Gabuns erwerben. Er hat viele Jahre in Hitlers KZ gelitten, in den USA gelebt, ist heimatlos und ohne Verbindungen.«[131]

Staatenlos war Friedmann nicht, sondern israelischer Staatsbürger. Traumatisiert war er zweifellos, was die Zeilen ihm zu seinem Nachteil vorhalten. Eine presbyterianische Zeitschrift diskutierte die mögliche Nachfolge Schweitzers durch Friedmann, in völlig anderem Ton. Geeignet set Friedmann, geflüchtet vor dem Kommunismus in der Tschechoslowakei zweifellos, habe Lisle M. Ramsey erklärt, Vertreter der St. Louis Executive of Religious Heritage of America, Inc., einer interreligiösen Organisation. Lisle Ramsey beschrieb Friedmann überdies als »deeply religious«[132], ohne seine Denomination zu nennen. Eine jüdische Zeitung in den USA erklärte im Juni 1960 rundweg: »Jewish Doctor Forecast as Albert Schweitzer's Successor«[133]. Die *National Jewish Post* berief sich dabei ebenfalls auf Ramsey, der im Januar von einer achtwöchigen Afrikareise zurückgekehrt war und in Lambaréné Station gemacht hatte. Dort habe er viele Stunden mit Schweitzer verbracht, »in private conversation with the medical missionary«. Angedeutet wird, die Ankündigung zur Nachfolge käme von Schweitzer selbst, und Ramsey trug seine Prophezeiung überzeugt vor, Friedmann »will undoubtedly assume the leadership of the hospital at Lambarene, French Equatorial Africa, when

---

130 Vgl. Hirsch, Mathias: *Schuld und Schuldgefühl. Zur Psychoanalyse von Trauma und Introjekt*. 7. Aufl. Göttingen, 2017.
131 Günther, Siegwart-H. und Götting, Gerald: *Was heißt Ehrfurcht vor dem Leben? Begegnung mit Albert Schweitzer*. Berlin, 2005, S. 183.
132 *Presbyterian Outlook*, 142(27). Outlook Foundation, 1960, S. 10.
133 *National Jewish Post*, Indianapolis, 24.6.1960, S. 5. https://newspapers.library.in.gov/cgi-bin/indiana?a=d&d=JPOST19600624-01.1.7 (8.1.2018). Nachfolgende Zitate ebd.

the time comes.« Ramsey beschrieb ihn als ähnlich belesen und beschlagen wie Schweitzer. Er spreche sieben Sprachen, wirke als Chirurg und Röntgenarzt, und sei auch in der Lage, einen Elektromotor zu installieren und eine Wasserpumpe zu reparieren. Die Umstände von Friedmanns Überleben erwähnte der Artikel mit keinem Wort, sondern, blieb ganz im Geist des Kalten Krieges: »He fled from Czechoslovakia after the Communists forced him to search for planted mines.«

Bekanntlich wurde jedoch nicht Friedmann zum Kronprinzen erkoren, sondern Walter Munz, ein engagierter, junger Mediziner aus der Schweiz. Am 9. Januar 1964 hatte Schweitzer an Munz geschrieben und ihn selbstkritisch bis sarkastisch gebeten, seine Nachfolge anzutreten. Er sei der richtige, da er »allen Mangel an Milde korrigieren«[134] werde. Mit eben 27 Jahren trat Munz 1967 den Posten an und heiratete 1968 eine niederländische Hebamme des Hospitals. Richard Friedmann starb Ende Januar 1969 in Lambaréné. Er wurde 47 Jahre alt.

Abb. 11: »Jewish Doctor Forecast as Albert Schweitzer's Successor«. In *National Jewish Post*, 24.6.1960, S. 5

Warum schwieg Schweitzer?

Mitarbeiter Schweitzers, die das Gros der medizinischen Arbeit leisteten, wurden von der Hagiografie habituell übersehen, auch wenn ihre

---

134 Faksimile des Briefes auf der Website des SRF, zur Sendung vom 27.4.2014: *Walter und Jo Munz: Zwei Herzen für Lambarene*. https://www.srf.ch/sendungen/menschen-und-horizonte/walter-und-jo-munz-zwei-herzen-fuer-lambarene (16.5.2015).

tropenbehelmten Silhouetten und weißen Kittel auf Fotografien Teil der Kulisse von Lambarene waren und sie mitunter als diensteifrige, aufopfernde Assistenten gepriesen wurden. Als Strategie für das Fundraising erwies sich die Fokussierung auf den Urwalddoktor freilich ratsam, das Publikum erwartete ihn als Schlüsselfigur des Geschehens. Rücksicht auf das Fundraising erklärt sicher zum Teil das Schweigen nicht nur über die Mitarbeiter generell, sondern auch und gerade über die jüdischen.

In den 1950er und 60er Jahren, als Überlebende und Täter ihre Existenzen neu aufbauen mussten, erfuhr die Lambarene-Legende ihren Boom. Dass der alternde, vom Tropenklima erschöpfte Schweitzer in den Jahren seines größten Ruhms kaum selbst Patienten behandelte, musste hinter dem Text- und Bilderkosmos verborgen bleiben. In den halbinternen Rundbriefen an den Freundeskreis tauchen die Mitarbeiter zwar auf, in Anerkennung und zur Ermutigung Freiwilliger, aber die Auflage der Rundbriefe, die vor allem im Elsass, in Süddeutschland und der Deutschschweiz abonniert wurden, war bescheiden. Sie lag 1930 bei 200, 1931 bei 400, 1935 bei 600 Exemplaren und stieg maximal auf ein paar tausend.[135] Für die Zeit von 1939 bis 1945 wurde ein nachträglicher Rundbrief 1947 versandt, der auf Schweitzers privatem Journal fußte, das er auch während des Krieges führte.

Plausibel scheint die Annahme, dass an Schweitzers Schweigen zur Shoah auch persönliche Scham und eine aus Scheu, Furcht und Distanz gemischte Diskretion beteiligt waren. Insbesondere die zu seinem Umgang mit Richard Friedmann übermittelten Szenen deuten darauf hin. Womöglich sah Schweitzer sich nicht legitimiert, Leidenserfahrungen seiner Mitarbeiter und Verwandten öffentlich zu verwenden, vielleicht auch, weil die Erfahrungen, in Unkenntnis von Traumatisierungen, schambehafteter waren. Vielleicht wollte Schweitzer auch den Verdacht meiden, den Ruf eines Retters von Juden zu suchen. Bewusst muss ihm auch gewesen sein, dass das Asyl der jüdischen Kollegen bei ihm oft weniger aktive Rettungstat war, als es sich aus Personalmangel und Zufällen ergeben hatte – und dass es seiner Frau ohne sein Zutun nur in letzter Not geglückt war, sich 1941 aus Portugal zum Äquator durchzuschlagen. Zu alledem kamen

---

135 Fischer, 1981. Darin enthalten die Notate 1939–1945 als »Das Spital zu Lambaréné während der Kriegsjahre«. Angaben zu den Auflagen erschienen in der ersten Nachkriegsedition: Kik, 1965, S. 10.

Schweitzers belastende Erfahrungen im Ersten Weltkrieg, als er aufgrund des Generalverdachts gegen Deutsche in französischen Überseegebieten von Frankreich interniert worden war. Auch das kann mit als Ursache für seine politische Abstinenz gelten. Das irritierende Faktum bleibt: Schweitzer hatte all die Jahre zur Judenverfolgung geschwiegen. Das war nicht mehr aufzuholen. Nichts hätte ihn tatsächlich daran hindern können, seine Erfahrungen mit NS-Überlebenden – auch ohne Individuen zu nennen – im öffentlichen Raum anzusprechen, und sich unmissverständlich zum Zivilisationsbruch und zum Antisemitismus zu äußern. Spätestens 1949 auf der amerikanischen Goethefeier in Aspen hätte er offen sprechen können. Im Wirtschaftswunder dann mobilisierte er seine Energien für wortgewaltige Appelle gegen Atomwaffen und für den Weltfrieden, und begab sich damit doch noch politisch auf die Weltbühne. Womöglich fiel das weniger schwer.

Zur Scham und zum Kalkül mag auch persönliche Abwehr gegen die emotional überwältigende Thematik hinzugekommen sein. Die Dimension von NS-Überlebensgeschichten schreckt ab und verursacht sekundäre Traumatisierungen. Sich dem destruktiven Potenzial der Atombombe zu widmen, war vergleichsweise abstrakt – und belastete nicht das Gewissen der Deutschen, sondern verschob Schuldlast via Hiroshima und Nagasaki unterschwellig auf die Alliierten. Auch in den wenigen Passagen von Götting über Friedmanns Geburtstagsfeier 1960 und Schweitzers Audienz unmittelbar danach, bei der er sich dem Thema Atomwaffen zuwandte, scheint diese Ausweichbewegung spürbar.

Der Zweite Weltkrieg in Lambaréné

Das Überleben des Schweitzer-Hospitals in Französisch-Äquatorialafrika während des Zweiten Weltkriegs verdankt sich einer Kette von glücklichen, zeithistorischen Umständen mitten im tiefsten Konflikt. Frankreich und Großbritannien hatten Deutschland nach dem Überfall der Wehrmacht auf Polen am 3. September 1939 den Krieg erklärt. Involviert waren von diesem Moment an auch die britischen und französischen Überseeterritorien. Winston Churchill, Premier des Kriegskabinetts in London, hatte am 4. Juni 1940 verkündet: »We shall go on to the end, we shall fight in France, we shall fight on the seas and oceans, we shall fight with growing

679

confidence and growing strength in the air, we shall defend our Island, whatever the cost may be, we shall fight on the beaches, we shall fight on the landing grounds, we shall fight in the fields and in the streets, we shall fight in the hills; we shall never surrender.«[136] Zehn Tage später nahm die Wehrmacht Paris ein und mit dem Waffenstillstandsabkommen zwischen Frankreich und Deutschland wurden Tage später Marschall Pétains Kräfte de facto dem Obersten Heereskommando der Wehrmacht unterstellt, Pétain verlegte den Sitz der Regierung nach Vichy. Oberst de Gaulle, Staatssekretär im Verteidigungsministerium in Paris, hatte sich ins Londoner Exil abgesetzt, wo Churchill ihn unterstützte. Er gründetet dort das Comité de la France Libre und ernannte sich zum Befehlshaber der Streitkräfte im Widerstand, der Forces Françaises Libres (FFL). Über Radiobotschaften aus London rief er die Gouverneure der Kolonien zur Loyalität auf. In London richtete er am 18., 19. und 22. Juni 1940 seine von der BBC ausgestrahlten Widerstandsappelle an die Franzosen, und versicherte: »Mais il nous reste un vaste Empire, une flotte intacte, beaucoup d'or. Il nous reste des alliés, dont les ressources sont immenses et qui dominent les mers. Il nous reste les gigantesques possibilités de l'industrie américaine.«[137] Sofort begann de Gaulle von London aus mit den französischen Amtsträgern in den Kolonien, die weiter von Vichys direktem Einfluss entfernt lagen, Kontakt aufzunehmen. Doch der nordwestliche Teil der afrikanischen Kolonien, Afrique Occidentale Française (A. O. F.), wozu unter anderem Marokko und der Senegal gehörten, schlug sich auf die Seite von Vichy, während der größte Teil des südöstlich gelegenen Afrique Équatoriale Française (A. E. F.) ab August 1940 de Gaulle die Treue gelobte. Zwischen de Gaulle und den Gouverneuren in A. E. F. entstand lebhafter Telegrafenverkehr und de Gaulle entsandte Emissäre in die Region.

Der erste treue Gaullist in Afrika wurde Mitte Juli 1940 General Félix Éboué (1885–1944), ein begabter Enkel von Sklaven in Französisch-Guyana, der in Bordeaux studiert hatte, in die Kolonialverwaltung berufen

---

136 Zit. n. Best, Geoffrey: *Churchill and War.* London, 2005, S. 121.
137 http://www.charles-de-gaulle.org/pages/l-homme/accueil/discours/pendant-la-guerre-1940-1946/appel-du-22-juin-1940.php; vgl. auch Broche, François: *L'Epopée de la France libre: 1940–1946.* Paris, 2000; Crémieux-Brilhac, Jean-L.: *La France libre, de l'appel du 18 juin à la Libération.* Paris, 2001; Fondation Charles de Gaulle: *Charles de Gaulle, chef de guerre: de l'appel de Londres à la libération de Paris, 1940–1944.* Colloque international, Paris, Ecole militaire et Assemblée nationale, 18–20 octobre 2006. Paris, 2008 [24.9.2019].

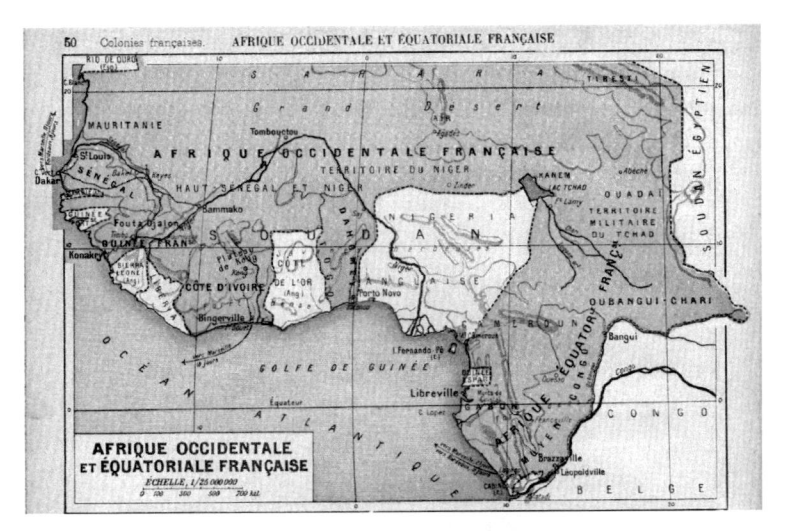

Abb. 12: Historische Karte des kolonialen Frankreich mit A.O.F. und A.E.F., 1920; Karte: Paul Kaeppelin

und Gouverneur des Tschad geworden worden war. De Gaulle ernannte den eindrucksvollen, machtbewussten Éboué – erklärter Feind der rassistischen Ideologie des NS-Systems – zum Generalgouverneur des gesamten Gebietes von A. E. F. Éboué war der erste Afrikaner, der je eine vergleichbar hohe Position für Frankreich bekleidete.

In den beiden Machtzentren des wie Frankreich selbst in ein Vichy- und ein Gaullisten-Territorium gespaltenen frankophonen Afrika, Dakar und Brazzaville, herrschten jetzt zwei unterschiedliche Systeme, und de Gaulle erklärte Brazzaville, die Hauptstadt von A. E. F., 1944 vorübergehend sogar zur Hauptstadt Frankreichs, seines, des wahren Frankreich.[138] Mit Recht macht eine neuere Publikation auf die weitgehend unterschätzte Signifikanz dieses Konflikts aufmerksam; der Titel von Eric Jennings Studie von 2014 lautet: *La France libre fut africaine* – das Freie Frankreich war, zunächst, in der Tat afrikanisch und lag südlich der Sahara.

In Dakar im Senegal, der Hauptstadt von A. O. F., trugen Patrouillen Vichy-Uniformen. Atmosphärisch illustriert der 1942 in Hollywood entstandene Filmklassiker *Casablanca* die Spannungen in dieser Weltregion. Loyalitäten

---

138 Vgl. Ginio, Ruth: *French Colonialism Unmasked: The Vichy Years in French West Africa.* Lincoln, 2006; Manning, Patrick: *Francophone Sub-Saharan Africa, 1880–1995.* Boston, 1998.

7.2 Lambaréné und der Zweite Weltkrieg

sind ungewiss, lokale und französische Akteure misstrauen einander, panische Flüchtende suchen Wege ins Exil. Dutzende aus Europa stammende Exilanten spielten in *Casablanca* mit.[139] An einer Hauswand des im Studio nachgebauten Casablanca war Pétains Porträt dekoriert mit dem Vichy-Slogan »travaille, famille, patrie«. De Gaulle hatte am 27. Oktober 1940 mit seinem Manifest von Brazzaville Franzosen in aller Welt zu den Waffen gerufen.[140] Auch im Telegrafenamt von Lambaréné wird der Ruf vernommen worden sein. Einheiten de Gaulles nahmen um dieselbe Zeit an der Seite der britischen Alliierten an Kämpfen gegen Mussolinis Truppen in Marokko, Libyen und im Sudan teil, wo die Wehrmacht Anfang 1941 mit den Bodentruppen des Generalleutnant Erwin Rommel ihren Afrikafeldzug begann, für den der später in Ungnade gefallene »Wüstenfuchs« zum Generalfeldmarschall befördert wurde.

In A. E. F. verweigerte einzig Gabuns Gouverneur dem General de Gaulle die Gefolgschaft,

Abb. 13: General de Gaulle bei der Ankunft in Brazzaville; zeitgenössische Postkarte aus Cape Town, Südafrika, 1940. Im Text wird Brazzaville als die Hauptstadt des Freien Frankreich bezeichnet.

---

139 Vgl. Harmetz, Aljean: *The Making of Casablanca: Bogart, Bergman, and World War II*. New York, 2002.
140 http://www.charles-de-gaulle.org/pages/l-homme/accueil/discours/pendant-la-guerre-1940-1946/manifeste-de-brazzaville-27-octobre-1940.php [3.1.2018].

anders, als es im Tschad, in Kamerun, Französisch-Kongo und Ubangui-Chari aussah. Ebenso erklärte der katholische Klerus von Gabun unter Leitung des Bischofs von Libreville, Monsignore Louis Tardy, seine Verbundenheit mit Maréchal Pétain.[141] Mitte Oktober 1940 plante de Gaulle, der A. E. F. im Krieg mehrmals bereiste, in Douala in Kamerun die Invasion von Gabun, um die Integrität seines befreiten Territoriums zu sichern. Den Hafen von Libreville in Gabun wollte er auch als Flottenstützpunkt nutzen im Kampf gegen deutsche und italienische Heeresteile in Libyen. Ende Oktober 1940 drangen die FFL vom Norden, von Kamerun mit einer Panzerdivision, Fremdenlegionären und Kolonialsoldaten aus Senegal und Kamerun in Gabun ein und eroberten einen Ort nach dem anderen, unterstützt von britischen See- und Luftstreitkräften. De Gaulles Kommandeur vor Ort war Lieutenant-Colonel Philippe Leclerc – den wahren Namen, Philippe de Hauteclocque, hatte er zum Schutz seiner Familie verändert –, der als General Paris befreien und zur Legende werden sollte. Der Kampf um Gabun gehörte zu Leclercs militärischen Gesellenstücken.

Insgesamt war das Kriegsgeschehen in diesem Teil Afrikas weitaus weniger intensiv als etwa zwei Jahre darauf in Nordafrika, doch das Territorium war eine Herausforderung, wie Dorothy Shipley White konstatiert:

»Near Libreville, the forests are almost impenetrable. There are tsetse flies [...]. Nothing can be quick there except the radio. On the way to the city, one of the expeditions took Lambarene in the night, its defending officers having fled, leaving their riflemen behind. Their nerves had given way. Perhaps it was the terrible oppression of the great forest – where wet suns shine on land that is barely distinguishable from water.«[142]

Ein britisches Kriegsschiff versenkte am 8. November 1940 das Vichy-U-Boot *Poncelet* vor der Küste Gabuns. In der folgenden Nacht landeten im Mangrovenwald vor Libreville Legionäre aus der senegalesischen Casamance, die sich den FFL angeschlossen hatten. Sie nahmen erst den Flughafen ein, dann die Stadt. Nach Verlusten bei Gefechten um Libreville, Scharmützeln auf dem Fluss Ogowe wie an der Küste und Luftangriffen auch auf Lambaréné kapitulierten die Vichy-Truppen am 5. November

---

141 Barnes, James F.: *Gabon. Beyond Colonial Legacy*. San Francisco, Oxford, 1992, S. 29.
142 White, Dorothy S.: *Black Africa and De Gaulle: From the French Empire to Independence*. Philadelphia, 1979, S. 72f.

7.2 Lambaréné und der Zweite Weltkrieg

1940 in Lambaréné, am 9. in Libreville und am 12. an ihrem Hauptstützpunkt, dem Hafen Port Gentil. Mit Port Gentil, dem Zollhafen, an dem seit Jahrzehnten die Transporte für Schweitzers Hospital abgefertigt wurden, fiel die letzte Bastion der Vichy-Truppen. Gabuns Gouverneur Georges Pierre Masson, mit dem Schweitzer ein Jahr davor in Lambaréné die Visa für seine Ärzte verhandelt hatte, erhängte sich auf einem Kriegsschiff vor der Küste. Vichy-Militärs, die sich nicht ergaben, gerieten in Gefangenschaft.

In der Bevölkerung Gabuns hinterließen die Kämpfe, bei denen zwei Parteien derselben Kolonialmacht ihre Konflikte austrugen, tiefen Eindruck. Schon im Oktober 1940 zogen sich viele Bewohner von den Ufern des Ogowe und aus Libreville in ihre Siedlungen im Landesinneren zurück. Ein Beispiel für die Atmosphäre schildert Pascal Ndjavé mit Lombé, einer Siedlung nahe der Station Ngômô der Pariser Mission, die Flüchtende aus Ngômô aufnahm, wo eine wütende Schlacht tobte, als, wie Ndjavé schreibt, Franzosen einander bekämpften: »Lombé a également servi de refuge à la famille pendant la Seconde Guerre mondiale [...]. Cet épisode aurait pu être dramatique pour la station, ses nombreux élèves, ses missionnaires, ses travailleurs ainsi que tous les habitants de la contrée.«[143] An den Missionen, so Ndjavé, hatten die Kinder für das Überleben ihrer Familien gebetet. Auf der Station Ngômô waren mit Jean-Félix Ombagho und Christine Akérémanga auch Enkel von Félix Ombagho in Gefahr, viele flüchteten, als vom Glockenturm der Kirche aus mit einem Maschinengewehr »sans interruption« geschossen wurde. Dabei traf eine Kugel den Kapitän eines Schiffes mit Fliehenden. Der getroffene Orévounô wurde lokal zur Legende: Liegend und mit den

Abb. 14: De Gaulle erklärte Brazzaville zur »Hauptstadt des freien Frankreich« und hielt dort mehrmals, wie hier 1944, Reden.

---

[143] Ndjavé, 2012, S. 58.

Füßen manövrierend war sein Schiff weiteren Salven entkommen. Noch Jahre später war Orévounô als einer der kundigsten Navigateure zwischen Port-Gentil und Lambaréné unterwegs, »même en saison sèche, en évitant, avec une précision d'horloger, tous les bancs de sable, de jour comme de nuit«, und man gedachte seiner Tapferkeit im November 1940.[144]

»Wie im Frieden lebend«: Das befreite Gabun

Manifest spürbar war der Krieg sogar in Lambaréné angekommen. Hätten de Gaulles Truppen hier – und generell in Gabun – nicht gesiegt, wäre der Terror des Vichy-Regimes zur unmittelbaren Gefahr für Schweitzers jüdische Mitarbeiter und das gesamte Hospital in »Französisch-Kongo« geworden. In »Belgisch-Kongo«, wo eine kleine jüdische Gemeinde sich in der Provinz Katanga in Elisabethville, dem heutigen Lubumbashi, etabliert und eine Synagoge erbaut hatte, gab es nach dem Einmarsch der Wehrmacht in Belgien Anfang 1940 bereits antisemitische Übergriffe und Schmierereien.[145] Welche Sorgen und Ängste Anna Wildikann, Ladislas Goldschmid und Helene Schweitzer 1940 ausstanden, lässt sich unschwer vorstellen. Die im großen Kontext des Zweiten Weltkriegs unbedeutend scheinende »bataille de Lambaréné« im November 1940 wäre bei einer Niederlage der FFL die ultimative Katastrophe für sie geworden.

Auffälligerweise wollte Schweitzer nach dem Zweiten Weltkrieg den Eindruck festigen, man habe in Lambaréné nur vage und wenig über die Ereignisse zwischen 1939 und 1945 erfahren. »Die durch die vielen und vielerlei Kranken verursachte Arbeit tun wir hier wie im Frieden lebend«, ließ er die Rundbriefleser im März 1946 in seinen Notizen aus den Kriegsjahren wissen:

> »Wir sind nicht täglich auf dem laufenden der Geschehnisse, da das Spital keinen Radioapparat besitzt und nicht danach trachtet, einen zu erwerben. Für die Nachrichten sind wir in der Hauptsache auf ein Blatt von etwa 50 Zeilen angewiesen, das der Beamte der Radiostation Lambaréné für solche, die sich darauf abonnieren täglich mit Schreibmaschine herstellt. Dieses Blatt lassen wir etwa zweimal in der Woche in Lambaréné abholen. Ist ein weißer

---

144 Ndjavé, 2012, S. 59.
145 Vgl. Bourle, Errera: *Moïse Levy, 1937–1991, un rabbin au Congo.* Brüssel, 2000.

7.2 Lambaréné und der Zweite Weltkrieg

Patient im Spital, der einen Radioapparat mitgebracht hat, so empfangen wir durch ihn einige Tage oder Wochen hindurch täglich Nachrichten.«[146]

Am 18. November 1945 schrieb der für seine Aversion gegen Technik Bekannte an die getreue Emmy Martin, sie solle dafür sorgen, dass erst nach seinem Tod elektrisches Licht im Spital erlaubt werde.[147] Im selben, auf Französisch verfassten, Brief wies er darauf hin, wie wichtig es sei, der Behauptung der Presse entgegenzutreten, während des Krieges habe das drahtlose Telegraphiesystem TSF in Lambarene existiert. Man müsse erklären, dass es bis heute »pas de TSF«[148] auf dem Gelände gebe. Auch damit wollte er offenbar klarstellen, dass er während des Krieges weitgehend von Informationen abgeschnitten war. Abgetrennt vom Nachrichtenstrom war das Spital gleichwohl nicht, wie auch Schweitzers Kriegstagebücher belegen. Im letzten Rundbrief vor dem Krieg, der im Februar 1939 verschickt wurde, hatte er mitgeteilt: »Die schweren Wochen, in denen man in Europa um den Frieden bangte, haben wir hier miterlebt. In Lambarene ist jetzt eine Station für drahtlose Telegraphie, durch die wir täglich mit der Welt in Verbindung stehen.«[149] Ab November 1940 konnte dann Radio Brazzaville, der von France Libre übernommene Sender, empfangen werden. Sicherlich warteten Helene Schweitzer, Anna Wildikann und Ladislas Goldschmid in Lambaréné täglich auf Nachrichten. Warum Schweitzer keine Radioapparate auf dem Gelände duldete, begründete er nicht. Eventuell wollte er der Aufregung vorbeugen, die Nachrichten bei Mitarbeitern verursachen könnten.

Auch in Berlin hatte man den Konflikt im kleinen Gabun im Blick. Am 2. Oktober 1940 notierte das Kriegstagebuch des Oberkommandos der Wehrmacht (OKW), dass sich »Flugzeuge von De Gaulle« über Gabun befanden, auch über Lambaréné. Mitte Oktober 1940 hatte das OKW de Gaulles Besuch in Kamerun vermerkt, und Vichy-Informanten hatten nach

---

146 Zit. n. Fischer, 1981, S. 245f.
147 Ein 1934 gespendeter Kühlschrank, der für Lebensmittel und Medikamente gebraucht wurde, lief mit einem Dieselaggregat. Speisesaal, Operationssaal und Wohnräume der Weißen wurden mit Petroleumlampen erleuchtet.
148 Schweitzer an Emmy Martin, 18.11.1945. Einsicht ins Manuskript am 18.4.2011 im Auktionshaus Stargardt, Berlin. TSF war ein Anfang des Ersten Weltkriegs entwickeltes drahtloses Telegrafiesystem (télégraphie sans fil), auf den Markt gebracht von der Société Industrielle de TSF et d'électricité und zunächst vor allem für militärische Zwecke genutzt.
149 Zit. n. Fischer, 1981, S. 219f.

Berlin gemeldet, Gabun halte zu Pétain.[150] Am 8. November 1940 vermeldete das OKW »heftige Kämpfe im Gabuner Gebiet«[151], am 11. November listete es Vichy-Informationen, wonach de Gaulle in Französisch-Äquatorialafrika über zehn Bataillone verfüge, vier »Nomaden-Abteilungen«, zwei Batterien und eine Küsten-Batterie, Libreville sei eingenommen.[152] Tags darauf war auch dem Wehrmachtführungsstab klar, dass mit dem Fall von Port Gentil »der Rest des Gabun-Gebietes in die Hand des Generals de Gaulle gefallen« war. Dem Fall von Lambaréné und Libreville sei jedoch »keine hohe Bedeutung zuzumessen.«[153] Schweitzer und sein Hospital wurden nicht erwähnt. Als »Überfall auf Gabun« fand sich ein Echo in der NS-Propagandapresse, wonach der »Abenteurer de Gaulle« vor der Küste Librevilles ein U-Boot der Vichy-Marine versenkt habe, und »englische Bomben und Schiffsgranaten ein Blutbad angerichtet«[154] hätten.

Akteure des Freien Frankreich erklärten nach ihren Siegen in A. E. F. und danach in Nord- und Westafrika, das Vichy-Regime repräsentiere die falsche und rassistische Maske Frankreichs, das wahre, egalitäre Gesicht sei das der Gaullisten, die 1944 versprachen, nach dem Krieg die Entkolonialisierung voranzutreiben, ein Ziel, das später schließlich nur unter politischem Druck und, etwa in Algerien, militärischer Gewalt erkämpft wurde. In Libreville war im Übrigen mit den Truppen des Freien Frankreich auch deren Kommandant Pierre Koenig einmarschiert, Sohn eines Orgelbauers aus dem Elsass, von dem der Orgelfachmann Schweitzer gewusst haben dürfte.

Die Vichy-treue Presse suchte die Niederlage in heroisches Licht zu tauchen. »La population de Lambaréné est évacuée après une résistance courageuse«, meldete *La Depeche du Centre* am 9. November 1940 auf ihrer

---

150 Schramm, Percy E. (Hg.): *Kriegstagebuch des Oberkommandos der Wehrmacht. Wehrmachtführungstab.* Bd. I: *01.08.1940–31.12.1941.* Frankfurt/M., 1965. Vgl. auch Pasquay, Jean-N.: De Gaulle, les FFL et la Résistance vus par les responsables de la Wehrmacht. In *Revue historique des armées,* 256, 2009. http://rha.revues.org//index6809.html (16.10.2009).
151 Schramm, 1965, S. 165.
152 Schramm, 1965, S. 167f.
153 Schramm, 1965, S. 169.
154 Der Überfall auf Gabun. *Radeberger Zeitung und Tageblatt, 13.11.1940.* Dem Bericht im Innenteil ist eine landeskundliche Beschreibung mit Landkartenskizze, Import- wie Exportangaben und historischem Abriss der Kolonisation des Gebiets beigefügt, betonend, dass Frankreichs Kolonialpolitik in Westafrika begonnen habe.

7.2 Lambaréné und der Zweite Weltkrieg

Titelseite, und »malgré cette piètre victoire des partisans de de Gaulle les principaux centres du Gabon sont solidement occupés«.[155] Weiter hieß es, »la petite bourgade de Lambaréné, au Gabon, a dû être évacuée par une population qui entend demeurer fidèle à la France. Ainsi se termine le siège d'une bourgade de brousse, isolée de 246 kilomètres dans les terres«. Details der »misérable victoire« kenne man jedoch nicht.

Durch die Mobilmachung in Europa war nicht nur dem Spital Personal entzogen worden, auch viele weitere koloniale Akteure hatten das Gebiet verlassen. Einige europäische Frauen und Kinder hatten jedoch während der Kämpfe auf dem neutralen Boden des Spitals Asyl gesucht und mussten miternährt werden. Auch einige Schwerkranke und chronische Fälle waren da. Das Hospital kam durch Spenden aus Amerika und der Schweiz über die Runden, oft wurden Medikamente, Lebensmittel und Material knapp. Parallel sorgte die strategische Position von A. E. F. für einen dynamischen Ausbau der Infrastruktur, und neue Fahrwege für Truppentransporte schufen eine Landverbindung vom Norden bis Südafrika. Die Straße von Algier bis Kapstadt führte über Brazzaville und Léopoldville und durchquerte auch Lambaréné, das auf die Weise immerhin infrastrukturell von Krieg und Krise profitierte.

Der letzte vor Kriegsausbruch verfasste Rundbrief Schweitzers, datiert auf den 4. Dezember 1938, wurde im Februar 1939 verschickt.[156] Unter anderem erklärte er, wie Pakete oder Geld aus Deutschland und aus der Schweiz adressiert werden sollten. Außerdem las man einmal mehr von den die »Eingeborenen« offen attackierenden wilden Tieren, von Büffeln, Elefanten und Gorillas, sowie von verstecken Attacken durch Parasiten, Amöben, Würmer und Keime. Die Kosten für Medikamente seien exorbitant, es gehöre jedoch nicht zu den örtlichen Umgangsformen, sich für die Behandlung zu bedanken. Schweitzer erwähnte eine Feier zum 25-jährigen Jubiläum des Hospitals am Ostermontag 1938, bei der die frühen Stätten seines Wirkens besichtigt wurden, und bedauerte, dass seine Frau nicht dabei sein konnte.

Erst nach 1945 veröffentlichte er sein *Afrikanisches Tagebuch 1939–1945*, worin er dem Kriegsgeschehen in Gabun von 1940 eine halbe Druckseite widmete, die lakonischer kaum sein könnte:

---

155 *La Depeche du Centre*, 139, 9.11.1940, S. 1.
156 Fischer, 1981.

»In den Kämpfen zwischen den Truppen General de Gaulles und denen von Vichy, die im November 1940 um den Besitz von Lambarene stattfinden, bleibt unser Spital vor Schaden bewahrt. Dies hat es sowohl seiner Lage als auch der Rücksichtnahme auf die kämpfenden Parteien zu verdanken. Es liegt nicht in Lambarene selbst, sondern vier Kilometer flussaufwärts und ist von ihm durch einen etwa fünfhundert Meter breiten Flußarm getrennt. Von ihren Befehlshabern werden die Flugzeugbesatzungen beider Parteien angewiesen, von Bombenwurf auf das Spital abzusehen. So wird es zu einem Zufluchtsort für Weiße und Schwarze. Gegen die zahlreichen verirrten Geschosse wehren wir uns durch starke Wellblechplatten, mit denen wir die Holzwände unserer Häuser in der Richtung gegen Lambarene verstärken. [...] Dadurch, dass unsere Kolonie vom Herbst 1940 an eine mit den Alliierten zusammengehende Regierung besitzt, sind wir von Frankreich und dem europäischen Kontinent abgeschlossen, können nunmehr aber mit England und den Vereinigten Staaten verkehren. [...] über England können wir gelegentlich, nicht ständig, in Verbindung mit Schweden treten.«[157]

Groß sei die Sorge um das Los der »Ortschaften in der Heimat«, im Elsass, nüchtern und knapp flocht Schweitzer die Ankunft von Helene Schweitzer nach ihrer Flucht ein: »Im Sommer 1941 gelingt es meiner Frau, aus Frankreich nach Lissabon zu kommen und von dort, mit einem portugiesischen Schiff, Sazaire, einen Hafen der portugiesischen Kolonie Angola an der Kongomündung zu erreichen, von wo sie dann auf dem Umweg durch Belgisch-Kongo hier eintrifft.«[158] Das war alles. Froh erinnerte er an die »herrliche Überraschung«[159], als Ende 1940 aus den USA eine Lieferung mit Medikamenten des Christian Medical Council for Overseas Works eintraf. Seit dem Frühjahr 1945 kamen auch wieder Medikamente aus England. Im Krieg, führte Schweitzer aus, seien Arbeitskräfte billig, so könne er mehrere Hektar Land roden und Obstbäume anpflanzen lassen. Ein Ärgernis seien die Elefanten, die die Bananenplantagen im Umland plünderten, sodass weniger Kochbananen an das Spital geliefert werden könnten. Den Ausbau der Straßen nutzte das Spital für bessere Kontakte zu britischen, amerikanischen und schwedischen Mis-

---

157 Schweitzer, 1971e, S. 56.
158 Schweitzer, 1971e, S. 57.
159 Schweitzer, 1971e, S. 59.

sionsstationen, und Samen für den Garten, schrieb Schweitzer, beziehe man nun sogar aus Kapstadt. Wie früher müsse in Gabun wieder Kautschuk aus Lianen gewonnen werden, da Japan die Kautschukplantagen der niederländischen Kolonien besetzt habe. Für das seit 1944 sehr erschöpfte Personal, notierte der Autor noch, gebe es glücklicherweise Kalk-, Eisen- und Phosphorpräparate. Alle seien in Sorge wegen des Krieges gewesen.

Sehr viel mehr ist über diese Zeit aus den veröffentlichen Berichten Schweitzers nicht zu erfahren, doch ergiebiger zum Erfassen der Lage sind seine archivierten handschriftlichen Journale und Notizbücher.[160] Der Charakter auch der ab 1928 jeweils über ein Jahr hinweg geführten Notizbücher ist enorm heterogen. Sie enthalten Adresslisten für Korrespondenz, Anschriften von finanziellen Förderern des Hospitals, aber auch von Verwandten, von Fachleuten für Orgelbau, Landwirtschaft oder Medizin. Oft notierte er als Früchte seiner Lektüre Zitate aus Fachzeitschriften, Zeitungen und Literatur, nur selten indes verraten die Exzerpte eine Quelle, und gern vertraute er dem »aide mémoire« Stichworte oder halb ausformulierte Sätze an. In schöpferisch pragmatischem Nebeneinander finden sich Kochrezepte, Hinweise zum Gartenbau, Notate zum Klinikalltag oder zu Patienten, die Honorare schulden, gelegentlich Anmerkungen zu Politik und Weltgeschehen. Ausgeschrieben wurden allein die Jahresrückblicke, die er auf den jeweils letzten Seiten eines Notizbuchs, kurz vor Neujahr, schrieb.

Parallel dazu führte Schweitzer »Medizinische Notizbücher«, in die er etwa Auszüge aus tropenmedizinischen Journalen, Beobachtungen bei Behandlungen oder Erfahrungen mit Medikamenten eintrug.[161] Außerdem führte er über die Jahre separate Kladden mit der Liste seiner Verleger, Vertragskonditionen für Publikationen, Namen von Lektoren oder Daten von Verhandlungen mit Verlagen. Obwohl ab 1939 keine Rundbriefe verschickt wurden, hielt Schweitzer an seiner Gewohnheit fest, Jahresberichte zu verfassen, eventuell in Hinblick darauf, sie nach Kriegsende nachliefern zu müssen, da der Spendenfluss ja weiter strömen sollte.

---

160 Syracuse University, New York, Special Collections Unit: The Schweitzer Papers. Box 11 [untitled] 1940.
161 Ausführlich ausgewertet werden diese Quellen bei Ohls, 2015.

1940: »Ich beschliesse, den Operationstisch kugelsicher zu machen«

Schweitzers Aufzeichnungen[162] aus dem Jahr 1940 belegen, dass er und sein Personal weitaus mehr vom Kriegsgeschehen miterlebt haben, als seine veröffentlichten Angaben ahnen lassen. Mehrere Seiten im Manuskript der Kriegstagebücher wirken überarbeitet, es scheint sich, etwa beim Thema Krieg in Gabun Ende 1940, um die saubere Reinschrift eines Originals zu handeln, ohne die für seine Journale typischen Veränderungen im Schriftbild. Wie in anderen Notizen auch, wechselt Schweitzer scheinbar anlasslos zwischen Deutsch und Französisch, schreibt jedoch überwiegend auf Deutsch. Seine Notate orientieren sich an Einfällen, täglichen Erfordernissen oder Ereignissen. Es finden sich Hinweise auf Bücher, die er bestellen will, eingestreute Bibelzitate, eingeklebte Zeitungsausschnitte, etwa aus dem *Elsässer Kurier*, Notizen zu Rechnungen, astronomische und naturwissenschaftliche Überlegungen, Exzerpte aus der aktuellen Lektüre und Begleitnotizen zur Arbeit an eigenen Manuskripten. Selten deutet er etwas an über sein Befinden, nichts schreibt er zu Konflikten mit Personal, Patienten oder Familie, es gibt keine Traumnotate. Die Notizbücher, zumal die von 1940 und 1941, scheinen eher unpersönliche, nüchterne Merkzettel und Kurzchroniken und wirken fast, als sei der Autor zu besonderer Vorsicht angehalten. In den folgenden Passagen aus Transkripten wird Schweitzers Schreibweise beibehalten, etwa das grundsätzliche Nichtverwenden des scharfen »ß« (»die Weissen«), das Auslassen von Kommata und anderen Satzzeichen, und die teils gemischt französisch-deutsche Schreibweise.

1940 beginnen die Aufzeichnungen im Januar mit der Bemerkung, ein Monsieur G. in Libreville weigere sich, Behandlungskosten zu begleichen, er solle keine Arzneien per Post erhalten: »ne pas lui envoyer des medicaments s'il en demande.« Ähnlich unspektakulär der Routine folgend bleiben die Aufzeichnungen bis zum Sommer. Eingeklebt wurden Zeitungsausschnitte aus dem *Elsässer Boten* mit Hinweisen auf Konzerte und auf Beerdigungen. Auch das *Emmentaler Blatt* wurde offenbar gelegentlich, mit wochenlanger Verspätung zugesendet und ausgewertet. Einzig die

---

162 Syracuse University, New York, Special Collections Unit: The Schweitzer Papers. Alle Zitate Schweitzers, soweit nicht anders vermerkt, stammen aus den handschriftlichen, unpaginierten Notizbüchern.

vielen neu gemeldeten Adressen von Exilanten deuten auf den Ausnahmezustand, Adressen in Sao Paulo, Basel, Paris, Casablanca, Tel Aviv oder Los Angeles, manche mit transitorischen Anschriften wie Hotels oder mit dem Zusatz »c/o«. Schweitzer dachte auch ans Rekrutieren von Personal und schrieb gelegentlich neben einen Namen »eventueller Arzt für Lambarene«, begleitet von Informationen zur Person, bezogen vermutlich aus den Anfragen der Absender. Mit Ausnahme der auffällig vielen Exil-Adressen schien das Jahr laut diesem Notizbuch seinen Gang zu gehen.

Am Montag, 26. Februar, notierte Schweitzer, er fange an »mit den Entwürfen der Weltanschauung der Ehrfurcht vor dem Leben«. Am 14. März hielt er fest: »Kaufen: Albert Einstein. Spezielle und allgemeine Relativitätstheorie, gemeinverständlich, 1917«. Dann wieder beschäftigte er sich, wie am 10. April, grüblerisch bis spielerisch mit Rätseln wie der »Wunderzahl 142857« und staunte: »Mit welcher Einzahl man sie auch multipliziert bleiben die Ziffern immer gleich, mit 7 multipliziert = 999999«. Alle Eintragungen erfolgen übergangslos aufeinander, doch Themen können auf einer Seite mehrfach wechseln. Am 4. Mai skizzierte er historische Daten zur Missionsstation Lambaréné. Anlass der Eintragung war offenbar der Eingang der Nachricht vom Tod Elie Allégrets am 28. Januar 1940, dessen Lebensdaten setzte Schweitzer kommentarlos hinzu.

Zum Kriegsgeschehen in Europa finden sich für dieses Jahr zunächst nur spärliche Notate wie dieses: »11. 5. 40. Samstag vor Pfingsten. Wir erfahren den Einmarsch der Deutschen in Holland und Belgien.« Sofort darauf folgen wieder neue Adressen, Kommentare zum Orgelbau, der Hinweis auf ein Benefizkonzert für Lambaréné in Günsbach, und die Bewerbung eines Zahnarztes. Ab dem 15. Juni häufen sich Notate zum Krieg: »Wir erfahren, dass die Deutschen in Paris eingezogen und schon darüber hinaus sind.« 20. Juni: »Wir erfahren von der Bitte um Waffenstillstand die Maréchal Pétain via Spanien ergehen liess.« Nachrichten kamen teils über Franzosen am Ort, die Radios besaßen und auch die BBC empfingen. Am 23. Juni heißt es: »Der französische Sender hat mit seinen Sendungen aufgehört. M. Marquart sendet mir einen Zettel dass er an seinem Apparat via England gehört hat, dass der Waffenstillstand zwischen Deutschland und Frankreich gestern abend abgeschlossen wurde.« Hinter den Satz setzte Schweitzer ein ungläubiges Fragezeichen. Tags darauf hielt er fest, dass der Waffenstillstand »erst in Kraft tritt, wenn er auch in Rom abgeschlossen wurde«, was er über den Telegrafendienst von Lambaréné erfahren hatte. Am 29. Juni schrieb er, »nicht nach Europa, nicht einmal nach Dakar«

könne man noch Post aufgeben, weder Luft- noch Schiffspost, und in den Faktoreien seien Mehl und Salz nicht zuverlässig auf Lebensmittelkarten zu erhalten; außerdem die zentrale Aussage: »Wir wissen hier noch nicht, ob die Kolonie im Widerstand beharrt, oder ob sie sich, wie Maréchal Pétain will, unterwirft.« Viele der einberufenen Europäer zögen sich ins Landesinnere zurück. »Samstag 6 Juli: Wir erfahren, dass der Generalgouverneur von Afrique Équatoriale (M. Boisson) sich der Regierung Petain unterworfen hat. Aber die mobilisierten Weissen und Schwarzen befinden sich auf dem Wege nach dem Tschad.« Wen es in den Tschad drängte, der bewies seine Präferenz für Gouverneur Éboué und damit für de Gaulle.

»Wir erfahren, dass Belgisch-Congo mobilisiert«, schrieb Schweitzer am 16. Juli. Gleich darauf folgen Adressen, Notizen zu Pferdezucht, Reiterei und Tierschutz und über den chinesischen Ausdruck »Yin En Ging«, was »Himmel und Mensch« bedeutet. In der Zeile darauf hielt Schweitzer fest: »Der neue Chef du Service du Gabon heisst Médecin Colonel Huot. Der Inspecteur géneral des Services sanitaires et médicine de l'AEF ist médecin géneral Sicé, seit April 40.« Auch merkte er hier an, dass er per Brief Nr. 1002 vom 2. August der Generalverwaltung von Masson, dem Gouverneur Gabuns, Nachricht erhalten habe, dass die »Caution« für die Heimreise von »Frl. Alice Weber«, einer Mitarbeiterin des Spitals, übernommen werde. Offenbar hatte Schweitzers Intervention bei Masson ihren Zweck erfüllt. Hierauf widmete Schweitzer ein ganzes Blatt der Behandlung von Parasitenbefall bei Hühnern und eine Zeile dem Absender eines Briefes aus Graubünden: »schrieb mir lieb über das Bachbuch [...] bei Gelegenheit schreiben.« Im August 1940 finden sich nur anderthalb Seiten Notizen, etwa die quellenlose Mitteilung, in der Nacht vom 30. Oktober 1937 solle »die Erde beinahe mit dem kleinen Planeten Reimundi 1937 zusammengestoßen sein«. Katastrophenmeldungen vermengen sich mit Alltäglichem, Pragmatisches mit Versuchen der Selbsttröstung oder Ablenkung durch das Beschäftigen mit Tieren, Zahlen oder chinesischen Sentenzen.

Im September gibt es keinen Eintrag, möglich ist allerdings, dass im Archiv oder durch den Verfasser die durch Ringe und Kordeln zusammengehaltenen Blätter ausgetauscht wurden, was Gestalt und Form der folgenden Blätter nahelegen, deren Duktus völlig von den vorigen Aufzeichnungen abweicht. Über zehn Blätter hinweg fasste Schweitzer die dramatischen Monate Oktober und November 1940 zusammen, ohne die üblichen Adresseintragungen, ohne erratisches Springen zwischen dispara-

7.2 Lambaréné und der Zweite Weltkrieg

ten Themen. Stattdessen findet sich ein protokollartiges Journal, das den Eindruck einer Reinschrift erweckt. Ohne Absätze gleitet es von Datum zu Datum, die Handschrift, sonst teils hastig, teils sorgfältig, mal größer oder kleiner, bleibt regelmäßig und deutlich. Überschrieben ist der erste Teil mit »Oktober 1940 – Lambaréné«, dann die vage Ankündigung »Les événements« auf die der Text folgt. Hier geht es um die Wochen zwischen den Fronten, die für Schweitzer und vor allem für sein jüdisches Personal entscheidende »bataille de Lambaréné«.

»Freitag 11 Okt [1940]: 12 Uhr. Ein Flugzeug aus Casablanca wirft Post ab in Lambarene. Ich erhalte durch [Name unleserlich] erste Nachrichten über Günsbach. Samstag 12 Okt: Wir erfahren, das G'listen[163] in N'gounie[164] heruntergekommen sind und sich auch in [unleserlich], Pointe Fétiche und gegenüber von Lambaréné befinden. [...] Sonntag 13 Oct Alles ruhig. Vereinzelte Schüsse. Der erste wirkliche Regen geht nieder. In der Nacht auf Montag, vor Mitternacht, Versuch des Durchbruchs der Boote von M. Poty mit Lebensmitteln für N'Djolé. Die zwei Boote mit Maschinengewehren, die den Convoi begleiten, werden oberhalb von [Ort unleserlich] von den G'listen[165] beschossen und kehren zurück. Ein Sergeant schwer verletzt.«

Dann ist die Rede von Vorräten an Salz, Mehl und anderem, die zu besorgen Schweitzer zehn Leute aussandte nach Lambaréné, wo sie – offenbar von Vichy-Soldaten – festgehalten wurden, ehe sie mit der Ware zurückkehren durften. Im Spital befanden sich 70 Patienten, und man »baut Schutzwälle an die Gebäude aus dem großen Vorrat an Betonblöcken, den ich zum Glück besitze«. Für Mittwoch, den 16. Oktober, erwähnte Schweitzer, dass »Truppen der G'listen« sich oberhalb des Spitals befanden. Er sollte für sie Proviant abliefern und schien den Soldaten nicht zu trauen:

»Ich werde zum Befehlshaber, einem Hauptmann gerufen, und muss die Liste der im Spital befindlichen Weissen geben. Ich bekomme auferlegt,

---

[163] Fast durchgängig bezeichnet Schweitzer die Gaullisten, mithin die FFL, mit dieser Abkürzung, oder auch als »die Dissidenten«, als scheue er sich, das Wort auszuschreiben.
[164] Gemeint ist der Fluss Ngounié, ein Zufluss des Ogowe, in der gleichnamigen Region Ngounié südlich der Region Moyen Ogooué, in der Lambaréné liegt.
[165] Hier hatte Schweitzer erst »Gau«, den Anfang von »Gaullisten« geschrieben, die Silbe wieder durchgestrichen und seine Abkürzung eingesetzt.

sofort 6 starke Träger zu stellen und einen Sack Reis zu liefern. – Es tut uns weh, die 6 Leute unter Anführung von Mathieu ziehen zu lassen, werden wir sie je wiedersehen?«

Der folgende Tag verzeichnet: »Viel Schiesserei vormittags. Wir bauen unsere Unterstände aus. Viele Blindgänger schlagen im Spital ein«. Tags darauf hatten sich die FFL in Lambaréné »auf der Insel bei der Kathol. Mission« eingerichtet. Am Samstag, den 19. Oktober, ließ Schweitzer Rot-Kreuz-Fahnen über dem Spital aufziehen und merkte dazu an: »Commandant Parant garantiert uns, dass die Dissidenten das Gebiet des Spitals als neutral betrachten.« Camille Parant würde bald zu den Gefallenen der Militäraktion gehören; zu seinen Ehren verlieh die FFL einem Heerlager in Westafrika seinen Namen. Wichtig schien Schweitzer die Tatsache, dass der Truppenteil, der zur protestantischen Missionsstation unterwegs war, »nicht über das Spitalgebiet« zog.

Durchgängig spürbar wird ein Bemühen um politische Distanz, auch zu den Gaullisten, nicht nur im konsequenten Vermeiden wertender Kommentare über die Aktion der FFL, sondern ebenso, indem er sie als »Dissidenten« bezeichnete. Vielleicht rechnete Schweitzer beim Sieg der einen oder anderen Partei mit Razzien und der Beschlagnahme seiner Manuskripte. Am Montag, dem 20. Oktober 1940, notierte er: »Abends Schiesserei. Man bringt den ersten Verwundeten der Dissidenten (Schuss durch Arm), einen Schwarzen, abends.« Zwei Tage darauf: »22 Oct 40 Lambarene wird durch einen Flieger der Dissidenten bombardiert. Unsere 6 Träger kommen gesund zurück.«

Schweitzer wusste von Verhandlungen der Parteien über den Umgang mit Zivilisten und merkte an: »Es wird vorgeschlagen von den Dissidenten, dass die Zivilbevölkerung von Lambarene, Weisse und Schwarze, in meinem Spital untergebracht wird. Aber der Kommandant von Lambarene, [der Vichy-treue] Hauptmann Brunot, hat Anweisung, dass die Weissen nach Port Gentil gebracht werden sollen.« Schweitzer nennt einige Namen derer, die abgeholt wurden, darunter ein Pater, und ein Kind mit seiner Mutter, deren Ehemann ihr schriftlich mitgeteilt hatte, dass sie nach Port Gentil gebracht werden solle. Während der Waffenruhe am folgenden Nachmittag ersuchte ein Angestellter des staatlichen Holzkonzerns Societé Haut Ogooué um Asyl im Spital und Schweitzer registrierte vier weitere »refugiés« auf dem Spitalgelände, darunter einen Portugiesen und einen Russen.

Am Freitag, 25. Oktober, retteten sich auch Afrikaner auf das neutrale Gelände; Schweitzer brachte vorsorglich »das Motorboot hinter den Bootsschuppen« und vertäute die Pirogen des Spitals mit Draht, um sie vor Diebstahl zu sichern. »Während des Mittags bringt man uns einen weissen Verwundeten der Dissidenten, einen Sergeanten, Schuss in die Achsel.« Er war auf einem Motorboot in einen »Hinterhalt der Regierungstruppen« geraten. Am Nachmittag wurde Lambaréné »von Flugzeugen der Dissidenten bombardiert, das dann vor zwei grossen Flugzeugen der Regierung [...] flüchten muss.« Im Spital hielt sich das Personal »unter den Bäumen der Pflanzung« auf, am Abend kam »das Dissidentenflugzeug heil zurück auf seinem Landeplatz auf der Strasse nach Sindara«, während später eine Pinasse einen weiteren Verwundeten und einen Toten brachte. »Ich beschliesse, den Operationstisch kugelsicher zu machen«, schrieb Schweitzer beherzt, »mit Schiffstoiles[166], die mir Herr Marquard [nicht gut lesbar] zur Verfügung stellt.«

Für Samstag, den 26. Oktober, gab es zu berichten, dass »das kleine Flugzeug der Dissidenten« sich »nach Brazzaville in Sicherheit« gebracht habe. Anderntags kam – quasi mitten im Scharmützel – via Mouila Luftpost in Lambaréné an, die über Brazzaville umgeleitet worden war, und Schweitzer freute sich von seinen Getreuen aus Günsbach zu hören, »Frau M«, Emmy Martin, und »Frl. Mathilde«, Mathilde Kottmann, dazu der eher einsilbige Vermerk: »Leider kein Brief von meiner Frau.«, und gleich darauf: »Abends wird mit Kanone die Funkstation von Lambarene von jenseits des Flusses aus beschossen.« Wer den Angriff verantwortete bleibt ungesagt.

Am Montag darauf bedauerte Schweitzer, dass »unsere Arbeiter« aus Furcht vor den Kampfhandlungen, »dem Schiessen«, in die Wälder fliehen, sie »lassen uns heute im Stich«. Gespannte Ruhe schien zu herrschen und Kampfflugzeuge kreisten über Lambaréné. Mit Helfern begab sich Schweitzer daran, den Garten vor Überflutung durch Regengüsse zu sichern, und kümmerte sich um Gehege für Ziegen und Schafe, die man nun »nicht in Freiheit herumlaufen lassen« dürfe. Den verwundeten Sergeanten transportierte man am Dienstag, 29. Oktober, per Sanitätsflugzeug nach Brazzaville, dem Piloten gaben Schweitzer und seine Mitarbeiter Post mit.

Gegen fünf Uhr beobachtete Schweitzer, wie eine andere Maschine, »das Librevilleflugzeug«, entweder »von jenseits des Flusses oder von der

---

166 Les toiles, frz.: Wellblech, Metallplatten.

Insel aus« mit Maschinengewehren beschossen wurde. Kaum etwas schien ihm zu entgehen, er besaß durchaus Kriegskenntnis. Als »Einjähriger« hatte er im Militär des Kaiserreichs gedient, mit einem Gewehr ausgestattet war er 1913 in Lambaréné angekommen, und hatte auch gejagt. Den Ersten Weltkrieg hatte er in vielen Facetten erlebt und am Vorabend des Zweiten Weltkriegs die Gefahr so deutlich gewittert, dass er angekommen in Europa 1939 kehrtgemacht und für das Hospital Vorräte angelegt hatte. Worüber er mit den Verwundeten Soldaten beider Parteien, die das Hospital aufnahm, sprach, darüber verlor er kein Wort.

Er scheint seine Äquidistanz zu den Parteien und das eigene, behäbigzivile Weiterwerken zu betonen: »Als das Flugzeug beschossen wurde befand ich mich auf dem Wege zur Pflanzung«. Zwei Tage darauf heißt es: »Den ganzen Tag überfliegt ein Bomber der Regierungstruppen die Stellung der Dissidenten, wird mehrmals von den G'listen beschossen. Er wirft 10 Bomben auf [Ort unleserlich] ab, ohne Schaden zu machen. Wir holten Holz im Walde mit den Togoleuten, die bei uns réfugiés sind.« Abends brachten Leute des »Commandanten der Dissidenten, Parant« Post aus Brazzaville für »das belagerte Lambaréné«. Donnerstagmittag, am 31. Oktober, »erscheint ein gepanzertes Flussschiff mit einem Lastkahn aus Port Gentil bei der Protest. Mission und bombardiert die Stellungen der Dissidenten bei Atouma [?]. Das Schiessen (das Schiff hat eine Kanone) dauert 3 Stunden, die Dissidenten können mit Maschinengewehren antworten.« An dieser Stelle fügte Schweitzer eine Notiz über einen Gefallenen der FFL ein, die er mit Tinte umrahmte: »Le blanc tué le 31. 10. 40 s'appelle Salaun Gaston, né le 28 Nov 1921 Gravigny (Eure)«. Hospitalangestellte wurden »requiriert«, um Tote mit Tragbahren aus sumpfigem Gelände zu holen, ein weiterer »verwundeter Weisser« wurde eingeliefert, erkrankte Soldaten suchten Behandlung, ein Afrikaner war gefallen. In einer Notiz mit Trauerrand vom 1. November bewahrte Schweitzer auch das, was er über ihn erfuhr: »Der begrabene Schwarze heisst Kibendé, tirailleur congolais. Ist catholisch. Ihm ein Kreuz machen.«

Der November 1940 brachte die Entscheidung in der »bataille de Lambaréné«. 3. November: »Das Flugzeug der Regierung bombardiert die Stellung der Dissidenten gegenüber Lambarene, beim Terrain Isaac[167], mit schweren Bomben, morgens. Viel Regen.« 5. November, der Tag an dem die Vichy-Truppen in Lambaréné kapitulierten:

---

167 Isaac ist der am dichtesten bevölkerte Ortsteil auf der Insel Lambaréné.

7.2 Lambaréné und der Zweite Weltkrieg

»Während ich unten im Garten bin kommt gegen 8 Uhr ein Canoe mit 2 Leuten und weisser Flagge von Lambarene. Sie bringen einen Brief von Commandant Parant. Ich lasse sie durch mein Faktotum Mathieu bis zum Posten in Atalie geleiten. Eine Stunde später führt von Siléle [?] ein Motorboot mit weisser Flagge nach Lambarene. Durch einen Père der Mission Catholique, der herüberkommt, erfahren wir, dass bei der gestrigen Bombardierung Lambarenes der Pater Talabardon, der längere Zeit bei uns in Behandlung gewesen war, das Leben verlor. Von einer Granate getroffen, verschied er alsbald. Er war ein edler Mensch. [...] In dem Brief wurde um Waffenstillstand gebeten und Vorschläge der Übergabe gemacht. Abends 4 1/9[168] kommen wieder dieselben Schwarzen über den Fluss mit der weissen Fahne, mit einem dringenden Schreiben an den Commandant Parant. [...] Um sechs Uhr beginnt eine neue Beschiessung Lambarenes, die schwerste, die bisher stattfand.«

Am Tag darauf notierte Schweitzer, dass es in der Nacht »fortwährend« Truppenbewegungen gegeben habe, sonst aber alles ruhig geblieben sei. »Von neun Uhr an fällt dichter Regen, man sieht keine zwanzig Schritte weit.« Von März bis Mai und von September bis November dauert im äquatornahen Gabun die Regenzeit, was die Kampfparteien beeinträchtigte. Ein »Lambarenesoldat«, vermerkte Schweitzer, habe »Mädchen« erzählt, dass sich »fünf Weisse« auf dem Gelände der katholischen Mission gefangen nehmen ließen,

»um 11 1/2 Uhr erhalte ich einen Zettel von M. Marquet [?], dass Lambarene ohne Waffengewalt genommen ist. Der Commandant ist mit den meisten weissen Soldaten in der Nacht davon, versucht sich nach Port Gentil durchzuschlagen. Viele schwarze Soldaten ergaben sich, die anderen suchen, ebenfalls nach Port Gentil zu gelangen. Man schätzt die Besatzer auf 40 Weisse und etwa 300 Schwarze, die Belagerer verfügten wohl über 150 Weisse und 1200 Schwarze, mit mehreren Geschützen.«

Welche Partei er als »Besatzer«, welche als »Belagerer« bezeichnete, erschließt sich nicht. Nach einem Gedankenstrich fügte Schweitzer an, der sich offenbar an dem Tag irgendwo in der Nähe – im Zweifelsfall im

---

[168] Vermutlich bedeutet »viertel neun«, wie auf Süddeutsch/Elsässisch üblich, viertel nach acht.

Haus von französischen Händlern – aufhielt: »Das Spital von Lambarene soll unversehrt geblieben sein.« Hier setzte der Chronist datierend den Schlusspunkt zur Episode – »Die Belagerung hat also vom 16. Oktober bis 6. November gedauert« – und wandte sich dem erweiterten Raum zu. »Man erzählt uns, dass Deutschland Frankreich Frieden angeboten hat. Aber die Angaben über die Bedingungen gehen auseinander. Heute Nachmittag erhalte ich einen Brief von der protestantischen Mission in Andende, dass es dort gut geht.«

Für die restlichen Novembertage und bis zum 1. Dezember dominiert wieder der übliche Stil des »Sudelbuchs«, Adressen, Korrespondenz-Notizen, Ausrisse aus Tageszeitungen; am 4. Dezember klebt Schweitzer eine Zeitungsmeldung ein, wonach es nur noch 2000 in Freiheit lebende Gorillas gebe, und kritzelte »Blödsinn« an den Rand. Erste Schritte wurden unternommen, sich mit der neuen Administration zu arrangieren: Man befand sich jetzt offiziell in »Afrique Française Libre«. Von den Nachwirkungen der Schlacht um Lambaréné auf die Bevölkerung, auf afrikanische Mitarbeiter oder auf seine jüdischen Ärzte Anna Wildikann und Ladislas Goldschmid notiert er nichts.

Auf die letzte Seite des Journals von 1940 hatte Schweitzer, vermutlich schon am Jahresanfang, einen kleinen Jahreskalender geklebt und an dessen unteren Rand notiert: »Steht hier der Tag der Heimkehr?« Wie so viele hoffte er wohl auf ein baldiges Kriegsende, und damit die Möglichkeit, wieder frei zu reisen.

1941: »Wie viel Trost hat mir dieser Spruch gebracht!«

Karg nehmen sich Albert Schweitzers Notizbücher der folgenden Jahre aus. Das von 1941 enthält 16 mit Schnüren zusammengeheftete Blätter, möglicherweise wurden Seiten entfernt. Es war das Jahr der Ankunft von Helene Schweitzer nach ihrer Flucht. Schweitzer korrespondierte inzwischen transatlantisch, etwa mit Emory Ross vom Africa Committee der Foreign Missions Conference of North America, dessen Adresse auf der New Yorker Fifth Avenue er am 1. Januar 1941 neben einem Dutzend anderer USA-Adressen notierte. Er schrieb an Edward Hume vom Christian Medical Council in den USA und an den Mediziner Everett Skillings in Vermont, der 1958 das Nachwort zur amerikanischen Ausgabe von *Aus*

7.2 Lambaréné und der Zweite Weltkrieg

meinem Leben und Denken[169] verfassen würde. Amerikanische Spenden sorgten für medizinisches Material, amerikanische Unterstützer wurden zu Schweitzers Lobbyisten. Ross sollte Schweitzer 1949 am Hafen von New York bei der Ankunft auf der Aspen-Reise begrüßen.

Ende Januar 1941 beschäftigte Schweitzer die überlange Trockenzeit: »Die Sandbänke waren so groß wie im Juni«, und ihn selbst plagten kleine gesundheitliche Probleme. Einige Zeilen im Januar gelten dem »Gerben der Felle zu Leder«, im Februar finden sich nur sechs Zeilen, darunter eine Notiz zu den Schriften des Marquis de Condorcet, die er offenbar gerade las. Condorcet war für das Frauenwahlrecht, gegen die Sklaverei und, anders als Schweitzer 150 Jahre später, für die Gleichbehandlung von Farbigen eingetreten. Am 1. April erwähnte Schweitzer nochmals kurz die zu ausgedehnte Trockenzeit, am 21. April machte er einen Eintrag zum »Salzen und Räuchern von Fisch« und mahnte sich, einer Witwe in Basel zum Tod ihres Mannes zu kondolieren. Bis 15. Juni fehlt jeglicher Eintrag, deprimiert bekannte er: »Lange nichts geschrieben. Wozu auch? Es geht ja die Welt einen traurigen Gang.« An diesem Tag kam es zu einer emotionalen Passage:

»In der Nacht von Samstag auf Sonntag starb das liebe Hündchen Croquette an Altersschwäche. Ich fuhr Samstag Nachmittag auf den Chantier[170] Casteig [?] an der Ngounié um die Arbeiter zu untersuchen. Als ich Sonntagabend heimkam, war Croquette schon unter dem großen Kapokbaum begraben. Sie war schon einige Tage schwach, als ich sie am Samstag bei der Abfahrt sah blickte sie mich noch so lieb an und wedelte mit dem Schwanze ganz lebhaft. In der Nacht starb sie dann ohne Schmerzen im Zimmer von Mlle. Emma und wurde sogleich beerdigt. – Croquette gehörte Mlle. Mathilde.«

Weiter geht es mit Themen wie Gartenbau und Erdarbeiten, dann die Notiz, dass ab 17. Juli Fräulein Else Schärer[171] nicht mehr als Haushälterin beschäf-

---

169 Schweitzer, Albert: *Out of my life and thought. An Autobiography.* New York, 1958.
170 Chantiers sind hier die kommerziellen, per Konzession vergebenen Holzeinschlagplätze im Tropenwald, auf denen Arbeiter meist in weiter Entfernung von Siedlungen über Monate Schwerstarbeit leisten. Zur Gesundheitsversorgung der Männer lassen manche der europäischen Konzessionäre – bis heute – für einen Tag oder ein paar Stunden medizinisches Personal aus dem nächstgelegenen Ort kommen, eine Dienstleistung, die die Holzhändler/Unternehmer privat zahlen.
171 Die Schweizer Krankenschwester Elsa Schärer arbeitete vom 16.6.1938 bis zum 27.2.1943 im Schweitzer-Hospital.

tigt werde, »weil sie von mir daran erinnert wurde, dass alle nicht im Spitaldienst beschäftigten Pflegerinnen nichts in der Apotheke zu tun haben.« Was hatte sie getan? Vielleicht hatte sie die Nähe zu ihrem späteren Mann, dem Arzt Ladislas Goldschmid gesucht. Wollte Schweitzer die Allianz zu verhindern, so wie er 1933 möglicherweise Jeanette Siefert von Goldschmid hatte fernhalten wollen? Im Journal fehlt eine Erklärung. Unter der Seitenüberschrift »Juli 1941. August 1941. Lambarene«, findet sich ein Blatt zur fortgesetzt kühlen Trockenzeit, sowie die Bemerkung, »der Bezirkshauptmeister« habe eine »Mannschaft Schwarzer« angestellt, Sandbänke wegzuschaufeln, um Motorbooten die Passage zu erleichtern.

Dann die Eintragung: »Immer viele weisse Kranke. Zum Glück sind die nichtkranken Weissen jetzt fort und ihre Zimmer sind verfügbar.« In der darauffolgenden Passage vermeldete er die Ankunft von Helene Schweitzer mit den oben zitierten, lakonischen Sätzen, ohne ein Wort über den Zustand seiner Frau, die Umstände und Ursachen ihrer Flucht. Darauf folgen Erinnerungen an zu erledigende Korrespondenz, Kommentare zum Wetter und zur »alten Römerstrasse durch das Elsass« zwischen Vogesen und Rhein. Der September beginnt mit einer Rezeptur »Über die rechte Bereitung von Kompost«, dann eilt das Journal übergangslos anderthalb Monate weiter: »Am 15 Oct erst kommt der erste, grössere Regen, der Fluss steigt ganz langsam. Einzelne Sandbänke sind noch nicht bedeckt.« Nichts weiter zum Oktober, zum November eine Zeile: »1 November: Der erste Tornado. Der untere Garten beginnt überschwemmt zu werden.« Scheinbar assoziativ setzte Schweitzer dahinter ein Zitat aus *Faust II*: »Denn nichts zu ändern hat für sich der Knecht Gewalt«, und ergänzte über »der Knecht« zwei Worte: »die Frau«. Seine Ehefrau war jetzt seit drei Monaten am Ort und wollte vielleicht, wie einst, Mitsprache im Betrieb, den sie gemeinsam gegründet hatten. Schweitzer fand Zuspruch bei Goethe und zitierte ihn gleich noch einmal mit Reimen zum Los in der Leitungsfunktion: »Aus Ilmenau, 3. Sept. 1783: ›Da kann ich manchen Wunsch gewähren / der bald sich selbst in seinem Willen lebt / Allein wer andre wohl zu leiten strebt / Muss fähig sein, viel zu entbehren.‹« Darunter sein Ausruf: »Wie viel Trost hat mir dieser Spruch gebracht!«

Nichts weiter findet sich dann bis zum 12. November, als ein Rezept für »Essig aus Bananen« aufs Blatt kam, gefolgt von Notizen zur Verstädterung Deutschlands zwischen 1923 und 1933, vermutlich einer Zeitungslektüre entnommen. Dann der Buchtitel *Die Wunder des Welteises* von Hanns Fischer, 1927, und schließlich die rätselhafte, sentenziöse Zeile

7.2 Lambaréné und der Zweite Weltkrieg

»Der Zorn des Menschen schafft nicht die göttliche Gerechtigkeit (aus einem Fenster eines Schlosses, in dem Maria Stuart gefangen war).«

Im Dezember tauchen kurz »die Babylonier« und deren astronomische Beobachtungen in Schweitzers Notizen auf, wie so vieles kursorisch gestreift wurde, oft ohne dass sich zunächst Zusammenhänge zeigen. Doch wie bei manchen Eintragungen, die weit weg von der Gegenwart wirken, näherte sich Schweitzers Interesse den Schauplätzen des Krieges. Ihn beschäftigt zum Beispiel der Nahe und Mittlere Osten, wenn von dort militärische Konfrontationen gemeldet werden, wie 1941 und 1942. Er verfolgte sicherlich auch Nachrichten aus dem Maghreb über die alliierten Truppen und Rommels Afrikakorps in Tobruk und El Alamein.

Gänzlich im Notizbuch unerwähnt blieb eine Angelegenheit mit zwei Vichy-Anhängern im Hospital. Einige Kriegsgefangene in Gabun genossen nach dem Sieg der FFL im November 1940 das Privileg, als Gäste in Hospitälern oder Missionen unterzukommen. Sie waren meist Verwundete, verfügten über Beziehungen oder galten als minder belastet. Die Ausnahmen wurden allmählich unhaltbar, wie Eric Jennings feststellt. Am 10. Dezember 1941 standen zwei Vichy-Leutnants im Schweitzer-Hospital vor ihrer Entlassung als Patienten, sollten jedoch nicht als Gäste bleiben dürfen. Der Gouverneur von Gabun, Valentin Smith, der zuvor de Gaulles Exil-Büro in London geleitet hatte, verlangte von Felix Éboué, dem Generalgouverneur in Brazzaville, die Männer müssten schleunigst »sur un centre d'internement d'un autre territoire«[172] gebracht werden. Schweitzer wird vor Augen gewesen sein, dass die beiden Franzosen, die er vermutlich lange beherbergt und auch behandelt hatte, interniert werden sollten. Dem Dezember gilt in Schweitzers Notizbuch nur ein einziges Blatt. Es enthält Backrezepte für Aniskuchen und Gewürzbrot. Der Jahresrückblick für 1941 fehlt.

1942: »Viel Bach auswendig gelernt«

Das Notizbuch von 1942 wirkt lebhafter, die Schrift runder, gefasster als 1941. Es beginnt am 1. Januar, wie jedes der Büchlein, mit einer »Liste des Spitalpersonals«. Er nennt sich selber an erster Stelle, danach die beiden anderen Ärzte sowie sechs helfende Mademoiselles: »Dr. A. Schweitzer, Dr. L. Goldschmidt, Dr. A. Wildikann, Mlle. Emma Haussknecht,

---

[172] Jennings, 2014, S. 94.

Mlle. Maria Lagendijk, Mlle. Elsa Künzle, Mlle. Else Schärer, Mlle. Gertrud Nägli, Mlle. Lydia Müller.« Seine Frau führte er in der entsprechenden Liste erst im Notizbuch von 1943 auf. Schwarze Pfleger, Köche, Zimmerleute, Gärtner, Ruderer und Bauarbeiter fehlen auf all seinen Listen.

Gleich darauf schrieb Schweitzer, offenbar gerührt, ein »Gedicht über das Flicken des alten Mantels« ab, verfasst »für meinen Geburtstag am 14.1.42 von Helene Schweitzer«, merkte er an, und: »Der Mantel ist seit 1924 mit mir in Afrika.« Auf Französisch hatte Helene das Los des ramponierten Kleidungsstückes geschildert, an dessen Reparatur sie sich versucht hatte. Auch andere Mitarbeiterinnen hatten für den Doktor gedichtet, was er erfreut erwähnte. Gleich darauf hielt er fest, dass »Honig für Säuglinge«, in Milch verrührt, ein Mittel gegen Infektionen sei, und fuhr fort mit medizinischen Notizen und Nachrichten über Orgelbau und Organisten. Er las ein »Buch über die Seele der indischen Frau«, Goethes Briefe aus Rom und Literatur zu Johann Sebastian Bach. Gegen Gelbfieber geimpft worden waren, notierte er, »78 Europäer, 10 unserer Heilgehilfen, 7 Heilgehilfen des französischen Spitals, 1 Regierungsschulmeister (schwarz) von Lambaréné, 13 Milicièns[173] Lambaréné.«

Im Mai befasste sich Schweitzer mit Personalempfehlungen, die ihn aus der Schweiz erreicht hatten. Ihn beschäftigten Arbeiteraufstände in Großbritannien um 1811/12, die sich gegen die Einführung von Maschinen gerichtet hatten, was ihn in seiner Technikaversion bestätigt haben dürfte. Nachrichten über den Weltkrieg, auch im dramatischen Kriegsjahr 1942, finden sich kaum, nichts über Churchills und Roosevelts Abkommen, ihre Heere unter gemeinsame Führung zu stellen, nichts von Japan als Hauptaggressor im Pazifik. Von Juni bis September fehlt jede Eintragung. Im Oktober erwähnte er das Versenden von Dankdepeschen für Spenden der schwedischen Baroness Greta Lagerfeld. Dann skizzierte er Verse zur Legende der Heiligen Drei Könige mit dem schwarzen »König Kaspar aus Morgenland« und notierte Daten zur 1667 gegründeten Sklaveninsel Gorée vor der senegalesischen Küste sowie zur Schlacht von Trafalgar. Im Oktober listete er Daten zu Weltausstellungen seit »Paris 1763«, und erinnerte sich selbst daran, dass er den Behörden technische Angaben zu seinen Booten, den Pinassen, schuldete.

Im November interessierten ihn die Salomoninseln, die er ohne den geringsten Hinweis darauf erwähnt, dass dort gerade eine der entscheidenden

---

[173] Einberufene.

Seeschlachten im Pazifikkrieg stattfand, aber mehrmals deuten seine assoziativ wirkenden Aufzeichnungen wie verschlüsselte Mitteilungen auch hier darauf, dass er den Kriegsverlauf verfolgte. Dass Schweitzer dies vor sich und andern nicht preisgeben wollte, könnte der Vorsicht geschuldet gewesen sein, aber auch einer demonstrativen Weltabgewandtheit dessen, der sich nicht dazu nötigen lassen wollte, sich mit der Aktualität von Gewalt und Krieg zu befassen.

Bald folgen wieder Einträge über Impfungen, dann der Name eines europäischen Jungen, der am 3. November im Hospital zu Welt kam, und im Dezember eine Statistik zur gestiegenen Lebenserwartung in Deutschland und Amerika 1870 bis 1937, vermutlich aus einer Zeitung. Darunter setzte Schweitzer einen Vermerk über »Dolmen« als bretonische Steintische und Spekulationen von Historikern über deren Genese. Wieder deuten sich Assoziationen mit dem Kriegsverlauf an: Im selben Monat war der »Atlantikwall« in der Bretagne fertig geworden. Sechs Zeilen folgen zur Erklärung der »droits de L'homme« in Frankreich 1789 und der Unabhängigkeitserklärung der Vereinigten Staaten, dann ein Exzerpt aus Gottfried Kellers Tagebuch vom Mai 1848. Darunter notierte Schweitzer Anweisungen der Kolonialverwaltung zum Meldeverfahren von Todesfällen bei Europäern.

Der abschließende Rückblick auf das Jahr umfasst zwei Blätter und beginnt am 29. Dezember mit der Klage: »Das Traurige ist, dass ich nur vorübergehend einige Male zur Arbeit an der Philosophie gekommen bin.«, doch habe er seine Philosophie stets »im Kopfe« mitgetragen. Darauf folgen die zuvor zitierten Zeilen zu Goldschmid, auf den er sich zum Glück verlassen könne, und die Frage, wie lange jener »durchhalten« werde. Arbeiten im Garten, in den Pflanzungen überwache er selbst, jeden Morgen »den Kampf gegen das Gestrüpp«. Mit der Feststellung: »Viel Bach auswendig gelernt«, endet sein Rückblick auf 1942.

1943/44: »Welche Freude, das Spital wieder zu leiten«

Im Januar 1943 finden sich einige Zeilen über die Gründung des Roten Kreuzes, festgehalten wurde der Tod eines Missionars der Station Ndjolé im Spital, zitiert wurden Passagen aus einem Brief von Ewald B. Lawson, dem Präsidenten des Uppsala-College, East Orange, New Jersey, über ein Gespräch mit dem Organisten Marcel Dupré zu Begegnungen mit Schweitzer. Unter die Adresse eines Regierungsrates steht eine Notiz über die Tochter: »[V]iel getan für Rhenas Einreise in Schweiz«. Mit dicken Ausrufezeichen am Rand heißt es im Mai: »Buch kaufen: Bruno Kaiser ›10000 Jahre schaffender Forscher, Fr. 4,50, Verlag Kaiser, Bern. Geschichte aller Erfindungen«. Ebenfalls im Mai findet sich ein weiteres »Gedicht von Helene Schweitzer«, das er abschrieb. Es geht um ihn und seine Tierliebe:

> »Il était un grand docteur / qui aimait, ten-ten-tendrement les bêtes / poules, vies, canards, singes et cochons /Pélicans, cabris[174] et moutons, / Perroquets, antilopes et chats, mais riens autant que ses nombreux moutons. / La femme soupire maintes fois / que dieu me ferait si j'étais un petit chien. / Hélas, passé est l'heureuse époque où les bonnes fées transformaient les humaines / Pour bien augmenter son bonheur il y a qu'à lui donner un chien en plus.«

Scherzhaft erklärt sie ihm das Seufzen der Frau, die mehr von der Zuneigung ihres Mannes hätte, könnte sie sich in einen Hund verwandeln.

Er notiert gleich darauf Stichworte zu Aluminium und Nickel in der Chemie sowie Mahnungen an sich selbst, welche Briefe zu beantworten seien. Im Juni widmete er jeweils eine Handvoll Zeilen Themen wie dem Tabak in den USA, dem Wandern von Sanddünen und der frühen Kolonialzeit Algiers, das Winston Churchill am 5. Juni besucht hatte. Im Mai hatte sich das Afrikakorps der Wehrmacht mit 250 000 Soldaten den Alliierten ergeben. Auch mit der Rolle der Stupas im Buddhismus und der Verbreitung des Buddhismus auf dem Globus beschäftigte er sich nebenbei, eventuell ein Indiz für sein Interesse am damaligen Kriegsverlauf in Burma und in der Pazifikregion. Im Juni interessierte Schweitzer sich auch für die Herkunft des Symbols »Svastika«, das er als »Hackenkreuz« bezeichnete, und er befasste sich mit Japans Geschichte im 19. Jahrhundert. Dessen Truppen hatten Anfang Juni die Insel Kiska auf den Aleuten geräumt, ihrer letzten Bastion auf der westlichen Hemisphäre. Andeutungen zu den realen, zentralen Ereignissen von 1943 in Osteuropa, etwa zu Stalingrad oder Charkow, tauchen nicht auf.

Offenbar wenig gut gelaunt hielt Schweitzer fest, dass Goldschmid ab 18. Juni »zum zweiten Mal« Urlaub in Brazzaville macht. Im Juli und August, während der Abwesenheit des Kollegen, wandte sich Schweitzer

---

174 Synonym für chèvres, Ziegen.

7.2 Lambaréné und der Zweite Weltkrieg

medizinischen Themen zu, notierte Zeilen zu Virchow, zu Tetanus und zu den Memoiren des von ihm verehrten Anästhesisten Karl-Ludwig Schleich, dessen Porträt im Operationsraum des Spitals hing. Geburten, Taufen und Todesfälle von Europäern wurden vermerkt und im September der Abschied eines Paters der Katholischen Mission in den Ruhestand, der dem Spital Gegenstände aus seinem Besitz überließ. Für Oktober fehlen Aufzeichnungen, vermutlich ließ die Arbeit keine Zeit.

Erst als Goldschmid im November 1943 zurück war, kommt es im Journal wieder zur Mischung aus Adressen, Zitaten – diesmal mehr Schiller als Goethe – und Skizzen zu historischen Fragen, etwa der, ob die Karthager einst bis ins heutige Kamerun vorgedrungen sein könnten, da ein Berg, den sie schilderten, dem »Mount Cameroon« ähnele. Für Oktober gibt es nur eine Seite mit Adressen, im November taucht die des Exilanten Herbert Spiegelberg in Appleton, Wisconsin, auf, der offenbar geschrieben hatte. Zwischen die Adressen notierte Schweitzer im November: »Die in Kleinasien eingefallenen Gallier wurden 189 v. Chr. von Manlius Vulso besiegt, die in Oberitalien sesshaften Gallier wurden um 190 von den Römern unterworfen«, darauf folgen Anmerkungen über eine Bulle von Papst Leo XIII. und den persischen Philosophen Avicenna. In Italien kam es, ohne dass Schweitzer das erwähnte, von Mitte bis Ende 1943 zu entscheidenden Kämpfen der Alliierten gegen Mussolinis Truppen.

Am 24. November hält das Logbuch fest, »die Doctoresse Anna Wildikann« nehme nun Urlaub in Brazzaville. Wildikann ließ sich allerdings, wie zuvor erwähnt, dort am französischen Kolonialhospital behandeln, um im Frühsommer 1944 nach Tel Aviv zu reisen, wo sie am Hadassah-Klinikum operiert wurde. Am selben Tag erwähnt das Journal den für die Jahreszeit seltenen Regen. Der Dezember verzeichnet eine Notiz zum Forschungsstand der Behandlung der Lepra und längere Ausführungen über das Scheidungsrecht in Frankreich. Warum das Thema den Schreibenden interessierte, wird nicht evident.

Im Anschluss an diese Eintragung hielt er fest, dass 1819 die erste Firma eröffnet worden war, die »Büchsenfleisch auf den Markt« brachte, und später im Dezember fragte er sich, wie »der Typus des primitiven Menschen durch das Studium der besonderen Züge, die bei allen Neugeborenen gleich sind« genauer bestimmt werden könne. Der Rückblick auf das Jahr 1943 wirkt ambivalent. Mitarbeiter nahmen unwillkommene Auszeiten, zwei Pflegerinnen waren gegangen: »Das Spital ist ihnen zu eng geworden, sie wollen in die Welt hinaus, ganz frei sein.« Zurückblieben wenige treue Pflegerinnen und die Chefhaushälterin Emma Haussknecht. Seine Frau, schrieb er, »hilft im Haushalt aus und unterhält die Instrumente in der Chirurgie.«

Doch dass die Kollegen ausfielen, elektrisierte ihn auch: »Welche Freude, das Spital wieder zu leiten, wie in früheren Zeiten, und wieder Chirurg zu sein, wie früher!« Er leide an Müdigkeit, im Kopf arbeite er jedoch »an der Philosophie weiter.« Nach der Rückkehr von Dr. Goldschmid fand Schweitzer wieder Zeit für Musik: »Seit November übe ich wieder regelmäßig Orgel auf dem Klavier mit Orgelpedal.«

So fallen auch die Notizen zu 1944 spärlich aus und bedürfen an dieser Stelle keiner ausführlicheren Erwähnung, während es im Folgejahr wieder öfter zu Einträgen kommt.

1945: Stunde Null in Lambaréné

Zum Kriegsende schrieb Schweitzer ausführliche Notizen, es fiel auf seinen »Posttag«:

»Das Ende des Krieges in Europa! Montag 7 Mai 45. Um zwölf Uhr kommen Briefe von Frl. Mathilde und Frau Martin an. Um 2 Uhr soll unsere Post fort. Ich esse schnell und setze mich dann an den Tisch um Frl. Mathilde auf dringende Fragen ihre Reise betreffend in der Eile zu antworten. Während ich schreibe kommt um 1 40 (Spitalzeit, die auf die gewöhnliche Lambarenezeit etwas nachgeht)[175] Herr Saucy [?] vor mein Fenster und ruft mir zu, dass nach deutschen Meldungen, die vom TSF[176] Léopoldville weiterverbreitet werden, der Waffenstillstand zu Land und zu Wasser abgeschlossen ist ... Ich muss aber am Tisch bleiben, um den wichtigen Brief zu vollenden, da der Schwarze, der die Post nach Lambarene bringen soll, mit dem Paddel vor meinem Zimmer ist ... Der Brief darf die Post nicht verfehlen ... Nachher gehe ich dann zum Dienst ins Spital. Bei der Glocke photographiert Doctoresse Wildikann mich und die weissen Gäste des Spitals. Nach fünf schleppe ich mich trotz der grossen Müdigkeit in die Pflanzung um zu sehen, was dort gearbeitet worden ist ...«

---

175 Schweitzer ließ die Uhren auf dem Gelände nachgehen, um länger Tageslicht zu haben.
176 Drahtloses Telegrafensystem, Télégraphie sans fil.

7.2 Lambaréné und der Zweite Weltkrieg

Es scheint, dass die Nachricht beim Adressaten erst ins Bewusstsein dringen musste:

»Erst am Abend komme ich zur Besinnung und kann mir vorzustellen versuchen, was die Einstellung der Feindseligkeiten bedeutet. Aber es wirklich zu begreifen vermag ich nicht ... Die erste Nacht seit langen Jahren, dass die Menschen in Europa ohne Angst vor Bombardierung sein können ... Einer unserer Schwarzen, der erfuhr, dass der Krieg zu Ende sei, sagte: ›Nun müssen die Deutschen aber immerfort für die Engländer schaffen.‹«

Durch den Mund eines anderen gab Schweitzer die Furcht der Deutschen vor Vergeltung wieder, verkleidet in eine Bemerkung, die auf lokale Praxis der Kompensation nach Konflikten rekurriert. Dass mit dem Kriegsende nicht nur die Angst vor Luftangriffen, sondern auch die Verfolgung der Juden endete, fand so wenig Erwähnung, wie die Reaktion von Wildikann und Goldschmid auf die Nachricht. Die Eintragung schloss mit einem Exzerpt aus Lao Tse, das später in autobiografischen Veröffentlichungen zum Kriegsende wiederverwendet wurde. Darin scheint eine Mahnung an die Alliierten durchzuschimmern:

»Aus Lao Tse: ›Die Waffen sind unheilvolle Geräte, nicht Geräte für die Edlen. – Nur wenn er nicht anders kann, gebraucht er sie. Ruhe und Frieden sind ihm das Höchste. – Er siegt, aber er freut sich nicht daran. – Wer sich daran freuen würde, würde sich ja des Menschenmordens freuen. Wer sich des Menschenmordens freuen wollte, kann nicht sein Ziel erreichen in der Welt. Bei Glücksfällen achtet man die Linke als Ehrenplatz, bei Unglücksfällen achtet man die Rechte als Ehrenplatz. [...] Menschen töten in grosser Zahl, das soll man beklagen mit Tränen des Mitleids – wer im Kampfe gesiegt, der soll wie bei einer Trauerfeier weinen ...‹«

Schweitzers *Afrikanisches Tagebuch 1939–1945* verknappt die Szenen:

»Im Laufe des Nachmittags wird die Glocke geläutet und den sich versammelnden Bewohnern des Spitals mitgeteilt, daß der Krieg zu Ende ist. Später muss ich mich trotz der großen Müdigkeit in die Pflanzungen schleppen, um zu sehen, was dort gearbeitet wird.«[177]

---

177 Schweitzer, 1971e, S. 72.

Fugenlos fahren die Eintragungen nach dem 7. Mai fort mit den üblichen Notizen zu Adressen und Zitaten aus Briefen, aber auch aus einem Telegramm von Greta Lagerfeldt: »quelle joie la paix«. Darunter die Notiz: »Kaufen: M. Planck ›Physik im Kampfe mit der Weltanschauung‹ 1935«. Am 10. Mai klebte Schweitzer in sein Tagebuch einen Zeitungsausschnitt aus *Le Courrier d'Afrique* – eine Tageszeitung aus Léopoldville –, der die Arbeitsmoral der Weißen in Belgisch-Kongo preist. »Oh, les braves Belges« schrieb er an den Rand, wohl eher ironisch als ernst gemeint. Darunter zitierte er ein Telegramm des amerikanischen Unitariers Charles Joy aus Boston vom 14. Mai, der für eine Publikation Fotos von Schweitzer, Mitarbeitern und »Natur« suchte. Joy wurde ein erfolgreicher Nachkriegsbiograf Schweitzers in den USA wie in Deutschland. Am 15. Mai klebte Schweitzer einen Ausschnitt aus *Le Courrier d'Afrique* vom 13. April ein und vermerkte, dass in Léopoldville Sport und Kino zur Unterhaltung der 80 000 afrikanischen Staatsangestellten geboten werde, deren Wohnviertel hießen »cité joyeuse«. An den Rand schrieb er, offenbar indigniert: »L' ésprit de notre époque!!«

In den kommenden Wochen geht es weiter mit dem Sortieren von Adressen, Epitheta aus der Lektüre und gelegentlichen Randnotizen zum Weltgeschehen, etwa am 23. Mai 1945: »Ich erhalte auf der protestantischen Mission (wo ich einen Missionar besuchte) heute Abend die Nachricht, dass Churchill demissioniert hat.« Auf einen Gedankenstrich folgen Kalkulationen zu Spendensummen, Zeilen zur Bestellung einer Brille, zum Wechsel von der Regen- zur Trockenzeit und zu landwirtschaftlichen Fragen in Afrika wie im Elsass. Unter anderem beschäftigte ihn später die Etymologie der Namen »Odilie«, »Elfriede« und »Helga« und die Wiederentdeckung eines Bach-Porträts von 1723. Er rief sich die Struktur des Chinin in Erinnerung, las gelegentlich Molière, korrespondierte mit Orgelbauern, mit potenziellem Personal und mit Geldgebern in den USA.

Erst am 7. August 1945 taucht wieder, mit Hiroshima und Nagasaki, die Weltpolitik in den Notaten auf:

»Ich erfahre, dass gestern das amerikanische Radio in langer Ausführung verkündete, dass gegen Japan eine neue Bombe mit ungeheurer Gewalt angewendet worden sei, deren Explosionsenergie durch Atomzertrümmerung gewonnen wurde und dass überhaupt das Problem der Energiegewinnung durch Atomzertrümmerung gelöst sei, und so eine in mannigfacher Weise zu verwendende neue Kraft gefunden sei. – Aber die erste Anwendung wird gemacht zur Vernichtung ...«

7.2 Lambaréné und der Zweite Weltkrieg

Auf derselben Journalseite notierte er wieder Adressen, etwa von einem Landwirtschaftsexperten in Libreville oder einem Arzt in Straßburg. Anderntags griff Schweitzer das Thema Atom erneut auf, nannte den ausgelöschten Ort Hiroshima, reflektierte alarmiert »das Schicksal der Menschheit« und stellt fest: »Man erwartet, dass Japan sich unterwerfen muss ...« Emotionaler als in vorherigen Eintragungen fuhr er fort: »Das Tragische ist ungeheuerlich, dass der Mensch den Naturkräften gebietet.« Als am 14. August um Mitternacht die Alliierten die Kapitulation Japans bekannt gaben, heißt es:

> »[E]ine Entdeckung, die die Vernichtung des Gegners bedeutet ... Dies das Ende der Kriege überhaupt. Kriegsführung wird hinfort, durch wissenschaftlich [Wort nicht entzifferbar] Atomkultur, auf Vernichtung bestehen!! Jedes Volk muss gewärtig sein, dass es das Opfer einer solchen Entdeckung wird, gegen die alle Tapferkeit nichts vermag ... Dieses Ende des zweiten Weltkrieges gibt zu denken und zu fürchten ... Aber die gedankenlose Masse wird auf die Bedeutung dieser Art von Ende des Krieges nicht aufmerksam ... Was wird aus der Menschheit werden?«

Schweitzer hatte sein Thema der kommenden Jahre aufgetan, auch wenn es ihm wohl noch nicht voll bewusst war. Weiterhin beunruhigte ihn die befürchtete Rache der Alliierten an den Deutschen. Kommentarlos heftete er am 24. August eine Zeitungsmeldung über Feldmarschall Bernard Montgomery ein, Oberbefehlshaber der britischen Streitkräfte, der Racheakte an der deutschen Zivilbevölkerung untersagte. Nach und nach trafen Briefe ein, die von Vermissten und Gefallenen in Europa berichteten, was Schweitzer gelegentlich festhielt, etwa am 17. November, als er notierte: »Greda Picht: Mann leidend nach Nervenchoc. Haben einen Sohn in Russland verloren. Ein anderer Sohn hat seine Frau verloren bei Bombardement. – Dem Sohn, der die Pianistin geheiratet hat, geht es gut.«[178] Mit Sorge verfolgte Schweitzer Reformbestrebungen der Kolonialpolitik, die der Bevölkerung mehr Selbstverwaltung und Autonomie einräumen wollte.

---

178 Mit den elsässischen Akademikerfamilien Picht und Curtius war Schweitzer seit der Studienzeit in herzlicher Verbindung. Der Altphilologe Georg Picht hatte die Pianistin Edith Picht-Axenfeld geheiratet, die wegen ihrer jüdischen Herkunft während der NS-Zeit mit Auftrittsverbot belegt war. Pichts Vater, Werner Picht, verfasste 1960 *Albert Schweitzer. Wesen und Bedeutung*.

Am 30. Dezember 1945 klebte Schweitzer erneut eine Zeitungsmeldung des *Le Courrier d'Afrique* ins Journal. Sie handelte von der Gerichtspause bei den Nürnberger Prozessen. Bei der Angabe zur Fortsetzung der Prozesse Anfang Januar 1946 hatte sich die Redaktion vertan und »1945« gedruckt. Mokant schrieb Schweitzer an den Rand: »Was die englischen Juristen nicht alles können! Die Sonne zurücklaufen lassen!« Es ist seine einzige Notiz zu den Prozessen, über die der *Courrier*, wie Zeitungen weltweit, regelmäßig informierte.

Sein »Rückblick auf 1945« enthält unter anderem Bedenken gegenüber einer Weltordnung, in der die Sowjetunion mehr Gewicht haben würde. Deutlich zeigt sich erneut seine Angst um die Zukunft des unter den Siegermächten aufgeteilten Deutschland:

> »Aus der Ferne verfolge ich die zu völliger Niederwerfung Deutschlands treibenden Ereignisse und gedenke erschüttert all des Mordens, das Tag und Nacht statthat [...]. Dabei werde ich den Gedanken nicht los, dass England und Amerika eine grosse Torheit begingen, den [Wort unleserlich] Widerstand gegen Hitler mehr zu fördern und so eine Erholung zu ermöglichen, die seinen Schrecken beinah [?] ein Ende bereitete und so einen Frieden unmöglich [machte?], ohne dass der Kampf bis zum letzten ausgetragen werden muss. Aber sie haben sich von vornherein durch Phrasen und Versprechungen festgelegt, dass sie das Vernünftige nicht tun können. Sie überlegen nicht, was das bedeuten wird, wenn Deutschland einmal genug in Stücke geschlagen wird, und Russland dann die Hand auf Europa legt.«

Offenbar hätte sich Schweitzer einen Friedensschluss der West-Alliierten mit dem NS-Regime gewünscht, um Deutschland vor dem massiven Bombenkrieg zu bewahren und einem potenziellen Machtanspruch der UdSSR in Europa vorzubeugen – ein politisch äußerst fragwürdiger Gedanke. Die Betrachtung wird nicht fortgeführt, und die Journale widmen sich wieder den Pflanzungen und Reparaturarbeiten, der wachsenden Postmenge und administrativen Neuerungen. Da viele »Nichtkranke« auf dem Gelände des Spitals lebten, hatte die Kolonialverwaltung das Spital »als Dorf klassiert, und ich habe die Obliegenheiten eines Häuptlings zu erfüllen, die Steuerliste aufzustellen, die Steuern zu erheben und dergleichen mehr.« Zu Wildikann und Goldschmid merkte er lediglich an, dass beide »tüchtig mithelfen«. Pessimistisch blickte er auf die Lage in Übersee: »Große Sorge bereitet mir altem Colonisten das Schicksal der Colonien«. Schon

7.2 Lambaréné und der Zweite Weltkrieg

die Konferenz in Brazzaville vom 30. Januar 1944 hatte ihn irritiert, auf der de Gaulle »Pläne für die Emanzipation der Eingeborenen« vorgestellt hatte, »eine ganz unbegreifliche, aber weisse Idee«, de Gaulle habe »mit dieser Veranstaltung seine ganze Unkenntnis colonialer Fragen« offenbart. Nicht weniger bedrohlich schien Schweitzer auch die Haltung von Félix Éboué, dem Gouverneur des Tschad, mit »nebelhaften und abenteuerlichen Urteilen«. Man sehe bereits, »dass die Saat aufgeht, die Mentalität der Eingeborenen beginnt sich zu verändern. Agitatoren haben unter ihnen die Parole ausgegeben: Fort mit den Weissen. Die unreife Jugend ist für diese Losung begeistert ...«, und das hatte Folgen:

> »Die Eingeborenen werden aufsässig gegen die Weissen, verweigern die Arbeit, verlangen Löhne, die in keinem Verhältnis zur geleisteten Arbeit stehen [...] und die Beamten empfangen in Paris die Weisung, die Dinge gehen zu lassen. Es wird grossartig verkündet von der Seite des Colonialministeriums, dass niemals ein Schwarzer zu einer Arbeit genötigt werden soll, sogar wenn es sich um die Sicherstellung der Ernährung des Landes durch Anlegen von Pflanzungen handelt ... Langsam gleiten wir ins Chaos hinein ... Auch dass de Gaulle den Indochinesen zu grossen Teilen die Freiheit gab, wegen ihrer (angeblichen) patriotischen Haltung im Kriege, wird sich schwer rächen, denn die Indochinesen verstehen darunter die völlige Unabhängigkeit von Frankreich«.

In Schweitzers Augen sprang die Unruhe über auf seine Region:

> »Und schon fangen die Feindseligkeiten zwischen den verschiedenen Stämmen wieder eine Rolle [Satzbau im Original verrutscht] ... Bei uns bekämpfen sich Galoa und Pahouins ... Die Pahouins wollen nicht mehr leiden, dass die Galoa und die verwandten Stämme in Libreville die besten Nahrungsmittel von den umliegenden Dörfern geliefert bekommen ...«

Schließlich geht es um Personalwechsel bei den Mitarbeitern, und unter die Verbleibenden zählte Schweitzer »meine Frau«. Mit Emphase fügte er an: »Fast kann ich es nicht fassen, dass mein Haus in Günsbach erhalten blieb! Welch eine Gnade, die mir widerfahren!« Er beschloss, zunächst weiter in Lambaréné abzuwarten, wie die Lage sich entwickeln würde: »Kein Mensch kann ja voraussehen, was die Wirrköpfe in Paris nicht alles umwerfen werden ...« Außerdem wolle er am Ort die Schlussfassung der

»Kulturphilosophie« beenden, an der er noch immer saß. Bis Mitternacht, oft sogar bis zwei Uhr morgens, sei er überdies meist mit dem Beantworten der »Lebenszeichen« aus aller Welt beschäftigt: »Tief bewegt, in Dankbarkeit für alles, was mir in meiner Welt Gutes widerfahren, gehe ich ins neue Jahr ... ins neue Jahr der ›Nachkriegszeit‹ ... ach, noch nicht des Friedens ...« Mit diesem Seufzer beendete Schweitzer die Rekapitulation das Jahres 1945.

7.3 Afrikas Albert Schweitzer

Afrikanische Rezeption, eine Feldforschung in Lambaréné und »La danse de Gaulle«

»Der große Arzt von Lambaréné wird als der Livingstone unserer Zeit angesehen werden. Und so wie das Bild Livingstones, dieses anderen großen, ebenfalls in Afrika gestorbenen Missionsarztes, wird auch die Erinnerung an ihn für immer bewahrt bleiben im Herzen von Millionen von Afrikanern, die die Wohltat seiner hingebenden ärztlichen Fürsorge erfahren haben.«

Samuel Manuwa, September 1965[1]

Spurensuche in Gabun

Albert Schweitzer kam auf die Gabuner, ohne dass sie nach ihm gefragt hätten. 1913 war er einer von vielen kolonialen wie missionarischen Akteuren, die das von Afrikanern bevölkerte Territorium aufsuchten, dort Kapital akkumulieren, Profite und Kenntnisse gewinnen oder Wohltaten säen und Proselyten machen wollten. Sie kamen, gingen und wurden durch andere ersetzt, die Fluktuation war hoch. Aus der Sicht der lokalen Bevölkerung wirkten die Wege der weißen Akteure häufig erratisch, wie im Fall von Félix Ombagho so deutlich zu sehen: Plötzlich waren sie da, plötzlich reisten sie ab. Bleibend waren ihre Ämter und Funktionen, repräsentiert durch Habitus, Uniformen, Tropenhelme, Talare oder Priesterröcke. Von den Formalitäten, den Papierkriegen und Personaldebatten in den Metropolen, die der Anreise oder Abreise der Europäer vorausgingen, wusste die Bevölkerung am Ort der Ankunft wenig. Europäer waren da, behaupteten sich oder behaupteten etwas, und kraft ihrer Ausrüstung, Kenntnisse und Logistik erschienen sie den Leuten am Ort oft so faszinierend wie irritie-

---

[1] Zit. n. Wouro, Sanhan K.: *Das Afrikabild Albert Schweitzers*. Saarbrücken, 1980. Samuel Manuwa (1903–1976) war Arzt, er wirkte unter anderem als Generalinspekteur des Nigerianischen Gesundheitswesens und Präsident der World Federation of Mental Health sowie des westafrikanischen Ärztebundes.

rend, wie umgekehrt diese mit ihrer »Exotik« den Ankömmlingen. Pausenlos waren die Prozesse des gegenseitigen Beobachtens und der Zuschreibungen auf dem Gelände des Kolonialismus, man lernte voneinander, belieferte und übervorteilte einander und registrierte amüsiert bis befremdet Seltsamkeiten der jeweils anderen. Mit dem Aufpflanzen der Nationalflaggen der Metropolen kippte die Balance zu Ungunsten der Bevölkerung vollends um in asymmetrische Verhältnisse. Schweitzer positionierte sich zur kolonialen Dynamik ambivalent. Er verurteilte Gewaltexzesse und rief zur Sühneleistung auf, begrüßte aber, wie mit seiner berühmten Aussage zur Rolle der Weißen als »älterem Bruder«, generell das europäische Verwalten der »jüngeren Brüder«, denen er Reife und Disposition zur Selbstverwaltung absprach.

Bis Anfang der 1960er Jahre und teils bis in die Gegenwart hinderte seine Haltung weder Gabuner noch andere Afrikaner südlich der Sahara daran, aus dem Arzt von Lambaréné, ihrerseits eine mythische Figur zu konstruieren, wenngleich unter anderen Vorzeichen als etwa in der Bundesrepublik der Nachkriegsära. Weltweiter Ruhm einer Heldenfigur färbte hier nicht nur auf dessen Wirkungsort ab, es schien ein Europäer angetreten, der seine Lebenszeit der Linderung von Leiden opferte und über magische Ressourcen verfügte, ein Grand Docteur, der in Europa Orgel spielte, um Arzneien für einen kleinen Ort im Regenwald zu beschaffen. Schweitzers Portrait diente auch nach Erlangen staatlicher Souveränität nicht nur in Gabun als Briefmarkenmotiv, sondern unter anderem in Guinea-Bissau, Liberia, Mali, Mauretanien, Mosambik, Niger, Senegal oder der Zentralafrikanischen Republik. Noch nach der Jahrtausendwende gaben afrikanische Staaten Dutzende Schweitzer-Marken neu aus. In Togo wurde 2013 eine prachtvolle Marke mit in Verbindung mit dem Rotkreuzsymbol komponiert, als habe es sich bei Schweitzer um einen offiziellen Funktionär des ICRC in Genf gehandelt – typisch für die Vielfalt der Missverständnisse, die nicht allein in der interkulturellen Kommunikation kennzeichnend ist für die das Prisma der nördlichen und südlichen Varianten von Schweitzer-Mythen.

Erst in jüngerer Zeit widmet sich die Forschung, jenseits der eher im internen Kreis der Schweitzer-Adepten generierten Literatur,[2] der afrikani-

---

2 Munz, Walter: *Albert Schweitzer im Gedächtnis der Afrikaner und in meiner Erinnerung.* Bern, 1991. Der Band des früheren Klinikdirektors von Lambaréné, der Schweitzer nachfolgte, enthält einige Texte mit Aussagen gabunischer Mitarbeiter und Zeitzeugen.

schen Rezeption von Albert Schweitzer. Seit einigen Jahren kommt es vermehrt zu analytisch kritischen, afrikanischen Studien. Mit Ingrimm wies der nigerianische Schriftsteller Chinua Achebe 2002 beim Empfang des Friedenspreises des Deutschen Buchhandels auf den Vorgänger, der 1951 in der Frankfurter Paulskirche geehrt wurde:

> »Als der große Albert Schweitzer einst erklärte, dass der Afrikaner wahrlich sein Bruder sei, allerdings aber sein jüngerer Bruder, beging er eine ungeheuerliche Gotteslästerung, auch wenn diese Gotteslästerung damals unbemerkt und unerkannt durchging, weil sie eine lange Geschichte hatte und überaus verbreitet war.«[3]

2014 gaben Noël Bertrand Boundzanga und Wilson-André Ndombet von der Universität Libreville in Gabun eine Anthologie mit Texten zu Schweitzer und Lambaréné heraus, deren Titel, *Le malentendu Schweitzer*[4], bereits den Schlüssel zur Problematik der Rezeption birgt. Es kann nur um das »Missverständnis Schweitzer« gehen, als irreführendes wie als produktives.

In einem Dutzend Beiträge spiegelt die Essaysammlung die Bandbreite der Debatte um den »afrikanischen« Mythos Schweitzer wider. Darin taucht Schweitzer bei scharfen Kritikern als paternalistisch herablassender Rassist auf, der dem kolonialen Projekt durch seinen »humanitären Kolonialismus« – hier oft gebrauchte Formulierung – Legitimierung verschaffte. Verdächtig erscheint einigen der jungen Wissenschaftler der Eklektizismus des Mannes, der auf allzu vielen Gebieten brilliert haben soll. Bei eher spirituell orientierten Autoren, verdient Schweitzer trotz aller Kritik, Ehrerweisung als nahezu christusgleiche Gestalt. Hingegen ist sich der Herausgeber Boundzanga mit Achebe einig: »Schweitzer mérite de n'être pas salué par la communauté intellectuelle et universitaire gabonaise.«[5] Andere Autoren des Bandes zeigen sich realpolitisch konziliant, wie Codjo Rawambia Léopold, dessen Fazit den Buchtitel gab. Er verortet Schweitzer

---

3 Achebe, Chinua: Menschen in Erzählungen eine Heimat geben. In *Frankfurter Allgemeine Zeitung*, 14.10.2002, S. 8.
4 Boundzanga, Noël B. und Ndombet, Wilson-A.: *Le malentendu Schweitzer*. Paris, 2014. Boundzanga lehrt Literatur, Ndombet Geschichte an der Universität Omar Bongo in Libreville. Von Boundzanga erschien zuletzt eine couragierte Kritik an der Verletzung der Menschenrechte in Gabun: *Le Gabon, une démocratie meurtrière*. Paris, 2016.
5 Boundzanga und Ndombet, 2014, S. 14.

als Spross seiner Epoche und als weder verwerflich noch heilig: »En réalité, Schweitzer n'était ni l'affreux personnage, ni le saint qu'ils ont tenté de peindre.«[6] Skepsis äußert Gladys Esseng Aba'a angesichts eines Ehemanns, der von Humanismus sprach, aber kaum für seine Ehefrau da war und nicht über sein Privatleben sprach. Emery Effa-Etoughe sieht in Schweitzer einen lernenden Colon, der sich im Lauf der Zeit gewandelt habe, auch wenn es zwischen der importierten und der traditionellen Medizin (»tradithérapie«) Irrtümer und Missverständnisse auf seiner Seite gab. Schweitzers moralisches Denken beweise Tiefe, obwohl er sich nicht aus der Textur des Kolonialismus gelöst hatte. Serge Ella-Ondo greift die westliche Deutung von Schweitzer als Avantgardist der ökologischen Bewegung auf, in dessen Appell zum »respect de la vie« die Warnung vor dem Plündern der Natur als Vorausecho hallt. Diesen Denkansatz dekonstruiert Esrom Mougnonzo[7] kurzerhand als politisch ertraglosen Ontologismus. In der Maxime von der »Ehrfurcht vor dem Leben« verberge sich eine Egalisierung aller Lebensformen, mit der Schweitzer Fauna, Flora wie »Indigene« als eine Art Kinder-Spezies unter »Leben« subsummierte und den Rechtsrahmen der Menschenrechte völlig außer Acht ließ.

Als einer der ersten Gabuner hatte sich Séraphin Ndaot kritisch mit Schweitzer auseinandergesetzt, den er in seinem als »Roman« bezeichneten Theaterdrama *Le procès d'un prix nobel ou le médecin du fleuve*[8] von 1983 als »docteur Seller« darstellte. Seller, so die These, habe seinen Nobelpreis auf Kosten der Afrikaner erhalten, und seine Patienten als Mittel zum Zweck für persönlichen Ruhm benutzt. Ihm wird deshalb der Prozess gemacht, doch vor dem Schlussplädoyer erleidet Seller einem Herzanfall, ehe ein Urteil gefällt wird. Wie sich herausstellt, hatte er sich geopfert und damit vollends rehabilitiert. Hätte »le docteur« das kostbare, begrenzt vorrätige Herzmedikament selber genommen, anstatt es einem Patienten zuzuteilen, wäre er wohl noch am Leben. Der fiktive Docteur, der sich vor Gericht mit Verve gegen seine Ankläger zur Wehr gesetzt hatte, entsprach damit weniger den dämonisierenden als den idealisierenden Konstruktionen der Region, in der er wirkte.

---

6 Léopold, Codjo Rawambia: Le malentendu Schweitzer de 1952 à nos jours. Un colon opportuniste ou un humanisme chrétien? In Boundzanga und Ndombet, 2014, S. 68.
7 Mougnonzo, Esrom: La mystique schweitzérienne et les droits pour l'homme africain. In Boundzanga und Ndombet, 2014, S. 121ff.
8 Ndaot, Séraphin: *Le procès d'un prix nobel ou le médecin du fleuve*. Paris 1983. Ndaot ist Verfassungsrechtler, Historiker und gabunischer Politiker, geboren wurde er 1942 in Ndjolé in Gabun.

Die Auseinandersetzung mit Schweitzer suchte auch der Spielfilm eines Regisseurs aus Kamerun, der 1995, wie Ndaot, zunächst die Saat der Revolte sät, um dann milder zu werden und zu relativieren. *Le Grand Blanc de Lambaréné* von Bassek Ba Kobhio zeichnet seine Charaktere als typisch für ihre jeweilige Rolle im Kolonialsystem und im Verlauf der Entkolonialisierung. Der 1957 geborene Regisseur und Soziologe erzählt Szenen aus dem Leben des Jungen Koumba aus Lambaréné, der als Kind, gegen Ende des Zweiten Weltkriegs dem orgelspielenden Urwalddoktor bewundernd zu Füßen saß. Als Heranwachsender erlebt er, wie der »Grand Docteur« seinen Vater, einem »Heilgehilfen« am Hospital Schläge versetzt, weil dieser einem Clanchef die Wahrheit über dessen bedrohliche Erkrankung verraten hatte. Koumbas Vater wollte dem Patienten Gelegenheit geben, sich auf einen würdigen Abschied aus dem Leben vorzubereiten und die Angelegenheiten seiner Familie zu regeln. Schweitzer wollte ihn im Unklaren lassen, um ihn nicht zu belasten. Doch der Arzt konterkariert solche guten Absichten durch Jähzorn und Arroganz. Bei der Ausgabe von Kochbanen und Maniok im Spital müssen sich Empfänger mit »Merci mon Grand docteur« bedanken, Schweitzer erscheint bald herrschsüchtig und unbeherrscht, bald als der edle Helfer, dann wieder betört von einer bezaubernden Hetäre aus der Hauptstadt Libreville. Doch zu mehr als einem Tanz lässt er sich nicht hinreißen.

Im Land gärt es, der demokratische Umbruch steht vor der Tür. Koumbas Onkel, aktiv im antikolonialen Widerstand in Lambaréné, schickt den Neffen auf die Schule in Port Gentil an der Küste, er soll Medizin studieren und selbst ein großer Doktor werden, was Schweitzer missfällt, der bekanntlich auch in der Realität gegen afrikanische Ärzte an seinem Hospital ebenso eingestellt war wie gegen schwarze Tischgäste im Speisesaal. In einem Verschlag auf der Insel Lambaréné sieht man junge Leute vor Plakaten mit Marx und Lenin diskutieren, die den Docteur, lebendes Symbol weißer Suprematie-Ansprüche, davonjagen wollen, bis eine Gabunerin die Aktivisten zur Mäßigung bewegt. Als dann der Sohn des Erwachsenen Koumba im Fieber liegt, wird noch einmal der alte, weiße Arzt gerufen, der hilft, obwohl Koumba sein politischer Gegner ist. Bald darauf erklingt der berühmte Indépendance-Cha-Cha[9], Koumba wird ins Parlament ge-

---

9 Komponiert 1959 von Joseph Kabasele Tshamala während der Brüsseler Verhandlungen um die Unabhängigkeit des belgischen Kongo. Der rhythmisch und melodisch schwungvolle Song war ein Aufruf zur nationalen Einheit der kongolesischen Interessensgruppen um Lumumba und Tchombé.

7.3 Afrikas Albert Schweitzer

wählt, die neue Elite Gabuns ist geboren und zeigt sich in Libreville im Gestus europäischer Inhaber von Regierungsgewalt auf einem Balkon der Bevölkerung. In einem Beiblatt zum französischen Kinostart des Films hieß es: »Ce film est un regard noir, ce n'est pas un film de revanche, il est un témoignage.« Staatliche Filmförderung aus Frankreich und Belgien half bei der Produktion, doch Institutionen, die speziell dem Andenken Albert Schweitzers verpflichtet sind, sahen offenbar wenig Anlass zu starker Unterstützung des Projekts.[10] Mit Ndaots Drama und Bha Kobhios Film, die nach dem Kompromiss fahndeten zwischen postkolonialem Einspruch wider Schweitzer und Anerkennung seiner christlichen Hingabe als Arzt, war der doppelte afrikanische Schweitzer skizziert, wie er sich, teils auch in der Anthologie von Boundzanga und Ndombet von 2014, bisher durchgesetzt hat.

Auch Sylvère Mbondobaris Studien,[11] die Schweitzer-Mythen in Deutschland, Frankreich und Gabun komparatistisch untersuchen, kommen zu ähnlicher Einordnung der Schweitzer-Imagos in koloniale wie postkoloniale Diskurse. Mbondobari benennt den deutschen Bedarf an ethischen Narrativen nach dem Zweiten Weltkrieg und sieht in der Verleihung des Friedenspreises des Deutschen Buchhandels 1951 den entscheidenden Beitrag »zur Kanonisierung Schweitzers in Deutschland«[12]. Die verhaltenere französische Rezeption erkennt er als beeinträchtigt von der zweideutigen Stellung des Elsässers Schweitzer zu Frankreich und vice versa. Stimmen wie Achebes von 2002 bilden für Mbondobari notwendige »Gegendiskurse«[13], deren Vorläufer sich schon in Artikeln ab Beginn der 1960er Jahre finden, wo Schweitzer in Nigeria oder im Kongo seine starre Ablehnung des Strebens nach Unabhängigkeit vorgehalten wurde, und die Tatsache, dass er keine Anstrengungen machte, afrikanisches Personal medizinisch zu qualifizieren. Der Mythos sei jedoch, so Mbondobari, durch die »oft polemischen« Äußerungen afrikanischer Kritik »allenfalls ins Wanken gebracht,

---

10 Das veranlasste die Produzenten im Abspann zu der ironischen Anmerkung, das elsässische Schweitzer-Museum in Kaysersberg habe »Toilettenpapier, Taschentücher und Abschminkwatte« für die Dreharbeiten gestiftet.
11 Mbondobari, Sylvère: Archäologie eines modernen Mythos. Albert Schweitzers Nachruhm in europäischen und afrikanischen Text- und Bildmedien. In *Beiträge zur Albert-Schweitzer-Forschung*. Frankfurt/M. u. a., 2000; Der Mythos Schweitzer in Deutschland. In Hans Körner (Hg.), *Mythen in der Kunst*. Würzburg, 2004.
12 Mbondobari, 2004, S. 111.
13 Mbondobari, 2004, S. 118.

keinesfalls aber gestürzt«[14] worden, auch habe sie Schweitzers Philosophie zu seinem humanistischen Engagement zu wenig beachtet. Vielleicht liege es »zutiefst in Schweitzers Persönlichkeit begründet«[15], räsoniert Mbondobari, dass es Kritikern weder in Europa noch in Afrika gelungen sei, seine disparaten Anteile in ein kohärentes Bild zu fassen.

Augustin Emane, Rechtssoziologe, geboren 1963 in Lambaréné, forschte mit ethnologischen und soziologischen Methoden nach dem Bild der Gabuner von Schweitzer und dessen Hospital in der Region selbst, wo er Zeitzeugen nach »les représentations liées à lui qui ont cours dans ce pays.«[16] befragte. Auslöser für seine Studie war die affektiv aufgeladene Diskussion in Gabun über den Film von Bassek Bha Kobhio von 1995, der Reaktionen von Enthusiasmus bis Indignation hervorgerufen hatte.[17] Die Debatte hatte seinen Forschungsdrang geweckt.

Emanes Interesse richtet sich auf die Nachwirkungen von Schweitzer als »Gabuns berühmtestem Adoptivsohn«, und auf die Frage, inwieweit das Hospital in Lambaréné die Einstellung zu Medizin und zum Gesundheitssystem in Gabun beeinflusst hatte. Sein Resümee fällt positiv aus. Einige Prinzipien, nach denen Schweitzer sein Hospital leitete, etwa das Einbeziehen der Angehörigen am Ort, seien durchaus geeignet, von anderen klinischen Institutionen südlich der Sahara übernommen zu werden und könnten in der Krise des Gesundheitssystems der Staaten Afrikas durchaus neue Geltung beanspruchen, wenngleich sie sich nicht verabsolutieren ließen. Doch bereits die Konstanz dieses Projektes erlaube es, ihm Modellcharakter zuzubilligen. Emanes Ansatz ist der Versuch einer Ehrenrettung von Schweitzers Erbe angesichts wachsender Kritik. Detailliert spürt er um 2010 dem Imago der Figur nach, die er als »une icône dans la bataille des mémoires«[18] markiert. In Gesprächen mit Zeitzeugen, die er überwiegend in deren Sprachen führen konnte – und sinnvollerweise ohne Fragekataloge abzuarbeiten – scheinen magische Zuschreibungen zu Schweitzer auf, Zauber, Abwehrzauber und Gegenzauber, und Vorstellungen wie die, dass mit »les blancs« reinkarnierte Ahnen auftauchten,[19] oder dass übelwol-

---

14 Mbondobari, 2004, S. 119.
15 Mbondobari, 2004, S. 123.
16 Emane, Augustin: *Docteur Schweitzer, une icône africaine*. Paris, 2013, S. 23.
17 Emane, 2013, S. 18.
18 Emane, 2013, S. 25.
19 Emane, 2013, S. 80.

lende Mächte in der Gegenwart Weißer schwinden.[20] Apotropäische und bannende Kräfte schienen im Hospital am Werk, wo es in der lokalen Imagination mit vorhandenen symbolischen Systemen amalgamierte. Erbaut worden war das Hospital am früheren Standort des Dorfes Atadiè auf der Anhöhe Adolinanongo, im späten 19. Jahrhundert Sitz des legendären Königs N'Kombé [oder Nkombé], ein Umstand, der am Magnetismus und an der Besetzbarkeit des Ortes mitwirkte.

War kein Weißer am Hospital, dann war »niemand da«[21], hörte Emane, und dass nur die Pillen aus Europa wirkten und halfen.[22] Es habe einen »Königspakt« zwischen Schweitzer und den traditionellen Heilern der Region gegeben,[23] und eine »protection divine«[24] am Hospital habe dafür gesorgt habe, dass »negativer Zauber« dort keine Wirkung entfalten konnte, während Schweitzers bloßer Name den Effekt eines Segens, einer »bénédiction«[25] besaß. Die Fetische des Doktors seien Apparate und Geräte gewesen,[26] erfuhr der Forscher von seinen Informanten, der Klang der Glocke auf dem Spitalgelände stand für seine Stimme, »la voix du grand docteur«[27]. Einige Anwohner erwähnten das Staunen über fehlende Gatter und Tore des Geländes, oder über die Vielzahl der Bücher in Schweitzers Haus. Doch kein einziger der Befragten erwähnte die Maxime der »Ehrfurcht vor dem Leben«, die für die westlichen Rezeption so wichtig ist.[28] Ob Schweitzer tatsächlich gestorben sei oder ob er noch lebe, schien manchen Interviewpartnern ungewiss,[29] – ähnlich wie Fans von Elvis Presley an dessen Ableben zweifeln. Emane formulierte wohl als Erster im Kontext mit Schweitzer und Lambaréné die Rede vom inhärenten Missverständnis und erklärte sein Spital zum »terrain du malentendu productif«.[30]

Emane verortet Schweitzer als Akteur im kolonialen System, äußere

---

20 Emane, 2013, S. 105, 266.
21 Emane, 2013, S. 259.
22 Emane, 2013, S. 196.
23 Emane, 2013, S. 161.
24 Emane, 2013, S. 107.
25 Emane, 2013, S. 124.
26 Emane, 2013, S. 43f.
27 Emane, 2013, S. 69.
28 Emane, 2013, S. 220.
29 Emane, 2013, S. 49.
30 Emane, 2013, S. 60.

Indikatoren sprechen für sich: Getrennte Unterbringung von Schwarzen und Weißen, Trennung bei den Mahlzeiten, die schwarzes Personal nicht im Speisesaal einnahm, der Gottesacker, auf dem nur Weiße bestattet wurden, Schweitzers zustimmende Haltung zu Zwangsarbeit oder der Schlag ins Gesicht gabunischer Arbeiter, wenn er zornig und ungeduldig war. Kein Zweifel bei Emane: »Schweitzer soutient l'entreprise colonial.«[31] Dennoch ist der Rechtsmediziner bereit, in strukturellen Elementen des Spitalbetriebs generalisierbare Konzepte zu sehen. Die wissenschaftliche Darstellung der Aussagen seiner Informanten, die er in und um Lambaréné traf und die der agrarischen, teils nur rudimentär gebildeten Bevölkerung der Region angehören, verzichtet auf Wertungen und Urteile. Kaum anders als auf anderen Kontinenten auch, investierten sie Hoffnung in die Kräfte unkonventionellen Heilens und in Menschen, die sich als Heilkundige präsentieren – was während der Corona-Epidemie weltweit wieder vielerorts sichtbar wurde. Schweitzers Patienten waren, nicht zuletzt aufgrund weitergereichter Erfahrungen »chez Schweitzer«, wie man am Ort bis heute hört, dazu bereit, die Existenz des Hospitals positiv zu besetzen. Damit wurde das Spital in der Region und darüber hinaus zur überdimensionierten Produktionsstätte von Fantasien, Wünschen und Hoffnungen.

Um »produktive Missverständnisse« handelte es sich teils auch bei der »Lambarene«-Rezeption im Nachkriegsdeutschland, wenn auch unter unvergleichbaren Vorzeichen und Bedingungen nach einer kollektiv verursachten, verbrecherischen Katastrophe größten Ausmaßes. Klar scheint sich indes die Feststellung treffen zu lassen, dass ohne die unzähligen kolportierten Anekdoten zur Verehrung Schweitzers durch »die Afrikaner«, von der europäische Augen- und Ohrenzeugen ebenso berichteten, wie der »Grand Docteur« selbst, der deutsche Nachkriegs-»Schweitzer« Mühe gehabt hätte, seine Rolle als moderner Heiliger einzunehmen. Die intrinsische Bedeutung von Schweitzer als die von Emane erkundete »icône africaine« blieb in der deutschen Rezeption so gut wie ganz unberücksichtigt und unreflektiert. Vielmehr wurden Aussagen von »den Afrikanern« für die Zwecke des deutschen Diskurses unter der Hand funktionalisiert. Das Echo des »malentendu Schweitzer« hallte aus beiden Richtungen, Süden wie Norden. Und auf beiden Seiten war es absichtslos entstanden, unbewusst.

---

31 Emane, 2013, S. 227.

Feldinterviews in Lambaréné

Bei einer Feldforschung in Lambaréné hatte ich ab Mitte August 1993 einen Monat lang Gelegenheit, Gabunerinnen und Gabuner zu befragen, die Albert Schweitzer als Mitarbeiter, Patienten oder Anwohner des Ortes erlebt hatten. In den Interviews mit Zeitzeugen zeichnete sich ein ähnliches Spektrum der afrikanischen Rezeption ab wie in Augustin Emanes intensiver Studie, die den Vorzug hat, dass der Feldforscher mehrere Landessprachen spricht. Gespräche und Interviews wurden auf Französisch geführt und meist auf Tonkassetten aufgezeichnet.

Rekapitulierend sei erinnert: Das zentralafrikanische Handelsstädtchen Lambaréné liegt in Gabun auf einer Insel im Ogowe, dem nördlichen Parallelfluss des Kongo. Lambaréné ist Hauptstadt der Region Moyen-Ogooué und befindet sich im Landesinneren, 150 Kilometer südlich des Äquators. Gabun wurde 1888 Teil von Französisch-Kongo und 1910 zum autonomen Bestandteil von Französisch-Äquatorialafrika, das 1958 aufgelöst wurde, als die Gabunische Republik Autonomie erhielt. Am 17. August 1960 wurde Gabun unabhängig. Auf den ersten Präsidenten, Léon M'ba, den Schweitzer in Lambaréné noch traf, folgte 1967 der am 8. Juni 2009 verstorbene Omar Bongo, der bis zu seinem Tod im Amt blieb, das dann sein Sohn übernahm. »Voilà, un autre palais de notre président Omar Bongo!«, erklärten Gabuner Gästen aus dem Ausland bei Fahrten durch die Hauptstadt Libreville immer wieder. Obwohl im März 1991 ein Mehrparteiensystem eingeführt worden war, blieb Bongos Macht unangetastet und die skrupellose Unterdrückung Gabunischer Opposition ist bis heute offenes Geheimnis.

Währende der Feldforschung konnte ich auch vier Tage lang mit einer gabunischen Krankschwester des Albert-Schweitzer-Hospitals zu einem entlegenen Sägewerk eines Tropenholzkonzessionärs aus Spanien fahren, eine Tagesreise mit der Piroge auf dem Fluss von Lambaréné entfernt. Etwa 300 Arbeiter wohnten auf dem »Chantier« mit ihren Familien als Tagelöhner ohne Kranken- oder Sozialversicherung. Sie arbeiteten im selektiven Nutzholzeinschlag in den Wäldern und im Sägewerk in der Nähe der am Flussufer gelegenen Villa des Konzessionärs. Die Verhältnisse dort entsprachen feudalem Kolonialismus. Wurde ein Arbeiter dabei erwischt, dass er Alkohol konsumierte, schaltete der Konzessionär den Holzhütten der Belegschaft, die aus je einem Raum mit Glühbirne an der Decke bestanden, drei Tage lang den dieselbetriebenen Stromgenerator ab, und die Bewohner saßen bei Kerzenlicht. Verlor jemand an der Kreissäge Hand oder Arm, erhielt er weder Kompensation noch den Lohn bis zum Monatsende.

Einmal im Quartal bestellte der Arbeitgeber immerhin – ohne Verpflichtung und auf seine Kosten – medizinisches Personal aus Lambaréné, um Impfungen vornehmen zu lassen, Bilharziose- oder Malaria-Patienten zu behandeln oder schwangere Mütter zu untersuchen. Unter dem kreischenden Lärm des Sägewerks versammelten sich Frauen mit ihren Säuglingen, um am Boden hockend einer Lektion der Lambarene-Schwester über HIV und Kondome zu folgen. Nur wenige schienen, wie spätere Gespräche mit ihnen nahelegten, erfasst zu haben, worum es dabei gegangen war.

Während meines Aufenthalts 1993 standen erstmals freie Wahlen an, doch oppositionelle Blätter wie *La Griffe* oder *Le Scorpion* waren eines Tages plötzlich und über Nacht aus den Zeitungskiosken »verschwunden«, und Oppositionellen stießen unerklärliche, fatale Unfälle zu. Weitreichender Einfluss französischer Konzerne wie Militärs sorgte für »Stabilität« auf Kosten gerechterer Verteilung des Bruttosozialproduktes, während sich Eliten bereicherten. Gabun ist ein ressourcenreiches Öllieferland, in dem unter anderem der Konzern Elf Aquitaine Konzessionen besitzt, der Handel mit Tropenhölzern floriert auch unter postkolonialen Bedingungen. Ein kleiner Prozentsatz der Bevölkerung gilt als, der Rest lebt bis heute weitgehend in Armut, doch unter den Staaten südlich der Sahara gilt Gabun als vergleichsweise wohlhabend. Amnesty International beanstandet im Länderreport zu Gabun von 2017 willkürliche Verhaftungen, Misshandlung von Häftlingen und die Unterdrückung der Meinungsfreiheit. Die demokratische Entwicklung geht so langsam voran, wie die Armutsquote sinkt, die auf dem Land größer ist als an der Küste und in den Städten.

Bis Mitte der 1980er Jahre war Lambaréné allein auf dem Wasserweg zu erreichen, in den 1950er Jahren allerdings zeitweise auch über einen kleinen, eigens wegen des Schweitzer-Spitals angelegten »Pilger-Flughafen«, eine Start- und Landepiste am Südufer des Flusses. Heute gelangen Reisende aus dem Ausland meist über eine lehmige Landstraße, eine Schneise durch die Tropenvegetation, von der Hauptstadt Libreville aus nach Lambaréné, das rund 20 000 Einwohner zählt. Das Bild des Ortes prägt der Fluss Ogowe mit Tropenholzflößen und Pirogen. Lokale Märkte für Buschwild und andere Waren ziehen sich die Uferstraßen entlang, und neben schlichten, zementverputzten Neubauten finden sich einige zerfallende Gebäude aus der Kolonialzeit. Das Hôpital Albert Schweitzer (H. A. S.) liegt am Flussufer nordöstlich gegenüber der Kleinstadt und Insel Lambaréné und von dort wenige Minuten Fahrt mit Pirogen über den Ogowe oder über eine Brücke von der Insel zum Festland erreichbar.

1993 war der Kontakt zu Einwohnern von Lambaréné wenige Wochen vor dem Abflug aus Hamburg durch einen glücklichen Zufall entstanden. Auf einem Studentenfest im Hamburger Schanzenviertel begegnete mir ein Student aus Gabun, dessen Verwandten in Libreville lebten und dessen Familie wie er selber aus Lambaréné kam. Mit seiner Hilfe wurde meine Fahrt von Libreville nach Lambaréné organisiert, die Unterkunft in einem Fremdenzimmer und die Verbindung zu ersten Ansprechpartnern, die aus eigener Erfahrung etwas über Schweitzer und das Hospital mitteilen konnten. Jeder am Ort begreift auf Anhieb, wenn Europäer anreisen, um sich über Spuren des »Grand Docteur« zu informieren, das Motiv reicht zur Legitimierung aus.

Das Hospital verfügt über Gästeräume, die auch von Touristen, meist Schweitzer-Pilgern, in Anspruch genommen werden können, für den Zweck der Forschung war es angemessener, die Unterkunft im Ort bei einer gabunischen Familie zu mieten. Ihr Haus ist ein Kolonialbau, der früher die Poststation des Ortes beherbergte, sie dürfte auch Sitz der Télégraphie sans fil, der TSF gewesen sein. Inzwischen dient das Haus mehreren Großfamilien als Wohngebäude. Vom Schreibtisch auf dem Laubengang der ersten Etage ging der Blick auf den Ogowe, wo Flöße und Schleppkähne der Tropenholzkonzerne vorüberzogen. Da das Haus direkt am Fluss liegt, waren die Überfahrten mit der Piroge an das gegenüberliegende Ufer zum Hospital auch mehrmals täglich möglich.

Wie in kleinen Orten üblich, wird jeder Neuankömmling mit Interesse beobachtet und seine Anwesenheit spricht sich rasend schnell herum. Die Einwohner von Lambaréné sind zwar daran gewöhnt, dass europäische, amerikanische oder andere, meist weiße, Tropenärzte und medizinisches Forschungspersonal anreisen, aber »Neue« sind, wie man hört, auch bis heute noch, immer eine Neuigkeit. Die soziale Kontrolle ist hochaktiv, und darüber, wen man wann und wo besucht oder befragt hatte, waren erstaunlich viele am Ort unmittelbar informiert. Die meisten übrigen Fremden, die nicht am Hospital beschäftigt sind, sind Franzosen und entweder im Einsatz als Armeeangehörige oder als Mitarbeiter von Firmen wie Elf Aquitaine. Die ehemalige Kolonialmacht ist sehr präsent, die Fluktuation unter ihren Angehörigen hoch. Intensivere Verbindungen zwischen Gabunern und Ausländern entstehen nur da, wo Aufenthalte, wie bei einigen Mitarbeitern des Schweitzer-Hospitals, wenn auch mit Unterbrechungen, über Jahre dauern.

Sowohl auf dem Hospitalgelände als auch im Ort Lambaréné auf der gleichnamigen Insel wurden für die Feldforschung Gespräche geführt. Dabei kristallisierten sich Rezeptionstypen von »Albert Schweitzer« in Lambaréné heraus, die sich teils mit den von Augustin Emane beschriebenen Schilderungen decken. Die Interviewpartner schienen die Figur Schweitzer und sein Hospital in ihre jeweiligen symbolischen Systeme zu integrieren, wobei sich drei zentrale Stränge der Rezeption zeigten, die teils Schnittmengen aufwiesen.

Da die Region seit Mitte des 19. Jahrhunderts protestantische und katholische Missionierung erfahren überwiegt eine christlich bis synkretistisch getönte, affirmative Rezeption. Daneben fanden sich Vorstellungsmuster mit traditionellen, animistischen und magischen Elementen, und an dritter Stelle steht ein Rezeptionstypus der postkolonial politisierten Kritik, wie sie auch 2014 bei Boundzanga und einigen seiner Koautoren aufscheint. Unter die beiden ersten Rezeptionstypen fielen Personen bei-

Abb. 1: Ehemaliges französisch-koloniales Postgebäude von Lambaréné und Unterkunft während meiner Feldforschung.
Hier holten Schweitzer und sein Personal Post ab und gaben Post auf.

derlei Geschlechts, meist aus den dörflichen Siedlungen der Umgebung von Lambaréné, die sich ihren Großgruppen nahe fühlen und nie, oder nur für kurze Zeit, eine der staatlichen Schulen oder Missionsschulen besucht hatten. Zum dritten, dem politischen Typus, zählten mehr männliche Personen, er fand sich aber auch teils bei weiblichem Personal des Hospitals.

Schweitzer als magischer Elefant

Beispielhaft für die animistisch-magische Version war das Interview mit Symphorien M., 22 Jahre alt, Waldarbeiter aus dem Ort Lambaréné, bei einem Treffen im Stadtteil »Chateau« in einem Maquis (Café) desselben Namens. Unser Gespräch wurde begleitet von der damals beliebten Kassettenmusik aus dem benachbarten Zaire[32]. Symphorien M. gab wieder, was er von älteren Verwandten und Bekannten gehört, und selbst übernommen hatte, es waren Auskünfte »der Alten«. Mit großer Gewissheit versicherte der Informant, es habe sich bei Schweitzer um eine mit übernatürlichen Kräften ausgestattete Person gehandelt, die auf magische Weise theriomorphe Gestaltwandel vollziehen konnte. Ihre Kräfte bezog die Person aus der Natur, insbesondere aus dem nächtlichen Regenwald: »Il se transformait pendant la nuit, à minuit, dans un éléphant, par exemple. Il était dans la forêt ou il gagnait de la force. Là, il faut parler avec les vieux, ils savent ça.«[33] Schweitzer habe überdies im Dunkeln ohne Lampe lesen können, da sein Körper Licht emanierte. Ähnliche Erzählungen waren mehrmals zu hören. Dass Schweitzer sich um Mitternacht in einen Elefanten verwandelt habe und im Dschungel umhergestreift sei, verdankte sich vermutlich der Erfahrung, dass Mitternacht die Sperrstunde am Hospital war, nach der Schweitzer, um Patienten und Mitarbeitern Nachtruhe zu gönnen, keinerlei Aktivität außerhalb der Unterkünfte gestattete, auch keine Musik, kein Kochen oder Plaudern. (Den Anekdoten darüber verdankten das Theaterstück und der Film »Es ist Mitternacht, Doktor Schweitzer!«[34] ihre Titel.) Aus der Sperrstunde am Spital wurde in diesem Strang der lokalen Deutung die geheime Ausgehstunde des Doktors. Außerdem hatte Symphorien M. auch

---

32 Das damalige Zaire ist seit 1997 die Demokratische Republik Kongo.
33 Interview mit Symphorien M. am 18.9.1993 in Lambaréné.
34 Cesbron, Gilbert: *Il est minuit, Docteur Schweitzer*. Paris, 1952. Verfilmt 1952, in dt. Übers. 1962.

erfahren, dass Schweitzer »weiße Menschen«, europäisches oder amerikanisches Personal, »herbei- und wegzaubern« konnte, eine wohl vor allem in den frühen Jahren des Spitals entstandene Auffassung, wie sie auch Schweitzer selbst etwa in seinen *Afrikanischen Geschichten* amüsiert kolportierte. Sie dürfte unter anderem darauf zurückgehen, dass die allesamt weißen Ärzte und Schwestern oft spät am Abend oder früh am Morgen auf Flussdampfern empfangen oder verabschiedet wurden, wenn sie von oder an Bord gingen. Anderntags waren alle am Ort damit konfrontiert, dass neue Weiße aufgetaucht waren oder »verschwunden« waren. In der Auffassung von Schweitzer magischen Qualitäten bestärkten Individuen einander und reichten Erzählungen dazu als stille Post weiter, auch an Nachkommen wie Symphorien M., der 1970, fünf Jahre nach Schweitzers Tod, zur Welt kam.

In der christlich-synkretistischen Rezeption mischen sich Anteile aus der magischen Rezeption mit durch protestantische oder katholische Geistliche vermittelten Inhalten. Eine ehemalige Patientin Schweitzers, die 1924 geborene J. T., war überzeugt, er sei nach seinem Tod in den Himmel gelangt, residiere »maintenant au ciel«, wohin er sich als vierte Instanz – neben Gottvater, Heiligem Geist und Jesus Christus – gesellt habe. Die alte Dame erinnerte sich daran, wie Schweitzer sie als Kind in den frühen 1930er Jahren geimpft hatte, wobei er auf das Mädchen großen Eindruck machte, das vorher schon von seiner Macht und seinen Kräften gehört hatte. Explizit katholisch wirkt die Version, wonach Schweitzer sich zwar nicht der Trinität zugesellt habe, doch nach seinem Tod »un saint« geworden und in dieser Eigenschaft in den Himmel gelangt sei. Aufgeklärter und nüchterner war die Deutung derer, die meist mehr Schulbildung hinter sich hatten und denen zufolge »le grand docteur« vor allem ein überaus gläubiger Mensch war, der Gutes tun und heilen wollte. Unterschiedlich deutbare Gedenkriten des »weißen Personals« am Spital nach Schweitzers Tod werden zu den Legenden beigetragen haben, etwa das Auflegen eines Gedecks für den abwesenden »grand docteur« am Kopfende des Tisches im Speisesaal der weißen Mitarbeiter, was angeblich noch bis zu zehn Jahre nach seinem Tod 1965 Praxis gewesen war.[35]

In der säkularen und kolonialkritischen Variante der Rezeption wurde während der Interviews von 1993 vor allem Schweitzers Ruhm als Arzt

---

35 Mehrfache mündliche Aussagen langjähriger Angestellter des Spitals, Feldforschung Lambaréné, Oktober 1993.

7.3 Afrikas Albert Schweitzer

und seine medizinische Tätigkeit hervorgehoben. Parallel dazu wurde der Verdacht geäußert, dass Schweitzer seine gabunischen Patienten als Versuchsobjekte für unerprobte pharmazeutische Produkte nutzte, was zeitweise durchaus, wenn auch mit guter Intention, geschehen war.[36] Bei der Vielzahl der lokalen »Heilgehilfen« und Pflegekräfte wird es nicht ausgeblieben sein, dass sie Bruchstücke der Konversation zwischen Schweitzer und seinen Ärzten mitbekamen und dass Bemerkungen kolportiert wurden. Aktiv in die Hintergründe solcher Experimentierphasen eingeweiht wurden lokale Kräfte mit Sicherheit nicht.

Der in Libreville studierende R. O., 24 Jahre alt, verbrachte 1993 die Semesterferien in seinem Herkunftsort Lambaréné. Im Interview erklärte er mit Empörung, Schweitzer habe von Pharmakonzernen aus der Schweiz und Deutschland Medikamente zum Testen ausdrücklich an Afrikanern erhalten und an schwarze Patienten Medikamente ausgegeben, deren Verfallsdatum abgelaufen war. Die Pharmakonzerne hätten diese Sendungen als Spenden nach Afrika geltend und steuerlich absetzbar machen können: »Afrikanische Patienten waren für Schweitzer nur Versuchskaninchen«[37] Für die Profitsucht der Konzerne und den Ehrgeiz des Arztes hätten sie ihren Kopf hinhalten müssen. Andere Verfechter ähnlicher Deutungen ließen offen, ob das Verabreichen »schlechter Medizin« mit oder ohne Wissen des Doktors geschah. Tatsächlich erhielt Schweitzers Hospital von Konzernen wie Ciba Geigy und Sandoz größere Kontingente an Arzneien als Spende. Wie die Verfallsdaten der Produkte aussahen, lässt sich rückwirkend nicht mehr nachvollziehen. Zweifellos wurde medizinisches Neuland in Übersee von westlicher Seite nicht nur in Lambaréné unbekümmerter betreten als in Amerika oder Europa selbst. Kritik äußerte auch eine gewerkschaftlich orientierte Mitarbeiterin des Spitals, jedoch weniger Schweitzer selbst gegenüber als der Tatsache, dass sein paternalistisches Erbe am Ort subtil bis offen weitergeführt werde. Vorsichtsmaßnahmen ergriff diese Krankenschwester, die anonym bleiben wollte, für das Interview. In ihrer Unterkunft stellte sie Ventilator und Radio an, um von draußen nicht belauscht werden zu können.

---

36 Vgl. Ohls, 2015, Kap. 8.2.1. Ohls belegt die Tatsache anhand von Dokumenten u.a. aus dem Archiv des Instituts. Schweitzer, der sich 1920 und 1923 jeweils mehrere Wochen am Institut aufgehalten hatte, bat in der Korrespondenz um strikte Vertraulichkeit über geplante Versuchsreihen mit neuen Medikamenten, etwa in einem Brief an das Institut vom 8.10.1929. (s. Ohls, 2015, S. 206). Werde etwas bekannt, so gab er im Brief an, könne es »Geschichten mit der Afrika-Zoll-Behörde« geben.
37 Interview am 12.9.1993, Lambaréné.

Sie klagte über den Mangel an Mitsprache des Personals, schlechte Bezahlung und fehlende Transparenz der Institution. Von Unregelmäßigkeiten der Spendenbuchhaltung habe sie gehört, und sie habe erlebt, dass Kritik oder Reformvorschläge Sanktionen nach sich zögen. Kurz, das Klima sei, nach allem was sie wusste, nicht viel anders als damals, obwohl inzwischen afrikanische Mediziner hier praktizierten und es nicht länger getrennte »Räume für Weiße« und »Baracken für Schwarze« gab. An den Reformen hatte sich maßgeblich ein Mitarbeiter aus der Region beteiligt: Joseph N'Dolo.

25 Jahre war es zum Zeitpunkt meiner Interviews her, dass sich Unmut von Afrikanern gegenüber Schweitzer erstmals öffentlich Luft gemacht hatte. Während sich in der Bundesrepublik Gruppen wie die Aktion Sühnezeichen und der Sozialistische Deutsche Studentenbund, der SDS, zunehmend radikalisierten, gingen in Frankreich eine Viertelmillion Demonstranten mit Parolen wie »De Gaulle ins Museum« gegen die Algerienpolitik ihrer Elite auf die Straße, und in unabhängig gewordenen Staaten war die Dekolonisierung teils nur pro forma gelungen.

In Gabun begann der Schweitzers Ruhm Risse zu erhalten, wie auch eine deutsche Illustrierte mit Ingrimm anmerkte: »Das Lebenswerk Albert Schweitzers ist bedroht«, schrieb die *Bunte Münchner und Frankfurter Illustrierte* im Januar 1961:

> »50 Jahre lang hat er Entbehrungen und Mühsal auf sich genommen, um als Urwaldarzt den Eingeborenen Zentralafrikas Hilfe bringen zu können. Die Weißen in aller Welt bewunderten ihn, die Schwarzen liebten und verehrten ihn. Dann erhielten Afrikas Völker die politische Freiheit, und plötzlich schlug die Stimmung um. Afrikas Nationalisten wollen nichts mehr von dem Mann wissen, der für sie sein ganzes Leben geopfert hat. Sie beschimpfen ihn und wollen ihn aus dem Land jagen.«[38]

Keinem meiner kritischen Interviewpartner war diese Phase entgangen, ob sie Schweitzer erlebt hatten oder nicht. Er war in Gabun längst eine Melange aus einer mythischen und einer realkolonialen Figur geworden, in den Familien und Gruppen wurde von ihm erzählt. Auch N'Dolo hatte die Kontroverse um Schweitzer erlebt – und an ihr teilgehabt.

---

38 Brock, Georg: Weißer Mann go home. In *Bunte Illustrierte*, 20.1.1963. »Lambarene ist hoffnungslos veraltet«, räumte der Reporter ein, der sich über die Undankbarkeit der Afrikaner entrüstete.

7.3 Afrikas Albert Schweitzer

Abb. 2: »Weißer Mann go home«. Erste Zeile des Artikels »Das Lebenswerk von Albert Schweitzer ist bedroht.« Protest gegen die Kolonialherrschaft in Französisch-Äquatorialafrika. In *Bunte Münchner und Frankfurter Illustrierte*, 20.1.1963, S. 28

Joseph N'Dolo und der Aufstand für Bildung

Mehrere Ortsansässige wiesen darauf hin, keiner könne besser als N'Dolo Auskunft über die Jahre mit Schweitzer geben. Er lebte auf dem Spitalgelände und war gern zum Gespräch bereit. Ernst hörte er den Fragen zu und ließ sich auf sie ein, in seinen Antworten schwang eine gewisse habituelle Reserviertheit mit. Auf den Tonaufzeichnungen der Gespräche mit N'Dolo auf dem Gelände des Hospitals sind im Hintergrund, mal laut, mal leiser, Stimmen spielender Kinder zu hören, Erwachsene, die den Kindern Ermahnungen zurufen, gelegentlich Vogelschreie und der Lärm von Bootsmotoren auf dem Ogowe.

Joseph N'Dolo wurde am 26. April 1932 geboren und lebte zum Zeitpunkt des Interviews 1993 seit dem 7. April 1956 in Lambaréné. Er war verheiratet, Vater von vier Kindern, Großvater mehrerer Enkel und blickte zurück auf 33 Arbeitsjahre als Laborant, die neun ersten davon zu Schweitzers Lebzeiten. Wie die Schweitzer-Rundbriefe meldeten, ist er am 26. August 2014 mit 82 Jahren auf dem Gelände des Hospitals gestorben, wo er ein bescheidenes Altenteil bewohnte. 2015 wurde ihm in einer Veröffentlichung für den Schweizerischen Hilfsverein von Lambaréné ein Nachruf von Hines Mabika gewidmet: »Joseph N'Dolo und die Treue zum Grand Docteur«[39], und Schweitzers Nachfolger Walter Munz nahm ein Interview mit N'Dolo in seinen Band zu *Albert Schweitzer im Gedächtnis der Afrikaner* auf.[40]

Zum Zeitpunkt des Gesprächs 1993[41] war

Abb. 3: N'Dolo, einer der ersten gabunischen Helfer Schweitzers, mit einer Enkelin in Lambaréné, 1993

---

39 Mabika Ognandzi, Hines: Joseph N'Dolo und die Treue zum Grand Docteur. In Schweizer Hilfsverein für das Albert-Schweitzer-Spital in Lambarene (Hg.), *Berichte aus Lambarene und über das Gedankengut Albert Schweitzers*, 120, Oktober 2015, S. 8ff.

40 Wie Joseph Ndolo Laborant wurde, und wie er die Pflegeschule von Lambaréné anregte, siehe Munz, 1991, S. 96ff.

41 Interviews im August 1993. Da die Zitate umfangreich sind, wurden sie von mir aus dem Französischen übersetzt.

733

7.3 Afrikas Albert Schweitzer

N'Dolo ein Mann, der bereits alterte, sich aber sehr wach und mit Würde und Humor mit dem Gegenüber verständigte. Aus Anlass des Gesprächs über Schweitzer wählt er ein Festtagsgewand. Aufschlussreich sind seine Ausführungen unter anderem, weil sie sich in keine der drei typischen Rezeptionskategorien fügen. Sie basierten auf langjähriger Empirie und kritischer Realitätsprüfung. Deutlich war zu spüren, dass er aus Diskretion und Höflichkeit einige Aspekte seiner Erfahrungen ausklammerte. N'Dolo, dessen Familie südlich von Lambaréné in einer dörflichen Siedlung lebte, hatte im Alter von acht ein steifes Knie bekommen, was seinen leicht hinkenden Gang verursachte, sodass er den Schulweg nicht bewältigen und den Unterricht nicht mehr besuchen konnte. Als er etwa zwölf oder 13 war, setzte er in seiner Familie den Besuch des Internats der katholischen Mission in Lambaréné durch und holte bis zu einem Schulabschluss mit neunzehn Jahren so viel Wissen nach wie möglich. Er bezeichnete sich als katholisch, seine Zugehörigkeit zu einer Großgruppe als Galoa (Myènè). Auf dem Internat erfuhr er um 1945 oder 1946 durch ein lokales Schulbuch Näheres vom Hospital Schweitzers, das in der Nähe lag. Von der typischen kolonialen Rivalität zwischen katholischen und evangelischen Missionen sah man im Fall Schweitzer offensichtlich ab, um das Narrativ des heilenden Weißen ins Schulbuch aufnehmen zu können. N'Dolo berichtete:

»Ich bin auf die Schule der katholischen Mission gegangen, bis zum Ende meiner études premières. In dieser Schule haben wir von Albert Schweitzer gehört, in einem der Schulbücher gab es eine Geschichte, die den Titel ›Mamadou‹ hatte, und von Schweitzer als Arzt erzählte. Dort sprach er vom Urwald, dass viele Afrikaner an Krankheiten litten, und dass er ihnen Medizin bringt. Er wohnte in Lambaréné. Ich habe ihn als Junge hier spazieren gehen sehen. Er war Elsässer, das Hospital war zuerst deutsch, dann später war es Französisch.«

Über Schweitzers Wechsel der Staatsangehörigkeit war N'Dolo besser informiert als die meisten der deutschen Rezipienten. Er selbst war nie in Europa:

»Nach der Schule, 1956, suchte ich Kontakt zu Schweitzer. Ich kam hierher mit meinem Kollegen Mangougue, er war 22 Jahre alt, wie ich selbst. Schweitzer war an dem Tag bei der Arbeit auf dem Holzplatz [»le chantier«] im Village de Lumière [das ›Dorf im Dorf‹, eine Siedlung für Leprakranke auf dem Spitalgelände]. Es war der 6. April. Man hatte ein wenig Angst vor ihm. Wir kamen also an, und er sagte, er brauche eine Kraft für den Empfang, dann gab er uns einen Bogen für die Krankenschwester, er hat geschrieben, er hat geschrieben, wir haben gar nichts gesagt.«[42]

Trotz ihres Mutes, den legendären »Grand Docteur« aufzusuchen, waren die beiden jungen Männer in N'Dolos Erinnerung derart von ihm beeindruckt, dass sie außer ihrem Anliegen, Arbeit zu erhalten, nur wenige Worte gesprochen haben. Die Kontraktverhandlungen wirken wie das klassische Narrativ aus feudalen und kolonialen Kontexten. Ausgestattet mit der Befähigung, Lohnarbeit zu ermöglichen, öffnet ein in der Hierarchie Höherstehender Bittstellern die Tür zur Erwerbstätigkeit. Für N'Dolo war das Datum des ersten Arbeitstags bedeutsam, er markierte es im Kalender seiner Biografie, die ab dann von diesem Tag bestimmt war. Dass sein Freund damals nicht angenommen wurde, erwähnte er nicht. Auch nicht, wie Munz gegenüber, dass Schweitzer sich erkundigt hatte, ob N'Dolo auch rasch laufen könne – offenbar in Hinblick auf das versehrte Knie.

»Am 7. April fing die Arbeit an. Es war mein erster Arbeitstag, ein Mittwoch, das weiß ich noch genau.[43] Am ersten Tag arbeitete ich an der Seite eines afrikanischen Kollegen, der auch Joseph hieß. Es gab viele Damen [›beaucoup des Demoiselles‹], Mademoiselle Mathilde, Mademoiselle Emma, es gab Deutsche, Holländer, Franzosen, viele Leute. Dann habe ich bald in Schichten gearbeitet [›rotations‹], ich habe fast sofort bei Operationen assistiert und war im Labor für Blutproben zuständig, meine Lehrerin im Labor war Rhena Schweitzer, auch Helene Schweitzer war zu der Zeit hier.«[44]

Auf die Frage, ob ihm bewusst sei, warum Helene Schweitzer aus Europa hatte flüchten müssen, gab er doppelt versichernd zu Protokoll: »Nein, das wusste man nicht. Nein, das nicht.« N'Dolo war im Spital nicht der einzige Namens-

---

42 Die Darstellungen von Munz (1991) und Mabika (2015) weichen davon ab. Sie erklären, N'Dolo habe zunächst mit Guy Schweitzer gesprochen, einem Neffen, der zu der Zeit Mitarbeiter war. Dieser habe eine Notiz für seinen Onkel geschrieben, mit der sie zu ihm gingen, Albert Schweitzer darauf eine Notiz für Guy, wonach er N'Dolo einstellen sollte, den Freund nicht.
43 Kalendarisch war der 7.4.1956 ein Samstag.
44 Nach der Darstellung von Munz war N'Dolo zunächst für Hilfsarbeiten, Sauberkeit, Hygiene und das Verteilen von Medikamenten zuständig.

träger, der Joseph hieß oder so genannt wurde. »Davor war noch ein Joseph und davor noch einer«, erklärte er, und betonte: »Ich war der dritte Joseph.« Es wird nicht klar, ob er den Verdacht hat, als Träger des bewährten Namens »Joseph« an seinen Arbeitsplatz gekommen zu sein, oder ob Vorgänger der Einfachheit halber so gerufen worden waren. Bei Schweitzers Auswahl kann es eine Rolle gespielt haben, dass der Vorname, anders als der des Freundes Mangougue, auf die Herkunft aus einer missionierten Familie deutete.

> »Man musste jeden Morgen Patienten zuteilen, Injektionen geben, die meisten Krankheiten damals waren Dysenterie, Schlafkrankheit, Elephantiasis, auch Operationen gab es. Das war schon etwas schwierig, ich hatte Angst, aber ich habe mich daran gewöhnt. Auch vor dem Umgang mit Sterbenden, Toten hatte ich Angst, obwohl ich Katholik war, habe ich mich vor den Geistern gefürchtet, der Gedanke war immer da [›l'idée etait lá toujours‹]. Manchmal sagte Schweitzer dazu etwas zu mir, er sagte: ›Man muss Mut haben.‹ [il faut avoir la courage]. Er kümmerte sich überhaupt nicht um Stammessachen [›les affaires des tribus‹], er hatte anderes im Kopf.«

N'Dolo wurde mit der Zeit angstfreier, aufgeklärter und eignete sich ein medizinisches Basiswissen an, wie er sagte. Was er im Gespräch nicht verriet, war die Tatsache, dass er es war, der um 1965 dafür gesorgt hatte, dass schwarze Mitarbeiter medizinische Basis-Schulungen erhielten: »Etwas während der Lebzeiten des Grand Docteur zu tun, das war schon etwas! Ich habe es gewagt und habe es getan.«[45] sagte er zu Hines Mabika. Gegenüber Schweitzer und dessen Nachfolger Munz, der damals eingearbeitet wurde, hatte N'Dolo bei der Freitagsversammlung zur Verteilung des Wochenlohns unter Applaus seiner gabunischen Kollegen erklärt:

> »Wir Krankenpfleger arbeiten gern im Spital des Grand Docteur. Manche von uns sind schon viele Jahre hier, aber wir sind fast wie blind. Jeder kennt nur seinen Platz. Was der Menschenkörper ist und wie das Leben darin arbeitet, was Krankheiten bedeuten und wie man sie heilt – davon wissen wir nichts. Wir möchten mehr lernen. Ist es möglich, dass wir Unterricht bekommen? Kann man vielleicht eine kleine Pflegeschule anfangen?«[46]

---

45 Mabika, 2015, S. 10. Er zitiert ein Interview mit N'Dolo wenige Wochen vor dessen Tod am 5.7.2014 in Lambaréné.
46 Munz, 1991, S. 100.

Schweitzer und Munz entsprachen dem Wunsch und knapp zehn Jahre lang gab es Fortbildungen für das schwarze Personal durch weiße Ärzte. Besonders gute Kandidaten wurden nach Libreville zu Kursen an der staatlichen Gesundheitsschule geschickt. N'Dolo gehörte nicht zu jenen, wie er Munz gegenüber bedauerte. Man habe ihn für zu alt befunden.

Auf die Frage, welche Gedanken sich die Bevölkerung am Ort über die Motive von Schweitzer machten, in Äquatorialafrika als Arzt zu arbeiten, sagte N'Dolo mit verhaltener Nachdenklichkeit, viele würden sich das fragen: »Das war schon außergewöhnlich.« Er erläuterte mit Distanz:

> »Die Kranken sagten zueinander da sei ein Gott hierhergekommen, zu ihnen. Man sagte, er könne Operationen vollbringen, wie Wunder, und dass er übernatürliche Kräfte besitze. Man nannte ihn ›Oganga‹ [Medizinmann, Heiler]. Er war nicht wie andere Ärzte. Er war anders. Jeden Morgen empfing er die Kranken, sogar in den Nächten kam er zu den Kranken.«

Der iterative und damit rituell wirkende Charakter der Handlungen von Schweitzer beeindruckte und war so relevant, wie er strikt auf das Einhalten von Regeln pochte, als besäßen sie Ritualcharakter. Das war einer der Gründe für die Spekulationen über die Verbindung zu übernatürlichen Kräften, zu Geistern, »les ésprits«. Schweitzers gegenteilige Beteuerungen halfen nichts. N'Dolo erinnerte sich halb amüsiert:

> »Man erzählte sich, dass es in der Nacht Geister gebe. Abends um acht mussten im Hospital alle Feuer ausgemacht werden, alle Lichter, die Kranken sollten Nachtruhe halten. Es durfte auch keine Musik mehr geben, keinen Lärm, der die Kranken störte. Dann ging Schweitzer mit der Lampe herum und sie dachten, er sei ein Geist. Ein Doktor schläft nicht, er besucht die Pavillons, auch in der Nacht. Er hat das erklärt, dass er kein Geist wäre, man hat ihm nicht geglaubt.«

N'Dolos leise Heiterkeit enthielt keine Spur von Überheblichkeit, keinen mokanten Ton. Ängste und Fantasien von Patienten waren ihm vertraut genug, sich nicht abseits zu positionieren und andere zu verurteilen.

Erhebliches Erstaunen rief Schweitzers Verhalten gegenüber Flora und Fauna hervor, erinnerte er sich. Unter den Patienten waren neben denen mit infektiösen Erkrankungen oft Männer, die Arbeitsunfälle auf Holzplätzen im Regenwald hatten, wo nach Rodungen oder Einschlag Stämme

7.3 Afrikas Albert Schweitzer

unkontrolliert ins Rollen geraten und Arbeiter verletzen konnten. Beim Transport der Rundhölzer, die zu Flößen vertäut den Wasserweg bis zur Mündung des Ogowe entlanggezogen wurden, konnten Gliedmaßen zwischen den Stämmen gequetscht werden. In der Waldwirtschaft gab es viele Unfälle, »beaucoup même«, sagte N'Dolo, mit der typischen Wendung, die Aussagen bekräftigt. Man lebte mit den Risiken, denn dass natürliche Ressourcen zur Nutzung da waren, schien sowohl im kolonialen Handel selbstverständlich wie in der traditionellen Praxis des Rodens für Siedlungen und Plantagen. Schweitzers Verhältnis zur Natur wirkte befremdlich. N'Dolo schien sich an seine Eigenarten gewöhnt zu haben und gab ihnen, mit Schweitzer, Sinn:

> »Man schlug nicht so viele Bäume mit der Machete. Er liebte die Bäume, die Pflanzen, Tiere, Vögel. Die Pelikane, Wildschweine, Antilopen, er sorgte sich um sie. Er ernährte alles, ganz gleich was [›il nourissait n'importe quoi‹]. In seinen Hosentaschen trug er Brot herum, das er an die Tiere verfütterte. [...] Er hatte seinen eigenen Kopf, das war seine Berufung [›il avait son ésprit apart, c'était son vocation‹]. Damals hatten auch die anderen Ärzte so eine Einstellung wie er. Heute ist das nicht mehr so.«

Vorsichtig tastend äußerte sich der loyale N'Dolo zum Verhältnis zwischen Afrikanern und Europäern zu Lebzeiten Schweitzers:

> »Mahlzeiten nahm Dr. Schweitzer nicht mit Afrikanern zusammen ein, nur mit Europäern. Dazu hat er nichts erklärt. Ihm schmeckte das afrikanische Essen nicht. Früchte ja, aber Fleisch nein. Er aß alles ohne Salz. Seine Tochter, sie aß auch mit Afrikanern. Sie hat auch Galoa sprechen gelernt – ein wenig. Das ist etwas schwierig zu erklären. Ihm stand der Sinn nach Abstand [›l'éspritun peu écarté‹]. Er liebte die Afrikaner, aber er wollte nicht in die Tiefe gehen [›pas en profondeur‹]. Er wollte nicht ein Mitglied der Familie werden, er wollte nicht Afrikaner sein. Mit dem ersten Präsidenten der Republik [Léon M'ba] hat er gemeinsam gegessen, als der Präsident Lambaréné besucht hat, ja.«

Intime Beziehungen zwischen seinem Personal und Afrikanern duldete Schweitzer nicht, so N'Dolo: »Krankenschwestern, die Liaisons mit Afrikanern gesucht hatten, die schickte er zurück nach Europa. Er war gegen so etwas. Er hat nicht gesagt, warum.« Der Interviewte schien sich Mühe

738

zu geben, die offensichtliche, gewissermaßen »benigne Apartheid« mit akzeptablen Vokabeln zu beschreiben. Erst 1951, im Vorwort zur französischen Neuauflage von *Zwischen Wasser und Urwald* hatte Schweitzer notgedrungen erklärt: »Jetzt müssen wir uns damit abfinden, [...] dass der jüngere Bruder als mündig und genauso urteilsfähig wie der ältere Bruder betrachtet wird.«[47] Nein, befand N'Dolo, diese Haltung sei weder als rassistisch oder autokratisch zu bezeichnen. Mit einem Lächeln subsumierte er sie unter die Eigenarten des Doktors zu dessen Zeit. Schweitzers Abstandhalten betrachtete N'Dolo mit Nachsicht und einem Anflug freundlicher Laien-Ethnologie als Beobachter der Weißen.

> »Afrikanische Musik, das war ihm fremd. Er hat das nicht verstanden. Tamtam – nein. Er war strikt mit allen Regeln, Leute, die nicht folgten, hat er davongejagt. Auch Stämme [›les tribus‹] und deren Unterschiede waren ihm ganz gleichgültig. Er hat die Patienten, die nach Stämmen getrennt in den Pavillons untergebracht waren, alle besucht, alle gleichbehandelt, Rassen [›les races‹] waren ihm egal. Heute gibt es das nicht mehr, heute sind die Pavillons gemischt.«

Die Bezeichnungen »les races« und »les tribus« verwendete N'Dolo nahezu synonym, um auf Binnengruppen innerhalb der regionalen Bevölkerung hinzuweisen, nicht auf den Unterschied zwischen Personen unterschiedlicher Hautfarbe. – Käme heute ein Arzt, der sich »wie Schweitzer« gäbe, in seinem Stil und auf seine Weise arbeiten wollte, könnte er das durchsetzen? Die Antwort kam ohne Zögern:

> »Das könnte er nicht. So etwas geht nicht mehr [›Il ne peut pas. Ça ne va plus.‹] Solche Regeln, – keine Musik machen, das Licht um acht am Abend löschen – das ginge nicht mehr. Der Gottesdienst war obligatorisch, alle mussten da sein, nur die Schwerkranken nicht. Schwestern gingen herum und schauten, wo einer war, der nicht kommen wollte. Es hieß dann: Kommt, der Doktor wird sprechen.«

Um Verständnis bemüht fügte N'Dolo zum Thema Musik und Sperrstunde hinzu: »Jeder Lärm, der die Kranken stören konnte, war eben verboten.« Es ging also, rekapitulierte er, nicht darum, die Lebensfreude zu unterbin-

---

47 Schweitzer, Albert: *A l'orée de la forêt vierge.* Paris, 1951, S. 12.

den, vielmehr ergaben die Regeln Sinn. Dennoch ließ N'Dolo durchblicken, dass ihm die paternalistische Haltung klar war, indem er erklärte, dass sie nun nicht mehr angenommen würde. Riten der Weißen schienen für den »Grand Docteur« und unter seiner Führung akzeptabel:

> »Im Eßsaal des Hospitals haben die Europäer noch lange seinen Stuhl nicht besetzt. Das war ein Zeichen von Respekt. An seinem Geburtstag gab es eine Zeremonie, mit Musik und afrikanischen Tanz. Auch in der Nacht, als er gestorben war, gab es gleich Tänze, afrikanische Zeremonien.«

Den teils unhygienischen Zustand des Hospitals – gegen Ende der Kolonialepoche Gegenstand häufiger Kritik von westlicher Presse wie Besuchern aus anderen afrikanischen Staaten – habe seinerzeit niemand moniert, meinte N'Dolo, der sich eventuell schützend vor Schweitzer stellte. Dessen öffentliche Rechtfertigung der Zustände lautete, er wolle keine allzu sterile, ungewohnte Atmosphäre schaffen, sondern dörfliche Sozialstrukturen nachbilden, in denen sich Patienten und Angehörige zu Hause fühlen sollten. Daher gestattet er etwa das Kochen auf offenen Feuerstellen auf dem Gelände – was zugleich die Großküche entlastete, und den Gruppen, die Distanz zueinander hielten keinen gemeinsamen Speisesaal aufnötigte. Die ab Ende der 1950er und Anfang der 60er Jahre zunächst vor allem von Franzosen kommende Kritik, der Zustand werde mit Absicht sanitär und hygienisch auf »Eingeborenenstand« belassen, trat dann auch in Deutschland und den USA gelegentlich auf.

Am Hospital, das von einer gabunisch-europäischen Stiftung betreut wird, ließen sich noch 1993 Spuren der damaligen Policy ablesen. Obwohl seit Beginn des 20. Jahrhunderts millionenfach Spenden in die Institution geflossen waren, mangelte es zu Beginn der 1990er Jahre etwa noch an frischer Bettwäsche für Patienten. Auf den am Boden liegenden Matratzen aus Schaumstoff wurde stattdessen mitgebrachtes, buntgemustertes Tuch ausgebreitet. Den mitgebrachten Stoffen waren Spuren ihrer Benutzung anzusehen, nichtbezogene Matratzen wiesen durchaus Flecken und Löcher auf. Familien bereiteten weiterhin Essen für angehörige Patienten im Freien auf offener Flamme. Das Personal, zu dem inzwischen auch afrikanische Ärzte gehörten, nahm Mahlzeiten im alten Speisesaal ein, an dessen Kopfende ein Porträt des Doktors prangte. Es war jedoch nicht mehr in jedem der Schwesternzimmer zu finden, wie angeblich zu Lebzeiten des Doktors üblich. Unkonventionell wirkte es, wenn etwa in einem Kühlschrank Blutkonserven neben angebrochenen Cola-Flaschen lagerten. N'Dolo wehrte mit Gleichmut ab: »Das hat die Kranken nicht gestört.«

Schweitzer, so deutete N'Dolo an, machte, bei aller Distanz, mehr Konzessionen an die Gegebenheiten und symbolischen Systeme am Ort, als man ihm nachsagte. Zu einheimischen Heilern, zu deren Praktiken und Rezepturen habe er etwa im Lauf der Jahre mehr Zutrauen entwickelt:

> »Zu traditionellen Heilern, den Ogangas, hatte Schweitzer gute Beziehungen. Er lernte einige Mittel von ihnen kennen, aus Baumrinde, Holz, aus Pflanzen. Er holte auch einmal einen Heiler zu einem Patienten, einen Fetischheiler [›un féticheur‹]. Der kam hierher, er sagte zu dem Kranken: ›Wenn ich dir das hier gebe, wirst du gesund.‹«

Joseph N'Dolo hatte auf seine Weise Frieden mit den Verhältnissen am Ort geschlossen, einen individuellen Pakt als ehemaliger Mitarbeiter, der im Subtext seiner Antworten wissen ließ, dass er Kritik an den prekären Charakteristika des weiß-schwarzen Betriebs durchaus teils nachvollzogen hatte. Zu realistischer Kompromissbildung war er gelangt, ohne die Loyalität preisgeben zu müssen, zu der ihn in seinen Augen wohl auch der biografische Glücksfall verpflichtete, dem er seine Lebensstelle als Laborant verdankte.

Politisch, finanziell und personell hat das H. A. S. seit Schweitzers Tod 1965 mehrere Krisenzeiten und Engpässe überstanden. Alarm geschlagen worden war zum Beispiel 2012. »Can a Gabonese director cure the Albert Schweitzer hospital?« fragte ein Bericht der BBC, als die Einrichtung, die jährlich 30 000 Patienten versorgte, sich erneut in einer Krise sah, nicht nur wegen eines Millionendefizits und des Anstiegs von HIV- und Tuberkulose-Fällen. Streiks hatte es gegeben wegen der Amtsführung des Direktors hatte es gegeben, eines pensionierten, französischen Militäroffiziers, der laut BBC-Bericht als »arrogant, abusive, and racist« wahrgenommen wurde. Er habe nur Diebstähle aufklären wollen, erklärte dieser, verließ aber nach dem Aufstand Hospital und Land.

Der Bericht zitierte auch Klagen des Schweizer Chirurgen Hans-Peter Muller über die habituelle Abhängigkeit der Bevölkerung von »Weißen«. Sähe man ihn am Ort, erklärte Muller dem Sender, sei der erste Gedanke: »A white man is coming, let's ask him to do something for me.« Er machte dafür die Präsenz weißer Ärzte mitverantwortlich: »We have come in and made the people here a bit like this.« Als der Reporter David Baron Mitarbeiter fragte, ob sie einen gabunischen Direktor favorisieren würden, überraschte die Antwort. Sophie Mipimbou, langgediente Hebamme und Krankenschwester, die ich 1993 bei einem Einsatz im Landesinneren begleiten durfte, erklärte: »A white man should be the director. Three-quarters of the staff want the hospital director to be white.«[48] Der mythische Weiße Mann, ein »Grand Docteur«, war noch dann Präferenz, als die Belegschaft gerade einen seiner Art verjagt hatte. Das Schweizerische Fernsehen brachte zum hundertjährigen Jubiläum des Hospitals einen kritischen Beitrag[49], der unter anderem das Unbehagen des Theologen Al Ilmfeld, der 1954, im Alter von 20, enthusiastisch nach Lambaréné gereist war, und sich zwiespältig an Schweitzer erinnerte: «Er hat mir gesagt: ‹Schau, die sind noch Kinder, die müssen wir jetzt langsam zu Erwachsenen heranziehen und müssen ihnen Kultur geben. Die haben noch keine Kultur.›» Ilmfeld hörte Schweitzer für auch für die Apartheid Südafrikas sprechen, mit denselben Argumenten, die Adenauer aus seinem Gespräch mit Schweitzer zitierte. 2015 bedauerte die Wiener Zeitung unter der Überschrift »Humanist im Zwielicht«: »Noch vor 30, 40 Jahren hätte nahezu jeder Europäer, befragt, wen er für einen vorbildlichen Menschen halte, geantwortet: Gandhi, Einstein, Albert Schweitzer. [...] Gandhi und Einstein haben sich gehalten. Albert Schweitzer entschwindet zunehmend dem Bewusstsein. Selbst die immer noch zahlreichen Albert-Schweitzer-Schulen ändern daran nichts«[50] Der Autor vermutete, die »Verdrängung« habe mit dem zunehmenden Ablehnen christlicher Humanität zu tun, und riet davon ab, das »Denkmal zu zerschlagen«. In Gabun wollte das auch Joseph N'Dolo damals nicht.

**Porträts, Parallelzauber
und das Schweitzer-Museum von Lambaréné**

Vielerorts, vor allem in den Wohnungen und Häusern ehemaliger Patienten sah man 1993 in Lambaréné Porträts von Schweitzer als Devotio-

---

48 Zit. n. Baron, David: Can a Gabonese director cure the Albert Schweitzer hospital? In *BBC World*, 19.7.2012. http://www.bbc.co.uk/news/world-africa-18120920 (12.8.2012).
49 Halter, Georg: Kritische Stimmen zum Albert-Schweitzer-Jubiläum. *SRF. Panorama*, Sendung vom 24.3.2013, ab Minute 12:49. https://www.srf.ch/news/panorama/kritische-stimmen-zum-albert-schweitzer-jubilaeum (12.8.2020).
50 Baumgartner, Edwin: Humanist im Zwielicht. Vor 50 Jahren starb Albert Schweitzer – der Elsässer Arzt und Theologe wurde lange Zeit als moderner Heiliger verehrt. *Wiener Zeitung*, 3.9.2015.

nalien an den Wänden hängen. Ästhetische Repräsentationen reichten von Fotografien über Ölporträts bis zu figürlichen Darstellungen. Als das Gespräch mit der 1924 geborenen J. T. auf Schweitzer kam, wies sie auf seine Fotografie in ihrem Haus. Sie holte das gerahmte Foto herbei, als ich darum gebeten hatte, sie fotografieren zu dürfen, und hielt das Bild auf ihrem Schoß, um gemeinsam mit dem Porträt abgebildet zu werden.

Abb. 4: *L'Hôpital Schweitzer Lambaréné*, Öl auf Leinwand, signiert »A. Ilepat, 1986«; im Wohnhaus einer Familie in Lambaréné, 1993

Typisch für lokale künstlerische Visualisierungen ist ein Gemälde, das sich 1993 im Haus der Familie eines ehemaligen Spital-Mitarbeiters fand. Zacharie Mabinda, geboren 1926 in Lambaréné, hängte das Bild eines gabunischen Autodidakten an die Wand des Wohn- und Essraums. Es ist datiert auf das Jahr 1986, über zwanzig Jahre nach Schweitzers Tod. Dargestellt ist das Panorama des Hospitals am Flussufer. Vom Fluss aus sind Palmen, Baracken, Fußwege und Menschen zu sehen. Schweitzers Kopf schwebt ohne Tropenhelm mit weißem Schopf über den Wipfeln der Palmen am lichtblauen Himmel, auf gleicher Höhe mit Vögeln, im Wortsinn »au ciel«. Übergroß dominiert sein Kopf samt Schnauzer, weißem Hemd und schwarzer Fliege das Bild. Darunter sind am Ufer Personen zu erkennen, ein Mann mit Krücke, wartende Patienten, eine Frau mit einem Krug. Neben ihnen und in gleicher Größe dargestellt spaziert der tropenbehelmte Doktor. Er taucht auch ein weiteres Mal auf, ebenfalls behelmt, als Passagier, der in einer Piroge gerudert wird. In drei Projektionszuständen wird Schweitzer repräsentiert: Als Geist über dem Wasser, der über allem schwebt, als Akteur am Boden, der sich aktiv gehend und doch am Rand des Geschehens aufhält, und als der koloniale Weiße, der sich rudern lässt.

Die liebevolle Darstellung versucht eine integrierende Kombination aus realen Eindrücken und mentalen Konzepten, um die Präsenz des »Grand Docteur« zu deuten, zu verarbeiten und sie dem Ort zuzueignen. Schweitzers Geist schwebt über dem Geschehen, doch auf dem Wasser gehen konnte er nicht, er brauchte ein Boot und ließ sich rudern. Beide Anteile Schweitzers, der himmlische wie der irdische, fusionieren in der Darstellung. Am Himmel findet sich das Wesen mit den magischen Kräften, am Boden der Dorfälteste, der für die Seinen sorgt.

Von einer speziellen Begegnung mit einer Schweitzer-Abbildung berichtete Schweitzers Nachfolger Walter Munz. Er war, offenbar in den 1980er Jahren, zu Besuch bei der traditionellen Heilerin Marcelline Nyndounge in dem entlegenen Dorf Meteghe im Regenwald. In der gesamten Region für die Kraft ihrer rituellen Behandlungen bekannt, zeigte sich die etwa 70-Jährige dezidiert unwillig, Fragen des Arztes zu ihren komplexen, teils von massiver physischer Einwirkung begleiteten Ritualen zu beantworten, bei denen etwa Erkrankte symbolisch in ein Grab gelegt werden um wieder aufzuerstehen, oder bei denen gesunde Kinder als eine Art Proxy-Patienten parallel und ebenso drastisch mit dem Betroffenen zusammen »behandelt« werden.[51] Als der Mediziner einmal unangemeldet bei der Heilerin auftauchte, war er »überrascht, auf dem Boden der Kulthütte ein Buch mit einem großen Bild von Albert Schweitzer zu finden.«[52] Die Heilerin erklärte: »Wenn ich behandle lege ich häufig das Buch mit dem Bild des Grand Docteur auf den Boden der Kulthütte. So zeige ich den Menschen, dass ich gleich behandle wie er. Das macht das Vertrauen der Menschen noch größer.«[53]

---

51 Die plausible Hypothese von Munz (1991, S. 133f.) zur »Mitbehandlung« des Kindes war, dass dessen Unschuld und Gesundheit magisch auf den Patienten übertragen werden sollten. Die Heilerin erklärte nur, das Kind sei »auch krank«. Ihr wird vor Augen gewesen sein, dass diese Form der gravierenden Kindesmisshandlung, die an das Münchhausen-by-Proxy-Syndrom erinnert, bei Munz keine Zustimmung erfahren würde.
52 Munz, 1991, S. 132.
53 Munz, 1991, S. 135.

Im Gespräch betonte sie ihre Gleichrangigkeit mit Schweitzer, und dass auch dieser nur mit Gottes Hilfe heilen konnte, genau wie sie. Dabei schien unleugbar, dass die symbolische Präsenz der Ikone des Docteur in einer Art Parallelzauber die Kraft der Heilerin potenzierte, und das auch den Besuchern der Kulthütte suggerieren sollte. Möglicherweise wollte die mit »tradithérapie« Arbeitende die offensichtliche Konkurrenz ihrer Heilmethoden mit der des Hospitals nicht einräumen. Längst waren Hunderte von Gabunern aus der Region am Hospital beschäftigt gewesen, zigtausende hatten sich dort behandeln lassen, und westliche Medizin mit ihren Erklärungen und Standards hatte sich parallel, teils mit empirisch erwiesener Effizienz, neben der traditionellen positioniert. Moderne Ärzte beobachteten seit Schweitzers Zeiten, dass Patienten sich trotz ihrer Behandlung am Hospital von Lambaréné zusätzlich traditioneller Mittel und Symbole bedienten, beziehungsweise diese auf die westlichen Behandlungen projizierten, wie mit der Annahme, ein Zauber breche den anderen, Schweitzers Zauber den der übelwollenden Geister und Flüche, die für Erkrankungen verantwortlich gemacht wurden.

Zum Überdauern der Erinnerung an den Spitalgründer tragen auch die Bereiche des alten Spitals auf dem jetzigen Gelände bei, die zu einem Ort der Musealisierung umgestaltet wurden. Originale Räume, in denen Schweitzer praktizierte, darunter sein Behandlungszimmer, zeigen als Exponate beispielsweise Patientenkarteien und medizinisches Gerät. Zum Museum gehörten 1993 auch Schweitzers makellos gehaltene, bescheiden ausgestattete Privaträume. Besucher holten sich dafür beim Verwalter einen großen Eisenschlüssel ab. Eine Galerie von Fotografien zeigte den Docteur bei Szenen des Spitallebens und mit Besuchern, Vitrinen beherbergten Gegenstände des medizinischen Gebrauch. Schweitzers Tropenhelm und sein Spazierstock hingen an einer Garderobe, als sei er eben nach Hause gekommen. Hölzerne Regale voller Bücher bezeugten die Geistesarbeit, ein alter Operationstisch und schlichte, klinische Apparaturen seine medizinische Pionierleistung.

Aufgeräumt und anrührend begrüßte Schweitzers schlichter Schreibtisch mit Petroleumlampe die Museumsgäste. Griffbereit lagen Feder und Tintenfass, Uhrkette und Vergrößerungsglas, eine Schere und eine kleine Glocke, geeignet zum Herbeiklingeln von Personal, alles deponiert auf einer weißleinenen, lakenartigen Tischdecke. Hinter der grünen Schreibunterlage fand sich ein hölzernes Gestell mit Trennbrettchen zum Ablegen von Papieren und Korrespondenz. Zu sehen war hier weniger der Arbeits-

7.3 Afrikas Albert Schweitzer

Abb. 5: Schweitzers Schreibtisch
im Museum des Hospitals in Lambaréné, 1993

platz eines Klinikmanagers oder auch nur Privatgelehrten, als vielmehr der improvisierte Arbeitstisch eines Alexander von Humboldt im fernen Ambiente am Amazonas, das transitorische Pult eines europäischen Forschers des 19. Jahrhunderts, der in den Tropen seine erlernte Ordnung aufrechterhält, um dem Dschungel um ihn her mit bewährter Systematik aber fast ohne technische Hilfsmittel beizukommen.

»La danse de Gaulle« in Lambaréné

Nicht nur der »Grand Docteur« und seine Ausstrahlung wirkten in der Region Lambaréné und darüber hinaus, auch ein anderer Weißer hatte im 20. Jahrhundert bei der Bevölkerung Äquatorialafrikas tiefen Eindruck hinterlassen: General de Gaulle. Mit völlig anderer Mission und auf andere Weise war de Gaulle in der entlegenen Kolonialregion bald hier, bald dort aufgetaucht, um danach zu verschwinden und mit den Insignien seiner Macht ein Versprechen zu hinterlassen. Charles De Gaulle hatte 1944 mit seiner berühmten Rede in Brazzaville Umwälzungen im Verhältnis der Metropole zu den Kolonien und eine neue Ära der Autonomie und

Unabhängigkeit angekündigt. Er sprach als Vertreter des kolonisierenden Staates, der zu dieser Zeit selber durch die Besatzung der Wehrmacht quasi kolonisiert worden war, und hatte ausgerechnet in den Kolonien loyale, das demokratische Frankreich unterstützende afrikanische Funktionäre gefunden. Ausdrücklich pries de Gaulle Brazzaville, das er zur Hauptstadt des Freien Frankreich erklärte, zum idealen Ort für die Versammlung, zu der sich Delegierte aus allen französischen Kolonien Afrikas um ihn scharten, welche, die Vichy-Kollaborateure ablehnten.[54] Überall, so De Gaulle, wo Menschen unter der Flagge der Gleichheit und Brüderlichkeit lebten, müssten sie teilhaben an den Erträgen ihrer Länder und sollten ihre Belange in eigene Hände nehmen. Damit entsprach De Gaulle der Forderung des afrikanischen Gouverneurs Félix Éboué, der die ersten »écoles superieures« für afrikanische Schüler überhaupt gegründet hatte.[55] Doch während de Gaulle im Geist der Aufklärung und der Französischen Revolution die Unabhängigkeit von der Metropole der Weißen versprach, sorgten gerade seine wortmächtigen Auftritte dafür, dass die mythische Gestalt des »weißen Mannes« noch einmal ihren Bedeutungsraum ausdehnen konnte.

In Teilen des frankophonen Afrika wurde de Gaulle zur modernen Legende, zum lokalen oder regionalen Mythos. »Le Général de Gaulle« erfuhr, wie das Konzept von »La France« oder »La République«, Formen ritueller Besetzung vor allem in Zentralafrika, wie Florence Bernault ausführt. Der Name de Gaulle galt als Symbol der Präsenz von Kraft, »un individu magnifié dans les discours officiels«[56]. Magische Qualitäten wurden dem General zugewiesen, die an Zuschreibungen erinnern, wie sie auch Schweitzer bei der Bevölkerung erfahren hatte. Zahlreiche Afrikaner in A. E. F. hatten de Gaulle bei öffentlichen Auftritten erlebt, Fotografien von ihm gesehen oder seine Stimme via Radio Brazzaville gehört, andere erfuhren vom Hörensagen etwas über den Mann, von dem etwas Verheißendes auszugehen schien. Man staunte darüber, dass er an ein und demselben Tag in Douala wie in Brazzaville sein konnte, und es hieß, er habe die die Fä-

---

54 Charles de Gaulle: Discours de Brazzaville, 30. Januar 1944. Zit. n. der Dokumenten-Sammlung der Universität Perpignan. Hrsg. v. Jean-P. Maury. http://mjp.univ-perp.fr/textes/degaulle30011944.htm (22.7. 2013).
55 Vgl. Weinstein, Brian: *Éboué*. Oxford, 1972.
56 Bernault, Florence: Democraties Ambigues. Congo et Gabon 1940–1965. Paris, 1996, S. 188.

higkeit zur Anwesenheit an mehreren Orten zugleich. Auch sei er direkt aus der Luft, von oben aus dem Flugzeug heraus, auf die Erde gelangt ohne zu landen. Und es hieß bisweilen, der ubiquitäre Mann mit Zauberkräften habe keinerlei Nahrung, Getränke oder Schlaf gebraucht.[57]

Spezifische lokale De-Gaulle-Rituale entwickelten sich, von verblüfften Missionaren, vor allem in Gabun, voreilig als kultische Verehrung des »fétiche Ngol«, »Digol« oder »Ngoll« registriert. De Gaulles Physiognomie, die auffällige Nase, die großen Ohren, besaßen für traditionsorientierte Zentralafrikaner Züge des Elefanten, eines Symbols für Macht und Stärke, das schon die Vorstellung in Lambaréné genährt hatte, wonach Schweitzer bei Nacht in Gestalt eines Elefanten seine Kraft aus Waldgängen gesogen hatte. Missionsschüler ebenso wie die Kinder an staatlichen Schulen mit französischen Curricula erinnerte der Name »de Gaulle« an den alten Namen »Gaule« für Gallien, den sie aus dem Unterricht kannten, de Gaulle personifizierte die Metropole und deren Macht. Akustisch ähnelte der Name zudem Wörtern aus Bantusprachen für Macht, Männlichkeit und Kraft, etwa dem Kikongo-Wort »ngol« oder dem Fang-Wort »ngul«. Einige Europäer ermutigten, wie Bernault treffend anführt, »la transformation du Général en fétiche populaire« und verteilten, etwa im Wahlkampf 1951, Tausende der begehrten Postkarten und Vignetten mit seinem Porträt.[58]

Entstanden war in der Region eine kultische Choreografie, »La danse de Gaulle« oder der »culte ngol«. Er wurde beobachtet als zeremonieller Tanz, soll als reinigendes Ritual gegolten haben und breitete sich ab 1945 in Gabun aus. Spätestens 1950 ist er für Lambaréné belegt.[59] In den Augen europäischer Zeitgenossen sah der Tanz, vorgeführt und weitergereicht von wandernden Darstellertruppen, nach amüsanter wenn auch irritierender Zerstreuung aus. Seine Teilnehmer repräsentierten Kolonialherren, sie erwiesen deren Institutionen Ehre und gerieten mit ihnen auch, mokant bis aufsässig, in Konflikt. Auch solche Konflikte schien der »danse de Gaulle« zu verhandeln. Doch die Choreografie erlaubte und verriet noch vieles mehr. Es schien um symbolische Vorwegnahme der versprochenen Partizipation an Herrschaft zu gehen und zugleich um ein ironisierendes, latent kritisches Vorführen des »Theaters des Kolonialismus«, um eine Art

---
57 Bernault, 1996, S. 191. Nachfolgendes Zitat ebd.
58 Bernault, 1996, S. 192.
59 Bernault, 1996, S. 188f.

dramatherapeutischen, präpolitischen Bewältigungsversuch, der die strukturellen Brechungen der Zeit widerspiegelte. Zeitweise versuchten die verstörten, kolonialen Behörden, den Tanz zu unterbinden.

Bernault erläutert die Modi der Verbreitung, das Inventar und den Ablauf. Verwendet wurden koloniale Uniformen, Büromobiliar von Behörden wurde als Requisite nachgebaut, Teilnehmern wurden administrative Titel aus der Kolonialverwaltung verliehen, vom Richter bis zum Zollbeamten (»Justice de paix, Douanes, Présidence, Commissariat de police, Bureau du district, Bureau de la région«). Teile der Szenarios entnahm man dem nur in Fragmenten verarbeiteten innerfranzösischen Konflikt im Zweiten Weltkrieg, wobei die Parteien (Vichy, FFL) teils nicht auseinandergehalten wurden. Abends trat die Versammlung zum Danse De Gaulle in einem Strohschuppen zusammen, auf dessen Dach die französische Flagge wehte. Frauen tanzten zu rhythmischem Trommeln, Männer bezogen ihre »Logen«. Mit Autorität erschien »le général de Gaulle« in Uniform, das Gesicht gebleicht, einen Adjutanten zur Seite (je nachdem hieß dieser Éboué, Pétain, Commissaire de police, Gouverneur général) und inspizierte die Umgebung, die Teilnehmer, das Büro. Schließlich tanzten Männer und Frauen gemeinsam – unterbrochen durch das Aussprechen von Sanktionen wie »amendes«, Geldbußen oder Ordnungsstrafen, die ein Inspekteur über die Tanzenden verhängte, »décernées aux danseurs par un ›inspecteur‹.[60]

Bernault ordnet den »danse de Gaulle« in eine Reihe neuer, synkretistischer Praktiken der Region ein, die parallel zeremonielle Tänze und zugleich Teil einer Bewegung gegen »Hexerei«, »la sorcerie«, sein konnten. Der »danse de Gaulle« lässt symbolisch an der Macht der Colons teilhaben und sie zugleich karikieren. In den mit Komik übertriebenen, jedoch mit Ernsthaftigkeit vorgeführten »Inspektionen« der Jüngeren durch Ältere sieht Bernault auch den Ausdruck des damals schwelenden Generationenkonflikts zwischen Tradition und Moderne, denn Teil des Tanzes war, dass die Alten, in der Rolle der – kolonialen – Autoritäten, den Jüngeren spielerisch »Bußen« für deren lässige Lebensweise auferlegen durften. Der »culte ngol«, bemerkt Bernault, sei vor allem von Älteren

---

60 Bernault, 1996, S. 189. Als weitere Quellen nennt sie: Oschwald, M. P.: La danse ›De Gaulle‹ à Lambaréné. In *Journal des Missions Évangélique*, S. 7ff., 297. Beschrieben wird die räumliche Ausdehnung der Tänze ab 1945 auch von Balandier, Georges: *Sociologie actuelle de l'Afrique noire*. Paris, 1982, S. 65f., 515.

initiiert worden und erinnerte auch an Zeremonien des Nkobi-Kults, der im 18. Jahrhundert die Herrschaft von Kriegern festigen sollte.[61]
Beeindruckend ist, wie lange sich der »danse de Gaulle« als Kultelement hielt – er wurde um den 31. Dezember 1979 hundert Kilometer flussaufwärts von Lambaréné in Ndjolé gefilmt[62] und er tauchte noch 2002 neben Ahnenmasken und einer Maske von Jacques Chirac bei einer traditionellen Bwiti-Zeremonie auf, wie der Ethnologe Julien Bonhomme berichtet.[63] Laut Bonhomme transzendieren die rituellen Darstellungen weißer Männer beides, Karikatur wie Reverenz. Sie gestatten das rituelle Verhandeln des Verhältnisses zwischen den Figuren von »großen Weißen« und denen der afrikanischen Ahnen mittels Dissimulation, Inversion und Verdichtung. Indem die Geister der machtvollen Ahnen und die Masken der mächtigen Weißen einander gegenüberstehen, könnten sie einander als Quelle der Macht des jeweils anderen erkennen – und die jüngere Generation in ihre Schranken weisen. Auch diene die Einbindung der »Weißen« in das Kultische dem Reduzieren von Alterität, so Bonhomme. Seine plausible Lesart – sie lautet ja, schlicht komprimiert: »wir Älteren sind Autoritäten, so wie bei den Weißen, und wir haben deshalb vor denen keine Angst« – hebt die Deutungen von Bernault nicht auf, sondern belegt erst recht, dass kultische Zeremonien wie der »danse de Gaulle« ein ganzes Spektrum von Bedürfnissen befriedigen, das sich im polyperspektivischen Lesen entfaltet.

Wie Bonhomme zeigt, hat das Inkorporieren symbolischer Repräsentationen von »Weißen« in rituelle Kontexte nicht allein in West- und Zentralafrika eine längere Tradition – auch »Queen Victoria« oder »le roi Leopold II« fanden in solchen Kulten ihre Auftritte. Mit seinem teils gestellten Dokumentarfilm *Les Maîtres fous*, dessen Titel eine Zeit lang sprichwörtlich wurde, hatte der französische Ethnologe Jean Rouch 1955 in Ghana ein strukturell mit dem »danse de Gaulle« verwandtes Mimikry-Ritual mit kolonialen Personen und Phänomenen szenisch erfasst. Rouchs Genre der »Ethnofiktion« wurde inzwischen wegen der Manipulation

---

61 Bernault, 1996, S. 193.
62 Dokumentarfilm von Raymond Mayer: *La danse de Gaulle a Ndjolé*, 37 Min. Die Zeremonie wurde aufgenommen am 31.12.1979 und 1981 gesendet auf Radio Télévision Gabonaise. www.archive.org/details/DanseDeGaulleAuGabon (20.6.2012).
63 Bonhomme, Julien: Masque Chirac et danse de Gaulle. Images rituelles du Blanc au Gabon. Grands hommes vus d'en bas. In *La Revue Gradhiva*, n°11, 2010, S. 80–99.

der Szenen und deren ästhetischer Nähe zu essenzialistischer Stereotypisierung stark problematisiert. Die historische Faktizität von Ritualen aus »mimicry and mockery« wird von der legitimen Kritik an Rouch gleichwohl nicht bestritten.

Das Übertragen mythischer Qualitäten auf »les blancs« datiert bis in die präkolonialen Anfänge der afrikanisch-europäischen Begegnungen und speiste sich teils aus der Vorstellung, die Verstorbenen – da deren Gebeine weiß sind – nähmen nach dem Tod die weiße Farbe an.[64] Tauchten weiße Menschen an den Küsten Afrikas auf, wurden sie mitunter als Boten aus der Ahnenwelt erkannt, die ihre Artefakte, metallene Gefäße, farbige Stoffe, Werkzeuge, Gläser, Feuerwaffen und so fort, im Jenseits produziert hätten. Weißen Frauen, seltener angetroffen als weiße Männer, aber oftmals zu sehen als Galionsfiguren mit langem hellem Haar am Bug von Schiffen, wurden noch stärkere, magische Kräfte zugeschrieben. Blondes weibliches Haupthaar, als Perücke, Locke oder Haarbüschel, wird teils bis in die Gegenwart bei Ritualen verwendet, wie nicht nur Bonhomme von seiner Feldforschung berichtet.

Die machtvolle »Maske« des weißen Mannes, führt er einleuchtend aus, war umso häufiger anzutreffen, je isolierter, je tiefer im Hinterland gelegen ein Gebiet sich befand. Der synkretistische Charakter des Tanzes wird in den erwähnten Filmaufnahmen von 1979 deutlich am fließenden Wechsel zwischen Percussion, Gesängen in Call-Response-Mustern und den Auftritten afrikanischer, als koloniale Honoratioren gekleideter Männer mit Uniformen und Krawatten. Beim Erscheinen des »General« wird es still. Er stellt sich den Feiernden als »de Gaulle« vor, nennt seinen Rang, seine Befreiungstat für Frankreich und verliest die Spielregeln, bei denen es viel um Hierarchien, Sauberkeit und Ordnung geht. Wenngleich gelegentlich Tänzer oder Uniformträger lachen oder lächeln, wirkt die Atmosphäre des abendlichen Tanzes eher getragen, zeremoniell und feierlich. Das Ritual werde bei besonderen Anlässen wie Hochzeiten oder Trauerfeiern getanzt, konstatierte der Kommentator 1979 aus dem Off.

Mit »de Gaulle« oder auch »ngol«, oder »Digol« hatte sich nach 1940 eine neue Maske zu den Repräsentationen des weißen Mannes gesellt, ein »monofétiche«[65], wie ein Informant von Bonhomme anmerkt, ein singulärer Mega-Fetisch, der gegen alle anderen Fetische antritt, wie de

---

64 Bonhomme, 2010, S. 87.
65 Bonhomme, 2010, S. 91.

Gaulle gegen NS-Deutschland – und ein Fetisch als Trumpf, der koloniale wie antikoloniale Elemente inkorporiert. Für die Flussanrainer und andere Gruppen der Ogowe-Region war, nach Savorgnan de Brazza, einigen legendären weißen Händlern und dem Jahrzehnte in Gabun lebenden Missionar Robert Hamill Nassau, auch Albert Schweitzer eine der großen »weißen Masken« geworden. Erscheinungsformen des »Grand Docteur«, des weißen Oganga, dem magische Kräfte zugesprochen wurden, besiedelten die Imagination von Teilen der lokalen Bevölkerung. Mit Charles de Gaulle war auf diesem Terrain starke Konkurrenz aufgekommen, aber auch eine Albert-Schweitzer-Maske der Fang meint Bonhomme lokalisiert zu haben – in der Sammlung des Ethnologischen Museums München. Nachweisbar ist seine Hypothese nicht, von der Hand zu weisen auch nicht. Die Maske könnte darauf hindeuten, dass auch die Figur »Albert Schweitzer« Eingang in Kulte fand, die dem »danse de Gaulle« ähneln.

8   Die Kernfrage

Der Friedensnobelpreisträger konfrontiert
die Atommächte – und verblasst

> »Unsere Aufsatzthemen waren: [...] ›Gewitter – ein Erlebnisbericht‹ ›Wie ich mir Albert Schweitzer zum Vorbild nehmen will‹ – ein Besinnungsaufsatz anläßlich des Todes des Nobelpreisträgers im September 1965.«
> *Magnus Skriptor, 2008*[1]

> »Compared to some of the giants of history who have received this prize – Schweitzer and King; Marshall and Mandela – my accomplishments are slight.«
> *Barack Obama, 2009*[2]

Das Halo von »Lambarene« umfing Albert Schweitzer bereits, als er ab 1953 aus seinem kleinen, klinischen Imperium im Regenwald hervorkam, um endgültig die Weltbühne zu betreten. In Lambarene hatte Schweitzer es mit der tiefsten Dunkelheit des Dschungels zu tun, mit schwarzen, erkrankten Körpern, denen er in seinem Mikroimperium Heilung angedeihen ließ. Die Strahlkraft dieses hortus conclusus und der aus ihm dringende Ruf nach »Ehrfurcht vor dem Leben« brachten Schweitzer den Nobelpreis für Frieden ein, eine Meldung, die als Verstärker dieses Rufs um die Welt ging. Als Folge sah sich Schweitzer konfrontiert mit immer deutlicheren Aufforderungen, seine politische Abstinenz zu überwinden und die Wucht seines Namens im Einsatz für atomare Abrüstung geltend zu machen, wozu er sich als nun über Achtzigjähriger überreden ließ. Seine öffentlichen Friedensappelle verwandelten ihn vollends in die »Galionsfi-

---

1   Skriptor, Magnus: *Memoiren eines mittelmäßigen Lehrers*. Hrsg. v. Dietfried Sackser. Hamburg, 2008, S. 144. An zahlreichen Schulen der BRD dienten Schweitzer-Worte von Mitte der 50er bis in die frühen 60er Jahre hinein als Stichwortgeber für den »Besinnungsaufsatz«, etwa in Bayern 1963, wo das Aufsatzthema beim Zentralabitur der Gymnasien lautete: »Albert Schweitzer: Ein erfülltes Leben ist ein Leben voller Opfer«.
2   Obama in seiner Dankesrede als Friedensnobelpreisträger, 10.12.2009. http://nobelpeaceprize.org/en_GB/laureates/laureates-2009/obama-lecture (17.9.2011).

gur der Jahrhundertmitte«³, wie ihn sein Biograf Harald Steffahn nannte. Er hatte es mit Afrika und dem Leid der Schwarzen aufgenommen, jetzt sollte er die ultimative Bedrohung konfrontieren, die schlimmste Waffe der Welt. Ein gewaltigerer Gegner war kaum denkbar. Lambarene mutierte zur sinnstiftenden Kulisse, vor der der Denker seine Stimme zu den wahren Fragen der Menschheit erhob. Auch der Kinder- und Jugendbuchmarkt vollzog mit einigen Titeln diese Wende nach.

1953 hatte das Nobelkomitee in Stockholm Schweitzer, rückwirkend für das Jahr 1952, den Friedensnobelpreis verliehen, den er erst 1954 persönlich in Empfang nahm. In den Jahren danach, insbesondere ab 1957, erweiterte sich seine Rolle zu der des ultimativen Mahners und Warners vor Atomwaffen, deren Tests und deren Einsatz. Schon Anfang August 1945, nach der Bombardierung der der japanischen Städte Hiroshima und Nagasaki durch die US-Airforce, hatte Schweitzer in seinem privaten Journal die Sorge um eine »Atomkultur« festgehalten, gegen die im Krieg »alle Tapferkeit nichts

Abb. 1: Titelbild des Jugendbuchs
Alarm des Gewissens, 1955⁴

---

3 Steffahn, [1979] 1990, S. 107.
4 Vollständiger Titel des Doppelbandes: Goetz, Bernhard: *Alarm des Gewissens. Albert Schweitzer und Ein Mann der guten Tat*. Göttingen, 1955b. Das Buch für »Jungen und Mädchen 12–15 Jahre« enthält erzählerisch ausgeschmückte Anekdoten aus Lambarene, darunter zahlreiche Tiergeschichten, und die Erzählung »Weiße Helfer im Urwald«.

vermag«⁵, sich jedoch öffentlich nicht konkret zum Thema geäußert, während weiter kontinuierlich Kernwaffen getestet, und auch die Sowjetunion, Großbritannien und Frankreich zu Atommächten wurden. Häufig wurde später angenommen, das Nobelkomitee habe Schweitzer für seine Warnung vor dem Atomkrieg ausgezeichnet. Schweitzer selbst sprach in seiner Osloer Rede von Krieg und Frieden in der Geschichte der Menschheit und warnte auch davor, dass die menschliche Vernunft und Ethik mit der technischen Entwicklung atomarer Waffen nicht Schritt halte. Als den stärksten Verstoß gegen die Menschenrechte bezeichnete er die Vertreibungen von Bevölkerungen aus deren angestammten Territorien – eine Anspielung auf die Vertreibung Deutschstämmiger aus Osteuropa. In der Laudatio, die der Vorsitzende des Nobelkomitees 1953 hielt, war von Atomwaffen mit keinem Wort die Rede. Gunnar Jahn skizzierte Schweitzers Lebenslauf der ethischen Selbstaufopferung und Hingabe, und schloss: »This then is what Albert Schweitzer has to say to us about reverence for life, about the religion of love, and about the concept of brotherhood.«⁶

Oslo, 1954: Schweitzers Worte zu Krieg, Frieden und Vertreibung

Am 1. März 1954 hatten die USA auf dem pazifischen Bikini-Atoll erstmals die Wasserstoffbombe getestet, was bereits seit Monaten die Weltpresse beschäftigte, als der Preisträger selbst im November 1954, ein Jahr nach der Laudatio in absentia, seine Dankesrede in Oslo hielt. Von einem Friedensnobelpreisträger werden Worte zum Frieden erwartet, und Schweitzer tauchte für seine Rede zunächst tief in die Geschichte der Menschheit. Historisch arbeiteten Kriege, so Schweitzer, »sowohl für den Fortschritt als auch gegen ihn«⁷, im positiven Sinn bei den Feldzügen der

---

5 Zu den Journalen siehe Kap. 7.2.
6 https://www.nobelprize.org/nobel_prizes/peace/laureates/1952/press.html (3.6.2012). Rede Schweitzers zum Empfang des Friedensnobelpreises: https://www.nobelprize.org/prizes/peace/1952/schweitzer/lecture (3.6.2012).
7 Schweitzer, 1955a, S. 7. Dem Band des C.H. Beck-Verlags war ein Werbeprospekt zu Schweitzers Bestseller von 1921 *Zwischen Wasser und Urwald* beigefügt, dessen deutsche Auflage 191 000 Exemplare erreicht hatte, sowie ein Hinweis auf seine nun dem großen Publikum zugänglichen *Briefe aus Lambarene 1924–1927*, die »ursprünglich nur für den engeren Freundeskreis des Urwalspitals bestimmt waren«.

Antike, beim Sieg des Cyrus über Babylon oder Alexanders des Großen über die Perser, im negativen etwa bei den Siegen der Araber über Gegner in Kleinasien, Palästina, Nordafrika oder Spanien.

Den Sieg der Alliierten über den Faschismus klammerte seine Darstellung aus. Generalisierend sprach er vom Willen einer Vielheit, vom Volkswillen, der Gefahr laufe, »unbeständig zu sein, durch Leidenschaftlichkeit von der rechten Vernünftigkeit abzukommen und des erforderten Verantwortungsbewußtseins zu ermangeln«.[8] In beiden Weltkriegen habe »Nationalismus übelster Art« sich »betätigt, und kann zur Zeit als das größte Hemmnis einer zwischen den Völkern sich anbahnenden Verständigung gelten.« Im Nationalismus erkannte er das Grundübel aller Kriegsparteien, zwischen denen er keinen Unterschied machte. Zwischen den Zeilen legitimierte er diese Deutung durch den Gebrauch der Atomwaffen der USA am Kriegsende. Konkret ausgesprochen wurde diese Deutung nicht. In beiden Weltkriegen, hieß es in einer Täter und Opfer umgehenden Passivkonstruktion, »wurde über Jahre hindurch in inhumanster Weise gekämpft und zerstört.«[9]

Die »Atomfrage« tauchte dann in Schweitzers Osloer Rede auf als eine Warnung vor der destruktiven Eskalation des technischen Zeitalters, das mit Autos und Flugzeugen begonnen hatte und zu Bombenkriegen und der Entwicklung der Atomwaffen führte. Schweitzer mahnte, Krieg werde in der Gegenwart: »mit ungleich größeren Mitteln des Tötens und Zerstörens geführt« als früher, als »die tüchtigeren Völker sich gegen die weniger tüchtigen durchsetzten«[10], betroffen sei in den Weltkriegen »ein großer Teil der Menschheit«[11], wobei die vom NS-Rassismus Verfolgten ungenannt in dieser Masse aufgingen. Pauschal beklagte er, durch die Technik sei »der Mensch ein Übermensch geworden«. Entdeckt worden waren ja jetzt »die bei der Auflösung des Atoms freiwerdenden ungeheuren Kräfte und ihre Verwendbarkeit«, sodass bereits Tests »zu Katastrophen führen können, die die Existenz der Menschheit in Frage stellen.«[12] Die neue Maximalsorge – im Kalten Krieg durchaus realistisch – wies dem Zweiten Weltkrieg und der Shoah einen nachrangigen Platz unter den Bedrohungen zu, der drohende Atomtod besaß universell einigendes Poten-

---

8 Schweitzer, 1955a, S. 17. Nachfolgende Zitate ebd.
9 Schweitzer, 1955a, S. 9.
10 Schweitzer, 1955a, S. 6f.
11 Schweitzer, 1955a, S. 9. Nachfolgendes Zitat ebd.
12 Schweitzer, 1955a, S. 10f.

zial, und der Atompilz wurde zum Emblem universeller Bedrohung, hinter dem alles andere verblasste.

Diedrich Diederichsen erklärt: »Das Bild vom Atompilz, die Einführung des Genres globales Bild überhaupt, wird verwendet als Bild für die Vernichtung der Welt. Unsere These ist, dass der Atompilz Auschwitz verdeckt, das nicht vorhandene Bild von Auschwitz als der großen Infragestellung der Zivilisation. Er ist sozusagen die Überschrift des Kalten Krieges als der Epoche, die die Katastrophen des Zweiten Weltkriegs beerbt hat. Dieses Bild wird dann um 1970 vom Bild des blauen Planeten überschrieben.«[13]

Die Shoah wird verdeckt, gewissermaßen hinter dem Atompilz versteckt, umcodiert zu einem Amalgam aus Menschheitskatastrophe und Naturkatastrophe. Darin können die Akteure des Faschismus unerkannt aufgehen, Taten und Täter werden ebenso sekundär wie das Fragen nach der Genese des antisemitischen Genozids. Wo es ums Große und Ganze geht, um das Überleben schlechthin, schrumpfen politische Positionen, reformerische oder revolutionäre Gesellschaftsentwürfe ins Irrelevante – die große Zerstörung wird von der Vergangenheit ins nukleare Zukunftsdesaster ausgelagert.

In der Reaktion anderer Staaten auf Russlands Krieg gegen die Ukraine, der am 24. Februar 2022 begann, bekam die Angst vor dem Einsatz von Nuklearwaffen erstmals seit der Kubakrise von 1962 wieder eine reale Dimension. Bewusst trieb das russische Regime die seit Hiroshima wirkmächtige Maximalangst erneut an die Oberfläche.

Zweifellos war die Atomkriegsangst auch nach Hiroshima und Nagasaki 1945 real. »Mutual assured destruction«, ironischerweise als »MAD« abgekürzt, war Teil der inhärenten Logik der »balance of powers« im Kalten Krieg. Diskurse, die sich um den großen Atom-Mahner Schweitzer entwickelten, enthielten auch den machtvollen Aspekt, eben die Funktion des Atompilzes zu stärken, die, vor allem den Deutschen, das Umcodieren der großen Zerstörung gestatteten. Der Kalte Krieg hatte gestattet, dass sich Verdrängung und Verdichtung im »Atompilz« manifestierten, und Schweitzers Projekt erlaubte die Verschiebung vergangener Schuld durch den benignen Essenzialismus von »Lambarene«. Zumal bei den Deutschen sorgte er für den Transfer von »Juden« auf »Neger«, von Heil-Ru-

---

13 Diederichsen, Diedrich: Der kalifornische Universalismus kann den Ort Kalifornien nicht ausblenden. In *Monopol Magazin für Kunst und Leben*, 6/2013. https://www.monopol-magazin.de/Diedrich-Diederichsen-interview-The-Whole-Earth (24.8.2015).

fen zum Beschwören von Heilung »rassisch Fremder« in der Ferne. Der mit dem Atompilz wachsende Antiamerikanismus ließ die Deutschen dann Rassismus mit Vorliebe in den USA verorten, in der Diskriminierung von Afroamerikanern. Mühelos konnte man sich in der Folge mit dem Aufbegehren cooler, schwarzer Musiker oder Sportstars in Amerika identifizieren. Zusätzlich würden die Kinder und Enkel des »Dritten Reichs« in den Ausgebeuteten der »Dritten Welt« Objekte der Wiedergutmachung finden. Dem Bewusstsein dürften solche Übertragungen und Affektetappen nur in seltenen Fällen zugänglich geworden sein.

Eigentlicher Friedensnobelpreisträger des Jahres 1954 war im Übrigen der ehemalige amerikanische Außenminister George C. Marshall, der wegen des Marshallplans geehrt wurde, dem milliardenschweren, von den USA finanzierten European Recovery Program für den in Trümmern liegenden Kontinent. Marshalls Preis stand im Schatten Schweitzers, ihm jubelte auch keine Menge zu. Vielmehr demonstrierten sogar in Oslo bei der Preisverleihung linke Gruppierungen gegen den Amerikaner. Ein »Deutscher«, schien es, hatte einen Amerikaner ausgestochen.

Schweitzers Osloer Rede offenbarte auch das Elitenparadigma eines 1875 in Westeuropa geborenen Bildungsbürgers. Insbesondere in seinen Idiosynkrasien, wie der gegenüber dem Internationalismus, zeigte sich seine Überzeugung, gesellschaftliche Missstände würden nicht durch demokratische Strukturen behoben, sondern durch das herausragende Wirken großer Geister und Ideen. Der Völkerbund und die Vereinten Nationen könnten zwar »Bedeutendes leisten, indem sie in entstehenden Streitigkeiten zu vermitteln suchen«[14], doch »den Zustand des Friedens herbeizuführen, haben diese beiden Institutionen nicht vermocht«, denn »juristische Institutionen« könnten keine neue »Gesinnung« herstellen: »Dies vermag nur der ethische Geist. Kant hat sich geirrt, als er für das Friedensunternehmen ohne diesen ethischen Geist auskommen wollte.« Und weiter: »Die Kriege von heute sind Vernichtungskriege, nicht solche, wie er voraussetzte. Entscheidendes für die Sache des Friedens muß bald in Angriff genommen und geleistet werden. Auch hierzu ist allein der Geist fähig.« Eben darum brauche es, Kant korrigierend, die Lehre der »Ehrfurcht vor dem Leben«[15] – mit anderen Worten, seine, Schweitzers eigene Lehre.

---
14 Schweitzer, 1955a, S. 13. Nachfolgende Zitate ebd.
15 Schweitzer, 1955a, S. 15.

Schon im April 1954, hatte der Londoner *Daily Herald* einen offenen Brief Schweitzers an kritische Physiker abgedruckt, die die Einberufung einer Konferenz der Vereinten Nationen zur Wasserstoffbombe forderten. Schweitzer hielt nicht viel davon, wie er in dem Brief schrieb, der in Deutschland so gut wie gar kein Echo fand. Es gebe zu viele Konferenzen, schrieb er, es würden zu viele Beschlüsse gefasst. Erforderlich wäre jedoch, dass »die Welt auf die Warnrufe der einzelnen Wissenschaftler hörte, die dieses furchtbare Problem verstehen. [...] Sehen Sie nur, welchen Einfluß Einstein besitzt, weil er seine Befürchtungen offen zum Ausdruck bringt.«[16] Einzelne Mahner sollten sich Gehör verschaffen, ethische Autoritäten. An diskursive Prozesse glaubte Schweitzer nicht, von Demokratie sprach er so gut wie nie. Nicht zuletzt seine Erfahrungen der Abhängigkeit von Institutionen wie der Universität, der Kirche, der Pariser Mission und den französischen Behörden vor Ort in Gabun hatten ihn allergisch dagegen gemacht.

Drastisch erklärte er vier Jahre später in einem Brief an seinen Jugendfreund Theodor Heuss seine Abneigung gegen Völkerbund und USA. Die USA hätten einen »Eiertanz«[17] in Sachen Nuklearbombentests vollführt, die UNO müsse endlich Stellung nehmen. Das Ende der Kolonialära hatte Schweitzers Befürchtungen zum »Institut« der UNO noch verstärkt: »Europa und Amerika werden es nicht mehr in der Hand haben.« Eine Schimpftirade ergoss sich über Woodrow Wilson, Amerikas Präsident von 1913 bis 1921, einst Mitinitiator des Völkerbunds in Genf:

»Was hat der geisteskranke Größenwahn, in dem dieser Mann Amerika in den Krieg hineinführte und die Rolle der Weltherrschaft übernehmen ließ, angerichtet! Zugleich gab er die Parole der Emanzipation aller kolonialen Völker aus, aufgrund derer Asien und Afrika die Vorherrschaft in jeder Art von Völkerbund anstreben werden.«

Man müsse, empörte sich Schweitzer, »in der Welt draußen leben, um sich Rechenschaft von dem Geiste der Auflehnung und des Herrschenwollens zu geben, der auf Asio-Afrikanischen Kongressen das Wort führt.« Bei

---

16 *Daily Herald*, London, 14.4.1954. Übersetzung zit. n. http://www.schweitzer.org (20.9.1999).
17 Schweitzer an Theodor Heuss, 30.6.1958. Zit. n. Schweitzer, 2006, S. 345f. Nachfolgende Zitate ebd.

aller Ehrfurcht vor dem Leben, die kosmopolitische Idee internationaler Inklusion ging Albert Schweitzer zu weit.

In der Friedenspreisrede von Oslo fehlte jedes direkte Wort dessen, den die Urkunde des Nobelkomitees – wenn auch fälschlicherweise – als deutschen Staatsbürger nannte, zum Thema Nationalsozialismus, zum Genozid an Europas Juden. Ebenso fand sich bei ihm keine Silbe über die auf alle Kontinente verstreuten, traumatisierten jüdischen Überlebenden. Stattdessen erwähnte Schweitzer in Oslo »die furchtbare Massenaustreibung der Deutschen aus den Ostländern anno 1945«[18], über die er »mit Ergriffenheit« gelesen hatte. Wie schon 1951 beim Friedenspreis des Deutschen Buchhandels stiftete er den deutschen Vertriebenen einen Teil der Preissumme aus Norwegen. Hervorgehoben wurden in seiner Rede auch die Kriegsgefangen: »Viele Tausende von Gefangenen und Deportierten warten darauf, daß sie endlich in die Heimat zurückkehren dürfen [...].«[19]

1958 schrieb Schweitzer an Martin Niemoeller, der nach Lambaréné eine kirchliche Spende geschickt hatte: »Wo Sie mir nun die Versicherung geben, dass ich den Flüchtlingen nichts wegnehme, darf ich die Gabe der Kirchenleitung annehmen und mich daran freuen.«[20] Einen Monat darauf ging es ihm, schon mitten im Engagement gegen Atomwaffen, in einem weiteren Brief an Niemoeller, um Vorsicht: »Aber nicht wahr, nicht mehr davon sprechen, dass meine Stellung im Kampf gegen Atomwaffen meinem Spital schadet, weder privat noch öffentlich.«[21] Wieder sprach er das Thema Vertriebene an: »Es darf nicht sein, dass mein Spital irgendwie geldheischend in Deutschland oder sonstwo auftritt. Insbesondere in Deutschland, wo die Hilfe für Vertriebene die öffentliche Teilnahme so nötig hat.« Sein Hospital war allerdings auf Spenden angewiesen, für die er sich fast täglich bei deutschen Gönnern bedankte. Für die Vertriebenen spendete er selber, ohne das allzu öffentlich zu machen. Klar scheint, dass er weder über das eine noch das andere Informationen verbreiten wollte, weder über sich als Spendensammler noch als Spender.

---

18 Schweitzer, 1955a, S. 16.
19 Schweitzer, 1955a, S. 19.
20 Schweitzer an Niemoeller, 29.5.1958. Zit. n. Schweitzer, 2006, S. 476.
21 Schweitzer an Niemoeller, 15.10.1958. Zit. n. Schweitzer, 2006, S. 479. Nachfolgendes Zitat ebd.

Nachbeben von Oslo

Das weltweite Echo auf Schweitzer und seine Nobelpreisrede im November 1954 war enorm. In Oslo selbst hatten sich am Tag der Entgegennahme rund 30 000 Menschen, vor allem jüngere, am Rathaus versammelt, um der Verleihung über Lautsprecher zu folgen, seine Rede hielt Schweitzer in der Aula der Osloer Universität. »Nur wenige Gäste wurden in Norwegens Hauptstadt bisher so gefeiert, wie Albert Schweitzer«[22], berichtete die Deutsche Presseagentur. Von der Atomgefahr, die er in seiner Rede angerissen, kam in den Berichten wenig vor. Sie drehten sich um »Menschlichkeit«, »Menschheit«, »Frieden«, die weiten Begriffsbögen zu deren Referenzpunkt er geworden war. Für die Deutschen war Schweitzer einer der Ihren, dass er seit 1919 französischer Staatsbürger war, hatte das Nobelkomitee übersehen, worauf französische Diplomaten in Oslo intervenierten. Großmütig kommentierte das *Hamburger Abendblatt*:

> »Man hat von Albert Schweitzer gesagt: Er ist der letzte Mensch, und hat damit den Ausruf Albert Einsteins: ›Endlich ein großer Mensch in unserem tragischen Jahrhundert!‹ noch überspitzt. [...] In der Urkunde über den Nobelpreis wird Schweitzer als deutscher Gelehrter bezeichnet. Der französische Gesandte in Oslo beanstandete es. Das ist an und für sich eine recht lächerliche Geschichte. Dass aber zwei Nationen sich einen Mann streitig machen, dessen Namen um seiner Menschlichkeit willen leuchtet, daß auf seine Worte die Menschen gläubiger hören, als auf alle Worte eines ganzen Wahlkampfes, das ist das Schöne.«[23]

Überwältigt vom Geschehen um Schweitzer in Oslo schilderte Max Tau dem Berliner Senat im Januar eine messianisch gefärbte Stimmung:

> »Von dem Augenblick an, wo er Oslo betrat, waren alle von einer einzigen Begeisterung des Herzens erfüllt. Ein Schriftsteller schrieb nach dem Presseempfang begeistert: ›Es wurde wenig von Gott gesprochen, aber umso stärker fühlte man Gottes Geist im Raum.‹ Die Eltern brachten die Kinder mit. Sie trugen die Kleinen auf den Armen und hoben sie hoch. Als im überfüllten Rathaussaal die Jugend Albert Schweitzer huldigte, war draußen ein

---

22 *dpa*-Text, 4.11.1954.
23 »Menschlichkeit!«. In *Hamburger Abendblatt*, 6./7.11.1954.

nebelumflorter Novembertag. Die Studenten hatten beschlossen, Albert Schweitzer durch einen Fackelzug zu ehren. Albert und Helene Schweitzer standen auf dem Balkon des Rathauses.[24] In ihren Zügen spiegelte sich das gleiche: die Vollendung des Reifens und die Demut vor dem Lebendigen. Langsam tauchten die ersten jungen Menschen auf. Zuerst sah man zwei Fackeln, und dann glaubte man, in ein Meer von Licht zu schauen.[25] [...] Keiner schrie; ein jeder stand für sich, andachtsvoll schaute er auf, und es war, als ob Albert Schweitzer auf die Menschheit schaute, aber ein jeder, der unten stand, fühlte, daß Schweitzer ihn ansah. [...] Die Jugend und die Alten, sie standen bewegt da, und dann geschah es: keiner hatte es bestimmt, aber einer begann zu singen, und alle stimmten ein in den Choral, der wie ein Flehen zum Himmel hinaufklang: ›Herrlich ist die Erde ...‹ Und dann sangen sie weiter: ›Kämpfe für alles, was du liebst ...‹«[26]

Tau verglich den Preisträger mit Franziskus von Assisi, (ein gängiges Motiv der Hagiografen) ernannte ihn zum Gegenspieler Oskar Spenglers und erklärte zu Lambaréné: »Wie Fridtjof Nansen erschüttert durch das Gebirge eilt, weil er die Schmerzen des Krieges nicht ertragen kann, genau so leidet Albert Schweitzer in Afrika«[27], und er solle Vorbild sein für die junge Ge-

---

24 Helene Schweitzer begleitete ihren Mann nach Oslo, war jedoch selten im Licht der Scheinwerfer. Die bescheidene Aussage der aus einer jüdischen Familie Stammenden dazu lautete: »An den alten Germanen fand ich es immer so hübsch, daß die Frauen hinter der Kampflinie standen und den Männern die Waffen reichten. Übertragen auf unsere Zeit: Die Frau reicht dem Manne, was er braucht, das Brot und den Wein, ihre Geduld und ihre Liebe« (*Sonntagblatt*, 21.11.1954). Albert Schweitzer wollte um diese Zeit verhindern, dass seine Frau öffentlich sprach. In einem Brief seiner Sekretärin heißt es: »Über Ihren Vorschlag, Frau Schw. zu einem Vortrag nach Heidenheim zu bitten, habe ich zuerst mit dem Dr. gesprochen. Er möchte nämlich nicht mehr, daß sie noch Vorträge hält. Ich habe ja selbst einen ihrer Vorträge gehört und muss sagen, es ist besser, wenn sie das nicht mehr tut« (Lotte Gerhold an Richard Kik, 1.10.1952, Typoskript, Albert Schweitzer Archiv Frankfurt/M.). Gründe dafür wurden nicht genannt. Die *Badische Zeitung* berichtete jedoch am 31.12.1952 von Massenandrang, als Helene Schweitzer an der Universität Freiburg einen von der Europa-Union organisierten Vortrag hielt.
25 Gemeint war der Fackelzug junger Leute, der Schweitzer am Abend in Oslo begrüßte. Unter ihnen war die Ärztin Luise Jilek-Aall, die später in Lambaréné arbeitete, siehe Kap. 7.2.
26 Tau, 1955, S. 6. Das Buch enthält einen umfangreichen Bildteil und den Text einer Ansprache Taus zur Feierstunde des Berliner Senats an Schweitzers 80. Geburtstag im Januar 1955.
27 Tau, 1955, S. 10.

neration: »›Blickt auf ihn, Ihr jungen Menschen! Lernt von ihm!‹ So rief der Vorsitzende der Studentenschaft, Torkel Opsahl, den Zehntausenden unten auf dem Platze zu. ›Er ist ein Fackelträger unserer Zeit! Mit seinem Lebenswerk steht er für uns alle da!‹ «[28]

In Deutschland folgte eine weitere Schweitzer-Welle, die vom Nobel-November 1954 auf Schweitzers 80. Geburtstag am 14. Januar 1955 zurollte. An dem Tag war in der *Frankfurter Rundschau* zu lesen:

> »Für unzählige Tausende in aller Welt ist der 80. Geburtstag Albert Schweitzers ein Tag stiller Freude: der Freude einfach darüber, daß es da irgendwo zwischen den Klüften und Schründen unseres Jahrhunderts einen Mann wie ihn gibt, der ein Genie von seltener Universalität ist – Theologe, Philosoph, Schriftsteller, Musiker und Arzt – und zugleich ein demütig dienender Heiliger.«[29]

Doch dürfe die Verehrung für den »Patriarchen« kein Alibi bleiben, seine Appelle für den Frieden müssten Folgen haben. So rief das Deutsche Jugendrotkreuz aus Anlass des Geburtstags alle Mitglieder zu einer Spende von mindestens einem Groschen für Lambaréné auf,[30] und der hessische Minister für Erziehung und Volksbildung empfahl Schulen, zu Schweitzers Geburtstag eine Feierstunde vorzubereiten: »An seinem Leben der Güte und der Menschenliebe kann schon den jüngeren Schülern hohes Menschentum anschaulich vor Augen gestellt werden, während die älteren Schüler auch auf das geistige und musikalische Schaffen Albert Schweitzers hingewiesen werden können.«[31]

Die Zeitschrift *Literatur und Kunst* gratulierte Schweitzer mit einem Auszug aus Einsteins anrührend pathetischer Beschreibung:

> »Kaum je habe ich einen Menschen gefunden, in dem Güte und Sehnsucht nach Schönheit so ideal vereinigt sind wie bei Albert Schweitzer. [...] Es scheint mir, dass das Werk in Lambarene zu einem bedeutsamen Teil Flucht

---

28 Tau, 1955, im Bildteil o. S.
29 Der Heilige unseres Jahrhunderts. Albert Schweitzer zum 80. Geburtstag. In *Frankfurter Rundschau*, 14.1.1955.
30 Siehe z. B.: Geburtstagsgeschenk für Albert Schweitzer. In *Schleswig-Holsteinische Volkszeitung*, 10.12.1954.
31 »Schulen sollen Albert Schweitzers gedenken«, hier zit.n. *Rheinpost*, Obelahnstein, 27.12.1954.

8 Die Kernfrage

vor unserer moralisch versteinerten und seelenlosen Kulturtradition gewesen ist [...]. Am Ende muß doch ein guter Kern in vielen sein, sonst hätten sie seine schlichte Größe nicht erkannt.«[32]

Das Urteil eines exilierten Juden und anerkannten Genies bot besondere Genugtuung, hundertfach wurde es zitiert. Mit alledem war der erste Schritt zum Betreten der globalen Atomarena getan.

Atomfrage und aufkeimende Kritik

Der Generalsekretär der Vereinten Nationen, Dag Hammarskjöld, schrieb im Juli 1955 an Schweitzer, er habe »die – vielleicht äußerst verwegene Hoffnung – daß sie bereit sein werden, ihre gewaltige Stimme den Appellen hinzuzufügen, die für die gegenseitige Respektierung der Völker gemacht werden.«[33] Das konnte als Aufforderung aufgefasst werden, sich deutlicher zu atomare Aufrüstung zu äußern. Im April 1954 hatte sogar schon Papst Pius XII. in seinem Ostersegen in Rom Gläubige auf dem Petersplatz vor der Gefahr durch Atomwaffen gewarnt. Erstaunlich konkret hatte er erklärt, wie Radioaktivität Atmosphäre, Land und Ozeane kontaminiert und Gene beschädigt.[34]

Im Februar 1955 hatte Schweitzer an Einstein geschrieben, der ihm kurz zuvor ein Foto zugeschickt hatte, das ihn mit Studenten in Princeton vor einer Kiste Hilfsgüter für das Hospital zeigte. Merkwürdig sei, schrieb Schweitzer, »wie oft in der Öffentlichkeit unsere Namen miteinander genannt werden.«[35] Er könne nicht fassen, dass die UNO die Atombombentests nicht zum Gegenstand von Verhandlungen erklärte. »Ich bekomme Briefe, in denen verlangt wird, daß Sie und ich und andere mit uns die Stimme erheben und eine solche Beschäftigung der O. N. U. [frz. Akronym

---

32 Bähr und Minder, 1965, S. 322f.
33 Hammarskjöld an Schweitzer, 21.7.1955. Original Französisch. Zit. n. Fröhlich, Manuela: *Political Ethics and The United Nations: Dag Hammarskjöld as Secretary-General*. London, 2008, S. 97.
34 Kraushaar, Wolfgang: *Die Protestchronik, Bd. 2: 1953–1954*. Hamburg, 1996, S. 970.
35 Schweitzer an Einstein, 20.2.1955. Zit. n. Bähr, 1987, S. 245. Nachfolgende Zitate ebd. Schweitzer lernte Einstein zuerst in Berlin im Dezember 1927 kennen, sie korrespondierten bis zu seiner Rückkehr nach Lambarene 1929 und trafen sich ein weiteres Mal im Oktober 1934.

für UNO] verlangen.« Er fuhr fort: »Aber wir haben genug die Stimme erhoben. Wir haben der O. N. U. nichts vorzuschreiben. Sie ist eine autonome Körperschaft und muß in sich selber die Anregung und das Verantwortungsgefühl finden, einen Versuch zu machen, drohendes Unheil abzuwenden.« Von November 1954 bis Juli 1955 lebte Schweitzer ohne Unterbrechung in Lambaréné und hielt sich mit spektakulären Äußerungen zur Atompolitik zurück. Albert Einstein starb am 18. April 1955 in Princeton, ohne dass beide gemeinsam zu Atomwaffen Stellung genommen hatten.

Im Jahr darauf ließ Schweitzers Abwehr nach. Dem amerikanischen Journalisten und Pazifisten Norman Cousins, der Schweitzer 1956 in Lambaréné Geburtstagsgrüße von Präsident Eisenhower überbrachte, vertraute er an, dass er sich vom seinem Dogma, sich »nie in etwas einzumischen, was auch nur entfernt mit politischen Fragen verknüpft ist«, verabschieden wolle. Er studiere Basiswissen zur Atomphysik und -politik und bereite gemeinsam mit dem Nobelkomitee und Radio Oslo eine Rundfunksendung zur »Atomfrage« vor, eine Kampagne der weltweiten Warnung vor dem Weiterentwickeln dieser Waffen. Im April 1957 schrieb der 82-Jährige an Cousins:

> »Ich habe soeben einen Brief von Radio Oslo erhalten – alles ist bereit. Es heißt darin: ›Radio Oslo wird sich an andere Rundfunksender wenden und ihnen mitteilen, daß der Präsident des parlamentarischen Nobelkomitees in meinem Namen den norwegischen Rundfunk um seine Unterstützung gebeten hat, um eine Ansprache über die Auswirkungen der Atomwaffenversuche über soviele Sender wie möglich auszustrahlen. Der norwegische Rundfunk sieht es als seine besondere Aufgabe an, dem Gesuch von Dr. Schweitzer zu entsprechen und mit zahlreichen Rundfunkanstalten in Europa und anderen Weltteilen in Verbindung zu treten. Der Text der Ansprache wird am 24. April an die Presse zur Veröffentlichung gegeben.‹ Das ist der Inhalt der Botschaft, den der norwegische Rundfunk an andere Sender schickt. Er wird diese Botschaft auch nach Nord- und Südamerika schicken, nach Japan, nach Australien, nach Afrika. [...] Es ist großartig, was der norwegische Rundfunk tut, um dieser Ansprache eine weite Verbreitung zu sichern.«[36]

Wenige Wochen zuvor gab es erstmals nennenswerte öffentliche Kritik an Schweitzer in Deutschland. Mit Sinn für Skandalstoff veröffentlichte *Der*

---

36 Schweitzer an Cousins, 12.4.1957. Original Englisch. Zit. n. Bähr, 1987, S. 258f.

Spiegel 1957 den Beitrag »Der alte Mann und seine Schwächen«, einen Auszug aus einem Buch des amerikanischen Journalisten John Gunther. Schweitzer nuklearkritische Haltung wurde in den USA suspekt. Im Vorspann hieß es:

> »Seit Jahrzehnten umweht den Theologen, Arzt und Menschenfreund Albert Schweitzer eine nahezu mythische Verehrung, die bislang von allen Menschen geteilt wurde, die ihn in seinem afrikanischen Domizil in Lambarene aufsuchten. Der amerikanische Journalist John Gunther, Verfasser von politischen Reisebüchern und Biographien ist der erste kritische Lambarene-Besucher. Sein Bericht durchbricht das diskrete Schweigen, das eifrige Schweitzer-Verehrer über die weniger lobenswerten Seiten des ›Urwald-Doktors‹ breiten.«[37]

Schweitzer, schrieb Gunther, herrsche in Lambaréné mit unumschränkt patriarchaler Autorität, seine Einstellung zu »Afrikanern als Masse« sei eine »Mischung von Wohlwollen, Ratlosigkeit, Gereiztheit, Hoffnung und Verzweiflung«, das Spital sei »der ungepflegteste Ort seiner Art, den ich in ganz Afrika sah«. Solche Kritik, die auch in Frankreich schon laut geworden war, bildete ein unschönes Störgeräusch zum Orchester der Verehrung, und sie kam auffälligerweise aus Medien von bestehenden oder angehenden Atommächten. Frankreichs »Force de dissuasion nucléaire française« kam offiziell 1958 zustande.

Wer Lambaréné schätzte, der zeigte, zumal in Deutschland, dennoch weiter Verständnis dafür, dass Schweitzer die Atmosphäre des Hospitals »einheimisch und familiär« gestalten wollte. Auch Leni Riefenstahl erinnerte sich daran, als sie später in Afrika als Fotografin unterwegs war. Als sie eine Krankenstation bei »den Nuba« einrichtete, folgte sie dem Vorbild Lambaréné, wonach Angehörige bei den Patienten bleiben sollten, um sich »einheimisch und familiär« zu fühlen: »Wie richtig er gehandelt hatte, konnten unsere Erfahrungen nur bestätigen.«[38] Über Afrikaner sagte sie: »Ihre Fröhlichkeit, die trotz großer Armut so ausgeprägt war, wirkte ansteckend. Wie gut verstand ich Albert Schweitzer, den Theologen und

---

37 Gunther, John: Der alte Mann und seine Schwächen. Besuch bei Albert Schweitzer. In *Der Spiegel*, 27.3.1957, S. 68. Nachfolgende Zitate ebd. (Buchauszug aus Gunther, John: *Afrika von Innen. Ein dunkler Kontinent wird hell.* Konstanz, Stuttgart, 1957).
38 Riefenstahl, 1987, S. 754f.

Orgelspieler, der Tropenarzt geworden war.«[39] Gunther nährte vor allem den Verdacht, Schweitzers Humanismus sei eher abstrakt als individuell und zugewandt. Bei Mahlzeiten in Lambaréné gebe es kaum Diskussionen, habe er beobachtet, wie Jünger säßen die Mitarbeiter zu Füßen des Meisters, der, das anerkennt der Autor, Tausende von Menschenleben gerettet hatte.

Schweitzer wird im Radio aktiv

Anfang April 1957, eine Woche nach Erscheinen dieser Kritik, wandten sich die bundesdeutschen Medien mit bisher unbekannter Intensität dem Thema Atomwaffen zu, da die NATO die Bundeswehr gern in deren Besitz sähe. Am 4. April 1957 verteidigte Kanzler Adenauer auf einer Pressekonferenz in Bonn die »beinahe normalen« Waffen mit Nuklearsprengköpfen. Taktische Atomwaffen seien »im Grunde nichts anderes, als eine Weiterentwicklung der Artillerie.«[40] Kurz darauf erklärten in Göttingen 18 deutsche Wissenschaftler, darunter Otto Hahn, Werner Heisenberg, Max Born und Friedrich von Weizsäcker, auch jede einzelne »taktische Atombombe« berge das Potenzial der Bomben, die auf Hiroshima und Nagasaki abgeworfen wurden, und forderten die Regierung zum Verzicht auf diese Waffen auf. Adenauer erklärte die »Göttinger Achtzehn« für inkompetent, man müsse zur Beurteilung des Sachverhalts »Kenntnisse haben, die diese Herren nicht besitzen.«[41] Er lud sie aber am 17. April 1957 ins Palais Schaumburg, wo sie mit Verteidigungsminister Strauß, den Generälen Speidel und Heusinger und Staatssekretär Globke diskutierten. Alle schienen sich immerhin einig über die Risiken von Atomwaffen und »die Notwendigkeit für eine kontrollierte Abrüstung.«[42]

Indes bereitete Schweitzer weiter seinen größten öffentlichen Auftritt nach dem Nobelpreis vor. Er schickte sein Manuskript an Radio Oslo, von wo ein Sprecher es am 23. April 1957 verlas. 150 Rundfunkstationen

---
39 Riefenstahl, 1987, S. 711.
40 *Dokumente zur Deutschlandpolitik, III. Reihe, Bd. 3,1.* Bonn, 1967, S. 577. Bundesarchiv. Hrsg. v. Bundesministerium für Gesamtdeutsche Fragen. Umfasst den Zeitraum vom 5.5.–31.12.1955. Bearb.v Ernst Deuerlein unter Mitw. v. Hansjürgen Schierbaum. Frankfurt/M., 1961.
41 *Der Spiegel*, 24.4.1957, S. 11.
42 Köhler, 1997, Bd. 2, S. 405.

strahlten die Sendung weltweit aus. Schweitzer sprach über den Test auf dem Bikini-Atoll im März 1954, die Atomtests »der Russen in Sibirien« und über Hiroshima und Nagasaki. Er hoffe, dass sein Alter »und die Sympathie, die mir die von mir vertretene Idee der Ehrfurcht vor dem Leben eingetragen hat«, dazu beitragen würden, der Einsicht »den Weg zu bereiten«[43], und klagte, die Verantwortlichen in Amerika, England und »Russland« führten die Bevölkerungen in die Irre. Wissenschaftlich erläuterte er die Unterschiede zwischen Waffentypen und die Kontamination der Nahrungskette durch radioaktiven Fallout, von Gemüse und Obst bis zu Plankton, Flussfisch und Seeschwalbe. Seine Hoffnung galt einem Abkommen zum Teststopp, warnend vor der »Torheit, welche die Menschheit furchtbar teuer zu stehen kommen kann.«[44] Derart klar war Schweitzer öffentlich noch nie geworden. Auf der Höhe seines Ruhms war, im Alter, ein politischer Schweitzer erstanden. Ein Autor russischer Herkunft schrieb: »Er war jetzt zu einem Mann geworden, der aktiv in die Machinationen der westlichen ›Verteidigungsmaßnahmen‹ eingriff.«[45]

An ein befreundetes Ehepaar in Basel schrieb Schweitzer zwei Wochen nach der Sendung: »Bisher gab es keine solche öffentliche Meinung. Aber was hat mich die Sache Arbeit und Briefe und Telegramme gekostet, bis am 23. April die Emission beginnen konnte.«[46] Er hatte Millionen alarmiert.[47]

Adenauer in Sorge

Auch der Bundeskanzler war von Schweitzer alarmiert, obschon nicht im erwünschten Sinn. Der Wahlkampf 1957 stand vor der Tür, als Adenauer

---

43 Schweitzer, Albert: *Appell an die Menschheit*. In *Ausgewählte Werke in 5 Bde*. Bd. 5. Berlin, 1971f, S. 564f.
44 Schweitzer, 1971f, S. 576.
45 Michailowitsch Nossik, Boris: *Albert Schweitzer*. Reihe »Humanisten der Tat. Hervorragende Ärzte im Dienste des Menschen«. Leipzig, 1991, S. 292. Das kurz nach dem Ende der DDR in 11. Aufl. (1. Aufl. ca. 1984) erschienene Werk feiert den »Ostblock«-Schweitzer als Mann, der gegen Elend in den Kolonien und Krieg eintrat. Leider fehlen fast durchgängig Quellenangaben.
46 Schweitzer an Fritz Dinner und Frau Dinner, 28.4.57. Zit. n. Bähr, 1987, S. 259f.
47 Vgl. die sehr gute Übersicht über Schweitzers Engagement gegen atomare Waffen in Jenssen, Christian: Albert Schweitzer und der Atomtest-Stopp: Appell an die Menschheit. In *Deutsches Ärzteblatt, 104*(17), 27.4.2007, A 1150–3.

in einem Veranstaltungssaal des Hamburger Parks Planten un Blomen im Mai 1957 den Bundesparteivorstand der CDU darüber informierte, was ihn umtrieb. Vorher wollte er noch »feststellen, ob wir wirklich ganz unter uns sind und keine Photographen und niemand uns hören kann; denn nur dann kann man ruhig und offen miteinander sprechen.«[48]

In zehn Tagen wollte er nach Washington reisen und dort transatlantische Solidarität unter Beweis stellen. Die aktuelle Lage, die europäischen Verträge, die NATO-Sitzung in Godesberg, der Aufruf der Göttinger Wissenschaftler zur einseitigen Abrüstung des Westens und der Radioappell Schweitzers gegen Atomwaffen, das alles, erklärte Adenauer stehe »in einem engeren Zusammenhang.« Die Wissenschaftler seien nicht das große Problem:

> »Das Bild hat sich aber schlagartig geändert durch den Aufruf von Albert Schweitzer. Albert Schweitzer ist für die allermeisten Deutschen ein Begriff, auch für die jungen Leute, man schätzt ihn sehr hoch, mit Recht; sie kennen die vielen Bücher, die über ihn geschrieben und in sehr vielen Exemplaren verbreitet worden sind. Was Albert Schweitzer gesagt hat, ist von einem Großteil der deutschen Bevölkerung als ein Evangelium hingenommen worden.«

Bei einer Umfrage sprachen sich 67 Prozent der Befragten in der Bundesrepublik gegen die atomare Ausrüstung der Bundeswehr aus, was Adenauer auf Schweitzer zurückführte:

> »[U]nd zwar ist uns ganz unerwartet dieses Los auferlegt worden durch Albert Schweitzer. Hätte er nicht gesprochen, dann wäre die Sache ganz anders gekommen. Aber nun hat er es getan. Es wird zwar bestritten, dass das, was er gesagt hat, richtig und zutreffend sei, aber was er sagt, wird von den Menschen hier in Deutschland [...] einfach geglaubt.«

Adenauer führte »etwas über die atomaren Waffen« aus, zu strategischen und taktischen, großen und kleinen, und Tests, die es abzuwarten gelte,

---

48 Adenauer, Konrad: Bericht zur politischen Lage vor dem Bundesparteivorstand der CDU in Hamburg (Planten un Blomen). In der Sitzung des Bundesparteivorstands der CDU am 11.5.1957. Maschinenschriftliches Wortprotokoll (Durchdruck), o. S. https://www.konrad-adenauer.de/dokumente/erklaerungen/1957-05-11-bericht-bundesparteivorstand (2.9.2016). Nachfolgende Zitate ebd.

ehe die Bundeswehr welche erwerbe, sie seien kostengünstiger geworden. Bald könne es auch Atomraketen geben, die Sowjetunion sei stark mit im Rennen, Europa bei Amerika in der Pflicht: »Man muss den Teufel mit Beelzebub austreiben.« Das müsse man aber der Bevölkerung vermitteln. Mitten in Deutschlands großem Aufschwung und Wiedergewinn an Ansehen sei der CDU nun aber »diese leidige Geschichte dazwischen gekommen«, die bei den Wählern Ängste auslöse. »Ich fürchte, dass dieser Atomschreck etwas auf die Frauen wirkt. Der Hauptteil unserer Wähler besteht aus Frauen, sodass eine solche Sache uns besonders schlimm treffen kann.« Adenauer wollte einen Ausschuss von den besten Atomphysikern beraten lassen, man müsse »da Aufklärung hineinbringen.« In Sorge schloss er: »Man muss dankbar sein für jeden Rat, der einem hier gegeben wird.«

Die CDU setzte weiter auf eine Politik der Stärke und gewann die Wahlen, überraschend, haushoch, wobei das Gelingen der Rentenreform entscheidend gewesen sein soll, die sie im Juni 1957 vorstellte. Dennoch wuchs die Gruppe der Atomgegner, darunter viele Intellektuelle, Christen, Sozialdemokraten und Antifaschisten. Das Jahr 1958 gehörte Parolen wie »Kampf dem Atomtod«, »Verzicht auf Atomwaffen«. Gewerkschaften demonstrierten, Arbeiterverbände und Studierende.

Im Januar 1958 war Schweitzers Unterschrift eine von 9 236 Wissenschaftlern, die von der UNO einen Vertrag zum Atomteststopp forderten. Am 14. Januar 1958, Schweitzers Geburtstag, übergab der Chemiker und Nobelpreisträger Linus Pauling – der Schweitzer in Lambaréné besucht hatte – der UNO in New York diese Erklärung, und im April 1958 übertrug Radio Oslo einen weiteren Appell Schweitzers, noch schärfer im Ton und teils gewürzt mit Sarkasmen. Jetzt habe die Sowjetunion einen Plan zu Teststopp und Abrüstung vorgelegt, doch Amerika und England bestritten »in zäher Propaganda« die Gefahren der Radioaktivität. Dauernd werde der Presse Propagandamaterial zugestellt.[49] »In lyrischen Tönen singt Edward Teller, der Vater der schmutzigen Wasserstoffbombe [...] einen Hymnus auf den idyllischen Atomkrieg, der einmal mit ganz sauberen Wasserstoffbomben geführt wird.«[50] Schweitzer stellte die berechtigte Autoritätsfrage: »Fort und fort redet man uns von einem ›erlaubten Maximum der Bestrahlung‹. Wer hat es denn erlaubt? Wer ist denn befugt, es zu erlauben?«[51]

---

49 Schweitzer, 1958a, S. 9f.
50 Schweitzer, 1958a, S. 12.
51 Schweitzer, 1958a, S. 13.

Am 1. Mai 1958 mobilisierte der Deutsche Gewerkschaftsbund zu 1 800 Kundgebungen gegen die Atombewaffnung der Bundeswehr, tausende Universitätsangehörige zogen gegen Atomwaffen auf die Straße, einige druckten Schweitzers Portrait und Zitate von ihm auf Flugblätter, Plakate und Broschüren. Mit der Atomrüstung entdeckten Studierende jedoch auch zahlreiche Verflechtungen und Kontexte, ihr Protestfeld dehnte sich aus, sie sahen Zusammenhänge zwischen Kaltem Krieg, Kapitalismus, Kolonialisierung und Rüstungswettlauf, und gingen weit über Schweitzers Kritik hinaus, während er als Koryphäe weiter zitiert wurde.

Die junge Ulrike Meinhof wurde Mitglied des »Studentischen Arbeitskreises für ein atomwaffenfreies Deutschland« und der evangelische Kirchenpräsident Martin Niemöller stellte sich wie Helmut Gollwitzer auf die Seite der Demonstranten. Auf dem Frankfurter Römerberg versammelten sich im Juni 1958 über 35 000 Menschen zu einer Kundgebung, auf der Niemöller sprach. Nachdem die Sowjetunion angekündigt hatte, sie werde ihre Atomtests beenden, erklärten zunächst auch die USA und Großbritannien, sie würden die Tests ab 31. Oktober 1958 einstellen. Dann waren Frankreichs Militärs soweit, dass sie am 13. Februar 1960 in der Sahara ihren ersten Atomtest unternahmen. Beim ersten Ostermarsch in der Bundesrepublik spielte das Thema Atomrüstung eine erhebliche Rolle. Knapp zwei Jahre hielt das Test-Moratorium, bis im August 1961 die UdSSR ihre Tests wieder aufnahm und die

Abb. 2: »Albert Schweitzer warnt! Atomwaffen sind ein tödliches Experiment! Darum keine Atomwaffen«. Plakat des Arbeitsausschusses »Kampf dem Atomtod«, Berlin, April 1958. Mitglieder waren unter anderem der Schriftsteller Stefan Andres und der ehemalige Innenminister Walter Menzel.

USA sich nicht mehr in der Verzichtspflicht sahen – der Auftakt für eine neue Protestwelle.

In Amerika war Schweitzer, der Held von Aspen, ins Visier der CIA geraten, als er den sowjetischen Vorschlag eines Moratoriums für Atomtests begrüßt hatte. Konnte es sein, dass der bisher harmlose alte Urwalddoktor der Sache des Kommunismus das Wort redete? Zeitweise versuchte man, seine Post und seine Kontakte zu überwachen, Dokumente dazu kamen 1995 ans Licht und das *Bulletin of the Atomic Scientist* widmete der Causa einen Essay.[52] Als 1962 ein Vertrag zwischen den Großmächten den Verzicht zumindest auf oberirdische Atomtests versprach, gratulierte Schweitzer in zwei gleichlautenden Briefen John F. Kennedy und Nikita Chruschtschow zu ihrem Mut und Weitblick und erinnerte beide an Einsteins Mahnungen. Im selben Jahr veröffentlichte die amerikanische Meeresbiologin Rachel Carson nach jahrelangen Recherchen ihr berühmtes Buch *Silent Spring*, das als Ursprungsmanifest der ökologischen Bewegung gilt. Carson warnte vor dem Gebrauch von Pestiziden und anderen Chemikalien in der Landwirtschaft und bei der Herstellung von Lebensmitteln, und vor der verschleiernden Propaganda großer Konzerne. Sie widmete das Werk dem apokalyptischen Mahner: »To Albert Schweitzer who said: ›Man has lost the capacity to foresee and to forestall. He will end by destroying the earth.‹«[53] Für die Umwelt- und Tierschutzbewegung wurde Schweitzer einer ihrer Paten: »So wie ich ihn kennengelernt habe wäre er heute ein Sympathisant und Förderer der internationalen Aktion Greenpeace«[54], schrieb 2011 Hartmut König, Diakon im Ruhestand, der als Jugendlicher eine Begegnung mit Schweitzer gehabt hatte.

Als Gudrun Ensslin und Bernward Vesper 1964 ihre Anthologie *Gegen den Tod* herausbrachten, um Stimmen gegen die atomare Aufrüstung publik zu machen, stellten sie dem Band Zitate von Einstein, Schweitzer und Papst Pius XII. voran. Nahezu das gesamte Spektrum der damals einflussreichen Intellektuellen war in ihrem Buch versammelt, es enthielt Beiträge von Hans-Magnus Enzensberger, Marie-Luise Kaschnitz, Walter Jens, Heinrich Böll, Nelly Sachs, Ludwig Marcuse, Erich Fried, Peter Huchel und Gabriele Wohmann. Schweitzer wurde auch in Vespers Vorbemerkung

---
52 Wittner, Lawrence: Blacklisting Schweitzer. *Bulletin of the Atomic Scientists, 51*, 1995.
53 Carson, Rachel: *Silent Spring*. Boston, 1962, S. 1.
54 König, Harmut: *Was sagt uns Albert Schweitzer heute?* Saarbrücken, 2011, S. 19.

zitiert. Seine öffentliche Meinung sei »noch immer eine Macht, an der die Regierenden nicht vorübergehen können.«[55]

Jüngere Deutsche, entsetzt vom Nationalsozialismus, waren fasziniert von Schweitzers radikalem Lebensentwurf, seinem Einsatz in Afrika und gegen Atomwaffen. Ein Teil wandte sich jedoch nahezu geräuschlos von ihm ab, als er mit der Dekolonisierung als weiße Autoritätsfigur anders bewertet wurde. In ihrem Kinofilm *Die Bleierne Zeit* über die Genese der Rote-Armee-Fraktion verwies Margarethe von Trotta 1981 auf diese Wende. In einer Szene sieht man die jugendlichen Pfarrerstöchter Ensslin im Elternhaus. Eine der Schwestern ist vertieft in ein Werk Sartres, während die andere verkündet, sie wolle nach Afrika gehen, wo man »Helfer« brauche. Verächtlich erwidert ihre Schwester: »Dann geh doch gleich zu Doktor Schweitzer, der spielt den ganzen Tag Orgel, wie der Vater.« Beide gehörten zu den im Krieg Geborenen, denen im Teenageralter nahezu unweigerlich die Figur Albert Schweitzer begegnet war.

Ende 1964 besprach Schweitzer auf dem Spitalgelände die Schallplatte, *Mein Wort an die Menschen*[56], sein letztes Vermächtnis. Er skizzierte den kanonisch gewordenen Lauf seines Lebens, die Bedeutung seines Leitmotivs der »Ehrfurcht vor dem Leben« und erneuerte seine Appelle gegen Wettrüsten und Atomwaffen. Bis zu seinem Tod im Jahr darauf hatte es 646 Atomtests gegeben, 403 amerikanische, 200 sowjetische, 25 britische, 16 französische zwei chinesische. Es sollte noch Jahrzehnte dauern, bis ein umfassender Atomteststopp-Vertrag zustande kam.[57]

Lautloser Abschied

1961 erschien die auflagenstarke Illustrierte *Praline* mit einer Titelgeschichte zum Hospital von Lambaréné. Anders als zuvor üblich zeigte das Titelfoto kein Bild von Schweitzer. Vielmehr warb die »Große Farbbildreportage«[58] mit dem Foto einer wohlwollend zu einem schwarzen Kind

---

55 Vesper-Triangel und Ensslin, 1964, S. 8.
56 Schweitzer, Albert: *Mein Wort an die Menschen*. Schallplatte aus der Reihe »Stimmen zu unserer Zeit«. Produziert von Christoph Staewen. Frankfurt/M., 1964.
57 Der multilaterale Comprehensive Nuclear-Test-Ban-Treaty (CTBT) wurde von der Generalversammlung der Vereinten Nationen am 10.9.1996 verabschiedet. Von 183 Signatarstaaten haben ihn 166 ratifiziert (Stand 16.4.2022). Quelle: Auswärtiges Amt.
58 Die große Farbbildreportage: Im Urwald von Lambarene. In *Praline*, Nr. 22, 24.10.1961.

herabgebeugten weißen Frau im weißen Schwesternkittel, mit weißer Halskette und modisch hochgestecktem Haar. Hier rückte das Projekt Hospital, nicht dessen Initiator, in den Vordergrund, und die bis heute gängige Ästhetik und Ikonografie der Entwicklungshilfe hielt Einzug in das Thema »Lambarene«. Das wirtschaftlich wiedererstarkte Deutschland war im Komplex »Entwicklungshilfe« ebenso präsent wie andere westliche Industrieländer, in denen der Begriff den des Kolonialismus abzulösen schien. Schon etwas über ein Jahr zuvor war im Dezember 1959 in West-Berlin die Aktion »Brot für die Welt« gestartet worden. Pfarrer Gollwitzer hatte das Elend in der Dritten Welt beschrieben, nicht als einen »Rest von früher, sondern das Produkt unserer Epoche«, und mahnte zur Zusammenarbeit zwischen den »hungernden Völkern« und »uns«.[59]

Allmählich begann der moralische Lernprozess in der Bundesrepublik, auf den »Urwaldarzt« als Übergangsobjekt zu verzichten. Damit einher ging die Konfrontation, die Herausforderung der älteren Generationen durch Jüngere. Was habt ihr gewusst? Was wird verschwiegen? Sich reformierend ging Ethik über die apolitische »Ehrfurcht vor dem Leben« hinaus, in der Demokratie verlangte man mehr konkrete Aufklärung über den Nationalsozialismus und politische Machtverhältnisse. In Wohnzimmern, Jugendzimmern und Konfirmandengruppen ging es seltener um das Projekt »Lambarene«, die Jüngeren brachen auf zu Protest und zur Umwandlung der Verhältnisse.

Was ließ Schweitzer verblassen? Die Dekolonisierung in Afrika verlief parallel zum politischen Strukturwandel im wohlhabend gewordenen Westen, wo man sich von traditionellen Autoritäten befreite. Während in Gabun Zeitschriften wie die kritische *Jeune Afrique* 1963 Schweitzers antiquierten Kolonialstil kritisierten, reduzierte sich Schweitzers Gemeinde in Deutschland allmählich wieder auf eine Schar treuer Anhänger.

1963 empörte sich die Illustrierte *Bunte* über den afrikanischen Aufstand gegen Schweitzer. »Wir machen Schluss mit Schweitzer« stand unter einem Foto, das Afrikaner in westlicher Kleidung und mit selbstbewusstem Lachen zeigte. Der Bildtext fuhr fort:

»Das verkündet unverhohlen Afrikas heißspornige Jugend. Böswillig verleumdet sie immer wieder den großen alten Mann. Ihr zwiespältiger Charakter wird hier offenkundig: Mit der einen Hand kassieren die Eingebo-

---

[59] Kraushaar, 1996, Bd. 3, S. 2344f.

renen dankbar das Geld, das ihnen die Weißen als Entwicklungshilfe geben und das ihnen zu schicker Kleidung und modernsten Kameras verhilft. Die andere Hand aber ballen sie gleichzeitig zur Faust und erheben sie drohend gegen ebendiese Weißen.«[60]

Unschwer werden hierin auch die Bundesrepublikaner mit sichtbar, die Milliarden an Aufbauhilfe durch das European Recovery Program erhalten hatten und sich der Undankbarkeit ihres noch latenten Antiamerikanismus halb bewusst waren. Doch die noble Autorität Schweitzer verzieh. Ein weiterer Bildtext beschwor Schweitzers Großherzigkeit:

>»›Ich liebe die Eingeborenen.‹ Das sagt der 88jährige Albert Schweitzer auch heute noch, trotz aller Angriffe und Verleumdungen. ›Ich bin doch für meine Schützlinge verantwortlich. Da sie wie Kinder sind, muß man ihnen alles sagen und zeigen. Ob ich Lambarene verlassen werde? Ich denke gar nicht daran. Wenn ich mich einmal zurückziehen werde, dann nur in den Himmel.‹«[61]

Gleichzeitig schritt die Aufbauleistung unbeirrt voran, Lambaréné setzte noch immer Maßstäbe: »Faulenzer sind unerwünscht«, stellt die Zeile klar, mit der Schweitzer beim Rundgang durchs Spital zitiert wird: »Wer arbeiten kann, muß arbeiten. Das ist oberstes Gesetz in Lambarene.«[62]

Schweitzers Ende und ein Objekt am Himmel

Albert Schweitzer starb am 4. September 1965 um 23 Uhr 30 in Lambaréné, bei ihm waren Ärzte und seine Tochter. Freunde hatten Tage davor festgehalten, wie es ihm ging:

»Donnerstag und Freitag dieser Woche, 26. und 27. August, ließ er sich mehrmals im Jeep durch das ganze Spitaldorf fahren; dazwischen machte er noch kleinere Spaziergänge. Man beobachtete hierbei, daß er mit weitschauendem Blick über das Spital und seine Bauten sah, gleichsam ein letztes

---

60 *Bunte*, 20.1.1963, S. 28. Siehe Abb. 2 in Kap. 7.3, S. 732.
61 *Bunte*, 20.1.1963, S. 29.
62 *Bunte*, 20.1.1963, S. 34.

Bild des Lebenswerkes in sich aufnehmend, oder – wer weiß es – gar davon Abschied nahm. Am Samstag, den 28. August[63], erschien er zum letzten Mal zum Frühstück; hierbei bemerkte seine Umgebung am sonderbaren Blick seiner Augen, daß eine Veränderung mit ihm vorgegangen war. Am gleichen Abend noch mußte er sich hinlegen, da seine Kräfte deutlich abnahmen.«[64]

Zur Beerdigung, die wegen der tropischen Temperaturen am Tag nach seinem Tod geschah, erschienen die Botschafter aus Frankreich, Deutschland, England, Amerika und Israel sowie Bewohner des Ortes und hohe Beamte und Militärs des jungen Staates Gabun. Nachrufe gingen um die Welt, wiederholten noch einmal die Rede vom »Genie der Menschlichkeit«, von Vorbild, Opfer und Nächstenliebe.

Jetzt hatte der Friedenspreisträger seinen eigenen Frieden. Scherzhaft hatte er einmal gesagt, er wolle auf seinem Grabstein das Credo lesen, das er Afrikanern zuschrieb: »Wir haben ihn gegessen, den Doktor Albert Schweitzer. Er war gut bis zu seinem Ende.«[65] Seine wahren Seelenkannibalen waren die Deutschen. Sie hatten ihn, emotional verhungert, konsumiert mit aller Hingabe und Sehnsucht ihrer Projektion, bis zuletzt. Als er vollends verbraucht war, als sie ihn nicht mehr brauchten, verlor die Ikone an Leuchtkraft. Seine Aufgabe als Wohltäter in der Transformation des deutschen Nachkriegsdschungels war erfüllt. Indes kritisierten ihn nun im Süden des Globus die primären Empfänger seiner Wohltaten. In der Bundesrepublik verschwand Schweitzer still. Oder verschwand er gar nicht? Vieles spricht dafür, dass er als gutes Objekt internalisiert worden war, eingewandert ins Unbewusste, von wo aus er als Residuum weiterwirken konnte, zunehmend überblendet von neuen Tableaux und Idolen. Weitaus wichtiger wurden der Vietnamkriegsprotest und Antiamerikanismus, Martin Luther Kings Charisma, Dekolonisierung, Popmusik, die sexuelle Revolution. Vermutlich war der nun vollends einverleibte Schweitzer auf eine Weise eins geworden mit denen, die ihn einst aufgegriffen hatten. Mit dem gigantischen Trostspender und Ersatzvater als introjiziertem guten Objekt im Hintergrund ließ sich für die Befreiung der Dritten Welt und gegen den Atomkrieg kämpfen, für Tierschutz, Umweltschutz, Humanis-

---
63 Goethes Geburtstag.
64 Dinner, Fritz und Michel, Charles: Der Abschied. In *Berichte aus Lambarene*, Nr. 29, April 1966, S. 3.
65 *Der Spiegel*, 21.12.1960, S. 61.

mus, Revolutionen, eine bessere Welt. Der unbewusste Vorgang sorgte dafür, dass man nicht verlegen daran erinnert wurde, einen autoritären Patriarchen verehrt zu haben.

Im deutschen Wendejahr, 40 Jahre nach der Republikgründung und dem Aspener Goethe-Festival, wurde ein im Weltall kreisender Planetoid, ein sogenannter »main belt asteroid«, nach Albert Schweitzer benannt. Seine Bahn konnte so gut gesichert werden, dass das Minor Planet Center im Juni 1997 die Taufe des Objekts vornehmen konnte. Ein Komitee aus elf Mitgliedern prüfte die Namensvorschläge von Endeckern und gab sie in den *Minor Planet Circulars* in Cambridge bekannt.[66] Albert Schweitzer war endgültig im Himmel angekommen.

---

66 Offizielle Bekanntgabe der Benennung des Planetoiden 7698 als »Albert Schweitzer«. In *Minor Planet Circulars*, 30803, 16.10.1997. Die Nasa-Eintragung der Daten des Kleinplaneten findet sich auf http://ssd.jpl.nasa.gov/sbdb.cgi?sstr=7698+Schweitzer (24.8.2010).

Epilog

Albert Schweitzer und Lambarene:
Ein Palimpsest der bundesdeutschen Nachkriegsgesellschaft

>»In der Notzeit hat nichts Gültigkeit als das Leben. Die Heiligkeit des Lebens geht noch vor dem Recht, Recht, Recht! [...] Mit dem Leben fange doch alles an, sagte er. Die Ehrfurcht vor dem Leben sei das erste Gebot, das hätten wir nun doch auswendig gelernt.«
>
> *Karl-Friedrich Borée, 1948[1]*

Der alte Mann und die Mehrheit

Albert Schweitzer hat geschrieben, er wurde geschrieben, beschrieben und umgeschrieben. Er stellte sich dar, ließ sich darstellen und wurde dargestellt. Texte und Abbildungen zu Schweitzer und seinem »Urwaldspital« in Lambaréné waren in den Nachkriegsjahren der Bundesrepublik Legion. Der hagiografische Textkorpus, ein Gebirge an Repräsentationen, ist Symptom in sich. Auf Schritt und Tritt folgten Eckermänner der imaginären Figur und, vor allem, einander. Fotografen eilten Schweitzer auf seinen Europareisen hinterher, später auch bis in die Tropen. Mehrere Rezeptionswellen folgten aufeinander. Von den Erfolgen seines Urwaldbuches nach dem Ersten Weltkrieg über die durch seinen Amerikabesuch 1949 ausgelöste Identifizierung mit Goethe und die Lambarene-Begeisterung der frühen bis mittleren 1950er Jahre bis zur Ikonisierung des Nobelpreisträgers als Atomwarner ab 1957 – viele Male hatte das Bild des exzentrischen, unendlich produktiven, schillernden Mannes als Projektionsfläche insbesondere der Deutschen, herge-

---

1 Borée, Karl-F.: *Frühling 45. Chronik einer Berliner Familie*. Düsseldorf, 2017, S. 299. Der Jurist, SPD-Mitglied und ab 1952 Sekretär der Deutschen Akademie für Sprache und Dichtung, verfasste seine romancierte Selbstkritik der Nachkriegsdeutschen auf Basis seiner Tagebücher. 1948 wollte kein deutscher Verlag das Werk publizieren. 1955 kam es auf den Buchmarkt, blieb jedoch unbeachtet. Die Neuedition von 2017 erfuhr großes Echo. Die Kenntnis von Schweitzers Leitmotiv wird hier in einem Dialog für 1948 als bereits gängige Formel vorausgesetzt.

halten. Gegen Ende seines Lebens war Albert Schweitzer als populäre Figur derart bekannt, dass man nahezu weltweit sein Porträt sofort mit seinem Namen identifizieren konnte. Pierre Lassus fand dafür die Formel, Schweitzers Schnauzbart und sein kolonialer Tropenhelm gehörten zum Inventar der Populärkultur, wie die Haartolle von Tintin oder die Zigarre von Churchill: »Ses moustaches et son casque colonial appartiennent désormais à la culture populaire, comme la houppette de Tintin ou le cigare de Churchill.«[2]

Wie war es dazu gekommen? Und warum so intensiv in der Bundesrepublik? Das waren die Ausgangsfragen der Recherche. Warum hatten heterogene Rezeptionsmilieus in der Bundesrepublik ab etwa 1949 das Schweitzer- und Lambarene-Narrative produziert und rezipiert, sodass hunderte Schulen und Straßen nach Schweitzer benannt wurden? Im Verlauf der Forschung verblüffte immer mehr, wie rar die Deutungsversuche zu Schweitzers populärer Überhöhung waren, und wie imaginär der reale Tropenort Lambaréné geblieben war, dessen Namen Millionen kannten. Erwähnt wurde gelegentlich, ab Ende der 1950er, Anfang der 60er Jahre, der Trostbedarf der Deutschen nach 1945 und deren kompensatorische Verehrung eines guten Menschen, wie im *Spiegel*-Titel 1960 über Schweitzer als »Mythos des 20. Jahrhunderts«.[3] Noch in den jüngsten, biografischen Publikationen blieb die Rezeptionsfrage weitgehend ungestellt.[4] Das Entschlüsseln der Schlüsselfigur, die Schweitzer für eine große Bevölkerungsgruppe der Nachkriegsdeutschen geworden war, stand noch aus, und das fiktive Gelände von Deutschlands Lambarene wurde, als sei es vermint, kaum je betreten.

Erstaunlicherweise gab Schweitzer selbst mit seinem vielzitierten Diktum, jeder könne sein eigenes Lambarene haben oder schaffen, den direktesten Fingerzeig auf die Dimension, in der Lambarene besetzbar wurde, auf die breiten Leinwände der Projektion. Verwendet wurde sein Ausspruch noch im Kinofilm *Albert Schweitzer* von 2009. Das Begleitheft zu Schulvorführungen erläuterte:

»Eine Überhöhung dieses individuellen, historischen Lebensbildes geschieht durch die Kamerafahrt von oben zu Beginn des Filmes und die

---

2 Lassus, Pierre: *Albert Schweitzer*. Paris, 1995, S. 27.
3 *Der Spiegel*, Nr. 52/1960, 21.12., S. 50–67.
4 Vgl. Oermann, 2010; Suermann, 2012; Ohls, 2008; 2015.

entsprechende Entfernung nach oben am Ende des Filmes: Nachdem die Hauptfigur Schweitzer in seiner Nobelpreisrede an unser Mitgefühl, unsere humanitäre Gesinnung appelliert hat: ›Jeder kann sein eigenes Lambarene haben‹, werden wir mit dieser Botschaft in unsere Realität entlassen.«[5]

So konnte auch jeder Rezipient seinen eigenen Schweitzer haben, der jeweils Schnittmengen mit denen der Anderen aufwies. Das vorliegende Buch will die zeithistorische Person Albert Schweitzer weder verurteilen noch exkulpieren, weder retroaktiv entwerten noch aufwerten. Rekonstruktion statt Dekonstruktion steht im Fokus des Erkenntnisinteresses, das Defragmentieren des in Fragmenten vorliegenden Materials. In der »Traumdeutung« zu Lambarene wurden die darin aufgehobenen symbolischen Verschiebungen und Verdichtungen erkennbar.

Imaginär nahm der »Urwalddoktor« das Leiden eines jeden noch im tiefsten Dschungel wahr, auch im Dschungel der deutschen Ruinen, und wurde so für eine Weile zur unhinterfragbaren Instanz. Ein wichtiges Element seiner Instanz war das Oszillieren zwischen Absenz und ubiquitärer Verfügbarkeit, die sich quasi durch Anrufung herbeizitieren ließ, wo sein Name fiel. Kompensatorisch verwendbar wurde seine tröstende, magnetisierende Maxime der »Ehrfurcht vor dem Leben«, die als Antidot zur rassistischen Politik des Todes im Nationalsozialismus aufgefasst werden konnte, ohne direkt darauf Bezug nehmen zu müssen. Kritisches Fragen erübrigt sich, wo so evident die Wahrheit waltet. Als Autorität stand es Schweitzer zu, das Diskursive zu verweigern. Er fragt nicht, er *weiß*, er diskutiert nicht, er *verkündet*. Unbremsbar ist er in seiner Mission, weshalb die Legende will, dass ihn stets um die Geisterstunde eine Mitarbeiterin mit dem legendären Ausspruch »Es ist Mitternacht, Dr. Schweitzer!« mahnen musste, die Arbeit an seinem Werk zu unterbrechen.

---

5 Hermann, Cornelia: Unterrichtsmaterial zum Kinospielfilm »Albert Schweitzer«, S. 28f. http://www.nfp-md.de/schulmaterial/Albert_Schweitzer_Schulmaterial.pdf (16.8.2012). Schulvorstellungen gab es für die Fächer Deutsch, Philosophie, Religion, Ethik, Geschichte, Sozialkunde, Politik, Musik, Kunst, empfohlen für die Themen »Entwicklungshilfe, Kolonialisierung, Kalter Krieg, Friedenspolitik, Atomwaffen, Individuum und Gesellschaft, Loyalität, Werte, Liebe, Familie, Globalisierung, Natur- und Tierschutz« (S. 3).

Epilog

Plädoyer für ein Verfahren der Defragmentierung

In dem Maß, wie die emotionale Nachkriegslandschaft von Lambarene unerforscht blieb, musste notwendigerweise das faktische, historische Lambaréné ebenfalls unerkundet bleiben. Daher war es notwendig und angemessen, dem großen Raum zu widmen. Das Verfahren, »von beiden Enden her zu lesen« – aus der Bundesrepublik Deutschland wie aus Gabun in Afrika – erwies sich als produktiv für das erhoffte Defragmentieren, das Entziffern der Schichten des Palimpsests »Schweitzer und Lambarene«, dafür, fehlende Fragmente zu finden, narrative Verzerrungen zu deuten und Erzählstränge zu entflechten.

Das Arbeiten von beiden Enden her musste notwendig transdisziplinär sein. Es wildert bewusst in wissenschaftlichen Gefilden und nutzt Erkenntnisse aus Sozialpsychologie, Psychoanalyse, Soziologie, Literaturwissenschaft, Ethnologie, Rezeptionsästhetik, Postcolonial Studies und Zeitgeschichte. Unterschiedliche Ansätze lassen sich zwar nie vollends integrieren, doch je vielfältiger das Polyprisma, desto mehr Perspektiven und Facetten der Betrachtung lässt es zu, und umso eher gelingt es, die zwischen den Fragmenten klaffenden Lücken zu füllen und Risse zu kitten. Daher das Plädoyer für strategisches Defragmentieren, das nach diesen Lücken Ausschau hält und unsichtbare Verbindungen sichtbar macht, etwa wie Entwicklerflüssigkeit als Katalysator Bilder belichtet.

Die Narrative zu »Albert Schweitzer« und »Lambarene« bieten ein einzigartiges Netzwerk an Texten und Bildern, die als Metaphern gelesen werden können für die soziale und emotionale Transformation, die Neuorganisation der westdeutschen Gesellschaft nach 1945. Hinter dem plakativ bis naiv wirkenden Kern des Szenarios von Lambarene – weißer Urwalddoktor opfert sich für Schwarze in Afrika – offenbart sich eine faszinierende, verborgene Vielschichtigkeit. Das mächtigste verbergende Element ist die hybride Hagiografie, gewissermaßen die oberste und dickste Schicht des Palimpsests. Darunter lagern Schichten, die den bundesdeutschen Bewältigungsstrategien des Nationalsozialismus aussagestarke Komponenten hinzufügen. Fiktives Erzählen speist sich aus Quellen wie Fantasien, Ängsten und Wünschen, es repräsentiert direkt wie indirekt reale Umstände, Dilemmata und Herausforderungen von Zeitgenossen. Populäre Produkte der Kulturindustrie können der Bewältigung gesellschaftlicher Transformationen dienen, sie können Ersehntes wie Verpöntes und Verdrängtes repräsentieren und bieten Figuren wie Szenarien zur Identifikation. Hollywoodfilme, die Heroen der Antike zu Protagonisten machten, nutzten die Großleinwand zur Selbstvergewisserung der Großmacht USA, Orwells Dystopie *1984* von 1949 war chiffrierte Anklage des totalitären Überwachungsstaats, James Bonds Grandiosität wollte westliche Paradigmen des Kalten Krieges betätigen.

Welche kollektiven, populären Repräsentationen aber waren für die Tätergesellschaft überhaupt möglich nach dem präzedenzlosen Zivilisationsbruch, der vor aller Welt als massenmörderischer Nationalsadismus und Rassenwahn enttarnt worden war? Der deutschen Gesellschaft waren die Kernressourcen des Sozialen und der Realitätsprüfung abhandengekommen: Vertrauen und Selbstvertrauen. Welche kollektiven Erzählungen hätten nach 1945 das Potenzial gehabt, der Gesellschaft der Täter und Mitläufer, Arisierungsgewinnler, Opportunisten und Zuschauer gleichermaßen Identifikationsangebote zu geben? Wie könnten kollektiv konsumierbare Kulturprodukte ohne Anstoß zu erregen, darstellen, was verbrochen und was unterlassen worden war? In »Schweitzer und Lambarene« zeichnet sich ein Kompromiss ab. Wie und warum gerade diese Erzählung kompromissfähig wurde, darum ging es hier.

Eine erste Phase der erschütterten Aufdeckung und aufrüttelnden Rufe nach dem Mai 1945 blieb eine Art Blitzeinschlag in der »Kürze der Erinnerungskultur«[6], wie ein Aufschrei nach akutem Schmerz. Daran schloss sich, um narzisstische Selbstregulierung zu erlangen, eine betäubende Beschweigungsphase an, private wie öffentliche Alltagskultur stand unter kollektivem Geheimhaltungsdruck. Sie musste, es war psychische Not-Wendigkeit, die Shoah bearbeiten, und unternahm es zunächst in faktenfernen Codierungen. Auch die Traumata der Deutschen selbst konnten nicht anerkannt werden, vor allem, da sie in die unermessliche Dimension der Traumata der Opfer verstrickt waren. Der »Wiederaufbau« war sowohl Narkotikum für die Gegenwart wie ein Versuch des Ungeschehenmachens einer Vergangenheit, die immense Racheängste evozierte. In paradoxer Logik schoben sich die Schweitzer-Narrative, die schon vor allem aus den Jahren nach dem Ersten Weltkrieg stammten, in diejenigen nach dem Zweiten Weltkrieg. Indem sich die Narrative ineinanderschoben, lösten sie sich von der Zeitachse und suggerierten damit die Suspension von der Chronologie der Ereignisse. Allmählich erst wagte man den Blick in die unmittelbare Vergangenheit, wie Svenja Goltermann am Beispiel der Thematik

---

6 Goltermann, 2011, S. 389.

der Kriegsheimkehrer beschrieb.[7] In die Übergangszeit vom Schweigen zum Sprechen fallen vielfältigen Codierungen des Vergangenen, und eine der wirkmächtigsten war die Konstruktion des imaginären Kosmos von Schweitzer und Lambarene. Schweitzers eigenes, reales Schweigen über die Shoah gehörte mit zur Voraussetzung für die große Installation seiner fiktiven Figur auf dem fiktiven Gelände von Lambarene, die in Etappen entstand. »Schweitzer und Lambarene« waren eine aus dem Rahmen fallende, populärkulturelle Symbolkombination, weder Literatur noch Film oder Populärmusik, sondern ein Cluster ästhetischer Darstellungsformen. Es war zugleich Teil der Leugnungsstrategie wie des Bewältigungsversuchs und markierte auch den Übergang vom einen zum anderen.

Erst die Kluft zwischen dem Imaginären und der Faktizität macht die immense Konstruktionsleistung transparent, die in »Lambarene« investiert wurde, und die das reale Lambaréné mit einer virtuellen Bilderlawine überrollte. Was Laura Stoler und Frederick Cooper für die Kolonien der großen Imperien erklärt haben, traf im Mikroformat auf den Symbolkomplex Schweitzer und Lambarene zu: »Sie bildeten einen imaginierten und tatsächlichen Raum«, in dem »Ein- und Ausschlüsse [...] ausgehandelt wurden«, um eine »Grammatik der Differenz«[8] zu schreiben. Parallel dazu, und das ist das Frappierende, ging es hier auch um eine ebenso unbewusste Grammatik der Identifizierung, der Parallelität: Die Rezipienten sahen sich, auch, als eben »Dritte«, »schwarze Schafe«, die Maladen, denen der Tropenarzt Genesung versprach.

Paradebeispiel moderner Mythenbildung

Wie und warum kommunizierte die bundesdeutsche Mehrheit mit dem alten Mann? Welche Kommunion ereignete sich zwischen ihm und seinem Publikum? Schweitzer und Lambarene können als ein Paradebeispiel moderner Mythenbildung im medialen Zeitalter gelten, wobei der Terminus »Mythos« provisorische Hilfsvokabel bleiben muss. Je nach Rezeptionsmilieu und -niveau entfalteten sich andere Facetten. »Albert Schweitzer« konnte unter anderem fungieren als moralische Autorität, als messianischer Held, als großer Heilender, als moderner Heiliger, als stellvertretend Süh-

---
7 Goltermann, 2009.
8 Cooper und Stoler, 2010, S. 29f.

nender, als plakative religiös konnotierte Ikone, als Vorbild beispielhafter Lebensführung, als Paradigma des autonomen Individuums, das der verführten Gemeinschaft widersteht und die neue Gemeinschaft eben damit auf sich als Leitfigur einschwört. Schließlich galt er als pazifistischer Prophet gegen den Atomkrieg und das technische Zeitalter. Schweitzer spielte in gewissem Sinn als Organist im Urwald die Musik für das Abendland.[9] Rezeptionsästhetisch hat Francis Higgins den Begriff des »Gesamtkunstwerks« für Albert Schweitzer vorgeschlagen. Er sieht in der vollen Instrumentierung, in dem alle Anteile mitspielen – Arzt, Autor, Philosoph, Theologe, Pfarrer, Tierschützer, Organist, Mahner und Pazifist – die Bedingungen erfüllt, die denen von Richard Wagners überwältigendem, totalem »Gesamtkunstwerk« entsprechen. Wagners Opern galt, neben Johann Sebastian Bachs Orgelwerken, auch Schweitzers große Musikleidenschaft. Ab 1905, als seine Freundschaft mit Cosima Wagner begann, war er mehrmals Gast in der Bayreuther Wagner-Residenz »Wahnfried«. Der »wohltemperierte Wilde«, wie Higgins seinen Essay betitelte, verhieß durch seine Multitalentiertheit »an absolute mastery that reproduced significant elements of the Wagnerian ideal.«[10] Vom Hospital in Lambaréné sprach Schweitzer selbst gern als von seinem »Werk«, wie die Kreise der Unterstützer, die es vom flankierenden »geistigen Werk«[11] unterscheiden.

Massenmedien waren Lautsprecher für das Gesamtkunstwerk. Wie akribisch Schweitzer seine mediale Rezeption verfolgte und kontrollierte, zeigt etwa ein Brief an seine Vertraute Emmy Martin zu einem kritischen *Spiegel*-Artikel:

»Diese Zeilen schicke ich Ihnen in Eile in der Morgenfrühe, um Sie zu bitten, es absolut zu unterlassen, wegen des Spiegel-Artikels an Frederik Franck zu schreiben oder auf irgendwie andere Weise Ihrer Entrüstung an-

---

9 Schildt, 1999, S. 22: Schildt führt über die Konjunktur der Abendland-Ideologien der Jahre nach 1945 aus: »Der Begriff ›Abendland‹ oszillierte diffus zwischen allgemeinem, bildungsbürgerlichem Wertehintergrund und politischen Konzeptionen«. Solches Oszillieren in vielfacher Besetzbarkeit lässt sich für den Komplex Schweitzer-Lambarene feststellen, und nicht zufällig wurde Lambarene selbst auch als Ausweis abendländischer Kultur gefeiert.
10 Higginson, Francis: The Well-Tempered Savage: Albert Schweitzer, Music, and Imperial Deafness. In *Research in African Literatures, 36*(4), 2005, S. 207.
11 1966 gründeten Hermann Baur und Robert Minder eine »Kommission für das geistige Werk Albert Schweitzers«.

deren gegenüber Luft zu machen. Niemand darf sich in meinen Angelegenheiten äußern ohne mich darüber gefragt zu haben. Ich behalte es mir vor, das Nötigste zu tun. Niemand aus meiner Umgebung darf es tun, weder im Schreiben noch mündlich.«[12]

Er macht deutlich, dass sich am Umgang mit dem Autor, der am Spital gearbeitet hatte, nichts ändern solle: »Wenn Franck nach Lambarene kommt, wird er als Freund empfangen.« Schließlich sei dieser Anhänger der Lehre von der Ehrfurcht vor dem Leben und trete gegen Atomwaffen ein. Dass er meine, Modernisierungen im Spital anregen zu müssen, sei an sich kein Vergehen. Jean-Paul Sartre, ein Großcousin Schweitzers, erklärte zu diesem, den er seit der Kindheit kannte, er sei der größte Filou, den es gebe: »C'est le plus grand filou qui soit.«[13] Wenn Fotografen sich auf seinen Europareisen am Bahnsteig befanden, habe Schweitzer, so behauptete Sartre, seiner Frau beim Aussteigen die Koffer aus der Hand genommen, um sich als bescheidener Mann zu inszenieren, der sein Gepäck selbst schleppte.

Am »Mythos Schweitzer« arbeitete er selber mit, ohne es in der Hand zu haben, wie er sich in Etappen entwickelte, wobei jede Etappe die vorangegangene inkorporierte und transformierte. Mythos, Kult und Ikone lassen sich hier begrifflich nicht vollends voneinander abgrenzen. Häufig verschmelzen ihre Konnotationen an den Rändern. Der Religionswissenschaftler Klaus Heinrich schlug vor,

> »nicht von Mythologie anzufangen zu reden, sondern von der Stabilität der Kulte, die samt und sonders Erschütterungen auffangen und diese in Gründungsakte verwandeln. Mythen erzählen dann derartige Gründungsgeschichten, sie sind dann schon ein Stück frei gegenüber dem, was sie erzählen, variieren es.«[14]

Mythen seien mithin beweglicher, sie entwickeln Varianten. Heinrich nimmt an, »dass die Kultstabilität größer ist, als die der Mythen«, die den Kulten

---

12 Schweitzer an Martin, 26.1.1960. Einsicht ins Manuskript am 18.4.2011 im Auktionshaus Stargardt, Berlin. Nachfolgendes Zitat ebd.
13 Cau, Jean: *Croquis de mémoire*. Paris, 1985, S. 255.
14 Heinrich, Klaus und Bach, Wolf D.: Mythos. In Harald Eggebrecht (Hg.), *Goethe. Ein Denkmal wird lebendig*. München, 1982, S. 61f. Nachfolgende Zitate ebd.

gegenüber mehr Erzählungsfreiheit beanspruchen können. »Wenn ich erzähle, wie etwas eingesetzt ist, imaginiere ich damit auch, dass es aufhören kann; wenn ich variiere, stelle ich zugleich in Frage und halte nicht nur fest.« Im Lauf der Etappen entstanden kultähnliche Rituale, bei denen sein Name beschworen wurde, etwa bei Taufen von Albert-Schweitzer-Schulen oder -Straßen, oder durch das Vermitteln der Erzählungen im Schulunterricht, beim Sammeln von Spenden für Lambarene in Kirchenkollekten und Vereinen. Auch wenn es sich nicht um genuin religiöse Kulte handelte, auf die Heinrichs Erörterung abzielt, kann sie anregen, ohne deckungsgleich auf den Gegenstand angewendet zu werden. Immerhin darf als Fazit festgehalten sein, dass aus zahllosen Gesten der Verehrung, die teils kultisch, feierlich ausgestaltet waren, ein Objekt mit mythischen Zügen konfiguriert wurde. Stimmig scheint insbesondere das Indiz, dass dem Entstehen von Kulten stets Erschütterung vorausgeht. Handlungen, Objekte, Worte nisten sich tröstlich kittend in den Rissen ein, die die Erschütterung hinterließ. Schweitzers anwachsende, symbolische Präsenz setzte um 1949 herum ein und behauptete sich bis in die frühen 1960er Jahre hinein, als Nachbeben des »autoritären Charakters«[15], als benigne Fortschreibung und Rekonstruktion patriarchaler und leitender Autorität.

Eine erste Etappe der Schweitzer-Lambarene-Rezeption hatte nach dem Ersten Weltkrieg eingesetzt. Als 1921 die Ich-Erzählung *Zwischen Wasser und Urwald* publiziert wurde, weitete sich der Kreis der Bewunderer und Verehrer, und Ikonisierungen des Spitals im Urwald erreichten ein größeres Publikum. Im Kern war Schweitzer anfangs ein Verwandter der sogenannten »Inflationsheiligen« in der Sinnkrise nach 1918. Lebensreformer, Wandervögel oder Imitatoren des Messias formulierten stellvertretend für viele apokalyptische Ängste wie ausufernde Utopien, sie befassten sich mit Vegetarismus, Naturheilkunde und fernöstlichen Kulturen, einige gingen als Missionare nach Übersee und viele teilten Schweitzers typische Abwehr von Technik und Industrialisierung. Den Monte Verità hatte der langhaarige, bärtige Barfußprophet Gusto Gräser mitgegründet, ein Freund des Missionarssohns Hermann Hesse, der ihn in seiner *Morgenlandfahrt* zitierte, worin er von einem »Land voll von Heilanden, Propheten und Jüngerschaften«, schrieb, voller »Ahnungen des Weltendes oder Hoffnungen auf Anbruch eines Dritten Reiches.«[16]

---

15 Adorno, Theodor W.: *Studien zum autoritären Charakter.* Frankfurt/M., 1995.
16 Hesse, Hermann: *Die Morgenlandfahrt. Eine Erzählung.* Berlin, 1935, S. 84.

Schweitzer stach aus solchen Gruppen nicht nur durch seine Bildung hervor, er gab sich auch, trotz des exotischen Ambientes, das er gesucht hatte, weiter ausdrücklich provinziell und bodenständig pragmatisch, während er zudem Kirchenschiffe mit Orgelklang erfüllen konnte. Bis an sein Ende im Weltruhm besiedelte er symbolisch und real im Grunde nur zwei Provinzen, das alte Elsass und das koloniale Lambaréné. Zugleich verschmolzen in den Szenarien um ihn Wohltätigkeit mit Abenteuerlust, Feierlichkeit und Sendung mit einem Hauch Genialität, schon als seine Wirkung während der Weimarer Republik zunahm. Es folgten von 1933 bis 1945 die Jahre der Zurückgezogenheit in Lambaréné, weniger spektakulär für die deutsche Rezeption, aus der er jedoch keineswegs vollends verschwand, sondern bereit war zum Wiedererwachen im Wiederaufbau.

Entscheidend wurde die dritte Etappe der Rezeption nach dem Zweiten Weltkrieg, mit Schweitzer samt seinem Symbolkosmos von Lambarene als Übergangsobjekt zwischen Diktatur, Besatzung und Demokratie. Die Schweitzer zugeschriebene Autorität war nicht mehr autokratisch und noch nicht demokratisch, sie galt als explizit ethisch. Als Vorbild, Leitbild und neue Führungsfigur bereicherte Schweitzer die sich vom »Führer« entwöhnende Gesellschaft um eine milde großväterliche Variante. Das Narrativ zu ihm suchte nicht aktiv nach Geschichtsrevision, sondern suggerierte die Teilnahme an einem Projekt der Wiedergutmachung, ohne dass identifiziert werden müsste, was wieder gut gemacht werden sollte. Realitätsbezogen hätte das massenhafte Spenden an Überlebende der Shoah nahegelegen, hätten Gedenkstunden sich mit den Opfern und Überlebenden befasst. Auf dem Territorium der Heilung in Lambarene leuchten beim symbolischen Dechiffrieren die einander überlagernden Schichten des Geschehens und des Geschehenen in großer Deutlichkeit hervor. »Wir sind gut«, durfte man sich mit Schweitzer versichern, und die Denkfigur »Opa war kein Nazi«[17] durfte ein Gesicht bekommen und einen Ort. Sie diente als Beweis für einen nachgeholten moralischen Sieg, strukturell verwandt mit dem im Sport symbolisch nachgeholten »deutschen Sieg« in Bern 1954. Diedrich Diederichsen merkte zu dem erfolgreichen Film an, der 2003 über *Das Wunder von Bern* in die Kinos kam, er bediene sich des in den 50er Jahren bewährten Verfahrens, Kriegsheimkehrer zu Protagonisten zu machen, um die Deutschen als Opfer darzustellen, die »den Zweiten

---

17 Vgl. Welzer, Harald und Moller, Sabine und Tschuggnall, Karoline: *Opa war kein Nazi. Nationalsozialismus und Holocaust im Familiengedächtnis.* Frankfurt/M., 2002.

Weltkrieg eher erlitten als veranstaltet« hätten. Er sieht hier das Schicksal des Heimkehrers paradigmatisch erzählt »als eines, das in seiner Leidenstiefe symmetrisch der Endspiel-Euphorie gegenübersteht.«[18]

Schweitzer erfüllte zentrale Bedingungen, die seine Mythoswerdung in der Bundesrepublik beförderten. Er war kein Emigrant oder Exilant wie Thomas Mann, Ernst Reuter oder Willy Brandt. Anders als diese und Konrad Adenauer wirkte er jenseits jeder »Politik«. Als benigner Alleinherrscher von Lambarene schien er weder mit Institutionen noch mit Staatlichkeit verbunden, gleich einer fiktiven, märchenhaften Gestalt. Seine Appelle an ethisches Handeln blieben pauschal und erinnerten nicht an die unmittelbare Vergangenheit. Zunächst geriet Schweitzer ab 1949 in eine Art gesellschaftliches Delirium, insbesondere als er nach der Goethe-Feier in Amerika als Wiedergänger von »Goethe« galt, als deutscher Kulturheros des Abendlandes, ehe in den Jahren darauf der Bilderkosmos von Lambarene nachgerade explosionsartig expandierte. Im Exotismus von »Afrika« schwang dann ein Echo mit auf die Kolonien, die durch die Versailler Verträge verloren waren, wie auf die revisionistischen Weltmachtpläne, die 1945 vollends gescheitert waren. Daneben wurde Schweitzer zum inoffiziellen, moralischen Aufbauhelfer. So motivierend wie exkulpierend spiegelte die permanente Bauleistung an Schweitzers Spital den Wiederaufbau. Lambarene lieferte dazu Vignetten aus dem tropischen Reich der Improvisation, das die erzwungenen Improvisationen der zwischen Trümmern ihre Wäsche trocknenden Deutschen in einen Kolonial- und Abenteuerkontext umdeuten ließ. Nicht zuletzt diente der gute Urwalddoktor der Rehabilitierung der deutschen Ärzteschaft, die sich durch ihre NS-Kollaboration diskreditiert sah. Gerade die zahllosen Verfehlungen der bürgerlichen Funktionseliten erschütterten das Verhältnis zur Autorität am nachhaltigsten. Ingeborg Bachmann thematisierte in ihrem Romanzyklus *Todesarten*, die Ungeheuerlichkeiten der Praxis jenes Anteils der deutschen Ärzteschaft, die sich in den Dienst des NS-Systems gestellt hatte.[19]

Eine weitere Etappe der Rezeption, ausgelöst durch den Friedensnobelpreis 1953 und dessen Entgegennahme durch Schweitzer 1954, erreichte

---

18 Diederichsen, Diedrich: Weil Opi halt so rührend war. In *Die Zeit*, Nr. 43, 16.10.2003, S. 42.
19 Vgl. z.B. Bachmann, Ingeborg: *Der Fall Franza*. Zweites Kapitel. Aus den Entwürfen. In *Werke, Bd. 3, Todesarten*. Unvollendeter Romanzyklus. (Typoskripte: 1966) München, 1978. In *Der Fall Franza* ist die von einem ehemaligen NS-Arzt geschiedene Protagonistin Franza entsetzt über dessen Gesetzlosigkeit und Fanatismus.

weite Teile der Weltöffentlichkeit. Parallel zu Schweitzers Warnungen vor Vermassung und Technisierung hatte seine eigene Globalisierung begonnen – die Deutschen sahen sich im Stolz auf »ihren« Urwalddoktor umso mehr bestätigt. Ihren nächsten Höhepunkt erreichte diese Globalisierung mit Schweitzers Aufrufen über Radio Oslo gegen Atomwaffen und -tests, die 1957 weltweit verbreitet wurden. In der früheren Achsenmacht Japan, Ziel der Atombomben von 1945 und seit April 1952 wieder souverän, entstand ein eigener, bisher unerforschter Schweitzer-Boom.[20] Jetzt schätzten außerdem auch die Staaten des »Ostblocks« in gewissem Umfang die Rezeption von Schweitzer, da er Abrüstungsinitiativen der UdSSR begrüßt hatte, und wo er, ohne die religiös konnotierten Anteile, als Gegner westlich-imperialistischer wie kolonialistischer Politik galt.

Heinz Rühmann als Missionar in Zentralafrika

Eine verblüffende Parallele zur Lambarene-Verschiebung entwickelte ein Bavaria-Kinofilm von 1962. In der deutschen Kriminalkomödie *Er kann's nicht lassen* spielte Heinz Rühmann den unverbesserlichen »Pater Brown«, der sich an seinen Einsatzorten stets als Privatdetektiv betätigt. Es handelte sich um ein Sequel des erfolgreichen Kinofilms *Das schwarze Schaf* von 1960, die Drehbücher entstanden frei nach Vorlagen des britischen Autors Gilbert Keith Chesterton. Gegen Ende von *Er kann's nicht lassen* verkündet der Bischof, der den unbotmäßigen Pater von einer irischen Inselgemeinde ins Ausland strafversetzt: »Sie sollen Ihre Schäflein bekommen – sechs Millionen Schäflein, und lauter Schwarze! Sie gehen nach Bubunda-Ubundi in Zentralafrika.« In der Schlussszene ist der Pater vor der Kulisse einer Hütte im »afrikanischen« Stil zu sehen, wie er unter Trommelklängen seine »schwarzen Schäflein« begrüßt. Eingeblendet wird dazu populär-ethnologisches Filmmaterial einer tanzenden Gruppe mit Federn als Kopfschmuck. In Chestertons Original kommt diese Wendung der Ereignisse nicht vor.

Dass sich Rühmann als Buße für sein Verhalten »in Zentralafrika« um »lauter Schwarze« kümmern soll, ist an sich schon bemerkenswert. Noch

---

20 Die einzige vollständige Gesamtausgabe von Albert Schweitzers Texten soll auf Japanisch erschienen sein. 1959 lud die Japan Medical Association Schweitzer nach Japan ein, der jedoch absagen musste.

auffälliger scheint, dass es ausgerechnet »sechs Millionen« sein sollen. Diese Zahl stand emblematisch für die Anzahl der in der Shoah ermordeten Juden. Rühmann wirkte hier in mehrfacher symbolischer Verkehrung als Sühnender, der zur Strafe für sein »Kriminalisieren«, also das Aufdecken individueller Straftaten, sechs Millionen schwarzen Heiden in einem fiktiven Afrika das Christentum vermitteln soll. Im Subtext, markiert auch durch die Ziffer, bezieht sich solche Sühneleistung auf den Genozid deutscher Täterinnen und Täter an Europas jüdischer Bevölkerung. Zugleich wird deutlich, dass das Abschieben des weißen Pastors nach »Zentralafrika«, und damit zu »lauter Schwarzen«, eine Strafversetzung zu »rassisch Anderen« bedeutet. Wo sich tanzende Schwarze vor der Hütte des Pastors zeigen, scheint dessen Buße durch die fröhliche Dankbarkeit der Gemeinde und den exotischen Reiz des Südens versüßt und abgemildert. Szenen wie diese können durchaus auch auf der Folie von »Lambarene« entstanden sein.

Moralische Referenzgröße

Albert Schweitzers Name garantiert bis in die Gegenwart eine moralische Referenzgröße, bis heute wird er mitunter in einem Atemzug mit Franz von Assisi, Mahatma Gandhi oder Mutter Teresa genannt. Schweitzer, der ein Werk über die Indischen Denker[21] verfasst hatte, konnte sich selbst mit Gandhis politischem Engagement für die Dekolonisierung nicht anfreunden, wie Ali Mazrui schreibt, und übte Kritik an dessen Auslegung von »Ahimsa«, dem Konzept der Gewaltfreiheit in Sanskrit.[22]

Im Wendejahr 1989 erschienen zwei spiegelbildlich gestaltete Bildbände für Jugendliche, die sich großen Heldenerzählungen widmeten: *Abenteuer Lambarene* und *Abenteuer Greenpeace*.[23] Hier schloss die Erzählung vom Tropenspital des Urwalddoktors unmittelbar an die modernen Aktivitäten junger Leute an, die wagemutig für Umweltschutz eintreten, losgelöst vom

---

21 Schweitzer, 1935.
22 Mazrui, Ali A.: Dr. Schweitzer's Racism. Review of Out of My Life and Thought: An Autobiography by Albert Schweitzer. In *Transition*. Bloomington, 1991, S. 100.
23 Bartos, Burghard: *Abenteuer Greenpeace: Taten statt Warten*. Wien, 1989a; ders.: *Abenteuer Lambarene: Albert Schweitzer*. Wien, 1989b. Hinweis: Caroline Fetscher war von 1981 bis 1990 hauptamtlich bei Greenpeace aktiv.

Epilog

Abb. 1: Cover von *Abenteuer Greenpeace: Taten statt Warten*. Wien, 1989

historischen Kontext wurde Schweitzer eingebettet in eine Kontinuität ethisch verantwortlichen Handelns.

In Deutschland fand überdies eine Repräsentation von Albert Schweitzers letzter Herzschlag Eingang in die ästhetischen Produktionen jüngerer Zeit. Im Auftrag der Heiliggeistkirche in Heidelberg, einem spätgotischen Sakralbau, entwarf der Künstler Johannes Schreiter 1987 einen avantgardistischen Zyklus von Kirchenfenstern zu Antagonismen der Moderne auf Feldern der Physik, Philosophie, Ökonomie und Medizin. Sein »Medizinfenster« zeigt das Auf und Ab eines Kardiogramms, das in eine Linie mündet. Damit wurde der letzte Tag von Schweitzers Leben als Spur auf das Glas aufgebracht, der 4. September 1965. Seit 1996 befindet sich das Fenster in der Darmstädter Stiftskirche, erworben hat es die Evangelische Kirche von Hessen und Nassau. Mit der Sakralisierung seines Herzschlags wurde Schweitzer hier zu einem »Bild ohne Bild«.[24]

Zitiert wird Schweitzer in der Bundesrepublik Deutschland weiterhin als Musterbeispiel unbestreitbarer Moral. In einer Fernsehdebatte über die Wahl von Posten im Parlament klagte ein rechtskonservativer Politiker 2018, seine Partei könne sogar »Albert Schweitzer oder Mutter Teresa aufstellen«[25], die Parteikollegen würden auch dann nicht gewählt. Bei einer

---

24 Schreiter, Johannes: *Brandcollagen, Zeichnungen, Heidelberger Fensterentwürfe*. Katalog des Hessisches Landesmuseum Darmstadt. Darmstadt, 1987. Mit seinen Entwürfen konnten sich die Entscheidungsträger jedoch nicht anfreunden, was den sogenannten »Heidelberger Fensterstreit« auslöste. Vgl. dazu Mertin, Andreas: Der Heidelberger Fensterstreit. Ein bürgerliches Trauerspiel in fünf Akten. In *Kirche und moderne Kunst. Eine aktuelle Dokumentation*. Königstein, 1988.

25 AfD-Politiker Alexander Gauland am 31.1.2018 um 23:40 in der ARD-Sendung mit Moderatorin Sandra Maischberger: »Der GroKo-Poker: Letzte Chance für Merkel und Co?«

Verleihung des Bundesverdienstkreuzes am Bande beschloss Bayerns Ministerpräsident Seehofer im März 2018 die Feierstunde mit einem Zitat Schweitzers: »Das schönste Denkmal, das ein Mensch bekommen kann, steht in den Herzen seiner Mitmenschen.«[26]

Weit hat sich inzwischen die Rezeption von Schweitzer und Lambarene von ihren Funktionen nach Kriegsende entfernt. Umso ertragreicher wird der analytische Rückblick auf die Genese des »Mythos« Schweitzer. Semantische Verschiebungen nach traumatischen Ereignissen sind Symptome von Schuld und Versehrung, es sind Träume, die auf Deutung warten. In der Nachkriegspsyche der Deutschen wurde die Figur »Albert Schweitzer« im Übergang der Gesellschaft vom Aggregatszustand des Krieges zu dem des Friedens kollektiv »geträumt«. Sie erfuhr komplexe Bearbeitungen und Umarbeitungen in Metaphern und Metonymien. Wie solche Prozesse nachvollziehbar, lesbar, sichtbar und erkennbar werden, das zeigt das Beispiel »Albert Schweitzer und Lambarene«.

Abb. 2: Cover von *Abenteuer Lambarene: Albert Schweitzer.* Wien, 1989

Hätte es Schweitzer nicht gegeben, hätte die Nachkriegsrepublik ihn erfunden? Sie hat ihn erfunden.

---

26 Verdienstkreuz für Hedwig Baierlipp, 14.3.2018. http://www.infranken.de/regional/kronach/verdienstkreuz-fuer-hedwig-baierlipp;art219,3246185 (19.3.2018).

Anhang

Literatur

Abendroth, Walter: In *Die Zeit*, 12.01.1950.
Achebe, Chinua: Menschen in Erzählungen eine Heimat geben. In *Frankfurter Allgemeine Zeitung*, 14.10.2001, S. 8.
Adenauer, Konrad: *Erinnerungen. 1955–1959*. Stuttgart, 1967.
Adenauer, Konrad: *Teegespräche. 1959–1961*. Hrsg. v. Rudolf Morsey und Hans-P. Schwarz, bearb. v. Hanns J. Küsters. Berlin, 1988.
Adorno, Theodor W.: *Minima Moralia*. Frankfurt/M., 1951.
Adorno, Theodor W.: *Studien zum autoritären Charakter*. Frankfurt/M., 1995.
Adorno, Theodor W.: *Gesammelte Schriften. Bd. 10.2. Kulturkritik und Gesellschaft II*. Hrsg. v. Rolf Tiedemann et al. Frankfurt/M., 1997.
Alemann, Johanna: Ein Goethemensch feiert Goethe. In *Das Ufer* August 1949.
Alewyn, Richard: Goethe als Alibi? In Karl R. Mandelkow (Hg.), *Goethe im Urteil seiner Kritiker. Dokumente zur Wirkungsgeschichte Goethes in Deutschland. Teil IV. 1918–1982*. München, 1984.
Allégret, Élie und Teisserès, Urbain: *Rapport presenté au comité dans la séance ordinaire du 6 Avril 1891*. Archives des Départements Evangelique Français d'Action Apostolique (DEFAP). Paris, 1891.
Allen, James S.: *The romance of commerce and culture. Capitalism, modernism and the Chicago-Aspen crusade for cultural reform*. Chicago, 1983 bzw. 1986.
Allogho-Nkoghe, Fidèle: *La Fondation de Libreville: Une lecture nouvelle à partir d'une théorie géopolitique*. Roubaix, 2014.
Altena, Thorsten: *Ein Häuflein Christen mitten in der Heidenwelt des dunklen Erdteils. Zum Selbst- und Fremdverständnis protestantischer Missionare im kolonialen Afrika 1884–1918*. Münster u. a., 2003.
Aly, Götz: *Hitlers Volksstaat. Raub. Rassenkrieg und nationaler Sozialismus*. Frankfurt/M., 2005.
Aly, Götz: »Der Holocaust geschah zum Vorteil aller Deutschen«. Interview in *die tageszeitung*, 15.01.2005.
Anderson, Erica: *The World of Albert Schweitzer*. New York, 1954.
Anderson, Erica: *Die Welt Albert Schweitzers. Ein Photobuch*. Berlin, 1955.
Anderson, Erica: *Albert Schweitzer's Gift of Friendship*. New York, 1964.
Anderson, Paul: Fair Game. In *Aspen Times*, 18.07.2011.

Assmann, Aleida: *Legitimität der Fiktion. Ein Beitrag zur Geschichte der literarischen Kommunikation*. München, 1980.
Audoynaud, André: *Le docteur Schweitzer et son hôpital à Lambaréné. L'envers d'un mythe*. Paris, 2005.
Augustiny, Waldemar: *Albert Schweitzer und Du*. Mit Fotografien. Witten/R., 1955.
Bachmann, Ingeborg: *Werke. Bd. 3*. München, 1982.
Bähr, Hans W.: *Albert Schweitzer. Leben, Werk und Denken 1905–1965. Mitgeteilt in seinen Briefen im Verlag*. Heidelberg, 1987.
Bähr, Hans W. (Hg.): *Albert Schweitzer: Die Ehrfurcht vor dem Leben. Grundtexte aus fünf Jahrzehnten*. München, [1966] 2003.
Bähr, Hans W. und Minder, Robert (Hg.): *Begegnung mit Albert Schweitzer. Berichte und Aufzeichnungen*. München, 1965.
Bahr, Erhard: Defensive Kompensation. In Hans Wagener (Hg.), *Von Böll bis Buchheim, deutsche Kriegsprosa nach 1945*. Amsterdam, Atlanta, 1997.
Balandier, Georges: *Zwielichtiges Afrika. Aus dem Französischen von Alexander von Platen*. [Paris, 1957]; Stuttgart, 1959.
Balandier, Georges: *Sociologie actuelle de l'Afrique noire*. Paris, 1982.
Barasch, Heinz: *Die angeborene Talusverlagerung*. Inauguraldissertation. Breslau, 1933.
Barnes, James F.: *Gabon. Beyond Colonial Legacy*. San Francisco, Oxford, 1992.
Barthélemy, Guy: *Wie ich Lambarene erlebte: Ein junger Mensch besucht Albert Schweitzer*. Übers. v. Marie Woytt-Secretan. München, 1953.
Barthes, Roland: *Mythen des Alltags*. Frankfurt/M., 1970.
Bartos, Burghard: *Abenteuer Greenpeace: Taten statt Warten*. Wien, 1989a.
Bartos, Burghard: *Abenteuer Lambarene: Albert Schweitzer*. Wien, 1989b.
Bayly, Christopher A.: *The Birth of the Modern World. 1780–1914*. Oxford, 2004.
Bergstraesser, Arnold (Hg.): *Goethe and the Modern Age. The International Convocation at Aspen/Colorado, 1949*. Chicago, 1950.
Bernault, Florence: *Démocraties ambiguës en Afrique centrale: Congo et Gabon, 1945–1995*. Paris, 1996.
Bernault, Florence: Dévoreurs de la nation: Les migrations fang au Gabon. In Catherine Coquery-Vidrovitch und Issiaka Mandé: *Etre étranger et migrant en Afrique au XXème siècle*. Paris, 2003.
Bernault, Florence: *Colonial Transactions: Imaginaries, Bodies, and Histories in Gabon*. Durham, 2019.
Best, Geoffrey: *Churchill and War*. London, 2005.
Billard, Pierre: *André Gide et Marc Allégret, le roman secret*. Paris, 2006.
Bion, Wilfred R.: *Learning from Experience*. New York, 1962.
Bion, Wilfred R.: *Elements of Psychoanalysis*. London, 1963.
Bion, Wilfred R.: *Transformations*. New York, 1965.
Blasius, Rainer A. (Bearb.): *Akten zur auswärtigen Politik der Bundesrepublik, 1951*. Hrsg. im Auftrag des Auswärtigen Amtes vom Institut für Zeitgeschichte. München, 1999.
Blümlein, Klaus und Schlechter, Armin (Hg.): *Emil Lind und Albert Schweitzer. Ein pfälzischer Pfarrer und Schweitzer-Freund zwischen »Ehrfurcht vor dem Leben« und »Nationalkirche«*. Speyer, 2019.
Blumenberg, Hans: *Arbeit am Mythos*. Frankfurt/M., [1979] 2006.
Bode, Sabine: *Die vergessene Generation. Kriegskinder brechen ihr Schweigen*. Stuttgart, 2004.

Boegner, Alfred: Henry Chapuis et les besoins de la Mission du Congo. In *Journal des Missions Évangéliques*, 4ème Série, 6ème année, 1ère Semestre, 79ème année, Juin 1904.
Bolling, Landrum: In *Neue Illustrierte*, 29.07.1949.
Bolling, Landrum: Amerika ehrt Goethe durch Albert Schweitzer. In *Overseas News Agency*, August 1949.
Bonhomme, Julien: L'anthropologie religieuse du Gabon. Une bibliographie commentée. In *Cahiers Gabonais d'Anthropologie*, n°17, 2006, S. 2019–2036.
Bonhomme, Julien: Masque Chirac et danse de Gaulle. Images rituelles du Blanc au Gabon. Grands hommes vus d'en bas. In *La Revue Gradhiva*, n°11, 2010, S. 80–99.
Bonzon, Alexandre (Hg.): *A Lambaréné. Lettres et Souvenirs de Charles Bonzon. Missionnaire au Congo Français 16 Juillet 1893 – 20 Juillet 1894. Réunis pour sa famille et ses amis*. Nancy, 1897.
Borchert, Wolfgang: *Draußen vor der Tür*. In *Das Gesamtwerk*. Mit einem biograph. Nachw. v. Bernhard Meyer-Marwitz. Hamburg u.a., 1947.
Borée, Karl-F.: *Frühling 45. Chronik einer Berliner Familie*. Düsseldorf, 2017.
Borup, Allan: *Demokratisierungsprozesse in der Nachkriegszeit. Die CDU in Schleswig-Holstein und die Integration demokratieskeptischer Wähler*. Bielefeld, 2010.
Bosse, Hans: *Diebe, Lügner, Faulenzer*. Frankfurt/M., 1984.
Boundzanga, Noël B. und Ndombet, Wilson-A.: *Le malentendu Schweitzer*. Paris, 2014.
Bourle, Errera: *Moïse Levy, 1937–1991, un rabbin au Congo*. Brüssel, 2000.
Brabazon, James: *Albert Schweitzer: A Biography*. London, 1976.
Bräu, Ramona: *Arisierung in Breslau: Die Entjudung einer deutschen Großstadt und deren Entdeckung im polnischen Erinnerungsdiskurs*. Saarbrücken, 2008.
Bräunlein, Peter G.: Afrika und Afrikaner in deutschsprachigen Kinder- und Jugendbüchern. In Susan Arnd (Hg.), *AfrikaBilder. Studien zu Rassismus in Deutschland*. Münster, 2001.
Bresslau, Harry: *Zur Judenfrage. Sendschreiben an Herrn Prof. Dr. Heinrich von Treitschke von Dr. Harry Bresslau, a.o. Professor der Geschichte an der Universität Berlin*. 2. Aufl. Berlin, 1880.
Brickner, Richard: *Is Germany incurable?* New York, 1943.
Briese, Olaf: Einstimmung auf den Untergang. Zum Stellenwert kupierter Apokalypsen im geschichtsphilosophischen Diskurs. In *Allgemeine Zeitschrift für Philosophie, 20*, 1995.
Brock, Georg: Weißer Mann go home. In *Bunte Illustrierte*, 20.01.1963.
Brüsch, Karl (Hg.): *Kolonien. Großdeutschlands Anspruch*. Unter besonderer Mitarb. der Reichsjugendführung. Mit Geleitw. v. Hitler, Göring und Ribbentrop. Berlin, 1939.
Bucher, Henry H. Jr.: The Village of Glass and Western Intrusion: A Mpongwe Response to the American and French Presence in the Gabon Estuary 1842–1845. In *The International Journal of African Historical Studies, 6*(3), 1973.
Bucher, Henry H. Jr.: Mpongwe Origins. Historiographic Perspectives. In *History in Africa, 2*, 1975, S. 59–89.
Bucher, Henry H. Jr.: Canonization by Repetition: Paul du Chaillu in Historiography. In *Cahiers d'histoire d'Outre-mér*, LXVI(242/243), 1979, S. 15–32.
Burgess, Gordon und Winter, Hans G. (Hg.): *Pack das Leben bei den Haaren. Wolfgang Borchert in neuer Sicht*. Hamburg, 1996.
Cadet, Xavier: *Histoire des Fang, peuple gabonais*. Paris, 2009.
Campt, Tina und Grosse, Pascal: »Mischlingskinder« in Nachkriegsdeutschland. Zum

Verhältnis von Psychologie, Anthropologie und Gesellschaftspolitik nach 1945. In *Psychologie und Geschichte*, 6(1/2), 09/1994, S. 48–79.

Cardonnet, Laurent: *Contribution à l'étude des étudiants de médecine et des médecins morts pour la France pendant la seconde guerre mondiale*. Paris, 2010.

Carossa, Hans: Goethepreis-Rede, 1938. In *Wirkungen Goethes in der Gegenwart*. Leipzig, 1944.

Carson, Rachel: *Silent Spring*. Boston, 1962.

Carson, Theresa: Germanic Studies to celebrate reunification. In *The University of Chicago Chronicle*, 18(17), 1999, o. S. http://chronicle.uchicago.edu/990527/goethe.shtml (28.8.2015).

Casement, Roger: *Correspondence and Report from his majesty's consul at Boma respecting the administration of the Independent State of the Congo*. London, 1904.

Cau, Jean: *Croquis de mémoire*. Paris, 1985.

Ceram, C. W. [Kurt W. Marek]: *Götter, Gräber und Gelehrte. Roman der Archäologie*. Hamburg, 1949.

Césaire, Aimé: *Discours sur le colonialisme*. Paris, 1955.

Cesbron, Gilbert: *Il est minuit, Docteur Schweitzer*. Paris, 1952.

Chavihot, Albert A.: Adyumba des Gabun. In *Albert-Schweitzer-Rundbrief Nr. 98: Schweitzers Ethik der Dankbarkeit*. Jahrbuch 2006 für die Freunde von Albert Schweitzer. Hrsg. v. Deutscher Hilfsverein für das Albert-Schweitzer-Hospital in Lambarene e.V. Frankfurt/M., 2006.

Christaller, Helene: *Albert Schweitzer. Ein Leben für andere*. [Berlin, 1932]; Stuttgart, 1953.

Cinnamon, John: Ambivalent Power. Anti-Sorcery and Occult Subjugation in Late Colonial Gabon. In *Journal of Colonialism and Colonial History*, 3(3), 2002.

Cinnamon, John: Missionary Expertise, Social Science, and the Uses of Ethnographic Knowledge in Colonial Gabon. *History in Africa. A Journal of Method*, 33(1), 2006a, S. 413–432.

Cinnamon, John: Robert Hamill Nassau and the Colonial Encounter in Gabon. In *Le Fait Missionnaire. Social Sciences and Missions*, Nr. 19, 12/2006b.

Clifford, James: *Writing Culture. The Poetics and Politics of Ethnography. Introduction*. Berkeley, Los Angeles, 1984.

Clifford, James: *Person and Myth. Maurice Leenhardt in the Melanesian World*. Durham, London, 1992.

Conklin, Alice: *A Mission to Civilize. The Republican Idea of Empire in France and West Africa 1895–1930*. Stanford, 1997.

Conrad, Sebastian: *Deutsche Kolonialgeschichte*. München, 2008.

Conrady, A. W. [Conrad Stromenger]: Albert Schweitzer und Karl May. In Karl May: *Ich. Leben und Werk*. Hrsg. v. Roland Schmid. 22. Aufl. Bamberg, 1959.

Cooper, Frederick und Stoler, Laura: Zwischen Metropole und Kolonie. Ein Forschungsprogramm neu denken. In Claudia Kraft, Alf Lüdtke und Jürgen Matschukat (Hg.), *Kolonialgeschichten*. Frankfurt/M., 2010.

Coquery-Vidrovitch, Catherine: *Brazza et la prise de possession du Congo, 1883–1885*. Paris, 1969.

Cousins, Norman: *Dr. Schweitzer of Lambarene*. With photographs by Clara Urquhart. New York, 1960.

Cramer, Ada: *Weiß oder Schwarz: Lehr- und Leidensjahre eines Farmers in Südwest im Licht des Rasenhasses*. Potsdam, 1913.

Cramer, Ernst L.: *Wir kommen wieder; ein deutsches Afrikabuch.* Potsdam, 1939.
Cramer, Ernst L.: *Die Kinderfarm.* [Potsdam, 1941]; Bielefeld, 1951.
Cramer, Ernst L.: *Kinderfarm-Briefe.* Potsdam, 1942.
Crohn, Claus-D. und Lühe, Irmela von der (Hg.): *Fremdes Heimatland. Remigration und literarisches Leben nach 1945.* Göttingen, 2005.
US Department of State (Hg.), *Germany. The Story in Documents, 1947–1949.* Washington D.C., 1950.
De Fallois, Bernard: *Simenon.* Paris, 1961.
De Montoya, Antonio Ruiz: *The spiritual conquest accomplished by the religious of the Society of Jesus in the provinces of Paraguay, Parana, Uruguay, and Tape.* St. Louis, [1639] 1993.
Der Spiegel: Hafen der Hoffnung für kleine Negerlein. Nr. 29/1949, 14.07.
Der Spiegel: Albert Schweitzer. Mythos des 20. Jahrhunderts. Nr. 52/1960, 21.12., S. 50–67.
Der Spiegel: Schwarz und weiß gestreift. Traditionelle Vorurteile gegen Besatzungskinder. Nr. 52/1991, 23.12.
Diederichs, Werner: Albert Schweitzers schönstes Geschenk. Erste Schule für Mischlingskinder in der Bundesrepublik. In *Westfalenpost*, 14.01.1955.
Diederichsen, Diedrich: Weil Opi halt so rührend war. In *Die Zeit*, Nr. 43, 16.10.2003.
Diederichsen, Diedrich: Der kalifornische Universalismus kann den Ort Kalifornien nicht ausblenden. In *Monopol Magazin für Kunst und Leben*, 6/2013.
Diel, Louise: *Mädels im Tropenhelm. Bibi Ndogo in Deutschost.* Essen, 1942.
Dillmann, Claudia und Möller, Olaf (Hg.): *Geliebt und verdrängt. Das Kino der jungen Bundesrepublik Deutschland 1949–1963.* Frankfurt/M., 2016.
Diner, Dan (Hg.): *Zivilisationsbruch. Denken nach Auschwitz.* Frankfurt/M., 1988.
Dinner, Fritz und Michel, Charles: Der Abschied. In *Berichte aus Lambarene*, Nr. 29, April 1966.
Dirks, Walter und Kogon, Eugen (Hg.): Das Porträt: Albert Schweitzer. In *Frankfurter Hefte. Zeitschrift für Kultur und Politik*, 3(3), 1948.
Dittmann, Heinrich: Die große Welt entdeckt einen guten Menschen. Ist Albert Schweitzer plötzlich modern geworden? In *Neue Ruhr Zeitung am Wochenende*, 15.01.1955.
Dos Passos, John: *Das Land des Fragebogens.* A. d. Amerik. v. Michael Kleeberg. Frankfurt/M., 1997.
Dreesbach, Anne: *Gezähmte Wilde. Die Zurschaustellung ›exotischer‹ Menschen in Deutschland 1870–1940.* Frankfurt/M., 2005.
Drews-Bernstein, Charlotte: *Der weiße Fetischmann.* In Zusammenarbeit mit dem Museumspädagogischen Dienst Berlin. Mit Texten und Orgelmusik (J. S. Bach) von Albert Schweitzer. Berlin, 1999.
Du Chaillu, Paul: *Reisen in Centralafrika.* [New York, 1861]; Berlin, 1865.
Dublon-Knebel, Irith: Holocaust Parenthood. The Transformation of Child-Parent Relationships as Perceived by the Survivors. In José Brunner (Hg.): *Mütterliche Macht und väterliche Autorität. Elternbilder im deutschen Diskurs. Tel Aviver Jahrbuch für deutsche Geschichte 36.* Göttingen, 2008.
Dunham, Leni: Ein Nachmittag mit Albert Schweitzer in Chicago am 11.07.1949. Typoskript im Albert Schweitzer Archiv in Frankfurt/M. Ohne Signatur, ohne Paginierung.
Eckartshausen, Carl von: Isogin und Celia, eine Geschichte von einem unserer schwar-

zen Brüder aus Afrika, von einem Mohren. In *Duldung und Menschenliebe*. München, 1787.
Eckert, Andreas: *Die Duala und die Kolonialmächte. Eine Untersuchung zu Widerstand, Protest und Protonationalismus in Kamerun vor dem zweiten Weltkrieg*. Münster, Hamburg, 1991.
Eckert, Andreas: *Grundbesitz, Landkonflikte und kolonialer Wandel. Douala 1880–1960*. Stuttgart, 1999.
Eckert, Andreas: 125 Jahre Berliner Afrika-Konferenz: Bedeutung für Geschichte und Gegenwart. In *GIGA Focus, Institut für Afrika-Studien*, Nr. 12, 2009.
Edthofer, Julia: Israel as Neo-Colonial Signifier? Challenging De-Colonial Anti-Zionism. In *Journal for the Study of Antisemitism, 7*(2), 2015, S. 31–51.
Ehmann, Annegret und Rathenow, Hanns-F.: Nationalsozialismus und Holocaust in der historisch-politischen Bildung. In Annette Brinkmann (Hg.): *Lernen aus der Geschichte*. Bonn, 2000.
Eich, Günther: Träume. In *Gesammelte Werke II*. Hrsg. v. Karl Karst. Frankfurt/M., 1991.
Emane, Augustin: *Docteur Schweitzer, une icône africaine*. Paris, 2013.
Epstein, Eline: *Zur Frage der Veränderung des klinischen Bildes des Syphilis; ein Vergleich der Erscheinungsformen der unbehandelten Frühsyphilis in den Jahren 1878–1899 und 1921–1926*. Berlin, 1929.
Ewers, Hans-H., Mikota, Jana, Reulecke, Jürgen und Zinnecker, Jürgen (Hg.): *Erinnerungen an Kriegskindheiten. Erfahrungsräume, Erinnerungskultur und Geschichtspolitik unter sozial- und kulturwissenschaftlicher Perspektive*. Weinheim, 2006.
Faba, Jean-F.: *La société agricole et industrielle de l'Ogooué (SAIO), Service protestant de mission (Défap)*. Paris, 2011.
Fabre, Frédéric: *Protestantisme et colonisation*. Paris, 1997.
Faure, Félix: *Obam et son fétiche*. Paris, 1932.
Favre, Pierre: Neuchâtel et la Mission protestante du Gabon à la fin du XIX siècle. In *Revue historique neuchâteloise, 141*(4), 2004.
Favre, Pierre: *De la Suisse au Gabon, Rencontre de civilisations au bord de l'Ogôwè. Sur les traces de Bertha et Etienne Favre, 1897–1898*. Neuchâtel, 2006.
Fehrenbach, Heide: *Race after Hitler*. New Jersey, 2005.
Feschotte, Jacques: *Albert Schweitzer: An Introduction*. Boston, 1955.
Fetscher, Justus: Die Pazifik-Reisen der 1760er und 1770er Jahre in der deutschen Literatur. In Philippe Despoix und Justus Fetscher (Hg.), *Cross-Cultural Encounters and Constructions of Knowledge in the 18th and 19th Century/Interkulturelle Begegnungen und Wissenskonstruktionen im 18. und 19. Jahrhundert. Außereuropäische und europäische Forschungsreisen im Vergleich*. Kassel, 2004.
Fischer, Gerhard (Hg.): *Albert Schweitzer. Briefe aus dem Lambaréné-Spital*. Berlin (Ost), 1981.
Fischer, Torben und Lorenz, Matthias N. (Hg.): *Lexikon der Vergangenheitsbewältigung in Deutschland. Debatten- und Diskursgeschichte des Nationalsozialismus nach 1945*. Bielefeld, 2007.
Flanner, Janet: Goethe in Hollywood. In *The New Yorker*, 13./20.12.1941.
Fleischhack, Marianne: *Helene Schweitzer. Einblicke in das Leben einer Frau, der es gegeben war, sich selbstlos und aufopfernd einem großen Werk der Nächstenliebe hinzugeben*. Berlin, 1961.
Fleischmann, Max (Hg.): *Völkerrechtsquellen in Auswahl*. Halle, 1905.

Flitner, Michael: Vom Platz an der Sonne zum Platz für Tiere. In ders. (Hg.), *Der Deutsche Tropenwald. Bilder, Mythen, Politik.* Frankfurt/M., 2000.
Foreign Office: *Instructions for British Servicemen in Germany, 1944.* [London, 1943]; Oxford, 2007.
Franck, Frederick: Das Licht von Lambarene. Der Mythos Albert Schweitzer. In *Der Spiegel,* Nr. 4/1960, S. 45.
Franck, Frederick: *Tage mit Albert Schweitzer. Leben und Wirken des großen, weißen Doktors.* Bern, Stuttgart, 1963 (amerik.: *Days with Albert Schweitzer.* 1959).
Frei, Norbert: *Vergangenheitspolitik. Die Anfänge der Bundesrepublik und die NS-Vergangenheit.* München, 1996.
Frenssen, Gustav: *Peter Moors Fahrt nach Südwest. Ein Feldzugsbericht.* Berlin, 1905.
Freud, Sigmund: *Die Traumdeutung* [1900]. In *Gesammelte Werke, Bd. 2/3.* London, 1948.
Freud, Sigmund: *Massenpsychologie und Ich-Analyse* [1921]. In *Gesammelte Werke, Bd. 13.* Frankfurt/M., 1963, S. 85.
Fried, Paul G.: *Die Welt des Rolf Italiaander.* Hamburg, 1973.
Friedla, Katharina: *Juden in Breslau/Wroclaw 1933–1949. Überlebensstrategien, Selbstbehauptung und Verfolgungserfahrungen.* Wien, Köln, Weimar, 2015.
Friedmann, Richard: *Reverence for Life. The Ethics of Dr. Albert Schweitzer. A Lecture.* Hrsg. v. Julian North Cheatham. Portland, 1963.
Friedrich, Jörg: *Der Brand. Deutschland im Bombenkrieg 1940–1945.* München, 2002.
Fröhlich, Manuela: *Political Ethics and The United Nations: Dag Hammarskjöld as Secretary-General.* London, 2008.
Funke, Erich: The Goethe Year (1949) in USA. In *The German Quarterly,* 24(1), 1951.
Gardinier, David E.: The Schools of the American Protestant mission in Gabon (1842–1870). In *Revue Française d'histoire d'Outre-mér,* LXXV(279), 1988, S. 168–184.
Gardinier, David E.: The American Presbyterian Mission in Gabon: Male Mpongwe, Gabon and African Responses. In *Africana Journal,* 17, 1998.
Gardinier, David E. und Yates, Douglas A. (Hg.): *Historical Dictionary of Gabon, 3rd edition.* Lanham, 2006.
Geffert, Heinrich: *Ein Leben im Dienste der Menschheit: Albert Schweitzer.* Hamburg, 1953.
Gehrmann, Susanne: *Kongo-Greuel: Zur literarischen Konfiguration eines kolonialkritischen Diskurses (1890–1910).* Hildesheim, 2003.
George, Manfred: Betrachtungen zur Zeit: Mann aus dem Urwald. In *Der Aufbau,* Nr. 27, 08.07.1949.
Gerhardt, Uta (Hg.): *Talcott Parsons on National Socialism.* New York, 1993.
Gerhardt, Uta: Re-Education als Demokratisierung Deutschlands durch das amerikanische Besatzungsregime. In *Leviathan. Zeitschrift für Sozialwissenschaften,* 3, 1999.
Gerhardt, Uta: *Die Soziologie der Stunde null. Zur Gesellschaftskonzeption des amerikanischen Besatzungsregimes.* Frankfurt/M., 2005.
Geulen, Christian: Blutsbrüder. Über einige Affinitäten bei Carl Peters und Karl May. In Claus Roxin et al. (Hg.), *39. Jahrbuch der Karl-May-Gesellschaft.* 2009.
Gide, André: *Voyage au Congo suivi du Retour du Tchad.* Paris, 1929.
Gide, André: *L'enfance de l'art. Correspondances avec Élie Allégret. 1886–1896. Lettres de André Gide, Juliette Gide, Madeleine Rondeau et Élie Allégret.* Paris, 1998.
Ginio, Ruth: *French Colonialism Unmasked: The Vichy Years in French West Africa.* Lincoln, 2006.
Giordano, Ralph: *Die zweite Schuld oder: Von der Last ein Deutscher zu sein.* Köln, 1987.

Goethe, Johann W. von: *Faust II*. In Erich Trunz (Hg.), *Dramatische Dichtungen, Bd. I*. München, 1986, S. 348.
Goethe, Johann W. von: Campagne in Frankreich. In Erich Trunz (Hg.), *Autobiographische Schriften, Bd. II*. München, 1989.
Goethe, Johann W. von: *Aus meinem Leben. Dichtung und Wahrheit*. Erstes Buch. In Erich Trunz (Hg.), *Goethes Werke, Bd. IX*. München, 1998.
Götting, Gerald: *Begegnung mit Albert Schweitzer*. Berlin [Ost], 1961.
Goetz, Bernhard: *Albert Schweitzer. Ein Mann der guten Tat. Zum 80. Geburtstage Albert Schweitzers*. Göttingen, 1955a.
Goetz, Bernhard: *Alarm des Gewissens. Albert Schweitzer und Ein Mann der guten Tat*. Göttingen, 1955b.
Goltermann, Svenja: *Die Gesellschaft der Überlebenden. Deutsche Kriegsheimkehrer und ihre Gewalterfahrungen im Zweiten Weltkrieg*. München, 2009.
Grabs, Rudolf: *Albert Schweitzer. Gelebtes Denken*. Berlin, 1948.
Grabs, Rudolf: *Albert Schweitzer*. Berlin (Ost), 1949.
Grabs, Rudolf (Hg.): *Albert Schweitzer. Denken und Tat*. Hamburg, 1950.
Grabs, Rudolf: *Albert Schweitzer. Gehorsam und Wagnis*. Hamburg, 1952a.
Grabs, Rudolf: *Albert Schweitzer. Ein Leben im Dienste der sittlichen Tat*. Berlin, 1952b.
Grabs, Rudolph: *Albert Schweitzer – Dienst am Menschen. Ein Lebensbild*. Berlin, 1952c.
Grabs, Rudolf: *Albert Schweitzer. Weg und Werk eines Menschenfreundes*. Stuttgart, 1954.
Grabs, Rudolf: *Albert Schweitzer. Denker aus Christentum*. Halle, 1958.
Grabs, Rudolf: *Geliebter Glaube. Ein Albert-Schweitzer-Lesebuch*. Berlin (Ost), 1959.
Grabs, Rudolf: *Albert Schweitzer. Dienst am Menschen. Ein Lebensbild*. Halle/S., 1963.
Graffenberger, Günter: »Mit der Schule wurde für die ›Toxis‹ alles schwerer. Woran die Eingliederung der Mischlingskinder scheiterte«. In *Westfalenpost*, 25.03.1955.
Grass, Günter: *Im Krebsgang*. Göttingen, 2002.
Gray, Christopher: Review of »The Great White Man of Lambaréné« (Le grand blanc de Lambaréné) by Françoise Leherissey, Pierre-Marie Dong, Bassek ba Kobhio and »Rouch in Reverse« by Parmindar Vir, Manthia Diawara. In *American Historical Review, 103*(1), 1998.
Gray, Christopher J.: *Colonial Rule and Crisis in Equatorial Africa: Southern Gabon, circa 1850–1940. Rochester Studies in African History and the Diaspora*. Austin, 2002.
Gray, Christopher J. und Ngolet, François: Lambaréné, Okoumé and the Transformation of Labour along the Middle Ogooué (Gabon). 1870–1945. In *Journal of African History, 40*(1), 1999, S. 87–107.
Greene, Graham: *A Burnt-Out Case*. London, [1960] 1975.
Grébert, Fernand: *Ekomi. Histoire d'un écolier pahouin racontée par lui-même aux enfants d'Europe*. Paris, 1951.
Griffith, Snell: *Albert Schweitzer. An International Bibliography*. Boston, 1981.
Grigat, Felix: Lambaréné, Gabun: Albert Schweitzers ethisches Korrektiv. In Hilmar Schmundt et al. (Hg.): *Mekkas der Moderne*. Wien, Köln, Weimar, 2010.
Grzimek, Bernhard: *Kein Platz für wilde Tiere. Eine Kongo-Expedition*. München, 1954.
Günther, Siegwart-H. und Götting, Gerald: *Was heißt Ehrfurcht vor dem Leben? Begegnung mit Albert Schweitzer*. Berlin, 2005.
Guerra, Félix und Taibo, Paco I.: *Das Jahr, in dem wir nirgendwo waren. Ernesto Che Guevara und die afrikanische Guerilla*. Berlin, Amsterdam, 1996.
Guiral, Léon: *Le Congo Français du Gabon á Brazzaville*. Paris, 1889.

Gunther, John: Der alte Mann und seine Schwächen. Besuch bei Albert Schweitzer. In *Der Spiegel*, 27.03.1957.
Gunther, John: *Afrika von Innen. Ein dunkler Kontinent wird hell.* Konstanz, Stuttgart, 1957.
Haarer, Johanna: *Die deutsche Mutter und ihr erstes Kind.* München, 1941.
Habermas, Rebekka und Lindner, Ulrike: Rückgabe – und mehr! In *Die Zeit*, 52/2018, 15.12.2018.
Hagedorn, Hermann: *Menschenfreund im Urwald. Das Leben Albert Schweitzers.* München, 1954 [amerik.: *Prophet in the Wilderness.* New York, 1947].
Hallie, Philip P.: *Lest Innocent Blood Be Shed. The Story of the Village of Le Chambon and How Goodness Happened There.* New York, 1979.
Hardenberg, Nina von: Die unerträgliche Schuld der Ärzte. Zwangssterilisationen, Menschenversuche, Krankenmorde. Ein neuer Forschungsbericht beschreibt, wie sich Mediziner an grauenhaften Nazi-Verbrechen beteiligten. In *Süddeutsche Zeitung*, 23.03.2011.
Hardtmann, Gertrud: Die Schatten der Vergangenheit. Daten aus Analysen von Nazikindern. In Martin S. Bergmann, Milton E. Jacoby und Judith S. Kestenberg (Hg.), *Kinder der Opfer, Kinder der Täter. Psychoanalyse und Holocaust.* Frankfurt/M., 1995.
Harmetz, Aljean: *The Making of Casablanca: Bogart, Bergman, and World War II.* New York, 2002.
Harris, Ruth: *Albert Schweitzer, Africa, and Indian Thought.* Oxford, 2014.
Haushofer, Albrecht: *Moabiter Sonette.* Mit einem Nachw. v. Ursula Laack-Michel. München 1976.
Headrick, Rita: *Colonialism, Health and Illness in French Equatorial Africa 1885–1935.* Atlanta, 1994.
Hebestreit, Wilhelm: Albert Schweitzer – guter Geist unserer Zeit. In *Münchner Mittag*, 09.05.1947.
Heinrich, Klaus: *anfangen mit freud. Die wiederentdeckte Psychoanalyse nach dem Krieg.* Frankfurt/M., 1997.
Heinrich, Klaus und Bach, Wolf D.: Mythos. In Harald Eggebrecht (Hg.), *Goethe. Ein Denkmal wird lebendig.* München, 1982.
Heipp, Günther: *Der Arzt von Lambarene. Aus dem Leben Albert Schweitzers.* Lux-Lesebogen 225. Murnau u. a., 1963.
Heisler, August (Hg.): *Albert Schweitzer. Zeitliches und Überzeitliches. Eine Auswahl aus seinen Werken.* Hamburg, 1947.
Heisler, August: Einer ganzen Welt Vorbild. Zur Biographie Albert Schweitzers von Rudolf Grabs. In *Der Landarzt. Zeitschrift für ärztlichen Meinungsaustausch*, (4), 21.04.1950.
Held, Heinz: Oma Dillo schenkt achtzehn Kindern eine Heimat. In *Aufwärts*, 8(16), 04.08.1955.
Henkels, Walter: *Alltag in Trizonesien. Spurensicherung, dabei an die Enkel denkend.* Düsseldorf, Wien 1986.
Herbert, Ulrich (Hg.): *Wandlungsprozesse in Westdeutschland. Belastung, Integration, Liberalisierung 1945–1980.* Göttingen, 2002.
Herman, Judith: *Die Narben der Gewalt. Traumatische Erfahrungen verstehen und überwinden.* Paderborn, 2006.
Hermand, Jost: *Kultur im Wiederaufbau. Die Bundesrepublik Deutschland 1945–1965.* München, 1986.
Hesse, Hermann: *Die Morgenlandfahrt. Eine Erzählung.* Berlin, 1935.

Heukenkamp, Ursula (Hg.): *Unter dem Notdach. Nachkriegsliteratur in Berlin 1945–1949.* Berlin, 1996.
Heukenkamp, Ursula: *Schuld und Sühne? Kriegserlebnis und Kriegsdeutung in deutschen Medien der Nachkriegszeit (1945–1961).* Amsterdam, New York, 2001.
Heuss, Theodor: Laudatio für Albert Schweitzer. Friedenpreis des Deutschen Buchhandels. In *Börsenblatt für den Deutschen Buchhandel,* 16.09.1951.
Higginson, Francis: The Well-Tempered Savage: Albert Schweitzer, Music, and Imperial Deafness. In *Research in African Literatures, 36*(4), 2005.
Hinderer, Walter: Goethe und Amerika. In *Studien des Instituts für die Kultur der deutschsprachigen Länder,* (18), 2000.
Hirsch, Mathias: *Schuld und Schuldgefühl. Zur Psychoanalyse von Trauma und Introjekt.* 7. Aufl. Göttingen, 2017.
Hobsbawm, Eric: *The Age of Empire. 1875–1914.* New York, 1989.
Hochhuth, Rolf: *The Deputy. Foreword by Dr. Albert Schweitzer. Story of the treatment of Pope Pius XII and the Catholic Church by the Nazis during World War II.* New York, 1964.
Hochschild, Adam: *King Leopold's Ghost: A Story of Greed, Terror, and Heroism in Colonial Africa.* New York, 1998.
Hochschild, Adam: *Sprengt die Ketten. Der entscheidende Kampf um die Abschaffung der Sklaverei.* Stuttgart, 2007.
Hocke, Gustav R.: Optimismus und Nihilismus. Zur Neuauflage von Werken Albert Schweitzers. In *Rheinische Zeitung,* 22.11.1947.
Horstmeier, Marie: *Albert Schweitzer. Ein Wegweiser der Kulturerneuerung. Für den Gebrauch an deutschen Schulen.* Berlin, 1949.
Hoyer, Timo: *Im Getümmel der Welt. Alexander Mitscherlich, ein Portrait.* Göttingen, 2008.
Hücking, Renate und Launer, Ekkehard: *Aus Menschen Neger machen. Wie sich das Handelshaus Woermann an Afrika entwickelt hat.* Hamburg, 1986.
Hügel-Marshall, Ilka: *Invisible Women. Growing up Black in Germany.* London, 2001.
Ibel, Rudolf: Samariter der Menschheit. Der Urwaldarzt von Lambarene. In *Ärztezeitschrift,* 1951, o. S.
Israel, Jeanette: Schweitzer, le médecin que nous avons connu. In Jean-Paul Sorg (Hg.), *Schweitzer, le médecin.* Straßburg, 1995.
Italiaander, Rolf: *Im Lande Albert Schweitzers. Ein Besuch in Lambarene.* Hamburg, 1954a.
Italiaander, Rolf: *Der weiße Oganga Albert Schweitzer. Eine Erzählung aus Äquatorialafrika.* Hannover-Kirchrode, 1954b.
Italiaander, Rolf: *Im Namen des Herrn im Kongo.* Mit einem Vorw. v. Bischof St. C. Neil. Kassel, 1965.
Jackson, Robert H.: Opening statement. In *Trial of the Major War Criminals before the International Military Tribunal. Vol. II.* Second Day, Wednesday, 11/21/1945, Part 04. Proceedings: 11/14/1945–11/30/1945. Nuremberg, International Military Tribunal, 1947. https://www.roberthjackson.org/speech-and-writing/opening-statement-before-the-international-military-tribunal (12.7.2019).
Jacobi, Erwin R.: *Musikwissenschaftliche Arbeiten. Veröffentlichungen zur Biographie von Albert Schweitzer, 1875–1965.* Zürich, 1984.
Jaspers, Karl: *Unsere Zukunft und Goethe. Rede zum Erhalt des Goethepreises 1947.* Bremen, 1949.
Jean-Baptiste, Rachel: »A Black Girl Should Not be With a White Man«: Sex, Race, and

African Women's Social and Legal Status in Colonial Gabon, 1900–1946. In *Journal of Women's History, 22*(2), 2010, S. 56–82.
Jennings, Eric: *La France libre fut africaine*. Paris, 2014.
Jenssen, Christian: Albert Schweitzer und der Atomtest-Stopp: Appell an die Menschheit. In *Deutsches Ärzteblatt, 104*(17), 27.04.2007, A 1150–3.
Jilek-Aall, Louise: *Working with Dr. Schweitzer. Sharing his Reverence for Life*. Surrey, 1990.
Jonca, Karol: Schlesiens Kirchen zur Lösung der Judenfrage. In Ursula Büttner et al. (Hg.): *Das Unrechtsregime. Internationale Forschung über den Nationalsozialismus. Hamburger Beiträge zur Sozial- und Zeitgeschichte. Bd. 2*. Hamburg, 1986.
Jones, Adam (Hg.): *Through a Glass Darkly. Photographs of the Leipzig Mission from East Africa, 1896–1939*. Leipzig, 2013.
Joset, Paul-E.: *Les Sociétés Secrètes des Hommes-Léopards en Afrique Noire*. Paris, Payot, 1955.
Joy, Charles R. (Hg.): *Goethe: Two Addresses. By Albert Schweitzer*. Boston, 1948.
Joy, Charles R. und Arnold, Melvin: *The Africa of Albert Schweitzer*. Boston, 1948 [dt.: *Bei Albert Schweitzer in Afrika*. München, 1950].
Junge, Werner: *Bolahun. Als deutscher Arzt unter schwarzen Medizinmännern*. Hamburg, Berlin, 1950.
Kaehr, Roland, Perrois, Louis und Ghysels, Marc: A Masterwork That Sheds Tears ... and Light: A Complementary Study of a Fang Ancestral Head. In *African Arts, 40*(4), 2007, S. 44–57.
Kapf, Rudolf: Albert Schweitzer spricht zu uns. In *Stuttgarter Zeitung*, 07.08.1948.
Karski, Jan: *Mein Bericht an die Welt. Geschichte eines Staates im Untergrund*. Berlin, 2012.
Keim, Wiebke: Colonialism, National-Socialism and the Holocaust: On modern ways of dealing with deviance. In Ari Sitas, Wiebke Keim, Sumangala Damodaran, Nicos Trimikiniotis und Faisal Garba (Hg.), *Gauging and Engaging Deviance, 1600–2000*. Delhi, 2014.
Keller, Franck: Un pionnier de l'unité des missions protestante d'Afrique francophone, Jean Keller (1900–1993). In *Bulletin de la Société de l'Histoire du Protestantisme Français*, 2002.
Kik, Richard: Begegnungen mit Albert Schweitzer seit 1930. In Helene Christaller: *Albert Schweitzer. Ein Leben für andere*. Stuttgart, 1953.
Kik, Richard (Hg.): *Vom Licht in uns. Worte aus seinen Schriften. Albert Schweitzer*. Stuttgart, 1954.
Kik, Richard (Hg.): *Von Mensch zu Mensch. Aus Briefen von Albert Schweitzer und seiner Mitarbeiter*. Freiburg/B., 1956.
Kik, Richard (Hg.): *Kein Sonnenstrahl geht verloren. Worte Albert Schweitzers*. Freiburg/B., 1958.
Kik, Richard: *Beim Oganga von Lambarene. Geschichten aus dem Leben Albert Schweitzers*. Reutlingen, 1959.
Kik, Richard (Hg.): *Freundeskreis Lambarene, 1930–1957. Dokumente aus den Rundbriefen*. Heidenheim, 1965.
Kindermann, Heinz: *Das Goethebild des 20. Jahrhunderts*. 2. verb. u. erg. Ausg. Darmstadt, 1966.
Kindler, Helmut: *Zum Abschied ein Fest. Die Autobiografie eines deutschen Verlegers*. München, 1992.
Kingsley, Mary H.: *Travels in West Africa. Congo Francais, Corisco and Cameroons*. London,

1897 [dt. Exzerpte: *Die grünen Mauern meiner Flüsse*. Hrsg. v. Ulrike Budde. München, 1992.].

Kirchner, Walter: Untersuchung somatischer und psychischer Entwicklung bei Europäer-Neger-Mischlingen im Kleinkindalter unter Berücksichtigung der sozialen Verhältnisse. In Hermann Muckermann (Hg.), *Studien aus dem Institut für natur- und geisteswissenschaftliche Anthropologie, 1. Bericht*. Berlin, 1952.

Kleine, Hugo O.: *Albert Schweitzer, der Baumeister einer neuen Ordnung*. Heidenheim/B., 1956.

Klönne, Arno: *Jugend in Dritten Reich. Die Hitlerjugend und ihre Gegner*. Köln, 2007.

Knowles, Owen und Moore, Gene: *The Oxford Reader's Companion to Joseph Conrad*. Oxford, 2002.

Köhler, Henning: *Adenauer. Eine politische Biographie. Bde. 1 und 2*. Frankfurt, Berlin, 1997.

König, Harmut: *Was sagt uns Albert Schweitzer heute?* Vorw. v. Heike Kugler. Saarbrücken, 2011.

Koeppen, Wolfgang: *Tauben im Gras, Das Treibhaus, Der Tod in Rom. Drei Romane*. [Stuttgart, 1951]; Berlin, 1983.

Koskas, Marco: *Albert Schweitzer ou le démon du bien*. Paris, 1992.

Kraushaar, Wolfgang: *Die Protestchronik, Bd. 1: 1949–1952*. Hamburg, 1996.

Kraushaar, Wolfgang: *Die Protestchronik, Bd. 2: 1953–1954*. Hamburg, 1996.

Kraushaar, Wolfgang: *Die Protestchronik, Bd. 3: 1957–1959*. Hamburg, 1996.

Krogmann, Ferdinand: *Waldemar Augustiny. »Schöngeist« unterm Hakenkreuz. Ein Beitrag zur niederdeutschen Heimatbewegung im Nationalsozialismus*. Weimar, 2005.

Kühn, Heinz: Vom Kongo nach Colorado. Der Arzt und Missionar Albert Schweitzer fuhr zur Goethe-Feier nach Amerika. In *Sie*, Nr. 30, 24.07.1949.

Künkler-Kehr, Inge: Der immerwährende Tod der »Zehn kleinen Negerlein«. In Gottfried Mergener und Ansgar Häfner, *Der Afrikaner im deutschen Kinder- und Jugendbuch*. Hamburg, 1989.

Kütemeyer, Wilhelm: *Die Krankheit Europas. Beiträge zu einer Morphologie*. Frankfurt/M., Berlin, 1951.

Kulle, Werner: *Unser großer Freund Albert Schweitzer*. München, 1960.

Kurth, Karl O. (Hg.): *Dokumente der Menschlichkeit aus der Zeit der Massenaustreibungen*. Gesam. u. hrsg. v. Göttinger Arbeitskreis. Kitzungen, 1950; Würzburg, 1953 [amerik.: *Documents of Humanity During the Mass Expulsions*. New York, 1954].

Lainé, Agnés: From Objects to Territories. Appropriations of Nature in pre-colonial Gabon. In Didier Guignard und Iris Seri-Hersch (Hg.), *Spatial Appropriations in Modern Empires, 1820–1960. Beyond Dispossession*. Cambridge, 2019.

Landmann, Robert: *Ascona Monte Verità. Auf der Suche nach dem Paradies*. Berlin, 1985.

Lantz, Valentine: Briefe. In Société des Missions Évangéliques (Hg.), *In Memoriam Valentine Lantz, née Valentine Ehrhardt. 1873–1906*. Paris, [1906] 1941.

Lassus, Pierre: *Albert Schweitzer*. Paris, 1995.

Lauterburg-Bonjour, Elsa: *Lambarene. Erlebnisse einer Bernerin im afrikanischen Urwald*. Leipzig, 1931; Leipzig, Bern, 1942.

Lee, Christopher J.: Locating Hannah Arendt within Postcolonial Thought: A Prospectus. In *College Literature*, 38(1), 2011, 95–114.

Leenhardt, Maurice: *Etapes Lumineuses. Visites aux Chantiers Missionnaires*. Paris, 1928.

Leenhardt, Maurice: Préface. In Lucien Lévy-Bruhl, *Les carnets*. Paris, 1949.

Lehmann, Klaus-D. (Hg.): *Deutsche Intellektuelle im Exil. Ihre Akademie und die American Guild for Cultural Freedom.* Katalog zur Ausstellung des Deutschen Exilarchivs 1933–1945 der Deutschen Bibliothek Frankfurt/M. München u. a., 1993.

Lemke Muniz de Faria, Yara-C.: *Zwischen Fürsorge und Ausgrenzung: Afrodeutsche Besatzungskinder im Nachkriegsdeutschland.* Berlin, 2002.

Lenk, Hans: *Tagebuch einer Rückreise an einen nie zuvor besuchten Ort: Lambarene.* Mit einem Anhang über Albert Schweitzers unveröffentlichten Nachlaß zur Ethik der Ehrfurcht vor dem Leben: Zwischen Rationalismus und Erleben. Stuttgart, 1990.

Lenz, Oskar: *Skizzen aus Westafrika. Selbsterlebnisse.* Berlin, 1878.

Lettow-Vorbeck, Paul E. von: *Heia Safari! Deutschlands Kampf in Ostafrika.* Leipzig, 1920.

Lettow-Vorbeck, Paul E. von: *Afrika, wie ich es wiedersah.* München, 1955.

Levi-Strauss, Claude: *Tristes Tropiques.* Paris, 1955.

Lind, Emil: *Speyer. Die Stadt der Protestation und des Protestantismus. Ein Buch vom Kämpfen, Leiden, Siegen und Schaffen der protestantischen Gemeinde Speyer seit 400 Jahren.* Heidelberg, 1929a.

Lind, Emil: *Fern im Süd ... Fahrten durch Oberitalien, Spanien, Nordafrika und Portugal.* Speyer, 1929b.

Lind, Emil: *Arabismus – Zionismus.* Speyer, Leipzig, 1931.

Lind, Emil: *Gefallen – Gedenken.* Speyer, 1944.

Lind, Emil: *Albert Schweitzer. Aus seinem Leben und Werk.* Bern, 1948.

Lind, Emil: *Albert Schweitzer. Aus seinem Leben und Werk. Albert Schweitzer zum 75. Geburtstage.* Speyer, 1950.

Lind, Emil: *Ein Meister der Menschheit: Albert Schweitzer. Der Beitrag des Philosophen und Menschenfreundes Albert Schweitzer zur Lösung der Kulturkrise der Gegenwart.* Bühl-Baden, 1954.

Lind, Emil: *Albert Schweitzer. Aus seinem Leben und Werk. Autorisierte Jubiläumsausgabe zum 80. Geburtstage Dr. Schweitzers.* Wiesbaden, 1955.

Lind, Emil: *Die Universalmenschen Goethe und Schweitzer. Parallelen zwischen Weimar und Lambarene.* Neustadt/W., 1964.

Lingelbach, Gabriele: *Spenden und Sammeln. Der westdeutsche Spendenmarkt bis in die 1980er Jahre.* Göttingen, 2009.

Linse, Ulrich: *Barfüßige Propheten. Erlöser der 20er Jahre.* Berlin, 1983.

Mabika Ognandzi, Hines: L'hôpital Albert Schweitzer de Lambaréné, 1913–2013. In Angela Berlis et al. (Hg.), *Albert Schweitzer. Facetten einer Jahrhundertgestalt.* Bern, 2013.

Mabika Ognandzi, Hines: Joseph N'Dolo und die Treue zum Grand Docteur. In Schweizer Hilfsverein für das Albert-Schweitzer-Spital in Lambarene (Hg.), *Berichte aus Lambarene und über das Gedankengut Albert Schweitzers, 120,* Oktober 2015.

Mabika Ognandzi, Hines: *Médicaliser l'Afrique. Enjeux, processus et stratégies d'introduction de la médecine occidentale au Gabon (19iéme et 20iéme siècle).* Paris, 2017.

Mandelkow, Karl R. (Hg.): *Goethe im Urteil seiner Kritiker. Dokumente zur Wirkungsgeschichte Goethes in Deutschland, Teil IV: 1918–1982.* München, 1984.

Mandelkow, Karl R. (Hg.): *Goethe in Deutschland. Rezeptionsgeschichte eines Klassikers.* Bd. II, 1919–1982. München, 1989.

Mandler, Peter: *Return from the Natives: How Margaret Mead Won the Second World War and Lost the Cold War.* London, 2013.

Mangongo-Nzambi, André: La délimitation des frontières du Gabon (1885–1911). In *Cahiers d'études africaines*, 9(33), 1969, S. 5–53.
Mann, Erika: *Zehn Millionen Kinder. Die Erziehung im Dritten Reich*. [Amsterdam, 1938] Reinbek, 2007.
Mann, Erika: *Briefe und Antworten. Bd. 1: 1922–1950*. München, 1984.
Mann, Thomas: *Doktor Faustus. Das Leben des deutschen Tonsetzers Adrian Leverkühn erzählt von einem Freunde*. Stockholm, 1947.
Mann, Thomas: *Ansprache im Goethejahr. Gehalten am 25. Juli 1949 in der Paulskirche zu Frankfurt am Main*. Frankfurt/M., 1949.
Mann, Thomas: *Briefe, Band 3: 1889–1955*. Berlin, Weimar, 1968.
Mann, Thomas: *Tagebücher. 1953–1955*. Hrsg. v. Inge Jens. Frankfurt/M., 1995.
Mann, Thomas: Goethe und die Demokratie. In *Meine Zeit. Essays 1945–1955*. Frankfurt/M., 1997.
Mann, Thomas: *Essays. 1945–1955*. Hrsg. v. Herrmann Kurzke und Stephan Stachorski. Frankfurt/M., 1998.
Manning, Patrick: *Francophone Sub-Saharan Africa, 1880–1995*. Boston, 1998.
Marche, Alfred: Voyage au Gabon et sur le fleuve Ogooué, 1875–1877. In *Le Tour du Monde*, 1878.
Margarine-Union und Sanella-Bilder (Hg.): *Afrika. Jürgen Hansen erlebt den schwarzen Erdteil*. Hamburg, 1952.
Marshall, George N. und Poling, David: *Schweitzer: A Biography*. Baltimore, London, 2000.
Martin, Peter: *Schwarze Teufel, edle Mohren. Afrikaner in Bewusstsein und Geschichte der Deutschen*. Hamburg, 2001.
Martin, Jean: *Savorgnan de Brazza (1852–1905), une épopée aux rives du Congo*. Paris, 2005.
Marxsen, Patti M.: *Helene Schweitzer. A Life of her Own*. Syracuse, 2015.
Masson, Pierre und Claude, Jean (Hg.): *André Gide, Marc Allégret: Correspondance, 1917–1949*. Paris, 2005.
Mazrui, Ali A.: Dr. Schweitzer's Racism. Review of Out of My Life and Thought: An Autobiography by Albert Schweitzer. In *Transition*. Bloomington, 1991.
Mbokolo, Elikia: *Noirs et Blancs en Afrique équatoriale, les sociétés côtières et la pénétration française (1820–1874)*. Paris, 1981.
M'bokolo, Elikia und Rouzet, Bernard: *Le Roi Denis, la première tentative de modernisation du Gabon*. Paris, Dakar, 1976.
Mbondobari, Sylvère: Archäologie eines modernen Mythos. Albert Schweitzers Nachruhm in europäischen und afrikanischen Text- und Bildmedien. In *Beiträge zur Albert-Schweitzer-Forschung*. Frankfurt/M. u. a., 2000.
Mbondobari, Sylvère: Der Mythos Schweitzer in Deutschland. In Hans Körner (Hg.), *Mythen in der Kunst*. Würzburg, 2004.
McKnight, Gerald: *Verdict on Schweitzer, the man behind the legend of Lambaréné*. New York, 1964.
McLanahan, Samuel: *Isabella A. Nassau, of Africa*. Hrsg. v. Woman's Foreign Missionary Society of the Presbyterian Church. Philadelphia, 1900.
Meadow, Roy: Munchausen syndrome by proxy: The hinterland of child abuse. In *The Lancet*, 310(8033), 1977, S. 343–345.
Meinecke, Friedrich: *Die Deutsche Katastrophe*. Wiesbaden, 1946.
Mergner, Gottfried und Häfner, Ansgar: *Der Afrikaner im deutschen Kinder- und Jugend-*

buch. Untersuchungen zur rassistischen Stereotypenbildung im deutschen Kinder- und Jugendbuch von der Aufklärung bis zum Nationalsozialismus. Ausstellungskatalog. Oldenburg, 1985.

Merkel, Angela: Man kann eine ostdeutsche Kanzlerin nicht ausschließen. Angela Merkel im Gespräch. In *Süddeutsche Zeitung*, 15.12.2004.

Merlet, Annie: *Vers les plateaux de Masuku. 1866–1890. Histoire des peuples du bassin de l'Ogooué, de Lambaréné au Congo, au temps de Brazza et des factoreries.* Libreville, Paris, 1990.

Mertin, Andreas: Der Heidelberger Fensterstreit. Ein bürgerliches Trauerspiel in fünf Akten. In *Kirche und moderne Kunst. Eine aktuelle Dokumentation.* Königsstein, 1988.

Meyer, Lysle E.: *The Farther Frontier: Six Case Studies of Americans and Africa, 1848–1936.* Selinsgrove, 1992.

Meyer, Martin: *Nachkriegsgeschichte im Spiegel amerikanischer Romane der Besatzungszeit 1945–1955.* Tübingen, 1994.

Michailowitsch Nossik, Boris: *Albert Schweitzer.* Reihe »Humanisten der Tat. Hervorragende Ärzte im Dienste des Menschen«. Leipzig, 1991.

Minder, Patrick: *La Suisse Coloniale. Les représentations de l'Afrique et des Africains en Suisse au temps des colonies (1880–1939).* Bern u. a., 2011.

Minder, Robert: Zu Albert Schweitzers Begegnung mit Goethe. In *Universitas. Zeitschrift für Wissenschaft, Kunst und Kultur, 15*(1), 01/1960.

Minko-Nguema, Emmanuelle: L'évangélisation comme forme religieuse de la conquête politique. In Denis Pryen und François Manga Akoa (Hg.), *Colonisation et colonisés au Gabon. Études Africaines.* Paris, 2007.

Miquel, Marc von: *Ahnden oder amnestieren? Westdeutsche Justiz und Vergangenheitspolitik in den 60er Jahren.* Göttingen, 2005.

Mitscherlich, Alexander: *Medizin ohne Menschlichkeit.* Frankfurt/M., 1960.

Mitscherlich, Margarete und Mitscherlich, Alexander: *Die Unfähigkeit zu trauern. Grundlagen kollektiven Verhaltens.* München, [1967] 1977.

Monestier, Marianne: *Der große weiße Doktor.* Vorw. v. Gilbert Cesbron. Bern, 1953.

Morel, Edmund D.: *The British Case in French Congo. The Story of a Great Injustice, its Causes and Lessons.* London, 1903.

Morel, Gérard (Hg.): *Jean-Rémi Bessieux et le Gabon (1803–1876). La Fondation De L'église Catholique à travers sa Correspondance. Vol. I: 1803–1849.* Paris, 2007.

Mudimbe, Valentin Y.: *The Invention of Africa. Gnosis, Philosophy and the Order of Knowledge.* Bloomington, 1988.

Mühlstein, Verena: *Helene Schweitzer-Bresslau. Ein Leben für Lambarene.* München, 1998.

Müller, Herbert und Heinrich, Gisela: *Albert Schweitzer. Ein Bücherverzeichnis.* Dortmund, [1954] 1956, S. 3.

Munz, Walter: *Albert Schweitzer im Gedächtnis der Afrikaner und in meiner Erinnerung.* Bern, 1991.

Nassau, Robert H.: *Crowned in Palm-Land: A Story of African Mission Life.* Philadelphia, 1874.

Nassau, Robert H.: Africa. In Board of Foreign Missions (Hg.), *Historical sketches of the missions under the care of the Board of Foreign Missions of the Presbyterian Church, U.S.A.* Philadelphia, 1891, S. 7–30.

Nassau, Robert H.: *Fetichism in West Africa: Forty Years' Observation of Native Customs and Superstitions*. New York, 1904.
Nassau, Robert H.: *The Path she Trod. A Memorial to Mary Brunette (Foster) Nassau by her Husband*. Philadelphia, 1909.
Nassau, Robert H.: *Corisco Days: The First Thirty Years of the West Africa Mission*. Philadelphia, 1910.
Nassau, Robert H: *Two Women: Anyentyuwe and Ekâkise*. Hrsg. v. Henry H. Bucher. Morrisville, [1911] 2014.
Nassau, Robert H.: *Africa. An Essay*. Philadelphia, 1911a.
Nassau, Robert H.: *Tales out of School*. Philadelphia, 1911b.
Nassau, Robert H.: *In an Elephant Corral; And other Tales of West African Experiences*. New York, 1912.
Nassau, Robert H.: *My Ogowe. Being a Narrative of Daily Incidents During Sixteen Years in Equatorial West Africa*. New York, 1914a.
Nassau, Robert H.: *Bantu Sociology*. Philadelphia, 1914b.
Ndaot, Séraphin: *Le procés d'un prix nobel ou le médecin du fleuve*. Paris 1983.
Ndjavé, Pascal: *Chroniques d'Izlowé. Entre Igendja et Oronga. Entre Awuru et Agalikéwa*. Libreville, 2012.
N'Doume-Assebe, Jean: *Emane-Tole et la résistance à la conquête française dans le Moyen-Ogooué*. Paris, 1973.
Nebout, Albert: La Mission Crampel. In *Le Tour du Monde*. Paris, 1891.
Nessmann, Jean-D.: *La cassure, 1939–1945: Une famille alsacienne dans la tourmente de la Seconde Guerre mondiale*. Straßburg, 1997.
Nessmann, Jean-D.: *De la résistance au martyre 1940–1944*. Straßburg, 1998.
Nessmann, Victor: *Avec Albert Schweitzer de 1924 à 1926. Lettres de Lambaréné. Études Schweitzeriennes*. Hrsg. v. Jean-D. Nessmann. Strasbourg, 1994.
Neumann-Duesberg, Horst: Bildberichterstattung über absolute und relative Personen der Zeitgeschichte. In *Juristenzeitung*, 1960, S. 114ff.
Ney, Napoléon (Hg.): *Conferences et Lettres. P. Savorgnan de Brazza sur ses trois explorations dans l'ouest Africain 1875–1886*. Paris, 1887.
Niederstein-Teuscher, Brigitte (Hg.): *Kinder- und Jugendbriefe an Albert Schweitzer*. Bern, Stuttgart, 1988.
Nies-Berger, Edouard: *Albert Schweitzer as I Knew Him*. New York, 2003.
Nitschmann, Leo: Alle Europäer sind Patienten. Bemerkungen zu einer medizinischen Kritik an der gegenwärtigen sozialen Lage. In *Die Zeit*, 06.12.1951.
Noble, Frederic P.: *The Redemption of Africa. A story of Civilization*. Chicago, 1899.
Norden, Heinrich: *Als Urwalddoktor in Kamerun. H. Kämpfers Erlebnisse und Beobachtungen*. Elmshorn, 1933.
Norden, Heinrich: *Der Urwaldschulmeister von Kamerun*. Wuppertal, 1954.
Société des Missions Évangéliques (Hg.): *Nos Champs de Mission*. Paris, 1922.
Nutz, Maximilian: Restauration und Zukunft des Humanen. Zur Westdeutschen Goethe Rezeption 1945–1949. In Karl Richter und Jörg Schönert (Hg.), *Klassik und Moderne. Die Weimarer Klassik als historisches Ereignis und Herausforderung zum kulturgeschichtlichen Prozess*. Stuttgart, 1983, S. 457.
Oermann, Nils O.: *Albert Schweitzer. 1875–1965. Eine Biographie*. München, 2009; 3. Aufl. 2010.

Ohls, Isgard: *Improvisationen der Ehrfurcht vor allem Lebendigen – Albert Schweitzers Ästhetik der Mission.* Göttingen, 2008.
Ohls, Isgard: *Der Arzt Albert Schweitzer. Weltweit vernetzte Tropenmedizin zwischen Forschen, Heilen und Ethik.* Göttingen, 2015.
Ossietzky, Carl von: *Sämtliche Schriften.* Hrsg. v. Gerhard Kraiker et al. Reinbek, 1971.
Oswald, Susanne: *Mein Onkel Bery. Erinnerungen an Albert Schweitzer.* Zürich, 1971.
P.F. [nicht zu ermitteln]: Der Heilige unseres Jahrhunderts. Albert Schweitzer und wir – zum 80. Geburtstag. In *Frankfurter Rundschau*, 14.01.1955.
Padover, Saul: *Experiment in Germany. The Story of an American Intelligence Officer.* New York, 1946.
Padover, Saul: *Lügendetektor. Vernehmungen im besiegten Deutschland 1944/45.* Hrsg. v. Hans Magnus Enzensberger. Frankfurt/M., 1999.
Parlamentarischer Rat: *Stenographische Protokolle der Plenarsitzungen, 10. Sitzung, 08.05.1949.* Bonn, 1948/49.
Parsons, Ellen C.: *A Life for Africa. Rev. Adolphus Clemens Good.* New York, Chicago, Toronto, [1897] 1900.
Patterson, David: Early Knowledge of the Ogowe River and the American Exploration of 1854. In *The International Journal of African Historical Studies*, 5(1), 1972, S. 75–90.
Paul, Jean: Selina oder über die Unsterblichkeit der Seele. In Norbert Miller (Hg.): *Jean Paul. Sämtliche Werke, Abt. I, Bd. 6.* München, 1963.
Pearson, Susan J.: *The Rights of the Defenseless. Protecting Animals and Children in Gilded Age America.* Chicago, 2011.
Perrier, André: *Gabon, un réveil religieux, 1935–1937.* Paris, 1988.
Pfäfflin, Fritz (Hg.): *Waffen des Lichts. Worte aus den Werken von Albert Schweitzer.* Stuttgart, [1940] 1949.
Picht, Werner: *Albert Schweitzer. Wesen und Bedeutung.* Hamburg, 1960.
Pierer, Heinrich A.: *Universal-Lexikon der Gegenwart und Vergangenheit, Bd. 6.* Altenburg, 1885.
Pierhal, Jean [Robert Jungk]. *Albert Schweitzer. Das Leben eines guten Menschen.* München, 1955.
Plant, Richard: Schweitzer and Goethe. In *New York Times*, 04.04.1948, S. 6.
Pöpping, Dagmar: *Abendland. Christliche Akademiker und die Utopie der Antimoderne 1900–1945.* Berlin, 2002.
Polgar, Alfred: Eine gespenstische Erscheinung. In *Der Monat*, 3(36), 1951.
Pusztai, Gabriella: *A magyar orvosok tevékenysége Fekete-Afrikában a 20. század elejétől az 1960-as évek végéig.* Debrecen, 2008.
Printz, Othon: *Avant Schweitzer … : Les génies tutélaires de Lambaréné, Robert Nassau, Valentine Lanz, Maurice Robert.* Colmar, 2004.
Raponda-Walker, André: *Notes d'histoire du Gabon.* Montpellier, 1960.
Raulff, Ulrich: *Kreis ohne Meister. Stefan Georges Nachleben.* München, 2009.
Raymond, Jack: New German State Officially set up. Capacity Gallery Witnesses Historic Bonn Ceremony – Two Reds Refuse to sign. In *New York Times*, 24.05.1949.
Reed, Michael C.: *Gabon: A Neo Colonial Enclave of Enduring French Interest.* Cambridge, 1987.
Reemtsma, Jan P.: Generation ohne Abschied. Wolfgang Borchert – als Angebot. In *Der Vorgang des Ertaubens vor dem Urknall.* Zürich, 1995.
Rees, Theophil: *Albert Schweitzer. Ehrfurcht vor dem Leben.* Karlsruhe, 1947.

Reik, Theodor: *Der unbekannte Mörder. Psychoanalytische Studien.* Frankfurt/M., 1983.
Reiter, Frederick: *They built Utopia: The Jesuit missions in Paraguay, 1610–1768.* Madison, 1995.
Rich, Jeremy: Une Babylone Noire: Interracial Unions in Colonial Libreville, 1860–1914. In *French Colonial History, 4,* 2003.
Rich, Jeremy: Libreville. Die Stadt der Freien. In Jürg Schneider et al. (Hg.), *Fotofieber. Bilder aus West- und Zentralafrika. Die Reisen von Carl Passavant 1883–1885.* Katalog des Museum der Kulturen. Basel, 2005.
Rich, Jeremy: My Matrimonial Bureau: Masculine Concerns and Presbyterian Mission Evangelization in the Gabon Estuary, ca. 1900–1915. In *Journal of Religion in Africa, 36*(2), 2006.
Rich, Jeremy: *Missing Links. The African and American Worlds of R. L. Garner, Primate Collector.* Athens, 2012.
Richter, Hans Werner: *Sie fielen aus Gottes Hand* (1951). In Hans Wagener (Hg.), *Von Böll bis Buchheim: Deutsche Kriegsprosa nach 1945.* Amsterdam, Atlanta, 1997.
Riefenstahl, Leni: *Die Nuba von Kau.* Rheda-Wiedenbrück, 1973.
Riefenstahl, Leni: *Meine schwarzen Freunde. Memoiren.* München, 1987.
Ritzel, Fred: »Was ist aus uns geworden? – Ein Häufchen Sand am Meer ...« Emotions of post-war Germany as extracted from examples of popular music. In *Popular Music, 17*(3), 1998.
Roback, Abraham A. (Hg.): *The Albert Schweitzer Jubilee Book.* Cambridge/MA, 1945.
Ross, Andrew: Dr. Livingstone, I Presume? In *History Today, 52*(7), 2002.
Rougemont, Arthur de: *Les deux drapeaux. Conférence donnée en Suisse sur la Mission populaire évangélique de France.* Paris, 1891.
Rück, Peter (Hg.): *Erinnerung an Harry Bresslau zum 150. Geburtstag.* Marburg, 2000.
Russell, Lilian: *Meine Freunde die Affen. Mensch und Tier in Albert Schweizers [sic!] Lambarene und Anderswo.* Stuttgart, 1950.
Salomon, Ernst von: *Der Fragebogen.* Hamburg, 1951.
Sartorius, Joachim: *Staat und Kirchen im francophonen Schwarzafrika und auf Madagaskar.* München, 1973.
Sartre, Jean P.: *Die Wörter.* A. d. Franz. v. Hans Mayer. Gütersloh, 1965.
Schagen, Udo: Der Sachbuchautor als Zeithistoriker. Jürgen Thorwald korrigiert Nachkriegslegenden über Ferdinand Sauerbruch. In *Non Fiktion. Arsenal der anderen Gattungen, 6*(1/2), 2011, S. 102ff.
Schildt, Axel: *Moderne Zeiten. Freizeit, Massenmedien und ›Zeitgeist‹ in der Bundesrepublik der 50er Jahre.* Hamburg, 1995.
Schildt, Axel: *Zwischen Abendland und Amerika. Studien zur westdeutschen Ideenlandschaft der 50er Jahre.* München, 1999.
Schildt, Axel: *Annäherungen an die Westdeutschen. Sozial- und kulturgeschichtliche Perspektiven auf die Bundesrepublik.* Göttingen, 2011.
Schildt, Axel und Siegfried, Detlef: *Deutsche Kulturgeschichte. Die Bundesrepublik von 1945 bis zur Gegenwart.* München, 2009.
Schildt, Axel und Sywottek, Arnold (Hg.): *Modernisierung im Wiederaufbau. Die westdeutsche Gesellschaft der 1950er Jahre.* Bonn, 1993.
Schlipköter, Wilhelm (Hg.): *Unter den Negern Äquatorialafrikas. Auszüge aus den Werken von Professor Dr. theol. Dr. phil. Dr. med. Albert Schweitzer.* Bielefeld, Leipzig, ca. 1940.

Schmidlin, Antonia: Rösli Näf (1911–1996). In Helena Kanyar Becker (Hg.), *Vergessene Frauen. Humanitäre Kinderhilfe und offizielle Flüchtlingspolitik 1917–1948.* Basel, 2010.

Schmied, Luise M.: *An den Ufern des Ogowe.* Berlin, 1956.

Schneider, Jürg: The Topography of the Early History of African Photography. In *History of Photography, 34*(2), 2010.

Schorlemmer, Friedrich: *Albert Schweitzer. Genie der Menschlichkeit.* Berlin, 2009.

Schramm, Percy E. (Hg.): *Kriegstagebuch des Oberkommandos der Wehrmacht. Wehrmachtführungsstab. Bd. I: 01.08.1940–31.12.1941.* Frankfurt/M., 1965.

Schreiter, Johannes: *Brandcollagen, Zeichnungen, Heidelberger Fensterentwürfe.* Katalog des Hessisches Landesmuseum Darmstadt. Darmstadt, 1987.

Schrenck-Notzing, Caspar von: *Charakterwäsche. Die amerikanische Besatzung in Deutschland und ihre Folgen.* Stuttgart, 1965.

Schütz, Roland: *Anekdoten um Albert Schweitzer.* München, Esslingen, 1966.

Schulze, Winfried: *Deutsche Geschichtswissenschaft nach 1945.* München, 1989.

Schulze, Winfried und Defrance, Corine: *Die Gründung des Instituts für Europäische Geschichte Mainz.* Mainz, 1992.

Schwarz, Erhard: *Albert Einstein – Albert Schweitzer. Ihr Briefwechsel, ediert und kommentiert.* Frankfurt/M., 1998.

Schweitzer, Albert: *Die Religionsphilosophie Kants von der Kritik der reinen Vernunft bis zur Religion innerhalb der Grenzen der bloßen Vernunft.* Tübingen, 1899.

Schweitzer, Albert: *Das Messianitäts- und Leidensgeheimnis.* Tübingen, 1901.

Schweitzer, Albert: *Johann Sebastian Bach. Le musicien poète.* Paris, 1905; [dt.: Leipzig, 1908].

Schweitzer, Albert: *Von Reimarus zu Wrede. Geschichte der Leben-Jesu-Forschung.* Tübingen, 1906.

Schweitzer, Albert: *Geschichte der paulininischen Forschung von der Reformation auf die Gegenwart.* Tübingen, 1911.

Schweitzer, Albert: *Die psychiatrische Beurteilung Jesu. Darstellung und Kritik.* Tübingen, 1913 (*The Psychiatric Study of Jesus.* Übers. v. Charles R. Joy. Boston, 1948).

Schweitzer, Albert: *Zwischen Wasser und Urwald. Erlebnisse und Beobachtungen eines Arztes im Urwalde Äquatorialafrikas.* Bern, [1921] 1926; München, 1990.

Schweitzer, Albert: *Aus meiner Kindheit und Jugendzeit.* München, [1924] 8. Aufl. 1988.

Schweitzer, Albert: *Mitteilungen aus Lambarene 1924–1927. 3 Hefte.* Bern, 1925; Straßburg, 1926/28, München, 1928.

Schweitzer, Albert: *Die Mystik des Apostel Paulus.* Tübingen, 1930.

Schweitzer, Albert: *Kritik der von medizinischer Seite veröffentlichten Pathographien über Jesus.* Tübingen, [1913] 1933.

Schweitzer, Albert: *Die Weltanschauung der indischen Denker.* München, 1935.

Schweitzer, Albert: *Afrikanische Geschichten.* Leipzig, 1938; Hamburg, 1950.

Schweitzer, Albert: »Prof. Dr. Albert Schweitzer, Strasbourg, Afrikanisches Tagebuch 1939–1945«. In *Universitas. Zeitschrift für Wissenschaft, Kunst und Literatur, 1*(8), 1946, S. 929.

Schweitzer, Albert: *Das Spital im Urwald.* Fotografien v. Anna Wildikann. In der Reihe »Das offene Fenster«. Hrsg. v. Walter Laedrach. Bern, Tübingen, 1948.

Schweitzer, Albert: *Das Christentum und die Weltreligionen.* München, [1923] 1949.

Schweitzer, Albert: *Goethe. Drei Reden von Albert Schweitzer.* München, 1949.

Schweitzer, Albert: *Goethe. His Personality and his Work.* Lecture in German. Aspen, Colorado, July 1949. Translation: Thornton Wilder. Introduction: Giuseppe A. Borgese. Winchester Records [Schallplatte], 1949.
Schweitzer, Albert: *Goethe. Vier Reden.* München, 1950.
Schweitzer, Albert: *A l'orée de la forêt vierge.* Paris, 1951.
Schweitzer, Albert: *Verfall und Wiederaufbau der Kultur. Olaus Petri Vorlesungen an der Universität Uppsala.* München, [1923] 1948, 1951.
Schweitzer, Albert: *Aus meinem Leben und Denken.* [Leipzig, 1931] Frankfurt/M., 1952, 1980.
Schweitzer, Albert: *Das Problem des Friedens in der heutigen Welt. Rede bei der Entgegennahme des Nobel-Friedenspreises in Oslo am 4.11.1954.* München, 1955a.
Schweitzer, Albert: *Briefe aus Lambarene 1924–1927.* München, 1955b.
Schweitzer, Albert: *Ojembo, der Urwaldschulmeister. Charakter der Schwarzen.* In *Afrikanische [Jagd]Geschichten.* Hamburg, [1938] 1955.
Schweitzer, Albert: *Friede oder Atomtod. Texte der drei Appelle Albert Schweitzers über Radio Oslo am 28., 29. und 30. April 1958.* München, 1958a.
Schweitzer, Albert: *Warnung vor Atom-Weltgefahr. Rundfunkansprache an die Welt.* Verlegt vom Deutschen Gewerkschaftsbund. Düsseldorf, 1958b.
Schweitzer, Albert: *Out of my life and thought. An Autobiography.* Trans. by C. T. Campion, Epilogue by Everett Skillings. New York, 1958c.
Schweitzer, Albert: *Selbstzeugnisse,* München, 1959.
Schweitzer, Albert: *Glauben. Lieben. Handeln.* Stuttgart, ca. 1959 (o. J.).
Schweitzer, Albert: *Menschlichkeit und Friede.* In *Friedenspreis des Deutschen Buchhandels. Reden und Würdigungen 1951–1960.* Frankfurt/M., 1961.
Schweitzer, Albert: *Mein Wort an die Menschen.* Schallplatte aus der Reihe »Stimmen zu unserer Zeit«. Produziert von Christoph Staewen, Frankfurt/M., 1964.
Schweitzer, Albert: Die Entstehung der Lehre der Ehrfurcht vor dem Leben und ihre Bedeutung für unsere Kultur. In Hans W. Bähr (Hg.), *Die Ehrfurcht vor dem Leben. Grundtexte aus fünf Jahrzehnten.* München, [1966] 2003.
Schweitzer, Albert: *Gesammelte Werke in fünf Bänden.* Hrsg. v. Rudolf Grabs. Berlin, 1969.
Schweitzer, Albert: *Zwischen Wasser und Urwald.* In *Ausgewählte Werke in 5 Bde. Bd. 1.* Berlin, 1971a.
Schweitzer, Albert: *Aus meinem Leben und Denken.* In *Ausgewählte Werke in 5 Bde. Bd. 1.* Berlin, 1971b.
Schweitzer, Albert: *Briefe aus Lambarene. 1924–1927.* In *Ausgewählte Werke in 5 Bde. Bd. 1.* Berlin, 1971c.
Schweitzer, Albert: *Die Ethik der Ehrfurcht vor dem Leben.* In *Ausgewählte Werke in 5 Bde. Bd. 2.* Berlin, 1971d.
Schweitzer, Albert: *Afrikanisches Tagebuch 1939–1945.* In *Ausgewählte Werke in 5 Bde. Bd. 5.* Berlin, 1971e.
Schweitzer, Albert: *Appell an die Menschheit.* In *Ausgewählte Werke in 5 Bde. Bd. 5.* Berlin, 1971f.
Schweitzer, Albert: *Aus meinem Leben und Denken.* [Leipzig, 1931]; Frankfurt/M., [1952] 1980.
Schweitzer, Albert: Erinnerungen an Cosima und Siegfried Wagner. In Stefan Hanheide (Hg.), *Aufsätze zur Musik.* Kassel, 1988.

Schweitzer, Albert: *Oyembo, the Forest-Schoolmaster. African Character.* In Lachlan Forrow und Charles E. Russell (Hg.), *African Notebook.* New York, 2002.
Schweitzer, Albert: *Wir Epigonen. Kultur und Kulturstaat. Texte aus dem Nachlass.* Hrsg. v. Ulrich Körtner und Johann Zürcher. München, 2005.
Schweitzer, Albert: *Werke aus dem Nachlass. Theologischer und philosophischer Briefwechsel 1900–1965.* Hrsg. v. Werner Zager et al. München, 2006.
Schweitzer, Albert: *Kulturphilosophie 1: Verfall und Wiederaufbau der Kultur. Kultur und Ethik.* Neuaufl., München, 2007.
Schweitzer, Albert und Buri, Fritz: *Existenzialphilosophie und Christentum. Briefe 1935–1964.* Hrsg. v. Urs Sommer. München, 2000.
Schweitzer, Albert und Wildikann, Anna (Fotografien): *Ein Pelikan erzählt aus seinem Leben.* Hamburg, 1950.
Schweitzer-Miller, Rhena und Woytt, Gustav: *Albert Schweitzer, Helene Bresslau. Die Jahre vor Lambarene. Briefe 1902–1912.* München, 1992.
Schwelling, Birgit: Wie wurden aus Volksgenossen Staatsbürger? Der Wandel von Einstellungen und Mentalitäten nach dem Übergang vom Nationalsozialismus zur Bundesrepublik. In Wolfgang Bergem: *Die NS-Diktatur im deutschen Erinnerungsdiskurs.* Opladen, 2003.
Seaver, George: *Albert Schweitzer als Mensch und Denker.* Göttingen, 1949 [engl.: *Albert Schweitzer. The Man and his Mind.* London, 1947].
Sebald, Winfried G.: *Unheimliche Heimat. Essays zur österreichischen Literatur.* Salzburg, 1991.
Sebald, Winfried G.: *Luftkrieg und Literatur.* München, 1999.
Sergeant, Winthrop: Albert Schweitzer. In *Life-Magazine,* 25.07.1949, S. 75ff.
Sewig, Claudia: *Bernhard Grzimek. Der Mann, der die Tiere liebte.* Bergisch Gladbach, 2009.
Siefert, Jeanette: *Meine Arbeitsjahre in Lambarene 1933–1935. Erinnerungen an Albert Schweitzer und sein Spital in Lambarene.* Hrsg. v. Manfred Hänisch. Tübingen, 1986.
Simenon, Georges: *Le Coup de lune.* Paris, 1933.
Simmel, Ernst (Hg.): *Anti-Semitism. A Social Disease.* New York, 1946.
Skriptor, Magnus: *Memoiren eines mittelmäßigen Lehrers.* Hrsg. v. Dietfried Sackser. Hamburg, 2008.
Slivkin, Ella und Yuniverg, Leonid (Hg.): *Anna Wildikann and Albert Schweitzer.* Jerusalem, 2009.
Smith, Alfred A. [Trader Horn]: *Abenteuer an der Elfenbeinküste.* Leipzig, ca. 1928.
Sperling, Robert H: Ein Patient aus Lambarene. Bericht über Albert Schweitzer. In *Westdeutsche Allgemeine Zeitung,* 31.12.1948.
Société des Missions Évangéliques (Hg.): *Nos Champs de Mission.* Paris, 3. Aufl. 1922.
Steffahn, Harald: *Du aber folge mir nach. Albert Schweitzers Werk und Wirkung.* Bern, Stuttgart, 1974.
Steffahn, Harald: *Albert Schweitzer in Selbstzeugnissen und Bilddokumenten.* Reinbek, [1979] 1990.
Steffahn, Harald: Albert Schweitzer als Schriftsteller. In *Mein Leben ist mir ein Rätsel. Begegnungen mit Albert Schweitzer.* Neukirchen-Vluyn, 2005.
Steiger, Sebastian: *Die Kinder von Schloss La Hille.* Basel, 1992.
Steinberg, Sigfrid (Hg.): *Die Geschichtswissenschaft der Gegenwart in Selbstdarstellungen, Bd. 2.* Leipzig, 1926.
Steinem, Theo: *Ekia Lilanga und die Menschenfresser.* Zürich, 1936.

Stoevesandt, Klaus: *Der Doktor Rieux des Albert Camus. Eine Nachsuche möglicher Vorbilder.* Bonn, Siegburg, 2016.
Stresemann, Wolfgang: Prof. Schweitzer stellt sich der Presse. In *New Yorker Staats-Zeitung und Herold*, 07.07.1949.
Suermann, Thomas: *Albert Schweitzer als homo politicus. Eine biographische Studie zum politischen Denken und Handeln des Friedensnobelpreisträgers.* Berlin, 2012.
Susset, Raymond: *La Vérité sur le Cameroun et l'Afrique Équatoriale Française.* Paris, 1934.
Tau, Max: *Albert Schweitzer und der Friede.* Hamburg, 1955.
Taylor, Telford: *Die Nürnberger Prozesse. Hintergründe, Analysen und Erkenntnisse aus heutiger Sicht.* München, 1995.
Teeuwissen, Raymond: *Robert Hamill Nassau, 1835–1921. Presbyterian Pioneer Missionary to Equatorial Africa.* Unpubl. Dis. am Louisville Presbyterian Theological Seminary. Louisville, 1973.
Teufel, Wilhelm: *Der Urwalddoktor.* Heft 340 der Reihe »Immergrün«. Stuttgart, ca. 1933.
Thomas, Norman: Goethe and Democracy. And a Tribute to Dr. Schweitzer. In *Denver Post*, 03.07.1949.
Torma, Franziska: *Eine Naturschutzkampagne in der Ära Adenauer. Bernhard Grzimeks Afrikafilme in den Medien der 50er Jahre.* München, 2004.
Tornezy, Odette: Les travaux et les jours de la mission Sainte-Marie du Gabon (1845–1880). Agriculture et modernisation. In *Revue française d'histoire d'outre-mer, LXXI*, (264–265), 1984, S. 147–190.
Treitschke, Heinrich von: Unsere Aussichten. In *Preußische Jahrbücher, 44*(5), 11/1879, S. 559–576.
Trilles, Henri: *Chez les Fang, ou Quinze années de séjour au Congo français.* Lille, 1912.
Unesco: *Goethe, Hommage de l'Unesco pour le deuxième centenaire de sa naissance.* Winterthur u. a., 1949.
US Department of State (Hg.), *Germany. The Story in Documents, 1947–1949.* Washington D. C., 1950.
Ustorf, Anne-E.: *Wir Kinder der Nachkriegskinder. Die Generation im Schatten des Zweiten Weltkriegs.* Freiburg, 2008.
Vansina, Jan: *Paths in the Rainforests. Toward a History of Political Tradition in Equatorial Africa.* Madison, 1990.
Vaughan, Megan: *Curing their Ills. Colonial Power and African Illness.* Stanford, 1991.
Vazquez, Jean M.: *La cartographie missionnaire. Science, religion et conquête (1870–1930).* Paris, 2012.
Vesper-Triangel, Bernward und Ensslin, Gudrun: *Gegen den Tod. Stimmen deutscher Schriftsteller gegen die Atombombe.* Vorw. v. Günter Anders. Stuttgart-Cannstatt, 1964.
Vienot, John (Hg.): Revue Chrétienne. *Recueil Mensuel, 60*(1/IV), Januar–Dezember 1914.
Volkan, Vamik D.: Großgruppenidentität und auserwähltes Trauma. In *Psyche, 54*, 2000, S. 9f.
Waldstein, Mella: Adolf Hitler, vervielfältigt. Die Massenproduktion der Führerbildnisse. In *Ausstellungskatalog Kunst und Diktatur.* Wien, 1994.
Weber, Gustav: *Kulturschulung. Ein Programm zur Hebung der Eingeborenen.* Berlin, 1919.
Weinstein, Brian: *Éboué.* Oxford, 1971.
Weizsäcker, Richard von: Interview für das Albert-Schweitzer-Zentrum mit Tomaso Carnetto am 30.05.2000 in Berlin. In *Mitteilungen des Albert Schweitzer Zentrums*, 2000.

Welzbacher, Christian: Keine Konzessionen an den schlechten Geschmack. Wie sich die Kulturnation inszeniert: *Goethe lebt ...!* Ein wiederentdeckter staatlicher Jubiläumsfilm aus dem Goethe-Gedenkjahr 1932. In *Süddeutsche Zeitung,* 28.08.2007, S. 14.

Welzer, Harald und Moller, Sabine und Tschuggnall, Karoline: *Opa war kein Nazi. Nationalsozialismus und Holocaust im Familiengedächtnis.* Frankfurt/M., 2002.

West, Richard: *Brazza of the Congo. European Exploration and Exploitation in French Equatorial Africa.* London, 1972.

White, Dorothy S.: *Black Africa and De Gaulle: From the French Empire to Independence.* Philadelphia, 1979.

Wiechert, Ernst: *Das einfache Leben.* München, 1939.

Wiechert, Ernst: Rede an die deutsche Jugend. 11.11.1945 im Münchner Schauspielhaus. In Rudolf Schneider-Schelde (Hg.), *Europäische Dokumente 1.* München, 1945.

Wiegler, Paul: *Johann Wolfgang Goethe.* Berlin (Ost), 1946.

Wilke, Gerhard: Tätersymptome der zweiten Generation in Gruppen. In *psychosozial, 34*(I), 2011, 27–39.

Willmer, Herbert: Kleine Mulatten mit weißen Seelen. Erste Mischlingskinderschule in der Bundesrepublik. In *Die Heimat am Mittag,* 03.01.1955.

Wilson, Samuel: George Paull of Benita, West Africa. A Memoir. Philadelphia, o. J. [ca. 1870].

Winkler, Johan W.: *Naar het land van Brazza en Albert Schweitzer.* Den Haag, 1951.

Winnicott, Donald W.: Transitional Objects and Transitional Phenomena. A study of the first not-me Possession. In *International Journal of Psycho-Analysis, 34,* 1953, S. 89–97.

Wirth, Hans-Jürgen: Alexander Mitscherlichs *Die Unfähigkeit zu trauern* als psychoanalytische Zeitdiagnose oder als sozialtherapeutische Intervention? In *psychosozial, 32*(IV), 2010, S. 45ff.

Wittner, Lawrence: Blacklisting Schweitzer. *Bulletin of the Atomic Scientists, 51,* 1995.

Wolfram, Aurel: *Albert Schweitzer Und die Krise des Abendlandes.* Heft 1 der Reihe »Führer zur Menschlichkeit«. Hrsg. v. Josef Rauscher. Wien, 1947.

Wouro, Sanhan K.: *Das Afrikabild Albert Schweitzers.* Saarbrücken, 1980.

Woytt-Secretan, Marie: *Albert Schweitzer. Der Urwalddoktor von Lambarene.* Straßburg, 1947; München, [1949] 1953.

Woytt-Secretan, Marie: *Albert Schweitzer baut Lambarene.* Königstein/T., [1957] 1961.

Zager, Werner: *Albert Schweitzer als liberaler Theologe. Studien zu einem theologischen und philosophischen Denker.* Münster, 2009.

Zahn, Susanne: Schlüsselkinder. In Doris Foitzik (Hg.), Vom Trümmerkind zum Teenager. Kindheit und Jugend in der Nachkriegszeit. Bremen, 1992.

Zintgraff, Eugen: *Nord-Kamerun. Schilderung der im Auftrage des Auswärtigen Amtes zur Erschließung des nördlichen Hinterlandes von Kamerun während der Jahre 1886–1892 unternommenen Reisen.* Berlin, 1895.

Zintl, Martin: *Menschenfreund in Lambarene. Ein Lebensbild des Urwaldarztes Dr. Albert Schweitzer.* München, 1950.

Zorn, Jean-F.: Le Christianisme social dans la mission protestante. In Jean Pirotte (Hg.), *Les conditions matérielles de la mission. Contraintes, dépassements et imaginaires XVIIe–XXe siècles.* Paris, 2005.

Zorn, Jean-F.: *Le grand siècle d'une mission protestante. La Mission de Paris, 1822–1914.* Paris, [1993] 2012.
Zumthurm, Tizian: *Practicing Biomedicine at the Albert Schweitzer Hospital 1913–1965. Ideas and Improvisations.* Leiden, 2020.
Zweig, Stefan: Unvergeßliches Erlebnis. Ein Tag mit Albert Schweitzer. In *Universitas,* 15(1), 1960, S. 82.
Zweig, Stefan, Feschotte, Jacques und Grabs, Rudolf: *Albert Schweitzer. Genie der Menschlichkeit.* Frankfurt/M., Hamburg, 1955.

Archive

Archiv des Département Evangelique Français d'Action Apostolique (DEFAP), Paris.
Archives Centrales Albert Schweitzer, Gunsbach, Frankreich.
Archiv des Deutschen Albert-Schweitzer-Zentrums, Frankfurt/M.
Archiv des Vereinsregisters Wermelskirchen [inzwischen aufgelöst, Bestände gelöscht].
Bundesarchiv Berlin-Lichterfelde [Bestände bis 1945].
Deutsches Expeditionsarchiv, Arnstadt [inzwischen Deutsche Archiv Stiftung].
Syracuse University, New York, Special Collections Unit. The Schweitzer Papers.

Abbildungen

Prolog: Abb. 1: US Signal-Corps, Bavaria/Germany [im Amerikahaus München bis 1997, heutiger Aufenthaltsort nicht zu ermitteln]; Abb. 2: Foto Bestand Erna Wagner Hehmke, Haus der Geschichte/Bonn, EB1987/2/010.09; Abb. 3: Aspen Historical Society/Ringquist Collection; Abb. 4: Digital. cf | **Einleitung:** Abb. 1: Verlag S. Lux, Digital. cf; Abb. 2: *Der Spiegel*, Digital. cf | **Kap. 1:** Abb. 1: Aspen Historical Society/Hofmann Collection, 1949; Abb. 2: Foto Sam Zebba/Tel Aviv; Abb. 3: Denver Public Library, https://commons.wikimedia.org/wiki/File:Aspen,_Colo.,_no._4_-_DPLA_-_15857dd13c9975a58f6528493431b275.jpg (22.11.22); Abb. 4: Daniel Case, https://commons.wikimedia.org/wiki/File:Downtown_Aspen,_CO,_with_view_to_ski_slopes.jpg (22.11.22) | **Kap. 2:** Abb. 1: Digital. cf | **Kap. 4.1:** Abb. 1, 4, 8, 9: Verlag C. H. Beck, Digital. cf; Abb. 2: BArch, R2/20736; Abb. 3: Verlag Meiner, Digital. cf; Abb. 5: Verlag Langewiesche, Digital. cf; Abb. 6: Verlag P. Haupt, Digital. cf; Abb. 7: Foto Anna Wildikann, Verlag P. Haupt, Digital. cf; Abb. 10: Foto Willi Fix, LBZ/Pfälzische Landesbibliothek Speyer, Autogr. 1033 | **Kap. 4.2:** Abb. 1: Haus der Geschichte/Bonn; Abb. 2: picture-alliance dpa/Koll, Bildnr. 2333697; Abb. 3, 4: Verlag Meiner, Digital. cf; Abb. 5, 6: Verlag Broschek, Digital. cf; Abb. 7: Verlag Penguin, Digital. cf; Abb. 8: Foto cf; Abb. 9, 10: Verlag Burda Senator, Digital. cf Abb. 11: Verlagsgesellschaften Franke & Co.KG, Digital. cf; Abb. 12, 13: Verlag Langewiesche, Digital. cf; | **Kap. 4.3:** Abb. 1: Verlag Union, Digital. cf; Abb. 2: Museo Che Guevara, La Habana/Cuba, https://commons.wikimedia.org/wiki/File:CheInCongo1965.jpg (26.8.22) | **Kap. 4.4:** Abb. 1: *Westfalenpost*, Digital. cf, Abb. 2: *Die Heimat am Mittag* und Verlag P. A. Santz, Digital. cf; Abb. 3: Newberry Library/Chicago | **Kap. 5.1:** Abb. 1: Verlag Burda Senator, Digital. cf; Abb. 2, 3, 5: Archives centrales Albert Schweitzer, Gunsbach/Elsass, Digital. cf; Abb. 4: Foto Albert-Schweitzer-Schule/Hamburg; Abb. 6: Privatarchiv, Digital. cf | **Kap. 5.2:** Abb. 1: Verlag Velhagen und Klasing, Digital. cf; Abb. 2: Foto Anna Wildikann, Verlag Meiner, Digital. cf; Abb. 3: Sanella-Bilder/Margarine-Union AG, Digital. cf; Abb. 4: Verlag T. Oppermann, Digital. cf; Abb. 5: Verlag Ensslin und Laiblin, Digital. cf; Abb. 6, 7: Verlag W. Fischer, Digital. cf; Abb. 8: Verlag A. Holz, Digital. cf; Abb. 9: Verlag Kindler, Digital. cf; | **Kap. 5.3:** Abb. 1: Verlag Gebr. Bramstedt, Digital. cf; Abb. 2: DEFAP, GA.PP.065-03395; Abb. 3: http://awanawintche.com/_myene/onero/oyembo.html (22.9.2011); Abb. 4: http://www.mandji.net/oyembo.shtml (2.9.2011) | **Kap. 6.1:** Abb. 1, 2, 4, 9, 15, 17: Sammlung Teeuwissen; Abb. 3: Board of Foreign Missions Philadelphia, Digital. cf; Abb. 5: Nachlass Germaine Krull, Folkwang Museum/Essen, FR ANOM 30Fi69/63; Abb. 6: nach M. Ponel, Digital. cf; Abb. 7: anonym, Digital. cf; Abb. 8, 12: *Tour du Monde*, Digital. cf; Abb. 10: *Allgemeine Illustrierte Zeitung*, Digital. cf; Abb. 11: Emile Bayard, Digital. cf; Abb. 13: Foto cf; Abb. 14: Verlag Neale, Digital. cf; Abb. 15: Verlag Women's Foreign Missionary Society of the Presbyterian Church, Digital. cf; Abb. 16: DEFAP, GA.PP.065-03366; Abb. 18: https://commons.wikimedia.org/wiki/File:Anyentyuwe.jpg (26.8.22); Abb. 19: Collection S. H. O.-G. P.; Abb. 20: Foto Élie Allégret, DEFAP, FHK.P.061-02606 | **Kap. 6.2:** Abb. 1: *Nos Champs de Mission*, Digital. cf; Abb. 2: Foto Élie Allégret, DEFAP, GA.PP.063-02937; Abb. 3: Foto Pierre Favre; Abb. 4, 5: Verlag Berger-Levrault, Digital. cf; Abb. 6: DEFAP, FHK.P.061-02466; Abb. 7: Foto Élie Allégret, DEFAP, GA.PP.063-02876; Abb. 8: DEFAP, GA.PP.065-03368; Abb. 9: DEFAP, GA.PP.063-02882; Abb. 10: DEFAP, GA.PP.063-03046; Abb. 11, 25: Sammlung Teeuwissen; Abb. 12: DEFAP, GA.PP.065-03385; Abb. 13: DEFAP, FHK.P.061-02533; Abb. 14: DEFAP, FHK.P.061-02440; Abb. 15: DEFAP, GA.PP.065-03385; Abb. 16: DEFAP, GA.PP.065-03385; Abb. 17: DEFAP, GA.PP.063-02928; Abb. 18: DEFAP, GA.PP.063-02895; Abb. 19: Verlag SMEP, Digital. cf; Abb. 20: Verlag Je Sers, Digital. cf; Abb. 21: Foto Pierre Favre; Abb. 22: DEFAP, GA.PP.063-02932; Abb. 23: DEFAP, GA.PP.065-03464; Abb. 24: Foto Élie Allégret, DEFAP, GA.PP.063-02897; Abb. 26: DEFAP, FHK.P.061-02514; Abb. 27, 29, 34: Sammlung Favre; Abb. 28: SMEP; Abb. 30: Foto cf; Abb. 31: Digital. cf; Abb. 32: Foto Élie Allégret. DEFAP, GA.PP.065-03407; Abb. 33: DEFAP, FHK.P.061-02488; Abb. 35: Foto Jean Keller, DEFAP, GA.PP.066-03615; Abb. 36: Foto George Meyer, DEFAP, GA.PP.066-03580 | **Kap. 7.1:** Abb. 1: DEFAP, GA.PP.062-02832 | **Kap. 7.2:** Abb. 1: Foto Anna Wildikann, mit freundlicher Genehmigung von Channa Eidelmann/Tel Aviv; Abb. 2: https://commons.wikimedia.org/wiki/Category:Victor_Nessmann (12.12.2018); Abb. 3: Archiv Princeton Library; Abb. 4: Nachlass Ladislas Goldschmid, freundliche Genehmigung Guillaume Goldschmid; Abb. 5: Foto Roland Böhlen, Archiv des Schweizerischen Roten Kreuzes; Abb. 6: Foto Jean Philippe Le Forestier, http://blogue-ton-ecole.ac-dijon.fr/matricule35494/2016/11/03/portrait-roger-le-forestier-linjustice-parmi-les-nations-arthur-dore-fruchard (16.8.17) [Urhebervermerk Caroline Moorhead falsch, Rechteinhaber unbekannt]; Abb. 7, 12, 13: Digital. cf; Abb. 8: DEFAP, CM.P.108-08815; Abb. 9, 10: Mit freundlicher Genehmigung von Channa Eidelmann/Tel Aviv; Abb. 11: *National Jewish Post*, USA, Digital. cf Abb. 14: https://commons.wikimedia.org/wiki/File:De_Gaulle_Brazzaville_1944.jpg (26.8.22) | **Kap. 7.3:** Abb. 1, 3–5: Foto cf; Abb. 2: *Bunte*, Digital. cf | **Kap. 8:** Abb. 1: W. Fischer, Digital. cf; Abb. 2: Graphische Gesellschaft Grunewald GmbH, Digit., cf | **Epilog:** Abb. 1, 2: Verlag Ueberreuter, Digital. cf

Salvatorische Klausel: Trotz umfangreicher Bemühungen konnten nicht alle Inhaber von Bildrechten ermittelt werden. Sie sind freundlich gebeten, die Verfasserin zu benachrichtigen.

Anhang

Dank

Diese Arbeit wäre nicht möglich gewesen ohne die langjährige Ermutigung und Unterstützung durch Prof. Thomas Hengartner †, Universität Zürich, und Prof. Axel Schildt †, Universität Hamburg. Beide können die Publikation leider nicht mehr miterleben. Ihnen werde ich immer zutiefst dankbar sein. Mein großer Dank gehört auch Harm Peer Zimmermann und Ingrid Tomkowiak, Universität Zürich, die die Betreuung meiner Arbeit und das Kolloquium im November 2018 in Zürich übernahmen, ebenso wie Brigitte Frizzoni, Universität Zürich, für Rat, Umsicht und Organisation. Herzlich danke ich ebenso allen Teilnehmenden der Doktorierenden-Retraite des ISEK der Universität Zürich im Mai 2018 für ihre Hinweise, ihre Fragen und ihr Interesse.

Großer Dank gilt den Archiven und Sammlungen: Die Special Collections Library der Syracuse University, New York, die Archives Centrales Albert Schweitzer in Günsbach, das Archiv des Département Évangélique Français d'Action Apostolique (DEFAP) in Paris, hier insbesondere Claire-Lise Lombard, sowie der Aspen Historical Society in Aspen, Colorado. Die Mitarbeiterinnen und Mitarbeiter dieser Sammlungen und Archive waren überwältigend hilfsbereit und kundig. Besonders gedankt sei Elfriede Bomze-Bamberger † vom Albert-Schweitzer Archiv in Frankfurt am Main, Gregor Pickro vom Bundesarchiv für Assistenz bei Recherchen in den Findbüchern, sowie Michael Patenge, Arnstadt, der freundlicherweise Dokumente aus dem Deutschen Expeditionsarchiv zugänglich machte. Benjamin Ochse danke ich für wertvolle Hilfe beim Sichten und Auswählen des Bildmaterials.

Herzlich danken möchte ich allen, die 1993 in Lambaréné, Gabun, bei der Feldforschung halfen, vor allem Jean René Bigouaou, Philomène Egazo †, Zacharie Mabinda, Lucien Matsundé, Leonard Mbaididje, Albert Mbyé, Symphorien M., Bruno Messan, Sophie Mipimbou und vor allem Joseph N'Dolo † mit seinem hervorragenden Gedächtnis und klugen Humor. Herzlicher Dank für Materialien, Fotografien und Hinweise richtet sich ebenso an Pascal Ndjavé in Libreville, Gabun. Pierre Favre, Neuchâtel, dessen Großeltern als protestantische Missionare in Gabun waren, übersandte Fotografien aus deren Nachlass sowie seine exzellente historische Studie zu den Missionsstationen am Ogowe. John Cinnamon, Oxford, Ohio, anthropologischer Experte für die Missionsgeschichte von Gabun und Kamerun, korrespondierte interessiert und unterstützend mit mir über das Forschungsprojekt, ebenso wie der Afrikahistoriker und Soziologe Henry Hale Bucher Jr., Austin, Texas, und beiden danke ich sehr. Sam Zebba †, Tel-Aviv, teilte seine Erinnerungen an die Ärztin Anna Wildikann, die in Lambaréné wirkte. Channa Eidelman, Tel-Aviv, danke ich für die Fotografien von Anna Wildikann, die Leonid Yuniverg, Jerusalem übersandte. Besonderer Dank gilt ebenso Guillaume Goldschmid, Zürich, für die Gespräche über seinen Vater Ladislas Goldschmid, der während des Zweiten Weltkriegs und insgesamt zwölf Jahre als Arzt in Lambaréné wirkte. Jack Fenner, Colorado Springs, USA, machte großzügig seine Sammlung von Zeitungsausschnitten zu Albert Schweitzers Besuch 1949 in Aspen, Colorado, zugänglich. Florian Steiner, Tarmstedt, war in jüngerer Zeit als Tropenarzt in Lambaréné und teilte Erfahrungen und Gedanken mit, wofür ich ihm dankbar bin.

Danken möchte ich dem Ethnologen Richard Bielefeldt †, Hamburg, der während früher Stadien der Forschung half, meinen Horizont zu erweitern, zentrale Literaturhinweise gab und mich als erfahrener Feldforscher auf die Reise nach Gabun, vorbereitete. Ebenso danke ich Kenneth Oheneba Sampson Duodu †, Hamburg, für wertvolle Hinweise. Dank gilt außerdem Elfriede Bomze-Bamberger †, Frankfurt/M., ebenso Michael Cahn, Pacific Palisades, Dirk Fabricius, Berlin, Heidrun Friese, Genua, Sabine Froschmaier, Berlin, Uta Gerhardt, Berlin, Rebekka Habermas, Göttingen, Helmut Kindler †, Zürich, Gerd Leipold, Rot an der Rot, Petra Lidschreiber, Berlin, Wolfgang Mecklenburg, Berlin, András Riedlmayer, Cambridge, Massachusetts, Anja Tippner, Hamburg, Nicole Warmbold, Berlin, Dorothee Wenner, Berlin, und Friedrich Veitl, Berlin. Seminare von Karl Robert Mandelkow † in Hamburg lenkten die Aufmerksamkeit auf inspirierende Weise auf die Rezeption Goethes.

Der Studienstiftung des Deutschen Volkes möchte ich danken für die großzügige Unterstützung, die den Beginn der langjährigen, später berufsbegleitenden, Forschungsarbeit möglich machte. Entstanden ist diese Arbeit über einen langen Zeitraum hinweg. Begonnen hatte die Forschung noch vor den vieles erleichternden Bedingungen der Digitalisierung, fortgesetzt wurde sie unter anderem während Unterbrechungen meiner beruflichen Tätigkeit. Dafür, dass entsprechende Sabbaticals ermöglicht wurden, danke ich der damaligen Chefredaktion des *Tagesspiegels* in Berlin, Stephan-Andreas Casdorff und Lorenz Maroldt.

Mein Dank gilt darüber hinaus vielen Kolleginnen und Kollegen, Freundinnen und Freunden, deren Hinweise auf Quellen und deren antiquarische Funde und Diskussionen von unschätzbarer Hilfe waren. Insbesondere danke ich meinem Bruder Justus Fetscher, Mannheim. Vielen habe ich zu danken, die sich geduldig meine Ausführungen angehört und sie kommentiert haben. Sie alle haben zu dieser Arbeit beigetragen. Ihnen allen gilt meine Dankbarkeit. Danken will ich ganz besonders für das überaus sorgfältige, in jeder Hinsicht kluge, hilfreiche Lektorat von David Richter. Was immer unstimmig oder unvollständig geblieben ist, geht allein zurück auf die Autorin.

Christa Müller
Schatten des Schweigens, Notwendigkeit des Erinnerns
Kindheiten im Nationalsozialismus, im Zweiten Weltkrieg und in der Nachkriegszeit

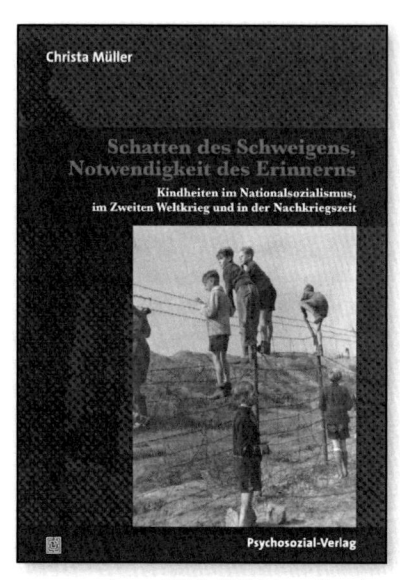

Die deutsche Erinnerungskultur zum Nationalsozialismus und zum Zweiten Weltkrieg ist bis heute einem stetigen Veränderungsprozess unterworfen. Die komplexen und belasteten Erinnerungswelten der Kriegskinder sind Teil dieses Prozesses, der durch eine Kultur des Schweigens und Verdrängens geprägt ist. Knapp 70 Jahre nach Kriegsende besteht ein großes interdisziplinäres Interesse an den Erinnerungen der letzten lebenden Zeitzeugen.

Die Autorin stellt die Ergebnisse ihrer breit angelegten wissenschaftlichen Untersuchung zum Schicksal von Kriegskindern des Zweiten Weltkrieges vor. Auf der Grundlage von Interviews mit Zeitzeuginnen und Zeitzeugen skizziert Christa Müller komplexe Erinnerungswelten, deren vielschichtige Auswirkungen sich bis in die Gegenwart hinein als unverarbeitete innerpsychische Repräsentanzen aufzeigen lassen. Durch die Darstellung persönlicher Positionierungen wendet sich die Autorin gegen eine abstrahierende Herangehensweise an die nationalsozialistische Vergangenheit und vermeidet undifferenzierte Täter-Opfer-Dichotomien.

August 2014 · 379 Seiten · Broschur
ISBN 978-3-8379-2354-4

»In vielen Menschen, die die Jahre vor und nach 1945 im Kindesalter durchlitten haben, sind latent oder manifest lebenslang Belastungen virulent. Christa Müllers qualitative Untersuchung spürt diese Altlasten mittels narrativer Interviews bei 72 Befragten akribisch auf.«
Kurt Witterstätter